미래의 시를 향하여

Toward the Poetry of Future

 다중지성총서 6

미래의 시를 향하여 Toward the Poetry of Future

지은이 이성혁

펴낸이 조정환
책임운영 신은주
편집부 오정민·김정연
프리뷰 김새롬

펴낸곳 도서출판 갈무리 등록일 1994. 3. 3. 등록번호 제17-0161호
초판인쇄 2013년 2월 13일 초판발행 2013년 2월 23일
종이 화인페이퍼 인쇄 중앙피앤엘 제본 일진제책

주소 서울 마포구 서교동 375-13호 성지빌딩 101호
전화 02-325-1485 팩스 02-325-1407
website http://galmuri.co.kr e-mail galmuri@galmuri.co.kr

ISBN 978-89-6195-063-3 / 978-89-6195-035-0 (세트)
도서분류 1. 문학 2. 문학비평 3. 예술 4. 문화연구 5. 사회과학 6. 노동시

값 23,000원

이 도서의 국립중앙도서관 출판시도서목록(CIP)은 e-CIP홈페이지(http://www.nl.go.kr/ecip)와 국가자료공동목록시스템(http://www.nl.go.kr/kolisnet)에서 이용하실 수 있습니다.(CIP제어번호 : CIP2013000537)

미래의 시를 향하여

Toward the Poetry of Future

이성혁 평론집

노동시와 아방가르드

책머리에

　'노동시'와 아방가르드에 관련된 글들과 다른 주제로 써두었던 평론들을 모아 평론집을 펴낼 구상을 한 것은 2007년이었을 것이다. 허나 어쩌다보니, 구상한지 5~6년이 지난 이제야 평론집을 내게 되었다. 그 동안 노동시와, 시와 정치에 관련된 글을 더 쓰게 되었기에, 그 주제의 글들을 모아 어느 정도 일관성을 갖춘 책을 낼 수 있게 되긴 해서 다행이라면 다행이다. 예전에 평론집을 냈긴 했지만 이렇게 하나의 저작 모양을 갖춘 평론집은 처음 내는 것이어서, 나로서는 기쁘고 한편으로 떨린다.

　'문학평론가'라는 타이틀을 얻고 난 후, 시에 관련된 글을 제법 많이 써 왔다. 주로 청탁에 의한 것이었는데, 일종의 사명감(!)을 가지고 나름대로 열심히 쓰겠다고 썼지만 쓰고 싶지 않은 글을 억지로 써야 할 때도 적지 않았다. 이 책에는 힘들게 쓴 글들은 많지만 억지로 쓴 글은 없다. 대부분 청탁 받아 쓴 글들이지만, 스스로 주제를 정해서 쓴 글들이 많기 때문이다. 그래서 이 책은 나의 생각을 온전히 펼쳐낸 책이라고 할 수 있다.

　　노동시를 주제로 하는 글들을 쓰리라고 마음먹게 된 계기는, 1980년대 노동시에 대해 글을 써달라는 『실천문학』의 청탁이었다(그래서 지금도 청탁자에게 감사의 마음을 가지고 있다). 그 이전에 노동시에 대한 본격적인 글을 발표한 일이 거의 없기 때문에 노동시를 주제로 청탁이 온 것은 나에겐 좀 놀라운 일이었다. 그때가 2006년이었는데, 아마 청탁자가 『문화과학』 2005년 겨울호에 실린 「문학 제도와 문학의 정치화」를 읽고 청탁한 것이 아닌가 한다. 그 에세이는 노동시를 다룬 글은 아니었지만, 문학 제도를 비판하는 아방가르드의 정치성을 부각한 글이었다. 청탁자가 그 글에서 문학 제도 외부에서 성장한 1980년대의 노동시를 재고할 수 있는 하나의 시각을 본 것일지 모르겠다.

　　1980년대 노동시는 나에게 무척 어려운 주제였다. 노동시는 나에게 하나의 연구 '대상'만이 아니기 때문이다. 1980년대 후반 대학 문학회에 가입하여 문학에 뜻을 두면서부터 본격적으로 접하기 시작했던 박노해, 백무산 등의 노동시는, 그 후에 겪은 나의 경험들과 그로 인해 형성된 내밀한 기억들에 깊숙이 연결되어 있다. 내가 추구하고자 했지만 추구하지 못했던, 그리고 추구할 수 없었던 대상이 노동시였으며, 그래서 노동시에 대한 기억은 어떤 부끄러움과 관련되어 있다. 가령, 당시 시를 조금 끼적거리기도 했던 나는 노동시를 흉내 내는 시를 몇 편 쓰기도 했는데 곧장 마음의 벽에 부딪치곤 했다(내가 쓴 시를 학내 집회에서 낭송해야 하는 일이 생겼을 때 차마 스스로 낭송할 수 없어 다른 이에게 낭송을 부탁했던 일이 생각난다. 그때 그런 것은 그 시가 거짓이라고 느껴졌기 때문이리라). 노동시는 내 사유의 정체(?)를 발가벗기곤 했던 것이다.

　　그 이후 노동시는 나의 삶에서 해결하지 못한 어떤 부채로서 나의 마음 깊숙한 곳에 자리 잡았고, 이른바 소련 '교과서'를 버리고 점점 노동시를 읽지 않게 되었을 때에도 그것은 마음속에서 사라지지 않았다. 노동시는 무슨 이론으로만 따질 수 있는 대상이 아니었기 때문일 것이다. 그런데 『실천문학』의 원고 청탁으로 인해 내가 도망쳤던 문제와 다시 마주하게 됐고, 그래서 결국 도망칠 수 없는 문제가 있음을 알았으며, 그리하여 그 문제와 정면으로 씨름해야 겠다는 생각을 하게 되었다. 또한 그 당시 신자유주의의 전면화로 많은 이들이 고통 받고 있었기에 세상을 바꾸고자 했던 노동시의 전통이 현재화되어야 하지 않을까 생각하고 있던 참이었다. 한편으로 내가 시간강사로 접하고 있던 대학 사회 역시 신자유주의의 폐해로 인해 여러 면으로 피폐해지고 있었기 때문에, 노동시의 재고는 나 자신에게도 절실한 면이 있었다.

2006년이면, 내가 미적 근대성에 대한 공부를 거쳐 미적 근대성의 급진화인 아방가르드의 전복성에 대해 천착하고 있었던 때였다. 그 과정은 알튀세르와 정신분석학을 거쳐 들뢰즈/가따리와 자율주의 이론을 읽고 있었던 나의 독서에 상응했다. 『실천문학』의 청탁을 받아들이면서, 그렇게 새로이 형성되어 가던 시각을 통해 1980년대 노동시를 다시 볼 수 있겠다는 생각도 들었다. 이러한 여러 가지 이유로 글을 써보겠다는 대답을 하면서, 당시까지 부각되지 못한 노동시의 아방가르드적인 성격을 들추어내고 또한 한국에서 탈정치화되어 수용되고 있었던 아방가르드도 재조명하는 기회를 갖자고 마음먹었다. 그 이후 몇 년 동안 이러한 의도를 견지하면서 노동시에 관련된 글을 쓰게 되었고, 여기에 그 글들을 모을 수 있게 되었다.

조성웅 시인의 시집에 대한 글의 제목이자 이 책의 제목인 '미래의 시를 향하여'는, "19세기의 사회 혁명은 과거로부터는 그 시를 얻을 수 없고 오직 미래로부터만 얻을 수 있다."(「루이 보나빠르뜨의 브뤼메르 18일」)라는 맑스의 말에서 빌려온 것이다. 즉 '미래의 시'는 어떤 미학적 유파를 지칭하는 것이 아니다. 그리고 여기서 '미래'는 관념적으로 설정되어 있는 어떤 목적이 아니다. 그것은 우리가 구축해나갈 미지未知의 시간이다.

미지의 시간을 창조적인 것으로 구축해나가는 과정에서 시적인 것은 창출된다. 마르크스의 말을 변형해 말한다면, 21세기의 사회 혁명은 미지의 시간을 시적인 것으로 구축해나가는 과정을 통해 이루어질 수 있다. 여기서의 '시'란

물론 시 작품을 의미하지는 않는다. 하지만 시 작품과 무관하지도 않을 것이다. 시인들이 감행한 미지에로의 모험의 산물이 작품으로서의 시라고 할 때, 한 편의 시 작품은 사회 혁명을 응축하고 예시할 수 있기 때문이다.

동구 사회주의 국가체제가 붕괴한 이후, '미래의 시'는 삶과 세상을 바꾸고자 원하는 우리에게 더욱 절실해졌다. 맑스는 혁명기 부르주아 정치세력이 자신의 시-이미지를 과거에서 빌려오는 것을 지적하고 비판했다. 바로 이 비판은 프롤레타리아 정치세력이라고 자처한 동구 사회주의에도 적용될 것이고, 현 사회운동의 일정한 정파에게도 적용될 수 있을 것이다. 동구 사회주의 국가는 창조력을 상실한 채 과거를 상기시키는 동상의 아우라를 통해 노동자들을 통치하려고 했다. 과거의 이미지를 미래에 투사하여 미래를 협소하게 한정짓는 양태는 맑스의 비판에서 자유로울 수 없다. '미래의 시'는 미래를 자유롭게 하고자 하는 데서 도래하기에 미래의 삶을 속박하고 노예화 하는 자본의 세상에 저항하면서 창출된다.

만인의 자유가 쟁취되지 않는다면 자유로운 미래도 도래할 수 없을 것이다. 19세기 시인 로트레아몽Lautréamont은 "시는 만인에 의해 써져야 한다."고 하여 '미래의 시'의 이미지를 제시했다. 제도 교육으로부터 차단된 노동자들이 시를 쓰기 시작했을 때, 바로 로트레아몽이 말한 '미래의 시'의 실현에 다가가는 일이었다고 할 수 있다(물론 로트레아몽의 '시'도 시 작품만을 의미하지는 않지만, 마찬가지로 시 작품이 이와 무관하다고 할 수는 없다). 여러 가지 문제점이 있어 왔지만, 그래서 노동시는 미래의 시를 창출하고자 하는 전통을 일구어왔다고 말할 수 있다. 노동자들의 시는 그들의 온 삶을 교환가치를 창출하는 데 복속시키려고 하는 자본에 저항하는 징표였으며, 그래서 미래를 열기 위해 현재의 벽에 파열을 내는 행위이기도 했다.

한편, 20세기 초반에 탄생한 아방가르드 예술운동은 삶과 분리된 제도 예술을 비판하면서 예술을 통해 삶을 시적인 것으로 고양하려고 했다. 그래서 아방가르드는 화폐에 종속시키는 사회와 문화에 격렬하게 저항했다. 이러한 면에서, 고도의 착취 체제에 대한 저항에서 탄생한 한국의 노동시 운동은 아방가르드와의 '삶정치'적인 접점을 가지고 있다. 서로 다른 역사적 맥락에서 탄생한 아방가르드와 노동시를 동일시할 수는 없지만, '삶정치'적인 접점을 통해 두 운동의 만남과 삼투가 확대될 수 있다. 특히 우리 시대의 사회 혁명이, 미지의 미래를 다중의 예술적 창조성에 의해 시적인 것으로 구축해나가는 '삶정치' 과정을 통해 이루어질 수 있다고 할 때, 두 운동이 만날 수 있는 가능성은 더욱 주시해볼 필요가 있다.

여기서, 이 책이 노동시만이 우리 시의 미래라고 주장하는 것은 아니라는 점을 밝혀야 겠다. 미래의 시를 노동시로 한정할 수 없으며 한정되어서도 안 될 것이다. 시 작품만을 의미하지 않는 미래의 시는 미지수이기 때문이다. 노동시가 미지에로 도약할 때 미래의 시는 도래할 것이다. 노동시가 미래의 시로 도약하는 길 중 하나가 그것이 지닌 아방가르드적 측면들을 더 가동하는 것이다. 노동시가 가진 그 측면들의 예로서 시와 삶을 결합하고자 하는 시도, 직접적인 삶정치적 저항, '만인에 의한 시 쓰기'라는 문화 혁명적인 성격 등을 들 수 있을 것이다(그래서 이 책의 부제를 '노동시와 아방가르드'라고 붙인 것이다).

이 책이 노동시를 집중적으로 조명하게 된 것은, 노동시가 그러한 극단의 지점(아방-가르드Avant-garde)들을 드러내고 있음에도 불구하고 그 지점이 한국 문학계에서 경시되고 있다는 판단 때문이다. 그렇다고 해서 일반적인 전통 서정시나 또는 이른바 '미래파' 시가 가진 삶정치적 의미를 경시하면 안 된다. 사실 나는 그러한 노동시가 아닌 시들에 대해서 노동시보다 더 많은 글을 써왔다. 나는 이 시들에 대해 기본적으로 긍정하고 존중한다. 시를 쓰고자 하는 욕망 자체가, 허명을 얻고자 하는 것이 아니라면, 기본적으로 삶을 속박하고 물신화하는 체제로부터 탈주하면서 자신의 삶을 되찾고자 하는 삶정치적 의미를 갖고 있기 때문이다.

게다가 노동시의 확장은 그러한 의미를 가지는 여타 다른 경향의 시와의 접속 속에서 이루어질 수 있다. 그런데 더 나아가 생각하면, 노동시의 현장성이 시뿐만이 아니라 다른 예술, 노동, 활동과 연결될 때 노동시는 삶 자체로 확장될 수 있지 않겠는가. 이러한 확장을 통해 노동시는 미래의 시로 전화轉化될 수 있을 것이다. 그러니까 이 책의 기본적인 입장은 노동시를 내세워서 문학판 내부에 어떤 진영을 만들자는 입장과는 거리가 멀다.

이 자리에서 이 책에 실린 각 글에 대해 소개하지는 않고, 글들을 각 부에 배치한 기준에 대해서만 잠시 언급하도록 하겠다. 1부는 아방가르드를 둘러싼 문제와 관련되어 있는 글들을 모았다. 그 글들은 문학 제도나 문학의 종말과 같은 근본적인 문제와 시적인 것과 정치적인 것을 관계 맺는 문제 등을 아방가르드의 시점에서 논하고 있다. 2부는 1980년대 노동시를 살펴보고 현재의 노동시를 조망하는 글을 실었다. 또한 현 시기 노동시가 보여주는 정치적 저항성과 제국적인 현실에 대한 인식 등을 살펴보는 글도 실었다. 그리고 1부와 2부의 글들 사이에 각 글과 관련될 수 있는 토론문, 서평, 시평 등을 보론으로 삽입하여 논의의 풍부함을 꾀했다.

3부와 4부는 본격적인 시인론과 시집의 작품들을 평한 글들을 모았다. 3부의 글들은 노동의 생활을 바탕으로 독특한 미학을 구축한 시인들을 살펴본 것들이다. 4부의 글들에서는 한국 정치현실에 좀 더 직접적으로 발언하고 저항하며 대안을 모색하고 더 나아가 혁명의 이미지를 산출하는 시편들을 살펴보았다. 그런데 이 책은 노동시를 전반적으로 소개하는 책이 아님을 강조해야겠다. 이 책에서 주목하지 못했지만 열심히 활동하고 시 쓰는 노동자 시인들이 많이 있다. 이들은 마땅히 주목하고 논해야 할 중요한 시인들이지만, 주제에 맞춰 몇 편의 시에 대해 집중적으로 글을 쓰는 나의 스타일과, 더 결정적으로는 나의 게으름 때문에 이 책에서 언급하지 못했다. 이 분들에게 양해를 구한다.

5부의 글들에 대해선 특별한 언급이 필요하다. 이 글들은 이 책을 출간하는 갈무리 출판사와의 인연으로 쓴 서평들이다. 이 글들이 다룬 다섯 권 모두 갈무리 출판사의 책들로서, 이 글들은 나와 〈다중지성의 정원〉과의 인연으로 갈무리의 청탁을 받고 쓴 것이다(문학예술 비평서의 성격을 갖고 있는 갈무리 책 서평을 세 편 정도 더 가지고 있다. 이 글들은 비평을 비평한 글들을 주로 모아 곧 펴낼 예정인 또 다른 평론집에 실을 생각이어서 이 책에 싣지 않았다). 이 책을 갈무리에서 출간하는 만큼, 책의 주제와 약간 벗어나더라도 이 서평들을 이 책에 싣고 싶었다. 한편으로 그 서평들이 이 책의 바탕이 되는 이론적 사유를 알려준다고도 볼 수 있을 것 같다. 더 나아가 갈무리의 많은 책들은 나의 생각을 형성하는 데 밑거름이 되어주었다. 이 책을 출간해준다는 면에서만이 아니라, 그러한 면에서도 갈무리 출판사에 감사를 표하고 싶다.

갈무리 출판사 이야기가 나왔으니, 〈다중지성의 정원〉과의 인연에 대해서도 언급해야 겠다. 내가 참여했던 〈다중지성의 정원〉의 강좌와 세미나는 이 글들에 관통되고 있는 시각을 마련하는 데 큰 도움을 주었다. 특히 조정환 선생님, 정남영 선생님의 글과 강의는 나의 사고에 결정적인 영향을 끼쳤다. 이 자리에서 감사를 표한다. 그리고 이 책을 만들기 위해 '애태우신'(?) 갈무리 출판사의 신은주 선생님, 편집부의 오정민, 김정연 님께도 감사와 함께 미안함을 전하고 싶다. 사실 이 책 출판을 타진하려고 글들을 갈무리에 보낸 것은 작년 초였다. 출판이 결정되었지만, 여러 가지 겹친 일과 나의 게으름 탓으로 책에 수록 결정한 원고를 작년 말까지 드리지 않았다. 지금까지 원고를 기다리게 한 것에 대해 미안하고 또 기다려준 것에 대해 감사드린다. 사실 편집부 두 분과는 이 책의 출간만이 아니라 여러 일로 접속했다. 우정의 인사를 보내고 싶다. 프리뷰어 김새롬 님께도 감사드린다.

물론, 일일이 언급하지 못하지만, 이 책의 출간과 관련하여 감사드려야 할 사람들은 정말 많다. 가족, 친구들, 선후배님들, 선생님들, 그리고 무엇보다도 시를 쓰는 노동자들, 더 나아가 시를 실현해나가는 다중에게 감사한다. 이들이 없었다면 이 책은 존재할 수 없었을 것이다. 그러므로 누구에게 감사드릴 일이 아니라는 생각이 불현듯 든다. 이 책은 나의 것이 아니고 그들 공통의 것이기 때문이다.

2013년 2월
이성혁

차례

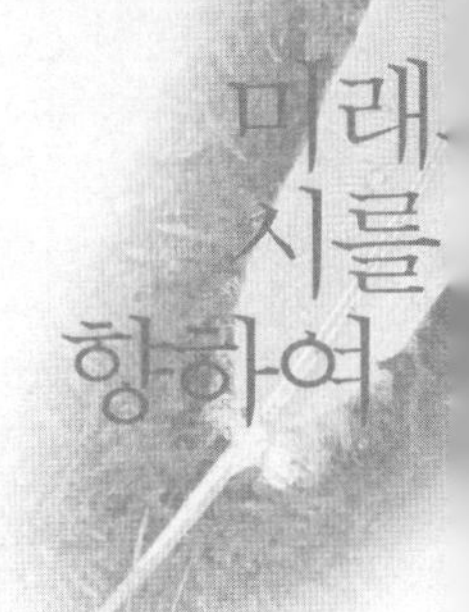

미래의
시를
향하여

1부

아방가르드와 시적인 것의 정치성

1장

문학 제도와 문학의 정치화

1

　2000년대 한국 문학계는 예전에 비해서 더없이 풍성하게 작품을 쏟아내고 있지만, 이상하게도 적막하다는 느낌을 준다. 2000년대 들어 독특한 작품 세계를 이루어내고 있는 젊은 작가들이 다수 등장하고 있다. 여러 매체에서도 문학에 대한 관심을 놓지 않고 한국문학의 고전들과 새로운 작품들을 소개해주고 있다. 문학을 '업'으로 삼고자 하는 이들도 꾸준히 늘고 있다. 대학 문예창작학과엔 여전히 많은 학생들이 몰리고 있다. 경쟁률이 꽤 높은 편이다. 이런 현상들을 보면, 문학이 사회에서 광범위하게 인정받고 있는 것처럼 보인다. 맞다. 하지만 그 현상들은 문학이 체제 내에 흡수되었다는 인상을 주기도 한다. 문학이 예전에 지니고 있었던, 순응의 삶을 뒤흔들고 더 나아가 폭파시키기까지 했던 특유의 불온성이 이젠 사라진 것 같다. 불온성의 '추구'가 사라진 것 같지는 않지만, 한국의 자본주의와 국가가 그 불온성의 추구를 스펙터클화 하여 상품으로 만드는 방식으로 흡수해버린 것 아닌가 한다. 그래서 불온성마저 하나의 패션이 되고, 일부 작가들은 불온적인 포즈를 팔아먹으려 하는 것은 아닌지?

하지만 여전히 시인들과 작가들은 혼신의 힘을 기울여 글을 쓰고 있다. 그들이 사회의 물신화에 굴복했다면 아마 문학을 하지 않았을 것이다. 창조적인 생산인 문학적 글쓰기는 유형·무형으로 강제되는 자본주의적 주체화 ─ 차이를 통한 동질화라고도 하겠는데 ─ 를 벗어나게 하는 통로를 마련한다. 물론 생산되는 모든 문학이 다 그런 것은 아니어서 권력과 화폐에 포섭되어 타락해버린 글쓰기가 발견되기도 한다. 하지만 삶을 내걸고 쓰는 시와 소설은 여전히 발견되고 있다. 문제는, 좋은 문학에 내재되어 있을 저항적 잠재성이 거세당한 채로, 특정 제도를 통해 작품이 독자에게 제시되고 있다는 점이다. 수많은 문학 잡지들이 출간되고 있으며 국가의 지원을 받은 문학행사들이 여기저기서 열리고 있음에도 불구하고 적막하다는 감정을 느낀 것은, 거세당한 채로 스펙터클하게 제시되는 문학에 어떤 서글픔을 느꼈기 때문인 것 같다. 그렇다면 문학을 스펙터클로 만들어 거세하고 있는 주체는 누구인가? 현 문학 제도다.

2

문학의 생산과 유통은 문학 제도를 통해 이루어진다. 문학 제도는 작가들을 발굴하고 그들의 문학 생산을 유도한다. 또한 그것은 여러 경로와 담론을 통해 생산된 문학의 사회적·미학적 의미화를 생산하는 동시에, 이렇게 작품에 아우라와 가치를 부여하면서 독자들에게 작품을 제공한다. 독자인 나는 그 책을 사서 읽고는, 작품에 대한 여러 담론도 소비한다. 그 과정에서 나는, 작품은 하나의 시니피앙이어서 여러 의미 작용 밑에 그 최종적 의미를 숨기고 있다는 것을 깨닫는다. 해설의 도움으로 그 최종적 의미를 찾기도 한다. 그리하여 나는 또 하나의 교양과 지식을 재미나게 얻는다. 하나의 교환이 이루어진 것이다. 하지만 작품을 다 소비한 후에도 책은 여전히 내 앞 저 멀리 존재하고 있다. 책은 내 삶 속에서 작동되지 않았기 때문이다. 다시 말하면, 나는 그 책을 내 삶의 건강을 위해서나 내 삶의 미래를 구축하기 위해 사용하지 않았기 때문이다. 난 그 책을 씹어 먹지 않은 것이다[1]. 그러니 그 책은 내 삶을 형성하는 영양소가 되지 못했다. 다만 나는 책의 시니피앙에 이끌릴 뿐이었다. 그동안 나의 시간은 사라졌다.

오해를 피하자고 말하자면, 지금 작품 자체에 대해 왈가왈부하는 것이 아니다. 제도를 통해 제시된 문학 작품이 어떻게 스펙터클화 되고 또 소비되는, 그 과정을 그려본 것이다. 기 드보르Guy Debord에 따르면, 스펙터클이란 직접적으로 삶에 속했던 모든 것이 표상으로 물러나는, 거꾸로 뒤집혀져 있는, 더 이상 직접 파악될 수 없는, 사람들이 이미지들을 바라봄으로써만 파악될 수 있는 세계다[2]. 문학 작품은 제도를 통해 미학적 질을 부여받고는 하나의 예술로써 독자들에게 제시된다. 제도는 삶에서 생산된 문학을 승화시켜 일상적인 삶에서 자율적인 미학적 존재로 만든다. 예술이 갖고 있는 상대적 자율성 덕분에 예술은 현재의 삶을 거리 두고 비판할 수 있다면서 제도는 삶과 예술의 분리를 정당화한다. 자율적으로 된 가상의 표상 속에 실제 삶을 비판할 수 있는 그 무엇 ― 의미와 시니피앙 ― 이 있다는 것이다. 하여, 표상 속에 진정한 삶이 있게 된다. 어떤 전도가 일어난다. 대중은 그 표상을 '바라보면서' 비참이든 감동이든 삶의 진실을 확인한다. 그동안 그들은 자신의 진짜 삶을 잊는다. 관상의 대상이 된 작품은 삶에서 분리된 채 삶을 보여주는 스펙터클로 변모된다.

문학의 자율화 담론을 먹고 사는 문학 제도는 사회에서 일정한 자율적인

---

1. N. 볼츠, 빌렘 반 라이엔에 의하면, 발터 벤야민은 독서 행위 그 자체 위에 비평가의 파괴적 본성의 기초를 두고 있다고 한다. 벤야민 같은 "탐욕스런 독자는 먹어치움으로써 읽는다. 파괴를 탐하는 입맛과, 형식들을 해체해버리는 쾌감과 세계의 실체를 먹어치우는 황홀감에 끌려 읽는 것이다."(『발터 벤야민―예술, 종교, 역사철학』, 김득룡 옮김, 서광사, 2000, 42~43쪽.)
2. 기 드보르, 『스펙타클의 사회』, 이경숙 옮김, 현실문화연구, 1996, 10, 13, 16쪽.

영토를 확보한다. 문학 제도는 문학의 사회적 비판 기능을 계속 이야기하지만, 현실에서 일어나고 있는 저항의 움직임과 연동하지 않는다. 현실에서 벌어지고 있는 운동과의 지나친 접촉은 문학의 자율성을 해치기 때문이다[3]. 그렇게 되면, 카프 시대와 1980년대가 보여주었듯이, 문학은 운동에 종속되어 결국 문학이 파괴되어버리는 사태에 이를 것이라고 문학 제도는 경고한다. 결국 문학의 자율성이 문학성의 보루가 되고 그 자율성을 지키는 것이 문학의 목적이 되어버린다. 이렇게 문학 제도는 다른 영역들과 접속하는 것을 피하게 되면서, '자율성' 안으로 웅크린다. 그래서 문학 제도는 삶으로부터 문학을 자립시킨 후 하나의 영토를 만든다. 게다가 자율성의 필요성을 근거로, 웅크린 채 지키고 있는 그 영토를 사회로부터 인정받으려 하고, 또한 인정받는다. 다시 말해 문학 제도는 현 사회의 유지에 보수적으로 순응한다. 영토 안에 웅크려 있는 문학 제도의 보수성은 이어 종파sect화되거나 권력의 지층을 만들어내기도 한다.

　문예창작과에 입학한 학생들 중 많은 이들이 문학을 "목매달아 죽어도 좋은 나무"로 생각하며 문학에 입문한다. 그들은 그럴싸한 직업을 안겨줄 수 있는 과에 들어가려고 애쓰는 학생들보다 삶에 대해 더 진지하게 고민하는 학생

---

3. 이광호는 미적 근대성이란 개념으로 문학의 상대적 자율성을 옹호하려 한다. 그는 "가치 영역의 분화와 미적 근대성의 상대적인 자립성이라는 문제"(이광호, 「문제는 근대성인가」, 『미적 근대성과 한국문학사』, 민음사, 2001, 68쪽)가 미적 근대성의 핵심이라고 주장한다. 그래서 카프 출신인 임화의 '프로시론'은 "미적 근대성의 상대적인 자율성을 고려하고 있지 않"는 시론으로 평가되고 만다. 그런데, 미적 자율성을 주장하는 논자들은 주로 과학, 도덕, 예술이 세계의 자율적 분야들로 분리되어 특징화되는 문화적 모더니티에 대한 하버마스의 논의에 기대고 있다. 하지만 그는 모더니티의 계획 중 예술의 수용이라는 측면을, "일상생활의 실천과 현대 문화를 분화시켜 재연결하는 것을 목표로 삼고 있다"(「모더니티와 포스트모더니티」, 김욱동 편, 『포스트모더니즘의 이해』, 문학과 지성사, 1990, 296쪽)고 논하고 있다. 그 모범적인 예로서, 하버마스는 어느 노동자 집단이 예술을 재전용하는 과정을 그린 페터 바이스의 작품 『저항의 미학』을 든다. 요컨대, 그는 일상생활과 유리된 예술 영역의 자율화를 지지하는 것이 아니라 오히려 극복해야 할 상태라고 보고 있는 것이다. 초현실주의처럼 예술을 폐기하지 않으면서, 자율화된 예술을 생활이 재전유하는 것이 하버마스가 말한 모더니티의 계획인 것이다.

들이라 할 수 있다. 삶을 옥죄고 있는 이 갑갑한 체제로부터 삶을 재탈환하는 방도로서 그들은 문학을 선택한다. 하지만 입학 이후부터는, 마치 법대생이 고시에 합격하는 데 제 젊음을 걸듯이, 주요 신문이나 주요 문예지를 통해 등단하는 것을 문학 공부의 목적으로 삼아야 하는 것인 양 유도된다.

그리하여, 자신의 세계를 일궈나가며 주체성을 생산하기 위해 문학에 입문하는 문학도들의 주체성은 대학 및 대학 바깥의 '주류' 문학 제도가 포섭해 간다. 기성제도로부터 벗어나기 위해 문학을 선택했건만, 다시 부딪치는 것은 지층화된 문단-문학 제도이다. 문학도들은 그 영토에 들어가는 입장권을 얻기 위해 유명 평론가나 작가로부터 높게 평가되기를 기다려야 한다. 작가는 자신의 글을 되도록이면 많은 이들이 읽길 바란다. 그래서 자연스레 비교적 많은 이들이 인정하고 읽는 매체에 싣고 싶어 한다. 그러나 그렇게 제도에서 인정받으려는 과정에서, 주체성을 스스로 생산하기 위해 글 쓰는 삶은 '문단'이란 영토에 묶이게 되는 것이다. 이어 유형-무형적인 명령이 내려지고, 그들은 제도의 대타자에 의해 주체화 되기 시작한다. 삶을 바꾸려고 문학을 선택했건만, 그들은 일상생활로부터 '자율적인' 또 다른 코드에 삶을 맞추어야 하는 상황에 처하게 되는 것이다.

3

하여, 문학을 둘러싸고 있는 '자율성'이란 막은 찢겨져야 한다. 주체성을 생산하는 문학 자체를 위해서도 그렇다. 그렇다고 모든 문학 제도가 죄악은 아니다. 사실, 문학 자체가 제도의 산물이라고 할 수 있다. 그러니 제도를 무시하고 인터넷 상에서 작품을 주고받자라고 주장하는 것은 아니다. 제도 자체는 불가결하다. 하지만 지금처럼 자율성의 막 안에 웅크리고는 스펙터클을 생산하고 있는 문학 제도가 아닌 다른 문학 제도가 가능하지 않겠는가? 그렇다면 그 제도는 어떠한 것이어야 할까? 물론 어떤 제도의 모델을 찾아내어 그 제도를 뚝 딱 만드는 일은 불가능할 것이다. 하지만 비현실적이라고 하더라도, "소설 쓰고 있다"는 비아냥거림을 듣더라도 어떤 모색은 필요하다. 또한 돌발적인 발생이란 예측할 수 없는 일이다. '소설'이 어떻게 현실화될지 아무도 모른다.

　　지금 써보려고 하는 소설은 발터 벤야민Walter Benjamin의 "예술의 정치화" 테제를 그 뼈대로 삼는다. 문학의 정치화라니? 지긋지긋한 1980년대로 돌아가자는 것인가? 문학은 역사의 진보의 선에 서야 한다는, 그러기 위해선 이러저러하게 써야 한다는 폭력적 강요가 문학에 얼마나 많은 피해를 주었던가? 맞다. 그런데 이 문제는 1980년대 운동 양식 전체와 관련되어 있다. 1980년대의 정치적 상황은 삶의 재구축이라는 미시 정치적 의의를 경시하게끔 했다. 많은 활동가들이 군사 독재의 거대한 폭력에 맞서기 위해선 전체 민중의 굳건한 단결이 이루어져야 한다고 생각했다. 몰mole적인 폭력에 맞서 몰적인 대항 투쟁이 필요하다고 여긴 것이다. 활동인자와 대중의 분자적인 욕망 실현을 위한 움직임이 거대한 운동을 낳을 수 있는 바탕이라는 것을 무시했다. 문학은 이 몰적 투쟁에 복무해야 했다. 투쟁이 승리하려면 전체의 의식을 통일시키고 올바른 전략·전술을 통해 운동이 전개되어야 한다고 여겨졌다. 그 의식의 통일과 올바른 전략·전술은 맑스-레닌주의(혹은 주체사상)로부터 제공되었다. 그리고 문학은 민중에게 통일된 의식을 재현하여 전파해야 했으며, 문학이 정치 활동에서 이러한 기능을 맡는 것이 문학의 정치화였다.

　　허나 이는 지금 말하려는 문학의 정치화라기보다는 문학의 정치도구화로 빠지는 길이었다. 좀 더 살펴보자. 문학은 민중을 해방의 대의로 이끌기 위해 현실의 객관적 진실을 보여주어야 한다는 임무를 부여받았다. 그래서 "문제는 리얼리즘이다!"가 된다. 현실의 객관적 진실은 갈가리 찢겨 있는 현실을 총체적으로 인식할 때 드러날 텐데, 따져보면 그 진실이란 여러 난관이 있겠지만 결국 해방은 올 것이라는 필연성을 의미한다. 그러나 현실의 그 객관적 진실은 현상 그대로 우리에게 주어지지는 않는다. 자연주의와 모더니즘은 객관적 진실을 파악하지 못하는 문학조류들이다. 자연주의는 현실의 외양을 그대로 그린다. 내면의 현실을 그대로 그리는(의식의 흐름) 모더니즘은 자연주의와 동전의 앞뒷면 관계다. 반면 리얼리즘은 "각성된 노동자의 눈"(당파성)을 통해 현실의 외양 밑의 진실을 꿰뚫어보고 그 진실을 다시 총체적으로 복원(작품 안의 총체성. 이것이 리얼리즘적인 장편소설의 질을 평가하는 데의 관건이 된다)하여 민중에게 제시한다. 민중은 이러한 작품을 읽으면서 해방 운동의 대의를 깨닫고 운동의 대열에 참여하게 될 것이다. 하여 문학운동의 관건은 '작품이 과연 리얼리즘을 달성했는가', '독자에게 올바른 인식을 전달했는가'에 주어진다. 다시 말해 문학의 정치화는 이젠 현실을 객관적으로 올바르게 보여줄 때 이루어지는 것이 된다.

하지만 이 재현은 결국 고도로 각성된 노동자의 의식 — '당'의 의식으로까지 발전될 수 있는 — 을 형상적으로 재구성한 것에 불과할 수 있다. 리얼리즘 모델에서 독자는 작품을 바라보면서 감화되는 수동적 존재로 남는다. 반면 작가는 교사가 된다. 작가가 올바른 교사인지 아닌지는 평론가가 결정한다. 평론가의 자질은 올바른 이론을 그가 숙지하고 있느냐에 달려 있다. 만약 당이 존재한다면, 당이 올바른 이론이 무엇인지를 결정할 것이다. 그래서 이 문학은 독자의 삶 '속에서' 작동되면서 삶의 새로운 구성을 촉진시키는 오퍼레이터가 될 수 없다.4 독자는 자신의 삶의 바깥에 성스럽게 존재하고 있는 문학을 '바라보며' 지난 삶을 반성하고 교정할 수는 있지만 말이다. 이 리얼리즘의 교정 기능이 최악으로 빠지면 작품의 '원시적 스펙터클화'가 이루어진다. 즉 올바른 이론을 알고 있는 당이 문학을 통해 올바르게 표현된 삶의 모델을 제시하고, 민중들은 이를 '바라보고' 습득함으로써 당이 설파한 이데올로기만이 현실에 존재하는 전부가 된다.5 그리하여 문학은 독자를 주체화(노예화)하는 데 이용되고, 결국

---

4. 하지만, 언제나 문학은 삶 속에 틈입하여 작동되고 있다. 여기서 문제시 하는 것은 리얼리즘 이론이 삶을 작동시키는 문학의 능력을 탐구하기보다는 미학적 규범 찾기에 몰두하면서 독자의 수동성을 더욱 강화시켰다는 점이다.

리얼리즘을 주장하는 사람들의 선의에도 불구하고 예술의 정치화는 정치의
심미화, 신비화로 빠져버리고 만다.6

　　그런데 발터 벤야민이 논의한 문학의 정치화는 이런 경로를 밟지 않는다.
그가 「생산자로서의 작가」, 「기술복제시대의 예술작품」 등에서 전개한 예술
의 정치화 논의는 베르톨트 브레히트Bertolt Brecht의 개념을 빌어 제기한 '문학
의 기능전환'과 관련된다. 벤야민은 우선 러시아의 생산주의자인 트레챠코프
에 대해 소개한다. 벤야민에 의하면, 그는 "기술적인 작가와 보도하는 작가를
구별 짓고 있다. 그의 사명은 보도하는 것이 아니고 투쟁하는 것이다. 관객의
입장을 취하는 것이 아니라 능동적으로 참여하는"7 작가다. 집단 농장으로 '하
방'한 그는 집단농장에서 벌어지는 여러 가지 일들을 '보고'하고자 하지 않았다
고 한다. 트레챠코프는 여러 일들을 직접 실천하면서 그것을 기록, 책으로 남
기는 방식으로 작업했는데, 그 책은 집단 농장의 발전에 상당한 영향을 끼쳤다
고 한다. 연이어 벤야민은 작가와 독자의 구별이 사라지고 있는 소비에트의 신
문에 대해 논의한다. 「기술복제시대의 예술작품」에서도 영화와 관련하여 그

---

5. 기 드보르, 『스펙터클의 사회』, 85쪽.

6. 물론 한국의 리얼리즘 이론이 스탈린 체제 하의 관제 문학처럼 되었다는 말은 아니다. 하지만
　1980년대 당시 문학예술 운동이 일종의 '내용적, 형식적 규범주의'로 빠졌다는 건 분명한 것 같
　다. 노동해방문학 건설에 몸담았던 이원영(조정환)은 다음과 같이 1980년대 문학운동을 비판한
　다. "노동자 문화의 자발적 성장을 대상화한 1980년대의 문학예술 운동은 강한 배타성을 갖는,
　즉 대중의 문화적 활동의 방법적 다양성을 인정치 않는 예술방법 논쟁과 방법적 실험 속에서 자
　기 정당화를 찾는 보수주의를 드러냈다. 그것은 미적 활동을 텍스트화 한 작품에만 국한하여 이
　해하려는 경향을 보였을 뿐만 아니라 작품들의 예술성을 내용적, 형식적 규범주의에 따라, 즉 정
　해진 내용, 정해진 형식을 얼마나 잘 구현했는가에 따라 주로 이해한다."(이원영, 「1990년대 한
　국문화 운동과 프랑스 상황주의자 운동」, 『한국 좌파의 목소리』, 민음사, 1998, 252쪽). 게다가
　한국에서 수용되었던 동구의 리얼리즘 이론은, 사실 예술의 자율성을 폭파시키며 예술의 정치화
　를 통해 삶의 재구축을 이루어내려 했던 구축주의, 생산주의 등의 아방가르드 운동을 억압하는
　과정에서 형성되었던 것이다. 벤야민이 '생산자로서의 작가'의 모범으로서 제시한 러시아의 생
　산주의자 세르게이 트레챠코프 역시 사회주의 리얼리즘이라는 스펙타클의 도래 속에서 처형당
　하고 만다.

7. 발터 벤야민, 『발터 벤야민의 문예이론』, 반성완 옮김, 민음사, 1983, 256쪽.

논의가 등장하는데, 이 부분을 인용해보면 이렇다.

> 소련에서는 일 자체가 곧장 말로 표현된다. 일을 말로 표현하는 것은 일을 수행
> 하는 데 필요한 능력의 일부가 된다. 글을 쓰는 문학적 능력은 이제 특별한 전문
> 교육을 통해서가 아니라 다방면에 걸친 기술 교육을 통해 배양되어지고, 그럼
> 으로써 그러한 능력은 공동소유의 성격을 띠게 되었다. 이 모든 것은 영화에도
> 그대로 적용될 수 있다. …… 러시아 영화에서 보게 되는 배우의 일부는 우리가
> 흔히 생각하는 의미의 배우가 아니라 자기자신을 — 특히 작업과정 속에서의 자
> 신을 — 연출하는 민중이다. …… (반면 — 인용자)서구의 영화산업은 환상을 불
> 러일으키는 스펙타클과 아리숭한 상상력을 통하여 대중의 참여를 부채질하는
> 데만 관심을 쏟고 있을 따름이다.[8]

소련이 멸망한 이 마당에 소련의 경험을 고찰한 벤야민의 글을 인용하며
논의하는 것은 시대착오 아니냐고 비난받을 수 있겠다. 하지만 우리도 지금 당
시 소련처럼 어떻게 해보자라는 이야기를 하려는 건 아니다. 내가 주목하고자
하는 것은, 소련의 예이든 아니든 작가라는 주체가 어떤 상황을 관찰하고(관
객의 입장) 이를 (가상적-미학적인 형식을 통해) 재현하여 독자에게 '보고'하
는 문학과는 달리[9], 일과 말(문학)이 서로 전환되거나 또는 투쟁과 참여가 문
학으로 상호 전환되는 문학의 탄생이 논해지고 있다는 점이다. 또한 영화든 신
문이든, 생산수단(매체)의 사적 소유가 폐지된 사회에서는 민중이 수동적인
관객이나 독자의 역할을 하는 것이 아니라 그 매체를 통해 자신을 연출하고 표

---

8. 같은 책, 217~218쪽.
9. 할 포스터(Hal foster)는, 벤야민이 이 글에서 소련 초기의 예술운동으로서 생산주의와 경쟁관계
　에 있었던 프롤레트쿨트(proletkult) — 그들은 부르주아 예술과 문화를 '능가'하고자 했는데 —
　같은 운동이 노동자를 수동적인 타자로 자리매김하는 이데올로기적인 후원이라면서 암묵적으
　로 비판하고 있다고 말한다. 그가 중요하게 생각했던 것은 생산자들과의 연대, 물질적 실천에서
　의 연대라고 한다.(할 포스터, 『실재의 귀환』, 이영욱 외 옮김, 경성대학교출판부, 2003, 258쪽.)

현한다는 벤야민의 지적 역시 주목하고 싶다.

벤야민이 당시 소련 사회주의의 실상을 너무 이상적으로 보고 있는 건 아니냐는 문제가 제기될 수 있지만, 유토피아적 이상일지라도, 그가 생각한 문학의 새로운 기능은 문학을 삶 속으로 투입하는 것을 통해 삶과 문학 사이의 분리선을 폐지하여 삶과 문학의 상호 생성을 이끌어낸다는 점에 있다. 이때 문학의 자율적 전문성은 문제되지 않게 된다. 다방면에 걸친 삶을 이끄는 기술 교육이 문학적 능력의 생성을 여러 방향으로 배양시킨다. 그리하여 문학은 새롭게 발전된다. 기존 문학의 개념과 기능은 폐지되지만, 문학은 이를 통해 몰락하는 것이 아니라 건강하게 회복되고, "공동 소유의 성격을 띠게 된다." 벤야민에게 있어서 문제는 '리얼리즘'이 아니다.

벤야민은 소련과는 달리 사적 소유가 폐지되지 않은 부르주아 사회에서는 생산기구의 변혁, 변혁을 위한 기술 — 실험을 통해 진보할 — 이 문제가 된다고 말한다. 생산기구가 변혁되지 않으면 아무리 경향적 내용을 갖고 있는 예술이라고 하더라도 부르주아적 기능을 극복하지 못한다는 것이다. 비참한 생활을 찍은 사진이라고 하더라도 유행적 소비의 대상이 될 수 있다. 즉 스펙터클이 될 수 있다. 여기서 "어떤 문학이 시대의 생산관계에 대해서 어떤 입장에 있는가 하고 질문하기에 앞서 생산관계 속에서 어떻게 되어 있는가"[10]를 보아야 한다는 테제가 나온다. 생산기구의 변혁은 지식인의 생산을 구속하고 있는 제약을 무너뜨리는 것을 말하는데, 그 제약은 전문화에 의해 부과된 장벽이다. 전문성의 극복을 통해 정치적 진보의 기초가 되는 기술의 진보를 낳을 수 있고 예술의 소비품화로부터 그 기능을 전환시킬 수 있다.

벤야민은 그 예로서, 말의 협동을 통해 음악회의 형식을 기능전환한 한스 아이슬러, 입장권이나 실패꾸러미, 담배꽁초 등 "일상생활의 사소하기 짝이 없는 진실한 파편들"을 합쳐 정물화를 만들어 내어 '회화'의 기존 미학을 파괴하

---

10. 발터 벤야민, 『발터 벤야민의 문예이론』, 255~256쪽.

며 "시간을 폭파하"는 '혁명성'[11]을 보여준 다다이스트, 그리고 브레히트와 포토몽타주 등을 들고 있다. 장르들을 넘나들면서 형식의 기능전환을 실험한 이들은, "동질적이고 텅 빈" 자본주의의 근대적 시간을 폭파하면서 '현재시간'으로 충만한 시간[12]을 가져온다. 이때 미리 상정된 서정적 주체나 소설의 입안자로서의 예술가(시인-작가)는 파기된다. 하지만 '시인-작가'는 과정적인 주체, 구성적인 주체로 변화한다. 예술은, 삶이 거주하고 있는 내재성의 장 안으로 투입되어 수용자와 작가 사이를 횡단하면서 행해진 실험을 통해 그 기능전환을 이루어낸다. 또한 수용자와 작가는 지속적으로 생산되고 수정되는 작품을 매개로 상호 생성의 길에로 들어서며, 이러한 과정을 통해 개화되기 시작하는 사람들의 잠재적 능력은 돌발적인 변이의 가능성을 준비한다. 이때 시간은 충전되고 혁명의 정치가 작동되기 시작한다.

이렇듯 혁명적인 문학의 기능전환을 통해 어떤 정치적 잠재력을 실현시키려고 하는 문학 운동은 이젠 불가능할까? 벤야민이 보여준 바와 같이, 문학예술이 대중의 삶의 현장에 접속하고, 문학적 실험을 통해 삶과 연동하면서 문학과 삶이 재창조될 수 있는 방법은 이젠 없을까? 작품을 사람들의 삶 속으로 투입하는 일이 우선일 것이다. 투입은, 아마도 문학 제도를 통해서일 수밖에 없을 것이다. 하지만 그 제도는 현재의 그것과는 달리, 자율적 영역에의 고착에서 벗어난 형태여야 한다. 삶과 문학의 거리를 좁히면서, 현재 진행되는 자본의 일원화와 그 포섭에서 벗어나며 저항하는, 이를 위해서 여러 영역과 접속할 수 있는 횡단적인 제도. 문학의 전문화와 직업화의 '제약'을 벗고, 형성되고 있는 삶의 재탈환 운동과 접속할 수 있는 길을 찾아 나서는 제도. 그러한 제도의 활동을 통해 문학은 여타 대중의 삶과의 연결고리를 걸고, 실천적인 실험을 통해 삶 속에서 작동하면서 자신의 잠재적 힘이 증폭된다 …… . 이런 생각이 비

---

11. 발터 벤야민, 『발터 벤야민의 문예이론』, 256쪽.
12. 발터 벤야민, 「역사철학 테제」, 『발터 벤야민의 문예이론』, 353쪽.

현실적이고 멍청한 공상에 불과할까?

4

문학계의 쟁점이 되는 담론이나 작품, 비평을 가로지르는 글을 주문받았는데 요청 주제와는 상관없이 글이 흘러가버린 것 같아 멋쩍다. 하지만 아예 쟁점을 만들 수 있는 글을 써보면 어떨까 하는 생각도 들었다. 그러나 쟁점을 만들기엔 아직 이 글의 논의가 풍부하지 못하다는 생각이 들어서, 다시 청탁 취지서로 돌아가 지난 몇 년간 문학계에서 논의를 불러일으켰던 최원식의 논의에 대해 생각해보려 한다. 그리고 이 과정을 통해 앞에서 이야기한 바를 정리하며 글을 마치려고 한다. 알다시피 최원식은 리얼리즘을 주창해오던 잡지 『창작과 비평』의 대표적인 평론가다. 하지만 몇 년 전 「리얼리즘'과 '모더니즘'의 회통」[13]이란 글을 통해 그는 리얼리즘의 '적수'로 인식되어 왔던 모더니즘과 리얼리즘의 회통會通을 주장한 바 있다.

이 글에서 그는 '회통'은 리얼리즘은 리얼리즘대로, 모더니즘은 모더니즘대로 자신을 '비월'飛越할 때에 이루어질 수 있다면서, 비평은 이 비월하는 찰나에 산출된 '작품의 실상'으로 '귀환'하여야 한다고 주장한다. 이제는 작품을 평가하는 최종 심급으로서 '리얼리즘'이나 '모더니즘' 미학이 기능해서는 안 되는데, 그렇지 않으면 '담론의 형이상학화'가 비평과 작품의 분리를 계속 재생산하여 리얼리즘과 모더니즘의 윤회의 사슬을 끊지 못하게 될 것이라는 것이다. 그의 입론은, 간략하게 말해 형이상학화된 담론으로 더 이상 미리 작품을 판단하고 평가하지 말자는 것이다. 이 주장엔 그러한 담론이 작품에 대한 적실한 이해를 지금까지 가로막고 있었다는 판단이 깔려 있다.[14] 하지만 그렇다면 이

---

13. 최원식, 『문학의 귀환』, 창작과비평사, 2001.

러한 의문을 제기할 수 있지 않을까?

"비평이 작품을 평가하는 기준은 어디서 얻을 수 있는 것일까? 즉 작품 평가의 최종 심급은 무엇인가? 이 작품이 모더니즘 또는 리얼리즘을 비월했다고 판단할 수 있는 근거는 무엇인가? 물론 그 판단은 작품을 떠나 선험적으로 미리 내릴 수는 없을 것이다. 그렇게 된다면 작품과 비평의 괴리는 회복할 수 없을 것이다. 하지만 개별 작품에 대해 가치 평가와 해석이 동시에 이루어지게 했던 리얼리즘과 모더니즘 같은 추상적인 이론적 개념의 기능 자체마저 부정한다면 비평은 또 다른 난관에 빠지는 것은 아닐까?"

미학, 또는 '거대한 추상'이 작품을 재단하는 것에는 나 역시 반대하지만, 삶의 현주소를 포착하기 위해선 거대한 추상적인 담론이 불가결하다. 신자유주의의 흐름 속에서 구축되고 있는 제국과 거대 자본이 사람들의 삶 자체를 직접적으로 포섭하면서 삶의 생기를 빨아먹고 있는 현 상황을 파악하기 위해선 말이다. 어떤 문학작품이 자본주의의 포섭에 저항적인가 아닌가, 불온성을 획득했는가 아닌가를 판단하기 위해선 '거대' 담론의 '이분법'을 작동시킬 수밖에 없다. 이러한 추상을 포기한다면 삶의 현실적 흐름에 대한 이론적 파악을 괄호 치고 작품을 읽어야 한다는 것인데, 그것이 가능하다고 주장하려면 문학이 현실적인 삶의 흐름에서 분리되는 것에 암묵적으로 찬성해야 한다. 그리고 그때의 비평은 작품의 질, 미학적 판단에 치중하게 된다.

문학에 대한 가치 판단에 정치적 판단이 들어서면 안 되는 것일까? 물론

---

14. 어쩌면 최원식의 논의를 잘 받아들여 더 나아간 주장을 한 논자들은 흥미롭게도 최근 혁신호를 낸 『문예중앙』의 편집동인들인지 모른다. 이들은 혁신호(2005년 봄) 권두언에서 "우리 비평계에서 관성적으로 활용되었던 리얼리즘과 모더니즘, 서정과 실험, 근대와 탈근대의 이분법이 더 이상은 비평적인 준거가 될 수 없다고 생각합니다."라고 주장하고는, "지금의 문학은 여전히 생산적이며, 그것도 놀랄 만큼 생산적"인데, "문제는 그 발전의 속도를 따라잡지 못하는 비평계의 현실에 있습니다. 작품 앞에서 비평은 늘 늦될 수밖에 없습니다. 뒤처진 비평이 앞선 작품을 꾸짖고 타기시하고 매도하는 일은 있을 수 없고 있어서도 안 되는 일입니다. 그 길은 먼저 간 이들이 만들어갑니다. 비평은 늘 그 길을 따라가야 합니다. 우리는 그 길을 갈 준비가 되어 있습니다."라고 말한다.

1980년대식의 '폭력적 판단'은 마땅히 반대해야 한다. 허나 그렇다고 해서 문학에 대한 정치적 판단과 이를 근거로 한 평가를 금지해야 한다는 결론이 나오진 않는다. 어떤 정치인가가 문제가 되지만 말이다. 다시 벤야민을 사용해보자. 벤야민은 "올바른 경향을 지닌 작품이라면 필연적으로 그 밖의 다른 질도 보여주지 않으면 안 될 것"[15]이라고 말하고 있다. 올바른 경향이라면 더 이상 질을 운위할 필요가 없다는 말이 아니다. 올바른 (정치적인) 경향은 미학적 질이 뛰어나다는 말도 아니다. 분명 질은 운위해야 한다. 하지만 그것은 올바른 경향의 작품이 필연적으로 보여줄 '다른 질'에 대해서이다. 문학의 진보적 경향성은 기존 미학으로는 포착할 수 없는 '다른 질'을 가져온다. 그 질은, 앞에서 보았듯이, 삶 속으로 투입된 문학이 실험을 통해 자신의 기능전환을 이루어내는 과정에서 형성될 것이다. 이 '다른 질'의 형성 과정에서 문학은 관조의 대상이 아니라 삶을 구성해나가는 실천 자체가 된다.

한편, 실험을 통해 형성되는 '다른 질'의 문학은, 자본주의의 교환가치에 포섭되어 '차이 속에서 동일화된' 주체를 '재특이화' ─ 다른 주체성의 생산 ─ 하는 데 작동된다. 펠릭스 가따리Félix Guattari의 용어를 빌려서 다시 말하면, 예기치 못한 것들이 만나서 발생되는 사건이 지속적으로 이루어지는 문학적 실험은 '기계적 이질발생'의 삶을 '수용자-작가'에게 가져온다. 이때 삶의 시간은 지속적 생성으로 꽉 차게 될 터, 정치적으로 올바른 문학의 경향성은 이러한 생성을 촉발할 수 있는 작동 능력에 있다. 가따리는 문학에 내재되어 있는 미적 특질이 "세계와의 관계를 지속적인 방식으로 스스로 풍요롭게 해가는 주체성 생산"의 "내적인 동인들"을 매우 잘 드러내줄 수 있기에 "오늘날 우리는 경제학·인문과학 그리고 정신분석을 합한 것 이상으로 시에서"[16] 그 내적인 동인을 배울 수 있다고 말한다. 작가-시인에게 글은 '다른 무엇으로 되기'를 실험하는 과정이다.

---

15. 발터 벤야민, 「생산자로서의 작가」, 『발터 벤야민의 문예이론』, 254쪽.
16. 펠릭스 가타리, 『카오스모제』, 윤수종 옮김, 동문선, 2003, 36쪽.

이전의 자신을 폐지하면서 새로운 무엇으로 생성해나가는 그 과정은 매우 고된 작업일 터, 글에는 그 고된 생성의 내적 동인들이 기록되어 있을 것이다. 반면 어떤 돌발적인 생성을 시도하지 않고, 즉 주체화되어 있는 자신을 변이시키려 하지 않고, 다만 그 주체를 서정을 통해 재확인하려는 글쓰기라면, 그 글은 미학적으로 뛰어날 수는 있으나 생성의 자리에 독자를 초대할 수는 없을 것이다. 이와 달리 '되기'를 실험하는 글은 독자 역시 다른 무엇으로의 되기에로 이끈다. 가따리의 말을 다시 인용하면, "예술 작품은 그것을 사용하는 사람들에게는 틀 벗어나기, 의미의 절단, 바로크적 증식이나 극단적인 불모화의 기획이며, 이것이 주체를 자체의 재창조나 재발명으로 이끌어 간다."[17]

한편, 비평은 작품의 이러한 잠재적 능력을 드러내어 독자의 '되기'를 더욱 촉진시키고 활성화하는 데 그 기능이 있다고 말할 수 있겠다. 이 작업은 작품의 외부에서 작품을 해석하고 평가하는 외재적 비평이 아니라, 작품 속에 작동하고 있는 생성의 힘을 드러내는 내재적 비평을 통해 이루어질 것이다. 문학 안에 흐르고 있는 생성 능력이 사람들의 삶 속에서 작동될 수 있도록 돕는 이 비평 작업은, 작품의 스펙터클화를 도와 작품을 소비품으로 변환시키는 비평 작업과는 날카롭게 구별된다. 이 비평은 급진적인 정치성을 갖는다. 문학의 정치화 과정이란 문학이 삶의 세계 안에서 작동되면서 양자가 또 다른 무엇으로 생성하는 것이라고 할 때, 가따리의 글을 다시 빌려서 말하자면 이 과정의 가속화를 돕는 비평 작업은 "정치적인 것, 윤리적인 것, 미학적인 것 사이에 횡단적으로 관통하는 결합을 근본적으로 정립"하는 일과 연관되어 교환가치에 종속된 자본주의 세계를 "다른 가치 세계에 입각해서 재구축"하면서 "사회생활 형태 전부를 전복하는 것"[18]과 연동될 수 있기에 그렇다.

(『문화과학』 2005년 겨울호)

---

17. 같은 책, 169쪽.
18. 같은 책, 173쪽.

전복적인 비평이란 무엇인가?

신형철의 「전복을 전복하는 전복」에 대한 토론문[1]

　　신형철 씨의 발표문, 흥미롭게 읽었습니다. 시단에서 '미래파 논쟁'이 활발하게 이루어지고 있다는 사실은 대략 알고 있었습니다만, 논쟁이 되고 있는 텍스트들을 꼼꼼하게 따져 읽지는 못하고 있었습니다. 그런데 여기 토론자로 나서게 된 일을 기회로, 논쟁 관련 평문들을 읽어보면서 무엇이 문제가 되고 있는가에 대해 생각해보았습니다. 처음으로 일군의 젊은 시인들을 묶어 '미래파'라고 명명한 권혁웅 시인, 그 명명을 '새로운 서정'론으로 좀 더 정치하게 뒷받침한 이장욱 시인, 그리고 이 두 분의 생각을 좀 더 급진화하면서 시단의 '뉴웨이브'를 이론적으로 옹호한 지금의 발표자 신형철 평론가. 이 세 분이 '미래파' 옹호를 이끌어나가는 주역이시더군요. 이분들은 기존의 (전통)서정시에 대해 비판하면서, 설명과 해석을 통해 현 젊은 시인들의 '새로운 시들'에 대한 독자들의 이해를 도모하고, 더 나아가 이 시들을 한국시의 미래라고 고평하셨습니다. 이에 대해 많은 분들이 반발하시게 되면서 논쟁이 붙게 된 것 같습니다. 그 논쟁은 꽤 강렬한 듯하여, 자칫 미래파 대 서정파로 시단이 나뉘는 건 아닐까 하는 생각까지도 들었습니다. 한편으로는, 한국 시단의 감상적 낭만주의와 편

---

1. 이 글은 2006년에 열린 『실천문학』 주최의 심포지엄 〈젊은 작가들의 전복적 상상력〉에서 신형철의 발표문 「전복을 전복하는 전복」에 대한 토론문으로 제출한 것이다.

偏내용주의를 비판하면서 현대에 대응하는 시적 언어의 조직을 내세운 김기림의 모더니즘 주창과 이에 따른 논쟁을 다시 보는 것 같다는 느낌도 들었습니다. 물론 지금은 그 양상이 매우 다르겠지만.

발표문은, 여러 지면을 통해 발표자가 정교화하고 확장시킨, 현 시단의 '전위-뉴웨이브'(앞으로 발표자가 사용하는 이 이름을 사용하겠습니다)에 대한 옹호논리를 일목요연하게 정리한 글이라 생각됩니다. 권혁웅 시인의 '미래파 명명'과 그 방식, 이장욱 시인의 '새로운 서정'에 대해서도 할 말이 있지만, 이 자리에서는 신형철 평론가의 발표문에 한정하여 주로 이야기하겠습니다. 지금 저에게 '서정파'(라는 게 있다면)를 대변하는 역할이 주어져 있는 것은 아니겠지요? '서정파' 대 '전위파'의 논쟁구도를 여기서 반복한다는 것은 별 의미가 없다고 생각합니다. 그러한 구도는 어느 파가 더 옳다는 식의 주장만 주고받는, 어떤 것도 생산하지 못하면서 논쟁을 소진시킬 가능성이 큽니다. 게다가 저는 '전위시'에 대해 관심이 많습니다. 그래서 발표자의 글들을 읽고는, 제가 관심을 갖고 있는 주제에 대해 다른 방식으로 깊이 생각하고 있는 논자를 알게 되어 반갑다는 생각을 했습니다. 하지만, 곧 말씀드리게 되겠지만, '전위'란 개념에 대한 발표자의 생각은 저와 상당히 다릅니다. 한편, "'뉴웨이브' 시에 대해, 나는 발표자와 달리 비판적으로 생각한다"는 식으로 토론을 진행시키지 않으렵니다. 우선 저는 아직 그 '뉴웨이브' 시들을 꼼꼼하게 읽어보지 않았기에 그 시들에 대해 판단을 유보하고 있습니다. 게다가 그 시들을 비판하는 평문들이 많이 발표되어 있습니다. 이 자리에서 그 비판을 반복하는 일은 '지겨운 짓'일 수 있습니다. 그래서 그런 방식보다는 이 평론이 내장하고 있는 논리에 대해 저의 반론 및 의문을 대치시키는 식으로 토론을 해보겠습니다. 저도 아직 '시'에 대한 입장을 확실히 정립하지 못한 사람입니다. 발표자와의 토론은 저의 시관 형성에 큰 도움이 될 것이라 기대합니다.

발표자께서는 '뉴웨이브'에서 전위의 미학을 읽어내려고 하십니다. 발표자에 의하면 전위의 미학은 사용가치로서의 새로움 — 언어의 혁신, 미의식의 갱신,

더 나아가 비평의 쇄신 — 과 관련됩니다. "좋은 데 새로움"의 미학이 전위의 미학이라는 것입니다. 한편, 이 미학은 "새롭기 때문에 좋은" 교환가치로서의 새로움 — 마케팅의 미학 — 과 근본적으로 다르다고 하십니다. 하지만 당장 이런 질문을 드릴 수 있습니다. "무엇이 '좋은 것'인가?"라고요. 발표문엔 "좋음이란 무엇인가?"에 대한 설명이 빠져있습니다. 혹시 혁신, 갱신, 쇄신이기 때문에 '좋은 것'이라 생각하십니까? 그렇다면 그것은 "(아주)새롭기 때문에 좋다"는 말이 되지 않겠습니까? "교환가치의 불모지"인 '문학'이 혁신, 갱신, 쇄신의 대상이기 때문에, 그 혁신의 미학은 교환가치의 미학과 다르다고 생각하십니까? 그렇다면 이렇게도 말할 수 있습니다. 발표자의 논리를 따라가면, 발표자의 의도와는 반대로, 발표자께선 그 교환가치의 불모지인 문학마저 "새롭기 때문에 좋다"라는 '마케팅의 미학'에 흡수된 양상을 말씀하고 계시다고요.

이런 꼬임이 발생하게 된 것은, 발표자께서 교환가치와 사용가치를 별개의 것이라고 생각하셨기 때문인 것 같습니다. 어떤 사물에 사용가치가 없다면, 교환할 필요가 없기에 교환가치도 가질 수 없습니다. 맑스에 의하면 상품은 사용가치와 교환가치의 모순적인 통일 위에 있습니다. 샘물은 사용가치가 있습니다. 우리는 그 샘물을 그냥 마실 수 있습니다. 그런데 자본은 그 샘물을 상품으로 만들어 교환가치화 합니다. 그렇다고 사용가치가 사라진 것은 아닙니다. 사용가치가 있기 때문에 우리는 돈 주고 그 포장된 샘물을 사먹습니다. 문제는 교환가치가 사용가치의 풍부한 질을 일종의 추상적이고 등질적인 양으로 환원시켜버린다는 데에 있습니다. 다른 질의 샘물이 발견되었습니다. 당장 자본은 그 새로운 질의 샘물을 상품화 합니다. 경쟁력이 있으니까요. 그 다른 질은 '새로운 샘물'이라고 선전되고 '몇 원'이라는 추상적인 양으로 다시 환원됩니다.

새로운 문학 역시 그런 운명에 빠질 가능성이 있습니다. 새로운 질 — 사용가치 — 의 문학이 탄생했습니다. 출판 자본과 연계된 문학 제도는 그 새로운 질의 문학을 "문학사의 지평을 여는 '새로운' 문학"이라고 선전할 수 있습니다. 이때 발설되는 '새로움'은 바로 교환가치의 '새로움'과 큰 차이가 있을까요? 물론 큰 돈이 안 될 수 있지만, 이런 식으로 출판 자본은 상징 자본을 확실히 획득할 수 있습니다. 또한 이런 식으로, 자본주의가 산출하고 강요하는 추상적인 '새로움'은 상품관계에서 벗어나 있다고 생각되는 영역에도 속속들이 침투, 우리의 삶과 의식-무의식에까지 각인된다고 생각합니다. 자본의 입장에서 본 역사는 일직선적으로 진보해 나갑니다. 벤야민이 비판한 텅 비고 동질적인 시간관에 기초한 이 역사는 새로움의 연쇄에 의해 구성되기 때문입니다. 이러한 진보관이 문학사에 적용된다면, 문학사는 문학에 새로운 장을 연 문학으로 구성될 것이며, 그러므로 유의미한 문학은 새로워야 한다는 논리가 나오고, 새로운 것이 문학사적 가치가 됩니다. 문학은 또한 거꾸로 그 문학사적 가치에 의해 자리매김됩니다. 이러한 논리는 교환가치적 '새로움'의 운동과 연동되고 있다고 생각됩니다. 오해를 피하기 위해 말하면, 발표자의 작업이 결국 상업적인 목적에 봉사할 뿐이라고 말하고자 하는 것은 아닙니다. 그렇게 말한다면 과장이며, 폭력적인 논리를 행사하는 짓이 될 것입니다. 다만, '사용가치의 새로움'이 자본주의의 '교환가치의 새로움'에 대한 대항 논리가 될 수 없다고 말하고 싶은 것입니다.

또한 '전위-아방가르드'는 새로움이란 범주와 관련지어 생각해선 안 될 것입니다. 이는 제 고유한 생각이 아니고 페터 뷔르거Peter Bürger의 생각입니다. 아방가르드에 대한 저의 생각은 뷔르거의 아방가르드 이론을 상당 부분 따르고 있습니다. 뷔르거는 새로움의 카테고리가 유행적 혁신과 역사적으로 필연적인 혁신 사이를 구별할 가능성을 분명히 제시해주지 못한다고 합니다. 갱신과 혁신이 아방가르드적 특성이라면 한용운도 전위주의자고 정지용도 백석도 전위주의자가 될 수 있습니다. 백석의 『사슴』이 한국 시를 혁신했다고 누군가 주장할 수 있지 않겠습니까? 패러다임을 바꾸는 것이 문제라면, 김억은 최초의 전위주의자가 될 수 있나요? 아방가르드는 새로움을 노리고 있지 않습니다. 역시 뷔르거에 의하면, 아방가르드는 제도 예술을 파괴하고 실제 생활 속에서 시를(예술을) 실천하여 실제 생활을 새롭게 조직하고 변혁시키려 합니다. 그래서 전위주의자들은 떼로 몰려다니면서 갖가지 해프닝을 벌이고, 선언서를 발표하는 등의 소동을 벌입니다. 그리하여 자본주의의 권태로운 일상을 흔들고자 합니다. 전위avant-garde는 시간적인 개념이 아니라 공간적인 개념입니다. 시간적으로 앞서 있다는 뜻이 아니라 공간적으로 앞에 있다는 뜻입니다. 즉 극단의 지점에 있다는 뜻입니다. 그 지점에 있고자 하는 자들은 특정 시대마다 반복해서 등장합니다. 물론 세상과 삶은 변하고 또한 변해야 하니까, 그 회귀는 동일한 반복이 아니라 차이 있는 반복이어야지만 의미가 있겠지요.

이렇게 본다면 저는 후기 카프KAPF나 해방직후, 그리고 1980년대의 좌파 문학 운동이 아방가르드적인 성격을 갖고 있다고 생각하고 있습니다. 하지만 그 운동들은, 생활의 시적 조직화가 아니라 시를 몰mole적 정치의 도구로 취급하는 데로 흘러가 버린 듯합니다. 그래서 그 운동을 "한국의 아방가르드다"라고 단정할 수는 없겠습니다. 그러나 삶과 예술의 분리를 철폐하려 하는 전위적 성격을 그 운동들은 분명 갖고 있다고는 말할 수 있습니다. 지금도 그런 운동이 없어진 것은 아닙니다. 송경동 시인은, 포항에서 경찰에 의해 맞아 운명하신 비정규직 노동자 하중근 씨에 대한 추모시를 노동자 집회에서 낭독했다는 이유로, 소환장을 받아놓은 상태죠. (시 내용은 꽤 과격합니다. 시 형식적으로 과격하진 않습니다만. 하지만 그래도 어떻습니까? 아방가르드라면 말입니다.) 이 역시 시와 '삶–정치'의 장 사이의 장벽을 허물려는 일종의 아방가르드적 실천으로 말할 수 있지 않을까 생각합니다. 전위성은 미적이든 정치적이든 '시의 실천'에 있다면 말입니다. 송경동 시인의 시적 실천은 정치의 아킬레스건과 직접 맞닿아 있는 모양입니다. 국가 권력은 곧바로 그를 구속시키려고 하고 있지 않습니까. 물론, 전위가 되기 위해선 신전선동 시를 써야 한다는 말은 아닙니다. 이에 대해선 따로 좀 더 생각하고 싶습니다 …….

한편, 발표자께서는 전위의 '미학'을 강조하십니다. 하지만 저는 삶 속에서 예술을 실천하려는 아방가르드는 미학을 갖고 있지 않다고 생각합니다. 초현실주의의 자동기술법은 미학적 기법이 아닙니다. 그것은 사는 법입니다. 그들에게 예술은 사는 법인 것입니다. 그들은 극렬한 선전선동 시도 쓰면서도 극도의 에로틱한 소설도 씁니다. 초현실주의자인 아라공 같은 이가 그랬다죠. 천방지축 날뛰는 아방가르드에 미학을, 즉 예술성을 부여한다면, 그것은 아방가르드를 다시 예술제도로 끌어들이기 위함이라는 혐의를 피할 수 없지 않을까요. 이를 의식하고 계신지 발표자께서는 네거티브한 방식으로 '뉴웨이브'의 시학을 규정함으로써 전복성의 소진을 피하려고 하시고(실정적인 규정은 어디로 튈지 모르는, 즉 미지인 '뉴웨이브'를 어떤 틀에 가두어놓을 수 있기 때문이겠지요), 그래서 명명은 항상 실패해야 한다고 말하십니다. 하지만 '뉴웨이브'의 세계관 및 예술관이 세계를 향해 선언되지 못하고 다만 다소 방어적으로 그들의 미학이 '설명'될 때, 그 설명이 어떤 방식이든지간에 그것은 예술 및 문학사라는 박물관에 전위적인 시를 모셔오는 작업이 될 가능성이 있습니다. "이 이상한 시들도 이리 저리 해서 문학이다"라는 식으로 말입니다. 이 이상한 시들의 미학이 전복적이라고 설명한다고 해도 결국 제도 보고 그 전복성을 승인해달라고 요구하는 식의 비평이 된다면, 그 비평은 노마드적인 움직임을 둔화시키고 제도화하는 기능을 갖게 될 것입니다.

그래서 이 글의 제목을 "전복적인 비평이란 무엇인가?"라고 붙여보았던 것입니다. 제가 이 자리에서 그 답을 말하고자 하는 것이 아니라 문단에서도 한 번 이 주제에 대해 논해 보는 것은 어떨까 하는 생각에서 말입니다. 발표문의 제목은, 기존 비평이 생각하고 있던 전복이란 관념을 '뉴웨이브'가 전복하고 있다는, 바로 그 전복의 전복이 '뉴웨이브'의 전복이라는 발표자의 생각을 보여줍니다. 또한 그 제목은 '뉴웨이브'의 도움을 받을 때 비평은 기존의 전복에 대한 관념을 전복하는 쇄신된 비평 — '비평언어' — 이 가능하다는 뜻도 담고 있습니다. 하지만 쇄신된 비평을 생각하기 위해선, 일단 비평은 제도에서 자신이 점하고 있는 위치를 파악해야 하지 않을까요? 사실 그게 정직한 것 아니겠습니까? 정말 비평이 전복적이기 위해서는 비평이 어떤 기능을 해야 하는가 고민해야 하지 않을까요? 현 사회에서 문학 제도가 어떤 기능을 하는가에 대한 사유와 더불어 말입니다. 그러면서, 작품과는 별개로, 비평이 가질 수 있는 전복적인 기능을 찾아보아야 하지 않을까요.

그리고, 비평가는 시와 부딪쳐야 된다고 생각합니다. 비평도 문학이고 예술인 측면이 있습니다. 비평이 고정된 자리에 앉아서 해설이나 교통 정리하는 역할만 할 수는 없습니다. 나름대로 비평도 움직여야 하고 움직이고 있습니다. 전복적인 비평이라면 더욱 말할 나위 없겠지요. 시도 또한, 지금 한국 시가 보여주듯이 질주하고 있습니다. 이 둘이 어디서 어느 순간 마주칠 때, 생성하는 비평이 가능하지 않겠습니까? 시가 '장차 도래할 인간'을 향해 말을 걸듯이, 비평도 '장차 도래할 작품'을 향해 말을 걸 수 있어야 하지 않을까요? 비평가가 작품을 통해 자신의 비평을 반성하면서 성실하게 작품의 미학을 '추출'할 때, 그것은 생성이라기보다는 반복에 가깝지 않을까요? 한 가지 꼬집자면, 발표자 글에서 표명된 '뉴웨이브'의 미학은 라캉이나 들뢰즈·가따리의 철학 또는 예술관입니다. 그래서 '추출'이란 단어를 쓴 것입니다. 결국 이는 반복 아닌가요? 시에서 들뢰즈 철학을 확인하는, 들뢰즈 철학의 반복. 사실 저 자신도 그런 식으로 비평을 하고 있기 때문에 이러한 말을 할 자격은 없지만, 자기비판 겸 드리는 말씀입니다.

벌써 시간을 많이 허비했지만, 지적하고 싶은 말, 또는 질문이 아직 더 남아 있습니다. 특히 라캉의 이론을 원용하신 자아와 주체의 구분 문제 ― 이는 서정시에 대한 비판을 가능하게 하는 논리라 중요하게 다루어져야 하는데 ― 가 얘기될 수 있을 것 같습니다. 라캉의 이론에서, 자아와 주체는 개념적으로 구분될 수 있지만 실상에서는 구분될 수 없는 것이라고 알고 있습니다. 적어도 그의 이론에서 자아와 주체는 긴밀하게 연관되어 있습니다. 자아는 상상계와 관련되고 주체는 상징계와 관련됩니다. 인간의 탄생은 상상계와 상징계의 엮임에 의해 이루어지는 것 아닙니까? 발표자의 설명을 더 듣고 싶군요. 여하튼 라캉의 주체이론은 저에겐 답답합니다. 주체의 구성을 생각하지 못하게 합니다. 그 이론은 내재적인 주체 형성이 결국 상상적인 것에 불과하다고 점잖게 말하면서 우리를 맥 빠지게 합니다. 들뢰즈 식의 주체, 즉 '다른 것으로 되면서 내재적으로 구성되는, 그러면서 공통적인 것에 참여하는', 외부를 끌어당기면서 주름 잡히며 형성되는 주체에 대한 문제가 미래의 화두가 될 것이라고 저는 생각하고 있습니다.

발표자께서도 라캉보다 들뢰즈의 이론을 더 원용하고 계십니다. 특히 이 글에서는 『철학이란 무엇인가』에 실린 예술론 중에서, 예전부터 정남영 평론 가나 박수연 평론가가 '서정시'를 예전과는 달리 설명하기 위해 자주 인용한 문단을 끌어오고 계십니다.[2] 그런데 저는 이 문단을, 주체에 관련해서뿐만 아 니라 예술에 있어서도 들뢰즈가 구성을 중요시했다는 점을 놓치지 말고 읽어 야 한다고 생각합니다. 들뢰즈 말마따나 예술이 '감각의 집적'을 제공한다면, 그 집적이 어떻게 구성되어 있는가를 비평이 살펴보는 일도 중요하지 않을까 요. 그 감각의 집적, 즉 구성된 응집은 '뉴웨이브' 시에서나 '(좋은) 전통 서정시' 에서나 모두 찾아볼 수 있을 것입니다. 들뢰즈가 자신의 이론을 설명하기 위해 예로 든 작가는 모던한 작가에서 고전적인 작가까지 매우 폭이 넓습니다. 이른 바 전위적인 현대작가의 소설에서만 자기 이론의 풍부화를 찾고 있진 않다는 것이지요. 또한 들뢰즈 자신이 위의 책에서 예술에서 감각을 구성하는 일이 얼 마나 중요한 것인지 쓰고 있습니다. 그 구성의 양태야말로 예술가의 특이성을 보여주는 것일 테니까요. 그래서 하나의 작품이 어떻게 구성되어 있는지 살펴 보는 일이 중요한 비평과제가 될 수 있습니다.

'소통'을 어떻게 볼 것인가에 대한 문제 등, 더 할 말이 있지만 그만하기로 하겠습니다. 마지막으로, 발표자의 이론 원용 방식에 대한 저의 불만을 말씀드 리고 싶네요. 들뢰즈와 가따리가 정신분석을 싫어했다는 것은 잘 알려져 있지 요. 라캉과 후기 들뢰즈는 서로 화해하기 힘든 이론일 것입니다. 그런데 발표 자께서는 주체를 설명할 땐 라캉을 원용하시고, 예술의 존재론을 설명할 땐 후

---

2. "예술은 지각작용들, 감정들, 견해들로 이루어진 삼중의 조직을 삼중의 조직을 해체시켜, 거기에 언어의 자리를 대신하는 지각들, 정서들, 감각의 집적들로 구성된 하나의 기념비를 들어앉힌 다."(질 들뢰즈·펠릭스 가타리, 『철학이란 무엇인가』, 이정임·윤정임 옮김, 현대미학사, 1995, 253쪽). 이 부분을 신형철은 "예술은 지각들, 정념들, 견해들로 이루어진 삼중의 조직을 해체하 여 거기에 percept, affect, 감각들의 집적들로 구성된 하나의 기념비를 들어앉힌다."라고 인용하 고 있다.

기 들뢰즈를 인용하고 계십니다. 이는 문제가 있다고 생각합니다. 저 또한 편의대로 이론을 사용하는 경향이 있어서, 이 또한 자기비판하는 발언입니다만. 그런데 발표자의 편의주의적 원용이 더욱 짙게 드러나는 논의가 있습니다. 서정시에 대해서는 자아와 세계의 이분법에 기초한 '낡은' 이론으로 설명하시고는 '뉴웨이브'를 설명하실 때는 라캉, 지젝, 들뢰즈 등의 첨단적인 이론을 발표자는 원용하고 계신 겁니다. 자아-세계의 관계 이론은 라캉이나 들뢰즈 모두에게 비판받을 수 있는 이론이죠. 자아를 실체화하였기 때문입니다. 이 관념론적인 이론 자체가 나르시시즘을 품고 있습니다. 이런 이론으로 서정시를 바라본다면 서정시는 곧 나르시시즘적인 장르가 되어버리지요. 즉 나르시시즘적인 이론에 의해 서정시의 특성이 부여되면, 그 특성 역시 나르시시즘적이게 됩니다. 발표자께서는, 그 이론의 체에 걸러진 서정시의 특성에 대해, 들뢰즈나 라캉과 같은 유물론적인 이론을 통해 공격하십니다. 부당합니다. 그 유물론적 이론은 자아-세계의 관계 이론을 공격해야 옳았습니다. 그런데 도리어, 그 관계 이론이 설명한 바에 그대로 따라 서정시를 이해하시고는, 그렇게 이해된 서정시를 그 이론에 적대적인 이론으로 공격하고 계시니 말입니다. 공평하려면 서정시 역시 들뢰즈나 라캉의 이론으로 설명해야 할 것입니다. 서정시를 비판하기 위해서라도 말입니다.

　이렇게까지 말했지만, 발표자의 생각에 다 반대하고 있는 것은 아닙니다. 발표문엔 언급되지 않았지만, 다른 글들에서 발표자께서 제기하신 '시적인 것'이란 개념, 영구혁명이라고 말할 수 있는 시의 정치성, 서정시의 제도적 성격 등에 대한 논의는 계발적인 내용을 풍부하게 갖고 있다고 생각합니다. 언제 이 문제에 대해서도 토론하고 싶습니다. 발표자의 텍스트들은 많은 생각을 하게 만듭니다. 발표자께서 문제를 생산해내면서 의제를 선점하는 능력을 갖고 계시고, 또한 그만큼 밀도 높은 사유를 하고 계시기 때문일 것입니다. 저의 이 다변은 발표자 신형철 평론가 덕분입니다. 감사합니다.

(『실천문학』 2006년 겨울호)

2장

문학의 종말에서 문학적 삶으로

1

많은 사람들이 "문학의 시대는 이제 갔다"라는 말을 하곤 한다. 문학의 시대는 갔다는 말은, 문학이 예전에 갖고 있었던 힘을 지금 이 시대엔 발휘할 수 없다는 뜻이다. 아마 문학 지망생이 아닌 학생들에게 문학을 가르치는 이라면 이런 생각이 절실하게 떠오를 것이다. 몇몇 열렬한 문학 '마니아' 학생을 빼놓으면, 대부분의 학생들이 문학에 별 관심 없이 그저 학점을 따기 위해 수강하고 있는 듯한 모습을 보게 되기 때문이다. 물론 흥미를 불어넣어주지 못하는 선생의 잘못도 있겠지만, 역으로 흥미를 억지로 불어넣어야 한다는 생각이 선생을 서글프게 한다. 문학도든 아니든, 10여 년 전까지만 해도 문학이 술안주거리는 되지 않았는가? 하지만 지금은 많은 학생들이 몇몇 유명 문학상의 존재 유무도 알지 못하고 있다. 물론 학생들을 탓할 일은 아니다. 여전히 많은 학생들이 진지하게 삶에 임한다. 하지만 그들의 삶에서 문학은 더 이상 필요한 것 같진 않다. 삶과 문학이 분리되었다.

하지만 대조적으로 많은 이들이 문학을 하려고 한다. 문학을, 교양으로서 가 아니라 평생의 업으로서 말이다. 문학잡지 수가 몇 년 사이 엄청나게 증가했다. 그리고 문예창작과에 들어가고자 하는 학생 수가 증가하고 있다. 이를 보면 아직 한국에 문학에 대한 열정을 품은 사람들이 많다는 것을 알 수 있다. 하지만 이들과 일반 비문학도 사이의 간격은 너무나 크다. 다시 말해 문학에 삶을 바치려는 사람은 늘고 있으나 반대로 문학에 무관심한 사람도 늘고 있다. 그래서 문학은 문학 생산과 유통과 소비의 망을 구축한 문학 제도와 대학에서만 살고 있으며, 다른 사회적 장에서는 그 영향력이 거의 없는 것 같다. 이 불균형이, 문학이 융성해가고 있는 듯이 보이는 현상에도 불구하고, '문학의 종말'에 대한 담론을 진지하게 생각하게끔 한다.

문학의 위기, 예술의 위기에 대한 담론은 신선한 담론은 아니다. 언제나 문학계는 위기담론을 퍼뜨리면서 문학의 열기를 북돋으려고 해왔다. 그런데, 예술의 종말, 문학의 종말에 대해 이야기한다는 것은 위기 담론과 차원이 다르게 느껴진다. 문학의 죽음이란, 문학에 어떤 생명이 있다면 그 생명을 이끌던 무엇이 이젠 없어져버렸다는 얘기가 된다. 그리고 이 '종말 담론'은 문단에 신선한 공기를 한번 주입해볼까 하는 생각에서 던져지는 것 같지 않다. 이 '종말 담론'은 매우 진지하다. 논자들은 그 종말에 대해 철학적인 담론을 펼치며 논증하려고 한다. 잘 알려져 있다시피 헤겔은 자기 시대에 이미 예술은 끝났다고 생각했다. 물론 그 종말은 예술 창작, 예술품의 생산이 이루어지지 않는다는 것을 뜻하지 않는다. 헤겔의 생각은, 절대정신의 외화인 역사 과정이 자기 시대에 드디어 하나의 원환을 다 돌았기 때문에, 즉 역사가 끝났기 때문에, 그 과정 중 하나의 단계인 예술은 더 높은 단계에 있는 정신의 회고의 대상으로서 존재한다는 것이다. 다시 말해 예술은 삶에서 차지하는 생생한 기능인 '삶-정신'을 형성하는 기능을 잃고, 이미 높은 단계에 오른 정신(철학!)에 의해 판단되고 분석되는 대상이 된다는 얘기다. 예술과 문학의 종말을 말하는 논자들은 이러한 헤겔의 입장을 대개 받아들이는 것 같다.

한국에 소개되어 필자가 읽어볼 수 있었던 '종말 담론'을 펼친 논자들은 앨빈 커넌과 같은 작가, 아서 단토Arthur C. Danto나 이브 미쇼Yves Michaud와 같은 철학자, 가라타니 고진柄谷行人과 같은 비평가 등이다. 앨빈 커넌은 매체의 변화 및 급진적 비평의 개화 등에 의해 문학이 위축되고 있는 현상들을 다각도로 보고하고 있다.[1] 단토나 미쇼는 예술의 죽음에 대해 역사 철학적으로 접근하고 있으며[2] 고진은 일본 근대문학이 얼마 전에 죽은데 이어 한국 근대문학도 최근에 죽었다고 선언하듯 말한다.[3] 이들은 예술의 종말의 의미를 각자 다르게 설정하고는 있지만, 대부분 삶 속에서 예술과 문학이 차지하는 역할이 이전과는 판이하게 달라졌다는 데 동의한다. 다시 말해, 작품은 풍성하게 계속 쏟아져 나올지는 모르겠으나, 헤겔이 생각한 예술의 종말, 즉 예술이 '삶-정신' 자체를 형성시키는 데 기능하지 못한다는 예술의 종말이 이 시대에 이루어졌다는 데 그들은 동의하고 있는 것이다. 과연 이들의 말을 받아들여야 할까? 받아들인다면 어떻게 해야 할까? 이들 '위기' 혹은 '종말' 담론을 미쇼와 단토, 고진을 중심으로 간략히 소개하면서 필자의 생각을 추슬러 나가보기로 하겠다.

2

사실 예술의 역사는 19세기 초의 헤겔의 생각 ─ 예술의 종말 ─ 을 비웃으며 전진해 갔다고도 할 수 있다. 예술은 시간이 지날수록 더욱 급진적으로 변화되어 갔고, 20세기에 들어서는 좀 더 과감해져서, 아방가르드에서 볼 수 있듯이 예술이 삶을 변화시켜야 한다고까지 생각했다. 다시 말해 이들 아방가르

---

1. 앨빈 커넌, 『문학의 죽음』, 최인자 옮김, 문학동네, 1999.
2. 아서 단토, 『예술의 종말 이후』, 이성훈 외 옮김, 미술문화, 2004; 이브 미쇼, 『예술의 위기』, 하태환 옮김, 동문선, 1997.
3. 가라타니 고진, 「근대문학의 종말」, 『문학동네』 2004년 겨울호.

드에 있어서 예술은 회고되는 것이 아니라 삶 자체여야 했다. 그런데 이브 미
쇼는, 아방가르드 예술의 움직임을 추동시킨 기획은 사실 미학적 국가를 이루
려는, 18세기 말의 쉴러 이래 이어져 온 유토피아라고 말한다. 쉴러는 미적 교
육을 통해 민중들이 이성에 다가갈 수 있다고 보았고, 그래서 이성의 국가를
세울 수 있다고 주장했다. 그래서 예술은 정치적으로 중대한 기능을 갖는다고
생각했다. 새로운 삶의 건설에 봉사하려는 아방가르드 예술을 추동시킨 것도
그 유토피아와 크게 다르지 않았다고 미쇼는 생각한다. 그러나 그 유토피아는
하나의 환상이었으며 또한 이젠 그 유토피아는 죽어버렸다고 그는 말한다.

　　문제는 이 사실을 인정하지 못하고 "좋은 죽음을 하도록 내버려두어야 하
는 예술의 유토피아를 살아 있는 상태로 유지하려고 하면서 틀리게"[4] 되는 비
평가들의 사고방식이다. "필요한 것은 필요와 욕구가 진정으로 존재하는 것이
고, 개인들과 집단들이 진정으로 자기를 표현하고, 자기들의 표시를 남기고자
하는 욕구를 갖는 것"[5]이다. 즉 예술가들에게 미학이나 정치학을 들이밀면서
어느 방향으로 가야 한다는 말을 하지 말자는 제의다. 예술의 유토피아라는 근
대적 개념의 예술이 위기인 것이지 예술 자체가 위기인 것은 아니며, 도리어
예술의 유토피아가 죽었다는 것을 인정하게 되면 예술은 더욱 자신의 힘으로
다양하게 개화하고 전통을 스스로 만들며 나아갈 것이라고 한다. 즉 위기를 맞
은 것은 "예술에 대해 생각하는 바의 위기이고, 그의 기능에 대해 생각하는 바
의 위기"[6]라는 것이다.

　　결국 미쇼는 정치와 밀접하게 연관되어 있었던 근대의 문학과 예술이 죽
었다는 말을 하고 있는 것이다. 이는 단선적인 역사의 진보를 이젠 생각할 수
없다는 전제가 깔려 있다. 역사가 진보하는 것이고 그 진보의 주축이 있다고

---

4. 이브 미쇼, 『예술의 위기』, 240쪽.
5. 같은 책, 241쪽.
6. 같은 책, 229쪽.

한다면 문학과 예술은 그 축의 작동에 기여해야 한다는 생각이 가능하다. 문학의 참여 논의, 좀 더 나은 세상을 위해 문학이 봉사하겠다는 논의는 역사가 더 나은 상태에 도달할 수 있다는 생각에 기초하고 있다. 하지만 그 주축이 환상이라면, 대문자 역사가 끝났다면, 예술엔 역사의 짐이 사라진다. 그렇다면 무엇이든 가능하지 않겠는가?

아서 단토가 그렇게 생각한다. 이젠 무엇이든 예술이 될 수 있다고. 그래서 예술은 종말에 다다랐다고 말이다. 단토에 의하면, 예술의 종말이 일어난 것은 팝 아트 등장 직후, 특히 앤디 워홀이 브릴로 비누 상자를 그대로 모방 제작하여 고급 미술 전시회에 출품한 직후이다. 왜냐하면 예술의 자율성, 즉 어떤 예술을 예술이라고 말할 수 있는 예술만의 특성을 이제는 생각할 수 없기 때문이다. 슈퍼마켓의 비누 상자와 똑같은 저 워홀의 비누 상자에서 예술품을 예술이라고 말할 수 있는 예술만의 특질을 도출할 수 없는 것이다. 브릴로 상자가 예술이 될 수 있다면, 다시 말하지만 무엇이든 예술이 될 수 있다. 예술을 통해 예술의 특질을 생각할 수 없으므로, 예술의 역사라는 것도 존재할 수 없다7. 예술사는 전대 예술과 후대 예술의 인과관계를 맺는 작업인데, 브릴로 상자와 이전 예술 작품에는 인과관계를 맺을 수 없다. 그래서 단토는 브릴로 상자 이후의 당대 예술에 대해 '탈역사 예술'이라는 명칭을 부여한다.

그리하여 워홀의 상자가 왜 슈퍼마켓 상자와는 달리 예술작품으로 취급될 수 있는가 하는 문제만 남는다. 그 문제에 대한 해답은 철학이 담당할 일인데, 그 철학적 작업은, 헤겔의 정신이 이미 수명을 다한 예술을 파악하는 것과 같은 일이라고 단토는 생각한다. 헤겔이 말한 예술의 종말이 바로 지금 현대에

---

7. 단토는 특정한 예술의 특질을 축으로 삼아 미술의 진보사를 구성하려는 두 가지 시도가 있었다고 한다. 하나는 재현의 정도를 축으로 삼는 경우이고 또 하나는, 그린버그가 구성한 모더니즘 미술사다. 그 미술사는 미술만이 가지고 있는 형식적 특성의 발현정도 ― 그 형식은 추상인데 ― 를 변화의 축으로 삼는다. 그래서 재현과 추상은 근대적인 예술 개념의 두 축이 된다. 단토는 그 두 축이 브릴로 상자 이후 더 이상 기능할 수 없다고 주장하는 것이다.

이르러 실현되었다! 물론 예술의 종말 이후에도 예술품은 계속 생산될 것이다. 사실 예술 자체가 역사적으로 만들어진 개념이다. 단토는 지금은 예술품으로 취급하지만 당시에는 완전히 다른 기능을 갖고 있었던 14세기 이전의 성상을 예로 든다. 그 성상을 대하는 사람들은 예술이란 개념이 없었기 때문에 지금과 같이 감상의 대상으로 성상을 생각하지 않았다. 그러니 예술 이후의 예술이라는 개념이 터무니없는 것은 아니다.

　다시 말해 예술을 정의할 수 있는 예술성이 예술 속에 존재한다는 의미를 함축하는 '예술'이라는 개념은 이제 파괴되었다. 하지만 그 개념의 유무에 상관없이 작품은 계속 창작될 것이다. 그래서 단토는 이 예술 '개념'의 종말을 비관하지 말고 더 환영해야 한다는 입장을 보여준다. 도리어 예술의 자율성을 살린다고 예술을 외면적으로 정의하여 예술인 것과 예술 아닌 것을 구분하다 보면 예술가의 자유로운 창발성을 가로막거나 특정 예술품을 예술로 인정하지 않는 결과를 가져온다. 그래서 그는 이브 미쇼와 비슷하게, 예술의 종말을 일종의 해방으로 본다.

　이젠 예술이 되기 위해 모든 것이 가능하다는 것이다. 가라타니 고진 역시 정말 현대는 그런 상태에 도달했다고 생각한다. 문학은 무엇이든 가능한 상태에 도달했다. 고진은 근대의 종말, 헤겔이 말한 역사의 종말을 나름대로 각색하여, 그 종말을 미국과 일본에서 찾아낸, 헤겔주의자 코제브를 인용한다. 고진에 의하면, 타인의 욕망을 욕망하면서도 아무런 투쟁이 없는 역사의 종말이 미국의 대중사회와 일본의 할복문화가 갖고 있는 순수한 스노비즘snobbism에서 볼 수 있다고 고제브는 생각했다. 고진은 현재 그 종말이 정말 현실화되었다고 말한다. 그리고 이 역사의 종말 상태에서, 근대적 주체를 형성시키고 더 나아가 상상의 공동체인 네이션nation을 형성시키는 기능을 갖고 있던 근대 문학은 이제 더 이상 그 기능을 발휘할 수 없다는 것이 고진의 진단이다. 투쟁은 없이 타인에게 인정만 받으려는 주체들로 가득 찬 탈역사적 사회에서는 문학을 통한 내면성의 획득과 감성적 공동체의 설립은 불가능할 것이기 때문이다.

　　그래서 고진은 문학의 급진적인 기능 — 위에서 거론한 기능과 관련된 기능인데 — 역시 이젠 불가능하게 되었다고 한다. 그는 "문학이란 한마디로 말하면 영구혁명 중에 있는 사회의 주체성(주관성)이다."라는 사르트르의 말을 인용한다. 이는 혁명정치가 보수화되고 있을 때 문학이 영구혁명을 담당하고 있다는 의미인데, 하지만 이런 첨단적인 의미를 문학은 이젠 상실했다는 것이다. 특히 한국 문학에서 이러한 종말이 일본에 이어 최근에 일어났다고 한다. 한국에서는 노동운동이 가로막혀 있을 때 학생운동이 그 대리적 표현을 했고, 문학 역시 학생운동과 같은 위치에 있었는데, 노동운동의 상승과 학생운동의 쇠퇴 과정에서 문학의 쇠퇴 역시 일어났다는 것이다.

　　이 역사의 종말과 문학의 종말에 대한 태도에 있어서는 고진은 이브 미쇼나 아서 단토의 입장과 좀 다르다. 그는 일본 근대문학 뿐 아니라 한국 근대문학도 이젠 종말을 맞았다고 주장하지만, 그렇다고 이제 모든 것이 가능해졌다며 이를 환영하는 입장이 아니다. 그는 정치적 기능을 상실한 문학에 대해 미쇼처럼 문학의 자유가 왔다며 환영하는 대신, 문학을 담담하게 버리면서 다른 곳에서 문학의 예전 기능을 살리자는 입장이다. 문학이 담당했던 진보적 기능을 문학이 아닌 다른 활동을 통해서 살리는 것이 더 유의미하다는 것이다. 고진은 그러한 예로서 문학 비평을 그만 두고 생태운동을 펼치는 한국의 김종철과 첫 소설로 영국의 부커상을 수상했지만 소설쓰기를 그만두고 인도로 돌아가 반전 운동 등을 펼치고 있는 인도의 아룬다티 로이를 들고 있다.

　　그래서 고진은 문학이 번영하고 있다는 것은 허위라고 말한다. 그렇다고 자신은 작가에게 문학을 되찾으라고 말할 의도도 없고 오락 문학을 작가가 쓴다고 해서 비난할 생각이 없다고 말한다. 역사의 종말이 온 상황에서 어떤 문학이 나오든 뭐라고 말할 수 없다는 것인데, 하지만 그 정치적·유토피아적 기능을 버린 문학들을 더 이상 근대적 문학이라고 할 수 없다고 그는 주장하는 것이다. 그렇다고 그가 이 역사와 문학의 종말 상태를 긍정하는 것은 아니다. 자본주의가 모든 방면으로 침투하고 있어서 그 결과 환경이 파괴되고 있고 모든 것 ― 장기와 아기까지 ― 이 상품화되고 있기에 이에 대한 대처가 필요하다고 말하고 있으니 말이다. 이 글만 가지고 확실하게 말할 수는 없지만, 다시 역사를 세움으로써 현 자본주의에 대처할 수는 없을 터, 진보의 역사가 아닌 다른 길을 통해 자본주의의 질주를 막을 수 있다고 고진은 생각할 것 같다. 여하튼 자본주의의 폐해에 대처하기 위한 실천을 문학에서는 찾을 수 없다고 고진은 주장한다. 다시 말해 자본주의의 여러 문제들에 대한 대안적 실천은 문학을 떠나서 생각해야 한다는 것이다.

3

'상상력이 풍부한' 글쓰기를 의미하는 근대적인 의미에서의 '문학' 개념은 서양에서도 18세기 후반에 들어서야 겨우 사용되었다고 앨빈 커넌이 말하듯이[8], 문학이나 예술의 개념은 근대성의 산물이라고 할 수 있다. 문학과 예술은 영원한 개념이 아닌 것이다. 예술과 문학이 종교로부터 독립하면서 그 개념들은 현대적인 의미로 사용되기 시작했을 뿐이다. 그래서 근대라는 역사적 산물인 이 개념들이 근대 이후의 시대를 맞이하여 사라진다는 것은 그다지 큰 일이 아닐지 모르고 도리어 당연한 일일지 모른다. 어쩌면 예술이 역사적 짐을 벗어났다고 축하하는 이브 미쇼나 예술의 특질이라는 짐에서 예술이 벗어났다고 축하하는 단토처럼 예술의 종말은 환영할 일일지도 모른다.

얼마 전, '문학의 위기'에 대한 견해를 질문 받은 어느 신예소설가가 "문학의 위기는 위기라고 생각하는 사람들의 위기다"라고 발언했다고 한다. 아마 질문을 던진 사람은 이브 미쇼가 이젠 끝났다고 이야기한 문학의 유토피아, 즉 문학을 통해 사회를 변화시키겠다는, 한국 문학이 지니고 있었던 유토피아의

---

8. 앨빈 커넌, 『문학의 죽음』, 25쪽.

위기를 염두에 두고 있었을 것이다. 그리고 그 소설가는 이브 미쇼와 같은 대답을 한 것이다. 미쇼의 문장을 가져와 표현한다면, 소설가는 문학의 위기란 "문학에 대해 생각하는 바의 위기이고, 그의 기능에 대해 생각하는 바의 위기이다."라고 말한 것이다. 문학에 대한 근대적인 유토피아 개념을 문학에서 제거한다면, 근대 문학의 유토피아적 기능이 이제 없어졌더라도, 이젠 그 개념으로 포착하지 않게 된 현재의 문학은 전혀 위기가 아닐 테다. 다만 근대적 문학 개념을 자꾸 들이대는 사람들이 괜히 위기라고 생각할 뿐이다.

이렇게 생각하니 한편으로 정말 문학의 위기가 온 건 아닐까, 문학의 죽음이 온 건 아닐까 생각하게 된다. 사실 필자로서는 문학의 위기 담론을 별로 신뢰하지 않았다. 위기 담론은 문학계에 어떤 센세이션이 필요하다는, 문학계가 조용하고 심심하니 문학의 운명에 대해 이야기 좀 진지하게 해보자는 하나의 제스처라고 생각했다. 이 제스처는 잊을만하면 반복되어 왔다. 게다가 글을 쓰고 있는 작가 앞에서 어느 비평가가 "문학은 죽었다"라고 말한다면 작가는 그 비평가가 정말 얄밉게 느껴질 만하지 않은가. 지금 혼신을 다해 글을 쓰고 있는 사람 앞에서 "네가 쓰고 있는 건 아무런 의미도 없다"라고 말하는 것과 같으니까 말이다. 그리고 죽음을 선언하는 것은 비평 아닌가? 얄밉게도 문학을 죽이면서 비평은 '뜨려'는 속셈 아닌가? 또는 위기 운운 하면서 작가에게 비평가의 권력을 한 번 더 행사하려는 것 아니겠는가? 이렇게 생각하니 위의 소설가의 발언은 위기 담론을 전개시키는 비평가의 고질적인 버릇에 대한 고까움을 표현한 것일지 모른다.

하지만, 한편으로는 위기를 운운하지 않는다면 문학계는 정말 죽은 것일지도 모르겠다는 생각을 하게 된 것이다. '위기' 담론을 무시한다면, 그것은 어떤 문학이라도 허용되며, '문학의 기능'에 대해 숙고하지 않는다는 것이고 그렇다면 '문학'이란 개념조차 더 이상 필요하지 않는 것이 아닐까 생각든 것이다. 고진이 말하듯이 "아무도 문학을 비난하지 않"[9]게 되면, 다시 말해 생산되는 문학들에 시비를 걸지 않으면, 문학은 죽은 것이라고 할 수 있기 때문이다.

과연 그 상황이 좋은 것인지 아닌지는 따져보아야 하겠지만.(미쇼와 단토는 환영했고, 고진은 더 이상 반자본주의의 길에 문학이 유용하지 않다고 했다.)

그런 면에서 『문예중앙』 2005년 봄 혁신호의 편집동인들의 의욕적인 권두언은 문학의 종말을 떠올리게 했다. "지금의 문학은 여전히 생산적이며, 그것도 놀랄 만큼 생산적입니다."라고 이들은 전제한다. 필자도 동의한다. 시는 새로운 문법들을 보여주고 있고 소설 역시 놀랄 만큼 특이한 상상력을 펼쳐 보여주고 있다. 그런데, 하지만 뒤이은 발언, "문제는 그 발전의 속도를 따라잡지 못하는 비평계의 현실에 있습니다. 작품 앞에서 비평은 늘 늦될 수밖에 없습니다. 뒤처진 비평이 앞선 작품을 꾸짖고 타기시하고 매도하는 일은 있을 수 없고 있어서도 안 되는 일입니다. 길은, 그 길은 먼저 간 이들이 만들어갑니다. 비평은 늘 그 길을 따라가야 합니다. 우리는 그 길을 갈 준비가 되어 있습니다."라는 발언은 문제성을 갖고 있다. 한편 편집 동인들은 앞서 "우리 비평계에서 관성적으로 활용되었던 리얼리즘과 모더니즘, 서정과 실험, 근대와 탈근대의 이분법이 더 이상은 비평적인 준거가 될 수 없다고 생각합니다."라고 말하고 있다.

동인들은 "증명하거나 논증할 수 없는 '거대한 추상'"이 어떤 폭력으로 작동하여 작품 그 자체가 가진 함의를 훼손시켜 왔다는 생각을 예전부터 갖고 있었던 모양이다. 이들의 말이 맞을 수 있다. 이분법에 의한 작품의 재단은 불모의 결과를 낳을 것이다. 그런데 이 이분법은 문학의 유토피아라든지 문학성, 그리고 문학의 정치성의 문제와 닿아 있다. 생산되는 문학에 어떤 이분법 모두를 포기하고 선입견 없이 다가가야 한다는 것은 이젠 어떤 문학이는지 가능하다는 말이다. 그리고 문학에게 거창한 무엇을 요구하지 말자는 이야기이고 생산되는 문학을 그대로 놔두자는 말과도 통한다.(물론 작품의 질을 판단하는 장치를 이들은 개발할 것이다. 그렇지 않다면 문학 제도가 성립될 수 없으니

---

9. 가라타니 고진, 『근대문학의 종말』, 438쪽.

까. 여기서 '놔둔다'는 의미는 잘 된 작품에 시비를 걸지 않는다는 말이다.)

이는 이브 미쇼나 아서 단토의 생각과 그대로 통한다고 생각된다. 그렇다면 비평은 어디에 위치할 수 있는가? 이들은 비평이 "감각의 질과 양을 측정"하여 '구체의 과학'이 되어야 한다고 말한다. 작품을 꼼꼼히 읽고 그 의미화의 가능성(감각의 질과 양까지 포함하여)을 비평이 증폭시켜야 한다는 뜻일 것이다. 이들의 생각이 옳을 수 있다. 이젠 비평이 작품에 대하여 초월적인 위치에서 무엇을 이야기하거나 하지 말자는 그들의 말이. 이들은 이것이 문학의 생산성을 그대로 살리고 더 나아가 증폭시키는 일이라고 생각할 것이다. 하지만 고진 같은 이는 담담히 여기서 문학은 끝났다고 말할 것이다. 문학의 시대성이나 사회성, 정치성에 대한 논의가 이젠 불필요하다는 말이 되니까 말이다. 정말 한국 문학에 종말이 온 것일까? 그렇다면, 이를 환영해야 할까, 아니면 사회 변화를 원한다면 문학에서 눈을 돌려야 할까?

4

필자는 다른 각도에서 생각해보고 싶다. 앞에서 소개한 논자들의 생각을 다시 정리해보자. 이브 미쇼는 예술에서 역사적 책무가 벗겨지는 것을 환영하고 있고, 아서 단토는 예술의 죽음으로 예술에 무제한의 자유가 생겼다고 생각하며, 고진은 좀 씁쓸한 표정으로 반자본주의 운동에서 문학의 기능은 사라졌다는 것을 인정하자고 말한다. 셋 다 근대에서 문학이나 예술이 갖고 있던 어떤 역할이 끝났다고 생각한다. 그에 대한 태도는 상반되지만 말이다. 이들의 생각이 갖고 있는 전제는 대문자 역사, 진보로 향하는 역사는 일단락되었다는 것이다. 고진 같은 이는 이 탈역사화된 ― 자본이 완전히 장악한 ― 사회를 변화시켜야 한다고 생각하며 새로운 운동이 필요하다고 말하지만, 그렇다고 대문자 역사를 다시 도입하자는 생각은 하지 않을 것 같다. 한편 단토와 미쇼는 대문자 역사의 종말을 환영하는 입장 같다. 이들은 분명 민주주의자들이지만, 고진과 같이 자본주의가 사회를 지배하는 현 상황을 타개해야 한다는 인식은 보여주지 않는 것 같다.

　그런데 이들 모두 문학-예술에 대해 너무 소극적인 자세를 취하고 있는 것은 아닐까? 다시 말해, 이들의 진단이 맞는다고 해도, 그 진단, 즉 유토피아 기능의 종말, 예술성의 종말, 문학의 정치적 기능의 종말 등의 현상을 이들이 그대로 수용하려고 한다는 데 문제가 있어 보인다. 물론 단토와 미쇼는 그 근대 예술의 종말이라는 현상을 환영하고 있기에 무어라고 말할 수도 없다. 그러나 역사가 종말에 이르렀다고 한다면, 근대적 개념의 문학과 예술의 죽음 이후를 더 진지하게 생각하여야 하지 않을까? 그들이 예술의 종말 이후를 진지하게 생각하지 않는다는 것은 아니지만, 현상 유지 차원에서 생각하는 것 같다. 단토는 예술의 죽음으로 예술의 자율성이 무너지고 예술이 일상적인 삶과 화해할 가능성이 있다고 생각하기도 해서 미쇼보다 더 생각을 진행시키지만, 그렇게 된다고 해도 예술이 삶을 변화시킬 수 있는 추동력을 갖지 않는다면, 예술은 현재의 삶을 그대로 긍정하는 기능을 갖게 될 위험이 있다. 한편 고진은 문학이 갖고 있는 가능성마저 내버리고 있는 것이 아닐까 의심된다.

　이와 관련하여 예술의 삶 속으로의 지양止揚을 꾀했던 역사적 아방가르드의 경험은 참조할 만 하다고 생각한다. 이를 위해 페터 뷔르거의 역사적 아방가르드 예술에 대한 논의를 살펴보자. 뷔르거는 다다, 초현실주의, 러시아 미래주의 등의 역사적 아방가르드가 예술과 삶의 분리가 진행된 근대 예술의 경향에 반발하여 그 간격을 급진적인 방식으로 없앤다고 한다. 박제화 된 예술을 과격하게 파괴하고 예술이 주체의 창조물이라는 환상을 거부한다는 것이다. 더 나아가 아방가르드는 "예술로부터 실제 생활을 조직하려고 시도"했다고 한다.[10] 다시 말해 그들은 예술과 삶의 일치를 꾀했으며, 그러기 위해서 제도화

---

10. 페터 뷔르거, 『전위예술의 새로운 이해』, 최성만 옮김, 심설당, 1986, 84쪽.

된 예술, 삶에서 벗어난 예술을 파괴하려 했다.

허나 이 운동은 실패했다. 그래서 이브 미쇼는 아방가르드의 유토피아가 이젠 불가능하다고 말하고 유토피아의 종말, 아방가르드의 종말을 말한다. 하지만 역사적 아방가르드의 종말은 정치적인 살해에 의해 이루어진 것이기도 하다. 정치적으로 급진적인 역사적 아방가르드는 좌파 정치를 장악하던 스탈린주의에 의해 파괴되었다[11]. 특히 러시아의 미래주의와 구축주의자들은 스탈린을 추종하던 자들에 의해 배척당하고 몇몇 이들은 총살당했다. 역사적 아방가르드의 죽음 이후 네오 아방가르드가 서구의 예술계에 다시 등장했지만 — 이브 미쇼가 끝났다고 말하는 아방가르드는 바로 이 제도화된 네오 아방가르드를 말하는 것일 게다 — 뷔르거의 진단에 의하면, 이 "네오 아방가르드는 예술로서 제도화함으로써 진정으로 아방가르드적인 의도들을 부정하게 된다"[12]라고 한다.

즉, 역사적 아방가르드의 실천은 아직 충분히 개화하지 못했다. 그렇다고 다시 다다나 초현실주의, 러시아 구축주의를 부활하자고 이야기한다면 시대착오가 될 것이다. 어떤 예술 운동은 특정한 역사적 맥락에서 탄생한다. 이들 운동 양식들이 다시 반복될 수는 없다. 여기서 주목하고 싶은 것은 이들 아방가르드들이 예술의 죽음을 수동적으로 받아들인 것이 아니라, 아예 근대적인 개념인 '예술'의 죽음을 능동적으로 행했다는 데에 있다. 이 능동적인 죽음은 발터 벤야민이 말한 '예술의 정치화'와 통한다. 제도화된 예술의 파괴는 미시 정치학에서 볼 때 매우 정치적인 행위이다. 이런 '예술 아닌 예술 행위' 자체가 정치 행위인 것이다. 왜냐하면 '예술'이라는 개념 자체가 이데올로기적으로 또는 문화적으로 개개인을 포섭하여 체제 순응자로 만들 수 있는 권력이 될 수 있기 때문이다. 그렇다고 이들 아방가르드가 예술 행위 자체를 완전히 폐지하

---

11. 질 들뢰즈는 "만일 문학이 죽는다면, 그것은 필연적으로 정치적 암살에 의한 난폭한 죽음이 될 것이다(마치 소련에서 아무도 모르는 사이 그렇게 된 것처럼)"라고 말한다(질 들뢰즈, 『대담』, 김종호 옮김, 솔, 1993, 138쪽).

12. 페터 뷔르거, 『전위예술의 새로운 이해』, 99쪽.

는 입장도 아니다. 기존 예술 개념으로는 포착될 수 없는, 삶과 일치를 꾀하는 새로운 예술 행위는 그러한 부르주아적 일상생활의 순응성을 깨고 혁명적으로 삶을 이끌어갈 수 있는 동력이 될 수 있기 때문이다.[13]

문학이 죽었다며 그 가능성을 폐기하는 것 보다는, 또는 예술의 종말을 그대로 용인하며 기뻐하기보다는, 역사적 아방가르드와 같이 문학과 예술의 죽음을 능동적으로 실천하면서 자본주의에 포섭된 삶을 바꾸는 길은 없을까? 역사의 종말을 맞은 시대에서 이런 생각을 하는 것은 시대착오에 불과한 것인가? 고진은 자본주의에 대항하는 실천에 있어서 문학은 이젠 쓸모없다고 생각한다. 하지만 생각을 거꾸로 해본다면, 그 자본주의에 대항하는 정치 자체가 예술을 원한다고 말할 수 있지는 않을까? 삶에 예술이 침투하여 현재의 삶과 예술이 지양되면서 자본주의에 대항하는 정치가 가능하게 될 수는 없는 걸까?

---

13. 한편, 한국에서도 문학이 삶 속으로 투입되면서 근대적 문학의 죽음이 시도된 적이 있었다. 1980년대 초에 억압받는 노동자들의 수기가 질 높은 문학으로 평가받으며 많은 이들에게 주목받은 일이 있었는데, 이는 '상상력이 풍부한' 글쓰기를 의미하는 근대적인 의미에서의 '문학' 개념을 벗어나는 것이었다. 즉 무엇이든 문학이 될 수 있게 된 것이다. 이는 삶의 변화를 위해 삶 속으로 투입된 문학 아닌 문학이었다. 하지만 그 수기는 소박한 수준에서의 체험기에 그친 감이 있다. 문학의 지양이 이루어진 것은 아니었단 얘기다. 이들의 글쓰기는 문학의 한 장르인 '수필'을 쓰고 있는 것이라고 의식되었다. '문학'의 틀을 깨면서 여러 실험을 통해 씌어진 글은 아니었다. 수동적인 독자를 강요하는 효과를 가지는 기존 문학의 '문학성－미학'에 대해 더 과감하게 공격하진 못했던 것이다. 문학성에 대한 근본적인 문제제기가 없었다는 것은, 문학담론을 주도하고 있던 지식인 평론가나 작가 역시도 마찬가지였기 때문에(이들은 더 올바른 문학이 무엇인가, 더 좋은 문학이 무엇인가에 대해 깊이 고민했다고 판단된다), 이들의 책임은 아닐 것이다.
이와 관련하여 어떤 급진적인 입장을 '그대로' 발설한다고 아방가르드라고 말할 수 없다는 것을 지적해두고 싶다. 급진적 내용을 '그대로' 발설할 때, 그 발설은 주체가 가진 입장이나 의식 또는 현실의 재현에 그칠 위험이 있다. 그리고 권력에 의해 그 재현의 양식이 고정화될 수도 있다.(도식화된 사회주의 리얼리즘의 경우가 그러하다) 재현 자체는 현실을, 삶을 즉시 변화시키지 못한다. 아방가르드는 예술 행위가 재현을 넘어 그 자체가 삶이 될 수 있어야, 즉 삶의 변화를 이끌고 변화된 삶 자체가 되어야 한다는 '이념'이라고도 말할 수 있다.(김수영의 '시=행동'이라는 생각도 이 이념과 멀지 않을 것이다.) 1980년대 초에 이루어진 기존 문학의 경계확장은 기존의 엘리트적인 근대 문학개념을 흔들며 문학의 외연을 확장시켰지만, 재현 양식까지 파괴하면서 직접적으로 삶을 변화시키는 글쓰기가 되지는 못했기 때문에 아방가르드라고는 말할 수 없다. 삶의 체험을 재현하는 글쓰기에 머물렀던 것이다.

역사적 아방가르드는 예술이 정치화되기를 원했다. 하지만 예술이 되기를 요구받는 삶정치 자체가 아방가르드가 될 수는 없을까?[14]

이를 생각하려면 당대에 요구되는 반자본주의 정치가 무엇이어야 하는가가 논의되어야 한다. 역사의 거대 서사, 즉 자본주의 다음에 사회주의가 필연적으로 올 것이라는 식의 역사의 목적론은 이젠 생각하기 힘들다. 도리어 이 서사를 따를 경우 정말 지금은 역사의 종말 상태인지 모른다. 그렇다고 반자본주의 운동이 불가능하다고 생각할 수는 없다. 역사에 목적은 없지만, 그리고 역사가 끝났다고도 볼 수 있지만, 역사가 아닌 예기치 못할 어떤 사건들이 세상을 뒤흔들 수 있다. 역사의 종말 상태 속에 사는 현대인은 고진 말대로 타인의 인정만을 받기 위해 살고 있는지 모른다. 그 종말 상태는 자본이 완전히 삶을 포섭했을 때 이루어진다. 자본은 화폐를 통해 사람들을 포섭해 들어간다. 포섭된 사람들은 화폐를 취득하기 위해 삶을 살아가기 때문이다. "화폐는 평등주의자"라는 맑스의 말도 있듯이, 화폐는 대상을 가리지 않는다. 화폐는 모든 사람, 동물과 사물을 교환가치라는 추상적 가치로 동질화시키는 것이다. 타인의 인정을 바란다는 것은 화폐의 인정을 바란다는 것과 구조적으로 동일하다. 다시 말해 화폐의 인정(자신의 교환가치화)을 받아야 하는 삶에서 타인의 인정을 받으려고 하는 심성이 생기게 된다고 생각할 수 있다.

화폐에 의해 동질화되는 삶, 그 동질화 속에서 좀 더 많은 화폐량으로 자신이 취급되기 위해 노력하는 삶은 자본에 의해 주체화(노예화)된 삶이라고 말할 수 있다. 이 삶의 망에서 벗어나기 위해서는, 자본주의의 포섭에서 벗어나기 위해서는, 자본이 강요하는 주체화로부터 벗어나 자기 가치화(교환가치화가 아니다)하는, 자신의 주체성을 자신이 생산하는 실천이 필요하다. 반자본주의적 실천은 이 주체성 생산의 기초 위에서 벌어져야 가능한 것이 아닐까? 이

---

14. 이는 벤야민이 말한 정치의 심미화(파시즘)와는 상관없다. 정치의 심미화는 전쟁마저도 미화할 때 그 모습이 드러난다. 여기서 말하고자 하는 것은 예술이 삶 속으로 녹아들어가면서, 즉 예술이 정치화되면서 삶의 변화도 같이 일어나는 현상이다.

는, '자본주의에서 사회주의로'라는 역사의 목적을 실현한다는 구상이 아니라, 역사의 종말 그 자체로부터 탈주하여 주체성을 생산한다는, 다른 삶으로 나아가는 사건들을 창출하면서 반자본주의의 네트워크를 마련한다는 구상이다. 이러한 주체성 생산을 위해 문학은 큰 기여를 할 수 있지 않을까? 펠릭스 가따리에 따르면 문학이 관통하는 삶은 자본에 의해 포섭된 삶에서 주체를 재창조하는 삶으로의 길을 열 수 있는 것이다.15

그렇다면 문학의 죽음을 선언하는 것은 문제가 되지 않는다. 문학의 특정한 기능이, 환영할만하든 아니든, 사라지고 있다면, 기능을 전화시키는 것이 문제인 것이다. 재현 및 추상이라는 문학예술의 자율성이 부서지고 있고, 문학의 유토피아적 기능이라는 사회적 기능이 사라지고 있다면, 이를 뒤집어 근대적 문학예술 개념으로부터 자유롭게 된 문학예술을 어떻게 삶으로 끌어들여 사용할 것인가를 생각해야 한다. 문학의 위기, 문학의 종말을 받아들이더라도, 그 위기와 종말을 어떻게 전화시킬 수 있는가 생각해야 하는 것이다. 고진의 진단처럼 현재의 문학은 사회 변화를 위해 기능하지 못하는 것으로 보일 수도 있다. 이 글 서두에서 말했듯이, 정말로 현재 문학은 문학하려고 하는 사람들의 것이지 비문학도인 사람들에겐 무관심의 대상이 되어버렸을지 모른다. 그만큼 사회에서 문학이 가지는 힘은 미약해서 문학에 대한 의미부여의 시도는

---

15. 나는 이 책 1장 「문학 제도와 문학의 정치화」의 끝 부분에서 가따리의 글을 인용하면서 문학의 특질을 논의한 바 있다. 다시 인용해본다. 가따리는 문학에 내재되어 있는 미적 특질은 "세계와의 관계를 지속적인 방식으로 스스로 풍요롭게 해가는 주체성 생산"의 "내적인 동인들"을 매우 잘 드러내줄 수 있으며, 그래서 그 내적인 동인들을 "오늘날 우리는 경제학·인문과학 그리고 정신분석을 합한 것 이상으로 시에서 배울"(펠릭스 가타리, 『카오스모제』, 윤수종 옮김, 동문선, 36쪽)수 있다고 말한다. 작가-시인은 '다른 무엇으로 되기'를 실험하는 과정으로써 글을 쓴다. 이전의 자신이 변이되면서 다른 무엇으로 생성되어나가는 과정이 글쓰기다. 이는 매우 고된 작업일 테지만, 그래도 글엔 그러한 생성의 내적 동인들이 기록되어 나갈 것이다. 그래서 그 생성의 기록인 문학은 독자 역시 다른 무엇으로 생성될 수 있도록 이끌어나갈 수 있다. 가따리의 말을 다시 인용하면, "예술 작품은 그것을 사용하는 사람들에게는 틀 벗어나기, 의미의 절단, 바로크적 증식이나 극단적인 불모화의 기획이며, 이것이 주체를 자체의 재창조나 재발명으로 이끌어 간다."(같은 책, 169쪽.)

고진의 표현대로 '어린아이들의 놀이'에 불과할 수도 있다. 하지만 주체화된 삶을 재탈환하고 주체성을 생산하려고 하는 욕망을 충전시키는 것이 중요한 정치적 실천이라고 한다면, 그리고 가따리의 생각대로 문학은 그 실천에 큰 역할을 할 수 있는 잠재성을 갖고 있다고 한다면, 그 잠재성의 현실화를 꾀해야 하지 않겠는가?

그 가능성을 실현시키기 위해 문학도들과 비문학도들의 섞임, 문학과 삶의 섞임이 이루어져 상호전화 될 수 있도록, 문학과 삶의 분리 상태를 극복하려는 실천 — 이 실천은 하나의 정치적 성격을 띠게 될 것인데 — 이 중요해진다. 이 실천의 과정에서 근대적인 문학예술 개념은 더 이상 필요하지 않을 수 있다. 즉 기존 개념의 문학은 죽을 수 있다. 그러나 죽은 문학은, 정치적 실천 과정에서 도리어 주체성을 생산하는 문학적 삶을 일궈내며 부활할 수 있을지 모른다. 문학을 위해서라기보다 삶을 위해서 말이다. 그렇다면 역사적 아방가르드 예술의 재생은 예술 쪽에서가 아니라 정치 쪽에서 실현시키게 될 터, 이젠 문학예술이 정치에 다가가는 것이 아니라 정치가 문학예술에 다가가는 작업이 필요하게 되지 않을까.

(『미네르바』 2005년 겨울호)

문학의 현실화인 세계공화국

가라타니 고진의 『세계공화국으로』에 대하여

한국에서 고진은 일본 사상가 중 가장 많은 독자를 거느린 이일 것이다. 고진의 중요 저작은 착실하게 한국어로 번역되었고, 그의 저작을 공부하는 그룹도 많다. 그만큼 고진의 사상은 한국 지성계에 큰 매력을 갖고 있다. 필자의 기억으로는, 그의 저작 중 가장 먼저 한국에 번역 소개된 책은 1997년에 출간된 『일본 근대문학의 기원』이다. 그 책은 일본의 당대 지성계의 저작이 거의 소개가 되지 않는 상황에서 폭탄처럼 등장했다. 은근히 일본의 지성계에 대해 폄하하는 마음을 갖고 있었던 독자들은, 문학에 대한 독창적인 접근을 보여준 그 책을 통해 수준 높은 일본 지성계와 본격적으로 만나게 되었다. 그래서 일본의 현대사상에 대해 새로운 관심을 갖기 시작했다.

사실 1990년대 한국 지성계는, 당시까지 소개되지 않았던 외국 이론이 봇물처럼 번역 소개되고 있었다. 1980년대까지 서양의 첨단 이론은 거의 소개되지 않고 있었다. 당시엔 맑스 레닌주의가 학계와 운동권 모두를 휩쓸었다고 할 수 있는데, 서구의 해체주의니 푸코니 들뢰즈니 하는 당대 세계를 풍미하던 사상들은 서구 자본주의의 마지막 퇴폐를 보여주는 것으로 간단히 처리되었다. 아니, 소개 자체가 거의 되지 않았다. 하지만 동구 사회주의 체제의 붕괴와 더불어 맑스 레닌주의에 대한 심각한 재고가 있은 후, 알다시피 학계와 운동권을 통해 급격하게 프랑스 현대 사상이 소개되기 시작했다. 1990년대는 지성사적 측면에서 프랑스의 최첨단 사상이 한국 지성계에 전파되는 시기라고 할 수 있을 것이다. 하지만 이 시기 지식인들은 자신의 독자적인 사상을 전개하기보다는 그러한 최첨단적인 사상을 소개하는 데 주력했다.

그런데 1990년대 말 번역되기 시작한 고진의 책, 즉 근대문학의 계보학을 보여준 위의 책이나, 곧이어 번역 출간된 『마르크스 가능성의 중심』, 『은유로서의 건축』, 『탐구 1, 2』 등은, 이미 일본의 사상은 서양의 첨단 사상을 소화하여 독자적인 논리를 펼치고 있는 수준에 다다랐음을 보여주었던 것이다. 고진은 데리다나 푸코, 들뢰즈의 이론을 반복 소개하는 것이 아니라 그들의 이론을 바탕으로 직접 이론을 만들어내고 있었다. 그의 책은 서양의 어떤 이론가에도 뒤떨어지지 않는 수준의 사상가가 일본에 있다는 것을 보여주었다. 이론의 수입상이 아니라 스스로 이론을 생산하는 지식인의 모습은 한국에서 새롭게 일본 지성계에 눈을 돌리는 계기가 되었고 한국 지성계에 대한 반성도 이끌어냈다.

위에서 언급한 책들에서 고진은 사상가로서의 문학비평가의 모습을 한국에 보여주었다는 점 역시 중요한 점이다. 철학을 주제로 한 그의 책들은 『일본 근대문학의 기원』이 독자적인 탐구와 사상의 구축을 바탕으로 이루어진 것임을 알려주고 있었다. 한국에 소개된 고진의 작업들이 문학서가 아니라 대부분 철학적인 작업임에도 불구하고 한국의 문학도에게 각광 받은 이유 중 하나는 여기에 있다. 비평에 사상의 무게를 달아준 고진의 작업에서 비평가의 모범을 볼 수 있었던 것이다. 한국의 문학도들은 문학 비평이 문학을 해석하고 주석하는 기능을 하는 것이 아니라 사상을 형성하는 탐구 작업의 소산이어야 한다는 것을 고진에게서 배웠다.

그런데 『문학동네』 2004년 겨울호에 번역되어 실린 「근대문학의 죽음」이라는 강연 원고는 고진이 한국 문학계에서 논란의 중심에 놓이는 계기가 된다. 그 강연은 주로 일본 근대문학의 죽음에 대해 이야기하고 있지만, 그 중 삽입된 한국 근대문학도 역시 죽었다는 '진단'은 한국 문단을 한동안 요동치게 했다. 그런데 이러한 진단은 고진 사상의 일정한 변모 아래에서 행해진 것이다. 『탐구 2』까지 이어지는, 고진의 1980년대 후반까지의 작업은 주로 '재고'의 작업, 문학과 맑스와 철학을 새로운 관점에서 생각해보는 작업이었다. 하지만 사회주의 몰락 이후, 즉 1990년대 이후의 작업은 새로운 변혁 실천 논리를 찾는 작업이었던 것이다. 그 작업의 결과가 2001년에 출간된 『트랜스크리틱』이다. 고진은 이 책의 서문에서, 1990년대 들어 "이론은 단지 현 상황에 대한 비판적 해명에 그치는 것이 아니라 현실을 변화시키는, 뭔가 적극적인 것을 제출하지 않으면 안 된다고 생각하게"[1] 되었다며 코뮤니즘의 형이상학을 재건하고자 한다고 말한 바 있다. 코뮤니즘을 실현할 실천 논리를 계속 찾고 있는 중이던 2004년, 문제의 강연에서 그는 "문학이란 한마디로 말하면 영구혁명 중에 있는 사회의 주체성(주관성)"(사르트르)이라는 첨단적인 정치적 의미를 현재의 문학이 상실했다고 말하고 미련 없이 문학으로부터 몸을 돌리겠다고 선언했다.

하지만 고진은 문학이 지니고 있었던 기능을 실천적 활동으로 되살리자는 입장을 보이고 있다. 다시 말해 문학을 담담하게 버리면서 문학 아닌 다른 곳에서 문학의 예전 기능을 살리자는 것이 그의 입장이다. 문학이 담당했던 정치적 기능을 현재 문학이 담당할 수 없으므로 문학이 아닌 다른 활동을 통해서 재생시키는 것이 더 유의미하다는 것이다. 그러한 예로 고진은 문학 비평을 그만 두고 생태운동을 펼치는 한국의 김종철과 첫 소설로 영국의 부커상을 수상했지만 소설 쓰기를 그만두고 인도로 돌아가 반전 운동 등을 펼치는 인도의 아룬다티 로이를 들고 있다. 문학이나 예술에 대한 논의가 거의 없는 『세계공화국으로』(2006, 한국어판 2007)가 한국의 문학도들의 눈길을 여전히 끌고 있는 것은 그 때문이다. "『트랜스크리틱』의 속편이라 해도 좋"[2]을 이 책은 코뮤니즘

---

1. 가라타니 고진, 『트랜스크리틱』, 송태욱 옮김, 한길사, 2005, 23쪽.

의 다른 말인 '어소시에이션이즘'의 가능성을 인류사 전반에서 고진식의 독자적인 이론화를 통해 찾아내고 있다. "국가와 자본을 통제하지 않으면, 우리는 이대로 파국의 길을 걷고 말"[3] 정세에서, 이 책은 국가와 자본을 무력화시킬 수 있는 실천을 위한 이론적 지반을 닦고 있는데, 이러한 작업은 바로 예전의 근대문학이 가졌던 혁명적 기능을 이어받는 것이다.

『세계공화국으로』는 철학, 인류학, 경제학, 사회학, 역사학 등의 학문을 횡단하며 거대한 이론적 종합을 통하여 인류 역사와 사회 전반의 구조를 드러내는 초거대담론을 보여주고 있다. 이러한 초거대담론은 맑스주의의 사적 유물론이 대표적이었다. 사적 유물론은 생산양식이라는 토대와 그 위에 세워지는 상부구조와의 변증법적 통일체인 사회구성체가 어떻게 생성되고 사멸되는가를 해명한다. 그런데 고진은 이 책에서 토대와 상부구조라는 이분법과 그 이분법의 전제인 생산양식이라는 개념 설정을 폐기한다. "자본제 이전의 사회구성체에서는 국가도 말하자면 생산양식의 일부"[4]여서 국가가 상부구조라는 사적 유물론의 공식은 맞지 않으며 "'생산양식'이라는 표현을 취하면 교환이나 분배가 이차적인 것으로 간주되고"[5]만다는 것이다. 그래서 고진은 사적 유물론과는 달리 다른 방식의 거대담론을 구축하려고 하는데, 이를 위한 핵심적 개념은 '생산양식'을 대체한 '교환양식'이다.

고진은 역사적으로 세 가지 교환양식이 있었다고 논한다. 공동체 내부의 교환양식인 '증여와 답례─호수reciprocation', 국가에서 행해지는 '약탈─재분배', 공동체와 공동체에서 행해지는 '상품교환'이 그것이다. 그리고 미지수 X의 교환 양식이 있을 수 있다고 하는데, 그것은 "현실에 존재하고 있는 것은 아니지만 항상 이념으로서 계속 존재하는 형태"[6]다. 그 X가 고진이 생각하는 '어소시

---

2. 가라타니 고진, 『세계공화국으로』, 조영일 옮김, 도서출판b, 13쪽.
3. 같은 책, 225쪽.
4. 같은 책, 32쪽.
5. 같은 책, 33쪽.

에이션이즘'의 교환양식이 될 것이다. 고진은 어소시에이션에서의 교환양식을 "제3면의 시장 경제 위에서, 제1면의 호수적인 공동체를 회복하려고 하는 것"[7] 이라고 말한다. 이 세 교환양식의 접합 양태에 따라 여러 사회구성체가 존재하게 되는데, 아무래도 독자에게 흥미를 끄는 사회구성체는 지금 우리가 살고 있는 자본주의적인 사회구성체다. 고진에 의하면, 자본주의적 사회구성체는 상품교환이 지배적이지만 상비군과 관료기구를 갖춘 근대국가가 확립되어 약탈-재분배의 교환양식이 행해지고 있고, 호수적 교환은 상품경제의 침투로 인한 농업공동체의 해체에도 불구하고 네이션을 통해 '상상적'으로 회복된다. "시민사회=시장경제(감성)와 국가(오성)가 네이션(상상력)에 의해 엮여" "보로메오의 매듭을"[8]이루는 것이 바로 근대 자본주의적인 사회구성체라는 것이다. 한편, 고진이 『세계공화국으로』에서 직접적으로 언급하지는 않았지만, 그의 논리에 따르면 어소시에이션은 네이션의 상상적인 호수적 교환을 실제적으로 바꾸는 무엇이 될 것이다.

　사회를 상이한 교환 양식의 '매듭'에 의해 이루어지는 구조로 파악하는 고진은 이러한 접근이 사적 유물론의 문제점을 해결할 수 있다고 주장한다. 사적 유물론은 국가를 토대의 상부구조로 인식함으로써 생산양식의 변화가 국가의 소멸을 가져올 수 있다고 생각했지만, 이러한 잘못된 인식으로 러시아 혁명 이후 국가는 도리어 더욱 거대하고 억압적인 모습으로 강고해졌다는 것이다. 즉 상품 교환과는 별개의 교환양식에 기초해 있는 국가를 인식하지 못함으로써 결국 약탈-재분배하는 국가의 교환방식에 의존하여 사회주의를 이루려고 하는 국가사회주의로 빠져들었다는 것이다. 하지만 맑스가 생각한 코뮤니즘은 어소시에이션의 어소시에이션이지, 라쌀레 식의 국가사회주의가 아니었다고

---

6. 같은 책, 36쪽.
7. 같은 책, 100쪽.
8. 같은 책, 180쪽.

한다. 결국 현실 사회주의의 맑스주의자들은 맑스의 생각에 반하여 국가사회주의를 실현한 셈이다. 하지만 고진은 사회주의 혁명 이후 맑스주의자들이 국가 사회주의로 빠져든 역사에는 맑스에게도 어느 정도 책임이 있는데, 그것은 맑스가 국가주의적인 사고를 갖고 있었기 때문이 아니라 프루동식의 '아나키즘'적인 국가론을 갖고 있었기 때문이라고 논한다. 맑스는 프루동처럼 국가를 "심층에 있는 시민사회=진실사회의 자기소외태에 불과"한 것으로 보고 "시민사회를 경제적으로 변혁하면 국가는 소멸한다"[9]고 생각했다는 것이다.

경제학에서 마르크스는 항상 상품교환이 '공동체와 공동체 사이'에서 발생한다는 것을 강조했습니다. 그러나 그는 국가 또한 '공동체와 공동체 사이'에서 발생한다는 것을 경시했습니다. 상품교환양식이 아무리 침투해도 약탈-재분배라는 교환양식은 소멸되지 않습니다. 그것을 지양하기 위해서는 그에 상응하는 방법이 있어야 합니다. 그런데도 마르크스는 세계자본주의의 침투 하에서 국가는 사실상 해소될 것이라고 생각하고 있었습니다.[10]

고진은 국가는 한 공동체에서 솟아나는 것이 아니라 한 공동체가 다른 공동체를 침탈하여 종속시킬 때 탄생한다고 한다. 그 국가 시스템은 앞에서 언급했듯이 약탈-재분배의 교환 양식을 통해 작동된다. 구체적으로 말하자면 국가의 기반은 다른 공동체를 폭력적으로 수탈하는 데 있으며, "그것이 일시적인 것이 아니라 영속적으로 확대되기 위해서는 오히려 피지배자를 보호하고 육성"하면서 "국가는 다른 국가로부터의 약탈에 대해 공동체를 방위"[11]한다. 그러므로 상품 교환양식과는 다른 기원을 갖는 국가는 상품교환양식의 변혁으

---

9. 같은 책, 199쪽.
10. 같은 책, 202쪽.
11. 같은 책, 61쪽.

로는 사멸되지 않는다. 또한 일국에서 혁명을 통해 국가를 사멸시키려고 해도, 그 국가의 주권을 인정하지 않는 다른 국가가 침탈해 들어오는 것은 국가의 생리상 당연하므로 러시아 혁명에서 볼 수 있듯이 혁명 정부는 국가를 강화할 수밖에 없게 된다.

"국가는 다른 국가에 대하여 존재하기 때문"에 "내부에서 부정해가는 것만으로는 국가를 지양할 수 없"[12]다고 할 때, 고진은 이에 대한 해결책으로 칸트의 '세계공화국'이라는 이념을 끌어온다. 강화된 국제 연합을 통해 위로부터 국가들을 억압하여 국가들이 주권을 양도하게 하자는 것이다. 그래서 고진은 "우리에게 가능한 것은 각국에서 군사적 주권을 서서히 국제 연합에게 양도하도록 하여, 그것을 통해 국제 연합을 강화·재편성하는 것"이라고 주장한다. 그렇다고 국가를 약화시키는 국제 연합을 건설하는 것만이 '보로메오의 매듭'을 해체시키는 방도라고 할 수 없다. 위로부터 행해지는 국가의 약화에 아래로부터 행해지는 자본에 대한 저항이 결합하여야만 국가와 자본을 통제하면서 어소시에이션이즘으로 나아갈 수 있다. 고진이 제시하는 자본에 대한 저항은 독특하게도 '소비자로서의 노동운동'이다.

이는 맑스의 『자본론』에 대한 고진의 독자적인 해석에 따른 것인데 그것은 잉여가치가 생산과정이 아니라 상품의 교환과정에서, 즉 유통과정에서 발생된다는 것이다. 이는 파격적인 주장이다. 맑스는 잉여가치의 발생이 노동과정에서의 착취에 의한 것임을 밝혔다는 것이 정설인 것이다. 또한 그의 주장은 산업자본은 본질적으로 상업자본과 같은 원리로 이익을 챙긴다는 의미가 되기도 한나. "산업자본에서 잉여가치는 유통과정의 가치체계 차이에서 오는 것이다. 그리고 가치체계의 차이를 초래하는 것은 생산과정에서의 기술혁신이다."[13] 상업 자본이 A 지역에서의 가치 체계와 B 지역에서의 가치 체계의 차이

---

12. 같은 책, 225쪽
13. 가라타니 고진, 『트랜스크리틱』, 40쪽.

를 통해 잉여가치를 챙기듯이, 산업자본은 기술혁신에 의해 현존 가치체계에서 보다 가치가 낮은 상품을 더 빨리 생산하여 기존 가치로 판매함으로써 잉여가치를 얻는다는 것이다. 그렇다면, 유통과정에서 잉여가치가 발생된다고 할 때, 생산자이면서도 소비자인 노동자가 자본의 상품을 사지 않는다면 자본은 잉여가치를 만들지도, 획득하지도 못하게 된다. 여기에서 '소비자로서의 노동운동'이 자본에 대항할 수 있다는 논리가 생긴다. 이는 『트랜스크리틱』에서 주로 논의된 주장이다. 고진은 그 책에서 지역 교환 거래 제도LETS에 의해 화폐에 의한 교환과는 다른 방식의 교환이 이루어지면 자본제 기업이 협동조합으로 재편성해 나가도록 재촉하게 되고 생산-소비 협동조합, 즉 어소시에이션이 자본주의를 점차 대체해나가게 될 것이라고 주장한 바 있다.

하지만 국가를 약화시키기 위해 세계공화국이라는 이념을 요청하고 소비자 운동을 통해 자본을 무력화시킨다는 그의 구상은 고개를 갸우뚱하게 만드는 것이 사실이다. 일단 세계공화국의 실현 가능성에 의문이 든다. "카라타니의 세계공화국 구상은 절박한 현실에 맞서는 규제적 이념이기 때문에 현실적인 어려움만으로 그 구상을 비판하는 일은 큰 의미가 없어 보인다"는 유재건의 언급14에 동의하더라도, 과연 세계공화국이라는 이념을 현실적인 어려움'만'이라고 이야기할 수 있을까, 다시 말해 이론적으로 그것이 가능한가라는 의심이 가지 않을 수 없다. 어떠한 국가가 주권을 양도하면서까지 국제 연합의 강제력에 동의하고 실행에 옮길까? 그것은 고진이 논의한 국가의 본성상 불가능한 것이 아닐까? 그는 국가가 폭력적으로 다른 공동체를 약탈하는 데서 등장했다고 하지 않았는가? 고진은 일본의 헌법 제9조를 예로 들고 있지만, 이는 그도 말하듯이 패전의 결과로 제정된 것이다. 국제 연합 역시 전쟁의 결과로 만들어진 것이긴 하지만, 패전의 결과가 있어야 겨우 군사 주권을 일부 양도한다면 전 세계가 패전의 쓴맛을 보아야 고진이 생각한 세계공화국이 설립되지 않겠

---

14. 유재건, 「카라따니 코오진 『세계공화국으로』」, 『창작과 비평』 2007년 가을호, 282~283쪽.

는가?(전 세계가 패전하는 전쟁은 핵전쟁밖에 없을 것이다.)

한편으로 자본이 지양되지 않은 상태에서 국제 연합이 글로벌한 자본축적을 조정하기 위해 기능한다면 그것은 네그리와 하트가 말하는 '제국'에 다름 아닐 것이다. 이 역시 고진은 잘 알고 있다. 그래서 아래로부터의 자본에 대항하는 운동이 위로부터 국가들을 봉쇄하는 것과 동반되어야 한다고 그는 주장한다. 하지만 주권을 국제연합에 어느 정도 양도하는 국가를 만들기 위해선 국가의 약화를 가져오는 아래로부터의 운동이 필요하다. 즉 핵전쟁이 일어나지 않는 이상 국가에 대항하는 운동이 존재하지 않으면 세계공화국은 불가능하다. 하지만 국가에 대항하는 운동을 고진은 위로부터, 즉 세계공화국을 통해서만 사유하고 있다. 세계공화국에 의한 국가 통제 이전에 세계공화국이 어떻게 구성될 수 있는지 생각해야 하지 않을까? 칸트가 말하는, 악이나 공격성을 포함한 '자연의 은밀한 계획'을 들어 그 구성의 가능성을 말한다면 핵으로 무장된 현대세계에서 고진도 경계한 '파국'을 상정하게 되는 것 아닐까? 이념적 요청으로서만 말하기에는 고진의 세계공화국 구상에 근본적인 난점이 있다고 생각한다.

그래서 네그리와 하트의 『다중』에 대한 고진의 비판은 더욱 동의할 수 없다. 그의 비판은, 1848년 『공산당 선언』을 쓸 당시의 맑스와 엥겔스처럼, 네그리와 하트가 프롤레타리아트와 부르주아 양대 계급의 대격돌을 통해 코뮤니즘이 올 수 있다고 생각했다는 데 맞추고 있다. 이들은 맑스가 시민사회에서의 프롤레타리아의 자기 소외를 폐기하면 국가도 지양될 것이라고 생각한 것처럼, "다중의 자기 소외로서 있는 국가는 다중이 자기통치하는 것에 의해 지양될 것이라는 아나키즘의 논리"[15]를 펴고 있다는 것이다. 다시 말해 1848년의 맑스가 생각한 전세계 동시혁명을 그들도 생각하고 있다는 것인데, 고진은 1848년 혁명 이후 강력한 국가가 탄생했다는 것을 들어 아래로부터의 동시혁

---

15. 가라타니 고진, 『세계공화국으로』, 219쪽.

명 가능성을 일축한다. 그 대안으로 그는 세계공화국의 이념을 내세운 것이다. "그와 같은 시스템 형성이야말로 점진적인 '동시적 세계혁명'이라고 생각해도 좋을 것"16이라는 것이다. 하지만 그 시스템 형성은 다중의 '아래로부터의' '정치적 투쟁'을 통해 가능한 것 아니겠는가?

　필자는 이러한 문제점이 고진의 구조주의적 사고에서 비롯되었다고 생각한다. 그는 먼저 사회를 시스템으로 규명한 후 그 시스템의 외부에서 대안을 찾고 있다. 하지만 시스템 내부가 이미 다중의 투쟁에 의해 동요되고 있는 것이다. 시스템은 그 투쟁에 적응하면서 다중을 통제하는 전략을 짜야 한다. 구조에 우선성을 두고 있기 때문에 그는 이러한 면을 애써 외면한다. 아니면 시스템 내부의 아래로부터의 투쟁은 결국 시스템을 강화시킬 것이라는 식으로 생각한다. 그의 책에서 '소비자로서의 노동자 운동' 이외의 여러 사회운동에 별 조명이 가해지지 않는 이유는 이 때문일 것이다. 또한 자본에 대항하는 운동인 '소비자로서의 노동자 운동' 역시 비판적인 고찰이 필요하다고 생각한다. 이를 위해서는 『트랜스크리틱』을 읽으며 맑스의 『자본론』에 대한 고진의 독해를 검토해야 한다. 특히 유통에서 잉여가치가 실현된다는 것에서 착안한 그의 잉여가치론을 살펴야 한다. 이 작업은 만만치 않은 작업인데다가 지면도 부족하다. 훗날을 기약해본다.

　고진은 오성과 감성의 분열을 "상상력에 의해 넘어서려고 하면 문학작품이 태어납니다."17라고 말했다. 그렇다면 초월론적 가상인 '세계공화국'은 문학적인 것 아닐까? 즉 당위와 실재 사이의 거리를 '세계공화국'이라는 이념을 상상함으로써 좁히려고 한 것 아닐까? '세계공화국'이 문학적이라고 할 때 그것의 가치가 폄하되는 것은 아니다. 근대문학은 고진이 말하듯이 혁명적 기능을 갖기도 하는 것이다. 고진은 '세계공화국'을 규제적 이념, 즉 "한없이 멀더라도

---

16. 같은 책, 204쪽.
17. 같은 책, 179쪽.

사람들이 그것에 가까워지려고 노력하는"[18] 이념이라고 말한다. 이 이념에 가까이 가기 위해서, 맑스와 엥겔스가 『독일 이데올로기』에서 정의한 코뮤니즘, 즉 "오늘날의 상태를 지양하는 현실적인 운동"이 진행될 수 있을 것이다. 문학을 두고 사르트르가 한 말, 즉 "영구혁명 중에 있는 사회적 주체성"이라는 말에서 '영구혁명'을 맑스와 엥겔스가 정의한 코뮤니즘이라고 한다면, '사회적 주체성'은 바로 "이념에 가까워지려고 노력하는" 윤리라고 할 수 있다. 그렇다면, 고진은 국가와 자본을 지양하는 현실적 운동에 의해 문학을 실현시키려고 한다고 말할 수 있지 않겠는가. 이렇게 본다면, 고진이 언젠가 한국에 왔을 때 한 말, "나는 문학주의자다"라는 말이 이해가 된다. 그는 문학에 대한 눈높이가 높다. 문학이 그가 설정한 높이에 다다르지 못하고 있고, 또 그 간격을 좁힐 가능성이 보이지 않는다면, 고진은 문학을 버리고 현실에서 문학을 실현하는 길을 통해 그의 문학주의를 완성하려고 한다. 바로 이 '세계공화국'을 통해서 말이다.

(『문화+나눔』 2007년 가을호)

---

18. 같은 책, 187쪽.

3장

'정치적인 것'과 아방가르드

랑시에르의 예술론에 대한 아방가르드의 입장에서의 비판

문학의 탈정치화가 진행된 1990년대 이후 뜸해졌던 시와 정치에 대한 논의가 현재 한국 시단에서 다시 활발하게 진행되기 시작했다. '촛불'과 용산참사라는, 근래에 일어난 두 사건이 그 논의를 촉발시키는 결정적인 계기가 아니었을까 한다. 촛불이 보여준 경이 앞에서 시인들은 현실이 시 작품을 초과하여 시적인 것 자체가 될 수 있다는 것을 보았다. 그래서 어떤 시인은 이러한 현실에서 문학이 할 수 있는 일이 없다고까지 말한 바 있다. 현실이 시 자체니, 시가 촛불에 끼어들어간다는 것은 장강에 컵에 담긴 물을 붓는 행위 정도밖에 안 될 것이기 때문이었다. 물론 이 말은, 한편으로 현재의 한국시가 현실을 변화시킨다는 예전의 역할을 맡지 못하고 있다는 자조적인 의미가 들어 있다.

한편, 철거민들의 농성을 과잉진압하면서 결국 사람까지 죽게 만든 용산참사는, 권력에 저항하는 이들에 대해 '테러리스트'라는 딱지를 붙이고 그들의 생명을 마음대로 처분하는 지배권력의 모습을 적나라하게 보여주었다. 이들은 조르조 아감벤Giorgio Agamben의 말마따나 '국민'에서 배제되어 살해당해도 좋은 '호모 사케르'였다. 희생자들은 우리와 같은 평범한 사람들이었다. 그래서 우리 중 누구나 그 희생자들의 자리에 들어갈 수 있다. 권력에 불복하는 그 누구나 '테러리스트'로 취급당할 수 있으며 그래서 호모 사케르가 될 수 있는 지경에 현 한국 사회는 이르게 된 것이다. 이런 상황 아래서, 시는 무엇을 해야 하는지, 또 무엇을 할 수 있는지 문학 평론가로서 생각하지 않을 수 없다.

한국 사회의 현실은 겉모습과는 반대로 지옥이면서도, 한편으로 해방의 잠재성으로 충전되어 있다는 것을 근래 1년 동안 일어난 사건들은 확실하게 보여주었다. 그 사건들은 우리 삶의 '실재'가 무엇인지 드러냈다. 그 실재는, 안온하게 전복의 포즈만을 취하는 경향이 있던 한국 시단에 충격을 주는 것이었다. 시와 정치에 대한 논의가 재개된 것은 이 충격에 대한 반응이다. 이러한 현실을 앞에 두고 시가 과연 '정치적으로' 무엇을 해야 할까라는, 그간 다소 금기시되어 왔다고까지 할 그러한 질문을 정면으로 제기하며 논의의 물꼬를 튼 글은 『창작과 비평』 2008년 겨울호에 실린 진은영의 「감각적인 것의 분배」다.

진은영은 그 글에서 자크 랑시에르Jacques Rancière의 이론을 정리하고, 이에 기대면서 문학의 정치성과 시의 미래에 대해 새롭게 사고하고 있다. 랑시에르에 따르면 치안police은 감각적인 것을 구획하여 볼 수 있는 것과 볼 수 없는 것을 분배한다. 하지만 예술은 그 감각적인 것의 분배를 교란시키면서 감각을 재발명하고 재분배한다고 한다. 그리고 여기에 예술의 민주주의적 잠재성과 그 직접적인 정치성이 있다는 것이다. '정치적인 것'이란 랑시에르의 개념화에 따르면 "자리들과 기능들을 위계적으로 분배하는 것에 바탕을" 둔 치안과 해방 과정의 이름인 정치가 마주치는 현장[1]이다. 예술은 감각을 분배하는 치안과 그 감각을 해체하고 재분배하는 과정이 마주치는 현장이기에 직접적으로 정치적이다. 그런데 진은영의 글은, 예술의 미학적 체제 자체가 가진 정치적인 성격에 대한 랑시에르의 논의에 기대면서도, 그 논의를 예술의 정치성을 확보

---

1. 자크 랑시에르, 『정치적인 것의 가장자리에서』, 양창렬 옮김, 길, 2008, 135~136쪽.

하기 위해 행해야 할 창작 실천의 문제로 구부려 다음과 같이 주장하고 있다는 점이 특징적이다.

> 치안질서 내에서는 설명되지 않는 자들, 보이지 않고 들리지 않는 자들과 직접 조우하는 것, 의회민주주의의 형식으로부터 무질서하게 빠져나오는 정치적 열정의 공간에서 함께 어울리며 엉뚱하고 다채로운 상상력을 발동시켜 보는 것, 예술활동의 모든 시간이 이것들로 환원되는 것은 아니지만 이것들 없이는, 의미작용을 하는 감성적 조직을 교란시키는 계기를 포착하기 힘들다는 점을 기억하라는 것이 랑씨에르의 전언이다. 삶과 정치가 실험되지 않는 한 문학은 실험될 수 없다.(84쪽)

진은영은 예술가가 치안의 규제에 저항하면서 설명되지 않고 보이지 않으며 들리지 않았던 자들과 접속해야 한다고 주장한다. 그녀에 의하면, 삶과 정치의 실험과 연동되지 않는다면 예술은 창조적일 수 없다. 예술 자체가 가진, 감각적인 것을 재편하는 정치성을 활성화하기 위해서는 예술가는 "정치적 열정의 공간에" 참여하여 "함께 어울리며" 미학적 창조성("엉뚱하고 다채로운 상상력")을 한껏 발휘해야 한다. 그녀 자신이 예술가이기에, 이 주장에는 어떤 실제적인 활력이 스며들어 있다. 이러한 생각은 "창작과제에서 늘 나를 괴롭히던 문제"인 "사회 참여와 참여시 사이에서의 분열"이라는 '난감함'(69쪽)이라는 창작가의 실감 끝에 도달한 것이어서 더욱 실제적이고 문제적이다. 그녀는 그 창작 과제의 문제를 해결하기 위해 랑시에르의 이론을 빌려 새로운 참여시를 생각하는 데로 나아간 것이다.

새로운 참여시의 정치성은 예전의 참여시처럼 정치적 개념을 형상으로 번역하여 민중들에게 전달하는 데에 있지 않다. 이 참여는 예술이 정치의 도구가 되는 것과는 다르다. 진은영이 뽑아낸 랑시에르의 문장에 따르면, 미학의 정치와 정치의 미학은 다르기 때문이다. 미학의 정치는 자기 방식대로 직접적으로 정치적이다. 이 고유한 미학의 정치성을 바탕으로 그녀는 새로운 참여시를 생각한다. 그녀는, 랑시에르 말대로 예술은 그 자체로 정치적이지만, 정치의 미학과의 접촉을 통하여, 즉 그 정치의 미학에로의 참여를 통하여 더욱 창조적이며 정치적인 예술이 탄생할 수 있다고 주장한다. 하지만 주의해야 할 것은 이 참여는 예술이 정치를 대변한다거나 재현하는 것을 통해 간접적으로 이루어지지 않는다는 점이다. 참여는 삶의 실험과 미학적 실험의 직접적인 연결 속에서 이루어진다. 고유한 미학적 실험은 삶의 실험과 겹친다. 이때, 어떠한 금욕주의에도 붙잡히지 않고 예술은 삶의 실험과 접속하여 다채롭고 발랄하게 자신의 상상력을 발하면서 직접적으로 정치적이 될 수 있다.

여기서 우리는 아방가르드의 문제의식과 만나게 된다. 삶과 예술의 결합을 추구했던 아방가르드 운동도 직접적으로 정치적이고자 했다. 다다, 초현실주의, 러시아의 미래주의, 구축주의, 프랑스의 상황주의 등의 아방가르드 '예술운동'은 기존의 제도적으로 고착된 재현적인 예술을 파괴하고 삶의 직접적인 표현인 '반예술의 예술'을 통해 삶을 혁명적으로 재건하고자 했다. 하지만 아방가르드가 '반예술의 예술'을 통해 현실의 앞에서 정치적인 것을 창출하고자 했다면, 진은영의 사유는 정치의 미학 한복판에 들어가서 미학의 정치를 활성화시키자고 말한다는 것에 차이가 있다. 이는 역사적 아방가르드가 활동하던 시기의 정치적인 것과 촛불을 통해 출현한 다중 시기의 정치적인 것의 차이를 일정하게 반영한다. 하지만 정치와 예술의 분리를 철폐하자고 주장한다는 점에서 진은영의 생각과 아방가르드의 기획은 통한다고 할 수 있다.

그래서 진은영의 글을 이어 받은 이장욱의 글[2]에서 삶과 정치를 결합시키려고 했던 혁명기 러시아의 전위적 그룹인 '레프(LEF, 예술좌익전선)'와 '국제 상황주의자들', 그리고 〈뗄껠〉 그룹의 기획이 소개되는 것일 게다. 하지만 이장욱은 "나는 저 역사적 사례들이 오늘날 반복될 수 있는가에 대해서 답을 가

---

2. 이장욱, 「시, 정치 그리고 성애학」, 『창작과 비평』 2009년 봄호.

지고 있지 않다. 많은 경우 그들의 선언은 그 자체가 이미 절정이었다"라고 말하면서 "정답이 없는 물음을 계속하는 것, 그것이 문화다"라는 식으로 아방가르드의 문제의식을 현실화하는 것에서 회피한다. 물론 그러한 아방가르드 운동이 현재 여기서 반복되리라는 보증은 없다. 하지만 각 아방가르드의 '절정'은 그냥 이루어진 것이 아니다. 그것은 온몸을 정치와 '예술 아닌 예술'의 창출에 투여한 예술가들의 열정에 의해 이루어진 것이다. 전위 예술을 추구한다면, 아방가르드를 되돌아보는 것은 정답이 없는 물음을 계속 묻는다기보다 삶/예술에 놓인 빗금을 어떻게 철폐할 것인가 궁리하기 위해서일 것이다.

한편, '시적 성애학', 즉 "의지와 무의지가 혼용되는 지점에서 발생하는 문학적 쾌락이야말로 시적 정치성의 핵심은 아닌가?"라고 이장욱이 말할 때, 그것은 정치성을 문학 내부의 문제로 한정시킬 가능성이 있다. 그것은 삶과 문학 속의 정치적인 것을 가로지르면서 삶과 문학 사이의 빗금을 파괴하려고 했던 아방가르드의 기획에서 후퇴하는 것이고, "보이지 않고 들리지 않는 자들과 직접 조우하"자는 진은영의 제안에서도 후퇴하는 것이다. 시가 좀 더 적극적으로 현실에 정치적으로 참여하면서 미학적 실험을 병행하자는 진은영의 제안은, 변화된 현실 앞에서 젊은 시인들이 예전의 창작 방식을 일정하게 반성해야 하지 않겠는가 라는 의미도 내포하고 있는 것이다. 하지만 이장욱의 '시적 성애학'은 이러한 반성적 계기를 무화시키면서, 현 젊은 시인들의 창작방식에 대한 변호로 흐를 가능성이 있다. 진은영과 마찬가지로 이장욱은 감각의 재분배라는 미학의 정치성에 대한 랑시에르의 이론을 받아들이지만, 진은영처럼 그 미학의 정치성을 정치의 미학 쪽으로 구부리는 방향으로 나아가지는 않는다. 그보다는, 예술의 한계 안에 미학의 정치성을 가두면서 기성의 창작 방식에 안주하고 그 방식을 승인하는 방향으로 나가고 있는 것으로 보인다.

그래서 박대현은, 「문학의 '시취'를 둘러싼 추문 혹은 추도 — 고진과 랑시에르의 '결립'을 넘어서」(『작가와 비평』, 2009년 상반기)라는 글을 통해 이장욱의 논리가 미학 안에 정치성을 가두어버리는 것이며 그래서 깊은 '결핍'을 마주하게 된다고 비판하는 것이다. 박대현은 진은영의 "정치적 이슈를 다루는 논문을 쓸 수도 있지만, 이상하게도 그것을 표현하는 것은 쉽지가 않다"는 진은영의 곤혹이 "정치적 발언을 수용할 만한 감성 영역이 망실된 한국시의 위기를 드러내는 징표"(250쪽)로 해석한다. 진은영도 자신의 곤혹이 한국시의 위기를 드러내는 징표라고 생각했는지는 모르겠지만, 그녀 역시 그 곤혹을 돌파할 만한 돌파구를 생각했을 것이고, 그 돌파구에 대한 일단의 사유가 새로운 참여시의 제안일 것이다. 하지만 박대현은 여전히 그녀의 글에 대해서도 어떤 결핍을 느끼는데, 진은영과 이장욱이 공동으로 기대고 있는 감성(감각적인 것)의 교란 및 전복이라는 랑시에르의 '미학의 정치'론 자체에 어떤 결핍이 있다고 그는 보고 있기 때문이다. 그것은 랑시에르가 "예술의 힘이 현실의 힘으로 전환되는 매커니즘에 대한 자세한 논의를 적극적으로 전개하고 있지 않"기 때문에 생겨난 결핍이다. 날카로운 지적이라고 생각한다.

그런데 박대현은 곤혹의 출구를 시 자체보다는 시인의 자세에서 찾는다. 그는 "오늘날 시의 위기는" "오늘날 시인은 시를 쓰는 '순간'에만 시인일 뿐"이라는 데에 있다고 보고, "그러니 삶은 사라지고 예술만 남지 않겠는가"라는 것이다. 또한 "시는 더 이상 실천을 보증하지 못"(253쪽)하기에, 그는 시인에게 "감성의 '전복'이 아니라 감성의 '도약'"을 주문한다. 즉 "미적으로'만' 투쟁할 것이 아니라 실제 온몸으로 투쟁하는 삶의 도약"을, "안온한 미적 가상 내의 불화가 아니라 삶의 불화 속으로"의 '침투'를 시인에게 주문하는 것이다. 그리하여 그는 "지금까지 삶의 불화를 미적 가상 속에 감금시켜왔다면, 이제 미적 불화를 삶의 공간으로 해방시키는 일이 요구된다"라고 주장한다.

진은영이 미학의 정치와 정치의 미학의 결합을 주문했다면, 이장욱은 거기에서 미학의 정치 쪽으로 이동했고 박대현은 정치의 미학 쪽으로 이동하는 셈이다. 박대현도 진은영과 같이 정치의 미학이 발현되는 현장 속으로 시인이 들어가기를 원하는 셈이지만, 진은영이 그 참여에서 "엉뚱하고 다채로운 상상력을 발동"시키면서 시를 창작하여 미학의 정치를 확대하고자 했다면 박대현은 미학'의' 정치보다는 미학'을' 정치에로 침투시켜 예술을 삶의 공간 속에 융합시키자는 길을 택한다. 그러기 위해서는 시인 자신이 시와 삶을 별개의 것으로 분리하는 것이 아니라 투쟁하는 삶에서 이루어지는 감성의 도약이 시의 창작으로 이루어져야 한다고 그는 말한다. 그때 진은영의 곤혹에 출구가 열리면서 시의 정치성도 확보된다는 것이다.

예술과 삶, 시와 삶 사이를 분리시켜 논하는 것 자체에 대해 비판적인 박대현의 논의는 근본적인 데에 닿아 있다고 생각한다. 하지만 자칫, 투쟁가로서의 삶의 윤리를 가지고 시인이 살아나간다면 시의 문제가 해결될 것이라는 생각으로 나아갈 수 있다. 그렇게 되면 시 작품에 대한 평가는 시인의 삶으로 환원되고, 시인에게 요구되는 것은 그가 가진 윤리나 행동뿐이게 된다. 지금 시의 문제, 예술의 문제를 통해 정치적인 것을 사고하자는 것인데, 이렇듯 정치적인 삶에서 그 예술의 문제가 해소되어버리면, 예술이 지닌 특유의 촉발적인 힘을 놓치게 될 수 있으며 결국 현실 정치의 흐름을 예술이 추수하는 결과를 낳을 수 있다. 이때 현실을 미학의 정치로 변혁시킨다는 아방가르드의 기획은 자칫 사라져버린다.

미학의 정치성이 결국 예술이라는 한계 속에서 정치적인 것일 뿐 아닌가라는 문제를 둘러싼 논란은 「감각적인 것과 정치적인 것 사이에서」(『문학동네』 2009년 봄호)라는 특집 좌담에서 일어난 심보선과 서동욱의 날카로운 부딪침에서도 볼 수 있는데, 그 부딪침은 아방가르드를 둘러싸면서 일어난다. 미학의 정치성에 대한 논의를 비판적으로 보는 서동욱은, "정신적 세계에 안주하"면서 "머릿속 세계의 혁명"을 추구한 데 불구하다는 사르트르의 초현실주의 비판을 빌어 "문학이 그런 전위성과 혁명 사이의 혼동을 매우 오랫동안 자기의 알리바이로 사용해 오기도 했"다고 말한다.(377, 388쪽) 이에 반해 심보선은 "아방가르드는 어떤 의미에서는 행동주의자들"이었으며, "아방가르드는 비록 되돌아오는 응답은 없었지만, 계속해서 말을 건네고 선언을 하"면서 "공동체를 만들 수 없는 사람들이 만드는 공동체, 연대할 수 없는 이들이 만드는 연대, 이런 것들을 추구"(387~388쪽)했다고 주장한다.

서동욱은 사르트르의 참여문학론을 빌어 아방가르드를 비판적으로 보고 있으며 심보선은 미학의 혁명을 꾀하는 아방가르드에서 정치적인 것을 본다. 아방가르드에 대한 평가에 대해선 필자는 심보선이 옳다고 생각한다. 초현실주의는 관념상의 혁명뿐만 아니라 실제적 혁명을 꿈꾸었다. 발터 벤야민은 "신체와 이미지 공간이 서로 깊이 침투함으로써 모든 혁명적 긴장이 신체적 집단적 신경감응이 되고 집단의 모든 신경감응이 혁명적 방전放電이 되어야만 비로소, 현실은 「공산주의자 선언」이 요구하는 것처럼 그 자체를 능가하게" 되는데, "현재로서는 초현실주의자들이 그 「공산주의자 선언」이 오늘날에 내리는 지령을 파악한 유일한 사람들"[3]이라고 초현실주의자들을 평가한 바 있다. 이에 따르면 초현실주의자들이 결코 머릿속의 혁명만을 기도한 것은 아니고, 그들이 창출한 이미지 공간을 통해 집단적인 신경감응을 일으키는 공간을 만들어 혁명적인 방전이 일어나도록 기도했다. 그 혁명은 신체를 통해 일어나는 것이며 그래서 유물론적인 것이다.

하지만 심보선이 아방가르드를 방어하면서 그 정치성을 주장하면서도, 저 초현실주의가 보여준 혁명적 열정에 대해서는 괄호치고 결국 예술의 정치적인 것을 "특이성을 갖는 사적 감성이나 체험들로부터 공통감각이 구성될 수 있다면 거기에 어떤 정치적인 특권을 부여할 수 있지 않을까"라면서 축소시킬 때, 그러한 예술의 정치성 논의가 "문학의 책임 방기를 변호해주는 이론으로 사용될 여지가 많"다는 서동욱의 즉각적인 반론을 받는 것은 당연하다. 그렇다고 서동욱 역시 논리의 일관성이 있다고 생각할 수는 없다. 그가 사르트르의 참여문학론을 들어 아방가르드를 비판한다면, 그 역시 참여문학론을 전개해야 될 것이다. 하지만 그는 "시는 그것이 우리의 본래적인 자리를 찾아주리라는 모든 열망 — 이 열망의 한 표현이 오늘 다룬 시의 정치적 열망에 대한 물음이지요

---

3. 발터 벤야민, 「초현실주의」, 『역사의 개념에 대하여』, 최성만 옮김, 길, 2008, 167쪽.

― 에도 불구하고, 중력을 못 견디는 별처럼 비진리의 자리로 떨어지는 경향이
있"으며 이 "시가 차지하고 있는 비진리의 자리를 생각해보고 싶"(392, 393쪽)
다고 말한다.

참여문학론의 논리를 빌어 아방가르드의 관념적 정치성을 비판하고는, 이
번엔 시의 비정치성 ― "시가 차지하고 있는 비진리의 자리", 그는 정치적 열망이 바
로 진리에 대한 열망이라고 생각한다 ― 을 주장하는 서동욱의 논리는 좀 비겁하
다는 생각이 든다. 물론 사르트르는 랭보의 시를 예로 들면서 시가 의미를 전
달하기 위한 것이라기보다는 사물과 같은 '존재' 자체이기 때문에 참여문학에
포함시킬 수 없다고 했지만, 서동욱은 사르트르의 논리로 아방가르드적인 시
를 비판하고 있기 때문에 관념적인 혁명이 아니라 물질적인 관계의 혁명을 문
제시하는 참여 예술을 주장해야 순리일 것이다. 하지만 서동욱은 그와 반대로
시의 비진리성, 비정치성을 내세우는 것이다. 새로운 감성적 체험에서 도출되
는 예술 자체의 정치성이, 문학이 "자기의 별볼일 없음을 은폐"(388쪽)하는 알
리바이로 사용되고 있다는 그의 비판은 정곡을 찌르는 바가 있지만, 그렇다고
결국 문학의 별볼일 없음(비진리)이 꼭 "비진리라서 나쁜 것은" 아니라는 논리
로 나아가는 것은 애써 제시된 시의 정치성에 대한 물음을 무화시키며 기성의
시 창작을 그대로 승인하는 보수성을 드러낼 뿐이다.

심보선은 아방가르드의 정치성을 내세우면서도 특이성을 갖는 사적 감성
이나 체험들로 되돌아간다. 그리고 그것들 ― 시편들 ― 이 공통적인 것을 구성
하게 될 때 그것들에 정치적인 것의 특권을 부여할 수 있다고 한다. 이를 감각
의 재분배라는 랑시에르의 이론으로 뒷받침한다. 하지만 어떻게 공통적인 것
을 구성할 수 있을지에 대해 말하지 못한다면 이는 하나마나한 이야기다. 시의
정치성을 말하고 주장하기 위해서는, 적어도 진은영과 같이 정치적이 되고자
하는 의지 ― 정치의 미학 속으로 들어가려는 의지 ― 가 있어야 할 것이다. 사적인
체험을 쓰고 그것이 공통적인 것의 바탕이 되리라 생각하면서 그 사적 체험의
시에 정치적이라는 속성을 부여하는 것은 서동욱 말마따나 알리바이를 만드

는 데 불과하다. 그렇게 되면 박대현이나 서동욱이 의심하는 것처럼 랑시에르의 이론은 결국 예술이 자기 알리바이를 세우는 이론이 아닐까 질문하게 된다.

필자는 감각적인 것을 위계적으로 분배하는 치안을 교란시키고 감각적인 것을 재분배하는 예술 작품의 미학적 체제가 직접적으로 정치적이라는 랑시에르의 테제에 대해 옳다고 생각한다. 볼 수 없는 것을 드러내는 감각적인 것의 평등화와 민주주의가 예술 작품에는 잠재되어 있다. 그런데 아방가르드의 경험이 있다. 랑시에르는 아방가르드를 예술의 미학적 체제의 아포리아로서 제시한다. 그러나 아방가르드는 미학의 정치를 넘어 '예술 아닌 예술'을 통한 직접적인 정치 행동으로 나아가려는 하나의 운동이기에 미학적 체제에 한정시켜 말할 수 없는 무엇이 있다. 아방가르드는 예술의 정치적인 성격을 현실 속에서의 정치적인 것으로 전화하려는 충동으로 충전된다. 아방가르드에서 예술 특유의 민주주의적인 정치성은 현실을 민주주의적으로 재조직하는 데로 나아간다.

다시 말하면, 아방가르드에는 미학적 체제에 속하면서도 그것을 넘어서는 운동이 있는데, 그 미학 밖으로 나아가려는 운동을 랑시에르는 미학적 체제 내로 끌어들여 하나의 아포리아로서 생각하려는 경향이 있는 것이다. 그래서, 앞에서 인용했듯이, 랑시에르가 "예술의 힘이 현실의 힘으로 전환되는 매커니즘에 대한 자세한 논의를 적극적으로 전개하고 있지 않는"다는 박대현의 비판이 나오는 것이고, 랑시에르와 전위주의 예술 활동가 사이에 긴장도 생기게 되는 것이다. 이 긴장은 『공공 도큐멘트』(미디어버스, 2008)라는 무크지에 실린 랑시에르와 〈Chto delat〉라는 단체 구성원들과의 대담에 잘 드러난다. 〈Chto delat〉는 러시아 아방가르드의 경험을 되살리려는 러시아의 자율주의 예술운동 단체다.

그 대담에서 〈Chto delat〉의 일원인 빌렌스키Vilensky는 랑시에르에게 미적 경험의 자율성 개념을 '노동자 자율주의'에 의해 발전된 자율성 개념과 연관시켜서, "문화 생산의 자기 조직화라는 의미에서의 자율성", "그 자체의 압력을 통해 시장 체계를 중지시킬 수 있"는 자율성으로 확장시켜 생각할 수 있지 않겠는가 질문한다. 그 질문에는 미적 경험의 자율성(감각적인 것의 자율성)을 자기조직화라는 자율성을 통한 혁명적인 정치로 나아가도록 해야 한다는 빌렌스키의 아방가르드적 예술관이 녹아 있다. 하지만 랑시에르는 이러한 생각에 부정적이다. "오늘날 예술적 행동주의 형식은 예술가들에게 정치적 행동주의자들처럼 오직 직접적으로만 개입하라고만 요구"한다면서 이는 "예술을 예술가의 속성으로만 간주하는 것"이며 "이것을 박탈의 어떤 형식", 즉 "미학적 경험이 누구에게나 가능하지 않도록 만들어진다는 것"을 뜻한다고 비판한다.(130쪽)

하지만 여기서 논점이 조금 빗나가게 된다. 빌렌스키의 질문은 예술가/일반인의 구별을 철폐하는, 즉 일반인 역시 문화를 조직해나간다는 자율적인 자기 조직화의 반자본주의적인 정치성에 대해서 말하고 있는 것이다. 반면 랑시에르는 예술이 누구에게나 받아들여질 수 있다는 측면에서, 즉 "미학적 경험이 누구에게나 가능하"다는 측면에서 예술의 정치적인 것에 대해 말하고 있다. 빌렌스키는 문화의 생산 과정에서의 민주화를 이야기하지만 랑시에르는 수용 과정에서의 민주화를 말한다. 전제가 다른 것이다. 반예술을 표방하는 다다DADA에서도 볼 수 있듯이, 아방가르드가 누구나 '예술 아닌 예술'을 만들 수 있다는, 즉 예술가/일반인의 구분을 철폐하는 운동이기도 하다면, 빌렌스키는 아방가르드적인 입장에서 말하고 있다. 하지만 랑시에르는 창조적인 수용을 강조하는 것 같지만, 기실 감각적인 것의 위계를 철폐하는 '작품'에 초점을 맞추고 있다. 하지만 이런 입장은 아방가르드의 입장에서 보면 예술 창조자/수용자에 대한 구분을 전제하여 생각하고 있는 것 아닌가 질문할 수 있다.

아방가르드 입장에서는, '촛불'에서 볼 수 있었듯이 누구나 시를 생산하는 시인이 될 수 있다. 촛불은 예술 창조와 삶의 창조가 접근하는 데까지 삶의 공간을 열어 젖혔다. 이때 이루어진 '문화생산의 자기조직화'는, 자율적인 미적 경험의 수용을 통해 감각적인 것을 민주적으로 재분배한다는 미학적 체제의 정치성을 넘어서는 현상이다. 어쩌면 진은영은 빌렌스키의 의견에 접근한다고 볼 수도 있겠다. 소수자들과 직접 조우하는 '행동'을 그녀는 시인에게 촉구하고 있기 때문이다. 물론 그녀는 그 행동이 감각적인 것을 재분배하는 예술작품을, 그리고 그 미적 경험을 창출할 수 있다고 말하면서 다시 랑시에르의 이론을 끌어들이고 있지만 말이다. 하지만 랑시에르가 '오늘날 예술적 행동주의'에 대해 예술을 행동으로 해체시키고 있다고 비판하고 있음을 상기하면, 그녀가 소수자들과의 조우를 위한 '행동'을 요구하는 것은 〈Chto delat〉 그룹의 입장과 더 가깝다고도 할 수 있는 것이다.

랑시에르와 〈Chto delat〉 그룹 간의 논쟁을 좀 더 살펴보자. 그 그룹의 일원인 메이건Magun은 "가시적인 것과 그렇지 않은 것, 혹은 볼 수 있도록 받아들여진 것과 그렇지 않은 것의 관계를 예술이 재편한다고 말"할 때 "재편 이전에, 혹은 어떤 재편이 발생하기도 전에 이 경계를 폭파시키는 일을 하게 되는 단계나 운동이 있지는 않을까"라고 질문한다. 하지만 이에 대해 랑시에르는 "문제는 당신이 폭발을 기대할 수는 없다는 것"(132~133쪽)이라고 응대한다. 그는 예술 영역에서는 혁명과 같은 급진적 단절을 정의하기 힘들다고 말한다. 가령 19세기 세잔은 20세기 예술의 추상적인 단절을 예견하도록 한다는 것이다. 다시 말해 20세기의 추상적 단절은 19세기에 미리 준비되어 있던 것이므로 급진적 단절이라고 볼 수 없다는 것이다. 하지만 그런 식으로 말한다면 20세기 러시아의 혁명적 봉기 역시 19세기 말에 있었던 여러 소요 사태들, 파업들에서 미리 준비되어 있었다고 말할 수 있지 않겠는가?

그리고 세잔의 추상화 경향이 20세기 예술의 추상적 단절을 예견해준다고 하더라도, 러시아 혁명 직후 러시아 아방가르드가 보여준 추상으로의 돌진은 아예 회화의 폐기 방향으로 나아가면서 예술의 죽음을 통해 '예술 아닌 예술'과 혁명을 결합시키려고 했다. 이를 급진적인 단절로 볼 수 없다는 것은 납득하기 어렵다. 그래서 메이건이 말하는 아방가르드의 "경계를 폭파시키"고자 하는 시도는 현재의 혁명적인 예술 활동가에게 선례로서 중요한 의미를 갖는다.

예술 또한 혁명적 열정 속에서 창조될 수 있으며 거기에서 혁명적 정치성이 발현될 수 있다. 예술의 정치성을 하나로 일반화시킬 수는 없다. 물론 예술의 정치성에 위계를 세워서는 안 되겠지만, 혁명적 의도를 가진 예술 활동이 가져오는 사건적 성격을 이론이 숙고하지 않는다면 이론은 실천성을 잃고 일종의 역사 기술로 빠질 수 있다.

랑시에르가 20세기 초에 이루어진 건축과 디자인의 혁명이 결국 "새로운 자본주의와 포드주의적 합리성의 성취로 나아"갔다고 기술할 때 바로 그러한 역사 기술에 빠지는 것이다. 아방가르드가 자본주의 소비문화에 의해 포섭되어간 것은 또 다른 역사적 결정에 따른 것이다. 이를 두고 단절의 운동이 일으킨 폭발을 부정하는 것은 결과론적으로 아방가르드가 일으킨 사건을 무화시키는 일이다. 혁명이 결국 실패하고 자본주의의 특정 단계를 낳게 되었다고 해서 그 혁명의 사건성을 무화시킬 수는 없듯이, 아방가르드가 일으킨 사건도 훗날의 결과로서 무화시킬 수는 없는 일이다. 특히 '예술 아닌 예술'을 통해 삶을 혁명적으로 재편하려고 했던 러시아 아방가르드의 경우엔, 자신들의 잠재성과 가능성을 다 꽃피우기 전에 스탈린주의에 의해 철저하게 파괴되어 버린 것이다. 그래서 그 운동이 실패했다고는 말하기 힘들다. 여전히 그것은 미완성의 기획인 것이다.

아방가르드의 입장에서 랑시에르의 이론을 이렇게 비판할 수 있다고 하더라도 그의 이론을 서둘러 기각할 필요는 없다. 예술 이론의 문제와 예술과 예술 운동과의 관계를 생각하는 데 있어서 랑시에르의 이론은 새로운 시각을 제공하고 있다. 그래서 좀 더 깊이 있는 소개와 읽기가 진행되어야 할 것이다. 하지만 그렇다고 해서 무비판적으로 수용할 필요는 없을 것이다. 특히 예술의 상업화와 원리적으로 단절하면서 이를 위해 예술을 행동으로 해체시키려는 조급성을 보이고 있다는 '오늘날의 예술적 행동주의'에 대한 그의 비판은, 한편으로는 수긍이 가면서도 또 다른 한편으로는 '예술적 행동주의' 자체에 대한 불신을 전파하게 되는 것이 아닐까 생각된다. 그래서, 그의 본의와는 다르겠지만, 예술 활동가의 활동을 북돋는 이론이 아니라 그 활동의 불필요성을 설파하는 이론으로, 그리고 예술 자체가 정치적이기 때문에 어떠한 예술 작품도 정치적이라는 예술의 알리바이를 제공하는 이론으로 이용될 가능성이 있다.

그런데 랑시에르의 급진적인 예술론이 왜 그러한 가능성을 갖게 되었을까. 랑시에르를 따라 치안과 정치가 마주치는 현장이 정치적인 것이라고 한다면, 치안에 의한 감각적인 것의 분배를 파괴하면서 감각적인 것을 새롭게 분배하는 현장인 예술 자체가 정치적인 것이 된다. 랑시에르는 정치를 해방과정, 즉 몫 없는 자들이 평등과 민주주의를 요구하는 과정으로 본다. 그리고 그는 그 과정과 치안과의 부딪침의 현장에서 정치적인 것을 포착한다. 그래서 그의 이론은 치안과 정치가 부딪치는 갈등의 현장성을 잘 파악할 수 있다는 장점을 가지고 있다. 하지만 한편으로, 그의 이론은 어떤 사건이 가지고 있는 새로운 성격을 파악하기 힘들다는 면도 있다. "도래할 사회를 지배할 대항-권력을 정초하는 것보다는 능력을 증명하는 것 — 그것은 공동체의 증명이기도 하다 — 이 중요하다"[4]라고 랑시에르가 말할 때, 그 능력의 증명은 바로 평등의 작업이자 해방을 의미한다. 근본적으로 평등한 능력을 가지고 있기 때문에 몫 없는 자들은 몫을 요구한다. 하지만 이때 '도래할 사회'를 창출하는 것과 같은 어떤 사건의 '새로움' 또는 차이, '새로운 것-차이나는 것'의 구축에 대한 포착은 상대적으로 경시되는 것 아닐까.

치안에 의해 감각할 수 없게 된 것을 감각할 수 있게 한다는 예술에 대한 랑시에르의 이론에서도, 감각적인 것이 평등하게 재분배되어 있는 작품 안의 민주주의적 잠재성이 중요시되지 감각적인 것이 '도래할 것'이라는 시간성 속에서 구축되는 '사건'이 중요시되지는 않는다. 사건을 창출하는 카이로스의 시간성이 경시되는 것이다. 아방가르드에 대한 상대적인 경시도 여기에서 비롯된다고 생각한다. 이 대목에서 랑시에르의 '정치적인 것'에 대한 이론과는 변

---

4. 자크 랑시에르, 『정치적인 것의 가장자리에서』, 114쪽.

별되는 안또니오 네그리Antonio Negri의 '정치적인 것'에 대한 이론을 대비시켜 보고 싶다. 랑시에르의 이론보다는 네그리의 이론이 아방가르드의 기획과 그 정치성을 더 온전히 설명할 수 있다고 생각하기 때문이다. 네그리는 푸코의 주체 이론을 긍정적으로 소개하면서 '정치적인 것'이란 개념을 구축적인(제헌적인) 힘constituent power과 연관시켜서 생각한다. 바로 그 구축적인 힘이 정치적인 것을 창출한다는 것이다.

> 푸코는 저항과 공적 공간의 재합성recomposition의 장소로서의 주체성 패러다임을 발전시킨다. 여기에서 우리는 형식적으로나 방법론적으로나 절대적 절차에 적합한 모든 특성들을 지니고 있는 주체의 형상을 접하게 된다. 왜냐하면 이 주체는 역량인 동시에 시간이자 구축이기 때문이다. 즉 구축적 궤적들을 생산하는 역량이자, 모든 선先결정을 배제하는 시간이며, 따라서 특이한 구축constitution인 것이다. 비판이 제정된 권력의 감옥을 파괴했을 때, 이것은 절대적 사건을 산출할 수 있는 존재론적 역량, 제헌권력으로서 인식된다. 여기에서 정치적인 것le politique은 생산, 환칭컨대 집단적이고 비-목적론적인 생산이다. 정치적인 것을 구성하는 것은 혁신이며, 따라서 구성constitution은 부단한 혁신에 다름 아니다.[5]

구축적인(제헌적인) 권력은 비목적론적으로 주체를 산출하는 혁신적인 힘이다. 그것은 "저항과 공적 공간의 재합성"을 통해 정치적인 것을 구성해나간다. 정치적인 것의 구성은 제헌하는(구축하는) 힘이 자신의 존재론적 역량을 통해 '제정된 권력'의 감옥을 파괴할 때의 '절대적 사건'을 창출하면서 이루어진다. 정치적인 것은 자유롭게 생산하고 특이하게 구성해나갈 수 있는 우리 삶의 존재론적 능력에 의해 구축된다. 그리고 그것은 "시간의 완료와 '장차 올 것'의 열림

---

5. 안또니오 네그리, 『구성권력』, 웹진 『자율평론』 14호.

사이에 존재하는 순간"[6]인 카이로스의 시간성 속에서 산출되는 사건이자 혁신이며 제헌 권력의 구축이다. 그런데 구축하는 권력이 우리 삶의 능력 그 자체라면, 정치적인 것이란 정치적 과정으로서의 삶 자체라고 할 수 있을 것이다. 그래서 제정 권력에 의해 통제되어 있는 일상적 삶의 장 안에는 제헌적인 힘이 잠재적으로 존재하고 있으며, 그래서 정치적인 것이 감추어져 있다고 할 수 있다.

요컨대 안또니오 네그리의 정치적인 것의 개념은 랑시에르의 그것과는 달리 사건과 혁신이라는 측면을 좀 더 포착할 수 있다고 생각된다. 그래서 역시 혁신과 단절을 중시했던 아방가르드 운동을 네그리의 개념은 좀 더 온당하게 파악할 수 있는 길을 열어준다. 아방가르드에게서 혁명은 정치권력의 교체에 그치는 것만이 아니고 삶 자체의 변혁이 이루어지는 것이었다. 아방가르드는 삶의 재현과 예술 제도의 틀에서 벗어나 구축적인 힘을 발휘하여 '예술 아닌 예술'을 창작하고, 그러한 예술을 통해 현실과 문화를 혁명적으로 재구축하면서 그 재구축된 현실과 문화가 삶의 근본적인 변혁을 창출할 수 있기를 원했다. 즉 아방가르드 예술 행위는 그 자체로서 혁명적으로 변화된 삶 자체가 되려고 했다. 네그리에 따르면 이러한 삶의 변화와 생성은 바로 '정치적인 것'이고, 그 변화 생성의 힘은 제헌적인(구축적인) 힘이라고 할 수 있다. 네그리를 따른다면, "문화 생산의 자기조직화"를 구축하려는 예술 행동은, 랑시에르와는 달리 열렬히 긍정될 것이다.

진은영도 요청하고 있다고 할 수 있는 이러한 아방가르드적인 예술 행동이, 과연 한국 시문학에서 재창출될 수 있을 것인가? 한국 시문학에서 아방가르드적인 예술 행동을 찾아본다면 1980년대 노동시를 생각해볼 수 있다. 1980년대의 '노동시'는 아방가르드와 마찬가지로 삶과 시의 분리를 받아들이지 않고 삶이자 정치적인 행동인 시를 보여주었다. 노동시는 문학 제도에 의해 승인되어 '시'라는 장르에 들어갈 뿐인 '문학'이 아니라 삶을 변화시키고자 하는 운

---

6. 안또니오 네그리, 『혁명의 시간』, 정남영 옮김, 갈무리, 2004, 42쪽.

동의 일환이었던 것이다. 하지만 조정환이 말하듯이 노동자 문학 운동은 "강한 배타성을 갖는, 즉 다중의 문화적 활동의 방법적 다양성을 인정치 않는 예술방법 논쟁과 방법적 실험 속에서 자기 정당화를 찾는 보수주의를 드러"내는 경향으로, "작품들의 예술성을 내용적, 형식적 규범주의에 따라, 즉 정해진 내용, 정해진 형식을 얼마나 잘 구현했는가에 따라 주로 이해"7하는 경향으로 나아갔다는 면에서 그 아방가르드적 가능성은 더 이상 발전하지 못하고 만다.

하지만 1980년대 노동시 운동의 기획은 시가 '운동—행동'이 되어 삶과 시의 분리선을 와해시키는 것이었으며, 또한 시를 통해 권력의 호명을 거부하면서 노동자 스스로 주체성을 형성하려는 것이었음은 여전히 주목할 만하다. 진은영이 새로운 아방가르드에 대한 생각을 진화시키기 위해서는, 그녀가 내심 생각하고 있는 '미래파'의 창작 경향뿐만 아니라 1980년대의 노동시 운동 역시 참조해야 할 것이다. 이런 점에서 『내일을 여는 작가』 2009년 봄호의 특집인 '비허구 문학을 어떻게 볼 것인가'는 '정치적인 것과 아방가르드'와 관련하여 읽어볼 가치가 있다. 아방가르드는 그들의 '예술 아닌 예술'이 행동 자체이자 삶의 변혁이 되기를 원했기 때문에 그들이 만들어낸 비-예술이 허구이든 아니든 상관이 없었다. 초현실주의자인 앙드레 브르통의 '소설 아닌 소설' 『나자』를 보라. 그 작품은 브르통의 실제 경험을 바탕으로 씌어진 것이다. 그 비-소설에서 문제가 되는 것은 허구를 통해 통일적인 구성을 갖는 소설 작품을 '완성'하는 것이 아니라, 미완성이 될지라도 '비허구'를 통해 발작적인 아름다움을 드러내는 것이었다. 그 기록은 초현실주의가 생각하는 혁명적 행동과 관련된다.

그 특집 안의 글인 「어떤 문학인가 ― 비허구 행동주의 문학의 가능성」에서 이명원이 작가들에게 "직접적으로 현실의 사건의 현장에서 행동주의적 언어를 통해 '진실성'을 발굴하려는 끈질긴 노력을 할 필요가 있"(80쪽)다고 요구

---

7. 조정환, 「프랑스 상황주의자 운동과 90년대 한국 문화운동」, 『카이로스의 문학』, 갈무리, 2006, 508~509쪽.

할 때, 그것은 1980년대 문학 운동의 새로운 귀환을 주장하는 것이면서 동시에 규범화된 장르를 벗어나 문학 자체가 삶이 되어야 한다는 아방가르드의 기획 — 이명원이 생각하는 '행동주의적 언어'와 초현실주의의 언어는 상당한 차이가 있겠지만 — 과 기본적으로는 상통하게 된다. 그렇다면 행동주의란 무엇인가? 같은 특집에 실린 글 「예술은 최초의 행동을 가진다!」에서 김종길이 이에 대해 "행동주의는 바깥을 위한 사유의 실천이면서 동시에 권력장 내부의 뒤집기를 시도하는 구체적 행동이념이다. 바깥은 유토피아가 아니라 실제적 삶이다."라고 답한다. 그에 의하면 예술에서 행동주의는 실제적 삶에서의 실천이며 전복이다.

　이러한 '행동주의 예술'은 아방가르드적인 기획의 재출현이다. 그 기획을 네그리의 사상과 접합시켜 생각하면, 그 실천과 전복 과정이 예술을 구축해나갈 것이며 그리하여 예술의 구축 자체가 정치적인 것을 창출할 것이라고 말할 수 있다. 그 예술이 허구이든 비허구이든 관계없이 말이다. 다시 말하면, 그 '행동주의' 예술은 자기 자신을 구축해나감과 동시에 삶을 정치적으로 구축해나간다. 예술에서의 정치적인 것이 '감각적인 것의 재분배'라는 랑시에르의 생각은 이 실천 과정을 포착하는 데 갑갑한 면이 있다. 그보다는 제정된 것과 그 권력으로부터 탈주하면서 삶을 '정치적인 것'으로 구축하는 네그리의 '제헌적인 힘'이라는 개념이 '행동주의' 예술을 더 잘 드러낼 수 있을 것이다. 예술이 정치적인 것을 실제적으로 구축하는 '제헌적인 힘'을 발휘하기 위해서는, 장르의 틀을 넘어 삶/예술의 분리가 아방가르드적으로 철폐되면서, 그 '예술 아닌 예술'이 고유한 능력을 통해 실제적 삶에서 실천되고 권력을 전복해나가야 한다. 그때 미학에 잠재되어 있는 랑시에르 식의 '정치적인 것'이 현행석actual이면서 제헌적인 무엇으로, 네그리 식의 '정치적인 것'으로 전화될 수 있을 것이다. 오늘날, 이 아방가르드적 전화가 한국문학에서 이루어질 수 있기를 요구하고 기대하는 상황에 우리는 서 있다.

(『시와 사람』 2009년 여름호)

4장

잉여와 긴장으로서의 시적인 것

1

문학과 정치, 특히 시와 정치의 관계에 대한 논의가 활발해지고 있다. 거의 모든 문예지가 이 주제를 특집으로 다룬 바 있다고 해도 과언은 아닐 것이다. 이러한 논의가 무성하게 된 것은 민주주의가 후퇴하고 있는 현 정국과 무관하지 않다. 특히 용산참사는 삶을 탐구하는 문학인들에게 큰 충격을 준 사건이었다. 그 사건은 가난한 사람들의 삶을 짓밟는 현 사회질서에 대해 문학이 어떻게 대응할 것인가 고민하게 만드는 계기가 되었다고 생각한다. 그러한 논의는 환영할 만한 일이다. 1990년대, 2000년대 문학은 1980년대 문학의 정치주의를 비판하고 기각하면서, 본의가 아닐 테지만, 그만 문학의 정치성과 현실 참여 문제를 괄호 치고 문학 담론을 전개시켜 왔다고 생각된다. 이후, 문학이 구체적인 현실로부터 자유로워지면서 한국 문학은 다양하고 화려한 상상력을 보여줄 수 있었다. 이러한 양상은 문학의 잠재성을 더욱 확장한다는 측면에서 긍정적인 평가를 받을 만하다. 하지만 한편으로는, 그렇게 마련된 문학의 자율적인 공간은 문학장이 '그들만의 리그'처럼 되어 구체적인 현실과 멀어져갔다는 평가도 가능하다. 그래서인지 화려한 외양을 보여준 근래의 한국 문학은 반대로 뭔가 쓸쓸한 느낌을 주기도 했던 것이다.

허나 '문학의 정치성'이라는 근본적인 물음을 묻기 시작한 현재의 한국문단은, 많은 논자들이 그 물음에 대해 다양한 대답을 내놓으면서 근래 보기 드문 활기를 보여주고 있다고 하겠다. 그러나 문학의 새로운 가능성에 대한 사유를 잉태하고 있는 그 물음이 문학의 자율성 및 특수성에 대한 물음으로 회귀하는 조짐이 보이기도 한다. 문학과 정치의 관계에 대한 활기찬 논의가 시작된 것은 진은영의 「감각적인 것의 분배」(『창작과 비평』 2008년 겨울호)라는 글이 발표되면서부터라고 생각된다. 그는 "사회 참여와 참여시 사이에서의 분열, 이것은 창작과제에서 늘 나를 괴롭히던 문제"라면서 어떤 난감함을 표명하고는, 이를 해결하기 위해 치안에 의해 분배된 감각적인 것을 해체/재분배하는 데에서 문학의 정치성을 찾은 랑시에르의 이론을 수용한다. 허나 그는 이에 덧붙여 감각적인 것을 재분배하는 시의 정치성을 활성화하기 위해서라도 "정치적 열정의 공간에" 시인이 참여할 것을 제안하고 있어서, 랑시에르의 논의를 넘어서는 면이 있었다.

하지만 진은영의 글에 이어 그 주제에 대한 담론을 펼친 일부 논자들은, 진은영이 제안한 시인의 정치적 공간에의 참여보다는 그가 표명한 "사회 참여와 참여시 사이에서의 분열"이라는 '난감함'에 주목하는 경향을 보여주었다. 그들은 그 난감함이 왜 일어나는가에 대해 시의 특수성을 밝힘으로써 대답하려고 했고, 그 특수성을 해명하면서 문학의 특수한 정치성을 드러내는 방향으로 논의를 진행시키려고 했다. 사실 진은영의 글에서 계발적인 부분은 정치적 공간으로의 참여를 통하여 감각을 재분배하는 시의 정치성을 더욱 활성화시키자는 주장이었다고 생각한다. 하지만 뒤따르는 담론의 방향은 그와는 달리 문학의 특수성 문제에 초점이 맞추어지는 느낌이 있다. 이는 일종의 후퇴라고 생각

된다. 왜냐하면 1990년대와 2000년대 내내 문학의 특수성 및 자율성의 정당성
이 주장되어져 왔기 때문이다. 그렇기에 문학의 정치성에 대한 담론이 이 문제
로 회귀하는 것은 생산적이지 못한 반복적 논의에 빠질 가능성이 있는 것이다.

그런데 최근 시의 특수성 문제를 좀 더 정치하고 철학적으로 접근한 글이
발표되어 주목된다. 강동호의 「존재론적 비명으로서의 시적인 것」(『창작과 비
평』 2009년 가을호)이 그것이다. 이 글 역시 진은영이 표명한 '난감함'에 대한
해명에 주력한다. 허나 그는 그 난감함이 "시적 언어의 원시적 운명, 즉 '시적인
것'의 존재론"(292쪽)[1] 때문이라고 주장한다는 점에서 특이성이 있다. 그는 좀
더 근본적인 지점에서 '시적인 것'을 사유하기 위하여, 이 '시적인 것'의 존재론
을 해명하려고 시도한다. 하지만 이 글 역시 진은영이 애당초 주장하고자 했던
"정치적 열정의 공간"에의 참여라는 문제를 삭제해버리고 있다는 데에 문제성
이 있다. 그래서 이 글에 대한 비판적인 조명이 필요하다고 생각한다. 상당히
깊이 있고 난해한 이 글을 논평하기 위해서는 좀 더 많은 공부 ― 특히 아감벤의
이론에 대한 공부 ― 가 필요하겠다고 생각되지만, 이 글이 현 담론 상황에서 문
제성이 있다고 판단되기에, 나름대로 이해한 만큼만이라도 이 글을 소개하면
서 이에 대한 필자의 견해를 대치시켜 볼 필요가 있다고 생각한다.

2

강동호는 우선, 심보선의 시를 인용하면서 심보선이 "오늘날의 시가 공통
적으로 떠안고 있는 존재론적 조건이자 언어적 한계를 환기한다"(298쪽)고 주
장하고 있다. 그 시의 조건이자 한계란, "언어에는 세계가 빠져 있다"는 것에서
비롯된다. "나의 언어에는 세계가 빠져 있고(그러므로 나는 세상을 올바르게

상상할 수 없다), 그리하여 나의 언어로 세계를 구현하는 것이 불가능하기 때문에, 나는 다만 언어의 한계라는 거대한 감옥에 갇혀버"린다(같은 쪽)는 것이다. 허나 이를 새로운 논리라고는 할 수 없을 것이다. 소쉬르는 이미 언어가 실재 세계에서 분리되어 자의성을 가지고 있으며 자율적 구조를 갖는다고 밝힌 바 있는 것이다. 그런데 이에 대한 반론도 가능하다. 언어는 구체적인 활동, 즉 대화적인 상황 속에서만 존재한다는 바흐친 학파의 생각에 따르면, 언어는 세계를 적극적으로 구성한다고 할 수 있는 것이다.

모든 언어는 명령어라는 들뢰즈/가따리의 논의에 따라 생각해보면, 언어는 세계 밖에 공허하게 존재하는 것이 아니라 세계 속에서 작용한다. 누군가가 나에게 돌을 가져다달라는 말(명령)을 하고, 나는 그에게 돌을 가져다준다. 그리하여 말은 지금 막 물질적 세계에 변화를 가져왔다. 이렇게 언어는 물질적인 활동 속에서 존재하고 그리하여 세계를 변화시킨다는 면에서 세계의 일부분을 이룬다고 생각할 수 있다. 문자 역시 마찬가지다. 한 권의 책에는 어떤 세계가 잠재되어 있다. 그 잠재된 세계는 독서를 통해 현실화된다. 이 현실화될 가능성이 있는 잠재성의 힘, 즉 잠재력이 책에는 내재되어 있는 것이다. 그래서 말과 책에는 권력pouvoir 또는 능력pouissance이 내장되어 있다. 시는 어떠한가? 한 편의 좋은 시는 독자에게 정동affect을 가동시킨다. 가동된 정동은 삶의 능력을 고양시키고 더 나아가 삶의 변화를 이끌어낼 수 있다.

여기서 잠재성dynamis, virtuality이 문제가 된다. 강동호 역시 시적인 것을 잠재성과 연관시키고 있다. 그는 시적 언어의 특성을 심보선의 시구를 빌려 "긍정으로 회귀하지 않는 부정의 부정"에서 찾는다. 그에 따르면 시적 언어는 "긍정문은 물론이거니와, 부정문("나는 거기 없었다") 자체도 부정되는(내 언어에는 세계가 없으므로) '기이한 알리바이' "(297쪽)를 드러낸다. 그런데 여기에서 더 나아가 그는 " '이중 부정'의 시적 언어가 어떻게 다른 방식으로 언어의, 존재의, '잠재적 부면'에 가닿으면서 '시적인 것'을 창출할 수 있는지"(300쪽)에 대한 철학적 탐구를 시도한다. 여기에서 잠재성이라는 철학적 개념이 중요하

게 부각되는 것이다. 이 부분은 다소 어려운 부분이라 강동호의 논의를 따라
가보기로 한다.

　강동호가 '시적인 것'과 연관시켜 사용하는 '잠재성' 개념은 아리스토텔레
스의 '잠재성' 개념을 재해석한 아감벤의 이론에 기대고 있다. 그는 이현승의
시 「모래알은 반짝」의 마지막 구절, "그런데 깨진 유리병들은/어디에 그렇게
많은 금들을 감추고 있었을까"에서 '잠재태'의 지대를 발견하고 그 지대에서
'시적인 것'이 발아된다고 주장한다. 그 구절은 '거기에 없다는 말에서 거기는
없다'라는 이중부정의 구문과 유사한 구조를 가지고 있는데, 왜냐하면 그것은
"충만한 순수–기호도 불가능하고(유리병에는 저 금들이 감춰져 있으니) 반대
로 순수한 공허와 균열의 지시도 불가능한(저 금들이 어디에 감춰져 있는지
모르니) 언어의 이중적 실패의 사태를 열어놓"(303쪽)기 때문이다. 하지만 그
것은 이중부정을 넘어서 "어떤 가능성을 내장한 실패가 되는데", 그것은 "'아
무 것도 없다'라고 말하는 것이 아니라, '아무 것도 없는 사태가 있다'라는 방식
을 취하기 때문"(같은 쪽)이라는 것이다. 그리고 그 방식은 '잠재태'의 지대를
열어놓는다고 한다.

　왜일까? 아감벤에 따르면, 아리스토텔레스가 밝혔듯이 잠재성은 현실성
으로 나아가지 않을 잠재성, 즉 비잠재성이어야만 한다는 역설에 기반하고 있
기 때문이다. 만약 잠재성이 비잠재성이지 않다면 그것은 더 이상 잠재성이라
고 말할 수 없고 현실성이라고 말해야 한다. "잠재적인 것은 실현되지 않을 수
있는 자신의 능력(자신의 비잠재성)을 유보하는 순간에 현실성으로 나아갈 수
있"[2]기에 그렇다. 그렇다면, 잠재성을 보존하는 능력은 무엇이지 않을 수 있는
능력이다. 즉 아무 것도 아닐 수 있는 능력이 잠재력인 것이다. 그래서 그 비잠
재성의 있음을 나타내는 "아무 것도 없는 사태가 있다"라는 방식은 잠재태의
지대를 열어놓는다고 말할 수 있는 것이다. 그런데 시적 언어는 세계가 없다는

---

2. 조르조 아감벤, 『호모 사케르』, 박진우 옮김, 새물결, 2008, 112쪽.

사태가 있다고 말하기 때문에, 비잠재성인 잠재성을 드러낸다. 그래서 강동호는, 이 잠재성의 지대를 여는 과정에서 이룩되는 "'있음과 없음' '주체와 탈주체' '건설과 파괴' '해체와 구축'의 양태가 긴박하게 점멸하면서 긴장의 성좌"(304쪽)에서 '시적인 것'이 발아된다고 말한다.

하지만 이러한 개념 설정을 뒷받침하고 있는 아감벤의 잠재성 개념을 과연 받아들여야 하는 것인지 의문이 든다. 그의 잠재성 개념은 다소 소극적이고 수동적인 것은 아닐지? 그래서인지 아감벤의 잠재성 개념에 대해 다음과 같이 비판하고 있는 양창렬의 생각에 동의하게 된다.

우리가 보기에 아감벤은 잠재성 내에서 '존재[잠재성]'와 '무[비잠재성]'라는 이항 대립에 머물러 있다. 존재와 무의 동시성을 말함으로써 '역설적 상황'을 만들어내는 것이 아감벤의 전략이다. 그것은 물론 비존재의 잠재성에 대한 강조를 통해 이뤄진다. 반면, 우리는 잠재성의 세계가 A일 수 있음과 A일 수 없음의 세계가 아니라, A 못지않게 B, B 못지않게 C, C 못지않게 D …… 처럼 추이적으로 transitively 이어지는 무한 가능성의 세계라고 생각할 수도 있을 것이다. 왜냐하면 A일 수 있음과 없음은 아리스토텔레스가 정확히 지적했듯이, 로고스에 있어서 A라는 현실성에 대해 사후적인 것이므로, 언제나 현실성의 관점에서 역추적된 잠재성이기 때문이다.[3]

'있음과 없음'이라는 이항 사이의 역설적 긴장을 통해 잠재성을 드러낸다는 전략은 강동호에 이르면 이중부정을 통해서 부정의 긍정을 말하는 소극적 방식으로 이루어지게 된다. 그래서 강동호의 '시적인 것' 역시 소극적으로 규정되고 있다는 느낌을 준다. 젊은 시인들이 "하나같이 '사라짐'이라는 현상에 착목하는 경향을 보이는 것도 이처럼 '잠재태/가능태'의 영역으로 육박하려

---

3. 양창렬, 「아감벤의 잠재성 개념과 그것의 정치적 함의」, 『자율평론』 19호.

는"(308쪽) 것이라는 주장을 보면 그러하다. 사라짐을 통해 '잠재태/가능태'의 존재를 포착하려는 시도는 어떤 사태에 대해 수동적이고 소극적인 태도를 낳는다고 생각되는 것이다. 물론 그 수동성은 양창렬도 말하듯이 "적극적인 의미의 수동성"이지만, 그 역시 수동성에서 벗어나는 것은 아닌 것이다. 그래서 강동호의 '시적인 것'은 갑갑하다. 더구나 그 개념은 시에 대해 자칫 편협한 시각을 형성하는 데 작동될 수도 있는 것이다. 시가 이중 부정을 통해 무의 있음을 드러내는 방식으로 잠재태의 영역으로 육박해야 시적인 것을 창출할 수 있다고 한다면 시다운 시의 자리는 얼마나 좁은 것인가!

그러나 위의 인용문에서 양창렬이 제안하듯이, 잠재성을 아감벤의 생각과는 반대로 무한 가능성의 세계로 생각한다면, 즉 현실화된 A라는 사태에서 A가 아닐 수 있는 비잠재성의 유보(즉 잠재성의 소멸)를 역추적하는 것이 아니라 다른 무엇이 될 수 있었던 무한 가능성을 역추적할 수 있다면, '시적인 것'이라는 개념 역시 달리 생각할 수 있다. 그런데 양창렬이 말하는 무한 가능성으로서의 잠재성은 안또니오 네그리가 생각하는 잠재력과 닿아 있다고 생각된다. 네그리는 '잠재력'에 대해 "그것은 존재의 상상력입니다. 왜냐하면 존재는 상상하고 창조하기 때문이지요. 거기에는 하나의 한계가 있지만 바로 그 한계 위에서 존재는 잠재력의 형태로 퍼져 있습니다."[4]라고 말한다. 존재는 잠재력 자체이고, 잠재력은 상상과 창조로서 존재를 넓히는 힘이다. 물론 어떤 한계 위에서 존재는 확장되지만, 잠재력 자체는 무한한 가능성을 갖고 있다고 할 것이다. 그에게 있어 잠재력은 무엇인가를 새롭게 구성할 수 있는 힘, 동적인 힘이다. 이러한 개념 규정의 연장선상에서, 예술이란 잠재력 자체이다. 좀 더 한정시켜 말하자면, 네그리에게 예술은 "인간의 총체적 운동을 선취"하는 "구성하는 권력, 존재론적으로 구성하는 잠재력"[5]으로 개념 규정된다. 즉 잠재력은

---

4. 안또니오 네그리, 『예술과 다중』, 심세광 옮김, 갈무리, 2010, 84쪽.
5. 같은 책, 129쪽.

예술과 같다고 할 수 있는 것이다. 하지만 이러한 정의는 너무 포괄적이다. 그래서 예술을 좀 더 구체적으로 정의하고 있는 다음 구절을 인용해본다.

> 예술이란, 이미 말한 것처럼 노동이며 살아 있는 노동입니다. 따라서 그것은 특이성을 발명하는 것이고 여러 가지 특이한 형상이나 오브제를 발명하는 것이며 언어적 표현이고 여러 가지 기호들을 발명하는 것입니다. 바로 여기에, 즉 이 첫 번째 운동 속에 행동하는 주체의 잠재력이 있고 세계를 재발명하기에 이르기까지 인식을 깊이 있게 만드는 예술의 능력이 있는 것입니다.[6]

이 인용문을 보면, 아감벤의 잠재력 개념에 비해 네그리의 그것은 지나치게 능동적이고 낙관적이라고 생각될 수도 있다. 그리고 네그리가 잠재력을 곧바로 예술로 연결시키고 있는 점도 예술 형식의 매개성에 주목하는 이들에겐 불만일 수 있겠다. 하지만 아감벤 개념에서 느껴지는 답답함보다는, 네그리 개념의 시원스러움이 개인적으로 훨씬 매력적이다. 이에 따르면, 시적 언어를 이중부정으로 보지 않아도 된다. 있음과 없음 사이의 긴장에 시적인 것을 묶어놓지 않아도 된다. 시는 언어 표현들을 특이하게 발명한다. 이를 통해 시는 텍스트에 포박되어 있지 않고 곧바로 세계를 재발명하는 데에로 나아간다. 그렇다면 시와 세계 사이에는 장벽이 없다. 시는 세계가 될 수 있으며 세계는 시적으로 변모할 수 있다. 이것이 시의 잠재력이다. 그래서 네그리는 시적인 것, 즉 포에지에 대해 강동호와는 매우 다른 정의를 내놓는다. 그에게 있어 포에지poésie란 "생산과 생산에 대한 명령(즉, 착취)이 부과하는 어떤 조건과 관련해 살아 있는 노동의 잉여를 표현"[7]하는 것이다.

시적인 것과 노동을 연결시킨다는 것이 낯설게 느껴질 수도 있겠지만, 포

---

6. 같은 책, 39쪽.
7. 같은 책, 189쪽.

에지가 제작을 뜻하는 포이에시스poiesis에서 파생되었다는 것을 생각하면, 그
것은 하등 이상한 일이 아니다. 그래서 상황주의자 라울 바네겜Raoul Vaneigem
은, 한 노조원이 "두 푼짜리 재료를 합당하게 사용하면 우리는 기관차를 작동
하지 못하게 만들 수 있다"고 한 주장을 포에지라고 말할 수 있었던 것이다.[8]
그는 여기에서 시(포에지)란 "새로운 현실을 낳는 행위"이자 "관점 전복의 행
위"가 된다고 말한다. 관점을 전복하여 파업이라는 새로운 현실을 낳는 것, 그
것 역시 시적인 것이라는 주장이다. 포이에시스와 포에지를 연결하는 그의 생
각은 시적인 것이란 "창조적 자발성의 조직"이며 "질적인 것을 그것의 내적인
일관성에 따라 개발하는 것"[9]이라는 정의를 낳는다. 네그리의 포에지 개념과
관련된 '살아 있는 노동'이란, 자본에 포섭된 노동, 즉 우리가 억지로 해야 하는
노동과는 그 의미가 다르다고 할 때[10], 그것은 바로 바네겜이 말한 "새로운 현
실을 낳는 행위"이자 '창조적 자발성'을 조직하는 일에 가까울 것이다.

　그런데 포에지에 대한 네그리의 정의에서 흥미로운 점은, 포에지가 살아
있는 노동의 '초과'를 표현한다는 점이다. 이에 따르면, 현실적 제 조건을 초과
하는 인간의 변용 능력이 표현되어 드러날 때 이에 대해 시적인 것(포에지)이
라고 말할 수 있다. 그래서 시적인 것이란 과잉이다. 네그리는 말한다.

　이 과도한 것, 극단적인 초과 ― 예술이나 혁명을 생각해보면 좋겠지요 ― 에 어
　떤 부분이 있는지는 모르지만, 이 잉여가 거기에 있다는 것을(현존한다는 것
　을), 그리고 이것이 어떤 생산적인 토대를 구성하고 있다는 것, 새로운 세계를
　구성하는 기계처럼 조직될 수 있다는 것을 알고 있습니다.[11]

---

8. 라울 바네겜, 『일상생활의 혁명』, 주형일 옮김, 이후, 2006, 275쪽 참조.
9. 같은 책, 274쪽.
10. 네그리는 살아 있는 노동이란, 자본에 포섭된 노동, 우리가 억지로 해야 하는 노동과는 달리 "자
　　연과 역사적 현실을 철저하게 변형시키는 능력"(네그리, 『예술과 다중』, 38쪽)이다.
11. 같은 책, 192쪽.

즉 시적인 것은 살아 있는 노동에 의해 생산된다. 착취 조건을 넘어서는 인간의 능력 ― 잠재력 ― 이 발휘되는 살아 있는 노동은, 그 조건을 초과하는 어떤 과잉 ― 잠재력 ― 을 표현하고, 그 표현된 과잉 ― '거기' 있는 잉여 ― 에서 우리는 시적인 것을 발견하게 되는 것이다. 살아 있는 노동에 의해 생산된 예술은 시적인 것을 발산한다. 예술은 발산되는 잉여 ― 현실의 조건을 초과하는 잠재력 ― 로서 저기에 저렇게 있다. 그러자 저 잉여물은 "새로운 세계를 구성하는 기계로서 조직"된다. 살아 있는 노동의 잠재력 ― 시적인 것 ― 을 드러내고 있는 저 예술은, 세계 속에 개입하여 새로운 세계를 구성하는 데 있어서 하나의 기계로서 기능하는 것이다. 우리는 저 예술이 뿜어내는 과잉된 무엇과 접속하여 정동되면서 우리의 잠재력을 강화시킬 수 있으며, 더 나아가 새로운 주체로 생성될 수 있다. 그렇다면, 시적인 것에 대한 네그리의 이러한 생각을 원용하여 이제는 이렇게 말할 수 있을 것이다. 살아 있는 노동에 의해 생산되는 좋은 시는 기호들을 발명하는 '언어표현'을 통해 어떤 과잉을 발산하고, 우리는 그 시에 내장되어 있는 잉여에 말로 표현할 수 없는 '마음의 진동'을 느끼며 더 나아가 자신의 잠재력이 고양되고 있음을 경험한다고.

3

이 글 서두에서 필자는 현재 문단에서 전개되는 시와 정치적인 것의 관계에 대한 논의에 대해 환영하면서도, 그 논의가 다시 시와 현실 간의 간극을 강조하고, 시의 특수성만을 도출하는 경향에 대해 우려한다는 생각을 밝혔다. 강동호의 글을 조명한 것은 그 때문이다. 아감벤의 잠재성 논의를 빌린 그의 글이 시적인 것을 현실 속에 관통하는 잠재력과 유리된 무엇으로 인식하게끔 유도할 수 있다고 판단했기 때문이다. 이에 필자는 네그리의 잠재력 이론과 예술론을 대치시켜 그러한 논의에 대한 대안적 관점을 제시해보고자 했다. 이제 시와 정치성의 관계에 대한 논의로 돌아가 이에 대한 필자의 생각을 간략히 정리하고, 그것과 네그리의 시적인 것에 대한 논의와 접합시켜 보기로 한다. 그리고 이와 관련하여 백무산의 시를 살펴보면서 남은 지면을 사용하려고 한다.

여기서 다시 강동호의 글을 소개하면서 논의를 시작해야 겠다. 그는 젊은 시인들이 "세계를 직접적으로 현시할 수 없"으면서도 "스스로의 언어 자체를 폐기할 수도 없다는" "저주받은 이중적 불가능성"에 빠져 있다고 하고, 하지만 "이들은 이러한 불가능성에서 탈출하려는 대신 불가능성 자체를 능동적으로 살아가면서, 그 언어적 실패의 운명을 하나의 가능성으로 존재하는 길을 모색"한다고 말한다. 그리고 "그러한 존재방식을 우리는 '존재론적 비명'이라고 부를 수 있을 것이다"(강동호, 앞의 글, 310쪽)라면서 '시적인 것'을 '존재론적 비명'으로 재개념화한다. 그리고 그 시적인 것인 비명에는 "잠재적 층위에는 우리의 정형화된 삶과 언어 자체를 회의하도록 만드는 근원적이고도 위험한 물음이 잠재하고 있다"면서 "이 물음이 독자와 감응하는 순간, 독자가 믿어왔던 굳건한 현실의 지대가 뒤틀리고, 특정한 방식으로 규정할 수 없는 새로운 삶의 잠재적 지대가 열리는 징조가 보일 것"이라면서 다소 논의를 비약시킨다. 그런데 "이러한 미완의 사태가 우리의 존재형식을 구성하기에 역설적으로 끊임없이 무엇인가를 쓰고 읽을 수 있는 것"(311쪽)이라면서 김수영을 끌어들이고 있다.

> 자신의 해체와 고착을 연이어 경험하는 삶은 그 한없는 되풀이에도 불구하고 절대적으로 낯설 것이다. 나를 죽이고 되살리는 행위가 어떻게 익숙해질 수 있겠는가? 그리하여 김수영은 일전에 이를 '자유의 이행'enforcement이라는 말로 표현했던 것이리라. 그의 말대로 우리가 '자유'라고 발화하는 순간 '자유'를 붙들고 있는 것은 여전히 기표의 헐거운 갈고리뿐이니, 시는 이를 지시하지 않고 다만 '이행'하는 동태적인 존재형식을 살 때, 마침내 자유의 가능성을 열어젖힐 수 있다.(311~312쪽)

김수영이 그의 유명한 시론 「시여 침을 뱉어라」에서 제시한 '자유의 이행'이라는 개념이, 이 글에서는 "세계를 직접적으로 현시할 수 없는" 언어의 무능력 차원에서 설명된다. '자유'라고 말하는 순간 그 발화된 '자유'는 이미 "기표의 헐거운 갈고리뿐"이니 시는 무언가를 지시해야 한다는 강박 관념에서 벗어나 "동태적인 존재 형식"을 살아나가야 "자유의 가능성을 열어젖힐 수 있다"는 것이다. 앞에서도 보았듯이 강동호의 글에서 잠재태는 언어의 이중적인 불가능성 차원에서만 설명되고 있는데[12], 김수영의 자유 역시 이중적인 불가능성에서 벗어나지 못하는 언어를 동태적으로 만드는 차원에서 사유되고 있는 것이다. 여기에서 언어 바깥의 세계는 괄호 쳐지고 있는 것은 아닐지? 허나 김수영이 말한 '자유의 이행'이 그러한 뜻을 갖고 있다고는 생각되지 않는다. 김수영은 바로 그 시론에서 '자유의 이행'이란 '모험'이라고 말하고 있기 때문이다.

김수영이 말한 '모험'이란 무슨 뜻일까? 그는 "시에 있어서의 모험이란 말은 세계의 개진開陣, 하이데거가 말한 〈대지大地의 은폐〉에 반대되는 말이다. 엘리엇의 문맥 속에서는 그것은 의미 대 음악으로 되어 있다. 그리고 엘리엇도 …… 〈시는 언제나 끊임없는 모험 앞에 서 있다〉라는 말로 의미의 토를 달고 있다."[13]라고 말하고 있다. "산문이란, 세계의 개진"이라고 김수영이 말하는 것을 보면, 자유의 이행, 즉 모험은 산문(의미)의 세계로 시가 나아간다는 것을 뜻한다고 할 수 있다. 산문의 세계란 일상생활의 세계이며, 그야말로 '정치적인 것'이 관통하는 공간이다. 김수영은 저 정치적인 것이 관통하는 세계로 시가 나아갈 것을, 그러한 의미에서의 자유의 '이행'을 주장하고 있는 것이다. 그래서 자유의 이행이란 "예술의 정치화"(벤야민)라고도 말할 수 있을지 모른다.[14]

---

12. 여기서 논할 수는 없지만 사실 아감벤의 잠재성 이론은 언어 차원을 넘어서고 있다. 그는 어떤 매개체가 목적 없는 수단이 될 때 잠재성은 보존되고 드러난다고 하는데, 가령 배우들의 판토마임과 같은 몸짓이 그러하다. 이에 대해서는 조르주 아감벤, 5장 「몸짓에 관한 노트」, 『목적없는 수단』, 김상운·양창렬 옮김, 난장, 2009 참조.

13. 김수영, 『김수영 전집』, 민음사, 2003, 399쪽.

14. "욕망이여 입을 벌려라 그 속에서/사랑을 발견하겠다"로 시작되는 「사랑의 변주곡」은 자유의

그렇다고 세계의 개진을 시도하는 시, 산문으로 나아가는 시가 '〈노래〉의 유보성'을 포기하는 것은 아닐 것이다. 김수영 자신이 "시의 본질은 이러한 개진과 은폐의, 세계와 대지의 양극의 긴장 위에 서 있는 것"[15]고 말하고 있는 것을 보면 그렇다. 그런데 이 '시의 본질'이라는 '긴장'이란 어떠한 의미인지가 문제적이다. 강동호 역시 있음과 없음 사이의 긴장에서 시적인 것을 보고 있지 않았던가? 그런데 이를 해명하기 위해서는 '개진'과 '은폐', '산문'과 '음악'을 어떤 차원에서 보아야 하는지 먼저 생각해보아야 할 것이다. 김수영은 개진 대 은폐를 엘리엇을 빌어 의미 대 음악으로 다시 풀이하고 있다. 이는 개진과 은폐의 긴장은 의미의 차원에서 접근해야 함을 말해준다.

시는 음악처럼 의미로부터 은폐하려는 속성을 가지고 있으나, 반대로 시 역시 언어로 이루어져 있는 이상 의미로부터 완전히 자유로울 수 없다. 그렇게 된다면 시는 음악이 되거나 침묵이 될 것이기 때문이다. '자유의 이행'을 시도하는 시는 의도적으로 의미의 세계, 산문의 세계로 자신을 밀고 나가지만 한편으로는 시의 은폐적인 속성이 그 산문으로 떨어지려는 시를 붙잡을 것이다. 여기서 긴장이 발생할 테다. 즉 시는 '세계의 개진', 의미의 세계로 나아가지만, 이때 시의 또 다른 속성인 음악성이 의미와 긴장을 일으키는 것이다. 반면 그러한 긴장이 발생하지 않는다면 시는 산문으로 떨어질 것이고, 결국 시가 가진 힘과 불온성은 반감될 것이다. 왜냐하면 산문은 기성 언어가 부여한 조건, 한계 안에서 쓰여진 것이기 때문이다. 시의 산문화가 극단에 이르게 되면, 임화조차도 비판했던 카프의 '뼈다귀 선전 선동시'에 빠지게 될 터, 기성 언어의 조건에서 벗어나지 못하고 새로운 기호를 창출하는 언어표현이 없는 그러한 시에서는 네그리가 말한 잉여를 발견할 수 없을 것이다. 즉 그러한 시에는 '시적인 것'이 없는 것이다.

이행, 즉 정치적인 것이 관통하는 일상으로 시가 투신하는 것이야말로 사랑을 발견하고자 하는 행위임을 밝히는 시라 하겠다.

15. 김수영, 『김수영 전집』, 399쪽.

　여기서 김수영의 생각과 네그리의 생각을 절합시켜 생각해보고 싶다. 김수영이 말하는 세계의 개진 ― 산문성 ― 과 대지의 은폐 ― 음악성 ― 의 긴장으로 인하여, 시에서는 권력이 만들어낸 기성 조건을 초과하는 잉여 ― 시적인 것 ― 가 창출된다고 말할 수 있지 않을까. 계속 생각해보자. 시가 정치적인 것이 관통하는 산문의 세계로 나아감으로써 시는 구체적인 현실 세계를 수용하게 되고, 그 시에 수용된 산문 세계는 시의 음악성 ― 무의식과 관련된 ― 과 긴장 관계에 들어서게 된다. 이 긴장을 통해 산문의 의미들은 충전되면서 어떤 과잉을 발산한다. 의미를 은폐하는 음악이야말로 한편으로 과잉을 드러내는 장르 아니겠는가? 산문의 의미들은 그 음악을 통해 충전되면서 동시에 의미의 과잉으로 방전하기 시작하는 것이다. 또한 그 의미를 넘어서는 과잉된 것, 즉 잉여는 무한한 가능성으로서 넘쳐흐르는sur-plus 잠재력을 드러내고, 그리하여 시에 들어온 세계는 진동하기 시작한다.

　여기서 시와 정치적인 것의 관계에 대해 다시 생각해볼 수 있을 것이다. 김수영이 말한 "시에 있어서의 산문의 확대작업"16은 의미의 세계, 일상의 세계, 정치적인 것이 관통하는 세계에로 시를 밀어 넣으면서, 시 안에 세계를 개진시킨다는 것을 뜻한다. 그러나 시가 일상의 세계에 포섭되어 버린다면 잠재력을 표현하는 잉여로서의 시적인 것을 발생시키지 못하기에, 네그리 식으로 말하자면 새로운 세계를 구성하는 기계로서 작동하지 못하게 될 것이다. 그래서 시인은 '살아있는 노동'을 통해 일상―산문의 재료들을 재구성하여 시의 음악성과 그 산문 세계와의 긴장을 불러일으키면서, 그 일상을 옥죄고 있는 조건과 한계들을 초과하는 잉여를 생산한다. 그럼으로써 시인의 잠재력과 더불어 현실의 일상에 내재되어 있던 존재의 잠재력 역시 표현되는 것이다. 이렇게 생각해보면, 시의 특이한 정치성이란 현실에서의 정치적인 것으로부터 거리를 둘 때에만 본질적으로 이루어질 수 있다는 것이 아니라, 그 현실의 산문적인 의미

---

16. 같은 책, 같은 쪽.

들을 음악성을 통해 증폭시켜 잉여화하면서, 그 현실에 내장된 정치적 잠재력을 드러내는 데서 발휘될 수 있다고 말할 수 있다.

시에 정치적인 것을 좀 더 활성화시키고자 하는 의지를 가진 시인들은, 진은영의 말처럼 "정치적 열정의 공간"에 뛰어들고 싶어 할 것이고, 또한 자신의 시작詩作이 정치적인 효과를 가질 수 있기를 원할 것이다. 즉 그러한 시인들은 세계의 개진에로 더욱 나아가고자 할 것이다. 물론 여전히 어떤 시인들은 '대지의 은폐' 쪽으로 기울어지는 시인들이 있을 테다. 가령, 대학살을 직접 목격하고 체험했으며, 겨우 그 학살로부터 벗어날 수 있었던 파울 첼란 같은 시인은 그렇게 은폐 쪽으로 기울어질 수밖에 없었다. 개진 쪽으로 기울어지는가, 은폐 쪽으로 기울어지는가에 따라 작품의 우열을 따질 수는 없다. 은폐와 개진 모두 시의 본질적인 속성이기 때문이다. 그렇기에 강동호가 말하듯이 "정치적인 내용을 노골적으로 담은 시들"이 "시적일 수 없"(강동호, 앞의 글, 311쪽)다고는 말할 수 없다.[17] 정치적 공간에 참여하고자 하는 의지를 가지고 자신의 시작이 그러한 참여 행위와 연결되기 원하는 시인들에게, 그러한 의지는 '시적인 것'과 거리가 멀게 할 뿐이라고 말한다면 그것은 김수영 식의 '시의 본질'과 동떨어진 얘기를 하고 있는 것이다.

한 가지 여기서 덧붙이고 싶은 것은, 시 작품의 시적인 것의 발현은 텍스트가 아니라 상황 속에서 이루어질 수 있다는 것이다. 집회에서 낭송되어 그 현장을 시적인 것으로 고양시키기 위해 쓰여진 어떤 선전선동 시가 있다고 하자.

---

17. 사실 4.19 이후 김수영은 정치적인 내용을 시에 노골적으로 담은 시를 쓰지 않았던가. 마야코프스키나 브레히트, 또 네루다는 어떤가? 이들 역시 노골적으로 정치적인 시, 선전선동시를 쓰지 않았던가. 문제는 직접적으로 표명된 그 노골적인 의미를 음악(김수영에게 이는 단순히 운율을 뜻하지 않으며, 그가 독특하게 사유한 '죽음'과 관련된다고 생각된다.)과 부딪치게 하여 긴장을 창출했는가 아닌가, 그리하여 그 시가 어떤 잉여 ― 시적인 것 ― 를 가질 수 있게 되었는가 아닌가이다. 물론 이를 판정할 수 있는 도식은 없다. 시적인 것은 시편마다, 또는 시적인 상황마다 모두 특이하게 발산될 것이기 때문이다. 그런데 그 발산의 특정한 지표를 지정할 수는 없는 일인 것이다.

그 시가 잡지에 인쇄되었을 때에는 집회 현장에서의 발현되었던 시적인 것이
잘 드러나지 않을 것이다. 하지만 집회 현장에서 그 시는 사람들에게 강렬한
감동에 사로잡히게 했을 수도 있다. 이 감동을 선동에 의한 일시적인 감정변화
로 치부하고 '시적인 것'은 이와는 다르다고 생각한다면, 그 시적인 것은 텍스
트 안에만 있는 무엇으로 왜소화될 것이다. 텍스트 바깥의 현실에서 시적인 것
이 창출될 수 있음을 인정해야 한다. 현실에서 일어났던 '촛불'의 파도를 시적
인 것으로 인정할 수 있어야 한다. 거기에는 바로 현실의 조건을 넘어서는 잠
재력, 잉여의 힘이 드러났기 때문이다. 이와 함께 비시적인 텍스트가 특정한
상황 속에서 시적인 것을 발현할 수 있음 역시 인정해야 한다. 가령, 용산 참사
가 일어난 직후, 이를 규탄하는 시로서 처음 접한 것은 이시영의 「경찰은 그들
을 사람으로 생각하지 않았다」였는데, 이 시는 용산 참사라는 특정한 상황을
배경으로 하고 있기 때문에 시적인 것을 발현할 수 있는 것이었다. 조금 길지
만 인용해본다.

경찰은 그들을 적으로 생각하였다. 20일 오전 5시 30분, 한강로 일대 5차선 도로
의 교통이 전면 통제되었다. 경찰 병력 20개 중대 1600명과 서울지방경찰청 소
속 대테러 담당 경찰특공대 49명, 그리고 살수차 4대가 배치되었다. 경찰은 처음
부터 철거민을 사람으로 생각하지 않았다. 한강로 2가 재개발 지역의 철거 예정
5층 상가 건물 옥상에 컨테이너 박스 등으로 망루를 설치하고 농성중인 세입자
철거민 50여명도 경찰을 사람으로 생각하지 않았다. 대신 최후의 자위책으로 화
염병과 염산병 그리고 시너 60여 통을 옥상에 확보했다. 6시 5분, 경찰이 건물 1
층으로 진입을 시도하자 곧바로 화염병이 투척되었다. 6시 10분, 살수차가 건물
옥상을 향해 거센 물대포를 쏘았다. 경찰은 쥐처럼 물에 흠뻑 젖은 시민을 중요
범죄자나 테러범으로 생각하는 듯했다. 6시 45분, 경찰특공대원 13명이 기중기
로 끌어올려진 컨테이너를 타고 옥상에 투입되었다. 이때 컨테이너가 망루에 거
세게 부딪쳤고 철거민들이 던진 화염병이 물대포를 갈랐다. 7시 10분, 망루에서

첫 화재가 발생했다. 7시 20분, 특공대원 10명이 추가로 옥상에 투입되었다. 7시 26분, 특공대원들이 망루 1단에 진입하자 농성자들이 위층으로 올라가 격렬히 저항했고 이때 내부에서 벌건 불길이 새어나오기 시작했으며 큰 폭발음과 함께 망루 전체가 화염에 휩싸였다. 물대포로 인해 옥상 바닥엔 발목까지 빠질 정도로 물이 흥건했고 그 위를 가벼운 시너가 떠다니고 있었다. 이때 불길 속에서 뛰쳐나온 농성자 3, 4명이 연기를 피해 옥상 난간에 매달려 살려달라고 외쳤으나 아무도 그들을 돌아보지 않았다. 그들은 결국 매트리스도 없는 차가운 길바닥 위로 떨어졌다. 이날의 투입 작전은 경찰 한명을 포함, 여섯 구의 숯처럼 까맣게 탄 시신을 망루 안에 남긴 채 끝났으나 애초에 경찰은 철거민을 사람으로 생각하지 않았으며 철거민 또한 그들을 전혀 자신의 경찰로 여기지 않았다.

이 글을 시라고 할 수 있을까? 사실 이 글은 '창비 주간논평'으로 실린 것이니 딱히 시라고 말할 수 없을지도 모른다. 하지만 그냥 설명조의 산문은 아니다. 분명 신문 기사처럼 사건의 상세한 일지로 채워진 내용이다. 글의 맨 앞과 맨 뒤의 "경찰은 그들을 적으로 생각하였다"와 "철거민 또한 그들을 전혀 자신의 경찰로 여기지 않았다."라는 구절 이외에는, 참사에 대한 시인의 감정이나 해석 없이 신문 기사처럼 건조하게 사건 일지로 채워진 내용의 시다. 그냥 산문이라고 해도 좋을 만큼, 산문으로의 경사의 정도가 매우 높은 시였던 것이다. 하지만 이 글은, 신문 기사나 칼럼이라면 나와야 할 맥락들이 제시되어 있지 않은 상태에서 곧바로 사건 현장에 일어난 사건들만 메모되어 있어서, 기사나 칼럼과는 차별성을 보여주고 있다. 그리고 필자가 이 '글'을 시라고 생각하게 된 것은, 이 시 아닌 시를 읽고는 강렬한 충격과 통증을 느꼈기 때문이다. 이 '글'은 강렬한 시로서 필자에게 다가왔던 것이다. 사실 이 '글'이 시가 될 수 있었던 것은, 이 시의 내용이 되고 있는 사실 자체가 분노의 정동을 불러일으키는 것이었기 때문일 것이다. 어쩌면 미적인 것을 제거한 이시영의 이 '글-시'가 저 참사를 가장 시적으로 드러낸 것일지도 모른다는 생각이 들기도 했다.

그래서 도리어 저 사실을 '시적'으로 가공한다면, 그 사실 자체가 내장하고 있는 참담함이 증발되어 버려서 도리어 '시적인 것'을 상실해버릴 수 있었을지도 모르는 것이다. 너무나 주체를 압도하는 사건은, 어떠한 장식적 언어도 제거하고 그 사건의 실상만을 이야기할 수밖에 없을 때가 있는 것이다. 아우슈비츠, 그리고 용산참사가 그러한 사건일 것이다.

사실 제시만으로도 시적인 전율을 느끼게 만드는 이러한 사건들에 대해 시인들은 어떻게 반응하고 대처하며 응전할 것인가. '미적인 것'이라는 개념 자체의 쇄신이 시인들에게 요구되지는 않을까, 아니 '미적인 것'이라는 개념이 과연 그 사실들 앞에서 정당하고 생산적인 것일지 발본적인 의문도 들게 되지 않을까, 조심스럽게 생각해보게 되는데, 중견 시인인 이시영도 그렇게 생각해서 위와 같은 방식으로 시를 썼을 것이다. 여하튼 이 예에서 볼 수 있듯이, 시적인 것은 특정한 사건적 상황, 더 나아가 특정한 역사적 상황을 바탕으로 하여 발산될 수도 있다는 것을 무시해서는 안 된다. 이런 맥락에서 백무산의 시집 『거대한 일상』의 맨 뒤에 실린 시 「치욕」의 다음과 같은 산문적인 구절 역시 '시적인 것'이 없다고만은 할 수 없다.

비용과 실적은 그들의 종교였다
죽어 개값도 못 받은 사람의 숫자가 얼마나 될지
그들만이 안다
그보다 몇십배는 될 불구된 사람들과
과부들과 아비 없는 자식들과
노부모의 한과 눈물이 있었다

한과 눈물 위에 그들만의 부와 명예와 권력을 쌓는 동안
목발을 절뚝거리며 때수건 나프탈렌을 팔러 다니고
여자들은 여인숙에서 몇천원에 몸을 팔고

어린것들은 부랑아가 되고 거리에서 얼어죽었다
그들의 성공은 우리의 씻을 수 없는 치욕이었다

「치욕」은 3개의 장으로 이루어졌는데 위의 인용부분은 1장의 마지막 부분이다. 위 부분을 포함한 1장은 현재 국가 권력을 쥐고 있는 개발 자본주의자들을 비판하는 내용을 담고 있다. 시인은 "비용과 실적"을 '종교'처럼 떠받치고, 이를 삶의 척도로 삼고 있는 현 대통령 및 그 수하들의 이데올로기를, 그 실적 밑에서 삶이 파괴되어야 했던 사람들을 대비시키는 방식으로 비판을 행하고 있다. 이 시에 대해, 현실의 정치적인 것을 시 내부에 직접적으로 담고 있는, "시에 있어서의 산문의 확대 작업"을 행하고 있는 시라고 할 수 있겠다. 하지만 이 시는 시적인 것을 잃지는 않고 있다. 앞에서 전개된 산문적 의미를 감싸며 진술되는 "그들의 성공은 우리의 씻을 수 없는 치욕이었다"라는 구절 때문이다. 저 산문적인 현실들은 '씻을 수 없는 치욕'이라는 단어에 의해서 그 의미가 충전되고 증폭된다. 저 단어는, 세계의 개진으로 나가고 있는 시를 시 내부로 끌어당기면서, 개진과 은폐 사이의 긴장을 창출한다. '치욕'이란 단어가 역사적이고 사회적인 맥락에서 의미를 충전 받으면서 사전적인 의미보다 좀 더 넓고 깊은 잉여의 의미를 방전하고, 그리하여 그 '치욕'은 무엇이라고 정확히 말할 수 없는 의미를 가지게 되기 때문이다. 저 '치욕'은 이 시의 산문적인 언어의 배치 속에 삽입됨으로 해서 시적 언어가 되는 것이다. 그러나 위의 인용부분은, 발산되는 '시적인 것'의 에너지가 강하지 않다는 것은 인정해야 할 것이다. 아마도 독자들은 저 부분을 읽고는 별로 머뭇거리지 않고 뒷부분을 읽기 시작할 것이 사실일 테니까 말이다. 허나 저 부분은, 시의 뒷부분이 더욱 강렬한 '시적인 것'을 발산할 수 있도록 뒷받침하는 기능을 시 텍스트 내부에서 담당하고 있다는 점에 유의해야 한다. 시의 끝부분은 이러하다.

그러나 나 역시 그 치욕 때문에 낡은 시간에 포섭되었다

치욕을 쓸개처럼 씹다 더러운 시간에 갇혔다
우리의 분노와 투쟁도 자주 노예노동의 연장이 되었다

아, 그렇게 만든 것은 우리들이다
더이상 노동은 신성한 것이 아니다
우리의 노동이 자주 그렇게 만들었다
만들어가고 있다, 또다른 치욕도

저 치욕과의 대면이 이제 일상이 되리
그것이 우리의 즐거움도 되리
역사도 정치도 세계도 저항도 허공도 그 무엇도
일상 아닌 것 없는, 거대한 일상이

앞에서 인용한 부분과 마찬가지로, 이 부분에서 '시적인 것'을 감지하기 위해서는, 한국 자본주의의 역사와 민중의 희생, 그리고 노동계급 운동에 대한 당파적인 앎이 필요할 것이다. 그렇지 않다면 위의 인용부분이 가지고 있는 절절함을 느끼지 못할 것이기 때문이다. 이는 한편으로 '시적인 것'이 무역사적인 것만은 아니고, 구체적인 역사적 사회적 상황을 바탕으로 하여 생성될 수도 있다는 것을 말해준다. 그러나 위의 부분은 그 상황에 대한 이해만이 시적인 것의 감지를 보장해주고 있지는 않다. 이 시의 마지막 행인 "일상 아닌 것 없는, 거대한 일상이"라는 구절에서 강한 전율을 느끼게 되는 것은, 우리의 동상적 인식을 초과하는 어떤 발견이 그 구절에는 표명되어 있기 때문이다. 그것은 "치욕을 쓸개처럼 씹다 더러운 시간에 갇혔다"라는, 기존 노동 운동에 대한 반성에서 급격하게 도출된 발견이자 전망이다. 삶을 파괴하는 자본에 맞서 '신성한 노동'을 대치시켰을 때, "분노와 투쟁도 자주 노예노동의 연장이 되었다"는 것, 그래서 발상을 전환하여 이제 "역사도 저항도 세계도 저항도 허공도 그 무엇도” 노동이라는 삶의 한 국면이 아니라 삶 자체를 구체적이고도 전반적으로도 구성하는 ‘거대한 일상’ 위에 구축해야 한다는 전망을 이 구절은 담고 있다. 이 비약적으로 표명된 발견과 전망에 우리가 전율하게 되는 것은 그 비전의 ‘거대함’에 있다. 저항을 삶 전반으로 확장시키는 그 ‘초과’가 우리에게 시적인 것을 맞닥뜨리게 하는 것이다.

그런데 앞에서 살펴본 바 있는 시어 ‘치욕’이 비전의 거대함과 얽히면서, 여기서는 또 다른 의미를 갖게 된다는 점에 주목된다. 치욕은 치욕이어서 치욕이 아니라고 자위하면서 살면 거짓을 사는 것일 테다. 하지만 여기서 시인은 저 치욕에 사로잡혀 “더러운 시간에 갇”히는 것이 아니라, 즉 치욕에 원한의 감정을 품지 않고, 그 치욕과 똑바로 대면하면서 그것을 저항과 정치가 구축되는 거대한 일상 안에 녹여놓아야 한다고 말한다. 이에 따르면, 이제 치욕은 변증법적 대립항이 아니라 삶을 구축하기 위한 하나의 주춧돌이 된다. 그리하여 언어의 새로운 배치 속에 들어온 ‘치욕’은 “또 다른 치욕”으로 변전되면서 과잉된 의미를 가지게 된다. 그래서 독자들은 이 마지막 부분을 읽으면서 “거대한 일상”이라는 표현과 함께 이 “또 다른 치욕”이라는 표현을 곱씹게 될 테다. 이렇듯, 「치욕」은 시의 산문화에도 불구하고 시적인 것을 창출하고 있는 구체적인 예가 되어주고 있다고 하겠다. 그런데 백무산 시인은 시의 산문화에만 노력한 시인은 아니다. 『거대한 일상』을 읽어보면, ‘세계의 개진’보다는 ‘은폐’하려는 힘이 더 강한 시들을 여러 편 볼 수 있다. 그 예로서, 「치욕」과는 반대로 『거대한 일상』 맨 앞에 실린 시인, 「생의 다른 생」의 후반부를 인용해본다.

내게도 벌써 여러 봄과
여러 겨울이 지났네
지난 계절들 내 손으로 다 거두어온 줄 알았는데
여기저기 나의 낯선 생이 바람 속
빈 둥지처럼 나뒹굴고 있네

나는 지나온 나의 전부가 아니네

내 온몸이 통과해왔건만 낯선 생이
불쑥 낯익은 바람에 타인의 것인 양 흩어지고 있네

나는 그걸 하나의 생이라고 우겨왔네
저기 다른 생이 또 하나 밀려오네

"나의 온몸이 통과해"온 생, 그 생을 시적 화자는 '하나의 생'이라고 생각하고 또 우겨왔다고 한다. 하지만 지금 그는 "타인의 것인 양 흩어"져 바람에 나뒹굴고 있는 "나의 낯선 생"을 발견한다. 그래서 "나는 지나온 나의 전부가 아니"라는 것을, 그는 인정하게 된다. 이때의 '낯선 생'은 시 전반을 장악하면서 '은폐'의 음악성으로 시를 이끈다. 그렇다고 이 시가 완연한 은폐에로 나아갔다고는 할 수 없다. 그 은폐는 구체적인 삶의 산문성을 감싸면서 행해지고 있기 때문이다. 만약 시인이 시의 산문화를 노렸다면 그 삶의 산문성은 정말 구체적인 산문적 표현으로 제시되었을 것이다. 「치욕」에서처럼 말이다. 하지만 이 시에서 시인은 '은폐'의 힘을 강화시키는 쪽으로 시작詩作 방향을 잡았기 때문에 그 산문적인 구체적인 삶은 "내게도 벌써 여러 봄과/여러 겨울이 지났네"라는 표현으로 응축시켜 처리했다. 그리고 그 시적인 표현 속에 응축된 삶의 산문성과 '낯선 생'이라는 '은폐'의 시어가 만나면서 긴장이 일어나고, 그리하여 '낯선 생'은 기존의 의미 ― 산문성 ― 를 초과하여 시석인 것을, 즉 잉여를 흘린다.

그런데 시인은 "저기 다른 생이 또 하나 밀려오네"라고 마지막 행을 처리하면서, 시에서 발산된 저 시적인 것을 현재화하고 있음에 주목된다. 저 마지막 행은 시적인 삶이 도래하리라는 것을 선취하여 표현하고 있는 것이다.[18] 이를 통해 시적인 것은 시 내부를 넘어 텍스트 바깥에 있는 미래의 현실 ― 산문적 삶

─ 로 번져나간다. 「치욕」에서는 어떠했는가? '또 다른 치욕'과 '거대한 일상'이라는 표현을 통해 그 시는 시 내부에 수용되었던 치욕의 현실을 충전시키면서 동시에 시 바깥에 있을 미래의 일상을 고양시켰다. 「치욕」과 「생의 다른 생」 사이의 거리는 가깝다고만 할 수는 없지만, 두 시 모두 시적인 것을 통해 산문적 삶을 변용시키고자 한다는 면에서는 마찬가지라고 할 수 있다. 다시 말하면, 앞의 시는 시의 개진적 속성을 더 가동시키고 있고 뒤의 시는 시의 은폐적 속성을 더 가동시키고 있지만, 두 시 모두 시적인 것이 시 내부와 외부의 산문성 ─ 일상과 현실 ─ 을 변용시키면서 산문의 한계와 조건을 초과하여 과잉이 되는 무엇으로 발산되고 있다는 점에서 공통적이다.

의식적이든 무의식적이든, 시인이 한 편의 시를 제작할 때 시의 개진과 은폐의 힘을 어떠한 관계로 배치하여 긴장을 창출하느냐에 따라 그 시의 특이성이 생산될 것이다. 그래서 그 긴장의 질과 강렬도는 시편마다 모두 다를 것이다. 그렇기에 한 편의 시를 판단하고 평가할 때 같은 자ℛ를 사용할 수는 없다. 허나 '음악'에 가까운 시든 산문에 가까운 시든, 어떤 시에서 발산되고 있는 시적인 것을 포착하고, 그 시적인 것을 만들어내는 개진과 은폐의 긴장이 어떻게 이루어지고 있는가를 구체적으로 살펴보는 방식으로 어떤 시에 대한 판단과 평가가 행해질 수는 있을 것이다. 정치성을 증폭시키고자하는 의도에서 '시의 정치화(산문화)'를 밀고 나아간 시의 성공 여부 역시 그 시가 어떻게 개진과 은폐 사이의 긴장을 이루고 있으며, '개진-산문성-정치성'을 고양시키는 그 긴장을 통해 어떠한 과잉으로 나아갔는지, 즉 그 시가 어떻게 시적인 것을 확보하여 어떠한 잉여를 흘리고 있는지를 살펴보는 것에 따라 판단되어야 할 것이다. 이 잉여로서의 시적인 것을 확보하는 데에 성공할 수 있다면, 현실 참여적

---

18. 저 밀려오고 있는 다른, 그래서 낯선 생이 아직은 여기에 있지 않고 저기에 있다고 하기 때문에 '선취'라고 말할 수 있다. 바로 이 자리에 낯선 생이 밀려 와 있을 시간은 미래이기 때문이다. 그래서 저 낯선 생은 도래하고 있는 중이고, 그렇기 때문에 그 낯선 생이 와 있을 시간은 텍스트 내의 시간이 아니라 텍스트 바깥의 시간, 미래의 현실에서의 시간이다.

인 정치시를 쓰고자 하는 시인에게 당신은 시를 배반하는 것이 아니라고 말할 수 있다.

4

　진은영 시인이 어디에선가 이야기했듯이 정치가 시를 파괴한다는 식의 생각은 성급한 면이 있다. 물론 시가 정치 도구화되었던 역사적 사례가 있기 때문에 그러한 생각이 근거 없다고 말할 수는 없다. 하지만 한편으로 정치는 시를 성장시킨 양식糧食이기도 했다. 이는 근대시의 역사를 보면 쉽게 확인할 수 있다. 위대한 시인은 정치를 무시하지 않았고, 오히려 정치적 상상력을 더 확장시키는 이들이었다. 어떠한 정치적 당파에 시를 구속시키지만 않는다면, 보편적 해방의 과정에의 참여는 시를 더욱 강렬하게 만들 수 있다. 사실 어떠한 시도, 고도로 정제된 순수시조차도, 삶과 무관할 수 없다. 시는 적어도 언어로 써진다는 면에서 그러하다. 말은 일상적인 삶을 구성하는데, 그 삶에는 정치적인 것이 관통하고 있다. 시인은 언제나 이 감추어진 정치적인 것과 마주한다. 시인은 그것을 인식할 수도 있고 무시할 수도 있다. 하지만 정치적인 것이 스며든 말을 재료로 시작詩作한 결과는 언제나 정치적인 의미를 가지게 된다. 하여, 진은영의 제안은, 시가 정치적인 것과 연결되어 있다는 사실을 무시하지 말고 반대로 더 적극적으로 그 연결을 전유하자는 것이라고 생각된다. 그리고 그 전유 방식이 바로 정치적 열정의 공간에로의 참여일 것이다. 그 참여는 시민의 자격으로서 행하는 것만이 아니다. 그것은 시의 잠재력을 현실화하고자 하는 시인의 자격으로서 행하는 것이기도 하다. 즉 그것은 그 무엇도 아닌 시 자신을 위한 참여, 결국은 시를 더 강렬하게 만들기 위한 참여인 것이다.

（『문학들』 2009년 겨울호, 개고.）

5장

시의 정치성과 미학적 실험

신자유주의는 전 세계적으로 사람들의 삶을 피폐하게 만들었다. 누구나 부자가 될 수 있다는 신자유주의의 환상은 2008년 경제 위기 이후 회복될 수 없을 정도로 망가져버렸고, 고삐 풀린 자본주의의 끝은 1%를 제외한 99% '우리들'의 삶을 궁핍으로 몰아넣고 파괴할 뿐이라는 것이 만천하에 드러났다. 과학 기술은 꾸준히 진보하고 있고 우리들의 삶에 연결되어 있는 여러 기술적인 장치들도 놀랄 만큼 새로워지고 있지만, 우리들 삶은 부채로 연명하고 있고 불안과 우울로 병들어 있다. 특히 노골적인 신자유주의 정책을 밀고 나가면서 반서민 반노동 정책을 편 이명박 정권 아래에서, 많은 이들이 고통 받았고 그들 중 어떤 이들은 목숨을 잃어야 했다. '기업하기 좋은 나라'를 표방한 이 정권이 들어선 이후, 한국은 OECD 국가 중 자살률 1위의 국가, 노동 시간이 가장 긴 국가로 이름을 세계에 드높이게 되었다.

이러한 상황 아래, 문단에서 '시와 정치'에 대한 논의가 불붙게 된 것은 필연적이라고도 할 수 있을 것이다. 알다시피 이 논의는 시인 진은영의 글 「감각적인 것의 분배」에 의해 촉발되었는데, 많은 시인과 평론가가 '시와 정치'에 대해 자신의 생각을 밝혔다. 문인 특히 시인은 시대의 고통을 외면해서는 안 되며, 그 고통을 외면했을 때 문학의 사회적 위치에 대해 심각한 회의에 직면하게 될 것이라는 생각이 많은 문인들을 관통했던 것 같다. 이러한 '고전적인' 사유는 정의롭지 못한 사회 속에 문학이 존재하는 한 언제나 어느 순간 회귀하는 것이며 문학은 이러한 회귀에서 도피할 수 없다. 이에 노골적인 신자유주의 정부가 등장하면서 민중의 고통은 배가되었고 적은 분명해졌으니, 한국 문단에 그러한 사유의 회귀가 다시 이루어진 것이다.

그런데 근래 이루어진 '시와 정치'에 대한 논의는 실천적인 방향으로 나아가지 못하고 시 자체가 지닌 정치성에 대한 논의로 한정되고 말았다는 느낌이 든다. 현 상황에서 시의 정치적인 저항성은 어떻게 확보될 수 있을까, 논의는 이러한 방향으로 흐르지 않았던 것이다. 그래서인지 작금에는, '시와 정치'에 대한 논의는 시단에서 거의 이루어지고 있지 않는 것으로 보인다. 사실 진은영의 글은 '시와 정치'에 대한 학술적이고 원론적인 논의보다 시의 정치적 실천을 시인들에게 제안한다는 목적을 가지고 있었다. 그것은 "삶과 정치가 실험되지 않는 한 문학은 실험될 수 없다"는 전제 아래 "치안질서 내에서는 설명되지 않는 자들, 보이지 않고 들리지 않는 자들과 직접 조우하"여 "의회민주주의의 형식으로부터 무질서하게 빠져나오는 정치적 열정의 공간에서 함께 어울리며 엉뚱하고 다채로운 상상력을 발동시켜 보"[1]자는 제안이었다. 하지만 이 제안은 이후 논의에서 별로 주목받지 못했다고 본다.

삶과 정치의 실험과 미학적 실험 — "엉뚱하고 다채로운 상상력을 발동" — 을 연동해보자는 이 제안은 아마도 시인에게 발송하는 것이었을 테다. 미학적인 실험에 골몰하는 젊은 시인에게는 삶-정치의 실험을 제안하고, 삶과 정치를 시에 '리얼리즘'적으로 반영하고자 하는 시인에게는 미학적 실험을 제안하는

---

1. 진은영, 「감각적인 것의 분배」, 『창작과비평』, 2008년 겨울호, 84쪽.

것이다. 그런데 여기서 핵심적인 단어는 '실험' 아닐까? 그의 논의에서 삶-정치와 시는 실험을 통해 연결된다. 이러한 실험이 어떠한 방식으로 이루어질 수 있는지 구체적인 논의가 이루어졌다면, 그리고 그 논의를 받아 구체적인 창작 실천이 연동될 수 있었다면, 한국 시는 흥미롭고 생산적인 길이 또 하나 열릴 수 있었을지 모른다. 그러나 미학적 실험에 골몰하는 시인들은 '삶-정치' 쪽으로 방향 전환 하기 어려웠던 것 같고, 기왕의 삶-정치를 받아 안으면서 리얼리즘 시를 쓰는 시인들도 "엉뚱하고 다채로운 상상력을 발동"하는 과감한 미학적 실험으로 나아가지는 못했던 것 같다.

어쩌면 지금도 시와 정치를 연동하기 위해서는 '리얼리즘'이 아니면 안 된다는 생각이 문인들에게 각인되어 있는 것인지 모르겠다. 그래서 미학적 실험이 체질화된 시인들이, 자본과 정부의 치안에 반대하고 다른 삶을 살고자 하는 이들 편에 서면서도 '삶-정치' 쪽으로의 문학적 이행에 장벽을 느끼고 있을지 모르겠다. 반대로 파괴되는 삶의 현장, 그리고 저항의 정치를 시에 담고자 하는 시인들은 리얼리즘적인 창작에 안주하며 미학적 실험이 불필요하다고 생각할 수도 있다. 그런데 후자의 경우엔, 자칫 현실의 반영에 만족하면서 미학적 신선함을 놓칠 수 있는 것이다. 그렇게 된다면, '리얼리즘' 시인들은 결국 시적 매너리즘에 빠지게 될 것이다. 현재 신자유주의의 폐해 때문에 고통 받고 있는 문학청년들이 정치적이고자 하는 '리얼리즘' 시보다 실험적인 시에 더 관심을 갖게 되는 것은, 리얼리즘 시가 미학적 매력을 잃고 있기 때문인지 모른다. 이에, '리얼리즘'에는 창작을 매너리즘으로 이끄는 경향이 있는 것 아닐까 라는 질문을 던져볼 수 있다.

사실 '리얼리즘'이라는 명칭이 문제가 아니라 어느새 고착화된 '리얼리즘'의 개념이 문제일 것이다. '리얼리즘'적인 시를 쓰는 시인들은 어쩌면 고착화된 '리얼리즘' 상을 마음에 품고 시를 쓰고 있을지 모르는 것이다. 이러한 고착화는 '리얼리즘'에 대한 논의가 중단되었기 때문일 수도 있다. 우리는 1990년대 초에 제시된 '시의 리얼리즘' 논의들을 기억하고 있다. 하지만 그 논의들은 더 진행되지 못하고 문단의 수면 아래로 가라앉아버렸다. 당시 제기된 리얼리즘 시론은 지금 생각해도 적지 않은 의미를 가지고 있었다고 생각된다. 그 시론은 시가 삶의 현실에 천착하여 정치적 운동과 맞물려 나아가야 한다는 실천적 요구에 대한 이론적 표현이라고 할 수 있기 때문이다. 현재의 '시와 정치' 문제와 연결되기도 하는 이 실천적 요구는 1980년대의 시인들을 뜨겁게 달구었다. 그리고 1990년대 초에 이르자, 여러 논자들이 그 시적 실천에 대한 본격적인 미학적 평가를 내리기 위해 '리얼리즘'이라는 이론적 틀을 구성하려고 시도했던 것이다.

당시 '시의 리얼리즘' 논자들은 서사의 개입을 통한 객관의 올바른 반영(최두석)이라든가 또는 시가 만들어내는 정서의 전형성(오성호)에 따라 리얼리즘의 성취를 가늠할 수 있다고 주장했다.[2] 이 두 입장은 서로 논쟁을 벌였지만, 논쟁이 대개 그렇듯이 더 이상 발전적인 진전을 보진 못했다. 하지만 이 두 입장은 '시의 리얼리즘'에 대한 전형적인 이해를 선명하게 보여주었다고 생각한다. 한편으로, 시의 리얼리즘에 대해 발전적인 논의가 이후에 이루어지지 못했기 때문에, 이러한 이해가 실천적인 '리얼리즘'의 미학에 대한 통념으로 자리잡게 된 것 아닐까 생각된다. 그런데 이 두 입장은 모두 반영론에 기초하고 있기 때문에 주관/객관의 이분법에서 벗어나지 못했다는 점에 공통점이 있다. 물론 양자 모두 주관/객관을 기계적으로 파악하려고 하지 않고 실천이라는 매개 범주를 통해 변증법적 관계로서 파악하려고 했다. 하지만, 일단 주관과 객관이라는 범주를 설정한 후 변증법적 관계를 설정하는 것이기 때문에 주관/객관의 이분법에서 근본적으로 벗어난 것은 아니라고 말할 수 있다.

그러나 맑스는 「포이에르바하에 관한 테제」에서 주관/객관의 이원주의에서 벗어나 '혁명적 실천'이라는 개념을 도입하여 인간의 사유와 환경의 변화를

---

2. 필자는 이 두 입장에 대해 「'시의 리얼리즘', 그 가능성에 대하여」, 『불꽃과 트임』, 푸른사상, 2005에서 좀 더 자세하게 논한 바 있다. 두 입장에 대한 아래의 논평은 그 글에서의 논평과 거의 동일하다.

일원론적으로 파악하려고 했다. "사회적 삶은 본질상 실천적이다."(테제 8)라는 테제는 "대상, 현실, 감각을 다만 객체 또는 지각의 형식으로만 파악"(테제 1)하는 지금까지의 유물론을 근본적으로 비판하는 테제다. 반영론적인 사고는 아무리 사고가 정교하게 전개된다고 하더라도 일단 실천이 본질인 삶을 주관/객관이라는 두 개념으로 분리한 후 다시 종합하려 했다는 면에서 맑스의 비판에서 벗어나지 못한다. 반영론에서 실천은 반영 과정의 올바름을 판단하는 기준으로 축소되며 삶의 과정 — 실천 — 에 대한 이론적 천착은 차단되고 만다. 즉 반영론에서는 삶의 과정 자체에 이론의 초점이 맞추어지지 않고 인식이 현실을 올바르게 반영했는지 아닌지를 판단하는 매개로서 삶의 과정이 문제시되는 것이다.

'시의 리얼리즘' 논의에서 제기되었던, 시인의 올바른 실천 — 삶 — 은 올바른 반영을 가능케 한다는 주장도, 마찬가지로 시적 실천이 삶을 구성해 나아간다는 관점을 살며시 사라지게 만든다고 생각된다. 허나 인용한 맑스의 말을 생각해보면, 올바른 인식 — 반영 — 을 위해 삶의 실천 과정이 있는 것이 아니라 실천 과정에서 삶에 대한 인식은 생산된다고 할 수 있다. 방금 대비시킨 두 문장은 실상 비슷한 말 같지만, 문학에 대해 대입하여 생각하면 전혀 다른 의미가 도출된다. 후자의 문장에 따르면 형식을 모색하는 미학적 실험은 또 다른 인식을 생산할 수 있기 때문이다. 물론 그 실험이 인식을 생산한다는 말은, 실험이 실패할 수도 있다는 것도 의미한다. 실험이라고 모두 성공하는 것은 아니기 때문이다. 즉 미학적 실험이 문학의 가치를 증명하는 것은 아닌 것이다. 하지만 실험의 실패로 인해 오류에 대한 인식이 생산될 수 있다. 여기서, 이제는 낡은 이론으로 여겨지곤 하는 브레히트의 문학론이 상기되는 것은 필자뿐만이 아닐 것이다.

브레히트는 "우리는 문학형식에 대한 미학이나, 리얼리즘의 미학이 아니라, 그 현실성(actuality, 현행성)을 먼저 검토해 보아야 한다"[3]고 말한 바 있다. 그리고 그는 자신에게 왜 각운 없는 서정시가 적합한 것이었는지 해명하는 글에서 "형식주의를 반대하는 매우 효과적인 투쟁으로 인해 예술에서 형식들을 생산적으로 계속 발전시킬 수 있게 되었고, 한편으론 거기에 대한 절대적으로 중요한 전제조건으로서 사회적인 내용이 계속 발전해나간다는 사실이 증명되었다."[4]고 주장하기도 한다. 이에 따르면 우리는 '리얼리즘 형식'의 미학에 갇혀서는 안 된다. 형식주의를 비판하면서 특정한 형식을 강요하는 '리얼리즘 미학'이 바로 형식주의다. 반대로 형식주의를 벗어나기 위해서는 형식을 생산하는 실험을 계속 진행해 나가야 한다. 그래서 브레히트는 「실험연극론」이라는 글에서도, 맑스주의 진영에 의해 '형식주의'로 비판되곤 했던 20세기 초반의 숱한 연극적 실험에 대해 그 가치를 적극적으로 인정하고, '소외' 이론에 따른 자신의 새로운 공연 양식이 유일한 신新 양식이 아니며 "그것은 우리가 걸어간 하나의 길이다. 실험은 계속되어야 한다."[5]고 말하고 있다.

맑스주의적인 입장에서 브레히트처럼 이렇게 형식의 실험이 가진 가치를 적극적으로 긍정하는 경우는 많지 않을 것이다. 그러나 브레히트는 "내용적 발전으로부터 위임받지 않은 채, 형식적인 면만을 새롭게 추구하는 것은 아무런 결실도 얻지 못하게 된다."[6]면서 실험을 위한 실험에 대해 선을 긋는다. 다시 말하면, 사회적인 삶과 연동된 문학 형식의 실험이 사회적인 내용을 발전시킬 수 있고 또한 사회에 대한 인식력을 생산하고 발전시킬 수 있다는 것이다. 브레히트는 예술에 대한 맑스주의적인 견해를 놓지 않았다. 이 견해는 예술이 오락적이면서 동시에 교훈적이어야 한다는 당위로도 표명된다. 그러나 '교훈적'이라는 말에서 당 관료의 딱딱하고 엄숙한 교시를 생각할 필요는 없다. 그가 개발한 연극에서의 '소외 효과'는 관객들이 교시에 의해서가 아니리 재미를 느끼면서 교훈을 스스로 생각하도록 만드는 실험을 통해 창출되었다. 이를 보면,

---

3. 베르톨트 브레히트, 『브레히트의 리얼리즘론』, 서경하 옮김, 남녘, 1989, 126쪽.

4. 같은 책, 137쪽.

5. 베르톨트 브레히트, 「실험연극론」, 『브레히트 연구』, 이원양 편저, 두레, 1984, 237쪽.

6. 같은 책, 같은 쪽.

브레히트에게서 예술의 교훈적인 성격은 인생론적인 무엇이 아니라 어느새 우리 심신에 습성화되어버린 이데올로기에 대한 비판을 의미한다는 것을 알 수 있다.[7]

진은영이 제안한 삶과 정치의 실험, 그리고 이에 연동되는 문학적 상상력의 발동에 대해 생각하면서 시작한 이 글은, 이렇게 형식 실험의 가치를 높이 평가하는 브레히트에 다다르게 되었다. 진은영의 제안과 브레히트를 겹쳐 놓으면서, 이 글은 신자유주의의 폐해가 심각해지고 삶이 자본에 포섭되는 정도가 높아지는 이때 이 현실에 대해 저항하는 데 참여하고자 하는 시인들에게 현실의 반영에 기초한 '리얼리즘의 미학'보다는 실천적인 실험을 통해 작품의 '현실성'을 제고하고자 하는 시도가 중요하다고 말한 셈이다. 그렇다면 다시 브레히트로 돌아가자는 것인가? 이에 대해서는 그렇다고도 할 수 있고 그렇지 않다고도 할 수 있다. 왜냐하면 현 상황에서 시의 정치성은 '이데올로기 비판'만 강조할 수 없는 의미를 가지고 있다고 생각하기 때문이다. 물론 여전히 국가와 자본의 이데올로기는 강력하기 때문에 지금의 시와 문학 역시 이러한 이데올로기를 비판해야 할 것이다. 그런데 영혼을 노동시키면서 인지 능력을 착취하고 있는 현 자본주의는 이데올로기적 지배보다는 '정동적 지배'를 통해 통치권을 유지한다. 이러한 상황에서 문학예술의 정치적 저항은 이데올로기 비판뿐만 아니라 정동적 지배로부터 벗어나는 작업에서도 이루어질 수 있다.

현 자본주의 체제를 '인지자본주의'로 정의하는 조정환은 현재 "인간의 정념에 대한 지배, 즉 정동적 지배"가 이루어지고 있는데, "그 결과 공포와 불안, 조증과 울증 등이 전 지구적 수준에서 우리 삶의 일상적 구성부분으로 정착된

---

7. 한국 시에서 브레히트의 수용은 그가 강조한 형식 실험적인 측면보다는 바로 이 이데올로기 비판의 내용적 측면에 무게중심을 두고 논의가 이루어졌다고 생각된다. 이데올로기에 대한 전복적 비판은 작품이 '소외 효과'를 만들어내는 형식을 적합하게 이루어냈을 때 날카로울 수 있다. 우리는 한국의 자본 이데올로기에 대한 전복적 비판에 성공한 다수의 '노동시'들을 이미 가지고 있다. 하지만 이 작품들에 나타나는 '실험성'은 그다지 주목받지 못했다고 본다.

다"[8]라고 말한다. 이로 인해 "경직, 권태, 무기력과 같은 슬픔의 정동들이 일상화되고 보편화되면"서, 그 병리상태는 "사람들을 인지자본주의의 수레바퀴 아래에 복종시키는 인지적 지배의 장치로 기능한다"[9]라는 것이다. 이탈리아의 자율주의자인 프랑코 베라르디[비포]도 『노동하는 영혼』에서 우울증과 공황, 불안과 절망이 현대인들이 빠지는 병리 상태라고 말하면서 조정환의 분석과 유사한 논의를 펴고 있다. 그런데 그는 현재 이러한 병을 치유하는 것이 코뮤니즘 정치의 핵심이라고 주장한다. "정치와 치료는 장차 올 날들에서는 동일한 활동이 될 것"이며 "우리의 임무는 치유적 전염 지대로 의도된, 사회적인 인간 저항 지대를 창출하는 일"[10]이라는 것이다.

비포에게 치료과정이란 병리 상태를 만드는 "강박적 응고를 용해하"[11]면서 "자아의 행복한 특이화로 변형할 수 있는 심리학적 핵심들을 창조하는 것"[12]이다. 그는 가따리의 논의를 빌어 창의적인 주체성을 생산하는 장치를 구축하는 예술이 바로 그러한 치료과정과 유사하다고 주장한다. 물론 이러한 병리와 치료는 개인적인 차원에서 이루어지는 것을 의미하는 것이 아니라 "욕망의 사회적 투여들에서 일어난 변동"[13]으로 이해되어야 한다고 비포는 강조한다. 이에 따른다면, 사회에 '저항-전염' 지대를 창출하기 위해서는 병든 주체를 창의적인 주체로 변환시킬 수 있는 예술적인 힘을 적극적으로 활용해야 할 것이다. 그런데 주체성을 생산하는 예술적 힘이란 바로 '시적인 것'poésie이라고 부를 수 있지 않을까? 포에지란 말이 '제작-창의적 생산'poiesis이라는 말에서 파생되었다니 말이다.

비포의 주장을 다시 밀해 보자면, 강박적인 우울과 불안을 지유할 수 있는

---

8. 조정환, 『인지자본주의』, 갈무리, 2011, 144쪽.
9. 같은 책, 156쪽.
10. 프랑코 베라르디[비포], 『노동하는 영혼』, 서창현 옮김, 갈무리, 2012, 301쪽.
11. 같은 책, 190쪽.
12. 같은 책, 189쪽.
13. 같은 책, 192쪽.

'정치적-치유적' 전염지대 — '사회적 인간 저항지대' — 는, 욕망을 화폐에 대한 구애에로 이끄는 자본의 포섭으로부터 탈출하는 동시에 사회적 관계를 '예술-시'적으로 구축해나가면서 창출할 수 있다. 물론 이러한 구축 과정 자체가 시 작품 자체의 창작 과정은 아니다. 하지만 이 저항지대를 구축하는 과정에 시적인 것을 응축하고 있는 '시-예술' 작품이 투여 — 투약 — 될 때, 그 작품은 사회적 실천 과정을 창의적이며 시적인 것으로 변모시키는 데 일조할 수 있을 지도 모른다. 저항지대의 시적 구축과 시 작품 안의 시적인 것의 응축이 서로 공명할 때, 서로의 창의적인 정치적 잠재력 — 치유력 — 이 증폭될 수 있는 것이다. 그때 '삶-정치'나 작품 창작은 서로에게 창의적인 실험을 요구하게 될 것이고, 미학적 실험은 이제 이데올로기 비판을 위한 형식의 창출을 넘어 직접적으로 정치적인 것과 연결되는 것으로서 긍정될 수 있을 것이다. 그렇다면 '시와 정치'에서 문제는 시(예술) 작품과 '삶-정치' 양자에 시적인 것을 어떻게 증폭시킬 수 있는가, 그리고 그 시적인 것을 어떻게 현재화시킬 수 있는가에 있다. 이를 위해, 브레히트의 말을 다시 빌려 "실험은 계속되어야 한다"라고 말할 수 있다.

(『시평』 2012년 겨울호)

2부

'삶권력'에 저항하는 노동시의 현재성

1장

1980년대 노동시의 재인식

비애, 주체 형성, 주인

1

어떤 대상을 지금은 우리 뒤에 있는 무엇으로서, '과거'의 무엇으로서 취급하면서 인식하는 '회고'는, 그 대상이 갖고 있던 에너지를 중성화시키고 증발시켜버린다. 가령, 잃어버린 사랑이 '회고'되면, 그 사랑이 품고 있던 폭발적인 힘은 사라지고 다만 사랑의 기억만이 무미건조한 현재의 의식과 씁쓸히 겹칠 뿐이다. '회고'는 사랑의 격정적인 사건을 "동질적이고 공허한 시간"[1]이라는 근대적 시간 선상으로 끌고 들어온다. 근대적 시간은 동일성 속의 차이의 시간, 달리 말하면 새로움의 차이 없는 반복의 시간이다. 자본주의의 메커니즘이 이러한 시간을 생산한다. 근대 자본주의는 상품 가치를 시장에서 실현시키기 위해서 '새로움'을 지속적으로 창출한다. 즉, 자본은 모든 것을 '교환가치 화폐'

---

1. 발터 벤야민, 「역사철학테제」, 『발터 벤야민의 문예이론』, 352쪽. 벤야민은 이 글에서 사회민주주의의 진보관이 이러한 근대적 시간관에 사로잡혀 있음을 비판한다.

라는 동일한 척도로 환원시키는 '철의 법칙'에 따르는 한에서만 새로움을 창출한다. 화폐로 교환될 수 없는 새로움은 자본주의에서 쓸모없다. 그런데 화폐란 노동의 양을 표시할 뿐이어서 질적인 무엇을 전혀 드러낼 수 없다. 그래서 화폐로 환원되는 '새로움과 차이'는 결국 동질적인 것에 불과하게 된다. 즉, 상품의 새로움은 추상적인 노동의 양을 표시하는 화폐와의 끊임없는 교환을 통해 지속될 뿐이어서, 결국 동일성이 새로움의 지주가 된다. 그래서 진정한 새로움(차이)이 될 수 없는 근대 자본주의의 새로움은 "동질적이고 공허한 시간" 속에 있다고 할 수 있다. 그리고 이 동질적인 새로움이라는 다소 역설적인 시간 선상에서는, 과거는 지나간 시간일 뿐이며 다만 '회고'될 뿐이다.

벤야민이 개념화 한, 서로 밀고 당기는 별들이 팽팽한 긴장 상태를 만들며 성좌를 이루고 있는 '현재 시간'은, 공허한 근대적 시간에 대해 대안적인 시간을 마련한다. '현재 시간'에서 과거는 회고되는 무엇이 아니다. 벤야민의 말을 들어보자. 그는, 역사적 유물론자에게 있어서 "역사는 어떤 구성이나 구조물의 대상인데, 이 구조물이 설 장소를 형성하고 있는 것은 동질적이고 공허한 시간이 아니라 〈현재시간〉Jetzzeit에 의해 충만된 시간"[2]으로, 이 시간의 구성을 통해, "역사주의가 과거의 〈영원한〉 이미지를 나타"내는 것과 달리 "역사적 유물론자는, 일회적인 과거와의 유일무이한 경험을 보여준다."[3]고 말한다. 그런데, 그렇다면 이 '현재시간'에서 미래는 어디에 위치해 있는가라는 질문을 던질 수 있다. 이에 대해 벤야민은 "과거는 구원을 기다리고 있는 어떤 은밀한 목록을 함께 간직하고 있"는데, "그렇다면 과거의 인간과 현재의 우리들 사이에는 은밀한 묵계가 이루어지고 있는 셈이고, 그렇다면 또 우리는 이 지구상에서 구원이 기대되어지고 있는 셈이다. 그렇다면 앞서 간 모든 세대와 마찬가지로 우리들에게도 희미한 메시아적 힘이 주어져 있"[4]라고 응답한다.

---

2. 같은 글, 353쪽.
3. 같은 글, 354쪽.

다시 말해, 어떤 도래할 것(구원)에 대한 기대가 과거나 현재에 주어져 있었으며, 이 기대의 힘이 과거와 현재를 묵계로서 잇고 있다는 것이다. 아니, 이 시간에서 과거는 지금 뒤에 있는 것이 아니라 옆에 있다고 말해야 할 것 같다. 벤야민이 말하는 역사의 재구성이란 이 메시아적 힘을 간직한 과거를 현재화하는 것에 초점이 맞추어져 있기 때문이다. 문제는 과거와 현재의 연속성이 아니다. 구원의 도래에 대한 기대 속에서, 그리고 마찬가지로 구원의 도래를 기대했던 과거를 현재 안에 재배치하면서 현재를 팽팽하게 꽉 채우고, 그리하여 "역사의 지속성을 폭파시키"는 것이 문제다.[5]

1980년대 노동시의 재인식은 '회고'하기 위해서가 아니라 현재 시간의 충만을 위해 이루어져야 하지 않을까? 1980년대 노동시가 "구원을 기다리고 있는 어떤 은밀한 목록을" 갖고 있다면, 그리고 '1980년대 노동시의 성과에 대한 재인식'이 온전한 의미를 가지려면 말이다. 그렇다면, 1980년대 노동시의 '성과'는, 유산으로서보다는 재구성을 통해 현재에 작동할 수 있도록 도출되어야 한다. 지금 우리가 나타나길 기대하고 있는 그 무엇이 시간의 연속성을 찢고 도래하는 데 도움이 될 수 있도록, '과거(1980년대)의 인간'이 품고 있던 기대를 현재화하는 것. 다시 말해 재인식은 1980년대 노동시가 가진 해방적인 측면을 현재화해야 할 것이다. 그 때 1980년대 노동시는 '구제'될 수 있다. 그렇다고 1980년대 노동시의 '성과'를 과장하여 기념비화 한다면 이는 또 다시 지속의 물신화에 빠지는 일이다. 1980년대 노동시는 해방적인 측면과 함께 억압적인 측면도 분명 갖고 있었다. 그래서 1980년대 노동시에 대한 일정한 분석은 불가피하다.

---

4. 같은 글, 344쪽.
5. 백무산도 「인간의 시간」에서 "죽은 시간을 전복시키"는 "대지는 단절을 꿈꾼다"라고 말하지 않았던가? 백무산이 생각한 시간은 역사의 지속성을 폭파시키는 단절이라는 면에서 벤야민의 이 '현재시간'과 공명하는 바 있다.

2

1980년대에 나타난 노동시의 분출은 문학이란 테두리를 넘는 의미를 갖고 있었다. 당시 많은 지식인들이 이 '분출'이 안고 있는 역사적, 사회적 의미에 주목했다. 그들은 자본주의의 착취 대상이자 가장 약한 고리이기도 한 임노동자, 그리하여 자본주의 변혁 — 역사의 질적 도약이 될 — 의 담당자일 임노동자가 노동시를 통해 그 체제에 대한 저항을 표현하기 시작했다는 점을 중요시했다. 그들은 그 저항의 표현이 역사의 변형을 예고하는 것으로 보았다. 더 나아가 당시 좀 더 적극적인 평자들은 역사 발전을 추동하는 노동시는 미래(사회주의)의 문학을 미리 끌어당겨 현시하고 있다고도 평가했다. 그들은 노동자가 썼다든가 노동 현장을 제재로 다루었다든가 하는 등으로 노동시를 개념 규정하지 않았고, '각성된 노동자의 눈'(노동자 계급의 세계관)으로 세계를 반영하는 시로서 개념 규정했다. 물론 여기까지 나가면 '사회주의 리얼리즘 시'나 '당파적 리얼리즘 시'라는 더 훌륭한(?) 개념이 뒤따라오게 된다.

1980년대 노동시에 대해, 지금의 우리도 당대에 행해진 위와 같은 의미부여를 하자고 말할 수는 없을 것이다. 그 적극적인 평자들이 갖고 있던 목적론적 역사관(후에 이를 살펴볼 것이다)은 현재 큰 불신을 받고 있기 때문이다. 하지만 1980년대 노동시가 드러낸 어떤 래디컬(근본적이라는 의미에서)한 것은 포즈화된 불온성의 유행으로 빠질 위험을 보이고 있는 현 시단에 유효한 교정矯正 기능을 할 수 있을지 모른다. 정말 불온한 무엇을 당시의 노동시는 갖고 있었던 것이다. 허나 당시 노동시가 자본주의를 무너뜨리고 사회주의 — '노동자의 나라' — 를 건립해야 한다는 사상의 선전 무기로 쓰였다는 점을 들면서 그 불온성을 운운할 생각은 없다. 근본적으로 생각하면, 시가 혁명 투쟁을 대변하는 무기로 사용되어야 한다는 주장은, 겉으론 과격하지만 그렇게 불온하진 않다. 혁명적 사상이나 혁명적 상황을 대변하고 재현하는 시는 시 자체가 갖고 있는 힘을 잃어버리기 때문에, 공허한 현재를 폭파하는 데 있어서 역부족일 수

있기 때문이다.[6]

　내가 생각하는 1980년대 노동시의 가장 큰 특징인 불온성은, 삶을 변화시키고자 하는 운동의 일환으로서 당시 노동시가 기능했다는 점이다. 다시 말해 그 불온성은, 당시의 노동시가 '운동−행동'이 되어 삶과 시의 분리선을 와해시켰다는 점, 그리고 삶이 되어가는 시에 의해 주체성 형성이 시도될 수 있었다는 점에 있다.

　1980년대 한국 노동시를 살필 때 주요한 참조대상이 되어야 할 것은 아방가르드 예술 운동이다. 알다시피 아방가르드는 삶과 유리되어 권력화 된 제도예술을 파괴하려고 했다. 아방가르드는 예술이 삶이어야 한다고, 즉 행동이어야 한다고 주장했다. 자율화되면서 제도화된 예술은 삶에서 예술이 나온다고, 예술은 삶을 반영하는 거울이라고 가르친 반면, 아방가르드는 삶을 반영하고 재현하는 거울을 깨야 한다고 생각했다. 거울 자체는 삶이 아니기 때문이고, 또한 예술이 거울이라면 그것은 구경거리(스펙터클)에 불과할 수 있기 때문이다.[7] 반면 예술이라는 거울을 깨뜨리려고 하는 아방가르드는 부르주아적 삶의 형태를 파괴하면서 새로운 삶을 창출하기 위해, 제도화되고 자율화된 예술을 지양하면서 예술과 삶의 거리를 없애려고 했다. 즉 예술과 삶을 융합하려 했던 아방가르드는, 예술이 삶의 변화를 직접적으로 이끌고 표현할 수 있도록 노력했다.

　1980년대 한국의 노동시도 아방가르드와 마찬가지로, 문학 제도의 문학

---

6. 들뢰즈는 재현이 "재현하는 것과 재현되는 것 사이"에 그리고 "재현되는 것과 관람객 사이"에 거리를 삽입하고, "항상 우리가 그 설계도(형식)를 드러내고자 하는 어떤 사물을 재현"하기에 "기만적이고 억압적"이며, 그 극장적 측면으로 인해 "피상적 감각작용"만을 불러일으킨다고 비판한다. (비레유 뷔뎅, 『사하라 − 들뢰즈의 미학』, 안구·조현진 옮김, 산해, 2006, 99~100쪽 참조).

7. 스펙터클은, 재현된 것에 사람들의 삶과 활동력을 흡수한다. 기 드보르에 의하면 스펙터클은 직접적으로 삶에 속했던 모든 것이 표상으로 물러나는, 거꾸로 뒤집혀져 있는, 더 이상 직접 파악될 수 없는, 사람들이 이미지들을 바라봄으로써만 파악될 수 있는 세계이다.(기 드보르, 『스펙터클의 사회』, 10, 13, 16쪽.)

발표 절차나 문학 제도가 요구하는 미학적 질 등을 무시했다.(물론 제도권 기성 문단도, 이들을 주목은 했을지 모르겠으나 별로 지원하진 않았다.) 노동시인들은 '시인'이라는 제도적 명예를 얻을 생각도 없었다. 그들은 극심한 고통과 비애 속에 있었기 때문에 무엇을 '표현'하지 않으면 견딜 수 없었고, 그 표현 형태가 시와 같은 문학이었을 뿐이었다.

> 내려앉고 싶었다 이력서도 구겨버리고 문득 공고판 아래 얼어붙는 어머니
> 엉겅퀴 들판도 밀어버리고
> 등 뒤론 움켜쥔 손 마디마디 풀며 떠오르는 눈송이들
> 하얗게 쌓여가는 불빛들 내려앉고 싶었다
> 엎드려서 감출 수 있는 것은 눈물들 뿐일까 전봇대 같은 곳에 기대어 바라보면
> 어느새
> 눈발 그친 곳에서도 불빛은 흐려지고
> 누이여
> 흩어지고 어디로 또 떠나는 밤기차소리에도 부서지고
> — 박영근, 「취업공고판 앞에서」 부분

1980년대 대표적인 노동시인인 박영근의 첫시집(1984) 『취업공고판 앞에서』에 실린 표제작의 마지막 부분이다. 삶의 고통과 비애가 "내려앉고 싶었다"라는 감정어린 독백을 통해 직접적으로 표명되고 있다. 그런데 그 토로는 추억과 풍경에 대한 묘사(재현)에 지속적으로 개입하여 시의 매끄러운 진행을 방해한다. 비애의 정동affect 8이 텍스트를 '흐려지'게 하고 '부서지'게 하는 것이다.

---

8. 앞으로 사용할 '정동'과 '정서' 개념은 스피노자 철학에서 온 것이다. 이 개념에 대해 들뢰즈는 다음과 같이 설명한다. 정서는 하나의 신체가 다른 신체의 흔적을 받으면서 일어나는 효과다. 달리 말해 정서는 "변경된 신체의 성질, 정서적인 혹은 정동된 신체의 성질"(질 들뢰즈, 「정동이란 무엇인가」, 『비물질노동과 다중』, 자율평론 기획, 갈무리, 2005, 36쪽)이다. 정서는 효과이기에 수

이 텍스트의 분열은, 표현 내용이 표현 형식을, 정동이 언어를 넘고 있다는 것을 보여준다. 물론 이와 같은 노동시의 표현이, 아방가르드 예술운동에서와 같이 예술 제도의 코드화된 기존 재현 형식을 파괴하는 데로까지 나아갔다고 할 수는 없다. 하지만 노동자들 내면에 들끓고 있던 격렬한 정동은 위의 시에서와 같이 재현된 형상 위로 비애와 같은 정동을 범람하게 만든다. 당시의 많은 노동시가 다소 '거칠다'고 느껴지는 이유는 이 강렬한 정동의 범람 때문이다.[9]

비록 재현 자체의 파괴로 나아가지는 않았지만, 여하튼 문학 제도에 아랑곳하지 않고 노동자들 스스로 분노의 외침과 비애의 느낌을 '직접적으로' 표현하기 위해 시를 썼다는 면에서, 다시 말해 문학의 자율성(이는 문학의 자율적인 질서를 전제한다)이라는 막을 찢고 시를 직접적으로 삶과 결합시키려 했다는 면에서, 1980년대 노동시는 아방가르드적인 성격을 갖고 있었다. 착취당하고 소외당하는 노동자의 비애와 분노를 형상화했던 1980년대 전반기 노동시가, 노동 운동이 노동자의 삶이 되었던 1980년대 후반에 들어서면서 직접적인 선동 시로 자신의 성격을 쉽게 바꿀 수 있었던 이유는 당시의 노동시가 가진 이 아방가르드적인 성격[10] 때문일 것이다.

동적이다. 그리고 이 신체의 정서를 재현한 것이 정서의 관념이다. 한편 정동은 "존재 능력의 연속적인 변이"(31쪽)로서, 어떤 것도 재현하지 않는 사유양식이다. 사랑 그 자체가 사랑이란 관념이 될 수 없듯이 말이다.

9. 격정을 보다 쉽게 다른 이들과 공유하려는 필요에서 노동시의 창작에 재현이 선택되었겠지만, '글은 재현'이라는 뿌리 깊은 코드가 어릴 때부터 뭇 사람들에게 여러 방식으로 주입되었기 때문에 노동자 시인들은 별 의심이나 의식 없이 시에 재현을 도입하기도 했을 것이다. 한편, 재현과 표현의 이 얽힘은 노동시의 미래에 있어서 관건이 되는데, 재현이 표현을 억누르게 될 때 노동시는 그 생명력을 잃어버리게 되기 때문이다. 재현은 대상과 작품의 일정한 거리를 전제로 하기 때문에, 재현하는 작품은 어떤 대상을 효과적으로 전달하는 매개체로 축소되어 독자와의 직접적인 물질적 접촉을 잃어버리게 된다. 게다가 작품이 얼마나 대상을 잘 재현했는가에 따라 평가 받게 되면, 그 잘 재현하기 위한 방법이 코드화되기 마련이다. 알다시피 식민지 시기 카프의 시나 1980년대 노동시도 코드화된 재현으로 이끌렸다.

10. 초현실주의의 자동 기술에서 볼 수 있듯이, 문화가 부여한 코드나 어떤 제도화된 형식의 매개 없이 직접적인 발설을 하려 한 점은 아방가르드의 특성 중 하나다. 또한 해외의 아방가르드 역시 선선 선동 예술을 거부하지 않았고 러시아나 독일의 아방가르드는 도리어 정치적인 선전 선동 예

3

　　1980년대의 노동자들은 자본이나 국가, 주류 사회에 의해 '산업전사'나 '공돌이 공순이' 등으로 호명되면서 주체화(노예화)되어 있었다.(물론 지금도 그러한 호명은 계속되고 있다) 그런데 1980년대 노동시는 이 주체화를 가능케 하는 대타자에 의한 호명 구조를 안에서부터 파괴하여 노동자 스스로 자신들의 주체성을 형성하는 데 큰 역할을 하게 된다. 다시 말해 당시의 노동시는 노동자 대중들이 사회에 의해 주어진 삶을 스스로 거부하고 주체적으로 새로운 삶을 살아갈 수 있도록 도왔다. 시가 삶을 변화시켰던 것이다. 이는 시가 주체성 형성 기계(다른 삶을 생산하는 데 쓰이는 생산도구)가 되었기에 가능했다. 노동시가 당시 노동자의 생활을 반영만 했다면 시를 통한 새로운 주체성의 생산은 이루어지지 않았을지 모른다.

　　박노해의 시가 그토록 노동자들에게 사랑받았던 것은, 바로 그의 시를 통해 노동자 독자들이 주체성의 형성을 체험할 수 있었기 때문이다.『노동의 새벽』에서 박노해는 노동자들의 일상을 정서화 하여 생동감 있게 시에 담아냈다. 그는 여러 시에서 노동자가 자기 명명을 하게 될 때까지의 과정을 보여주려 했다. 분노와 설움, 비애로 정동되는 일상이 노동자의 각성을 이끌면서, 결국 노동자 스스로 자신들을 "우리는 기계가 아닌 인간임을/억눌리고 빼앗기는 노동자임을/견디다 못해 일어서면 해일이 되는/무겁고 깊은 바다"(「당신을 버릴 때」)라고 새로이 명명하게 되는 과정 말이다.[11] 그런데 그 명명을 이끄는 것은 바로 가난과 비애다. 그래서 비애의 정조로 물들어 있는 시집『노동의 새벽』

───────────────

술을 적극적으로 주장했다.

11. 자신들은 산업전사가 아닌 "억눌리고 빼앗기고 있는 노동자"라는 자기 명명. 망설이면서 시인이 시구를 정하는 것과 같은 이 "이름을 확정하는 순간"은, 네그리에 따르면 사건의 시간, "시간의 완료와 '장차 올 것'의 열림 사이에 존재하는 순간"인 카이로스의 시간이라 할 수 있겠다.(네그리,『혁명의 시간』, 42쪽) 주체화-노예화의 껍질을 벗어나 자기를 명명하는 순간 새로운 우주가 열린다.

을 '전망의 결여'를 들어 비판한다면 착오다. 아래에서 보겠지만, 비애의 과정이 없다면 새로운 명명은 있을 수 없기 때문이다.

이 비애에서 새로운 자기 명명으로의 전환 과정을 보여주었다는 점이, 1980년대 초반의 여타 노동시와 비교해볼 때, 박노해 시의 특이함이다. 가령, 박노해의 대표시 「노동의 새벽」에서도 비애에서 다른 정서로의 급격한 변화가 일어나면서 '노동자의 햇새벽'이 호출된다. 즉, "전쟁같은 밤일을 마치고"나서 "새벽 쓰린 가슴 위로/차가운 소주를"부으며 "죽음이 아니라면 어쩔 수 없지/이 질긴 목숨을,/가난의 멍에를,/이 운명을 어쩔 수 없지"라는 체념과 절망 섞인 비애를 토한 후, "새근새근 숨쉬며 자라는/우리들의 사랑/우리들의 분노/우리들의 희망과 단결을 위해/새벽 쓰린 가슴 위로/차가운 소줏잔을/돌리며 돌리며 붓는다/노동자의 햇새벽이/솟아오를 때까지"라는 희망의 정서로 비약한다. 그 희망(새벽)과 분노의 대상이 뚜렷한 구체성이 없다고 이 시를 비판하긴 쉽지만, 그러한 불명료함이 감동과 여운을 독자에게 주는 것일 수도 있다. 시가 독자에게 주고 있는 것은 어떤 또렷한 상이라기보다는 비애에서 기쁨의 정서로 향하는 정동의 변이이기 때문이다. 그리고 이 정동의 변이가 바로 주체성의 형성을 이끌어내는 힘인 것이다.

'나'를 규정하는 세상에 대해 슬퍼하는 정서(비애)야말로 호명을 받아들이지 않게 한다. 즉 비애가 주체성 형성의 '실마리'를 마련해준다. 그래서 슬퍼하지 않을 때 슬퍼하지 않는다면, 우리는 노예가 될 것이다. 여기서 네그리의 생각을 인용하는 것이 도움이 될 것 같다. 네그리는 측정불가능한 것(카이로스의 시간과 같은)에 가장 많이 노출된 사람은 벌거벗은 빈자貧者라고 하면서 "가난을 정의하는 곤궁, 무지, 질병은 몸의 궁핍한 상태에 대한 경험, 궁핍한 삶정치의 상황, 무언가를 바라는 영혼의 성향 ― 이 세 가지가 한데 모여 화살의 호형弧形을 이룬다 ― 과 함께, 시간을 구성하는 화살이 더욱 힘있게 쏘아질 지점을 이룬다"[12]고 말한다. 곤궁, 무지, 질병으로 인해 슬픔을 겪는 빈자는 "무엇인가를 바라"면서 앞으로 나아갈 수밖에 없다. "가난은 진공 속에서 몸을 돌릴 수 없

기" 때문이다.13

빈자가 느끼는 비애, 슬픔은 빈자 자신의 능력을 펼칠 수 없게 한다. 이 닫힌 상황 때문에 빈자는 기쁨을 느끼고자 하는 강렬한 욕망을 갖게 된다. 그래서 그는 누구보다도 강렬하게 자신이 갖고 있는 힘의 충만을 느끼고 싶어 하며 그 힘을 펼치고 싶어 한다. 슬픔을 느껴야만 하는 그가 기쁨을 가져다주지 않는 세상에 대해 분노를 품는 이유는 그 때문이다. 삶이 슬플수록, 그는 기쁨의 만남을 더욱 가지고 싶어 한다. 그래서 그처럼 기쁨의 만남을 원하는 다른 빈자들과, 그는 자주 마주치게 될 것이고, 그리하여 그는 기쁨을 위해, 다른 사람들과 함께 삶을 구성해 나가기 시작한다. 우리는 "견디다 못해 일어서면 해일이 되는/무겁고 깊은 바다"라고 명명하면서 말이다. 이 과정을 주체성의 형성이라고 말할 수 있다. 이 형성 과정은 어떤 초월적인 척도에 의해서 부여되는 것이 아니라 완전히 내재적으로 이루어진다.

박노해의 시는 비애의 정서affection에서 기쁨의 정서로 변화하는 정동의 이행을 능동적으로 이끌어내고자 노력한다. 정서가 계속 이행하고 있는 중인, 변이하고 있는 중인 정동을 봉인한다고 한다면14, 박노해의 시는 이 슬픔-비애의 정동이 슬픔의 정서로 봉인되지 않기 위해 그 정동을 기쁨의 정동으로 능동적으로 변이시키려고 하는 것이다. 박노해의 시에서 비애와 함께 힘을 같이 느낄 수 있는 것은 이 때문이다. 이는, 비애에 빠져 있는 자신을 새로이 명명하면서 형성되는 주체의 힘이다.

그런데 이 기쁨을 주는 희망은 어떤 상상적인 대상('노동자의 햇새벽'이라는 '꿈')과의 만남을 통해 생긴다. 기쁨의 정동은 기쁨을 불러일으키는 신체와의 새로운 만남이 전제되어야 하는데, 하지만 그 대상은 현재 실재하지 않는

---

12. 같은 책, 129~130쪽
13. 같은 책, 131쪽.
14. 질 들뢰즈, 「정동이란 무엇인가」, 『비물질노동과 다중』, 85쪽.

다. 박노해는 기쁨을 주는 대상을 상상하여 그 상상의 대상과의 만남을 통해 기쁨을 끌어내려고 한 셈인데, 그 점 때문에 우리는 위의 시에서 어떤 비약을 느끼게 된다. 「시다의 꿈」 역시 이러한 비약을 보여준다. "두 알의 타이밍으로 철야를 버티는" 시다는 언 손으로 "이룰 수 없는 꿈을 싹뚝 잘라/피 흐르는 가죽본을 미싱대에 올"리고 있다. 하지만, 그는 여전히 "미싱을 타고 미싱을 타고/갈라진 세상 모오든 것들을/하나로 연결하고 싶은/시다의 꿈"을 꾼다.

갈라진 세상 모든 것이 연결되는 '코뮌주의'의 꿈과의 만남이 비애의 봉인을 벗기고 삶을 충전시킨다. 꿈을 통해 주체는 충만해지면서 자율적으로 새로운 만남을 찾기 시작할 것이다. 갈라진 것을 연결할 수 있는 만남들을 찾을 것이다. 그것이 문학일 수도 있고 연인일 수도, 사회주의일 수도 있다. 주체성이 형성되기 시작한다. 하지만 여기서도 꿈은 "피 흐르는 가죽본을 미싱대에 올"려야 하는 현실에서 비약해서 상상된 것이다. 이 비약은, 주체성을 형성해가기 위해선 기쁜 만남을 가져야 하나 현실에선 그 만남이 이루어지기 힘드니, 희망과 꿈을 통해 주체 형성의 돌파구를 마련하려고 해서 생긴 것이다.

그런데 새로운 주체 형성을 이렇듯 상상된 것에 계속 의지하게 된다면, 시는 결국 내밀성과 강렬성을 점차 잃어버리게 될 것이다. 즉 감동이 새롭게 형성되지 않게 되어, 점차 시는 둔해질 것이다. 더 나아가 엄혹한 현실과 노동해방의 꿈이 병치되는 식의 재현 도식이 등장하여 시를 짓누르게 될 수도 있다. 이렇게 되면, 노동시는 지루해지고 범상해질 것이다. 불행히도 『노동의 새벽』 안의 꽤 많은 시들이, 그리고 박노해를 따르는 많은 노동자 시인들의 시들이 이런 도식에 사로잡힐 위험에 처해 있었다. 여기에서 1980년대 전반기 노동시는 주춤하게 된다. 하지만 비애에서 분노로 정동하는 과정을 그린 「손무덤」은 노동시가 나아갈 다른 측면을 미리 보여준다. "올 어린이날만은/안사람과 아들놈 손목 잡고/어린이 대공원에라도 가야 겠다"고 했던 정형의 손목이 날아간다. 하지만 사장님, 공장장님, 부장님은 작업복을 입었다고 차에 태워주지 않고 결국 "한참 피를 흘린 후에/타이탄 짐칸에 앉아 병원을" 가야 했다. '우리'

는 정형의 손을 소주로 씻고는 "양지 바른 공장 담벼락 밑에 묻"는다. 이에, 시
적 화자는, 이 시의 후반부에서 분노어린 목소리로 다음과 같이 말한다.

노동자의 피땀 위에서
번영의 조국을 향락하는 누런 착취의 손들을
일 안하고 놀고먹는 하얀 손들을
묻는다
프레스로 싹둑싹둑 짓짤라
원한의 눈물로 묻는다
일하는 손들이
기쁨의 손짓으로
살아날 때까지
묻고 또 묻는다

'착취의 손들을 묻는다'는 그 강렬한 적대감은 정형의 잘린 손목과 오버랩
되어 자연스럽게 이끌려오고 있다. 그 때문인지, 지금 읽어도 이 시는 여전히
우리를 전율케 한다. 여기에 비약은 없다.(그래서 나는 이 시가 박노해의 가장
빼어난 시 중 하나라고 생각한다.) 기쁨을 주는 새로운 만남이 아직 꿈을 통해
서만 존재할 수밖에 없기에, 꿈과 현실의 낙차는 더욱 비애만 느끼게 하고, 그
럴수록 세상에 대한 분노와 적대감이 더욱 커지게 된다. 이러한 비애에서 희망
으로 이행하지 않고 분노로 이행하는 정동은, 노동지 주체성이 또 다른 축에서
형성되게 한다. 이 주체성은 부정의에 항거하며 적대하는 전투적 주체성이다.
그러나 지금도 큰 의미가 있을 그 전투적 주체성이, 이 시에서는 개인적 차원
의 복수심을 통해 형성되고 있다는 점이 지적되어야 한다. 복수의 상상 ― 착취
의 손을 묻는 ― 을 통해 기쁨을 얻으려 하는 과정에서 형성되는 주체성인 것이
다. 이 주체성은 복수욕이 빚어내는 적대의 좁은 '길'로만 내달을 위험을 내포

하고 있었다. 즉, "길은 광야의 것"(백무산)이라는 진실을 무시하게 될 가능성이 생긴 것이다.

4

이제 1980년대 후반의 노동시를 대표하는 『만국의 노동자여』의 백무산에 대해 이야기하자. 백무산의 시작詩作은 「손무덤」에서 박노해가 보여준 날카로운 적대감 위에서 이루어진다. 백무산 역시 비애를 계기로 한국 자본주의와 국가의 호명에서 벗어난다. 그런데, 백무산의 비애는 곧바로 분노로 이어지고 있다. 산재로 인해 친구의 죽음을 맞아 시적 화자는 "친구의 얼굴이/어두운 날들, 질척이는 바닥에 쌓여 가는 친구의 얼굴이/어두운 날들, 질척이는 바닥에 핏물되어 흘렀다/밤새 숨막힌 울음에 물결처럼 흔들리다/빗속 강물이 되어 있었지/그 오랜 가난과 어둠으로, 허기진 땀 같은 비를 뿌렸을까"라며 비애를 토한다. 허나 곧 "우리가 찾아나서리라/밤새 흘린 눈물을 밟아 짓이기며/떨리는 분노의 발길로 찾아나서리라"(「지옥선 5」)라며 그는 분노 속에서 미래를 다짐한다.

백무산의 시는 박노해의 「손무덤」에 나타난 적대감을 이어 받으면서도 자칫 그 적대감이 빠져들 수 있는 복수심에 머물지 않는다. 백무산은 적대감을 낳은 적대적 상황을 이데올로기를 꿰뚫는 날카로운 눈매와 단단한 인식을 바탕으로 형상화한다. 맹렬한 전투적인 힘이 또한 시를 뒷받침하고 있어서 그의 시를 읽는 독자는 무언가 관통당하는 느낌마저 받게 된다. 백무산의 날카로움은 "꼭 맞는 말이제 산업전사/영광되게 싸우다 죽어라 그 말이제/기업가를 위해 권력자를 위해/독점자본가를 위해 양코뱅이들을 위해 죽어라 말이제"(「戰士」)라는, 산업전사라는 호명의 이데올로기적 성격을 명쾌하게 전복하고 있는 구절에서 잘 드러난다. 이 호명이 내포하고 있는 위선과 그 뒤에 도사리고 있

는 폭력에 대한 인식이 "찢긴 가슴팍 허연 젖가슴 네놈들이 치고 받으며 찢어/
발겨 버린 그 가슴 피맺힌 가슴을/쏟아 분노가 되어 거대한 파도가 되어/치닫
는 바다가 물기둥을 쏘아 올렸다."(「전진하는 노동전사」)와 같은 격렬한 분노
를 뒷받침하고 있는 것이다.

백무산의 시가 가진 또 하나의 특징은, 박노해 같은 시인과는 달리, 노동
현장의 일상사를 형상화하면서 노동자의 분노나 희망을 이끌어오지 않는다
는 점이다. 즉 그는, 재현을 매개로 정동을 텍스트에 새겨놓아 독자의 감성적
공감을 불러일으키는 식으로 쓰지 않는다. 그는 자본에 대해 적대적인 노동
자의 입장에서 세계를 인식하고, 이 인식에 맞추어 어떤 상황을 재구성한 후,
이를 형상화 한다. 그 형상은 감추어진 진실을 보여주기 위한 일종의 알레고
리다.

경찰은 데모를 하였다
납치범들의 졸개인 경찰은 무장을 하고
주인 앞에 몰려와서 데모를 하였다
최루탄을 쏘고 군화발로 짓이기며
과격시위를 하였다
쇠몽둥이를 들고 곤봉을 휘두르며
극렬시위를 하였다
공장 앞에 몰려와
극렬하게 데모를 하였다

노동자는 진압에 나섰다
저들의 살상 무기를 막자고
지게차가 나섰다 포크레인이 나섰다
깃발을 들고 함성으로 나섰다

주인인 노동자들은 피흘리며 진압에 나섰다

　　　　　　　－「경찰은 공장 앞에서 데모를 하였다」 부분

　　지배 이데올로기가 배포하는 '상식' － 진압은 경찰이 한다 － 에 의하면 질서를 유지하는 주체는 경찰과 국가다. 백무산은 이 상식을 뒤집어, 질서를 유지하고 있는 자가 노동자이고 진압되어야 할 대상은 경찰-국가라고 말한다. 감정노출을 자제하면서, 그리고 명료한 형상을 통해, 노동자야말로 세계를 만들어내는 주체라는 당파적 세계인식을 단호하고 힘 있게 이 시는 전달한다. 이는, 능동적인 위치에 있는 것이 노동자이며 저 국가권력이 수동적인 처지에 있다는 선언이다. 이 선언은 자의적이지 않다. 국가와 자본이 결국 노동자의 노동을 통해 형성된 죽은 노동이라 할 때, 오히려 이 선언은 우리가 그만 지나쳐 버려 놓친 진실을 꼬집어 보여준다. 이렇게 알레고리적으로 상황을 구성하고, 상식을 파괴하면서 그 상황을 새롭게 해석하여 우리의 생각을 자극하는, 그리하여 감추어져 있던 진실을 들추는 이러한 방식은, "수십 년 잠겨 녹슬 대로 녹이 슨 나사일수록/잘못 돌리다간 영영 풀지 못한다/좌로 돌려야 풀릴 놈을 우로 돌려/망치는 놈들도 있다"(「공구와 무기 3 － 몽키」)면서 정치 혁명의 필요성을 우회적으로 드러낸 시에서도 성공적으로 사용된다.[15]

　　'예술적'인 재현보다 모델적인 상황을 '구성'하여 '생산'하는, 시작詩作의 '노동자의 방식'[16]은, 자본과 국가가 주인이 아니라 노동자가 주인이라는 입장에 의해 든든하게 뒷받침된다. 노동자가 주인이라는 이 입장은 다음과 같은 의미도 함축하기 때문이다. 즉, "주인인 노동자는 원래 자유인이다. 비록 지금 임금

---

15. 이러한 시작은 브레히트의 낯설게 하기를 떠올리게 한다. 브레히트 역시 감추어진 진실을 보여주기 위해 어떤 상황을 알레고리적으로 구성하여 형상화하는 수법을 시에서 자주 사용했다.
16. 『만국의 노동자여』의 해설을 보면, 해설자인 김형수에게 백무산은 자신의 유일한 창작방법이 "노동자의 방식으로 생각하고, 노동자의 방식으로" 쓰는 것이라고 편지를 써 보냈다고 한다.(백무산, 『만국의 노동자여』, 청사, 1988, 175쪽.)

노동자로서 자본이 강요하는 틀에 박힌 노동을 하고 있지만 말이다. 노동은 재현이 아니라 도구를 가지고 재료들을 다스리고 재구성하고 합성하면서 무엇인가를 생산하는 것이다. 임노동만 아니라면 노동의 주체인 주인-노동자는 자신의 자유로운 결정에 따라 여러 방식으로 재료들을 재구성하면서, 필요한 무엇인가(사용가치를 위해)를 생산하는 노동을 행할 것이다."라는 의미 말이다. '노동자의 방식'으로 시를 쓴다는 것은 아마 이와 같은 자유인의 살아 있는 노동을 통한 시작을 말하는 것일 게다.[17]

한편, 노동자가 주인이라는 선언은, 주체-노예화를 야기하는 호명을 비애를 통해 거부하고 분노와 적대감, 또는 희망적인 꿈을 통해 주체성을 형성하려고 했던 1980년대 전반기의 노동시를 훌쩍 뛰어넘는다는 감을 준다. 사실 비애와 분노에 빠지고, 복수와 새로운 세상에 대한 꿈을 꾸는 노동자의 모습은 수동적(반작용적)인 면이 있다. 하지만 노동자가 자신이 주인이라고 명명하면 상황은 일전한다. 노동자가 입법자가 되기 때문이다. 이는, '우리 노동자는 기계가 아니라 분노할 줄 아는 인간'이라는 자기 명명과는 성격이 다르다. 주인으로 새롭게 명명된 노동자는 헤겔의 주인-노예의 변증법에서의 노예가 아니라 니체가 그려낸 '주인과 노예'에서의 주인이다.[18]

노동자가 주인이라는 명명은, 주인과의 관계 속에서만 생존하는 노예(자

---

17. 백무산의 시작 태도를, 비록 표면적으론 잘 드러나지 않으나 '징후적으로 독해'한다면, 시작을 노동이라고 여기는 점(시와 삶의 분리를 철폐)이나 시의 사용가치를 중시한다는 점(이는 시가 선전 선동을 위해 사용 될 수도 있다는 점을 함의한다), 기존의 예술 코드에 구애받지 않고, 열려 있는 시간 속에서 자유롭게 시를 구성하려는 점 등을 발견할 수 있다. 그런데 이러한 태도는, 볼세비키 혁명 직후에 맹위를 떨친 아방가르드인 러시아 구축주의(러시아 미래주의가 발전한 유파) 또는 생산주의와 닮았다. 이 유파의 시 분야를 대표하는 마야코프스키는 시가 선전 선동으로서의 '사용가치'를 갖고, 시 쓰기가 일종의 노동이라고 생각했다. 마야코프스키의 구축주의적 '시 생산법'은 「시를 어떻게 만들 것인가」, 『마야코프스키 전집 2』, 석영중 외 옮김, 열린책들, 1993에 흥미진진하게 설명되어 있다.
18. 니체의 주인은 "나는 선량한 자다."라고 먼저 자신을 명명한다. 노예는 반대로 "너는 악하므로 나는 선하다."라고 말한다(질 들뢰즈, 『니체와 철학』, 이경신 옮김, 민음사, 2001, 214쪽 이하 참조.)

본과 국가)가 주인의 능력을 탈취하기 위해 주인인 노동자가 자유롭게 앞으로 나가고 있는 길목을 가로막고 있으며, 이 때문에 노동자와 자본 사이에 적대선이 그어지고 노동자는 분노한다는 식의 사고 전환을 가져온다. 그리고 이때의 분노는 노동자의 능동적인 선 위에 놓이게 된다. 이에 따르면, 주인인 노동자는 원래 자유로운 존재이기 때문에 자신의 노동을 자기가치화[19]하고 이를 통해 자율적으로 자신의 주체성을 형성할 수 있는 능력이 있다. 주인 앞엔 광대무변한 공간 — 광야 — 이 펼쳐져 있는 것이다. 허나 자본의 교환가치 체제가 주인의 자기가치화를 가로막고 훼방한다. 계급투쟁은, 자기가치화를 가로막는 이 자본이라는 장애물을 제거하기 위한 투쟁이 된다.

하지만 노동자가 주인이라는 선언은 양면의 날을 갖고 있다. 자칫 자기 함정에 빠질 수 있는 논리를 배태하고 있는 것이다. 노동자가 주인이라는 생각은 계급투쟁에서의 궁극적인 승리가 필연적으로 노동자의 것이라는 희망을 노동자가 갖게 만든다. 이 필연성에 기댄 주체성은 더욱 튼튼해질 수 있다고, 기화되지 않을 것이라고 상상된다. 그런데 노동해방은 필연적이라는 희망이 '법칙'화 되면, 역사는 공산주의라는 인류의 완전해방으로 나아가는 목적론적 도정이 된다. 그리하여 "자본은 역사의 길을 가로막고 있으며, 주인인 노동자가 자본을 걷어냄으로써 역사는 그 목적을 달성할 수 있다. 즉 역사를 완성시키는 주체는 바로 노동자 계급이다."라는 논리가 연쇄적으로 이어진다. 백무산은 이 길을 따르면서 다음과 같이 외친다.

무슨 밥을 먹는가가 문제다
우리는 밥에 따라 나뉘었다
그 밥에 따라 양심이 나뉘고

---

19. 이탈리아 아우또노미아 운동에서 제기된 개념인 '자기가치화'는, 노동계급이 자본에 대항하여 자신의 가치화를 위해 생산적 힘들을 사용할 수 있는 가능성을 뜻한다. 니콜래스 쏘번, 『들뢰즈 맑스주의』, 조정환 옮김, 갈무리, 2005, 322~333쪽을 참조.

윤리가 나뉘고 도덕이 나뉘고
또 민족이 서로 나뉘고

......

그대들은 무슨 밥을 먹는가
게으른 역사의 바퀴를 서둘러
움직일 수 있는 사람들 오직
지상의 모든 노동자들이여
형제들이여!

—「만국의 노동자여」 부분

이때 주체의 문제에 있어서 어떤 역전이 일어난다. 노동자는 '필연적으로 진보하는 역사'라는 대타자에 의해 '역사의 주체—역사의 바퀴를 서둘러 움직일 수 있는 사람들'로 호명되고 있는 것이다. 역사의 필연성은 분명한데, 단지 빨리 가느냐 늦게 가느냐가 문제다. 역사를 빨리 갈 수 있게 하는 주체가 노동자다. 이 호명을 통해 노동자는 단단한 주체가 되지만, 역설적으로 자율적인 주체 형성의 길이 막힌다. 진정한 주체는 역사이기 때문이다. 역사가 노동자를 주체로 만드는 주체다. 사회주의 국가의 흥망성쇠는 이러한 전도가 어떠한 결과를 낳는지 잘 보여주었다. 알다시피 역사의 진리를 소유하고 있는 노동자의 당이 바로 대주체가 되어 '목적을 향한 역사의 진보'를 위해 노동자를 억압할 수 있었던 것이다. 하지만 1980년대 후반 당시엔 노동계급을 '역사'의 주체로 보는 논리가 어떤 폐해를 가져올 수 있는가에 대해서 투사들은 고민할 수 없었다. '계급투쟁'이 면전에서 벌어지고 있었기 때문이다.

백무산은 시집 『동트는 미포만의 새벽을 딛고』를 통해, 1988년에서 1989년에 걸쳐 128일 동안 계속되다가 결국 노동자들이 패배했던 현대중공업 파업

투쟁을 보고했다. 그는 이 시집의 말미에서 "적들과 최전선에 진지를 구축하고/노동자 계급을 전투적으로 조직하고/지도해 내고 불타는 전선의 정보와/적들의 동태와 전술을 꿰뚫고/대응전략을 수립하고 조직하고 집행하는/전노동자 계급의 전위조직"을 요구한다. 역사의 주체인 노동자 계급을 지도하여, 역사가 그 목적지에 빨리 도달할 수 있도록 하는 전위 조직. 울산에서의 영웅적 투쟁이 패배한 것은 이 조직이 없었기 때문이라고 백무산은 주장한다. 그는 이 정치조직이 노동자 계급의 국가 권력 장악을 지도함으로써 노동자의 나라를 세우는 데 핵심적 역할을 할 것이라고 생각한다. 그래서 백무산은 정치 전위 조직을 요청하고는 이윽고 "이제 곧 동이 터오리라 보아라/찬란한 동이 튼다 보아라/빛살 무리들의 힘찬 걸음과/파도의 함성이 들려오리라"라는 희망에 찬 '전망'을 보여준다. 여기서 희망은 당이 되고 있다. 물론 '사회주의노동자동맹'에서 활동하고 있던 백무산은 이 전망이 근거 없는 희망이 아니라고, 들뜬 수사가 아니라고 믿었을 것이다.

5

　1985년 구로연대파업이 보여준 노동자 정치투쟁의 가능성과 1987년 노동자 대투쟁의 승리가 보여준 노동자들의 들불 같은 힘은, 노동자의 자기 긍정과 자신감, 한층 높아진 자본과 국가에 대한 적대감, 전망으로까지 상승될 정도로 공고해진 희망을 노래하도록 노동시를 자극했다. 전위적인 노동자 시인들은 이 투쟁들을 통해 '노동자의 나라―사회주의'의 도래 가능성을 보았으며 노동자의 단결과 올바른 정치 지도가 있다면 그 나라는 분명 세워질 수 있다고 생각했다. 그래서 시를 통해 공격 대상을 선명히 드러내고 투쟁 주체를 하나로 묶는 작업을 행하려 했다. 박노해 역시 1980년대 후반에는 『노동의 새벽』의 시들과 그 성격이 확연히 다른 시를 발표하면서, 그와 같은 경향을 보여주었다.

　가령, 『노동해방문학』 1989년 4월호에 실린 「내 눈에 흙이 들어가기 전에는」에서 박노해는, "너를 위해, 한 줌도 안되는 부르주아지를 위해/우리가, 천만 프롤레타리아트가/날마다 피땀 빨리며 쓰러져갈 수는 없지 않는가// …… //이 치떨리는 착취 세계를 끝장내기 위하여/노동해방의 꽃무리 물결치기 위하여/피어린 투쟁으로 죽음을 불사하며/네 무덤을 쿵 쿵 하고/또 파들어 갈 것이다/내 눈에 흙이 들어가는 순간까지/내 눈에 승리의 눈물이 흐르는 그날까지"라고 외친다. 부르주아지와 프롤레타리아트가 선명하게 대립된다. 분노가 꽂힐 과녁 — 부르주아지의 심장 — 은 뚜렷하게 보인다. 미래 전망 — 노동 해방 — 역시 분명하게 선언되어 있다. 『노동의 새벽』에서 볼 수 있었던 노동의 고달픔으로 인한 애상한 정서는 전혀 볼 수 없다. 오직 당당함과 적개심이 전경화된다. 이러한 굳건함은 노동계급이 자본주의 세계를 변혁시킬 수 있다는, 변혁시키는 것이 역사의 필연이라는 믿음과 의지에서 오는 것이다.

　그런데, 이런 인식에 의하면 역사는 노동자라는 몰mole과 자본가라는 몰의 투쟁 과정이다. 노동자의 주체성은 일단 역사에 의해 호명되어 단일한 하나로 묶여야 한다. 그 집단이 하나로 조직되어야 저 큰 국가—자본을 상대로 싸울 수 있기 때문이다. 노동자 개인들은 노동계급 '속'의 한 주체가 된다. 허나, 이후 역사의 진보라는 대타자가 심각하게 의심받게 되자, 혁명적인 노동자 시인들은 다시 새로운 주체성 모색으로 돌아서야 했다. 자신들이 굳건한 주체라고 생각했었지만, 대타자가 더 이상 호명해주지 않는다면 그 주체성은 아무 것도 아님을 깨달아야 했던 것이다.

　거대한, 또는 단단한 몰적 조직화 자체가 급진적이고 근본적이며 본질적이라는 생각[20]은 어쩌면 환상일지도 모른다. 사실 구로연대파업과 1987년 노

---

20. 니콜래스 쏘번은 『들뢰즈 맑스주의』 제3장 「룸펜 프롤레타리아트와 이름 붙일 수 없는 프롤레타리아트」에서, 맑스의 책을 재독해하면서 소수정치학의 입장에서 이러한 '정통적'인 관념을 비판한다. 이진경의 『미-래의 맑스주의』(그린비, 2006)의 7장과 8장도 차이의 정치학(이 역시 소수

동자 대투쟁에서 가장 주의 깊게 보아야 할 것은 투쟁의 내용보다도 전개 형태 ─ 들불처럼 번지는 전염성 ─ 일지 모른다. 특히 1987년 노동자 대투쟁은 구로 연대파업과는 달리 조직화가 되어 있지 않는, 그리고 학생출신의 '의식분자'도 거의 침투되어 있지 않은 공단에서 벌어졌다. 울산에서부터 시작한 파업은 순식간에, '리좀'처럼 전국을 횡단하며 퍼져나갔다. 아직 조직화되지 않는 노동자들이 민주노조 건립 권리와 인금 인상을 요구하면서 "사전모의나 계획 없이, 또한 미리 선택한 목표나 전략적 고려도 없이" 벌인 파업이었지만, "이 노동투쟁은 갑작스럽고 너무 엄청난 규모로 발생해서 오랫동안 노동운동에 종사해 온 많은 지식인 노동활동가들조차 당황한 나머지 주도적인 역할을 할 수 없었다"[21]고 한다. 물론 자연발생적 투쟁의 경제주의적 한계 등을 지적할 수도 있겠지만, 그 준비되지 않은 느닷없는 '사건'이 보여준 전염력을 관찰하면 중앙집중적인 조직화만이 국가 권력에 대한 무기가 될 수 있다는 논리는 잘못된 것일지도 모른다는 생각이 든다.[22] 반면 돌발적 사건의 리좀적 전염력에 상응하는 조직이 자본과 국가에 더욱 치명적인 무기가 될 수도 있지 않을까 하는 생각 역시 든다.

그런데 그 리좀적 전염력은 어디서 온 것일까? 노동자 대투쟁 때 노동자들이 회사에 제출한 요구목록엔 임금 인상뿐만 아니라 노동시간 단축, 조장에 의한 자의적인 평가 폐지에서 복장과 머리길이에 대한 규제 철폐, 강제적인 아침 체조 중단 등, 일상적으로 행해지는 규율에 대한 거부 역시 포함되어 있다고 한다.[23] 이를 보면, 투쟁이 들불처럼 번질 수 있었던 것은 경제적인 문제뿐만

성의 정치학이다)의 입장에서 몰적 투쟁의 일면성을 비판한다. 두 저자 다 프롤레타리아트를 '이름 붙일 수 없는' '비-계급'으로, 즉 동일성으로 묶을 수 없는, 계속 구성되며 변이되는 집단으로 보고 있다.

21. 구해근, 『한국 노동자계급의 형성』, 신광영 옮김, 창작과 비평사, 2001, 234쪽.

22. 1996~97년 총파업은 조직화의 힘을 보여준 사건이었지만, 한편으로는 민주노총의 합법화만 이루어냈지, 고용주들의 해고권 및 무노동 무임금 원칙 등은 인정하고 말았다. 즉 별다른 성과를 이루지 못한 파업이었던 것이다.(같은 책, 282쪽.)

아니라 자신의 자존과 자율성을 갖고자 하는 노동자의 욕망에서 비롯된 것일지 모른다. 자본의 호명을 거부하며 자신을 자율적인 주체로 새롭게 세우려는 욕망은 바로 자신의 삶을 자기 스스로 살아가고자 하는 힘이다. 사람마저 교환가치로 환원하는 자본에 맞서 삶을 재탈환하여 자기가치화를 실현하려는 이 욕망이, 노동자끼리 서로를 요구하게 하여 연대 투쟁이 이루어질 수 있게 했을 것이다. 사랑이야말로 좀 더 드높은 자기가치화를 이루게 할 것이기에.

그런데 아직 조직화되어 있지 않은 노동자들이 자기가치화의 욕망과 사랑의 힘을 갖게 된 데엔 시의 역할이 크지 않을까? 야근을 마치고 피곤한 몸으로 자취방에 들어가 소주 한잔과 함께 읽은 시 한편이 자본의 호명을 거부하고 자신의 삶을 다시 찾으려는 욕망을 불러일으키게 하지 않았을까? 투쟁에 참가한 노동자들 모두가 시를 읽지는 않았을 테지만, 시를 통해 자기가치화의 욕망을 갖게 된 주체들이 자신의 욕망을 다른 노동자들에게 전염시키지 않았을까? 그렇다면, 시의 잠재력은 무시할 수 없다.

화폐의 동질화 기제를 통해 삶을 빨아들이는 자본의 지배는 현재 더 강해지면서 동시에 영악해지고 있다. 비참은 갖가지 방식으로 번져나가고 있다. 신자유주의와 포스트 포디즘 생산 방식은 사람들의 삶 자체에서 잉여가치를 축출한다. 즉 삶 전체가 자본에 포섭되고 있다. 갖가지 방식의 호명을 통한 주체-노예화는 더 복잡한 방식으로 삶을 구속하고 있다. 이러한 상황 아래서 빼앗긴 삶을 재탈환하는 주체 형성의 필요성은 절박하다. 이 자기가치화를 통한 자율적인 주체 형성, 그리고 이를 위해 기쁨의 만남을 시도하는 것이야말로 현재 우리가 계승해야 힐 1980년대 운동일지 모른다.

몰적인 조직이 개체의 주체성을 대신하는 방식은, 여전히 필요할지는 모르지만, 더 이상 근본적인 해방을 담보하진 못할 것이다. 자율적인 주체 형성이야말로 자본의 동질적인 가치화에서 탈주하여 자기 가치화하는 것이어서,

---

23. 같은 책, 231쪽.

각 개체의 주체 형성이 갖고 있는 공통성을 증가시키면 자본의 숨통을 압박할 수도 있을 것이다. 지금, 시의 중요성은 여기에 있다. 1980년대 노동시가 보여주었듯이, 시는 주체형성의 기계로서 작동할 수 있기 때문이다. 주체가 갖가지 신체와 접촉하면서 기쁨의 만남을 찾아 관계를 구성해나가는 것을 통해 형성된다면, 그 만남을 실험하는 장을 시가 마련할 수 있다.

이 글은 이러한 현재적 과제를 염두에 두면서 1980년대 노동시를 되돌아본 것이었다. 비록 1980년대 후기의 노동시가 내재적인 주체 형성의 끈을 놓쳐버리고는, 그 해방의 열망에도 불구하고 목적지에 다다를 홈 패인 공간 ─ '길' ─ 을 따라 주체들이 움직이게 되었지만, 그렇다고 1980년대 노동시를 실패라면 실패인 그 결과에 환원할 수는 없다. 1980년대 노동시는 자본과 국가와의 대치 속에서, 그 지배에서 벗어나 자유를 획득하고자 하는 주체성 형성의 불온성을 보여주었기 때문이다. 그 주체성 형성 ─ 바로 자유 그 자체인 ─ 을 위한 고투는 제도화된 문학의 벽을 부수고 삶과 문학, 정치가 서로 작동하도록 했다. 문학이 '문학'이라는 자율적 영토에 게토화 되고, 권력화되고, 제도화되면서 삶 ─ 주체성 형성 ─ 과 문학이 유리되어 가고 있는 지금, 다시 요구되고 있는 불온성을 위하여, 그리고 긴장과 충만으로 팽팽한 '현재 시간'의 구성을 위하여, 1980년대 노동시의 미덕들은 지금 우리 옆에 배치되어 작동되어야 한다.

지금 우리 옆에 재배치되어야 하는 1980년대 노동시의 미덕들을 앞에서 살펴본 바에 따라 이렇게 정리할 수 있다. 자본과 국가의 기만적인 호명과 그것을 통한 주체-노예화를 거부하는 비애의 정서, 이로부터 생겨나는 탈주의 욕망, 문학의 자율성을 넘어 시와 삶과 운동을 결합시키려는 아방가르드적 시도, 그리하여 표현 형식을 범람하는 정동-표현 내용(박영근), 정동을 봉인하는 정시를 벗겨 슬픔에서 기쁨으로 정동을 이행시키기, 정동의 이행을 통해 요동치는 감정을 경험하면서 기쁨의 만남을 찾아 새로운 주체를 형성하는 것(박노해), 노동자가 자신을 주인으로 명명하여 주체 형성의 가능성을 확 트인 자유의 공간 ─ '광야' ─ 에서 창출하기 시작하는 것, 그 광야에서의 노동이라고 할, 반영이나 재현을 넘어선 구축주의적이고 알레고리적인 시작(백무산) 등이 그 미덕들이었다. 이렇게 1980년대 노동시는 주체성 형성의 기계가 되었다.

대타자 역사가 더 이상 호명할 수 없게 된 지금, 노동 시인들은 다시 비애의 정서로 돌아가 새롭게 주체성 형성을 모색하고 있는 것으로 보인다. 하지만, 새로운 주체로 거듭나기 위한 비애이니만큼 시인들은 비애를 정동화 하려고 기도한다. 그래서 각 시인들의 비애는 시에서 특이하게 비틀려 나타난다. 김해화, 박영근, 백무산, 이면우, 최종천, 김명환, 김신용 등 지금 활동하고 있는 노동자 시인들의 비애들을 그 특이성 그대로 살펴보고 어떤 주체성이 형성되려고 하고 있는지에 대해 살펴보는 일은 흥미로운 일일 것이나, 또 다른 지면을 요구한다. 다만, 백무산의 시적 변모를 잠깐 언급하고자 한다.

역사라는 대타자의 호명에 열렬하게 응답하고 역사의 변혁을 위해 몸을 날린 백무산은 여느 노동시인보다 더욱 뼈저린 자기 변모를 해나가야 했다. 박노해가 계몽적인 설교를 남발하는 경향을 보인 것과는 달리, 그는 시적 치열함을 잃지 않았다고 생각된다. 그는 우선 역사에 의해 부과되었던 주체성을 버리는 작업을 한다. 그의 시가 선시의 면모를 보이는 건 이 때문이어서, 종교적인 도를 깨우치는 것과는 상관없는 일이다.(그래서 종교적인 시처럼 되었다는 백무산의 근작시에 대한 비판은 초점이 잘못된 것이라 생각한다.) 이 버리기는 척도에서 탈주해가는 마이너리티가 되기 위해, 자신도 모르게 달라붙어 있는 척도의 욕망을 빼는(마이너스) 작업이다. 그것은 더욱 풍부한 질을 사는 주체성으로 자신을 형성시키기 위한, 삶 내재적인 전제 작업이다. 그래서 백무산은 자본주의에 대한 비판적인 시선을 놓지 않으면서 여전히 자본과의 투쟁이 필요하다는 생각을 견지하면서도, 허허벌판에 자신을 다시 세우는 것이다. 그는 광야에서 자유로운 주체성 형성의 공간을 마련하려 한다. 이에 대한 구체적인 모습을 보는 일도 흥미롭겠지만, 이 또한 다음으로 미뤄야 겠다.

주체가 여러 신체와의 관계구성을 통해 내재적으로 변이하면서 형성된다고 할 때 그 형성되고 있는 주체를 괴물이라고 할 수 있을 것이다. 형성되는 주체란, 이런 관점에서 보면, 갖가지 신체와 접속하면서 그 신체와 서로 섞이고 비틀리며 변형되는 과정 자체이기 때문이다. 네그리는 이 괴물을 새로운 천사, "마침내 삶을 온갖 역능을 가지고 전적으로, 창조적으로 재전유할 수 있다는 희망"[24]이라고 부른다. 랭보는 시인에게 "중요한 것은 괴물적인 영혼을 만들어 내는 데 있"[25]다고 말했다. 괴물적인 영혼을 만드는 '시 기계'는 삶의 창조적 재전유를 도와줄 수 있을 것이다. 시를 통해 운동과 삶을 결합시키려고 했던 1980년대 노동시의 현재화는, 이 괴물 되기를 위한 '시 기계'를 생산해 내는 것 아니겠는가? '노동자의 방식'으로 말이다.

(『실천문학』 2006년 여름호)

24. 안토니오 네그리, 『귀환』, 윤수종 옮김, 이학사, 2006, 157쪽.
25. 랭보, 「폴 드므니에게 보내는 견자의 편지」, 『랭보시선』, 이준오 편역, 책세상, 1991, 321쪽.

'노동시'에 대한 단상

박영근 시인을 추모하며

1

　박영근 시인이 지난 5월 11일 세상을 떠났다. 향년 48세. 1981년 『반시反詩 6집』에 시 「수유리에서」 등을 발표하여 시작詩作 활동을 시작한 후, 그는 『취업공고판 앞에서』(청사, 1984), 『대열』(풀빛, 1987), 『김미순전傳』(실천문학사, 1993) 『지금도 그 별은 눈뜨는가』(창비, 1997), 『저 꽃이 불편하다』(창비, 2002) 등 다섯 권의 시집을 펴냈다. 그는 현장노동자였다. 노동자로서의 자의식과 서정을 뚜렷이 표현한 그의 첫 시집은 1980년대 한국문학을 뜨겁게 달군 '노동시'의 등장을 예고하는 것이었다. 사람들은 '노동자 시인' 하면 흔히 박노해와 백무산을 떠올리지만, 박영근 시인 역시 상징적인 '노동자 시인'이다. 시에 큰 관심이 없는 사람들에게 그는 비교적 잘 알려지지 않은 시인이지만, 너무나도 잘 알려진, 그리고 수많은 사람들에게 자주 애송되는 안치환 작곡의 노래 「솔아 솔아 푸르른 솔아」의 가사는 『취업공고판 앞에서』에 실린 그의 시 「솔아 푸른 솔아 — 百濟 6」를 개작한 것이었다. 이 시를 읽어본 사람은 노래와는 또 다른 느낌을 받을 터, 시와 노래의 장르적 차이 때문일 것이다. 우리를 좀 더 감정적으로 이끄는 쪽이 안치환의 노래라면, 박영근의 시는 좀 더 진폭

이 큰 울림을 주면서 우리를 숙연케 하는 바가 있다. 여기, 그 원작시를 소개해 본다.

부르네 물억새 마다 엉키던
아우의 피들 무심히 씻겨간
빈 나루터, 물이 풀려도
찢어진 무명베 곁에서 봄은 멀고
기다림은 철없이 꽃으로나 피는지
주저 앉아 우는 누이들
옷고름 풀고 이름을 부르네.

솔아 솔아 푸른 솔아
샛바람에 떨지 마라
어널널 상사뒤
어여뒤여 상사뒤

부르네. 장마비 울다 가는
삼년 묵정밭 드리는 호밋날마다
아우의 얼굴 끌려 나오고
늦바람이나 머물다 갔는지
수수가 익어도 서럽던 가을, 에미야
시월비 어두운 산허리 따라
넘치는 그리움으로 강물 저어가네.

만나겠네. 엉겅퀴 몸쓸 땅에
살아서 가다가 가다가

허기 들면 솔닢 씹다가
쌓이는 들잠 죽창으로 찌르다가
네가 묶인 곳, 아우야
창살 아래 또 한 세상이 묶여도
가겠네, 다시
만나겠네.

박영근 시인을 '1980년대 노동시인'이라고 규정지을 수는 없다. 그는 노동자이고 또한 실업자인 프롤레타리아였지만, 별세하기 직전까지 빼어난 시를 지속적으로 발표한, 무엇보다도 성실한 시인이기도 했다. 그래서 마지막 시집 『저 꽃이 불편하다』 표지 글에서 고운기 시인은 "이제 나는 그를 '시인'이라고만 부르려 한다, 노동을 포기했단 말이 아니다, 노동자로서 시인이 아닌, 시인으로서 그의 삶 전부가 언젠가부터 나에게 너무도 뚜렷이 각인된 까닭이다"라고 말한 바 있다. 나도 이에 동의한다. 하지만, 이를 감안하더라도, 박영근 하면 역시 '노동자 시인'이라는 이름이 떠오른다. 그 '노동자 시인'이라는 이름이 그를 특정한 무엇으로 한정짓는다기보다는, 어떤 '특성을 가진 시인'으로서 그를 부르고 있기 때문이라고 생각해본다. 이 '노동자 시인'이라는 이름에 딱 맞다 할 시인의 죽음은, '노동시'라는 이름에 대해 다시 생각해보게 한다.

그런데, '노동시'하면 우선, 과거의 무엇으로 의식에 떠올려진다는 것에 나 자신이 놀라게 된다. 나뿐일까? 노동자들의 투쟁이 사회의 수면 위로 기세등등하게, 급진적이며 과격하게 떠올랐던, 그래서 노동운동이 사회 전반을 뒤흔들었던 이른바 '1980년대', 그 시대에 있었던 과거의 무엇으로, 지금은 없어진 그 무엇으로 '노동시'를 생각하는 것은. 지금은 노동자의 상황이나 노동운동의 형태가 당시와는 판이하게 달라져서일까? 그러나 지금도 역시 노동자의 삶은 1980년대 당시보다 좋아지지 않았다. 프롤레타리아의 상황은 도리어 나빠졌다. 알다시피 구조조정과 비정규직의 일반화는 항구적 반실업상태로 프롤레타리아를 내몰고 있다. 신자유주의는 노동시장 유연화라는 미명 아래, 프롤레타리아에 치명적인 무기인 비정규직 고용과 '해고'의 자유를 자본의 손에 쥐어주었다. 해고된 비정규직 KTX 여승무원의 투쟁이라든가, 포스코 본사를 점거한 비정규직 건설 노동자의 투쟁은 새로이 재편되는 임노동 관계에 대한 프롤레타리아의 격렬한 저항을 예고하고 있다. 즉 한국의 프롤레타리아가 처한 상황과 이에 대응하는 그들의 격렬한 저항은, 1980년대나 지금이나 별 달라진 게 없는 것이다.

그럼에도 불구하고, 왜 '노동시'라는 이름에서 과거를 떠올리게 될까? 1980년대 이후 노동시가 씌어지지 않은 것일까? 그렇진 않다. 노동운동과 연계되어 있었던 지역 노동자 문학회가 지금까지 계속 유지되면서 노동시는 지속적으로 씌어져 왔다. 그렇다면, 현재 노동시의 존재감이 미미하게 된 것은, 노동시가 문학계에서 차지하고 있던 위치가 약화되었기 때문일 것이다. 노동시가 1980년대 당시 문학계에서 큰 위상을 갖고 있었던 것은, 많은 지식인들 및 활동가들이 노동운동이야말로 역사 발전의 핵심적 동력이라고 생각했기 때문이 아니었을까. '지식인 문사'들이, 그들의 관점에서는 투박한 표현으로 씌어졌음에도 불구하고, 노동자들의 시에 대해 일정한 평가를 내리면서 무시하지 않았던 것은, 역사발전에 있어서의 노동계급의 힘을 그들이 인정했기 때문이리라. 하지만 1990년대에 들어 문학계 및 지식계에서 이러한 '믿음'이 깨지고 나서는, '노동시'는 과거의 무엇으로, 회고되는 무엇으로 취급되기 시작한 것이다.

2

그렇다고 "과거로 되돌아가야 한다", 또는 "'노동시'는 아직 살아 있다"와 같은 주장을 하려는 것은 아니다. 역사 형성에 있어서 계급투쟁의 선차성은 진실이라고 생각하지만, 역사 진보의 형이상학은 나 역시 지금 믿지 않는다. '노동시'가 과거의 무엇으로서 생각되는 것 자체를 부정하는 것은 무의미한 짓이다. 비록 지금도 노동시는 씌어지고 있지만, 1980년대에 노동시가 갖고 있었던 위상을 갖고 있다고 말할 수는 없는 것이다. 문제를 제기하고 싶은 점은, 분명 그 '과거'의 무엇인 '1980년대 노동시'를 회고의 대상으로 취급하는 경향이다. 그 경향은 다음과 같이 세 가지 방식으로 나누어 볼 수 있다고 생각한다.

우선 하나는 청산적인 방식. 이에 따르면, 1980년대 노동시는 문학으로부터의 일탈이었다고, 이젠 돌이킬 수 없는 하나의 오류에 불과했다고 평가될 것이다. 다른 방식은 1980년대 노동시의 기념비화. 이 방식은 세상을 만들어내는 노동은 인간 사회의 진실이어서 노동과 관련된 시적 표현은 지금도 계속되고 있고 앞으로도 없어지지 않을 것이라는 생각에서 비롯된다. 이를 전제 삼아 이 방식은, 1980년대 노동시를 노동시의 위대한 전범이라고 평가한다. 지금도, 미래에도 계속되어야 할 전범으로서의 1980년대 노동시. 또 달리 비판적이고도 변증법적인 취급 방식이 있을 수 있다. 이에 따르면, 1980년대 노동시는 비판을 통해 일정하게 지양되어야 할 대상이 된다. '노동시'라는 역사적 대상을 폐기하는 방식이 아니라 나선적인 경로를 따르는 변증법적 발전에 그 대상을 흡수하여 보존시키는 방식.

이 세가지 방식은 니체가 「삶에 대한 역사의 공과」에서 분석한 역사주의적, 기념비적, 비판적인 역사와 일정하게 대응하는 것이다. '새로움의 반복'이라는 근대 자본주의적 시간 구조에서 새로움의 측면을 강조하면 역사주의적 역사관이, (차이 없는) 반복—지속의 측면을 강조하면 기념비적인 역사관이, 그리고 이 둘을 종합하면 비판적 역사관이 호응하고 있는 것이다. 그러나 표면상의 차이에도 불구하고, 이 세 방식은, 노동시를 우리가 통과하여 지금은 우리 뒤에 있는 무엇으로서, 즉 '과거'의 무엇으로서, 그리하여 '회고'되는 무엇으로서 취급한다는 공통점을 갖고 있다.

그렇다면, 과거를 회고 대상으로 취급하지 않을 수 있는 사유가 가능한가?

그것은 과거를 현재 일어나고 있는 사건의 생성에 참여시킬 때 가능할 것이다. 『혁명의 시간』에서 펼쳐진 안또니오 네그리의 시간관은 이에 대한 사유를 보여준다. 네그리는 "과거를 재구축하고 그것이 현재 속에 살아있는 것을 느끼는 식으로 말고는, 선행한 존재 속에 들어갈 수 있는 가능성이란 없다."[1]라고 말한다. 그에게 있어서 결정적인 것은 "시간의 완료와 '장차 올 것'의 열림 사이에 존재하는 순간"[2]인 '카이로스'인데, 구성하는 창조의 순간인 이 카이로스에서 과거는 재구축되어 '영원'(장시간의 무한한 지속을 말하는 것이 아니다. 이는 " '이전'에 오는 시간"으로서 "축적된 삶의 힘이며 비가역적인 불멸의 시간성의 힘"[3]이다.)이 되고, 미래는 파열되면서 삶을 여는 '장차 올 것'이 된다.[4]

　　네그리의 시간관에서 과거는 회고의 대상이 아니고 '장차 올 것'을 여는 데 적극적으로 참여하는 시간으로, 영원성으로서 존재한다. 이를 지금 여기의 논

----

1. 안또니오 네그리, 『혁명의 시간』, 68쪽.
2. 같은 책, 42쪽.
3. 같은 책, 69쪽.
4. 참고로 말하면, 겉보기와는 달리 네그리의 시간관과 벤야민의 시간관과 공명하는 면이 많다고 생각한다. '과거의 재구축'이라는 생각은 벤야민의 '역사의 구성'이라는 생각과 분명 공명한다. 한편, 「역사의 개념에 대하여」에서 벤야민이 개념화 한, 서로 밀고 당기는 별들이 팽팽한 긴장 상태를 만들며 '성좌'를 이루고 있는 '현재 시간'은 "동질적이고 공허한 시간"인 근대적 시간, 특히 '회고'에 대해 대안적인 시간을 생각하게 해주는데, 그는 충만한 '현재시간'에서 어떤 단절의 폭파가 일어난다고 생각했다고 여겨진다. 바로 그 단절의 시간이 네그리가 말한 카이로스와 비슷한 성격을 갖는다고 볼 수는 없을까. 또한 네그리가 "영원한 것은 카이로스가 있는 장소에서의 일관 즉 동시적 일관"(69쪽)이라고 말할 때, 그 동시적 일관은 벤야민의 성좌 개념과 공명하는 바 있다. 네그리와 벤야민의 시간관을 가르는 선은 '이전' 시간과 '올' 시간에 대한 가치 부여의 무게인 것 같다. 벤야민의 '새로운 천사'를 염두에 두고 네그리는 자신이 생각하는 "이 천사 ─ 새로운 천사 ─ 는 폭풍에 날려가면서 뒤를 돌아보는 것이 아니라 앞을 보고 있"(96쪽)다고 말한다. 그런데 네그리의 이 '장차 올 것'에 스스로를 여는 행위는, 벤야민의 "과거는 구원을 기다리고 있는 어떤 은밀한 목록을 함께 간직하고 있다"는 '구원에의 기대'와 어떤 공명이 있다. "현재를 자유롭게 전유하려는 싸움 속에서 삶은 '장차 올 것'에 스스로를 열며 욕망은(무엇보다도 미래를 포함한) 빈, 동질적인 시간 ─ 이 안에서는 모든 것이 균질적이다 ─ 에 맞서서 프락시스의 창조적 힘을 인식하는 것이다. 만약 삶이 '장차 올 것'에 대한 이 능동적 경험에 기반을 두지 않는다면 삶이라 불릴 수 없다."(65~66쪽)라고 네그리가 말하는 것을 보면, 네그리는 벤야민의 시간관에 맞서려 하기보다는 발전시키려고 한 것이라고 생각할 수도 있을 것 같다.

의와 접목시켜보면, 1980년대 '노동시'에 대해 과거는 과거일 뿐이고 이젠 그 시절은 갔다는 태도와 여전히 그것은 모범으로서 현재에도 존재한다는 태도, 또한 '노동시'는 발전적으로 지양되어야 한다는 태도를 넘어설 수 있는 시각이 생길 수 있다. 네그리의 시간관에 따르면, 과거의 '노동시'가 구성하는 창조의 순간인 카이로스에 참여하기 위해 지금 재구축되어야 한다고 말할 수 있으며, 그렇게 될 때 '노동시'는 영원성을 갖게 된다고 말할 수 있기에 그렇다.

과거가 된 '노동시'가 창조의 순간을 위해, 카이로스와 같은 혁명의 시간을 위해 존재해야 한다면, '노동시'란 이름에 의해 지칭되는 것 역시 이를 위해 조정되어야 한다. 이에 따른다면, 우선, 시인이 노동자인지 노동자가 아닌지 그 신원에 따라 '노동시'라는 장르명이 붙여질 수 없다는 것을 언급해야 한다. 생각해봐도, 육체노동자가 아닌 시인이 노동 현실을 비판하는 시를 지속적으로 써냈다면, 그를 '노동자 시인'은 아닐지라도 '노동 시인'이라고 부를 수 있지 않겠는가? 한편, 육체노동자인 시인이 노동 현실에 대해 시를 쓰지 않는다거나, 아니면 자본주의 아래에서의 노동을 찬미하거나 그 노동 현실을 긍정하는 시를 쓴다면, '노동자 시인'인 그를 '노동시'를 쓰는 시인이라고 말할 수 있을까?

'노동시'란 장르 개념은, 노동 현실에 대해 비판하고, 그에 대한 대안을 모색한 시들이 분출했던 1980년대에 구체화되었다. 물론 그 이전에도 노동과 관련된 시는 계속 있어 왔다. 가령, 노동요나 카프 시, 김소월의 일부 시 역시 노동과 관련된 것 아닌가. 하지만 '노동시'란 개념은 주로 1980년대에 활발하게 토의되었다. 그도 그럴 것이, 프롤레타리아의 생활을 바탕으로 노동자를 착취하고 노동 운동을 억압하는 권력에 저항하는 모습을 그린 문학이 그 시대에 활발하게 창작되었던 것이다. '노동시'를 역사적으로 형성된 개념이라고 파악한다면, 형성 당시에 부여되었던, "프롤레타리아의 생활을 바탕으로 삶의 잠재력을 억압하는 강제적 노동 현실을 비판하며 반자본주의적 대안을 모색하는 시"라는 의미로 그 개념을 구체화해볼 수 있을 것이다. 이렇게 1980년대 '노동시'에 나타났던 특성을 통해 '노동시'를 개념화하는 이유는, 학술적 분류를 위한 장르 개념으로 '노동시' 개념이 확대되면 당시의 그 개념이 갖고 있던 전복적 성격이 희석될 수 있기 때문이다.

그런데 '노동시' 개념이 지금도 시단에 유효한가는 또 다른 생각거리다. 지금도 '노동시' 개념이 유효하려면, 그 개념은 폭력적으로 강요되는 노동의 삶으로부터 탈출하여 다른 삶을 살아가기 원하는 전복적 욕망이라는 의미를 담아내고 있어야 할 것이다. 물론 이러한 의미를 담는 개념이 꼭 '노동시'라는 이름을 고집해야 하느냐고 말하는 사람도 있을 법하다. 사실, '노동'은 휴머니즘과 결합된 근대적 개념이라 할 수 있다. "노동이 너희를 자유롭게 하리라"라는 아우슈비츠 정문에 걸린 문구는, 노동 개념이 근대성의 극단을 보여준 나치와 밀접하게 연결되어 있다는 것을 보여준다. 노동 개념이 나치의 전유물이란 말은 아니지만, 근대성과 그 극단인 나치, 그리고 노동의 상호 관련성은 밀접하다 하겠다. 하지만 노동 현실은 근대 자본주의의 착취 현장이다. 자본은 프롤레타리아를 '노동자'로 포섭하기 때문에 프롤레타리아는 강제 노동을 해야 하는 자신을 '노동자'로서 인식하게 된다. 그러나 그 노동자가 '노동자'로서의 자신을 긍정하면서부터 반자본주의적–탈근대적 저항이 시작되기도 한다. 그래서 자본에 저항하는 '노동자'로서의 자기 긍정을 표현한 '노동시'를, 근대성에 포섭된 개념으로서만 생각할 수는 없다.

하지만 착취가 전사회적으로 확산된, 현 '사회적 공장' 체제 — 신자유주의와 포스트포드주의 — 아래에서는, '노동'이 공장노동, 육체노동만을 의미하는 한 '노동시' 개념이 현재 적극적인 의미를 가질 수 없다고도 생각될 수 있다. 이에는 일면 동의가 된다. 하지만 여기서 생각하고 싶은 것은 임–노동관계의 한복판에서 자본주의에 가장 적극적인 저항을 문학적으로 표현했던 '노동시'의 핵심적인 무엇을 재구축하는 일이다. 또한 그리하여, 동질적이고 공허한 새로움의 반복인, 자본주의의 시간을 파열시키는 카이로스의 창출에 재구축된 노동시의 그 무엇을 참여시켜, 노동시를 지금 살아 있는 영원성으로 변이시킬 수 있느냐는 점이다. 그 창출에 참여할 수 있는 '노동시'의 미덕은 무엇일까? 여기

서는 노동시가 갖고 있던 아방가르드적 성격과 주체 형성의 측면을 생각해보
려고 한다.

3

알다시피 예술이 하나의 자율적 영역을 이루게 된 것은 근대 이후의 일이
다. 형성된 예술의 자율성은 사회와의 거리두기를 통해 사회를 비판할 수 있는
기능을 가질 수 있었다. 하지만 이 자율성으로 인해 삶과 예술이 분리되는 결
과를 낳기도 했다. 삶과 분리된 예술은 자체적으로 발전하면서 제도화되고, 그
리하여 삶을 활력 있게 만들어줄 예술이 도리어 아카데믹하게 되어 예술 창조
의 활력을 억제하는 현상이 나타났다. 한편 예술제도 내부에서 권력관계가 생
기기도 했다.

러시아 구축주의나 다다, 초현실주의5 같은 아방가르드는, 제도화되면서
권력화되고 삶과 분리되어 버린 예술을 파괴하려고 한 반예술 운동이다. 아방
가르드는 예술이 삶이어야 한다고, 즉 행동이어야 한다고 주장했다. 김수영이
시는 행동이라고 말했듯이 말이다. 이 주장은 낡은 '예술을 위한 예술'이 아니
다. 아방가르드는 이런 조류를 경멸했다. 예술을 위한 예술은 삶과 예술을 분
리한 후, 실제 삶을 괄호 친 후 삶이 예술 내부의 세계 속에서 살려는 조류다.
이 조류는 도덕과 관습, 자본의 이데올로기를 비판하는 측면을 분명히 갖고 있
었지만, 삶은 '예술'에 갇혀버려 활력을 잃어버리고 데카당스로 흘러버린다. 이
와는 달리 아방가르드는 삶을 변화시키는 데 예술을 '사용'하려 했다.

1980년대의 '노동시'는 아방가르드와 김수영을 따라(의식적으로 후계자가

---

5. 상황주의자 기 드보르는 『스펙타클의 사회』에서 다다나 초현실주의를 혁명적 프롤레타리아트
  운동의 표현이라고 말한 바 있다.

된 건 아니지만) 삶과 시의 분리를 받아들이지 않고 삶이자 행동인 시를 보여
주었다. 시 쓰기는 운동이었고 운동은 삶이었다. 이들 노동자들의 시는, 아카
데미즘에 의해 정당성이 뒷받침되는 제도화된 시와는 관련이 없었다. 노동시
는 고난 받는 삶의 재현에 머무르지 않았다. 만약 노동시가 재현에 그쳤다면,
재현 방식의 이론적 실천적 정교화를 꾀하는 문학 제도와 아카데미의 이데올
로기에 대항할 수 없었을 것이다. 반면 박영근과 같은 시인은 비애와 희망으로
들끓는 정동情動을, 재현을 넘어 직접적으로 표현하려고 했다. 그리하여 시를
삶의 변화에 대한 욕망과 직접적으로 관련시켰다. 노동자 시인들은 삶의 변화
를 위해 시를 썼다. 그리고 실제로 시를 통해 노동자의 삶이 변화되기도 했다.6

삶을 변화시킨다는 것, 그것은 바로 주체성의 자기 형성이라고 생각한다.
평소 우리는 자신이 자신의 삶을 결정하며 살고 있다고, 즉 자신이 주체라고
믿으며 살고 있지만, 알튀세의 생각에 따르면 그 주체는 호명된 신민에 불과하
다. 알다시피 알튀세는 「이데올로기 국가장치론」에서, 대타자의 호명에 내가
응답할 때, 나는 대타자가 호명하면서 나에 대해 상정한 무엇에 상상적 동일시
를 하게 된다고, 그리하여 나는 '주체-신민'화 된다고 논했다. 이 주체는 대타
자에 의해 던져진 이름의 속성을 상상하면서, 그 상상된 것에 자신의 활동성을
가두어버린다. 노동자로서의 '나'는 대한민국 국민, 가장, 마초로서의 남성, 산
업전사, 공돌이, 누구의 아들, 월급쟁이 등 여러 가지로 호명된다. 공장에서 사
장이 노동자인 나를 '산업전사'라고 호명했을 때 내가 이에 응답한다면, 나는
'대한민국'을 위해 일로 싸우는 사람이라는 자긍심을 갖고 스스로 열심히 일하
면서 살아가고자 할 것이다.

하지만 자율적으로 형성되는 주체성은 호명에 응답하여 만들어지는 것이

---

6. 작품을 인용하면서 논의를 전개하고 있지 않기 때문에 좀 추상적이고 관념적으로 생각될지 모르
   겠다. 하지만 여기서 구체적인 논의를 할 여유는 없을 듯하다. 좀 더 구체적이고 자세한 논의는 이
   책에서 이 글 바로 앞 글인 「1980년대 노동시의 재인식」을 참조. 이 글의 아이디어의 많은 부분은
   그 글을 쓰면서 계발된 것이다.

아니라 자신의 삶을 스스로 명명하고 구축해나가는 데에서 이루어진다. 이 주
체성 형성은 알튀세의 이데올로기론을 넘어서 생각해야 한다. 특히 자본에 저
항적인 노동자 시인은 시 쓰기를 통해 자율적인 주체성 형성 과정을, 다시 말
해 삶을 변화시키는 과정을 보여주곤 한다. 저항적인 시인이 겪는 체험은 바깥
세계가 가하는 압력에 대해 시인 내부가 수동적으로 반응하면서 이루어지지
않는다. 그 체험은 바깥의 권력과 이에 능동적으로 맞대응하는 개체 안의 힘이
충돌하는 사건을 통해 형성된다. 시를 쓰려는 노동자 시인은 바깥의 '산업전사'
라고 호명하는 자본과 권력에 순응하지 않고 자신을 스스로 이름 지으며, 더
나아가 권력에 의해 구획된 자신의 바깥 세계도 다시 이름 짓는다. 백무산은
1988년에 펴낸 시집『만국의 노동자여』에서 "꼭 맞는 말이제 산업전사/영광되
게 싸우다 죽어라 그 말이제/기업가를 위해 권력자를 위해/독점자본가를 위해
양코뱅이들을 위해 죽어라 말이제"(「戰死」)라면서 '산업전사'라는 호명의 이데
올로기성을 폭로한 바 있다.

　　치열하게 시를 쓰는 시인은 자신을 포함한 세상의 모든 것에 새로운 이름
을 부여할 수 있는 이다. 그래서 권력에 저항적일 수밖에 없다. 바깥의 강압에
대해 수동적으로 반응하며 사는 이는 '시인'이 될 수 없는 것이다. 만약 그 시인
이 알코올중독자라 하더라도, 그가 새로운 이름을 붙이며 시를 쓰고 있다면,
그는 바깥 세계의 호명하는 폭력에 능동적으로 싸우고 있는 것이다. "프롤레타
리아의 생활을 바탕으로 삶의 잠재력을 억압하는 강제적 노동 현실을 비판하
며 반자본주의적 대안을 모색하는 시"라고 앞에서 규정해본 노동시는, 이 능동
적인 싸움을 직접적으로 보여준다. 박영근이 두 번째 시집『대열』에서 "이 세
상은 누가 만들어가나//―누군 누구여,/우리 노동자들이지."(「겨울밤 학습」)
라고 투박하게 말했을 때, 그 말은 직접적인 자기 명명과 자기 긍정을 보여주
는 것이었다.

　　그런데 다양한 바깥과 능동적으로 충돌하며 생기는 체험은, 들뢰즈의 개
념과 생각을 좀 멋대로 원용한다면, 개체 내부에 독특한 주름을 만들면서 그

개체를 일반으로 통합될 수 없는 특이한 주체로, 잡종적 주체로 형성시킨다. 이 충돌은 바깥에 존재하는 세계에 대한 거절이 아니라 바깥의 권력에 대한 거절에서 비롯된다. 그러므로 갑각류처럼 안을 보호하는 방식으로 충돌이 일어나지 않고 바깥 세계를 안으로 끌어당기는 방식으로 충돌이 일어난다. 다시 말해 권력의 작용아래 안을 경직되게 만드는 바깥으로부터의 주입을 거절하고, 한편으로 자유롭게 바깥을 받아들이려는 데서 권력과의 충돌이 일어나는 것이다. 이렇게 본다면 능동적 충돌이란 바깥을 주체화하는 것이다. 바깥을 개체 안으로 자유롭게 끌어당기는 과정에서 바깥이 접히고, 그로 인해 개체 안에 주름이 새롭게 만들어지면서 주체가 형성된다. 이는, 외부의 호명에 수동적으로 응답함으로써 경직된 권력을 별 저항 없이 수용하여 개체 안에 딱딱한 층이 쌓여지며 형성되는, 신민으로서의 주체화와는 완전히 다른 과정의 내재적 주체 형성이다. 이러한 주체 형성 과정이야말로 저항 자체라고 할 수 있지 않을까?

'노동시'는 바깥의 '호명-신민화'에 맞서 주체성 형성 — 바로 자유 그 자체인 — 을 위한 고투를 보여주었다. '산업전사'라는 호명에 맞서 자본에 맞서는 '노동자'라는 자기 명명을 보여주었다. 바깥의 권력과의 충돌을 통해 자율적으로 형성하는 주체를 보여준 것이다. 노동자들의 시 쓰기는 '문학'이라는 자율적 영토에 갇힌 채 이루어진 것이 아니었다. 그들은 제도화된 문학의 벽을 부수고 시를 '사용'하여 바깥 세계를 끌어당기려 했다. 그리하여 자율적으로 자신의 주체성을 형성하려 했다. 이 과정은 특이하게 안으로 주름 잡힌 다양한 잡종적 주체들이 여기저기서 들끓게 할 가능성을 갖고 있었다.

그러나 과장은 말자. 1980년대 후반에 들어서면서, 시를 통해 형성되기 시작한 주체는 역사 발전이라는 형이상학에 의해 그 존재가 굳어지게 되었던 것이다. '노동자'라는 자기 명명을 통해 권력의 호명을 파괴하는 과정을 거치면서 형성되기 시작한 주체들은 다양하게 주름 잡힐 가능성이 있었다. 그때 '노동자'라는 이름은 그 과정에서 일종의 징검다리일 것이었다. 하지만 그만 그러한 가능성은 개화되지 않았고, '노동자'라는 이름은 단일한 의미를 갖는 딱딱한 기표가 되었다. 주체들은 그 기표가 된 이름에 의해 다시 호명되기 시작했다. 호명의 주체는 역사의 진보였다. 그리하여 개체 안에 접혀진 주름은 딱딱한 껍질이 되었다. 많은 사람들이 노동시의 경직성을 이야기하는 이유는 여기에 있다.

하지만 그렇다고 인정하더라도, 노동시를 그러한 경직성으로만 이야기한다는 것은 부당하다. 앞에서 노동시가 가진 아방가르드적 측면과 주체성 형성의 가능성을 본 이유는 그런 식의 '이야기'가 갖고 있는 부당성을 말하고 싶어서이다. 세상이 예전과 같이 격동하고 있음에도 불구하고 시가 더욱 삶과 유리되어 가는 조짐을 보이고 있는 이때, 노동시가 마련하는 주체성 형성의 가능성은 현재의 닫힌 국면을 돌파하고 새로운 생성을 여는 데 중요한 참조점이 될 수 있다. 이때 노동시는 새로운 카이로스의 순간에 참여하는 영원성을 가질 수 있을 것이다.

4. 이러한 논의의 맥락에서 보면, 시는 외부와의 충돌로 생긴 주름진 안을, 언어를 통해 바깥에로 다시 밀어 넣는 활동의 산물이라고 할 수 있겠다. 안의 주름을 바깥으로 밀어 넣는 과정에서 특이한 주름을 가진 시 텍스트가 생성되고, 그리하여 환원할 수 없는 하나의 현실 공간이 마련된다. 다시 말하면, 바깥의 권력에 저항하는 과정에서 생긴 안의 주름 — 형성과정의 주체 — 이 바깥으로 펼쳐지고, 펼쳐진 주름이 바깥과 부딪치며 다시 접히는 과정을 통해 시는 구성된다. 그렇게 구성된 시는 특이한 현실을 새로이 창출한다. 이렇듯 한편의 시는, 접힌 비깥인 안이 다시 바깥으로 표현되면서 생긴 특이한 주름이기 때문에, 사회-역사적인 바깥과 형성된 주체, 그리고 시작詩作의 기술적 고려에 의해 조정되는 언어 구성 등 세 측면을 모두 보여주는 하나의 단자라고 말할 수 있다. 이 단자는 세 측면이 숱한 우연적인 부딪침을 거치면서 주름지어진 일종의 비빔밥이다. 노동시 역시 마찬가지다. 그런데 노동시는 사회-역사적 바깥과의 응전 정도가 높기 때문에 바깥의 권력과 안의 저항이 좀 더 드라마틱하게

엮여 있다고 할 수 있다.

그리고 그 비빔밥을 먹는 것은 바로 우리 독자들이다. 그 시를 먹으면서, 외부의 그 시를 접으면서, 우리 역시 내재적인 주체 형성을 경험하게 된다. 외부의 권력에 대한 저항이 새겨져 있는 노동시는 신민이 되어버린 우리 독자 주체에 작용하면서 독자의 정서를 정동情動화 한다. 그리고 딱딱하게 굳어버린 독자의 내부를 흔들어 유연하게 한다. 좋은 노동시를 포함한 모든 좋은 시가 가지고 있는 힘은, 시인 자신뿐만 아니라 독자에게까지도 자유로운 주체 형성이 이루어질 수 있는 흐름을 만드는 데 있다. 이런 논의가 과장된 이상에 불과한 것일까? 그럴지도 모르지만, 박영근 시인은 이러한 논의에 동의할 것이다. 그 자신이 '시의 이상'을 열렬하게 품고 있었다. 아마도 시인이 죽을 때까지 품고 있었을 '시의 이상'을, 첫 시집의 마지막에 실린 시에서 다음과 같이 쓰고 있는 것이다.

밤 마다 식은 땀을 흘리며
지나간 시절이 원죄 처럼 목을 짓누르는
긴 악몽에 시달리는 모습을
맺히도록 分明하게 받아들이고
받아들이고 부딪치고
부딪쳐서 굳어진 것들을 흔들고
흔들어 마침내
다른 모든 생명들과 함께
흐르는 힘을
詩라고 부르고 싶다.

―「序詩」 일부

이 「序詩」가 첫 시집의 맨 뒤에 실린 것은 예사롭지 않다. 이 시는 박영근

평생의 시 쓰기의 서시, 시를 통해 세상으로 나아가면서 던진 출사표 아닐까. "다른 모든 생명들과 함께/흐르는 힘"이라는 '시의 이상'이 앞으로 쓸 자신의 시에 주춧돌이 되어야 한다는 자기 다짐의 출사표. 여하튼, 이 서시는 놀랍게도 앞에서 이야기한 시의 특성을 압축적으로 보여준다. 앞에서의 논의와 이 시의 전언을 결합하면 이렇게 말할 수 있을 것이다. 시는, 억압을 가하는 외부를 회피하지 않고 받아들이면서도 이에 능동적으로 부딪쳐 저항하고, 그리하여 주체 내부 및 외부의 "굳어진 것들을" 흔들면서 접어 나가는 작업을 통해 써진다. 그리고 세상에 나온 이 시는, "마침내/다른 모든 생명들과 함께/흐르는 힘"이 된다. '다른 모든 생명들' 중 일부인 독자가 자신 바깥에 존재하는 시를 접으면서 받아들이면, 그는 자신의 굳어 있는 내부가 흔들리며 주름 잡히는 경험을 하게 될 것이다. 이런 과정을 통해, 독자는 시의 흐름에, 시가 일으킨 파문에 합류하여 그 자신도 흐름이 된다 …… . 그래서, 박영근 시인 자신은 이젠 다시 시를 쓰지 못하게 되었지만, 그가 남긴 시들은 영원히 살아 있을 수 있다.

(『문화과학』 2006년 가을호)

2장

노동시는 여전히 작동하고 있다

1

2006년 2월 구로노동자문학회의 문패가 내려간 후, 노동자 문학 혹은 노동 문학의 미래는 어떠할 것인가에 대하여 논의되어 왔다. 특히 2006년 7월, '노동 문학의 회고와 전망'이라는 타이틀 아래 스무 명의 노동문학 작가들이 글을 발 표한 노동문학 작가대회가 주목된다. 노동문학을 일궈온 작가 자신들이 노동 문학의 전망을 모색하는 자리였기에, 그 대회는 특별한 중요성이 있다. 노동문 학에 미래가 있다면, 일단 이들이 그 문학을 일궈나가야 하는 주체들이기 때문 이다. 그 대회에서 발표된 소설가 안재성, 이인휘와 정우영, 송경동, 김명환, 하 태성, 긴해화 등의 글들은, 인터넷 신문인 『참세상』에 실려 있어 지금도 쉽게 읽을 수 있다. 흥미로운 점은, 소설가의 글들이 산문가의 글답게 신랄하면서도 차분한 반면, 시인들의 글에는 그들의 짙은 감성이 드러나면서도 문학, 특히 시의 사회 운동적 측면이 강조되고 있다는 점이다. 그리고 비교적 젊은 시인들이 노동 문학의 새로운 조직화 — 노동조합과 같은 — 의 필요성을 주장하고 있어서 주목된다.

여하튼 그 글들의 대부분이, 노동문학의 위축을 사실로 인정하고 자기비판적인 점검을 하면서도, 노동문학은 사라지지 않았다고 주장한다. 노동자들에 대한 착취와 탄압이 더욱 거세지는 신자유주의 정세 속에서, 발표자들은 노동문학을 다시 일으켜야 한다는 의지를 보여주고 있다. 이 의지 아래에는 노동문학에 대한 이들의 뜨거운 애정이 깔려 있다. 노동문학 생산자들의 그러한 애정과 의지가 사라지지 않는다면, 노동문학은 사라지지 않을 것임은 분명하다. 그리고 현재 노동운동이 다소 위축된 신자유주의 정세 아래에서 그러한 자기 긍정은 소중하다고 하겠다. 노동문학은 한국 자본주의에 의해 가장 착취 받고 여러모로 억압받던 이들 — 특히 육체노동자들 — 의 꿈과 애환을 담는 문학이었다. 자본주의 사회와 국가의 유형무형의 폭력에 가장 고통 받아야 했으며 삶을 박탈당해야 했던, 그래서 자본주의 자체의 변혁을 꿈꾸어야 했던 노동자들의 문학이었던 것이다. 이명박 정권 아래가 된 현재, 국가의 폭력과 자본의 착취가 더욱 가혹해지리라고 예상되는 정세에서 노동자들의 고통과 저항이 극렬해지리라 생각되기 때문에, 노동자들의 꿈과 애환을 담은 노동문학은 긍정되어야 하며 객관적으로도 요청된다고 말할 수 있겠다.

하지만, 한편으로는 그 수많은 노동자들을 끌어당겼던 노동문학의 매력이 다시 부흥하리라고 낙관적으로 전망하기는 힘들다. 우선 문학에 관심을 갖고 문학운동에 참여했던 많은 노동자들이 현재 적극적인 문학 활동을 벌이고 있지 않고 있다. 그 이유로 삶이 더욱 팍팍해져서 노동자의 주체적인 삶의 회복이라는 의지까지도 노동자 스스로 사치스럽게 생각하게 된 것을 들 수 있을지 모른다. 또는 비정규직 확산이라는 고통스러운 상황 도래가 도리어 노동자들 사이에 보수적인 정치적 분위기를 만들게 한 것이 다른 원인일 수도 있겠다. 하지만 무엇보다 문제인 것은 젊은 노동자들이 지역 노동자 문학회에 참여하지 않는다는 사실이다. 현재 활동하고 있는 노동문학가들 중 노동운동이 가장 고양되었던 1980년대–1990년대 초반의 열기에 세례 받지 않은 이들은 거의 없는 것으로 보인다. 이 말은 그 경험을 공유하지 못한 젊은 노동자들은 노동문학에 대한 관심을 갖고 있지 않거나 갖기 힘들다는 말이 되기도 한다. 젊은 노동자들을 노동문학에 참여시키지 못한다면, 정세가 요청한다고 하더라도 노동문학의 미래는 밝다고 하기는 힘들다. 그래서 노동자 작가들도 노동문학이 재부상하기 위해서는 어떤 전화에 대한 모색이 필요하다는 데 의견을 같이 하고 있다.

노동문학이 융성하던 시기, 노동운동은 임금 인상 요구를 넘어 사회의 전반적인 변혁과 새로운 삶을 가져올 세계의 탄생이라는 전망 속에서 격렬하게 이루어졌다. 노동자는 더 이상 자본의 노예가 되기를 거부하면서 스스로 주체성을 형성하고자 했으며, 경쟁이 아닌 연대에 기초한 세계를, 자신들이 노동을 통해 물품을 생산하듯이 만들어나가고자 했다. 자본과 국가의 '산업전사'라는 호명에 맞서 자신들을 스스로 '노동자'로 명명하며 주체성을 형성하고 다른 노동자들과 연대하기 위한 기계가 바로 문학이었다. 문학은 삶 자체였으며, 더 나아가 더 나은 삶을 살기 위한 출구이자 다리였다. 그래서 노동자 문학회를 찾은 많은 노동자들이 읽기를 넘어 쓰기까지 원했던 것이었다. 그들은 문학을 소비하거나 향유하기만을 원하지 않았다. 그들은 남이 진실을 보여주는 것에 만족하지 않았다. 당시의 노동문학이 가진 현재적actual 중요성은, 투쟁하는 노동자의 삶을 어떻게 실감 있게 재현했는가와 같은 리얼리즘의 성취에 있는 것이 아니라, 수동적으로 문학을 수용하는 것을 넘어 노동자들이 직접 무엇인가를 쓰고자 욕망했다는 데에 있다.

하지만 현 시기 젊은 노동자들은 글쓰기를 통한 자기가치화 — 자신의 삶이 노동력의 가치로 환원되는 데에 주체적으로 저항하는 — 에 별 다른 욕망을 가지고 있지 않다고 생각된다. 이러한 현상을, 흔히 현재 정치에 무관심한 대학생들을 이기적이라고 비난하듯이 젊은 노동자들의 품성에서 그 원인을 찾으면 안될 것이다. 한편으로 노동자 문학의 퇴조를 반동적 정세에 기인한 일시적인 현상으로 보는 관점(송경동)도 생산적이라고 생각하지는 않는다. 노동 문학의 위기는 일시적이라기보다는 사회적 문화적인 상황의 좀 더 깊고 전반적인 변화에 따른 것으로 보인다. 신자유주의에 따른 노동시장 유연화, 즉 비정규직 노동자들의 양산과 비물질적 노동의 확산 등에 따른 노동 과정의 변화 등은 노동자들의 삶 자체를 이전과는 다른 양상으로 전개시키고 있다. 전에는 노동자들을 가르는 선이 정신노동과 육체노동에 놓여 있었다면, 현재는 정규직과 비정규직에 놓여 있게 된다. 노동자들끼리의 경쟁은 치열해졌고, 비물질적 노동의 확산은 노동의 연장을 확장시키기 때문에 착취는 공장을 넘어 사회 전반에서 이루어진다. 그리하여 노동은 직장에서뿐만 아니라 경쟁에서 이기기 위해 영어 공부를 하고 인터넷을 통해 정보를 수집하는 방 안에서도 행해진다.

자본주의가 노동을 둘러싼 적대 관계 속에서 작동하는 것이라면, 노동자들의 삶 자체가 자본과 적대적이 된다. 하지만 삶에 대한 전반적인 착취 과정에 놓인 노동자들은, 노동문학이 추구했던 삶의 자기가치화는 고사하고, 자신의 삶을 교환가치화 하는 것에 급급하게 되는 것이 작금의 현실이다. 그래서 여가 시간마저도, 주체적인 삶을 생성하는 기계인 문학에 몰두하기보다는, 자신의 교환가치를 업그레이드하기를 욕망하고 이를 위한 학습에 시간을 투자한다. 삶을 생성하고자 했던 노동문학이 현재 쇠퇴하게 된 데에는, 신자유주의와 비물질노동의 확산 속에서 노동자의 삶이 자본에 의해 실질적으로 포섭되었다는 상황에 기인한 바 크다. 공장에서의 삶만 자본에 의해 포섭되었을 때에는, 공장 밖에서는 문학 활동을 통해 자본에 대항하는 주체적인 삶을 형성하고, 한편으로 공장 안에서는 글쓰기의 힘을 직접적인 투쟁력으로 전화시킬 수 있었다. 하지만 삶 자체가 자본에 포섭되어가는 현재에는, 게다가 문학마저도 자본에 포섭되어가는 현재에는, 주체형성을 위한 별다른 시공간은 마련되기 힘들어 보인다.

그렇다고 비관적인 전망을 내놓으려는 것은 아니다. 왜냐하면 인간의 잠재적 능력은 권력의 명령에 저항하기 마련이기 때문이다. 비정규직 노동자들의 투쟁은 조직화가 잘된 정규직 노동자들의 투쟁보다 더 격렬하고 끈질기다. 이들의 투쟁력이 가진 깊이는 어떤 이념에서 나오지 않는다. 이들은 삶 자체가 훼손되었다고 생각하기 때문에 삶 전체를 건 투쟁을 한다. 젊은 KTX 여승무원들, 이랜드나 홈에버의 비정규직 여성들과 같은 비물질적 노동에 종사하는 이들, 기륭전자 비정규직 여성노동자들은 어떠한 정규직 남성노동자보다도 강력한 투쟁을 보여주고 있다. 해고된 이들이 다른 직장을 가지지 못해서 몇 년 동안 투쟁을 하고 있는 것은 아니다. 자신들을 기계보다도 낮게 취급하는 자본에 승복할 수 없어서다. 이 투쟁은 임금 인상이 아니라 삶 자체의 훼손을 둘러싼 투쟁이기 때문에 끈질기고 비타협적이다. 100회를 훌쩍 넘긴 촛불 집회 역시 그렇다. 세계가 놀랄 만한 이 집회의 집요함과 끈질김은, 광우병에 대한 두려움이나 선거에 대한 불복 등에서 비롯된 것은 아니다. 비정규직 노동자들을 해고하는 사주처럼 정부가 국민들의 삶을 경시했으며, 그래서 삶 자체가 훼손 당했다고 생각하기 때문에 사람들은 촛불을 놓지 않는 것이다. 산업노동자가 아니라 옷을 디자인하거나 음식을 만드는 비물질적 노동자들, 또는 주부들이 가장 끈질기고 저항적인 촛불이 되었다.

이제 적대는 삶의 영역에 놓이게 되어 더 깊고 넓어졌으며 격렬해졌다. 삶을 포섭하려는 자본의 권력은 미시적인 차원에까지 미친다. 그래서 거시적인 차원에서뿐만 아니라 미시적인 차원에서의 저항도 매우 중요한 의미를 갖게 된다. '촛불' 국면에서 이러한 미시적 저항의 중요성이 잘 드러났다. 왜곡을 일삼는 보수신문에 항의하기 위해 그 광고주들을 압박하는 전화 한 통 거는 일이 얼마나 중요하며 큰 힘을 내는가를 볼 수 있었다. 또한 미시적인 저항들이 무리를 지어 흐를 때 사회를 구성하는 권력층 전체를 거시적으로 뒤흔들 수 있다는 것을, 여전히 계속되고 있는 촛불은 보여주고 있다. 삶의 미시적인 차원에까지 권력과 저항이 마주치고 있다면, 정치는 삶 자체를 가로지르게 된다. 네그리가 개념화 한 '삶정치'는 이와 관련이 있을 것이다. 자본이 부과하는 삶과는 다른 삶을 형성하고자 하는 노동문학이 자신의 길을 계속 가기 위해서는,

삶정치적 차원에까지 확장된 문학을 생산하여야 할 것이다.

　아마도 조정환이 제기한 '삶 문학'이란, 삶 자체를 노동으로 전화시켜 실질적으로 포섭해감으로써 죽은 노동 ─ 자본 ─ 으로 만들어가는 '삶권력'에 맞서 '삶정치'적 차원에서의 삶의 자기가치화를 실현하려는 문학을 가리키는 개념 같다. '삶 문학'은 너무 포괄적인 개념이고 생활 문학과 같은 느낌을 주기 때문에 노동문학 개념을 계속 유지해야 한다는 의견(정우영)도 있다. 필자도 그 개념이 너무 포괄적이어서 모든 문학을 다 포함한다는 느낌이 들긴 한다. 그래서 '삶정치 문학' 정도로 한정적인 용어를 사용하는 것이 조정환의 문제의식을 더 살리지 않겠는가 생각하는데, 여하튼 그의 문제의식에는 동의하는 편이다. 이 동의가 노동문학 개념을 폐기해야 한다는 것을 뜻하진 않는다. 어떤 선택의 문제는 아니라고 생각한다. 노동문학은 1920~30년대의 프로문학과 같이 역사적으로 생성된 문학이다. 노동문학이 추구했던 핵심적인 가치를 유지하면서, '삶정치 문학' 쪽으로 노동문학이 확장되어 가야 한다고 할 때, 이를 노동 문학의 포기와 같은 것으로 생각할 수는 없을 것이다. 삶정치 영역으로 노동 문학이 확장될 때, 그리하여 촛불 집회에서 보여준 다중들의 정치적 활력과 만날 수 있게 될 때, 노동 문학은 다시 젊은 노동자들을 끌어들일 수 있을지 모른다.

　물론 이를 위해서는 계몽주의는 포기되어야 하고, 노동문학은 다중과의 상호 생성 관계에 들어서야 할 것이다. 그때 그 생성 관계 자체가 노동문학의 삶정치에로의 확장을 이끌 터이다. 그렇다면 노동 문학의 어떤 특성이 삶정치적 영역과 만날 수 있을까. 사실 노동문학은 사회주의 리얼리즘과 동일시되곤 했는데, 주제와 형상화에 있어서 위계적 배치를 행하는 이 계몽주의적인 창작 방법에 노동문학의 현재성이 있지 않음은 분명하다. 노동문학의 현재성은, 그 문학이 자본에 대한 저항, 삶의 자기가치화─주체성의 자기 형성, 억압받는 자들과의 연대를 추구했다는 데에 있다. 이러한 추구가 현 사회에 대한 저항 주체로 등장하고 있는 다중의 잠재성과 결합할 수 있게 창조적으로 확장 변이된다면, 확장된 노동문학은 삶정치적 측면에서 능동적인 기계로서 작동될 수 있을 테다. 그런데 노동문학의 확장은 미래에서야 획득되어야 할 과제만이 아니라, 현재 진행 중이기도 하다. 그 진행 자체에 과거와 미래가 응축된 현재성이 있다. 즉, 그러한 확장의 과정을 통해서만 노동문학의 현재성은 유지될 수 있는 것이다. 아래에서는 비교적 최근에 발표된 노동시들을 살펴보면서, 노동문학의 현재성에 대하여 구체적으로 생각해보기로 한다.

2

　자본주의 아래에서 노동은, 노동자 자신의 능력과 시간을 자본의 명령 아래에서 소모시키는 행위다. 노동자 대부분은 자신이 원하는 일을 하지 않기 때문에, 게다가 육체의 한계에 도달할 때까지 자본은 일을 시키려고 하기 때문에, 당연히 노동으로부터 도피하고 싶어 한다. 이에 자본과 국가는 노동을 신성시함으로써 노동자들이 노동을 하도록 강제한다. "노동하지 않는 자는 먹지도 말라!"라는 노동 운동 가요의 제목이기도 한 이 구호는, 사실 자본과 국가의 구호였던 것이다. 얼마 전에 번역된 독일의 크리시스 그룹의 『노동을 거부하라!』(이후, 2007)는 노동이라는 범주가 철저히 자본의 짝이 되는 것이고, 또한 철학적으로도 자본의 목적을 위해 개념화된 것이어서, 해방운동은 이 '노동'이란 범주와 철저히 결별하지 않으면 이루어질 수 없다는 주장을 담고 있다. 이 주장은 주류 좌파의 노동관에 대한 비판이기도 하다. 크리시스 그룹의 주장에 의하면, 노동으로부터의 해방이 아니면 노동자의 해방은 있을 수 없다. 노동을 신성시한 기존 사회주의가 노동자들에게 많은 노동을 할 것을 강요함으로써 결국 그들의 삶을 착취한 것이 그 예가 될 것이다. 이들에 따르면 '노동' 범주와 결별하지 못한 노동문학이라는 개념 역시 폐기되어야 할 것이다.
　크리시스 그룹의 노동 비판에 대하여 대부분 동의하는 바이지만, 한편으로 그 그룹은 노동을 일면적으로만 본 감이 있다. 노동자는 그렇게 수동적이지만은 않다. 강제 노동을 해야 하는 상황 속에서도 노동자는 삶의 활력을 찾으려고 한다. 또한 크리시스 그룹에게서 해방의 가능성은 노동 외부에서 찾아야 하는데, 삶 자체가 자본에 실질적으로 포섭당하여 노동으로 변했다면, 즉 노동 외부가 존재하지 않는다면, 그 가능성을 찾기 힘들게 될지 모른다. 즉 삶 자체가 노동으로 변한 세계에서는, 노동 과정 자체에서 해방의 가능성을 찾지 않으면 안 된다. 물론 자본주의 분업 아래에서 노동 과정은 대부분 불구의 활동이 된다. 많은 노동자가 지겹고 소모적인 단순 노동에 종사해야 되는 것이다. 디자인처럼 정동적인 노동, 비물질노동이 성장해가고 있긴 해도, 이 노동 역시 상품화의 압력 아래에서 노동자 자신의 능력을 즐겁게 발휘하긴 힘들다. 하지만 물질적이든 비물질적이든, 이 노동 과정 자체 속에서 삶의 소모에 저항하고 삶의 능력을 생성시키려는 욕망이 발동되기 마련이다. 어떠한 절망적인 상황 속에서도 삶의 능력은 발동되는 것이다.

삶을 소모시키는 노동 과정에 내재적으로 저항하는 삶의 능력이 바로 해방의 잠재력이 될 수 있을 것이다. 기계를 통한 반복노동을 행하는 산업 노동자들도, 삶이 소모되는 작업장 안에서 어떤 생성적인 관계를 만들고자 한다. 그들은 저 비인간적인 기계와 새로운 관계를 맺음으로써, 소모의 시간을 생성적인 시간으로 전화시키려고 하기도 한다. 이 생성적인 시간이야말로 자본의 죽은 시간에 저항하여 이루어낸 작은 해방이라고 말할 수 있을 것이다. 이를 잘 보여주는 것이 조기조의 시다. 그는 산 노동을 죽은 노동으로 만드는 노동 과정 속에 어떤 시적인 시간을 삽입시킴으로써, 노동의 시간에 생명을 부여한다.

고장 난 기계를 분해하다
뒹구는 쇠구슬을 본다
아주 작은, 사랑의 최초 형식인

알卵 같은 눈동자를 본다

돌아갈 때나 멈추었을 때나
혹은 해체되어 이렇게 나뒹굴 때도
눈감지 못하는 눈동자를 가진
기름에 흠뻑 젖은 기름공주

지금 누군가 불안하다면
그대 망가져서 반짝이는 눈빛은 무엇인가
실패한 사랑도 삶이 아니냐
사랑이 쉽진 않더라

기름공주, 네 눈동자는
어느 지극한 마음의
마지막 그리움을 보여주는

―「기름공주」 전문, 『기름미인』

자본에 의해 호명된 노동자는 기계의 주체가 아니다. 그는 자본의 명령에 의해 기계를 가동하고, 더 나아가 기계의 부속품이 되어 노동한다. 하지만 노동자의 주체성은 바로 여기서 형성될 수 있다. 기계와 맞물려 부속품으로서 기능하던 노동자의 삶을, 이 노동자 시인은 기계를 새로이 명명하고 노동자와 기계가 버추얼virtual한 사랑의 관계를 맺게 함으로써 주체적인 것으로 전화시킨다. 새로이 명명된 이 기계는 시인에게 무감각하고 소외된 물체가 아니다. 시인은 노동자의 삶 속에 깊숙이 자리 잡은 기계를 이물질적인 것이 아니라 같이 살아가야할 무엇으로 인식하고, 더 나아가 사랑하려고 한다. 이러한 사랑은 시적인 상상력을 통하여 가능한 것이다. 즉 고장 난 기계의 작은 쇠구슬에서 눈동자를 보는 상상력이 기계와의 관계에 어떤 변용을 가져오는 것이다. 노동 과정 속에서 자본이 요구하지 않는 능력, 즉 시적 상상력을 발휘함으로써, 노동자의 삶은 자본에 다 포섭당하지 않게 된다. 여기서 시는 노동자의 주체성을 회복시키는 기계로서 작동한다.

또한 시인에 의해 생명을 부여받은 기계는, 노동자의 삶을 가리키는 알레고리로서 작동한다. 그 알레고리는, 노동자와 맞물려 작동하고 있는 기계는 노동자와 함께 노동하는 동료와 같다는 것을 가리킨다. 그래서 노동자의 알레고리인 기계를, 하나의 의인화된 것으로서만 생각할 수는 없다. 해체되어도 "눈감지 못하는" 저 구슬은, 기계의 눈동자임과 동시에 노동자의 눈동자, 사랑에 실패하여 "망가져서 반짝이는" 노동자의 눈빛 자체다. 기계의 고장이 사랑의 실패를 의미한다고 할 때, 그 '고장—실패'란 지난 시절 노동자들이 열렬히 원했던 해방에의 열망과 관련된 것임을 짐작할 수 있다. 하지만 눈동자는 여전히 빛난다. 그것은 고장에도 불구하고 해방을 염원하는 삶이 끝나지 않았음을 드러낸다. 이렇듯 조기조는, 삶을 소모시키는 노동 과정에서 기계와 시적인 관계맺음을 통하여 훼손된 노동자의 주체성을 되찾고 더 나아가 고양시킨다. 조기조와 마찬가지로 최종천도 저 기계, 또는 노동 도구들을 단순한 물체로 생각하지 않는다. 그에게 있어서 그 도구들은 스스로 어떤 진실을 보여주고 있다.

몽키를 보라, 그는 몸 자체로 관계한다
인간인 내가 잘못하는 것뿐, 절대로
몽키는 오작동하지 않는다, 털 없는 원숭이인 인간은
몽키를 더러는 망치로도 사용한다
정신이 나의 외부로 나와 나를 살펴보고 있다

아 그렇군, 젠장! 몽키로 이마를 가볍게 두들긴다

조였던 볼트를 다시 풀어야 하는 것이다

작업을 잘못하게 되면 과장보다 몽키가 먼저 알아보고

이마를 노크한다

—「방법서설」 부분, 『나의 밥그릇이 빛난다』

"나는 생각한다, 고로 존재한다"라는, 데카르트의 『방법서설』에 나오는 이 유명한 말은, 근대적 사유의 기초를 드러낸다. 데카르트의 존재는 생각하느냐 않느냐에 그 실재성이 달려 있다. 그리고 이 말을 그의 심신 이원론과 관련해서 유추해보면, 생각할 수 있는 자만이 존재를 부여받는다. 생산 계획을 '생각' 하는 자본가, 정신노동자만이 인간으로서의 존재성을 가지며, 명령에 따라 노동해야 하는 육체노동자는 기계와 같은 물체에 불과하다는 극단적인 결론도 그 말에서 도출될 수 있는 것이다. 자본주의의 역사가 실제로 그러하지 않았는가. 하지만 최종천은 데카르트의 명제를 뒤집어, 몽키도 인간처럼 머리를 쓴다고 한다. 그런데 몽키는 인간처럼 몸과 마음이 따로 움직이지 않고 몸 자체로 머리를 쓰고 다른 물체와 관계한다고 한다. 그래서 인간은 "몽키를 더러는 망치로도 사용"하는 잘못을 저지르지만, 반면 몽키는 자기 몸이 생긴 대로 생각하고 행동하기 때문에 "오작동하지 않"는다. 더 나아가 "작업을 잘못하면 과장보다 몽키가 알아"본다. 물건이 인간의 의식보다 먼저 자신의 몸으로 특정 행위를 파악한다. 인간과 도구의 관계는 역전된다.

결국 최종천은, 세간의 인식과는 달리 산업노동자의 유물론적 지성이 부르주아 지식인의 지성보다 더 진실에 접근할 수 있다고 주장하는 셈이다. 노동자가 진실에 접근할 수 있는 것은 사물에 더 겸손해질 수 있기 때문이다. 노동자는 노동 체험 속에서 도구가 인간의 의식보다 앞서 존재하며, 또한 도구는 도구에 그치는 것이 아니라 자신의 존재 자체로서 인간의 잘못을 교정시킨다는 것을 알게 된다. 노동자는 도구를 가지고 노동하기 때문이다. 노동자는 도구를 잘못 사용하면 잘못된 결과가 나오는 것을 통해 자신의 오류를 교정해간다. 그리고 이러한 과정 속에서 노동자는 주관적 인식보다 사물이 우선한다는 진실을 알게 된다. 즉 노동자는 유물론적인 사고를 가질 수밖에 없는 것이다. 그래서 노동자는 '나는 생각하기에 존재한다'는 근대적 관념론을 뒤집어 탈근대적으로 사유할 수 있다. 그리고 탈근대적인 유물론적 사유는, 사유가 현실과 사물을 규정하는 것이 아니라 현실과 사물이 제 존재를 드러내는 것을 겸손하게 포착하려는 것이기 때문에, 사소한 사건이나 사물을 새롭고 '낯설게' 드러낼 수 있게 한다. 그런데 현실과 사물을 새롭고 낯설게 드러내는 것, 그것 또한 문학이 행하는 작업 아니던가? 그리하여, 노동자의 유물론적 사고는 시적인 것과 통한다. 노동과정 속에서 이렇듯 노동자는 시적인식을 발전시킴으로써 자신의 주체적 인식능력을 발전시킨다.

조기조가 노동자와 기계와의 관계를 시적으로 버추얼하게 변용시킴으로써 노동과정을 주체성 형성의 계기로 삼으려고 한데 비해, 최종천은 노동자와 도구가 관계 맺는 노동과정에서 유물론적 사유와 시적 인식이 이끌려나올 수 있는 가능성을 도출하고자 했다. 그런데 노동 과정은 노동자가 기계나 도구와 접속하는 것만을 통해서 이루어지지는 않는다. 노동 과정은 다른 노동자들과의 접속을 통해서 이루어지기도 한다. 한국의 노동시는 이러한 접속을 연대에로 끌어올리는 데에 작동하고자 하기도 한다.

버스 기다리는 척 벼룩시장이나 교차로를 슬쩍 뽑던 손
무담보 신용대출 854-2514 전봇대에 붙은 번호표를 몰래 뜯던 손
전철이나 버스 손잡이를 잡지 않던 손
악수하기를 꺼리던 손
손톱 밑에 검은 때가 끼어 있던 손
옹이가 박혀 있던 손

어이, 하며 저쪽 철골 위에서 환하게 흔들던 손

야, 임마, 하며 반가워 손아귀를 꽉 쥐던 손
H빔 위에서 떨어질 뻔한 내 등을 꼭 붙잡아주던 그 손

—「손」 전문, 『꿀잠』

　　송경동은 '손'에 대한 묘사를 통해 노동자들의 삶을 구체적으로 형상화하고 더 나아가 그 삶들을 맺어주면서, 노동자들의 삶에서 우러나오는 서정성을 확보한다. 송경동의 좋은 시들은 서정적이다. 서정은 감상이 아니다. 서정은 마음을 움직이는 힘이다. 한국 시단이 서정의 과잉을 보여주고 있어서 좀 질리기도 하지만, 그렇다고 서정을 포기하는 것은 옳지 않다. 주류 시단의 서정을 비판한다고 해도, 시단의 주류 서정과는 다른 서정을 창출하는 데로 나아가야지 서정이 가진 힘을 포기할 필요는 없다. 송경동은 주로 노동자들이나 실업자들의 곤궁함에 대한 비애와, 그들이 그 곤궁함을 넘어 연대하는 모습을 보면서 느끼게 되는 시적 화자의 감동을 엮어 서정을 이루어낸다. 그래서 그의 시는 비관주의에 빠지지 않는다. 또한 그렇다고 근거 없는 낙관에 이르지도 않는다. 그는 비애와 희망이 절묘하게 섞인, 슬프면서도 슬픔에 빠지지 않는 넉넉함에 이르는, 독특한 서정을 창출한다. 그의 서정성이 선전선동 시에도 잘 녹아들 때, 그 선전선동은 어떤 의식을 단순하게 전달하는 것에 그치지 않고 비애와 분노와 희망이 엮인 정동의 움직임을 담아낸다.

　　위의 시에서도 송경동 시의 독특한 서정성이 잘 나타난다. 위의 시에서 조명되고 있는 손들은 일자리를 구하기 위한 손이다. 그 손들은 노동으로 더럽혀지거나 "괭이가 박"혀 있다. 즉 실업자의 손이고 노동자의 손이다. 자본에 의해 착취당하고 이용당하다가 버려진 자들의 손이다. 다른 사람들의 손에 때가 묻을까 미안해 악수는커녕 버스 손잡이도 잡지 않으려고 하는 손이다. 하지만 그 손들이 빈자들, 노동자들 사이에 놓일 때, 2연에서 보듯 연대의 기호로 눈부시게 전화된다. 환하게 흔들리는 손이자 반가움을 전하는 손이 된다. 그리고 위험에 처한 '나'의 등을 붙잡아주는 손이 되기도 하다. 위험천만한 노동이 진행

되는 공사장에서이지만, 손은 연대를 형성시킨다. 그리하여 공사장은 따스한 연대의 장으로 변모된다. 한편 부끄러운 손에서 연대의 손으로의 이러한 전화는 감정을 비애에서 따스함으로 정동시킨다. 이 시를 읽는 노동자들도 이 연대의 장면에 샘솟는 서정에 의해 따스한 연대의 감정을 느끼게 될 터, 그리하여 시는 연대를 창출하기도 한다.

이렇듯 손과 같은 연대의 매개체를 발견하려는 노동시의 특성은 정치적으로 작동할 수 있다. 하지만 그 연대의 손은 손가락 끝에 굳은살이 생긴 기타리스트의 손과도, 손가락을 움직이지 못하는 장애인의 손과도, 자판을 두드리는 손과도, 사랑하는 이의 손과도 악수할 수 있도록 확장되어야 할 것이다. 물론 그들이 노동자들의 더럽혀진 손을 피한다면 연대는 이루어질 수 없겠지만, 적어도 악수하기 위해 그들에게 손을 내밀 수는 있어야 한다. 그리고 그 손을 불법체류 외국인노동자에게도 내밀어야 한다. 어쩌면 이들 불법 체류 노동자들이야말로 한국 사회에서 가장 밑바닥에 놓여 있다고 할 것이다. 이들은 한국 사회의 척도에 융합될 수 없는 소수자다. 한국 사회는 이들을 척도에 맞추려고도 하지 않는다. 왜냐하면 이들은 추방해버리면 되는 사람들이기 때문이다. 한국의 장애인이나 비정규직 노동자들은 나라 밖으로 추방할 수 없기 때문에 자본과 국가는 이들을 척도에 적응할 수 있도록 여러모로 꼼수를 부린다. 하지만 불법 체류 외국인노동자들은 자본과 국가의 폭력에 무방비로 노출되어 있는 것이다.

또한 자본과 국가는 한국의 노동자들이 자신들이 받는 사회적 차별에 대한 분노를 이 이주노동자들에게 돌리도록 유도할 수도 있다. 이러한 유도에 말려들지 않기 위해서는 한국의 노동자들이 한국 사회에 암암리에 퍼져 있는 파시즘적 무의식과 싸우면서 이들과 연대하는 길을 찾아야 할 것이다. 게다가 한국의 프롤레타리아들도 이주노동자처럼 삶이 심각하게 파괴되어 가고 있기 때문에, 이 둘 사이에는 연대 가능성이 높아지고 있다고도 볼 수 있다. 하지만 연대의 가능성과 필요성이 이렇듯 더욱 커지고 있다고 해도, 실질적인 연대가 논리적으로 달성될 수는 없는 일이다. 외국인 노동자들은 얼굴색도 언어도 다르다. 그 이질성을 극복하기 위해서는 감성의 변화가 필요하다. 그래서 노동문학은 이들에 대한 조명을 해나가야 하는 것이다. 산업노동자 출신 시인은 아니지만, 불법체류 외국인 노동자들의 삶을 조명하고 있는 하종오의 작업은 노동문학적인 측면에서도 중요하다.

그는 시 「국경 없는 공장」에서 이민족 사람들이 혼재하게 된 한국의 공장 상황을 말하면서, 공장에 국경이 없게 된 현상이 가지는 의미에 대해 사유한다. 이는 자본의 세계화와 동시에 노동의 세계화가 이루어지고 있기 때문에 일어난 변화다. 허나 이민족 노동자들끼리는 국경이 사라지지만, 한편으로 새로운 국경이 만들어지는데, 그것은 자본가와 노동자 사이의 국경과 인종주의적인 배제의 국경이라고 그는 말한다. 이에 따라 생각해보면, 만약 한국인 노동자와 외국인 노동자 사이에 국경선이 생긴다면 그것은 인종주의적인 것이 될 것임을 짐작할 수 있다. 한국인 노동자가 외국인 노동자 때문에 자신들의 일자리를 빼앗기고 임금도 하락하게 되었다고 생각한다면, 그것은 유럽처럼 인종주의적인 증오로 흐르게 될 것이다. 그래서 인종주의를 거부하는 하종오의 아래 시는 중요한 의미를 갖는다.

붐비는 저녁 시간에 지하철 타고
나는 핸드폰으로 아내에게
귀가 중이라고 통화하다가
귀에 익은 목소리 들려 돌아다보았다
지쳐 귀가하는 사람들 틈에서
왜소한 몸에 팔다리 짧은 내가
핸드폰에 연신 번호를 눌러대며
동승한 사람들에겐 아랑곳하지 않고
혼잣말을 중얼거리고 있었다

옷차림을 보니

일용직 잡부의 그것

이목구비를 보니

귓바퀴는 몽골인의 그것

눈매는 베트남인의 그것

입술은 타이인의 그것

콧대는 캄보디아인의 그것

수수천년 전 수수만년 전

어디선가 헤어졌던 내가

오늘 돌아와서 한 소식을 나에게 전하려고 전화 걸다가

계속 통화 중이라서 투덜대고 있는가

지하철이 역에 정지했을 때

내가 바지 뒷주머니에 핸드폰을 꽂고

승강장에 내려 인파 속으로 사라졌다

나는 아내와 통화하다가

나를 멍하니 바라다보았다

—「저녁 시간」 전문,『국경 없는 공장』

지하철 안에 어떤 외국인이 일용직 잡부의 옷을 입고 서 있다. 그의 국적은
모른다. 그의 얼굴은 몽골인과 베트남인, 타이인, 캄보디아 인의 특성이 혼합
되어 있다. 저 노동자의 '잡종적' 얼굴은 *그*가 국경 없는 노동자들의 수평적인
연대를 체현한 자임을 보여준다. 그런데 '나'는 저 '잡종'적인 얼굴에서 자신을
본다. 나의 얼굴은 저 얼굴들과 섞인다. 그리하여 '나' 역시 국경과는 상관없이
저들과 같은 한 사람의 노동자로서 존재하게 된다. 하지만 저 '잡종인-또 다른
나'는 곧 인파 속으로 사라져버린다. 또 다른 나의 사라짐은 아직 내가 완전히
잡종인이 되지는 못했음을 나타낸다. '잡종인-또 다른 나'가 사라지지 않게 될

때, 나는 "동승한 사람들에겐 아랑곳 하지 않고" 잡종인으로서 자신을 받아들이며 살 수 있을 것이다. 잡종인으로서 산다는 일은 '내'가 다른 잡종인들과 자연스럽게 연대하며 산다는 것을 말한다. 한국의 노동문학도 한국의 노동자 자신들이 잡종인이라는 것을 인식하게 된다면, 외국인 노동자들과의 연대 가능성을 더욱 구체적으로 발견할 수 있을 것이고 이를 문학적으로 표현할 수 있게 될 것이다.

3

현 한국 노동시의 현재성을 보여주는 또 하나의 특성은 시의 직접적인 정치화이다. 노동운동에 직접적으로 기여하려는 시의 정치화는 카프에서부터 내려오는 전통이라고 할 수 있다. 1920년대 말에서 1930년대 초까지, 1945년에서 1940년대 말까지, 그리고 1980년대 말에서 1990년대 초까지 사회운동에 직접적으로 개입하는 시의 정치화는 열렬히 긍정되었고, 그것은 선전선동의 형태로 외화 되었다. 신자유주의의 가속화에 의한 노동자의 삶이 피폐화되는 현재, 여기저기에서 비정규직 노동자의 삶을 건 투쟁이 일어나면서 파업집회나 민중대회는 더 준열한 모습을 띠게 되고 선동시의 필요성도 더 커지고 있다. 특히 송경동 시인이 각종 집회에 열정적으로 결합하면서 국가와 자본의 폭력성을 비판하는 선동적인 시를 창작하여 낭독하고 있는 것으로 안다. 그리고 노동운동가이기도 한 조성웅 시인도 시를 집회와 결합시키는 시도를 계속 해왔다고 알고 있다.

하지만 이 2000년대의 선동시는 예전의 선동시와 그 성격이 다소 다르다. 기존의 선동시는 사회주의 전위조직의 전략과 전술을 전파하는 차원에서 선동 작업을 했었다면, 지금의 선동시의 제작은 시와 정치의 결합 차원에서, 시를 삶에 용해시켜 정치적인 삶을 고양시키는 아방가르드적 차원에서 이러한 시도가 행해지고 있다고 생각한다. 아방가르드 시는 예술을 위한 예술을 거부하고 삶을 시적으로 만들기 위해 시를 '사용'했다. 지금 선동시를 쓰는 이들에게는 자본과 국가에 맞서 정치적으로 투쟁하는 삶이야말로 시적인 것이다. 그래서 그 시인은 직접 투쟁의 현장에 참가하여 시적인 삶을 사는 것을 일차적으로 생각한다. 그 시적이고 정치적인 삶이 언어로 표현될 때 시가 될 것이고, 그 시가 정치적 투쟁에 직접적으로 투입됨으로써 시는 투쟁하는 사람들의 정치적이고 시적인 삶을 더욱 고양시킬 수 있을 것이다. 그래서 그들의 선동시에는, 전략 전술을 담은 정치적인 담론, 가령 사회주의적 대안을 선전하는 산문적 담론이 직접적으로 드러나기보다는 시인의 마음과 감정이 담긴 시적인 서정성이 앞선다. 이 서정적인 선동시는 의식을 주입하려고 하기보다 청자들의 마음에 직접 접속하여 정동적 차원의 효과를 내려고 한다. 그 효과에 의해 투쟁하는 노동자들이 좀 더 고양된 감정과 넉넉한 투쟁력으로 충만한 상태 — 시적 상태 — 에 다다를 수 있기를 바라면서 우리 시대의 '선동시인들'은 시를 쓴다. 조성웅의 다음 시를 읽어보자.

울산지역연대노조 울산과학대 지부 미화원 동지들이
첫날밤을 맞았다

현대중공업 정규직 남편을 둔 오순남 동지는
머리모양이 족두리를 튼 것 같아서
머리도 올렸는데
술 한 잔 하라고
김선이 동지가 농을 건다
긴장을 풀어주는 배려라는 걸 왜 모르겠는가

태어나서 처음 맞는 농성장의 첫날 밤

초봄의 여린 햇살을 휘감아 도는 미풍처럼

노조하고 나서 처음으로 인간임을 알았다

이 싸움이 없었다면

내 인생은 언제나 쓰레기였을 거다

노동자의 눈으로 세상을 다시 보게 해 준

우리 투쟁의 신혼, 포기하고 싶지 않다

그래 이판사판 한 번 붙어보는 거다

죽기 아니면 까무라치기로 한 번 붙어보는 거다

50평생 살아오면서 가장 행복한 시간,

투쟁하는 삶 속에 정박해 있는 우리들의 꼬뮌

여기서부터 언제나 우리 삶의 새로운 연대기가 출항한다

―「농성장의 첫날밤」 전문

이 시는 아마도 '미화원 동지들'이 농성하는 장소에서 낭송되지 않았을까 추측되는데, 예전의 선동시에서처럼 구호나 증오의 감정으로 가득 차 있지는 않다. 오히려 "초봄의 여린 햇살을 휘감아 도는 미풍처럼"과 같은 구절에서 보듯 서정성이 돋보인다. 적에 대한 담론보다는 투쟁에 의해 충만한 삶의 기쁨 ― 신혼으로 비유되는 첫 농성 ― 을 드러내는 데 초점이 맞추어져 있는 것이다. 시인은 '오순남 동지'의 독백과 시인의 독백을 중첩시켜 시인 자신이 말하고자 하는 담론을 다른 타인에게 확산시킨다. 그러나 위에서 아래로가 아니다. 시인은 지도부로서 대중에게 말하는 것이 아니다. 담론은 옆에서 옆으로 전달-확산된다. 여기에서 선동이 있다면 투쟁하는 우리는 행복하다는 것이다. 그 '우리'엔 시인과 오순남 동지, 김선이 동지가 나란히 서 있다. 선동에 대한 고정된 이미지를 벗긴다면 이러한 시야말로 강력한 선동시라고 말할 수 있다. 여기서 선동은 투쟁력을 북돋는 것을 말한다. 투쟁을 신혼의 행복한 이미지로 변이시킴으로써, 시는 자칫 두려움으로 빠질 수도 있는 농성장의 긴장을 "술 한 잔 하라"는 '김선이 동지'의 농처럼 풀어주고는, 농성장 속에 기쁨을 통해서만 발산될 수 있는 삶의 힘을 끌어들이는 것이다.

시와 삶의 거리를 줄이고, 삶에서 시를 길어 올리며 다시 시가 삶의 현장에서 작동할 수 있도록 한다는 노동시의 아방가르드적 기도는 올 여름의 촛불집회에서 더욱 활발히 시도되었던 것 같다. 송경동은 촛불집회 및 기륭전자 비정규직노동자 단식 농성에 활발히 참여하면서, 촛불의 거리에서 시를 쓰고 있다. 조성웅도 『참세상』에 촛불의 직접행동을 지지하는 시를 써냈다. 백무산도 이명박 정권을 버려야 한다는 시를 발표했다. 다른 노동자 시인들도 시를 써 냈다. 여하튼 이들 노동자 시인들은 촛불에 가장 열정적으로 참여하면서 이를 문학적 생산으로까지 연결시켰다. 하지만 작가의 집회 참여와 문화제에서 낭송된 시의 영향력이 촛불 정국에서 크다고 생각되지는 않는다. 그러나 이에 실망할 필요는 없다. 왜냐하면 촛불 집회 자체가 시적이니까. 이 시적 현실에 시가 첨가되는 것은 강물 위에 비가 오는 것과 같은 것일 테다. 이 시의 무능력을 시인들은 기쁘게 받아들였을 것이다. 촛불은 단상과 지도를 거부했다. 모두가 지도부라고 선언하고 정치에 대한 직접 행동을 행했다. 대변인은 필요 없었다. 국회위원이라고 해도, 그가 인정받기 위해서는 그 역시 촛불 중의 한 명이어야 했다. 시 역시 촛불의 하나로서, 옆에서, 촛불을 든 사람들과 접속해야 했다. 노동자 시인들도 이를 알고 있었다. 그들이 쓴 시들은, 촛불이 보여준 새로운 민주주의를 놀라움과 열정을 동반하여 받아들이는 시인의 모습과, 이 민주주의에 하나의 촛불로서 참여할 것이라는 시인의 의지를 보여준다. 길지만, 조성웅과 송경동의 촛불에 대한 시 일부를 인용해본다.

촛불은 결코 광장에 갇히지도 않았고 거리에 주저 않지도 않았다
막히면 흐르고 또 막히면 샛길로 흘렀다가 대로에서 다시 합류하여 청와대 앞까지 진격했다

아주 간단하고도 손쉽게
자본가 국가권력의 심장부에 수만의 지도부 없는 지도부들이 섰다
물밑 거래하고 타협할 수 있는 배후가 없으니 해산을 명령할 수도 없다
수습을 고민하는 자들은 참 난감하고 공포스러운 일이다.
촛불은 두려움도 없고 역동적이며 즉석에서 토론하고 직접 행동에 옮긴다

경찰청장이 불법 시위자들 구속하겠다고 하면 경찰청 홈페이지에 몰려가 다운
시켜버린다
한나라당, 경찰청 기동대 해킹해서 완전히 웃음꺼리로 만든다
모두가 현장 기자들이 되어 핸드폰으로, 무선인터넷으로 투쟁 현장을 생중계
한다
거리에서 경찰들이 밀어붙이면 도망가지 않고 "나 잡아가라"며 닭장차에 올라
타버린다
불복종 직접행동이 지배이데올로기를 깨부수면서 공권력을 아주 우스꽝스럽
게 만들고 있다
정말 예기치 못한 방식으로 반란이 성장하고 있다

밤과 새벽을 잇는 축제, 대단히 독특하고 특이하며 긴장과 활력이 넘치는 반란
의 공간
촛불은 물대포를 만났고 폭력과 만났지만 오히려 우애와 연대로 타올랐다
지침이 없어도 모두가 사수대가 되어 온 몸으로 물대포와 마주 섰다
지침이 없어도 자발적으로 부상당한 동지들을 위한 구호활동을 벌였다
지침이 없어도 모든 곳에서 우비와 옷과 김밥과 음료수가 보급되었다
지침이 없어도 노래와 춤과 토론이 새벽을 풍성하게 맞이하고 있었다

우애와 연대, 이 반란의 몸짓들은 세대를 넘고 성별을 넘어

마침내 저 낡고 부패한 공권력, 청와대를 넘어섰다
지도부 없는 지도부들, 우리가 주권이다
이 반란의 몸짓들이 만들어가는 자유의 새로운 공간,
좀더 인간적이고 보다 민주적인 것들이 혁명적이다
펼쳐라! 확장하라! 경계는 없다
나는 촛불의 직접행동을 옹호한다
　　　　　─ 조성웅, 「좀더 인간적이고 보다 민주적인 것들이 혁명적이다」 부분

그런데 내가 그렇게 실의에 빠져 있을때
300일, 500일, 800일 1000일째 싸우는 비정규여성 노동자들이 있었다
청계광장에서 프레스센터 앞에서
대한문에서 새벽까지 완강하게
촛불을 들고 있는 이들이 있었다
나는 그들에게 부끄러웠다.

나는 그들의 투명한 직관과 밝은 낙관이 부러웠다
그들의 반짝이는 투쟁이 눈부셨다
그들의 샘솟는 상상력이
구체적인 사안에 대한 구체적인 저항이 놀라웠다.
그래서 나도 따라 한 개의 촛불이 되어
2008년 늦봄과 한여름 내내 거리에 있었나
그것만이 내가 할 수 있는 유일한 일이었다

하루 세끼 먹는 일이
목숨을 거는 일이어야 하는 광우병 세상
하루 하루의 삶이 생성이 아닌

부패와 타락이어야 하는 병든 사회에 맞서

신자유주의 자본의 가치만이 유일하게 살아남은

죽음과 통제와 억압과 소외의 사회에 맞서

내가 할 수 있는 유일한 일은

내 가슴에 아직 살아 쿵쾅거리는

양심의 심장을 꺼내 환하게 밝히는 일 뿐이었다

단지 그 일뿐이었냐고 물어봐도

달리 할 말이 없다

가끔은 논리로 설명할 수도, 빛나는 전망으로도 이야기할 수 없는 거리의 일들
이 있다

눈물과 환호와 연대와 승리의 일들이 있다

내가 마지막 촛불 하나가 되어서라도 지켜야만 하는 희망의 일이, 사랑의 일이
있다.

그길 앞에 물러나지 말자. 물러서지 말자

— 송경동, 「2008년 나는 내내 거리에 있었다」 부분

촛불이 보여준 현실에 시가 항복해버린 것일까? 항복이란 말은 부적절할
것이다. 촛불이 보여준 시적 경이를 이들의 시는 겸손하게 기록하고 따르고는,
더 나아가 촛불이 가진 의미를 해석하고 이에 비추어 자신의 미래를 찾아나간
다. 물론 시는 이 기록과 순응을 넘어 촛불의 힘을 자기 자신 안에 충전시켜 언
어의 힘으로 전화시켜 나가야 할 것이다. 허나 지금은 시가 촛불에 내장된 잠
재력을 뒤따라가기에 바쁜 상황이다. 그런데 일찌감치 촛불이 창출해낼 현실
을 선취한 시인이 있었다. 백무산이 그다. 그는 10여 년 전에 이미 촛불이 가진
잠재력을 시적 직관을 통해 파악한 바 있다. 그의 시는, 촛불이 내장하고 있는
새로운 민주주의의 시적 선취라는 명예를 노동시에 부여한다. 미래를 향해 열

리는 시, 노동시의 확장이란 이런 것이다.

　　하나의 불꽃에서
　　수많은 불꽃이 옮겨 붙는다

　　그리고는
　　누가 최초의 불꽃인지
　　누가 중심인지
　　알 수가 없다
　　알 필요도 없어졌다

　　중심은 처음부터 무수하다

　　그렇게 내 사랑도 옮겨 붙고
　　산에 산에
　　꽃이 피네

　　　　　　　　　　－「촛불 시위」 전문,『길은 광야의 것이다』

　　　　　　　　　　　　　　(『문학들』, 2008년 가을호)

시론 — '촛불'과 시^詩

1. 현실을 시화^{詩化}한 촛불

지난 5월, 미국과의 쇠고기 수입 협정에 반대하는 촛불 문화제가 처음 열린 후 100일이 지났다. 하지만 여전히 촛불은 꺼지지 않고 있다. 6월 10일 전국에서 100만여 명이 참여했을 때의 대규모 촛불 집회가 지녔던 열기는 많이 식은 것이 사실이지만, 그래도 대단한 일이다. 이렇게 자발적인 집회가 꾸준히 열린 일은 전 세계적으로도 흔치 않은 일일 것이다. 청소년들을 중심으로 열린 작은 문화제가 전 국민적인 대정부 항쟁으로 변한 이번 사태를 보면서, '사건'이라는 것을 생각하게 된다. 역사라는 것은 어떤 법칙에 의해 움직인다기보다는 우연한 사건이 기성 현실의 지반을 흔들어놓고 새로운 현실을 창출함으로써 변하는 것이 아닐까, 라는 생각. 물론 사건은 공허로부터 갑자기 발생하는 것은 아니다. 여러 가지 원인이 중층결정되어 일어난다. 하지만 어떠한 원인도 그 일어남 자체를 보장할 수는 없다. 그래서 누구도 예측하지 못하는 사이, 사건은 일어난다.

하지만 많은 사건들이 일어나며, 또한 그 사건들이 모두 중요한 의미를 갖는 것은 아니다. 미래의 삶에 심대한 영향을 끼칠 때, 그 사건은 중요하다 할 것이다. 소녀가 든 작은 촛불이 들불처럼 번진 이번 촛불 정국이 과연 미래의 삶에 얼마나 큰 영향을 줄 것인지는 아직 확실하지 않다. 사실 현재 상황에서 촛불에 대해 실망하는 사람도 많을 것이다. 100만 촛불이 모였지만, 성취한 것이 거의 없다는 실망 말이다. 현 정부는 촛불의 목소리를 무시하는 것으로 일관하고, 도리어 대놓고 폭력적인 진압을 행하고 있다. 또한 시위자들에게 과도한 형을 부과하며 그들의 기를 억누르고 있다. 이러한 공권력 남용에 촛불은 무력하게만 보일 수 있다. 하지만 현 정권이 갓 잡은 권력을 호락호락하게 접을 것이라는 기대는 환상일 것이다. 시위로 인해 쉽게 권력이 붕괴되리라고 생각했다면 '촛불'에 대해 오해한 것이다.

어쩌면 촛불의 성과 중 하나는, 한국의 권력 카르텔을 적나라하게 드러냈다는 데 있을지 모른다. 촛불은 정부의 어처구니없는 협상 자세에 대한 비판에서 시작되었지만, 곧 한국 사회의 모든 권력층과 싸워야만 했다. '조중동'을 비롯한 보수 언론, 검찰, 경찰, 뉴라이트 계열의 학계와 법조계, 대형 교회, 여러 반공 보수 단체 등이 촛불에 여러 방식의 공격을 가했다. 이들은 오직 현 정권에 대한 비판을 방어하기 위해, 논리 따위는 무시하고 이데올로기와 국가기구를 총 동원하여 촛불을 역공했다. 가령, 어떤 학자는 광우병 위험을 확률론으로 무시하고자 했고 어떤 학자는 광우병의 과학적 근거가 확실치 않다며 무시하고자 했다. 허나 20개월 미만의 쇠고기만 미국에서 수입하는 일본이 미국에 들이대고 있는 과학적 근거에 대해서는 함구했다. 관료들은 왜 우리가 일본을 따라가야 하는가라는 비논리적인 말로 일본의 예를 드는 사람들에게 반문했다. 이 말은 국민의 건강을 무시하기 위해서, 자국 국민의 건강을 일차적으로 중시하는 일본의 정책을 따라갈 필요가 없다는 의미로 들린다. 한국 사회에 군림하는 온갖 권력층들이 힙심하여 미국 쇠고기의 안정성을 강변할 때, 촛불이 싸우는 대상이 명확해지기 시작했다. 그들의 허접한 변명과 강변은, 한국의 권력층들이 국민의 삶에 대해서는 별 관심 없고 자신들의 이익에만 충실하다는 사실을 적나라하게 보여줄 뿐이었다. 촛불 정국은 한국 기득권층의 뻔뻔함을 만천하에 드러냈고, 그들의 권력은 정당성이 없다는 것도 드러냈다.

그런데 촛불의 중요성은 이러한 권력층의 속성을 드러냈을 뿐 아니라, 이 권력에 굴복하지 않고 자율적으로 싸웠다는 데에도 있다. 촛불들은 집단 지성을 통해 대항의 방향과 방법을 결정했다. 어떤 지도부도 인정하지 않았다. 인터넷 카페가 연결점이 되어 투쟁을 연계하면서 다양한 방면으로 권력층에 대한 저항을 실천했다. 이러한 자발성은 집회를 축제의 방식으로 진화시켰다. 다양한 집단들과 사람들이 집회에 결합하면서, 자신들을 대변하는 기구를 통해서가 아니라 스스로 직접 자신들의 목소리를 발랄하게 발설했다. 새로운 문화가 등장한 것은 분명했다. 이러한 평화적인 집회가 곧 공권력의 폭력적 진압에 의해 무력해 보이긴 했지만, 촛불은 그 폭력으로부터 도주함으로써 쫓아가는 폭력을 진 빠지게 하는 저항력을 발휘하기도 했다. 현재 촛불의 규모가 축소된 것은 사실이지만, 저항의 새로운 형식과 문화가 등장한 사건은 미래의 한국 사회에 어떤 식으로든 영향을 미칠 것이다.

그것은 새로운 저항과 불온성의 방식이 사회의 저변에 자리를 잡게 된다는 것을 말한다. 그 방식은 리좀rhizome적이고 도주적이고 축제적이다. 촛불의 저항이 현실적으로 약화된다고 하더라도, 그 저항은 잠재성으로 존재하게 될 것이어서 언제 어디서 다시 분출될지 모르게 될 것이다. 김수영을 따라 시가 불온한 것이라고 한다면, 불온이 분출된 현실은 시 자체라고 말할 수도 있을 것이다. 그래서 어떤 시인은 촛불이 거리를 점령한 현실에 대해 시 자체라고, 문학인들은 여기에서 할 일이 없다고 말하게 되었을 것이다. 현실이 시가 되었기 때문에, 정말로 글로 써진 시는 이 현실에 무력할지 모르겠다. 하지만 그 시는 기쁘게 무력함을 받아들일 것이다. 시의 가장 큰 열망은 현실을 시적인 세계로 변화시키는 것일 테니 말이다. 그러니 현실의 시화詩化만큼 시를 기쁘게 하는 것은 없지 않겠는가? 하지만 시는 계속 써질 것이고 또한 써져야 한다. 현실의 시화는 다시 잠재성으로 이주할 터, 써진 시는 그 잠재성이 자라는 데 식량을 제공하기 때문이다. 또한 그 잠재성이 다시 현재화 되었을 때의 시적 현실은 새롭게 변모하며 진화해나가게 될 것인데, 그 변모의 힘을 길러내는 것은 새로운 상상력으로 충전되어 있는 시 작품일 테니 말이다.

(『리토피아』 2008년 가을호)

2. 21세기의 촛불, '상황주의자'의 부활인가

올해 국내에서 일어난 최대 사건을 뽑으라면 촛불집회를 드는 이가 많을 것이다. 촛불집회는 대의민주주의라는 스펙터클 장치에 포섭되지 않은 다중의 구축적인 힘과 민주주의를 드러냈다는 점에서 세계사적 사건이라고 할 만하기 때문이다.

상황주의자 기 드보르에 따르면 스펙터클은 직접적으로 삶에 속했던 모든 것이 표상으로 물러나는, 사람들이 더 이상 직접 파악할 수 없고 이미지들을 바라봄으로써만 파악할 수 있는 세계다. 이 스펙터클의 자기운동에 적합한 수단은 매스미디어다. 매스미디어에 의해 뒷받침된 이명박의 CEO 이미지는 스펙터클을 전형적으로 보여준다. 대중들은 그 이미지에 자신의 제헌권력을 양도했으며, 이는 대의민주주의가 스펙터클 장치로 전락했음을 보여주는 일이었다.

반면 촛불들은 자신들을 대의해줄 단체를 원치 않았다. 매스미디어가 생산한 조작된 이미지를 바라보면서 이에 자신들의 삶을 양도하고자 하지 않았다. 오히려 자신들이 직접 미디어가 되고자 했다. 이 다중의 미디어들은 촛불들의 다양하고 발랄한 시위문화 및 전경의 진압현장을 시위에 참여하지 못한 사람들에게 생생하게, 직접적으로 전달했다. 이로써 촛불에 대해 폭력적인 이미지를 덧씌우려고 했던 정권의 스펙터클적 기도는 힘을 발휘하지 못했다. 정권의 기도와는 반대로, 전경이 맨손의 시민들을 몽둥이로 폭행하는 장면이 '시민기자들'에 의해 생생하게 촬영되어 인터넷을 통해 만인에게 전달되었다. 그런데 더 흥미로운 일은, 이 시민기자들이 시청자들에게 일방적으로 정보를 전달하는 것이 아니라 시청자들과의 소통 속에서 활동했다는 것이다. 온라인에 접속하여 현장을 전달받고 있는 시청자는 다른 상황도 파악하여 종합적인 정보를 다시 촬영자에게 전달함으로써, 촬영자가 능동적으로 상황을 포착할 수 있도록 도움을 주었던 것이다.

촛불 미디어의 작동방식이 보여주듯이 뿌리줄기처럼 연결되고 확산되는 행동은 촛불들의 저항에 중심이 없기 때문에 가능했다. 촛불들은 집단지성을 통해 대항의 방향과 방법을 결정했다. 인터넷 카페가 연결점이 되어 투쟁을 연계하면서 다양한 방면으로 권력층에 대한 저항을 실천했다. 이러한 자발성은 집회를 축제로 진화시켰다. 집회에 결합한 다양한 사람들이 자신들을 대변하는 기구를 통해서가 아니라 직접 자신들의 목소리를 발랄하게 발설했다. 지도부가 없으니 저항의 전술이 고안될 리 없었다. 그래서 상황의 흐름은 예측불가능하게 진행되었다. 이들의 무기는 패러디와 유머, 도주였다. 경찰의 폭력에도 촛불들은 웃음을 잃지 않으려고 했다. 웃음이야말로 폭력이 생산하는 공포를 이겨낼 수 있기 때문이다. 이로써 삶이 죽음에 승리하는 상황이 창출되었다.

이렇게 보면 2008년 한국의 촛불은 스펙터클에 붙들려버린 삶을 탈환하기 위해 상황주의자들이 50년 전에 고안한 상황구축의 기획을 실현한 것이라고도 말할 수 있다. 1957년, '이미지주의바우하우스'와 '문자주의자인터내셔널'이라는 아방가르드 조류들이 합류하여 결성된 상황주의자인터내셔널은 자신들의 중심 이념이 "생의 순간적 환경을 구체적으로 구축하기, 그리고 그것들을 보다 고차원의 정동적인 질을 갖춘 것으로 변형시키기"라고 밝힌 바 있다. 정동적인 질이 상승하는 순간이란 삶이 고양되는 순간을 말한다. 유머가 가득한 촛불집회의 축제적인 현장은, 바로 삶의 고양이 이루어지는, 상황이 구축된 순간이 아니겠는가.

상황을 구축하기 위해서는 스펙터클의 포섭에서 벗어나야 하는데, 이를 위한 기술로 상황주의자들은 표류dérive와 전용détournement을 발견했다. 표류는 그야말로 도시 속을 돌아다니는 기술이다. 표류를 통해 우연한 만남이 이루어지고 새로운 감정이 생기며 스펙터클의 도시에 잠재되어 있는 상황구축의 가능성을 발견할 수 있다. 다시 말해 표류는 스펙터클로 변모한 도시공간의 재전유다. 상황주의자들의 정의에 의하면, 전용은 "현재 혹은 과거에 만들어진 예술을 보다 고도의 구축된 환경으로 통합하는 것"으로, 프로파간다의 방법이기도 하다. 다시 말해 전용은 상황구축을 위해 행해지는 선동에 사용되는 기술로서 일종의 패러디다. 넓게 보면, 스펙터클을 생산하는 미디어를 스펙터클의 파괴에 이용하는 것 역시 전용에 해당된다고 하겠다. 촛불들은 상황주의자들이 의식적으로 고안한 기술들인 표류와 전용을 무의식적으로 사용했다. 대중영화를 전용하여 이명박 정부를 비꼬거나 보수신문의 기사를 전용하여 그 신문의 이중성을 역공격하기도 했다. 권력의 담론들은 전용되어 권력을 비판하는 데 사용되었다. 또한 촛불들은 전경의 폭력으로부터 도주하며 진행되는 게릴라 집회를 통해 전경을 진 빠지게 하는 상황을 창출했다. 이 과정에서 도시공간은 촛불 시위자들의 육체와 호응하게 된다. 이 역시 도시공간을 재전유한다는 측면에서 상황주의자들의 표류와 통한다.

하지만 한국의 촛불과 상황주의자들 사이에는 다른 점이 있다. 상황주의자들은 '마지막 아방가르드'로서 상황에 전위적으로 개입하여 '고차원의 정동적 상황'을 구축하고자 했던 데 비해, 한국의 촛불들은 대중/전위의 틀을 뛰어넘어 상황구축의 주체이자 객체가 되었던 것이다. 촛불이 변이하면서 상황은 변이되고, 상황이 변이되면 촛불도 변이된다. 촛불은 대중이 아방가르드가 되는, 아방가르드 이후의 아방가르드다. 상황주의자들은 "시적 객체 안에서 시적 주체의 유희를 조직해야 한다"라고 말했다. 그러나 객체(상황)와 주체가 구별되지 않는 촛불은 시 자체다. "시는 창조적 자발성의 조직"이라는 상황주의자라울 바네겜의 말에 따르면 말이다. 촛불을 과장하지 말라고, 또는 촛불이 약화되었다고들 말한다. 하지만 시는 잠재성으로서 존재하기 때문에 약화되는 법이 없다. 그래서 시 자체인 촛불은 언제 어디서 집단적으로 분출될지 모르는 일이다. 바네겜의 말을 다시 인용하자면, "시는 항상 어딘가에 있는 것"이다.

(중앙대학교『대학원 신문』, 2008년 9월 8일)

3장

삶권력에 저항하는 노동시의 현재

1

1980년대 노동자 시인의 대거 등장은 문화 혁명적인 의미를 갖고 있었다. 지금도 여전히 그렇지만, 당시 공장 노동자들은 경제적 불평등뿐만 아니라 심각한 지적 문화적 불평등을 겪어야만 했다. 장시간 노동해야 했던 그들은 교육과 고급문화 — 문학과 예술 — 로부터 차단되어 있었고, 이러한 차단이 도리어 그들을 인간 이하로 보는 시각을 정당화했다. 당시 은밀히 통용되었던 '공돌이 공순이'라는 비하적인 표현은, 그러한 시각을 드러내주는 것이었다. 지적 불평등과 이에 따른 노동자에 대한 멸시의 시선은 노동자 스스로 자기 비하를 내면화하게 되기 때문에 심각한 이데올로기적 효과를 가진다. 지적 문화적 불평등을 생산하는 사회 시스템에 문제를 던지지 못하고, 노동자 스스로 자신들이 '원래' 지적으로 열등하다고 자기 비하하게 되면서 그들은 자신들의 비참한 처지를 그대로 수용하게 되기 때문이다. 그래서 고급문화는, 그 내용이야 어찌

되었든, 일종의 이데올로기적 기능을 하게 되었다. 한편으로 대중문화는 고단한 노동 후의 노동자들을 위무해주긴 했지만, 동시에 그들이 처한 현실을 생각하지 못하게 만드는 마취 기능을 갖고 있었다.

하지만 작가나 예술가들이 이러한 이데올로기를 예상하고 창작하지는 않을 것이다. 문제는 창작 그 자체, 고급문화의 존재 그 자체가 아니라 작품의 수용에서 불평등을 만들어내는 시스템과 이에 따른 이데올로기적 효과다. 그렇기에 노동자들 스스로 '시'라는 고급문화를 직접 창작해냈을 때, 이를 두고 그들이 부르주아 문화에 흡수되었다고 말할 수 없다. 반대로 그것은 부르주아 문화와 이데올로기를 뒤흔드는 효과를 생산하는 일이었다. 즉 노동시의 대거 등장은, 지식과 문화의 차별을 통해 노동자들을 배제하는 동시에 노동자들 스스로 그 배제를 내면화하게 만드는 이데올로기 시스템에 균열을 내는 사건이었던 것이다. 그 등장은 지배적인 문화가 가진 계급적 성격을 드러내면서도, 동시에 지식과 문화의 수용이 평등하게 이루어져야 하며 피지배 계급 스스로 문화를 창조할 수 있다는 사고를 유포한다. 그래서 1980년대 노동자 시인의 대거 등장에 대해 문화 혁명적인 의미를 가진다고 말할 수 있는 것이다.

허나 현재 창작되고 있는 노동시에서도 예전의 노동시가 가지고 있었던 문화 혁명적 의미가 지속되고 있다고 말하기는 힘들다. 그 이유 중 하나는 문화가 네트워크 식으로 조직되는 경향이 생기면서 좀 더 중층적으로 변화되었기 때문일 것이다. 하지만 노동자들을 둘러싼 현 상황이 1980년대보다 더 나아졌다고 말하기도 힘들다. 노동자들을 지적으로 열등하다고 여겨 그들을 문화에서 배제하는 분위기는 예전보다 약화된 건 사실이다. 그것은 노동자들의 투쟁 — 문학 면을 포함하여 — 에 따른 것이다. 하지만 지적 문화적 불평등은 여전히 지속되고 있으며 특히 비정규직 노동자들의 경우엔 장시간 저임금 노동에 시달리고 있다. 빈부 격차는 그 어느 때보다 커졌다. 이윤을 추구하는 자본의 속성은 사회관계 깊숙이 스며들어 사람들은 모든 관계에서 손익을 따지는 것을 당연시하게 되었다. 삶 자체가 자본에 포섭되었다는 면에서 보면, 현재 노동자들의 처지는 1980년대보다 더 악화된 측면도 있다.

자본이 생산하는 계급적 인간관계를 비판하면서 그 관계에서 탈주하기 위한 연대를 추구해왔던, 그리고 지금도 추구하고 있는 노동시가 여전히 의미 있는 것은 그 때문이다. 사회가 네트워크 식으로 짜이고 있다고 하더라도, 실용이라는 이데올로기로 무장한 자본의 권력은 그 관계 속으로 침투하여 더욱 교묘하게 또는 더욱 노골적으로 지배력을 행사하고 있다. 그리하여 일상의 분자적 수준에서도 자본 시스템의 지배가 이루어지고 자본주의적 인간형이 주조된다. 하지만 여전히 지적 문화적 경제적 불평등을 겪고 있는 노동자 시인들은 이 지배 권력과 이데올로기를 예민한 정신으로 인식하면서 다른 세계를 꿈꾸고 추구한다. 그들은 지배적인 문화에 의해 은폐되는 그러한 불평등을 주시하고 드러내며 이에 대해 비판하고 저항하면서 다른 세계의 도래를 희망한다. 그들이 그러한 욕망을 가지게 되는 것은, 노동자들은 여전히 자본에 의해 직접적으로 착취되고 강도 높은 노동에 시달리기 때문이다. 지금도 그들은 자본주의가 품을 수밖에 없는 모순의 장 한 가운데에 존재하고 있는 것이다.

그리하여 신자유주의의 폐해가 본격적으로 가시화되는 2000년대 중반부터 노동시는 다시 활발하게 자신의 모습을 드러냈다. 노동시는 삶을 포섭해가는 자본의 권력 — 삶권력 — 에 적극적으로 저항했다. 신자유주의 시대의 자본은, 삶에 잠재해 있는 활력과 창의력을 포섭하고 그 삶을 자신의 흐름에 가두면서 잉여가치를 획득한다. 그렇기 때문에 그러한 포획에서 상상력을 해방시키고 자유를 획득하고자 하는 예술 자체가 저항적인 성격을 가질 수 있게 된다. 그래서 노동시만이 저항적이라고 말할 수는 없다. 허나, 현재 가난과 생계 불안으로 더욱 내몰리고 있는 노동자들은 자신의 삶을 포획하는 자본의 논리에 직접적으로 저항하게 되기에, 자본의 가치화에서 탈주하여 삶을 자기가치화 하기 위해 창작되는 노동시는 선명하게 저항적인 내용을 표현하게 된다. 물론 이러한 노동시의 저항성은 1980년대부터 지속되어 왔다. 그런데 그 시기 노동시의 저항성은 독점 자본과 그 자본을 물리적으로 뒷받침해주고 있는 국가에 항의하고 경고하는 방향으로 '주로' 흘러갔다면, 현재 노동시의 저항성은, 그러한 방향을 저버린 것은 아니지만 한편으로 삶의 육질적인 차원에서, 즉 주체성의 내재적인 형성 차원에서 주로 표현되고 있다.

이러한 저항성은 "저항은 무엇보다도 어떤 떨림이며 '움직임'이다. 저항은 어떤 명분으로 행해지는 것이 아니다. 저항은 주체에 내재하는 존재의 법칙이다. 그것은 논리적 사실이지 윤리적 의무가 아니다."[1]라는 다니엘 벤사이드Daniel Bensaid의 저항론과 공명한다. 저항은 저항적인 이념의 학습이나 의무에서 시작되는 것이 아니라 육체의 떨림에서 시작하며 존재론적 차원에서, 내재적으로 행해진다. 저항이 이러한 육질적인 차원을 바탕으로 할 때 "모든 순간이 저항을 촉발하기에, 저항은 발생적 상태나 잠재적 상태로 늘 현전"[2]하게 될 것이다. 이에서 더 나아가 생각해보면, 푸코의 사상을 빌려 "저항은 더 이상 단순히 추상적인 방어나 대안이 아"니며 "오히려 '신체들을 관통해서 서로 다른 인간 현실을 구축하는 것'"[3]이라고 말하는 네그리의 생각에 닿을 수 있다. 이에 따르면 저항은 권력에 대한 부정적인 대응에 그치는 것이 아니라 자본에 포섭된 삶과는 다른 삶과 현실을 새로이 구축하는 것이다. 그러한 구축 과정은 '삶정치'를 발생시킬 것이다. 자본의 삶권력에 대한 저항이 삶정치를 조직하게 될 때, 그 삶정치는 "(자본이 그렇게 되기를 바랐던 바의) 삶의 생산적 활동으로의 환원이 생산을 위한 뽀뗀짜(활력—인용자)로서의 삶을 회복하는 장소"[4]가 될 것이다.

육질적인 차원에서 삶권력을 감지하고 이에 저항하면서 스스로 주체성을 형성하는 삶을 표현하고 있는 2000년대 노동시는, 활력으로서의 삶을 회복하고 다른 현실을 구축하는 장소인 삶정치를 "발생적 상태나 잠재적 상태"로 생

---

1. 다니엘 벤사이드, 『저항 — 일반 두더지학에 대한 시론』, 김은주 옮김, 이후, 2003, 36쪽.
2. 같은 책, 43쪽.
3. 안또니오 네그리, 『네그리의 제국 강의』, 서창현 옮김, 갈무리, 2010, 286쪽.
4. 같은 책, 297면.

산한다고 하겠다. 이 글은 2000년대 후반 들어 주목받기 시작한 40대 초반의 비교적 젊은 노동자 시인들의 작품들을 살펴보면서 그 저항성이 어떠한 방식으로 표현되고 있는지 밝히고자 한다. 이들의 작업은 노동시의 창작이 과거사가 아니라 현재에도 실행되고 있으며 미래에도 계속될 것임을 보여주고 있다. 그 젊은 시인으로는 송경동, 조성웅, 황규관, 문동만, 김사이, 이기인 등을 들 수 있겠다. 그런데 필자는 송경동과 조성웅의 시 전반에 대해서 제법 자세한 고찰을 한 바 있고[5], 김사이와 이기인의 시에 대해서는 다른 자리에서 논할 생각이어서[6] 여기서는 문동만과 황규관의 시에 대해 논하고자 한다.[7]

2

문동만의 시집 『그네』에는 시인 자신이 노동하는 현장 체험이 잘 드러난 시들이 실려 있다. 가령 다음과 같은 시가 그렇다.

더운 날일수록 틈이 많은 사각빤스가 좋을 것이라
짐작하겠지만 계단을 죽어라 오르다 보면
싸구려 빤스의 밑단 때문에 허벅지가 쓸리고
땀은 까진 살갗을 시리게 한다
물에 살을 에인 날들

---

5. 조성웅의 시에 대해서는 이 책 4부에 실린 「미래의 시를 향하여」(『내일을 여는 작가』 2007년 봄 호 소수)에서, 송경동의 시에 대해서는 역시 이 책 4부에 실린 「직설의 미학과 그 너머」(『작가와 비평』 2010년 상반기 소수)에서 살펴보았다.
6. 노동시가 도시 공간과 삶 및 육체의 얽힘을 어떻게 표현하고 있는지에 대한 평문을 쓸 생각인데, 그 평문에서 김사이와 이기인의 시편들에 대해 논하려고 한다. 하지만 아직 평문을 완성하지 못해 이 책에 싣지는 못했다.
7. 논의 대상이 되는 시는 문동만, 『그네』(창작과비평사, 2009)와 황규관, 『패배는 나의 힘』(창작과 비평사, 2007)에 실린 것들이다.

직선을 보수하는 것이 나의 업
계단을 가장 빠른 시간 안에 무용지물로 만들수록
유능한 기술자가 된다
생각보다 계단만큼은 극구 걷지 않으려는 사람들이 많다
그들은 직선이 고장나면
참지 못하고 간혹 뒤통수에 욕을 하거나
언제까지면 직선이 수리되겠느냐고 윽박지르기도 한다
욕을 먹어야 밥이 나온다

밥은 나를 서두르는 사람으로 조련시켰다
성실해야 할 인간으로 나는 오인되거나 규정되어졌다
오늘은 부자들의 호화아파트의 직선계단을 고치러 간 날
아파트 로비에는 대리석이 그 위에 양탄자가
그 위에 가죽쏘파가 그 위에 대형 텔레비전이,
그 위에 잠들었으면 싶었다
어머니 그깐 마늘일랑 그만 까세요 내 허벅지처럼
손가락이 쓰리잖아요
그런 잠꼬대나 하고 싶었나 보다

─「물에 에인 날들」 부분

시인은 엘리베이터를 보수하는 노동자다. 고층 아파트의 엘리베이터가 고장 나면 그는 계단으로 '죽어라' 걸어 올라가 그것을 수리해야 한다. 여름에 그러한 일을 해야 할 때는 "싸구려 빤스의 밑단"이 땀에 젖어 허벅지가 쓸려서 괴롭다. 마늘을 까느라 손가락을 쓰려 했던 어머니처럼, 노동자인 아들 역시 쓰린 허벅지로 일 해야 한다. 그런데 그런 고생을 해도 이 노동자는 아파트의 주민들로부터 빨리 수리하지 못한다고 욕먹을 뿐이다. 자본에 포섭된 삶은 시간을 빨리 단축시킬수록 합리적이라고 여긴다. 아파트 주민들이 계단을 걷지 않으려는 것은 '쓸 데 없이' 몸도 힘들뿐더러 시간이 아깝기 때문이다. 그래서 그들은 시적 화자를 윽박지르고 시적 화자도 "서두르는 사람으로 조련"된다. 그들은 그를 "성실해야 할 인간으로" 규정한다. 그 성실함은 "가장 빠른 시간 안에 계단을 무용지물로 만"드는 것에 의해 판단된다. 그의 업業은 "직선을 보수하는 것"이기 때문이다.

엘리베이터의 운행은 직선의 행로를 따르기에 시인은 엘리베이터를 '직선'이라고 표현한다. 직선은 자본주의의 특성을 추상한 것이다. 잉여가치를 더 빨리, 그래서 더 많이 창출하려고 하는 자본은 시간을 특질 없는 직선으로 변화시킨다. 자본에 고용된 노동자인 시적 화자는 그 직선을 보수하여 작동시키는 일을 해야 한다. 하지만 편리함을 위해 투여되는 그의 노동은 곡선으로 걸어올라가 힘들게 행해진다. 그 곡선의 노동이 직선을 지탱한다. 반대로 그의 노동은 직선에 의해 추동된다. 그는 빨리 빨리 그 일을 해야 하는 것이다. 곡선의 노동이 직선처럼 행해져야 하기 때문에, 노동자의 삶은 더욱 고통 받는다. 스프링을 늘려 직선으로 만들면 그 스프링이 탄력을 잃고 삐뚤삐뚤 일그러진 흉한 철사가 되는 것처럼, 원래 곡선의 특성을 가지고 있는 활동이 자본의 직선을 위해 투여되면서 고통스러운 노동이 되는 것이다. 그래서 노동자는 편리성과 합리성을 자랑하는 자본의 직선이 삶을 고통스럽게 하고 있다는 것을 몸으로 알게 된다.

이렇게 노동의 고통을 육체를 통해 알게 되면서, 시인은 세계의 계급적 분할에 분노하고 당파적 시선이 진실을 인식할 수 있다는 것을 깨닫게 된다. 게다가 그는 저 부의 세계를 직접 보수하는 사람이기에, 아파트 주민들이 모르고 있는 진실을 안다. 그 진실이란 수직 운행하는 엘리베이터의 동력이 회전체라는 것, 즉 "수직의 어머니는 곡선"이라는 것이다.

엘리베이터는 수직으로 운동하지만 동력은 회전체다

도드레가 쇠줄을 돌려 직선의 운동력을 만든다

미세한 힘들이 수직의 탄 듯 만 듯한 승차감을

탄생시킨다, 수직의 어머니는 곡선

맞물려 돌아가는 곡선의 아귀힘으로 수직이 산다

하여 방자해진 수직은 자주 모체母體를 은폐 한다

편리함 아늑함 속도전 그 따위 밑에 숨어서

어떤 가증스런 수작이란 걸 숨기며 내달린다

이제 계단도 옵션인양 걷는 시대

거기서부터 형기가 시작될지도 모른다

팽팽한 쇠줄들이 죽은 땅을 끌어올리다

끝내 버티지 못하고 버릴 때가 있을 것이다

곡선이 죽으면 후레자식이었던 직선들이

따라 죽게 될 것이다

아마 땅을 칠 땅도 없을 것이다

─「수직의 배반자」 전문

노동자가 휘어진 계단을 올라가 노동해야 엘리베이터의 운행이 유지되듯이, 돌아가는 도르레의 "곡선의 아귀힘"이 수직을 움직이게 한다. 직선의 세계, 자본의 세계, 부의 세계는 노동자들의 노동, 즉 "미세한 힘들이" "맞물려 돌아가는" 노동에 의해 만들어지고 유지될 수 있다. 하지만 저 세계의 거주자들은 부를 누리기만 하는 것에 너무 익숙해졌기 때문에 이 세계가 어떻게 만들어졌는지 관심이 없다. 그리하여 그 "방자해진 수직"의 세계는 "편리함 아늑함 속도전"이라는 "가증스런 수작"으로 "모체를 은폐"한다. 그런데 저 엘리베이터는 땅이라는 모체를 버리고 공중으로 올라가는 것이어서, 그렇게 무리하게 순리에 거스르다가는 파국이 올 수 있다. 엘리베이터를 끌어올리던 곡선의 쇠줄이 끊어질 수 있기 때문이다. 노동자의 힘인 곡선이 끊기면 직선의 세계는 땅으로 추락하여 파괴될 테다. 노동자는 자신의 노동에 의해 유지되는 자본의 내부를 몸으로 체득하면서 비판적인 앎을 확보할 수 있기 때문에, 영원할 것처럼 위용을 과시하는 자본의 한계를 이렇게 포착할 수 있다. 문동만의 시는 그러한 비판적인 앎이 노동 현장에서 몸으로 획득되는 과정과 그 앎에 의해 이해된 세계의 상을 보여준다.

이 세상이 정의롭지 못하며 삶을 고통스럽게 만든다는 진실은, 시인에게 저항의 의지를 불러일으킬 것이다. 이 저항의 삶이 만들어내는 숱한 삶의 무늬가 문동만 시의 서정을 이끈다. 그의 시집『그네』는 노동자의 비판적 앎을 보여주는 시도 많지만, 노동자의 신산한 삶에서 이끌리는 농도 짙은 서정시가 더 많다. 그런데 그 서정은 육체적이면서 당파적인 앎과 자본 시스템에 대한 저항을 바탕으로 생성된다. 기륭전자 비정규직 여성 노동자가 부당한 해고에 저항하여 급조된 망루 위에서 벌였던 농성을 시화하고 있는「지게」에서, 시인이 "허공은 가벼운데 발바닥 아래 세상은/무거운 중력이 되어 그녀를 끌어당긴다/아무리 부려도 가벼워지지 않는 짐에 화염이 붙는다//……//몇몇 소녀의 흐느낌과 아우성이 터졌다//그 울음만이 지상의 매트리스였다"라고 말할 때 퍼져 나오는 정제된 비탄은, 그러한 당파적인 서정이라고 할 수 있을 것이다. 이 세상에 대한 비판적인 앎을 가질 수 있었다고 하더라도 저항의 의지를 가진다는 것은 쉬운 일이 아니다. 삶을 파괴하고 있는 권력의 힘이 막강하기에 저항은 저 기륭전자 노동자처럼 자신의 온 몸을 던져야 할 때도 있기 때문이다. 문동만 시인이 저항의 의지를 다지려고 할 때 아래와 같이 비극적인 서정이 짙게 번져 나오는 것도 그 때문일 것이다.

눈꽃
너는 피어라 나는 네 안에 지마
그래도 울지 않으리

이마 위에 아이 눈썹만한 눈이파리

예수가 죽어간 나이

시인이 요절한 나이

초월하지도 못했네 순응하지도 않았네

아, 아직은 저항의 나이

내가 쓴 길도 내가 지운 길도

덮고야 마는 단호한 눈발이여

앞선 발자국 하나 없이 내 흔적을 남겨서

당신에게 가야 하네

눈꽃 피는데, 당신에게 닿기도 전에

눈꽃만 피는데,

우두둑 솔가지 부러지고

나는 먹먹한 눈물 한 방울로

뵈지 않는 눈길을 녹이네

─「아직은 저항의 나이」 전문

앞선 발자국을 덮고 있는 눈 내리는 날, 시인은 예수의 죽음과 시인의 요절을 생각하며 저항의 '눈길'을 걸어가야 한다는 것을 운명처럼 느낀다. 저항의 결심은 모든 것을 덮고 있는 저 운명과 같은 단호한 눈발 안에 지는 것, 즉 "네 안에 지"는 것을 두려워하지 않는 것이다. "당신에게 닿기도 전에" 눈은 앞선 발자국을 덮을 것이요 "내가 쓴 길도 내가 지운 길도" 지울 것이다. 그래서 눈길은 보이지 않을 것이어서 "먹먹한 눈물 한 방울로" "눈길을 녹"여 가야만 한다. 이때 발자국은 눈발에 지워지지만 "내 흔적을 남"기며 당신에게 갈 수 있을 것이다. 그 흔적은 어디에 남을 것인가? 바로 눈의 속 자체일 것이다. 그 눈 속에는 시인이 눈발과 뒤섞이면서 사라질 저항의 삶이 스며들게 될 것이다. 그렇게 스며들며 사라지는 삶은 발자국과 같은 물질적인 흔적을 남기지는 못할 테다. 하지만 그 삶은 눈을 꽃으로 피우게 만든다. 눈 속에서 지면서 "앞선 발자국 하나 없이" 저항해나가는 삶은 세상이라는 눈발을 꽃으로 변모시키는 것이다. 그런데 초월하지도, 순응하지도 않고 당신에게 가는 것인 이 저항은, 삶의 흐름 자체에서 이루어져야 한다. 즉 그것은 삶의 내재적 평면에서 벗어나지 않아야 한다. 그래서 시인은 다음과 같이 쓴다.

> 내가 버는 대로 소비할 것임을
> 빚을 내어 술을 먹고 사람들을 만날 것임을 안다
> 그러니 부자도 노예도 자발적 가난의 산골에도
> 기거할 수 없으리라
>
> 사는 대로 이 도시에서 살아질 것이다, 사라질 것이다
>
> ―「마지막 술집을 찾아서」 부분

빚을 내서 사람들을 만나고 술 마시는 "이 도시에서"의 삶 그 자체에서 미시적인 탈주가 이루어지기 시작한다. 그러한 삶의 태도는 자본주의적인 삶의 가치에 순응하길 거부하는 것이라고 할 수 있기에 그렇다. 물론 술집에서 사람들을 만나면서 사는 삶은 자본주의적인 세파로부터 고결하게 초월하는 삶과 관계없다. 하지만 그렇게라도 타인들과 만나면서 이 세상을 관통하는 삶의 물결을 만들어갈 때 저항의 기반이 마련된다. 저항은 삶을 통제하기 위해 권력이 파놓은 수로의 물결을 거슬러 다른 길로 나아가는 것, 이를 위해선 사람들과 함께 노를 저어야 한다. 그래서 그 저항의 과정은 흔들림 속에서 이루어질 것이다. 시인은 표제작인 「그네」에서, 그렇게 저항하는 삶의 흐름을 형상화하고 있다.

> 아직 누군가의 몸이 떠나지 않은 그네,

그 반동 그대로 앉는다
그 사람처럼 흔들린다
흔들리는 것의 중심은 흔들림
흔들림이야말로 결연한 사유의 진동
누군가 먼저 흔들렸으므로
만졌던 쇠줄조차 따뜻하다
별빛도 흔들리며 곧은 것이다 여기 오는 동안
무한대의 굴절과 저항을 견디며
그렇게 흔들렸던 세월
흔들리며 발열하는 사랑
아직 누군가의 몸이 떠나지 않은 그네
누군가의 몸이 다시 앉을 그네

세상의 물결에서 초월하지도 않고 순응하지도 않을 때 삶은 흔들리면서 진행될 것이다. 흔들리면서 산다는 것은 권력에 순응하지 않으면서 타인의 삶과 섞이며 체온을 나누는 삶이다. 그 삶은 "무한대의 굴절과 저항을 견디며" "발열하는 사랑"을 산다. 시인이 보기에 이 삶의 흔들림이 없다면 세상에 대한 내재적 저항은 불가능하다. 곧은 저항의 결연함은 흔들림을 통해 이루어질 수 있다. "별빛도 흔들리며 곧은 것"이며 "흔들림이야말로 결연한 사유의 진동"이기에 그렇다. 그래서 "흔들리는 것의 중심은 흔들림"이어서 흔들림을 통해 흔들림은 번져나가고 그렇게 사랑은 퍼져나간다. "누군가 먼저 흔들렸"을 삶의 체온을 또 다른 누군가에게 전달하는 그네는, 그렇게 흔들리면서 사랑을 전달하는 매개체이자 매듭이다. 이렇게 새로 창출된 그네의 이미지는 사랑과 저항을 연결하면서, 삶의 흔들림에 대한 적극적인 의미화를 이루어낸다. 그리고 이 의미화는, 문동만 시인에게는 삶을 흔들리게 만드는 격류 — 눈발 — 속이야말로 "시의 내지內地" 또는 "서늘한 시의 심해"(「투신」)임을 알려준다.

3

황규관 시인은 『패배는 나의 힘』에서 육화되지 않은 이념이나 희망을 거절하고 있다. "희망이라는 부도 난 어음 따위도 되돌려주자"(「이제는 말하지 말자」)라고 그는 당당하게 말한다. 그렇다고 그가 현실에 순응하자고 주장하는 것은 아니다. 그는 여전히 혁명을 꿈꾼다. 그러나 그는 그 혁명에의 추구가 이념에서 도출되었던 과거의 '저항' 담론에 대해 비판적인 시각을 갖고 있는 것 같다. 예전의 논리와는 달리 저항의 말은 살에서 녹아 흐르면서 발화되어야 한다고 그는 생각한다. 시인에 따르면, 살은 다음과 같은 힘을 갖고 있다.

살이 말을 녹인다

잎사귀 무성한 나무에서
새는, 아무 형체도 없이 울음만
바깥세상으로 내보내고 있다
그게 사실은 나무의 살과 새의 살이
녹아 흐르는 소리라는 것,

말이 녹으면 노래가 되고
살이 살과 섞이면 형언할 수 없는 리듬이
허공에 가득 찬다

그러므로 이 가냘픈 몸 안에
흐르고자 하는 욕망이 번득이는 것,

나는 이승의 어떤 탐닉에 대해서는 너그러워지기로 했다

살이 얼었던 마음을 녹인다
살이 굳어버린 영혼을 살린다
강물 같은 살이
달빛 같은 살이

—「흐르는 살」 전문

황규관 시인은 말을 살에 용해시키고자 한다. 살은 "얼었던 마음을 녹"이고 "굳어버린 영혼을 살"리는 능력을 가지고 있다. 살은 마음과 영혼을 다시 활성화시킨다. 살에 용해되어 되살려진 마음과 영혼은 "아무 형체도 없이 울음만/바깥세상으로 내보내고 있"는 새의 지저귐과 같은 말을 낳는다. 시인에 따르면 새의 지저귐은 아무 의미 없는 발성이 아니다. 그것은 살에 용해된 마음과 영혼이 발설하는 말이자 "나무의 살과 새의 살이/녹아 흐르는 소리"다. 존재자들의 살이 서로 섞이면서 나오는 소리가 새의 지저귐인 것이다. 새의 말 — 지저귐 — 은 노래가 된다. "살과 살이 섞이"는 용해 작용은 "형언할 수 없는 리듬"을 만들기 때문이다. 새의 지저귐과 같은 말이 시인에게는 바로 시일 것이다. 그래서 살을 섞어 "흐르고자 하는 욕망"은 살에 녹은 말을, 시를 생산한다고 말할 수 있다. 살을 섞고자 하는 욕망은 "이승의 어떤 탐닉"과 무관하지 않다. 이 세계의 살과 자신의 살을 맞대고자 하는 어떤 탐닉은 시작의 발판이기에, 그 탐닉에 대해 너그러워져야 한다.

세계와 살을 섞는다는 것, 그것은 세계의 비루함과 몸을 비빈다는 의미도 갖고 있다. 시인이 살로부터 시작을 이끌어내고자 한다면, 삶을 실제로 형성하고 있는 적나라한 살들을 외면할 수 없다. 그 적나라하고 비루한 실제의 '살-삶'에 말이 녹아 흐를 때 시는 흘러나오기 시작할 것이다. 그래서 시인은 "나는 늘 패배하며 산다"(「우체국을 가며」)면서 자신이 패배했다는 적나라한 사실을 부인하지 않는다. 「쇳소리」에서의 "가난 때문에" "내 무능에 긁혀지다 못해 밖으로" "내 대신 악다구니를 쓰는 아내"가 내는 "쇳소리"를 듣는 장면 역시 살들의 꾸밈없는 섞임을 보여주는 것이다. 살들의 섞임은 에로틱한 것만은 아니다. 그 섞임은 이렇게 생활 속에서의 악다구니로도 나타난다. 하지만 그 악다구니 역시 살에 녹은 말이다. 우리의 육신으로부터 나오는 진실이다. 패배와 비루함이 바로 현재 살아가고 있는 삶의 살을 만들어나가는 것이다. 그래서 그 쇳소리 나는 악다구니 역시 시의 자장 속에 있다.

그러나 황규관 시인에게 시는 그 적나라한 살의 말에서 출발하여 완성으로 나아가는 것이다. 방금 인용한 「쇳소리」에서 "내 꿈은 은행빚을 탕감받는 게 아니라/이 비루함을 더 큰 비루함으로 완성하는 것"이라고 시인이 쓰고 있는 것은 이 때문이다. 비루함의 살을 더 밀고 나가는 것, 그것이 시인이 가지고 있는 삶의 태도다. 그런데 비루하게 살을 섞어나가는 생활은 그 자체로 완전한 것이기도 하다.

내 수입은 완전하다 어떤 핑계와 굴욕과
타락한 삿대질을 갖다대어도
아무렇지 않게 아내를 눕히려는 건
자위나 오기가 아니다 여기까지도 완전한데
왜 우리는 결핍에 시달리며 사랑을 해야 하나
봄비 그친 오늘 아침엔
마른 가지마다 어린잎이 입도 안 가리고 웃었다
그게 우주고 또 우리의 생활은 거기서 피어나는 것,
이제야 어떤 비밀을 알았다는 순간의 오만함으로
아내여 아무 전제 없이 불을 *끄자*
그러나 끝내 내게 오지 않은 애인이나 가슴의
밑바닥에서 울부짖는 텅 빈 심연은 모른 척해다오
우리는 완전하니까 가냘픈 수입도
크는 새끼들의 주전부리도 가난한 잠자리도

완전한 만큼 슬픔은 맑은 거니까

ㅡ「완전한 슬픔」 후반부

시인은 삿대질을 받으며 "가냘픈 수입"으로 살아가야 하는 생활을 산다. 하지만 시인은 "내 수입은 완전하다"라고 쓴다. 가난한 생활은 "마른 가지마다 어린잎이 입도 안 가리고 웃"는 것처럼, 더 빼고 더할 것 없이 완전하다. 그리고 그 생활은 그 자체로 완전하기 때문에 순수하다. 그래서 가난의 생활이 빚어내는 슬픔은 맑다. 그래서 시인은 아내에게 "여기까지도 완전한데/왜 우리는 결핍에 시달리며 사랑을 해야 하나"라고 항의하고, "아무 전제 없이 불을 끄자"면서 "아내를 눕히려"고 한다. 비록 가난하지만 삶은 그 자체로 완전하기에, 사랑도 결핍에 시달리면서 하는 것이 아니라 그 완전성 위에서 아무 전제 없이 해야 한다고 시인은 생각한다. 그때의 그 사랑은 불을 끄고 살을 섞는, 철저히 육체적인 사랑이다. 사랑은 결핍과 부정에 의해 이끌리는 것이 아니라 존재의 육신이 지닌 완전성이 이끌어야 한다는 깨달음. 그 깨달음은 "이제야 어떤 비밀을 알았다는 순간의 오만함"일지 모르나, 시인은 기꺼이 오만하고자 한다. 그 오만함이 삶을 긍정적으로, 활력 있게 살아나갈 수 있는 태도를 생산할 수 있기 때문이다.

허나 시인이 현재의 생활에 함몰되자고 주장하는 것은 아니다. 그는 삶의 완전성, 웃고 있는 어린잎의 육신이 보여주는 것과 같은 그 존재의 완전성에서 "생활은 피어나는 것"이라고 말하고 있기 때문이다. 즉 사랑과 생활은 이 완전성 위에서 "피어나는 것"이어서 꿈틀거리며 계속 생성되어야 하는 것이다. 하지만 이 진술이 희망을 다시 갖자는 식의 의미를 갖는 것은 아니다. 시인은 이미 비루함으로 더 큰 비루함을 완성시키자고 말하지 않았던가. 치열하지 못한 희망으로 비루한 삶을 덮자는 것은 이 시인에겐 거짓에 불과하다. 말이 아닌 살로 된 희망을 가져야 한다. 이때, "밑바닥에서 울부짖는 텅 빈 심연"을 시인이 언급하고 있는 부분이 주목된다. 진실에 육박하고자 하는 시인은, 비록 아내에게 모른 척해달라고 말하고 있지만, 이 심연의 엄연한 존재를 외면할 수 없다. 악다구니 속에 살이 섞이는 과정에서 입게 되는 깊은 상처, 그것이 텅 빈 심연을 만들 것이다. 그 상처의 심연이 바로 패배일 터, 피어나는 생활은 그 심연-패배를 딛고서야 생성될 수 있다. 그래서 역설적으로 심연 그 자체에 투신해야 한다. 심연을 외면하고 세워지는 삶은 부실공사가 된다. 저항과 희망도 그 심연에서부터 이루어져야 육체적이 될 것이며 삶의 차원을 얻을 수 있다.

소멸이 아니라
소멸마저 태우는 마침표 하나
비문도 미문도
결국 한번은 찍어야 할 마지막이 있는 것,
다음 문장은 그 뜨거운 심연부터다
아무리 비루한 삶에게도
마침표 하나,
이것만은 빛나는 희망이다

―「마침표 하나」 후반부

패배와 비루가 그를 심연으로 떨어뜨릴지 모른다. 하지만 그 심연을 두려워하지 말고 도리어 그 심연에 투신할 수 있을 때, 그 심연은 "결국 한번은 찍어야 할" 마침표가 될 수 있다. 뜨거운 심연을 거쳐야 비로소 다음 문장 ― 삶 ― 을 쓸 수 있다. 마침표를 찍어야 새로운 싸움을 할 수 있다. 그래서 "눈빛이 텅 빈 침묵이 되어야/어떤 싸움도 치를 수 있는 것/끝내 패배한 자여,/패배가 웃음이다"(「패배는 나의 힘」)라고 말할 수 있으며, 그리하여 그 심연의 마침표는 "빛나는 희망"이 될 수 있다. 이렇게 시인은 패배가 파놓은 삶의 심연을 삶의 힘이자 희망으로 전화시킨다. 이때 심연의 "종잡을 수 없는 무명"에 의해 "가늠할 수 없는 힘"이 생성되기에 "어둠을 비추는 힘은 불빛에게 있지 않다"

(「무명」)는 시인의 말이 이해된다. 지금은 "지워진 길도 내버려 둘 때"이며 "내 안의 불빛도 이만"(「이제는 세상의 불빛을 끌 때」) 끌 때다. 왜냐하면 지금은 마침표를 찍을 시간, 심연에로 투신할 시간이기 때문이다. 그리고 새로운 노래 는 이 고통스러운 심연을 마음에 다 받아들이고 난 이후에 터져 나오기 시작할 것이다.

> 사랑도 이제 막바지다
> 새끼들 칭얼거림을 다 듣고
> 아내의 지친 한숨도 내 것으로 한 다음에야 노래는
> 터져나올 것이다
> 깨어진 기억은 길가에 치워져 있다
> 천장이 한없이 낮아
> 일찍 취하는 주점에서
> 마시고 내린 빈 잔을 가슴에 가득 담을 것이다
> 사랑은 막바지고
> 외로움도 좋다
> 백척간두가 내 힘이다
> 그러나 다시 노래는 울고 말 것이다
> 끝내 오고야 말 폐허까지
> 폐허의, 폐허의 아침까지
>
> ―「예감」 후반부

하나의 사랑이 이제 막바지에 다다랐다. 그리하여 남아 있는 것은 "새끼들 칭얼거림"과 "아내의 지친 한숨"이며, "끝내 오고야 말" 것은 폐허다. 기억은 깨 어져 "길가에 치워져 있"고 시인은 외로이 "마시고 내린 빈 잔을" 눈앞에 두고 있다. 하지만 그는 칭얼거림과 한숨과 외로움과 빈 잔을, 깨진 희망과 심연에 빠진 생활을 모두 가슴에 담으려고 한다. 그것은 노래에 대한 믿음 때문이다. 노래는 저 심연과 폐허를 "내 것으로 한 다음에야" "터져나올 것"이라는 믿음 말이다. 물론 삶이 저 심연에서 벗어날 수 있다는 어떤 보장도 없다. 그렇기에 심연에의 투신은 역으로 백척간두에 서 있는 것과 같다. 여기서 영영 삶은 끝 장날지도 모른다. 하지만 이렇게 심연 속의 삶을 최고의 긴장 상태로 전화시키 는 태도 자체가 다른 삶으로 비약하기 위한 에너지를 충전하는 일이다. 즉 이 심연-백척간두의 긴장이 "터져나올" 노래, "다시" "울고 말" 노래를 준비한다. 이 노래가 터져 나올 때 "끝내 오고야 말" "폐허의, 폐허의 아침"이 올 것이다. 터져 나올 노래에의 예감이란 "회오리 같은 운명의 힘을 믿는/어떤 기운"(「아 이를 기다리다」)을 가리킨다. 그 폐허에 도달한다는 것은 "배신 속에서/아찔한 타락의 낙차를 겪으며 얻은/비바람 가득한 혼돈의 힘"(같은 시)이 도래한다는 것을 의미한다. 시인은 기꺼이 그 회오리 같은 운명과 도래할 혼돈의 힘을 맞 이하고자 한다.

그러나 그 폐허 이후에 다가올 "폐허의 아침"엔 어떠한 노래가 불려질 것인 가? 심연의 마침표가 찍힌 이후, 어떤 시의 문장이 기다릴 것인가? 그 문장은 새로운 싸움, 새로운 혁명을 기록하게 될까? 아니, 그 아침엔 비바람이 지나간 후의 평온이 오지 않겠는가? 아니, 그 평온한 아침이 새로운 혁명을 내장하지 않겠는가? 심연의 마침표가 찍힌 이후 어떤 노래가 불릴지에 대하여, 시인은 다음과 같이 쓰고 있다.

풀잎이 들려주는 목소리가
혁명의 노래야

갓난아이의 배냇짓 같은
폭포소리의 극점 같은
단지 밥 넘어가는 목구멍의 깊은 울림 같은

낮은 목소리가

너무 낮고 낮아
보이지 않는
들리지 않는
우주의 선율이

바람에 흔들리다
끝내는 떨어지는 나뭇잎의 비명이
들리지 않는 거대한 침묵이
상처를 물밀 듯 넘어오는 기쁨이야

지금보다 더 낮고
낮은 목소리
어제보다 낮은 내일의 목소리

―「낮은 목소리」 전문

"상처를 물밀 듯 넘어오는" 폐허의 아침에 불릴 혁명의 노래는 뜻밖에도 "풀잎이 들려주는" "낮은 목소리"다. 그 목소리는 "너무 낮고 낮아" 보이지도 않고 들리지도 않지만, 그래서 그것은 "지금보다 더 낮고" "어제보다 낮"을 것이지만, 그것은 분명히 "내일의 목소리"다. 그 낮은 목소리가 어떻게 "혁명의 노래"이자 "내일의 목소리"가 될 수 있는 것일까? 그 목소리는 사실 "들리지 않는 거대한 침묵"인 "우주의 선율"이기 때문이다. 침묵하는 자연에 내재되어 있는 선율이 바로 그 목소리인 것이다. '우주'라고 해서 저 하늘에 떠 있는 별의 세계만 생각할 필요는 없다. 그 우주의 선율은 "갓난아이의 배냇짓" 또는 "폭포소리의 극점", "밥 넘어가는 목구멍의 깊은 울림"에서 퍼져 나오는 것이다. 내일의 목소리 ― 혁명 ― 가 풀어낼 노래는 관념이나 이념의 세계가 아니라 자연 안에 내장되어 있는 우주의 선율에 따라 불릴 것임을 시인은 '예감'한다. 그래서 그 혁명의 노래는, 바로 앞에서 본 바 있는 「흐르는 살」에서의 "나무의 살과 새의 살이/녹아 흐르는 소리"와 직결될 것이다. 내일의 혁명은 자연의 살들이 섞이며 빚어내는 선율을 이 세상에 풀어내는 것이다.

황규관 시인은 그 혁명을 "설레는 내일의 리듬으로/그러나 오늘의 목소리로 꿈틀꿈틀/아무런 제한 없이 규정 없이/까마득히 내"(「봄비」)리는 봄비의 이미지로 표현하기도 한다. "어떠한 제한과 규정"에서 탈주하면서 내일의 리듬으로 오늘의 목소리를 꿈틀대며 발하는 것, 그것이야말로 바로 저항 아니겠는가? 그렇다면 시인에게 내일의 혁명이란, 대지에 그렇게 "까마득히 내"리는 저항을 통해 현재화될 무엇이다.

(『서시』 2010년 겨울호)

4장

다문화주의의 제국帝國을 넘어서 평등한 제국諸國으로

하종오의 근작시에 대하여

1

한국에서 다문화주의는 이제 낯선 담론이 아니다. 2000년대 이후 한국은 노동자 수출국에서 노동자 수입국으로 전환되었고 동남아 여성들의 결혼 이민으로 다민족 가정이 부쩍 증가했다. 이들 노동자들과 여성들은 경제적인 이유 때문에 한국으로 들어오는 것이지만, 한국 정부 입장에서도 이들의 입국을 유도하는 경향이 있다. 중소기업은 싼 노동력 상품인 외국인 노동자들을 필요로 한다. 젊은 여성들을 찾아보기 힘들기조차 된 농촌에서는 농사에 필요한 여성인력으로 이민자 여성들을 필요로 한다. 이들 여성들은 한국 남자와 결혼하여 아이를 낳아 대한민국 국민을 '생산'하는 기능도 맡게 된다. 한국은 이제 가난한 나라의 이주민들이 반드시 필요한 나라가 되었다. 2000년대 이후 한국 사회가 맞이한 이러한 상황은, 자연스레 다문화주의 담론이 활성화되는 토양을 마련해주었고 정부에서도 다문화주의 담론을 조직해나가기 시작했다. 허나 한국 사회에서는 다문화사회가 이제 막 형성되기 시작하였기 때문에, 사실 다문화주의가 한국인의 피부에 와 닿는 담론은 아니다.

한국의 다문화주의 담론은 자생적 담론은 아니고, 미국과 유럽에서 활발히 논의되어왔고 지금도 진행 중인 담론을 수입한 것이라고 할 수 있겠다. 다민족 사람들이 혼재하여 살아가고 있는 미국과 유럽에서 다문화주의는 현재적인actual 담론이다. 미국에서 다문화주의는 흑인이 자신의 목소리를 내기 시작한 데에 대한 반응으로 나온 담론이라고 할 수 있다. 1960년대 이후, 미국의 흑인들이 자신의 문화를 긍정하고 자신의 존재가 지닌 가치를 당당하게 내세우기 시작했다. 그러자 미국에서는 다양한 민족들의 문화 차이를 인정하고 관용하자는 다문화주의 담론이 확산되었다. 그래서 다문화주의는 흑인들의 투쟁에 의해 얻게 된 미국 내 소수민족 사람들의 전리품이라고도 할 수 있다. 하지만 관용에 기초한 다문화주의는 불평등을 생산하는 사회 역사적 문제로부터 사람들의 눈을 돌리게 만들어 소수민족의 보편적 권리를 위한 투쟁을 무력화 하는 기능도 가질 수 있다. 그렇기에 미국의 정치학자인 웬디 브라운Wendy Brown은 "관용에 기반한 다문화주의 담론의 아이러니는, 이 담론이 본질화된 정체성에 문제 제기하기보다는 정체성을 한층 더 자연화하며, 나아가 차이 자체를 적대 행위와 혐오감을 일으키는 원인으로 본다는 데 있다. …… 오늘날 관용은 차이를 절대적으로 동등하게 존중하는 동시에, 기존의 지배와 우월성을 안전하게 보존하려는 시도라 할 수 있다."[1]라고 비판하고 있다.

유럽에서의 다문화주의는 노동 이주자의 유입이 증가하면서 제기되었다. 프랑스의 경우 적극적인 이주정책을 통해서 부족한 노동력을 해결하려고 했다. 유입된 노동력은 주로 프랑스의 식민지였던 북아프리카로부터 조달했다. 현재 프랑스에는 400만 명 이상의 이민자가 존재하며, 이는 전체 프랑스 인구의 6.2%, 파리 인구의 13%에 해당되는 것으로 추산된다.[2] 프랑스는 관용과 비

---

1. 웬디 브라운, 『관용 ─ 다문화제국의 새로운 통치전략』, 이승철 옮김, 갈무리, 2010, 8쪽.

차별의 법제화를 이룩하고 이민족 문화의 차이성을 존중하는 다문화주의 정책을 실시했지만, 이민자들의 대다수가 빈민이기 때문에 실제적인 평등이 이루어졌다고는 볼 수 없다. 2005년 방리유에서 일어난 이민자 2세 젊은이들의 봉기는 이를 잘 보여준다. 프랑스의 다문화주의는 싼 노동력으로 팔려온 이민자들의 빈곤한 상황을 해결하지 못했던 것이다. 그래서 프랑스의 철학자 알랭 바디우Alain Badiou는, 현재 프랑스에서 다문화주의나 관용, 타자에 대한 인정, 관용 등을 내세우는 윤리 담론 — 특히 레비나스Emmanuel Levinas의 사상에 기초한 담론들 — 이 결국 종교적 공리에 접맥되었을 뿐이라고 지적하면서, 그 담론들에 대해 "경건성 없는 경건한 담화와 무능력한 정부들을 위한 영혼의 보족물, 포교布敎의 필요를 위해 사멸된 계급 투쟁을 대체하는 문화사회학"3이라고 거침없이 비판한다.

관용을 내세우는 다문화주의에 대한 웬디 브라운과 알랭 바디우의 비판은 그 담론이 결국 통치성의 담론이라는 데 맞추어져 있다. 다문화주의는 인종적 소수자나 성적 소수자에게 관대한 모습을 보여주지만, 결국 현재의 차이를 자연화하고 해방을 위한 보편적인 투쟁의 필요성을 가려버린다는 것이다. 미국과 유럽에서의 다문화주의에 대한 비판은, 다문화주의에 대한 논의의 필요성이 제고되고 있는 한국에서도 관심을 가질 필요가 있다. 사실 한국 정부에서 조직하고 있는 다문화주의 담론은 일종의 '통치전략'과 무관하지 않은 것 같다. 아니 한국정부는 노골적으로 통치전략으로서 다문화주의를 활용하고 있다고 생각된다. 한국 정부의 이주자들에 대한 입장이 이중적인 것만을 보아도 그러하다. 사회학자 김희정에 따르면, 한국의 다문화주의 정책에서 사회 통합 지원 대상은 주로 결혼 이민자와 코시안(한국계 아시아인)들이며 화교와 장기체류 이주노동자들은 다문화주의 정책으로부터 소외되어 있다.4 한국의 경제에 실

---

2. 이산호, 「프랑스의 문화다양성과 사회통합정책」, 『다문화주의의 이론과 실제』, 경진, 2010, 33~34쪽 참조.
3. 알랭 바디우, 『윤리학』, 이종영 옮김, 동문선, 2001, 33쪽.

질적인 기여를 하고 있는 이주노동자들이 다문화주의 정책에서 배제되었다는 것은 그 정책이 윤리나 정의에서 비롯된 것이 아니라 철저히 통치의 맥락에서 제기되었다는 것을 의미한다.

정부는 출산율이 낮은 현 한국 상황에서 결혼이민자들의 대한민국 국민 생산은 보호되고 장려되어야 한다는 입장을 가진다. 한국 남자와 결혼 이민 여성이 낳은 자식이 차별 없이 한국인으로서 대우받아야 다인종 가족에서의 출산이 활발해질 수 있기 때문이다. 현재 방송에서 자주 볼 수 있는 공익광고들은 코시안들 및 이민자 2세(혼혈 아동) 역시 한국 국민이라는 것을 강조한다. 정부의 '다문화주의' 정책은 바로 국민의 인구 정책과 연결되어 있다. 이 정책은 푸코가 개념화한 생生 권력, 즉 "죽음의 위협보다는 삶의 조절을 통해 종속적 신체를 생산하고 인구를 관리하는 권력"[5]과 맞닿아 있는 것이다. 반면, 결혼이민자들은 대한민국 국민이기 '때문에' 그래도 존중받을 수 있었지만, 이와는 달리 대한민국 국민이 아닌 '불법' 이주노동자들은 존중받지 않아도 되는 타자가 된다. 이들 미등록 노동자들은 대한민국 국민이 아니기에 한국 사회에서 최저임금도 받지 못하고 폭력적인 노동 환경에 내몰려도 되는, 그래서 강제추방 단속에 쫓겨 추락사 하곤 해도 별 상관없는 존재다.

조르조 아감벤에 따르면 "오늘날의 민주주의적-자본주의적 프로젝트는 자신 속에 배제된 인민을 재생산"[6]한다. 생권력은 배제를 통해 '벌거벗은 생명'을 생산하면서 작동한다. 아감벤은 그 배제된 인민을 "희생물로 바칠 수는 없지만 죽여도 되는 생명"[7]인 '호모 사케르'로 개념화 한다. 저 한국의 불법 이주노동자들이 바로 한국에서 배제된 인민이다. 한국 국가는 이들을 배제하면서

---

4. 김희정, 「한국의 관주도형 다문화주의」, 오경석 외, 『한국에서의 다문화주의 — 현실과 쟁점』, 한울, 2007, 66, 68쪽.
5. 웬디 브라운, 『관용』, 60쪽.
6. 조르조 아감벤, 『호모 사케르』, 338쪽.
7. 같은 책, 175쪽.

도, 통치를 위해 이들을 필요로 한다. 국가의 배제 정책은 이들을 최저임금보다도 못한 임금을 받아도 감내하도록 만든다. 이들 값싼 노동력은 중소기업의 '경쟁력' — 이들의 삶을 착취하여 값싼 상품을 생산하여 대기업에 납품한다는 — 을 제고시켜 한국 경제의 전체 경쟁력을 향상시킨다. 그리고 이러한 값싼 노동력의 존재는 한국 노동자 전체의 임금 인상을 억제하는 효과를 가진다. 국가는 이주노동자에 대한 이 '포함적 배제'를 통해 자본과 공생한다. 이민자의 국민화에만 초점을 맞추고 있는 한국의 현 다문화주의 정책은, 그 이면의 추방과 배제를 통해 작동하고 있다. 이민자 역시 이러한 배제의 위협으로부터 자유롭지 못하기 때문에, 국가가 다문화주의적인 관용으로 그들을 국민으로 호명하면서 이루어지는 '주체화'에 저항하기 힘들게 된다. 국가에 의해 작동되는 이민자들에 대한 주체화는 이민자들 스스로 주체성을 형성할 수 있는 가능성을 억누른다.

2

지금까지 필자는 한국에서 정책적으로 이루어지고 있는 다문화주의 담론에 의심의 눈길을 보내야 한다는 말을 한 셈이다. 그런데 한국 사회에 이민자들이나 이주노동자들이 늘어나고 있는 것은 분명한 사실이다. 다문화주의의 프레임을 피한다면, 한국인이 이 현상에 어떻게 접근해야 할까? 저 얼굴색과 언어와 문화가 다른 이주민들이 한국인과 차이를 보여주는 존재자들인 것은 분명하다. 그 차이를 존중하는 동시에 이들을 한국인으로서 받아들이려는 태도가 다문화주의라면, 이 다문화주의 말고 이들에게 어떻게 접근할 수 있단 말인가? 우선 차이의 존중이 먼저가 아니라 저들이 실재적으로 어떻게 살고 있는지를 인식하고, 저들이 우리와 같은 능력을 가진 평등한 존재라는 것을 인정하는 것이 중요하다. 저들 역시 우리처럼 고통과 기쁨의 교차 속에서 살아가고

있으며, 잠재되어 있는 능력을 개화시키지 못한 채 살아가고 있다는 사실을 우
선 인식해야 한다. 하지만 저들과 우리가 평등하다는 인식은 당위적이고 추상
적인 데에 그칠 위험이 있다. 타자를 인식하는 데 있어서 문학이 중요한 것은
이 때문이다. 문학은 타자와 내가 수평적 평면에서 살아가고 있다는 것을 구체
적으로 알게 해준다. 문학을 통해 우리는 타자와 우리가 평등한 존재임을 깨달
을 수 있다.

　　타자와 나의 평등을 기반으로 할 때에만 차이는 삶을 새롭고 긍정적인 생
성으로 이끌 수 있다. 여기서 하종오 시인의 작업이 주목된다. 시집『반대쪽 천
국』(2004)에서부터 시작하여『아시아계 한국인들』과『국경 없는 공장』(2007)
을 거쳐 최근에 발간된『입국자들』(2009)과『제국』(2011),『남북상징어사전』
(2011)에 이르기까지, 하종오 시인은 2000년대 중반부터 한국에서 타자로 등
장한 이주민들에 대해 문학적 인식을 심화시켜 왔다. 그는『아시아계 한국인
들』과『국경 없는 공장』에서, 국가의 포섭 대상인 결혼 이민 여성이 인종적 차
별과 노동 착취를 당하고 있는 실상과 통제 대상인 이주노동자들이 다문화주
의 정책에서 배제되어 '호모 사케르'화 되고 있는 실상을 과장이나 감정 노출
없이 구체적으로 드러낸 바 있다.[8] 근작 시집인『입국자들』과『제국』, 그리고
『남북상징어사전』에서 시인은, 이러한 이주민들에 대한 조명을 탈북자, 조선
족, 몽골인 등으로까지 넓히고, 더 나아가 여러 나라들(제국諸國)에 흩어져 사
는 이들을 동시적으로 드러내는 전지구적인 시야를 보여주고 있다.

　　"감정이입이나 가치판단보다는 그들대로의 모습을 시로"(「자서」,『제국』)
쓴다고 시인 스스로 말하고 있듯이, 그의 시에는 "수식어와 수사, 그리고 창작
자의 권능"(「입국자들」,『입국자들』)이 배제되어 있다. 현재 한국인에게 우선

---

8. 필자는 이 책 4부에 실린「수평의 시선으로 포착한 이주노동자의 삶」(작가회의 출판부,『내일을
여는 작가』 2007년 가을호)이라는 글에서 이에 대한 읽기를 제법 자세하게 전개시킨 바 있다. 이
글은 최근에 상재된 시집인『입국자들』과『제국』, 그리고『남북상징어사전』에 실린 몇몇 시편들
을 중심으로 깊이 읽기를 시도하고자 한다.

필요한 것은 이주민들의 삶 자체에 대한 구체적인 인식이라고 할 때, 어떻게 보면 건조한 서술로 빠질 수 있는 이러한 작법은 도리어 적절한 것이 된다. 억지스러운 감정이입이나 섣부른 가치판단은 타자의 진실에로 다가가는 길을 차단할 뿐이기 때문이다. "그들대로의 모습을" 있는 그대로 드러내고자 하는 하종오의 시는, 한국 내 이주민들의 삶의 실상을 그대로 보여줌으로써 '정책적 다문화주의'의 프레임에서 벗어난다. 더 나아가 그의 작업에서 이주민들은 다문화주의라는 정책의 대상이 아니라 희망과 고통 속에서 구체적으로 살아나가고 있는 주체로서 등장한다. 이를 볼 때, 그의 작업은 이주민들의 삶에 대한 가려진 진실을 드러내는 일이면서 이들을 대상화하여 '취급'하고 있는 한국 정부와 사회에 대한 비판이다. 이를 구체적으로 논하기 위해, 이 절에서는 우선 『입국자들』의 시편들을 살펴보고자 한다. 이 시집의 후반부에는 한국 내 아시아계 이주노동자들 삶의 실상이 담담한 필치로 조명되고 있는데, 그 중 아래의 시를 먼저 읽어본다.

미얀마리즈 마웅마웅탄 씨는
아침에 죽은 모습으로 발견되었다

어젯밤 마웅마웅탄 씨는 잠자리에 누워
아버지는 소를 몇 마리로 늘렸을까
어머니는 염소를 몇 마리로 늘렸을까
날마다 소젖과 염소젖을 얼마나 짤까
집을 그리워하다 곤히 잠들었는지
공장장이 내일도 주먹질할까
공장에서 언제 쫓겨날까
일손이 서툰 처지를 걱정하며 뒤척였는지
아무도 몰랐고 아무도 알려고 않았다

잠시 마웅마웅탄 씨를 알았던 동료들 중

한 베트나미즈는 봉급을 못 받아 빌려 쓰더라고 했고

한 스리랑칸은 불법체류자 신고 위협을 받았다더라고 했고

한 네팔리는 한 달 연이어 야근했다더라고 했다

미얀마리즈 마웅마웅탄 씨에게

사인 불명이라는 사망진단이 내려졌다

—「돌연사」 전문

"미얀마리즈 마웅마웅탄 씨"의 삶에 대해 그 누구도 알려고 하지 않았기에, 그의 죽음의 원인에 대해서 그 누구도 알지 못한다. 마웅마웅탄 씨 역시 부모가 계신 집을 그리워했을, 우리와 같은 사람이었을 테다. 하지만 한국에서 그는 공장에 이윤을 안겨다주는 하나의 기계였을 뿐이다. 아마도 불법 체류자였을 그는, 인권을 보장받지 못하고 공장장에게 상시적으로 주먹질 당해야 했던 노예였다. 한국에서 그는 살아 있어도 산 것이 아니었고 죽었어도 죽은 것이 아니었다. 그저 부림을 당하다가 치워졌을 뿐이다. 그 역시 우리와 같이 "걱정하며 뒤척"이면서 살아가야 하는 존재자였을 텐데 말이다. 다만 그를 잠시 알았던 동료 이주노동자들의 증언을 통해 그의 죽음이 어떠한 상황 속에서 이루어졌는지 짐작할 수 있을 뿐이다. 그는 "봉급을 못 받아" 돈을 빌려 쓰고 있는 상황이었고, 그럼에도 불구하고 "불법체류자 신고 위협을 받"아 불안에 떨면서 "한 달 연이어 야근"해야 했다. 국가는 그를 '사인 불명'이라고 진단해버리고 있지만, 그의 사인은 분명히 존재한다. 그를 괴롭힌 궁핍과 불안과 과로가 그를 죽게 했다. 그렇다면 그는 살해당한 것이다. 즉 그를 추방시키려고 하는 국가와 이를 이용하여 그를 마음껏 폭행하고 착취할 수 있었던 자본이 그를 살해한 것이다. 이는 전혀 과장된 진술이 아니다. 불법 체류 노동자들의 죽음은 그들이 겪고 있는 가혹한 상황에서 비롯된 것으로, 하종오 시인은 여러 시편에서

그러한 상황의 실상을 드러내고 있다.

자본에게 노동자들은 이윤을 창출해줄 수 있는 도구일 뿐이다. 이주노동자가 자본의 관심 대상이 되는 것도, 마찬가지로 그들이 한국인 노동자보다 값이 싸기 때문이다. 그들 노동자들이 맞닥뜨리고 있는 상황은 비정하다. 「값」이라는 시는 공장장과 사장에게 이들 노동자들이 어떻게 취급되고 있는지 보여준다. "야구 방망이를 들고 다니는" 공장장은 "회사가 우즈베크나/러시안을 채용하는 게" "영 못마땅"한데, 왜냐하면 그들보다 "몸집이 더 작은 캄보디안이나/미얀마리즈는 겁먹고/자신에게 눈치를 보"는 게 좋지만, "몸집이 더 큰 우즈베크나/러시안은 덤벼들까 봐/자신이 곁눈질을 해야 하"기 때문이다. 하지만 "공장에서 쫓겨나면 얼마 동안이나/실업자로 지내야 할지 모르"는 우즈베크나 러시안도 "움츠려들기는 마찬가지"이며, 회사는 "그렇거나 말거나" "값이 싸서" 우즈베크나 러시안을 "채용한 것"일 뿐이다. 이 구절들을 보면, 작업장 내부에서는 캄보디안이나 미얀마리즈에 대한 인종적 멸시가 횡행하고 있으며, 자본은 그렇거나 말거나 이윤만 뽑아내려고 한다는 것을 알 수 있다. 「값」은 아시아계 이주노동자들이 겪는 이중의 고통 — 인종주의에 따른 인격적 모욕과 자본주의에 의한 인간의 도구화 — 을 적확히 드러낸다.

이러한 상황은 그들을 불법체류자로 낙인찍고 추방할 수 있는 국가 권력이 뒷받침해주고 있기에 벌어질 수 있다. 「악랄한 공장」은 한국의 자본들이 불법 이주노동자들의 처지를 이용하여 그들에게 노예노동을 시키고 있음을 말하고 있다. 방글라데시에서 한국에 온 라흐만 씨는, 자신이 일한 목재공장에서도, 도금공장에서도, 국수공장에서도 "봉급을 차일피일 미루더니" "불법체류자로 신고하겠다고 해서" 반복해서 "일년 만에 도망"쳐야 했다. '불법체류자' 낙인의 위협은 그들의 인권과 노동권 모두를 박탈하는 것이다. 그래서 그들은 합법적으로 체류하기 위해 한국 여자와 결혼하고 싶어 한다. 하지만 "이른 아침부터 늦은 밤까지 일하느라/어떤 한국 여자와도 사귈 짬이 없"(「교제」)기에 결혼은 거의 불가능하다. 한국 여자와 사랑하여 같이 살게 되는 경우가 아예 없는 것은 아니다. 「첫눈」은 한국여자와 첫눈에 사랑하여 "혼인신고도 하지 않고 아이 낳고" 같이 살게 된 "방글라데시 남자 피아즈 씨"의 이야기를 전해준다. 하지만 한국인 아내는 결국 도망치고 마는데 "한국에선 가난하게 아이 키우며 /이웃에게 눈총 받아야 하"고 "방글라데시로 가면/더 가난하게 아이 키우며/이웃의 눈치 봐야 하"기 때문이다. 결국 "지하셋방에서 아이 달래며" 놀아야 했던 피아즈 씨는 출근하지 못하고, 곧 공장에서 잘리고 만다. 악순환이다.

악순환에서 벗어날 수 없다는 것, 그리스 신화가 말해주듯이 그 악순환이야말로 지옥이다. 불법 이주노동자들은 한국에서 지옥을 체험해야 한다. 하종오는 이러한 지옥 같은 실제 상황을 담담하게 진술함으로써 그 사실성을 더욱 짙게 하고 있다. 그러나 하종오 시의 또 다른 미덕은 지옥 같은 상황에 놓인 이주노동자들이 주체적인 삶을 구성해 나가고 있다는 사실 역시 포착하고 있다는 점에 있다. 배제된 자들의 주체성 형성은 그들 스스로의 연대를 통해 이루어질 수 있다. 시인은 여러 시편들에서 연대의 장면을 형상화한다. 「밴드와 막춤」은 동남아 노동자들이 밴드를 결성하여 도심 지하보도에서 연주하자 노인네들이 몰려들어 막춤을 추는 장면을 포착하여 보여준다. 「신분」은 인종이나 불법/합법, 남녀나 출신 국가의 구분 없이 똑같이 노동해야 하는 공장 안에서, 미얀마 처녀 파파윈한 씨가 "세계의 어떤 법령에도/노동하는 인간의 신분을 따질 수 있다고/씌어 있진 않을 것"임을 깨닫게 되고는 한국 청년에게 연정을 조금씩 가지게 되는 모습을 보여준다. 「연인」에서 시인은 불법체류자인 자말 씨와 대한민국 국민인 정숙 씨는 여러모로 다르지만 "둘 다 공장 노동자"라는 것 한 가지가 같기에 "서로 마음이 몸을 끌어당긴다"고 진술한다.

이 시편들은 한국인과 이주노동자 사이에 국가를 뛰어넘는 연대-사랑의 가능성을 드러낸다. 그 연대-사랑은 그 한국인들이 이주노동자처럼 사회에서 배제되거나 착취당하는 자들이기 때문에 이루어질 수 있는 것이다. 한편 이주노동자들끼리의 연대를 보여주는 시편들도 있다. 가령, 「기후 난민·1」은 사이클론에 의해 피해 입은 고향을 슬퍼하는 방글라데시 청년과 미얀마 청년이 서로를 위로하며 번갈아가며 술을 사는 장면을 보여준다. 그러한 연대감은 저항으로 발현되기도 한다. 「생리휴가」는 인도네시아에 진출한 한국 자본에 의해 현지 여성노동자들이 성적·인종적 차별과 노동 착취를 동시에 당하고 있다는 사실과 이에 대해 그녀들이 연대하여 저항하는 모습을 감동적으로 보여주고 있다. 전문 인용하여 다시 읽어보기로 한다.

인도네시아 공업단지에

한국 자본으로 세워진 공장에서

인도네시아 한 여성 노동자가

수줍어하며 생리휴가원 냈다

한국인 현장 책임자가

생리 휴가원 돌려주며

직접 생리대 꺼내 보여주면

허가하겠다고 웃으며 말했다

그 사태 전해들은

여성노동자들이 일손 놓고

모두 사무실에 몰려와서

일시에 가랑이에서

생리대 꺼내어

말없이 마구 흔들어대었다

3

　시집 『제국』에서 하종오 시인은 전지구적 규모로 이루어지고 있는 노동과
자본의 이동에로 시야를 넓히고 있다. 시인의 예전 작업 역시 이주민들의 삶
— 주로 한국에서의 삶 — 을 지구화와 연관시켜 바라보긴 했지만, 이동 자체에
초점을 두고 있지는 않았다. 그런데 『제국』에서는 자본과 가난한 이들이 이주
해야만 하는 상황을 드러내고 그 이주에 따라 어떠한 일이 벌어지는지 추적한
다. 자본은 좀 더 값싼 노동력을 얻어 더 많은 이윤을 얻기 위해 타국으로 이동
하며 가난한 노동자는 좀 더 많은 돈을 벌기 위해 타국으로 이동한다. 시인은
이 과정을 고찰하면서, 가난한 나라의 노동자들은 이동해 온 타국의 자본에 고
용되나 타국으로 이주하여 노동하나 언제나 가난하다는 사실을 발견한다. 즉,
결국 가난한 자는 계속 가난하다는 것이, 자본과 노동의 이동이 자유화된 시대
— ‘제국帝國’의 시대 — 의 진상이다. 현 시대의 세계 질서를 가리키는 ‘제국’은
안또니오 네그리와 마이클 하트Michael Hardt의 공저인 『제국』을 통해 널리 알려
져 있다. 네그리는 현 시대가 제국으로의 이행기라고 보고, 그 제국으로의 이
행이 지닌 특성 중 하나로 지구화 현상을 든다. 이때 지구화 현상이란, 강한 국
민국가가 약한 국민국가를 종속시키는 제국주의 시대와는 달리, 식민지적 질

서가 붕괴하면서 전 세계 시장이 재분할되고 자본과 노동의 이주가 활발하게 된 상황을 의미한다.[9] 제국은 이른바 지구화와 밀접한 개념인 것이다.

그런데 네그리도 지적하고 있듯이 식민지적 질서가 붕괴되어가고 있다고 하더라도 자본과 주권국가의 권력이 약화되는 것은 아니다. 도리어 더욱 강화된다. 사회 전체가 노동으로 내몰리고 착취되는 것은 삶 자체가 되며 자본과 국가는 자신들을 삶권력으로 드러낸다는 것이다. 그래서 착취는 인민의 생활양식들 속으로 더욱 확대된다.[10] 그렇기에 가난에서 벗어나고자 하는 이주자들 역시 가난에서 벗어나지 못하고 또 다른 형태의 착취에 시달릴 수 있다. 하종오 역시 『제국』에서 이러한 현상에 주목한다. 가령 "제 조국에서 일자리를 구하지 못해" 한국으로 건너온 방글라데시 청년들이나 파키스탄 청년들과 "그 두 국가의 지배를 번갈아 받은 국경지대/산악에서 온 좀머 족 청년들"은 "한국에서 먹고살기가 빠듯하기는 똑같"(「국경지대」)은 처지에 놓일 뿐이다.(하지만 가난으로 평등한 그들은 한국에서 벗이 될 수 있었다고 한다.) 그들 이주노동자들이 가난에서 벗어나지 못하는 처지인 이유는 국적이나 민족과는 상관없다. 「일 년간, 십 년간」이란 시를 읽어보자. "한국에 온 지 십 년"인 조선계 중국인인 박광석 씨 역시 저 이주노동자들과 같은 처지다. "일 년간 잘 모아 중국 가면/십 년간 먹고살 수 있"다고 생각한 그는 억척스럽게 막노동했지만 "사고로 다친 몸 치료에 알돈을 다 까먹고" 만다. "잠 덜 자고 일만 했던" 그는 시간이 흘러 늙어버리고, 게다가 "위완화와 원화의 가치"가 바뀌어 현재의 그는 "일 년간 잘 모아 중국가도/일 년간 먹고살 수 있을 뿐"인 처지에 놓인다.

가난에서 벗어나기 위해 국경을 넘어 한국에 일하러 오더라도 그들은 가난에서 벗어나지 못한다. 왜 그들은 가난에서 벗어나지 못하는가? 제3세계의

---

9. 안또니오 네그리, 『네그리의 제국 강의』, 17쪽.
10. 같은 책, 18쪽.

인민들이 제1세계에 넘어와도, 제국 체제 내에서 그들은 제1세계 내부의 제3세계적인 산업에 편입되어 저임금 노동을 해야 하기 때문일 것이다.(제3세계였던 한국은 제1세계에 편입되어가고 있다.) 시인이 "이유가 몹시 궁금하다고" 말한 사실, 즉 "다 같은 시간에/우즈베키스탄에서 고려인들은 더욱 가난해졌고/한국에서 한국인들은 더욱 부유해졌다는"(「국가의 시간」) 사실은 제1세계와 제3세계가 맺고 있는 분업 체계 때문일 것이다. 이 분업 체계 때문에 제3세계는 저부가가치 산업에 매달려야 한다. 하지만 제1세계 내에서도 그러한 분업 체계가 잔존하고 있어서 제3세계적인 산업이 존속하고 있고, 가난한 나라에서 온 이주민들은 바로 그러한 산업에 고용되는 것이다. 또한 제1세계 자본이 제3세계 국가에 이주한다고 하더라도 제3세계 국가 사람들이 잘 살 수 있는 것은 아니다. 자본은 철저하게 이윤을 취하기 위해 움직인다. 즉 저임금을 찾아 자본은 이주한다. 그래서 아래와 같이 한국에 고용되었던 경험이 있는 인도네시아인이 인도네시아에 들어온 한국 자본에 도리어 취직할 수 없는 아이러니가 발생하기도 한다.

인도네시아인 수트리스나 씨는
한국에 가서 목재공장에서 근무한 경력으로
한국에서 진출한 목재공장에서 일하고 싶어
이력서 냈다가 떨어졌다

한국에서 인도네시아로 공장 옮겨 짓고
인도네시아인 채용하려는 건
한국에서보다 인건비 더 적게 주고
일 더 시킬 수 있기 때문인데
이미 숙련공이 된 수트리스나 씨는
한국에서 배운 기술 수준과는 상관없이

한국에서 받은 인건비가 많은 게 문제였다

수트리스나 씨보다 젊거나 늙은
인도네시아인들 대다수가
자연에서 살며
자연으로 돌아간다고 믿으면서도
크나큰 자연을 이룬 나무들 베어내는
목재공장에 취직하려고 이력서 내자
한국인 관리자들은 건장한 청년들만 골라 뽑았다
　　　　　　　　　　　　―「제국(諸國 또는 帝國)의 공장 ― 숙련공」 전문

　　인도네시아에 진출한 한국 기업은 얼핏 생각하면 한국에 취직한 바 있는 수트리스나 씨를 당연히 환영할 것 같다. 그는 비교적 한국 상황을 잘 알고 있으며 한국에서 배운 기술을 잘 쓸 수 있을 것이라고 생각되기 때문이다. 하지만 한국 기업은 그를 채용하지 않는데, 그는 임금을 많이 줘야 하는 숙련공이 되었기 때문이다. 위의 목재공장은 숙련공이 필요 없다. 임금이 낮아도 일 더 많이 할 수 있는 "건장한 청년들"만 있으면 그만이다. 이는 인도네시아에 숙련이 필요 없는 산업이 진출하고 있다는 말도 된다. 한국 내부의 제3세계적 산업은 이렇게 제3세계로 수출된다. 그리고 한국인들은 제3세계적 저임금을 원주민들에게 지급하며 공장을 운영한다.

　　그런데 이렇게 자본이 국경을 넘어가자 자본의 권력은 국가 간에 있었던 적대의 역사마저도 넘어선다. 「제국(諸國 또는 帝國)의 공장 ― 봉급」을 읽어보자. 베트남인과 전투한 어떤 사나이는 그때 받은 봉급으로 신발장사하여 돈을 불리고는 "베트남이 개방되자마자/가장 먼저 진출하여 신발공장을 세우고/인건비가 싼 베트남인들을 고용"한다. 사나이는 의기양양하게 "베트남 전에 참전했던 전력을 숨기지 않았"지만 "베트남인들은 봉급을 받기 위해 말없이 말

없이 일"해야 했다. 「전사」에서는 "인민군을 돕기 위해 중공군으로 참전하여/
남한 땅에서 죽"은 전사의 손자 워이커씽 씨가 "중국 농촌에서 한국 산촌으로
와서/취업"한다. 워이커씽 씨를 고용한 "다 늙은 축사 주인"은 그가 중국인이
라는 것을 알고 "중공군과 맞총질하다가 다리에 총맞은 무용담"을 "틈만 나면
자랑스럽게 이야기하였으나" 그는 "병든 소처럼 누워계시는 아버지에게/제날
짜에 송금해드리고 싶"은 마음뿐이다. 이렇듯 자본의 세계화는 자본이 가진 권
력의 승리요, 역사에 의해 생겨난 적대감도 그 권력에는 고개를 들지 못한다.
그런데 그 권력이 작동될 수 있는 것은 사람들이 가난으로 내몰렸기 때문이다.
자본은 그래서, 의식적으로든 무의식적으로든 사람들을 더욱 가난으로 내모
는 경향이 있다. 상대적으로 고임금을 줘야 하는 숙련공을 채용하지 않는 것이
그 예이다. 타국으로 진출한 자본이 타국인들의 고용에 기여하기보다는 고능
력 실업자를 생산하는 것이다. 한편, 타국에 들어간 자본 간의 경쟁 때문에 실
업자를 양산하는 경우도 있다.

    한국 소도시에서 중국 소도시로

    먼저 옮겨온 봉제공장은

    값싼 인건비 주고 일 많이 시켰고

    나중 옮겨온 봉제공장은

    비싼 인건비 주고 일 적게 시켰다

    중국인 봉제공들은 두 공장 비교하여

    수당 더 많이 주거나

    근무시간 더 적은

    공장으로 서로서로 옮겨다녔다

    결국 한국 봉제공장끼리 경쟁하게 되어

인건비 올라가고 봉제공 구하기 어려워지자

나중 옮겨온 봉제공장이 먼저 문 닫고

먼저 옮겨온 봉제공장이 나중 문 닫고

다른 나라로 이전하였다

중국인 봉제공들은 실업자 되어

제각기 업종이 다른 공장 찾아서

다른 소도시들로 전전 전전하였다

—「제국(諸國 또는 帝國)의 공장 — 실업자」 전문

    싼 인건비로 경비 절감을 하고자 중국으로 들어간 한국 자본은 나중에 들어온 한국 자본과 중국인 봉제공을 확보하기 위한 경쟁에 들어간다. 경쟁은 급료를 높이고 근무 시간을 줄이는 방식으로 이루어졌는데, 결국 생산비용을 감당하지 못한 한국 자본들은 다른 나라로 이전하게 되고 봉제공들은 실업자가 되어 "다른 공장 찾아서/다른 소도시로 전전 전전"하는 처지에 떨어지고 만다. 자본주의 경쟁 체제는 이렇게 아이러니한 결과를 낳는다. 즉 봉제공들이 좀 더 좋은 조건으로 일할 수 있게 하다가도 그들을 실업의 나락으로 떨어뜨리는 것이다. 현 자본주의의 흐름이 가져오는 아이러니는 「제국(諸國 또는 帝國)의 공장 — 소액주주들」에서도 잘 드러난다. 한국인들이 농성한다는 이유로 미국 모회사는 한국에 있는 자회사 전자제품 조립공장을 폐쇄하고 중국으로 이전하려고 한다. 그러한 기도가 보도되자 그 회사의 주가는 오르게 되고 임금인상을 요구하며 농성하는 노동자 중 그 회사의 주식을 가지고 있는 노동자들은 개인 자산이 증가한다. 그 회사 노동자들의 먼 친척인 개미투자자들도 주가가 오르자 가슴을 쓸어내린다. 물론 정작 농성 중인 한국인 노동자들은 공장을 폐쇄한다는 말에 가슴이 무너졌지만 말이다.

    이렇게 웃지 못할 아이러니한 일들은, 자본의 이동이 자유롭고 금융 자본이 헤게모니를 잡고 있는 제국帝國 시대에서 벌어질 수 있는 것이다. 또한 이러한 아이러니는 자본과 노동 사이에서 벌어지는 현재의 일들을 단순하게 파악할 수 없다는 것을 의미한다. 이러한 일들을 이해하기 위해선 일국적 차원이 아니라 전지구적 시야에서 바라보아야 하며 노동-자본의 대립도 복합적으로 생각해야 한다. 그래서 하종오 시인은 『제국』 2부에서 전지구적 시야를 확보하기 위해 '지구'의 시점을 도입한다. 가령 프랑스에 여행 온 한 한국 남자가 식당에서 소고기 요리를 먹는 장면에서 시작되는 「지구의 식사 — 맛」에서, 시인은 그 남자의 입에 들어가고 있는 소가 프랑스의 방목장에서 "브라질의 밀림을 베어낸 땅에서 가꾼/콩을 가공"한 사료를 먹으며 자랐다고 지적한다. 지금 저 한국 남자가 먹고 있는 소고기는 밀림 벌목으로 인한 지구 기온의 상승 원인 중 하나인 것이다. 제국의 전지구적 분업 체계에서 브라질은 소의 사료인 콩을 생산하는 국가가 되었고, 그래서 결국 자국의 밀림을 베어내야 했다. 즉 제국 체제는 환경 위기를 만들고 있으며, 제국 체제에서는 프랑스에서 소고기 요리를 먹는 일도 저 브라질에서 밀림을 베어내는 일과 연결되어 있는 것이다.

제국 체제에서는 어떠한 사소한 일도 전지구적인 연결망 속에서 이루어진다. 멀리 떨어져 있는 나라에서 벌어지는 일들은, 얼핏 보면 별 관련이 없는 것처럼 보이지만 실상을 파보면 긴밀하게 관련되어 있다. 그리고 그 관련성은 지구의 시점으로 볼 때 파악될 수 있다.

지구가 달을 보며 도는 시간 동안
고향집을 떠난 북한 여자가
남한에 닿을 수 있는지는,
시집에서 쫓겨난 베트남 여자가
친정으로 갈 수 있는지는,
공장에서 잘린 네팔 여자가

지하셋방에서 머물 수 있는지는,

지구만 안다

지구가 해를 마주하고 도는 시간 동안

이스라엘군이 정조준한 총에 맞은

팔레스타인인이 숨쉴 수 있는지는,

미군의 진격을 피해 마을을 떠난

이라크인이 집에 돌아올 수 있는지는,

파병된 한국군이 아프가니스탄인을

무사히 도울 수 있는지는,

지구만 안다

―「지구의 의식주」 일부

지구의 시점을 확보할 수 있을 때 북한 여자와 남한을, 한국에 시집온 베트남 여자와 베트남을, 공장에서 잘린 네팔 여자와 한국의 지하셋방을 동시에 가시화할 수 있다. 또한 그러한 시점은 이스라엘과 팔레스타인을, 미국과 이라크를, 한국과 아프가니스탄의 상황을 동시에 볼 수 있게 한다. 지구에서 벌어지고 있는 사건들의 동시적 파악을 통해 북한과 베트남과 네팔과 한국이 노동의 끈으로 연결되어 있다는 것과, 이스라엘과 팔레스타인과 미국과 이라크와 아프가니스탄과 한국이 정치적-군사적인 끈으로 꼬여 있다는 것을 인지할 수 있게 된다. 이렇듯 지구적 시점을 확보하고 전 세계 사건들의 동시성을 파악함으로써, 시인은 제국 시대의 세계가 어떠한 관련성을 가지는지 인식하고자 한다. 그래서인지 『제국』 2부의 시들에선, 거리가 멀리 떨어진 지역에서 벌어지는 사건들을 몽타주하면서 그 동시성을 드러내는 시법이 사용되곤 한다. 가령 「지구의 일상사」에서의 "어떤 나라에선 적들과 총을 겨누고 싸우고/어떤 나라에선 반대자들을 감옥에 가두고/어떤 나라에선 권력자들이 재물을 감추지만"

과 같은 구절이 그러하다. 이 몽타주에서 독자는 그 나라들에서 벌어지는 일들이 서로 무관한 것이 아니라 제국의 권력과 연관되어 있다는 것을 짐작할 수 있다. 그런데 사건들의 지구적 연관은 경제나 정치, 권력의 층위에서 이루어질 뿐만 아니라 지구의 환경 위기 층위에서 이루어지기도 한다. 방금 인용한 「지구의 일상사」의 다른 부분을 인용해보자.

> 지진 발생을 예감한 새들이 솟구쳐올라
> 떼지어 허공을 선회하는 나라의 마을에서는
> 주민들이 가뭄에 목말라 물을 길으러 다니고
> 폭우가 쏟아져 굴이 뭉개지려 하자
> 쥐들이 고지대로 몰려가는 나라의 마을에서는
> 주민들이 빗물에 잠기는 집에서 애태운다

두 나라에서 일어난 가뭄과 폭우는 외견 상 상반되는 사건이라고 하겠지만, 두 사건 모두 지구 온난화에 의한 자연재해이며 가난한 주민들이 고통 받는다는 점에서 그 공통성이 있다. 「지구의 식사 ― 맛」에서도 보았듯이 프랑스의 한국인이 먹고 있는 소고기는 환경 파괴 과정을 통해 조달된 것이었다. 지구적 분업체계에서 벌어지는 환경 파괴는 세계를 재해로써 연결해준다. 그런데 그 파괴에 기생하여 살아가고 있는 개인들도 자연재해의 원인을 제공한다고 할 수 있다. 「지구의 사건」에서 시인은 몇 년 전에 일어난 중국과 아이티의 대지진이 자신의 시집 출판과 무관하지 않다고 생각한다. 지금 한국에 사는 시인이 펴내는 시집의 종이는 남미 열대우림의 벌목을 통해 만들어진 것이어서, 그의 시집 출간은 환경 위기를 만드는 데 일조하고 있다는 것이다. 그런데 시인에 따르면, 자연이 마구 파괴당하고 있는 상황에서 지구는 살아남기 위해 스스로 지진을 만들어낸다. 인간의 '개발'을 위한 자연 파괴는, 중국과 아이티 그리고 얼마 전에 일어난 일본의 대지진 등 전지구적으로 연쇄되어 나타나는 자연재해로 인간에게 되돌아오고 있다는 것이다. 중국에서 일어난 지진이 아이티에서 다시 일어나리라고는 아무도 생각하지 못했던 것처럼, 일본의 지진이 한국에서 일어나지 않으리라는 것은 아무도 장담할 수 없다. 시인은 이 시의 마지막 부분에서 "지구는 인류를 더 줄이려고/한국에서도 지진을 준비할 것"이라고 말한다.

4

하종오 시인은 최근 펴낸 『남북상징어사전』에서, 전 지구적 시야를 한반도의 분단현실로 다시 돌리고 있다. 이 시인의 첫 시집인 『벼는 벼끼리 피는 피끼리』(창작과비평사, 1981)가 분단 문제를 형상화했다는 것을 기억하면, 시인은 다시 본격적으로 분단 문제에 대해 천착하게 된 것이다. 하지만 첫 시집이 민족주의적인 열정을 드러내고 있었다면, 『남북상징어사전』은 최근 시집에서와 마찬가지로 감정 표출을 자제하고 분단 현실을 그대로 드러내면서 통일을 조심스럽게 상상한다. 그리고 이 시집에서 흥미로운 점은 1부가 '하종오 씨' 연작으로 채워져 있다는 것이다. 하종오의 근간 시집에선 시인 자신은 거의 등장하지 않았다. 그런데 『남북상징어사전』에서는 시인의 이름인 '하종오'나 화자인 '나'가 시의 전면에 등장한다. 아예 이 시집의 1부는 제목에 '하종오'라는 이름이 들어가 있다. 그래서 이 시편들을 '하종오' 연작시라고 할 수 있겠는데, 흥미로운 일은 하종오라는 이름이 그 시편들을 쓰고 있는 시인 자신만을 지칭하는 것이 아니라는 점이다. 가령 시인은 "하종오 씨는 남한에도 북한에도 살고 있을 것"(「하종오 씨」)이라고 말하거나 "동갑내기 하종오 씨들은 남한과 북한에서/각각 다른 꿈을 꾸며 살아낸 줄 모른 채/한 번 만나 통성명도 하지 못하고 죽었다"(「동갑내기 하종오 씨들」)고 말하고 있다. 이를 보면 '하종오 씨'는 시인 자신을 가리키는 이름과는 무관한 것 같다.

'하종오 씨' 연작은 주로 분단 상황의 문제를 주제로 삼고 있다. 하종오 씨는 남과 북에 살고 있다. 허나 남북의 '하종오 씨'들은 "이 세상에 자신과 다른 하종오 씨가 있어서/더 잘살거나 더 못살 거라고는 생각하지 못"(「하종오 씨들」)하고 있다. 게다가 이 남북의 하종오 씨들 사이에서 "같은 건 성명이라는 것이고/다른 건 출신국가라는 것이었다/아니었다 다른 것이 더 많았다"(같은 시)는 것이다. 그들 사이에는 날카로운 경계선이 그어져 있다. 그래서 이들이 우연하게 만나 동명이인이라는 것을 확인했을 때에도, 둘은 멋쩍어하며 헤어진다. 같은 시의 1연과 마지막 연을 보자.

북한 탈출자 하종오 씨가
일자리를 찾으러 다니다가
남한 토박이 하종오 씨를
우연히 만나 통성명하다가
동명이인인 걸 알고 반가워했으나
서로 신분이 다르다는 걸 알고는
멋쩍어하며 돌아섰다

……

남한 토박이 하종오 씨는
회사에 정규직으로 다니고
자식을 키우고
물려줄 유산이 있다는 것이다
북한 탈출자 하종오 씨는
실직자로 구인 광고지를 뒤적이고
가족을 버려두고 왔고

상속할 재산이 없다는 것이다

—「하종오 씨들」부분

예전에는 같은 사람이었을 이 남북의 '하종오 씨들'은 이제 신분이 다른 이들이 되었다. 신분은 부의 차이에 따라 주어진다. 남의 하종오 씨는 정규직 회사원이자 물려줄 유산이 있는 이이고, 북 출신 하종오 씨는 실직자이자 상속할 재산이 없는 이다. 하나였던 한국은 둘로 갈라지면서 완전히 다른 나라가 되어버렸다. 게다가 예전의 지리마저도 변화되었다. 이남 출신으로 월북했던 또 다른 하종오 씨가 남한의 고향으로 돌아왔을 때, "지금껏 마음에 담아둔 지리와는 전연 다른 곳에 도착했다"(「이남 출신 하종오 씨의 귀향」)고 말할 정도가 되어버린 것이다. 사람도 마찬가지다. 완전히 자본주의화 된 남한의 또 다른 하종오 씨는 자본주의적인 인간으로 변해버렸다. 북에 부모님을 둔 "하종오 씨는 일부러 이산가족상봉 신청을 하지 않"는데, 왜냐하면 그는 "부모님이 남겨 놓은 강원도 야산을 다 팔아먹었"기에 혹시 부모님이 그 야산에 올라가자고 하시든지 가난 때문에 "야산을 팔아 돈 챙겨서 돌아가겠다고 하면"(「이산가족 하종오 씨의 인상 깊은 이야기」) 곤란해지기 때문이다. 자본주의 논리는 부모와의 상봉조차 꺼리게 만들고, 남북 가족이 다시 하나로 합치는 것을 피하게 만든다. 이렇듯, 부의 격차와 사회 체제의 이질성으로 인해 남북의 하종오 씨는 서로를 알아보지 못하며 알아보더라도 신분 차이를 느낀다.[11]

그런데 하종오 시인은 저 남북의 사람들을 왜 자신의 이름인 '하종오 씨'라고 부르고 있는 것일까? 그들이 시인 자신과 같이 이 세상을 살아가고 있는 평

---

11. 『입국자들』의 1부에서 시인은 탈북자들도 외국인 노동자들처럼 남한 내에서 배제되어 가는 존재가 되고 있음을 조명한 바 있다. 가령, 탈북한 여자와 중국 조선족 출신 남자가 남한에 들어와 결혼하지만 "여전히 가난하자/각자 한국 남녀를 구하려고 이혼"(「부부」)할 수밖에 없는 처지를 시인은 묘사한다. 『입국자들』에서 행해진 그러한 조명의 연장선상에서, '하종오 씨' 연작은 남한 내 탈북자들이 아예 남한 국민과는 신분이 다른 사람으로 여겨지고 있을 정도가 되고 있으며 남과 북의 이질성이 돌이킬 수 없을 정도로 심화되고 있다는 것을 보여주고 있다.

범한 사람이라는 것을 강조하기 위해서일 것이다. 그러나 이 호명은 좀 더 깊은 의미를 갖고 있다고 생각된다. 보통 남북의 사람들은 같은 피를 나눈 민족의 일원이라고 호명된다. 하지만 시인은 이들을 같은 민족이라고 호명하기보다는 자신의 이름인 '하종오 씨'라고 부른다. 이들을 같은 민족이라고 추상적으로 호명할 때, 이는 호명자나 청자에게 윤리적 책임의식을 불러일으키기보다는 감정적인 반응을 불러일으키기 쉽다. 또한 '우리는 같은 민족'이라는 호명은 외부인에 대한 차별과 배제를 작동시키는 기제가 될 수도 있다. 한국사회에서 배제되는 이주노동자들과 결혼 이민 여성들의 비참한 삶을 형상화 해온 하종오 시인이 이를 모를 리 없다. 그래서 그는 남과 북의 장삼이사들을 '한민족'이라고 호명하는 것을 피하고자 했을 터, 그는 그 호명 대신 자신의 이름으로 저들을 부름으로써 저들이 바로 자신의 분신들임을 밝히고, 저들 속에 자신도 속해 있으며, 또한 현 분단 상황에 대한 시인 자신의 윤리적 책임을 표명하고자 한 것 아닐까 생각된다.

또한, '제국' 체제 속에서 분단 극복이 더욱 요원해지고 있는 이때, 하종오 시인은 저들을 모두 '하종오 씨'라고 호명하여 시인을 비롯한 저들 모두가 원래 동일인이었음을 상기시킴으로써, 남북의 사람들이 완전히 타인이 되어가는 상황을 극복하기 위한 단초를 마련하고자 한 것일 수도 있다. 시인은 분단이 극복되어야 하며 또 극복될 수 있다고 생각한다. 방금 지적했듯이 그가 '민족'이라는 호명을 피하고 있음을 보면, 시인은 분단 극복이 어떤 민족주의적인 당위에 따라 이루어진다고는 생각하지 않을 테다. 아래의 시에서 시인은, 비록 남북의 '하종오 씨'들이 서로 알아보지 못하는 것이 현 상황이지만, 어떤 당위에서부터가 아니라 남의 하종오 씨는 북으로 북의 하종오 씨는 남으로 걸어가는 행동에서부터 현 분단 상황의 극복이 시작된다고 말한다.

　　서울시민 하종오 씨는 걸어서 평양 가고
　　평양시민 하종오 씨는 걸어서 서울 간다

두 하종오 씨는 옛 비무장지대에 다다라

호기심 가득한 얼굴로 돌아다니다가 마주치자

멋쩍어 눈인사하지만 동명이인인 줄 모르고

목적지까지 얼마나 걸릴지 서로에게 물은 다음

지방도시 사는 시민이려니 여기고 금세 잊는다

서울시민 하종오 씨는 처음 밟는 북한 길 걷다가 쉬고

평양시민 하종오 씨는 처음 밟는 남한 길 걷다가 쉰다

평양에 도착하고 서울에 도착하기까지 찬찬히

각각 도로 표지판이며 간판 글자며

집 모양새며 옷매무새며 산봉우리며 강줄기며

두 하종오 씨는 낯설어하며 두 눈에 담다가

문득 경건해져서 더욱 찬찬히 걷는다

―「두 하종오 씨의 순례―상상도」 전문

남북의 하종오 씨가 상대방의 수도로 천천히 걸어가면서 "각각 도로 표지판이며 간판 글자며/집 모양새며 옷매무새며 산봉우리며 강줄기며"를 "낯설어하며 두 눈에 담다가/문득 경건해"질 때, 비록 비무장지대에서 마주친 그들이 "동명이인인 줄 모르고" 간단한 눈인사와 질문만 하고 지나간다고 하더라도, 분단 상황은 극복되기 시작할 것이다. 상대방이 살고 있는 공간을 두 눈에 담아 두고 마음에도 새길 때, 서로의 삶을 이해하기 시작할 수 있기 때문이다. 차이가 차별로 기능하는 제국 체제 속에서, 남북의 차이는 경제력이 우월한 남이 북을 배제하고 차별하는 데에 기능할 수 있다. 이러한 차이가 차별로, 또는 적대로 나아가지 않기 위해서는, 남북 사람들 모두 상대방이 자신처럼 특정한 시공간 속에서 구체적인 삶을 살아나가고 있다는 것을 평등하게 인정해야 한다. 이러한 인정을 위한 첫 행위가 서울 사람은 평양으로, 평양 사람은 서울로 '순례'하며 그들이 만나는 공간을 경건하게 음미하는 일이다. 여기서 '순례'란 남북이 서로를 이해하기 위한 여정을 상징하는 것일 터, 순례를 통해 서로를 평등하게 이해하고 결국 분단 극복이 이루어진다면, 제국 체제의 균열을 이루어내는 역사적 사건이 한반도에서 일어났다고 말할 수 있을 것이다. 남북이 평등한 나라 — 이때 '나라'란 정부나 국가를 의미하지 않고 공동체의 의미를 회복한 개념이다 — 가 되었을 때, 이는 제국帝國 내의 뭇 나라들이 평등한 제국諸國이 되는 거대한 전환의 한 단초가 될 수 있는 것이다.

　하종오 시인은 분단이 극복되었을 때, 숱한 '하종오 씨'들이 만나는 장면을 아래와 같이 상상해보고 있다. 필자도 이 상상에 동참해보면서 이 글을 마친다.

　일 없이도 남한과 북한을 오갈 수 있게 되는 날,
가로수 그늘 아래에서 만나 쉬며 통성명하다가
남한 거주자 하종오 씨와 북한 거주자 하종오 씨가
동명이인인 줄 알고 얼싸안으면
슬그머니 내 이름도 하종오라고 밝혀야겠다

그래서 하종오 씨들이 하, 하, 하, 웃으며
말이나 트고 지내자고 이구동성 말하면
남한 밖에나 북한 밖에나 다른 하종오 씨가
더 있는지 찾아보자는 의견을 나는 내겠다
새 붙잡아 날갯짓 시늉하는 하종오 씨든
바람 붙들며 사지 흔들거리는 하종오 씨든
구름 움켜쥐고 빗소리 듣는 하종오 씨든
하종오 씨들이 다 찾아지면 그중에서
연소자 하종오 씨를 앞에 불러내
앞으로 열심히 살라고 박수쳐주고

연장자 하종오 씨를 앞에 모셔 앉히고는

그간 사느라 고생 많았다며 큰절하겠다

―「하종오 씨」 후반부

(『서시』 2011년 여름호. 개고.)

5장

한국 '정치시'의 현재와 그 특성들

1

용산 참사 당시 망루에 올랐던 철거민들에 대한 중형 선고는 한국 사회가 철저한 계급 사회가 되어 있다는 것을 날 것 그대로 드러냈다. 용산 참사가 일어날 수 있다는 것 자체가 경악할 일이지만, 참사의 희생자 측에 책임을 물어 중형을 선고한 재판부의 판정은 '대한민국'이라는 나라가 누구를 위한 나라가 되어버렸는가를 선명하게 보여주는 일이었던 것이다. 그 판결은, 한국의 지배 엘리트들이 가난한 자들의 항의 행동을 테러로서 취급할 것이며 과잉 진압에 의한 가난한 자들의 죽음은 일종의 자살로 인식할 것이라고 선언한 것과 같다. 왜 이렇게 무리한 수를 두는 것일까? 검찰과 재판부는 용산 사건을 한국 사회에서 '뿌리 뽑아야 할 사건'으로 보고 있다. 즉 다시는 철거민들이 건설 회사나 그 하수인인 용역, 그리고 용역의 하수인화가 된 경찰에 반항하지 못하도록, 다시 말해 재개발에 브레이크를 걸지 못하도록 그들은 용산 철거민들을 엄벌한 것이다.

　　재판부의 그 판결은 재개발을 통한 막대한 경제적 이득을 위해서는 원주민들의 피눈물쯤은 무시할 것이며 그들이 반항한다면 철저하게 폭력적으로 분쇄하리라는 '계급투쟁'을 선언한 것이라고 보아도 좋을 듯하다. 재판부의 판결은 결국 용산참사를 일으킨 무지막지한 진압 작전을 승인하고, 용역들의 깡패 행위에 대해서도 적법한 것으로 인정한 것이니 말이다. 이번 재판에서 드러난 경찰-검찰과 재판부까지 가세한 지배 국가기구의 통일적인 행동은, 건설 재벌의 계급적 이익을 위해서라면 법의 이름으로 철거민들의 인권을 철저하게 짓밟는 국가 기구의 본질적인 모습을 적나라하게 드러냈다고 말할 수 있다. 계급투쟁은 프롤레타리아에 대한 부르주아의 계급투쟁, 즉 부르주아 계급의 착취와 폭력으로부터 발생된다는 에티엔 발리바르Étienne Balibar의 주장은 바로 한국의 여기에서 실증되고 있다. 그 투쟁의 도구가 법 및 공권력이라는 이데올로기적, 억압적 국가기구다.

　　용산에서 한 발자국만 밀리면 계급투쟁에서 선점해야 할 고지를 놓칠 수 있다는 듯이, 저 국가기구의 지배 엘리트 들은 한 마음 한 뜻으로 움직였다. 그래도 한 가닥 희망을 걸었던 재판부의 판단은, 많은 이들에게 큰 분노와 깊은 낙담을 안겨주었다고 생각된다. 그래도 약소자의 인권과 정의의 편에 서 줄 것이라고 마지막으로 기대했던 사법부가 그 반대 방향의 판결을 내렸으니 말이다. 검찰의 구형이나 사법부의 판결은, 한물 간 개발 이데올로기를 통해 국민들의 이기심을 자극해 지지를 획득하고, 무지막지한 건설 사업을 통해 지배층들의 이익을 보장하면서 경기를 활성화시키고자 하는, 결국 사상누각이 될 정책을 일방으로 추진하는 현 정부에 힘을 보태는 일이었다. 다시 말하면 용산 참사의 주요한 원인 중 하나는 현 정부의 반민주적인 독주였다. 이명박 정부 출범 이후, 정부의 반민주적인 행태 때문에 한국 사회는 바람 잘 날 없었다.

　　문인에게도 마찬가지였을 것이다. 촛불이 지나간 후 용산참사가 왔다. 참사 이후 노무현 전대통령이 자살했다. 미디어법은 날치기 통과되었다. 일련의 사건을 경험하면서 문인들은 문학에 대해서 원론적으로 다시 생각하기 시작한 것 같다. 올해 중반, '선언 정국'이 한국 사회를 휩쓸었을 때, '한국작가회의' 문인들 역시 시국 선언을 했다. 한국작가회의가 비교적 문학과 사회적 실천의 관계에 대해 고민해 왔던 작가들의 단체라는 면에서 그 시국선언은 예상된 일이었다 할 것이다. 그런데 문인들의 선언은 한국작가회의라는 '조직'에서 뿐만 아니라, 비교적 비정치적인 문학 세계를 보여주었다고 판단되었던 젊은 문인들이 상당수 참여하면서 이루어진, 느슨하고 자율적인 모임에서도 이루어졌다. 소위 '6·9 작가선언'이 그것이다. 사실 문단의 일각에서 젊은 문인들의 비정치성에 대해 많은 우려와 지적이 있어 왔다. 하지만 '6·9 작가선언'은, 그러한 우려가 전혀 일리 없다고 말할 수는 없어도 적어도 성급한 면은 있었다는 것을 보여주었다.

'6·9 작가선언'의 특징은 선언에 참가한 자들이 모두 선언문 작성에 참여했다는 점이다. 즉 선언은 작가 한 사람 한 사람의 선언적인 문장으로 이루어졌던 것이다. 이는, 대표가 선언문을 쓰고 이에 회원들이 찬동하는 형식으로 이루어진 한국작가회의의 선언과는 다른 면모를 보여준다. 사실 한국작가회의의 선언에 참여한 작가들이 더 많았다. 하지만 시국 선언에 동의한 작가들이 한 줄을 통해 선언문 작성에 모두 참여했다는 면에서 '6·9 작가선언'은 독특성이 있었고, 그래서 또한 더 많은 주목을 받았다고 생각된다. '6·9 작가선언'은 작가들의 자율적인 참여를 더 중시하면서 그들의 한 마디 발언을 반영하기 위한 선언 형식을 창출했다고 할 것이다. 물론 한국작가회의와 '6·9 작가 선언'에 금을 긋고자 하려는 생각은 없다. 사실 필자의 경우도 두 선언에 다 참여했고, 그런 작가-평론가들이 많다고 알고 있다. 두 집단을 분리하려는 시도는 주로 보수 언론이 시도하는 것일 텐데, 그러한 시도는 비교적 '좌파'라고 알려진 한국작가회의에 대한 대항세력으로 '6·9 작가선언'을 띄우면서 두 집단이 서로 경원시하도록 만드는 '꼼수'라고 할 것이다.

　　권력의 불의와 비민주성에 대항하기 위해서는 그 두 집단은 공동 행동을 할 수 있고 해나갈 것이라고 생각된다. 다만, 여기에서 '6·9 작가선언'에 대해 좀 더 많은 언급을 하는 것은, 그 선언의 형식과 그 선언에 참여한 작가들의 면모가 어떤 새로운 현상으로서 주목할 만하다고 생각되었기 때문이다. 여하튼 '6·9 작가선언'은 일회성 선언으로서만 그치지 않고 느슨한 연합체로서 여전히 현 시국에 대한 비판 활동을 계속해나가고 있다. '6·9 작가선언'의 몇몇 젊은 작가들은 용산참사 공판에 지속적으로 참관하여 참관기를 썼고, 용산참사 현장에서 릴레이 일인 시위를 계속해 나가고 있다. 또한 그들은 『오마이뉴스』나 『프레시안』에 용산참사에 관한 글을 릴레이로 기고하기도 했다. 물론 이들 작가들만이 이러한 실천 활동을 계속하고 있는 것은 아니다. 자본의 착취에 대항했던 '노동시'의 전통을 잇고 있는 그룹 '리얼리스트 100'의 작가들은 촛불 집회에서 용산 참사까지 지속적이고 끈질긴 조직적 참여와 문학적 실천을 보여 줘 왔다. 이들의 미학 자체가 자본 권력에 대항하는 실천 행위와 긴밀히 연결되어 있었다. 그런데 '6·9 작가선언'의 경우는, '미학주의자'로 판단되곤 했던 젊은 작가들이 사회적 실천 행위에 뛰어든 것이어서 주목되는 것이다. 이들의 실천이 창작과 이어진다면, 문학장의 자장에 일정한 변화가 이루어지는 것은 아닐까 생각되기도 한다.[1] 작가들의 실천 행위는 물론 시민으로서의 활동이겠지만, 문학 창작행위와 동떨어진 무엇은 아닐 것이다. 물론 창작과 실천은 무척이나 복잡한 관계로 엮어지는 것이겠지만 말이다. 변화된 삶은 부정적이든 긍정적이든 창작에 어떤 영향을 끼칠 것이기에 그렇다.

---

1. 사실, 한국작가회의와 '6·9 작가 선언'의 시국 선언에 이름을 올린 한 주체이고, 평론에서 시의 정치성에 대해 운운해 왔던, 하지만 그다지 실천 활동을 하지는 못해 왔던 필자로서는, 이들의 적극적인 활동에 항상 부끄러움을 느끼고 있다는 것을 고백하고 싶다. 이런 고백이라도 일단 해두어야 '시와 정치' 운운할 다음 내용을 쓸 수 있을 것 같기 때문이다. 잘 참여하진 않지만 그래도 엄연히 내가 속해 있는 일종의 '공동체'에 대해 이렇게 진단하는 식의 글을 쓴다는 것이 멋쩍은 일이고 잘못하고 있다는 기분도 든다. 필자 역시 개인적인 소감을 피력한 것이라고 밝혀둔다. 솔직히 요즘은 '시험에 든 것' 같은 기분이 드는 나날이 많다.

사실, 현 사회의 구조적 폭력을 비판하고 그것에 항의하고자 하는 삶은 이미 정치적인 삶이라고 할 수 있겠다. 꼭 어떤 정당에 가입한다고 정치적이 되는 것은 아니다. 한 자리 차지하기 위해 정당을 기웃거린다면, 그것은 정치를 하는 것이 아니라 랑시에르의 용어로 '치안'police을 하기 위한 것이다. 랑시에르에 따르면, 정치는 우리의 삶을 주조하고 관리하며 멋대로 취급하려는 치안과 권력에 대해 항의하고 저항하면서 시작된다. 현 상황에서 가장 타기해야 할 사고방식은 정치에 대한 냉소주의, 또는 지적 냉소주의 아닌가 한다. 그러한 냉소주의가 권력에 힘을 보태고 현 정부와 같은 비민주적 통치 권력을 정당화하기 때문이다. 이와 관련해서, '정치'를 문학에 무슨 약한 고리인 것처럼 취급하는 것도 잘못하다가는 그러한 냉소주의를 생산할 수 있다. 사실 '정치'가 저항하는 삶 자체를 가리킨다면, 문학은 그 자체가 '정치적인 것'이다. 랑시에르를 다시 빌려 말하면, '치안'은 매우 범위가 넓고 정교해서 감성적인 것의 분배, 시공간적인 것의 분배를 통해 작동한다고 할 때, 문학은 그 분배된 감성적인 것을 재분배하기에 그렇다.

그런데, 문학의 정치를 '감성적인 것의 재분배'로서만 이야기할 수 있을 것인가? 다시 랑시에르의 용어로 말한다면 '몫'을 주장하기 시작한 '몫없는 자들'의 투쟁에 작가가 참여할 때, 문학의 정치는 어떻게 작동할 수 있을까? '미학의 정치'와 '정치의 미학'을 구분하는 랑시에르는, '정치의 미학'에 '미학의 정치'가 종속되면 그것은 예술의 윤리적 체제에로 후퇴하는 것이며 미적인 것 고유의 정치성을 잃어버린다고 주장한다. 맞는 말일 것이다. 하지만 '미학의 정치'와 '정치의 미학' 사이에는 분명히 어떤 긴밀한 관계가 있을 수밖에 없다고 생각한다. '정치의 미학'에 적극적으로 참여하는 작가가 과연 '미학의 정치'에만 신경쓸 수 있을까? 랑시에르의 저작에서 이런 문제에 대하여, 과문해서인지는 모르지만, 속 쉬원한 대답을 찾지 못했다. 필자로서는, 예술을 통한 정치에의 참여, 또는 벤야민 식으로 말하자면 '예술의 정치화'가 어떻게 보면 러시아 아방가르드에서 볼 수 있듯이(벤야민의 저 테제는 러시아 아방가르드의 경험을 참조하여 제출된 것이다.) 예술의 미래를 더욱 자유롭게 만들고 생산적으로 만들 수 있지 않을까 생각되기도 한다. 이 글의 주제로 다시 돌아와서 말한다면, '몫 없는 자들의 정치'에 작가가 적극적으로 참여하게 된다면, '미학의 정치'도 더욱 생산적이 될 수 있는 가능성이 생길 수 있다는 것이다.

사실, 이러한 생각은 시의 정치성에 대한 논의의 물꼬를 튼 진은영의「감각적인 것의 분배」(『창작과 비평』 2008년 겨울호)에서 개진된 내용과 상통하는 면이 있을 것 같다. 랑시에르의 이론을 수용하면서도, 그는 감각적인 것을 재분배하는 시의 정치성을 활성화하기 위해서는 시인이 "정치적 열정의 공간에" 참여하여 "함께 어울리며"(84쪽) 미학적 창조성을 한껏 발휘하자면서 랑시에르로부터 한 발자국 더 나아가 주장한 바 있다. 정치적 공간에 참여하면서 동시에 미학적 창조성을 더욱 잘 발휘할 수 있게 될지에 대해서는 어떤 보증도 없을 것이다. 그러나 그렇게 될 가능성마저도 미리 부정할 필요는 없을 것이다. 진은영은 삶의 실험으로서의 참여가 더욱 미학적 실험을 북돋는 것이라고 생각하면서 정치와 미학의 이율배반으로부터 벗어나자고 했다. 필자로서는 이러한 가능성을 받아 안으면서, 현재로서는 미학의 정치가 아니라 정치의 미학 ― "정치적 열정의 공간" 혹은 "몫 없는 자의 정치 공간" ― 에 시를 밀어 넣으려는 시도부터 살펴보고 싶다. 이른바 '정치시'가 현재 한국 시에서 어떻게 창작되고 있는가 일단 살펴보고 싶은 것이다.

여기서 '정치시'가 어떤 개념인지 밝히라는 질문과 마주하게 된다. 랑시에르를 따라 시는, 문학은 그 자체가 정치적이라고 한다면, '정치시'라는 개념이 필요하지 않을 것이기 때문이다. 하지만 몫없는 자들이 몫을 요구하는 정치과정에 시를 통해 참여하고자 하면서, 자본과 국가 권력의 치안에 대해 비판하고 저항하고자 하는 내용을 담은 시는 예전이나 지금이나 있기 마련이다. 이러한 시에 대해 편의상 '정치시'라고 이름 붙여 보겠다. 이하에서는 현재 씌어지고 있는 '정치시' 몇 편을 골라 살펴볼 것이다. 하지만 그러한 '정치시'들이 과연 진은영이 기대하듯이 삶의 실험과 미학적 실험의 결합이 이루어지고 정치의 미학과 미학의 정치가 조우하고 있는지에 대해서는 판단을 유보할 것이다. 그러한 행복한 조우는 아마도 도래할 미래의 일일지 모른다. 그 조우가 아직은 현실화되지는 않았으며 가능성의 영역에 있다고 말하는 것이 현재로서는 옳을 것 같고, 또 필요할 것도 같다. 한편, '시민'으로서 정치 과정에 참여하고자 하는 젊은 시인들의 시세계가 '정치시'로서의 변모를 일으키게 될지에 대해서도 역시 좀 더 시간을 두고 살펴보아야 할 것 같다. 이들로부터 어떤 창작 경향이 가시화될 때에야 비로소 분석이 가능할 수 있을 것이기 때문이다.

    2

알다시피 한국 전쟁 이후 가장 격렬한 '정치시'가 창작되었던 시기는 1980년대 후반이었다. 하지만 1990년대 이후 '정치시'는 급격하게 퇴조했다. 1980년대 이전까지의 '정치시'는 주로 지식인에 의해 창작되었다면, 1980년대 중반 이후 '정치시'는 주로 노동자에 의해 창작되었다. 당시의 '노동시' 운동은 사회주의적 정치의식과 직접적으로 연결되는 것이었다. 그 운동의 입장에서는, 노동 계급은 사회주의적 변혁의 핵심이었으므로, 노동계급이 자본과 국가와 투쟁하는 과정에 개입하고 있었던 '노동시'는 가장 선진적인 문학이었다. 그런데 현실 사회주의 몰락 이후인 1990년대 중반에 오면, '노동시'가 급속히 퇴조하고 '정치시' 역시 시단에서 점차 보기 힘들게 된다. 하지만 IMF 이후 신자유주의가 본격화되면서 자본주의의 횡포가 더욱 가시화되기 시작한다. 이 시기엔 '민주화 세력'이 정권을 잡았지만 노동자에 친화적인 정권은 아니었고 노동운동에 대한 탄압 역시 계속되었다.

이 상황에서 노동자들의 저항을 시로 표현하고자 하는 '노동시'가 부활하고, 또한 새로운 세대의 젊은 노동자 시인들이 등장하기 시작했다. 노동자 시인들이 시 쓰기를 포기한 것은 아니었던 것이다. 그 대표적인 인물은, 1980년대 중반부터 가장 전투적이고 강렬한 시를 썼던 백무산이다. 그는 지금까지도 좋은 시집을 지속적으로 발간했다. 1990년대 중반 들어서 1980년대 방식과는 현격히 차이가 나는 시를 발표하기 시작했지만, 그것은 그의 사유가 심화되고 있다는 표지였지 어떤 전향의 표지와 같은 것은 아니었다. 최근에 나온 백무산의 시집『거대한 일상』은, 그의 사유가 얼마나 깊고 넓게 변모되었는가를 보여주고 있다. 그런데 그의 시는 여전히 자본과 권력에 대한 전투성을 갖는 '정치시'로서의 면모를 되살리고 있는데, 그의 시의 정치성은 다음과 같은 시에서 잘 드러나고 있다.

조용한 마을에 군사기지가 들어오는 것은
이제 전쟁을 생각하자는 말이다
'쏘다'가 손에 들려 있으므로 어떡하든
쏠 생각을 해보자는 말이다

전쟁 때문에 군대가 만들어진 것이 아니라
군대가 있으므로 전쟁을 생각하는 것이다
총을 든 자에게는
'쏘다'와 '정의'는 언제나 같은 말이다

세상의 어떤 침략전쟁도
정의의 전쟁이 아닌 것이 없고
성전이 아닌 것이 없다
그러므로 정의의 '쏘다'는 없다
'쏘다'가 정의인 것이다

— 「'쏘다'가 정의다」 후반부

　　백무산 시인의 정치성 중 하나는 이렇듯 통상적인 사고를 전복하는 데에서 찾아볼 수 있다. 통상적인 사고는 이데올로기인 경우가 많다. 권력의 폭력성을 감추는 관념으로서 통상적인 사고가 이용되곤 하기 때문이다. "전쟁 때문에 군대가 만들어진 것"이라는 사고가 이러한 이데올로기라고 시인은 지적한다. 이와는 달리, 전쟁이 먼저 있는 것이 아니라 국가의 전쟁 기계인 "군대가 있으므로 전쟁을 생각하는 것"이라고 시인은 주장한다. 전쟁 때문에 군대가 만들어진다는 통념은 군대의 폭력성을 은폐하고, 군대를 마치 전쟁을 막기 위한 기구로 생각하게 만든다. 군대는 '쏘다'를 위해 존재하는 기구여서, 먼저 쏜 이후에 그 행위에 정의를 갖다 붙인다. 이렇듯 국가권력의 이데올로기를 낯설게 만드는 방식은 백무산의 초기시부터 계속 활용되어 온 바 있다. 알다시피 이러한 방식은 브레히트의 시가 탁월하게 보여준 바 있는데, 통념을 브레히트적으로 낯설게 하는 방법은, 백무산을 통해 여전히 한국에서 실효성을 가지고 있다는 것이 증명되고 있다고 하겠다.

　　더 나아가 백무산은 시 「생명의 이름으로」에서, 한국 사회에서 기본적으로 유지되는 "우리 땅으로서의 독도"라는 통념을, 독도의 입을 빌어 "민족은 나를 가두어놓고 차별하였고/국가는 내게 사슬을 채워놓고 착취하였고/제국은 나를 노예로 삼고 전쟁기계로 만든다"라고 말하면서 전복시킨다. 이 시의 시적 화자인 독도는 "모든 수탈과 침략으로부터 고립무원을 향해/오직 푸르름으로 나를 절연하련다"라고 말한다. 독도는 독도이지 한민족의 무엇도 한국이라는 국가의 무엇도 미국 또는 제국의 소유물도 아니라는 것, 독도뿐만 아니라 모든 존재는 "오직 광활할 생명의 지평이 열리는 곳에 살" 권리가 있다는 것이다. 그러한 생명의 지평에서 출발하지 않고, 반대로 생명의 활력을 축소시키고 삶을 착취하는 기구와 관념 ― 국가와 민족 ― 에서 출발하는 사유 방식이 이데올로기라고 할 것이다. 현재 한국에서 국가와 민족이라는 이데올로기가 '국민'들의 정치적 사고방식의 지반을 마련하고 있는 것이 사실이어서, 백무산의 저 진술은 과감하고 용기 있는 우상 파괴를 보여주고 있다고 하겠다. 이 우상 파괴를 위한 시 쓰기 역시 직접적으로 '정치적'이라고 할 수 있을 것이다.

　백무산의 이데올로기 파괴 작업은 깊은 사유가 밑받침되고 있는 것이다. 그의 시는 '감성적인 것의 재분배'를 보여준다기보다는 근본적인 입장에서 통념을 뒤집는 사유를 보여주고 있다. 다시 말해 랑시에르처럼 '감성적인 것의 재분배'에서 문학의 정치성을 찾는다면, 백무산의 시는 그러한 입장에 맞지 않는다고도 할 것이다. 하지만 전복적인 사유의 진술을 미학적 체제에서의 시의 정치성에 미달하는 것으로 보게 된다면, 그 입장은 편협하다고 아니할 수 없다. 이에 따른다면 브레히트의 정치시나 마야코프스키의 선전 선동시는 미학적 체제에 들어올 수 없게 되는 것이다. 전도나 전복적 사유를 담은 진술들은 우리에게 커다란 전율을 준다. 그 전율을 시적인 것이라고 말하지 않는다면, 과연 시적인 것이란 얼마나 협소한 것일까. 물론 그러한 시적이면서도 철학적인 인식은 시인의 전매특허는 아니다. 하지만 백무산 시인은 그러한 인식을 시 텍스트 안에 적절하게 구성하고 언어를 배치하여 전율적인 구절로 변모시킨다. 다음의 시를 읽어 보자.

　　시간은 꼭 아비에게서 아이에게로
　　흐른다는 생각은 일종의 관습
　　화석에서 자주 미래가 발견되기도 한다

　　종종 미래를 표절하기도 한다
　　아직 제본되지 않아 낱장으로 떠도는
　　미래가 불쑥 면을 바꾸기도 한다
　　돌연변이란 미래의 표절이다
　　간혹 광장에서 미래의 표절이 일어나기도 한다
　　그걸, 도둑처럼, 이라고 말한다
　　깨어 있으라,

과열된 꿈 때문만은 아니다

―「꿈」 후반부

"돌연변이란 미래의 표절이다"라는 구절은 절묘하게 빛나는 시적 표현이다. 그 돌연변이란 구체적으로 무엇을 의미하는지는 다음 행인 "간혹 광장에서 미래의 표절이 일어나기도 한다"에서 암시된다. 촛불처럼 갑자기 불타오르는 봉기들이 바로 미래의 표절인 것이다. 그리고 그 구절에는 깊은 철학적 사유가 압축되어 있다. 언제 도둑처럼, 돌연변이로서 나타날지 모르는 미래. 그렇기에 우리는 언제나 "깨어 있"어야 한다. 이는 통상적인 시간관으로부터 벗어남으로써 사유될 수 있다. 시인에 따르면, 시간이 "아비에게서 아이에게로/흐른다는 생각은 일종의 관습"이다. 시간은 직선이 아니다. 시간은 제본되지 않은 책처럼 존재한다. 그렇기에 어떤 미래의 페이지가 현재에 불쑥 개입(표절)해 들어올 수 있다. 갑작스러운 우연적 사건, 돌연변이가 나타날 수 있는 것이다. 그래서 시간은 어떤 목적지를 향해 직선으로 날아가는 것이 아니다. 시간이라는 화살, 특히 혁명의 시간인 카이로스의 화살에 대해 시인은, "화살촉은 과녁을 향하는 법이 없다네/과녁은 화살이 지나고 나서 생긴 상처라네"라고 말한다. 과녁, 목적 또는 어떤 결과는 혁명적인 시간 ― 카이로스 ― 의 힘이 지나가면서 상처처럼 생기는 것일 뿐, 그 힘을 통제하고 조정할 수 없다.

　이렇듯 혁명에 대한 철학적 사유는 혁명적 정치를 근본에서부터 다시 정초하려는 시도이다. 이러한 시도를 보여주는 「꿈」은 정치적 사건이 직접 언급되지 않았다고 하더라도 훌륭한 정치시라고 할 수 있겠다. 이렇듯 백무산 시인은 '정치시'의 한 가능성을 탁월하게 드러내고 있다. 그는 혁명적이고 정치적인 사유를 시적인 사유를 통해 심화시키고 이를 통념에 대한 전복의 힘으로 전화시킨다. 그러한 철학적 사유는 비시적이지 않다. 그 사유가 시적인 것으로 전화되면서, 그것은 독자에게 깊은 전율과 더불어 인식 전환의 충격을 줄 수 있다. 백무산의 시는 그러한 지대를 마련하고 있다.

　한편, 현재 정력적으로 시 쓰기와 정치적 실천 행위를 결합시켜 나가고 있는 송경동 시인은, 독자 또는 청자의 감성에 호소하는 선전 선동시를 열심히 쓰고 있어 주목된다.[2] 송경동 시인은 '희망버스' 기획자로 더 알려져 있는데, 그 일로 구속 수감되기도 했다. 그는 시적 상상력을 발휘하여 새로운 유형의 사회적 운동을 기획하고 또 성공시켰다. 그는 '행동의 시'를 촉발시키고자 노력한 사회운동가이기도 하지만, 이를 위해 언어를 창조적으로 운용하여 시 텍스트를 발표하는 엄연한 시인이기도 하다. 그의 두 번째 시집 『사소한 물음들에 답함』은 작년 '창비'에서 수여하는 신동엽 창작기금을 받기도 했다. 하지만 송경동 시인에게 시인으로서의 영예는 어떤 문학상 수상에 있는 것이 아니라 자신의 시가 투쟁하는 이들에게 어떤 힘이 될 수 있을 때에 있다.

　연대가 사랑에서 시작될 수 있으며, 사랑이야말로 시적인 것이 거주할 하나의 장소라고 한다면, 시가 한 순간이나마 어떤 현장에서 사람들 마음에 연대의 감정을 불러일으켰을 때야말로 시와 행동이 일치하면서 시적인 것의 현실화가 이루어졌다고 할 수 있다. 그래서 그가 선전선동시를 쓰는 것은 시를 행동에 접근시키는 행위이고, 행동이 된 시를 통해 시적인 세계를 창출하려는 행위이다. 그렇기에, 그의 시-행동은 정치적 행위의 일부로서 이루어지지만, 시를 저버리는 일은 아니다. 그것은 정치와 시의 접맥을 통한 시의 현실화를 노리는 행위이기 때문이다. 송경동 시인에게 시의 현실화란 억압받고 착취당하는, "비천한 모든 이들"(「사소한 물음들에 답함」)이 말할 수 있는 세상, 그들이 자신의 삶의 존엄성을 지키고 타자를 사랑할 수 있는 삶의 능력을 개화시킬 수 있는 세상이 이루어졌을 때를 의미하기도 할 것이다. 그러한 세상이 그냥 올 수는 없고 투쟁을 통해서만 올 수 있는 것이라면, 그리고 그 투쟁 과정에서 시

---

2. 혹자는 선전 선동시가 무슨 시가 될 수 있는가 반문할 수 있겠다. 거기에는 어떤 목적을 위해 씌어진 시는 좋은 시가 아니라는 통념이 깔려 있다. 하지만 이 또한 편협한 생각이다. 문학의 미학성을 중시하는 입장에서는 문학의 참여를 주장하는 측에 편협하다고 비판하지만 그 반대로도 말할 수 있는 것이다. 이 문제는 여러 논의가 뒤따르므로 각설하기로 하자.

가 무기가 될 수 있다면, 송경동 시인으로서는 무기로서의 '선전선동시'를 쓰는 행위는 반시反詩적인 것이 아니라 도리어 시의 영예를 위한 것이다.

하여, 송경동 시인은 거리에서 시를 쓰고 거리에서 시를 읽으려고 한다. 거리가 문학판이고 집회에서의 청중은 독자다. 그에게 시의 성공 여부는 그 자리에 있는 이들에게 자신의 시가 그들의 심적인 힘, 정치적 의지를 얼마나 북돋아 줄 수 있느냐에 있지, '미학적'으로 잘 되었는가에 있지 않다. 한편으로 시인은 "나도 알고 보면 그냥 시인만 되고 싶은 시인/하지만 이 시대는 쉽게, 시를 쓸 수 없는 시대"(「미안하다, 시야」, 『실천문학』 2009년 여름호)라고 말하고 있기도 하다. 시인에 따르면, 이 시대에서 시인은 그냥 시인만 될 수는 없다. 왜냐하면 시는 저 거리에서 달달달 떨면서 존재하고 있기 때문이다. 그에게 시는 시집에 고이 모셔져 있는 텍스트가 아니다. 시인이 "미안하다. 시야./오늘도 광화문 청계광장 변에서 달달달 떨고 있는 시야/서울교육청 앞에서 오들오들 떨고 있는 시야/YTN 앞에서, MBC 앞에서 바들바들 떨고 있는 시야/용산 참사 현장 골목에 앉아 바득바득 떨고 있는 시야"(같은 시)라고 말하고 있듯이, 시가 저기 있으므로 시인은 저기로 가서 시를 적고 시가 있는 저기에서 시를 낭송한다. 그래서 거리에서 시를 쓰고 읽는 행위는, 그에게는 전적으로 시적인 행위다.

그렇다고 송경동 시인이 시의 '미학적 측면'을 무시하여 시적 표현에 별 신경을 쓰지 않고 자신의 관념만 나열하는 식으로 시를 쓰는 것은 아니다. 그는 선전선동 시를 '잘' 쓴다. 선전선동 시를 잘 쓰기 위해서 시인은 '미적 형식' 또는 언어의 시적 효과에 대해 등한시 할 수 없다. 왜냐하면, 거리에서 시를 쓰고 집회에 모인 청중을 대상으로 시를 읽으려고 하는 이 시인에게, 시의 성공 여부는 자신의 시가 청중에게 그들의 심적인 힘과 정치적 의지를 얼마나 북돋아 줄 수 있느냐에 달려 있기 때문이다. 청중의 힘과 의지를 북돋기 위해서는 효과적인 형식에 대해 고심하고 실험해야 한다. 용산 참사를 주제로 하고 있는 「냉동고를 열어라」 역시, 선전선동의 효과를 배가시킬 수 있는 시적

형식에 대해 시인이 얼마나 고심하고 있는가를 보여준다. 전반부를 읽어보
자.(여기 인용된 시는 집회에서 낭독하기 위한 텍스트로서, 시집에 실린 시와
는 차이가 있다.)

불에 그을린 그대로
134일째 다섯 구의 시신이
얼어붙은 순천향병원 냉동고에 갇혀 있다

까닭도 알 수 없다
죽인자도 알 수 없다
새벽나절이었다
그들은 사람이었지만 토끼처럼 몰이를 당했다
그들은 사람이었지만 쓰레기처럼 태워졌다
그들은 양민이었지만 적군처럼 살해당했다
……
돌아온 것은 대답없는 메아리였고
너무나도 신속한 용역과 경찰의 합동작전이었다
6명이 죽고 십여 명이 다치고
또 십수 명이 구속되었다
이웃이 이웃을 죽였고
아들이 아버지를 죽였다는 것이었다
단지 쓰레기를 치웠을 뿐이니
단지 말을 잘 듣지 않는 짐승 몇을 해치웠을 뿐이니
경찰과 용역깡패들과 정부와
대통령은 아무런 죄도 없었다

그렇게 6명이 죽고도
이 사회는 아무런 일도 일어나지 않았다
소수의 시민들이 차벽과 연행에 맞서
양심의 촛불을 들고
추운 겨울부터 더운 초여름까지
어둔 거리에서 쫓기며 항의했지만 역부족이었다
그들 역시 수배되거나, 체포되거나, 소환당했다
용산참사를 말하는 것 자체가 금지되었다
용산참사를 추모하는 것조차 금지당했다
유가족들이 다시 경찰에 밟히고 희롱당했다

시는 용산참사의 전모와 그 이후 권력의 대응과 시민들의 항의 등, 여러 사건들을 청자 또는 독자에게 분노어린 목소리로 전달하고 있다. 이러한 전달이 비시적이라고 판단할 수도 있지만 일단 그 판단을 유보하는 것이 좋다.『오마이뉴스』블로그에 이 시가 송경동 시인의 낭송과 함께 올라 있으니, 그 낭송을 직접 들어보라고 권하고 싶다. 이를 들어보면 저 진술이 어떤 사건을 리포터가 요약적으로 설명하는 것과는 다르게 써져 있다는 것을 실감하게 될 것이다. 위의 진술들을 관통하는 표현법은 대구다. 대구의 반복은 낭송에 리듬을 형성하고, 그 리듬은 진술되는 내용의 급박함과 호응하면서 듣는 이로 하여금 어떤 울분을 느끼게 함과 동시에, 마치 북소리에 우리의 마음이 감응하는 것처럼 듣는 이의 심장 고동을 빠르게 한다. 이러한 구성은 시인이 치밀하게 계획한 것이 아니라면, 오랜 습작 끝에 자연스럽게 터득한 기법에서 나온 것일 테다. 이 시의 후반부를 들으면, "이 냉동고를 열어라/이 냉동고에"라는 반복되는 문구와, 그 반복 문구 사이에 삽입되어 점층적으로 변조되고 있는 문장이 어울리면서 점점 급박한 리듬이 창출되고 있음을 느낄 수 있다. 시인은 반복을 거듭하는 시행에 변조되는 문장을 하나씩 끼워 넣는 수법으로 리듬을 더욱 급박하게 만들고 있는 것이다. 인용해본다.

이 냉동고를 열어라

이 냉동고에는 우리의 용기가 갇혀 있다

이 냉동고를 열어라

이 냉동고에 우리의 권리가 묶여 있다

이 냉동고를 열어라

이 냉동고에 우리 자식들의 미래가 갇혀 있다

이 냉동고를 열어라

이 냉동고에 우리 모두의 것인 민주주의가 볼모로 갇혀 있다

이 냉동고를 열어라

이 냉동고에 우리 모두의 소망인

평등과 평화와 사랑의 염원이 주리 틀려 있다

이 냉동고를 열어라

거기 너와 내가 갇혀 있다

너와 나의 사랑이 갇혀 있다

너와 나의 연대가 갇혀 있다

너와 나의 정당한 분노가 갇혀 있다

제발 이 냉동고를 열자

너와 내가, 당신과 우리가

모두 한 마음으로 우리의 참담한 오늘을

우리의 꽉 막힌 내일을

얼어붙은 시대를

열어라. 이 냉동고를

이 부분의 낭송을 들어보면, 점점 급박하게 변조되는 리듬이 청자의 감정

을 고양시키면서, 진술되는 내용인 참사라는 사회적 사건과 호응하여 청자가 어렴풋이 품고 있었던 분노와 비애를 증폭시켜간다는 것을 알 수 있다. 이러한 리듬을 창출하고 있는 시적 구성은, 시가 집회에 사용될 때 가질 수 있는 정치적인 효과를 최대한으로 높이기 위해서 시인이 세심하게 만든 것일 테다. 그런데 이 기법의 특징은 직설에 기반하고 있다는 데에 주목된다. 직설적인 문장들의 반복 변주가 북소리와 같은 리듬을 형성하여 특유한 시적 효과를 만들어내고 있는 것이다.

송경동의 선전선동시가 가진 힘은 그의 감정이 결코 꾸며낸 것 같지 않다는 데에서도 온다. 그의 시에는 그야말로 온 힘을 다해 실천에 뛰어들고 온 몸의 무게를 실어 시를 쓰고 있다는 진정성이 느껴진다는 것이다. 사실 '선전선동시' 하면 어떤 정치적 목적에 시를 복속시킨다는 부정적인 느낌을 줄 수 있으나, 꼭 그렇게 볼 수만은 없다. 마야코프스키Vladimir Mayakovsky는 탁월한 선전선동시를 썼고, 언제나 거리에서 낭송될 것을 감안하고 시를 썼다. 하지만 그가 정치적 목적에 시를 복속시켰다고 비판하긴 어렵다. 도리어 정치를 시적인 것으로 끌어올리려 했다는 것이 맞는 말일 것이다. 그의 선전선동은 당과 같은 상위 조직체의 명령에 따라 이루어지는 것이 아니라, 시인 자신의 삶을 거리에 내던지면서 이루어지는 것이다. 그는 철저하게 시가 삶이 되고 삶이 시가 되는 길을 걸으려고 했던 것이다.

송경동 역시 그러한 자세로 거리에서 시를 쓰고 시를 살며 시를 정치적인 장에 투입하려고 하고 있다. 실제로 그는 마야코프스키로부터 많은 것을 배웠을지도 모르겠다. 저 반복 기법은 마야코프스키 및 일본 나프의 나카노 시게하루中野重治, 카프의 임화 등이 즐겨 쓴 것이다. 그렇다고 모방으로 볼 수는 없고, 그 기법을 창작 실천 속에 녹여서 활용하고 있는 것으로 보아야 할 것이다. 여기서 논하기는 어려우나, 송경동이 일으키는 반복효과는 저들의 시의 그것과 다소 다른 감정을 불러일으킨다. 저 시인들의 반복기법은 독자─청자에게 지적인 충격을 주어 다른 인식을 갖게 하려고 하는 측면이 많은 반면, 송경동의 그것은 비애의 정동을 고조시키는 측면이 강하다. 송경동의 시는 저들보다 수용자의 감정에 호소하는 바가 한층 더 짙은 것이다. 백무산 시의 정치성이 이데올로기를 전복시키면서 새로운 인식과 사유를 독자에게 제시하는 방식으로 지배 권력과 싸우고자 하는 데에 있다면, 송경동 시는 집회 현장에서 바로 작동하면서 청중들의 비애를 고조시키고, 폭력적인 권력에 대한 그들의 적대감을 증폭시키는 방식으로 시의 정치성을 현실화한다.

3

　　1980년대 '노동시'의 정치성을 잇고 있는 대표적인 두 시인인 백무산과 송경동은 현재 한국의 '정치시'가 보여주고 있는 방향을 보여주고 있다고 하겠다. 백무산은 이데올로기의 파괴와 혁명적 사유의 생성을 시를 통해 시도하고 있으며 송경동은 현실에 직접 개입하여 '몫 없는 자들'의 마음을 들끓게 하는 선동시를 통해 그들의 정치적 행동을 촉발하려고 시도한다. 하지만 2000년대 후반, '노동시'의 전통과는 다른 방향에서 새로운 '정치시'가 생성되고 있는 징후들도 생겨나고 있다. 시인들에게 열정적인 정치적 공간에로의 참여를 제의했던 진은영의 경우, 그의 두 번째 시집인 『우리는 매일매일』에 실린 몇 편의 시에서 그러한 징후를 엿볼 수 있다. 비록 정치적 주제를 다룬 시가 그 시집에서 드물고, 또 그러한 시편들에 대하여 본격적인 새로운 정치시가 등장했다고 말하긴 아직 힘들지만 말이다. 그래도 이른바 '뉴웨이브'(신형철) 시인 중 정치적 주제를 본격적으로 담고 있는 시를 발표한 이가 드물다는 것을 떠올리면, 그러한 '정치시'적인 징후는 소중하다고까지 생각되기도 한다.

　　진은영의 시들은 매혹적이다. 상상력이 부드럽게 비약하면서도 어떤 수수께끼의 힘을 독자로 하여금 느끼게 만들기 때문이다. 그 수수께끼에는 급진적인 철학적 사유가 녹아들어 있다. 그래서 독자는 그 수수께끼 앞에서 그냥 지

나치지 못한다. 다시 말하면, 독자는 시적 이미지의 매혹으로 인하여 어떤 혼
란에 빠지게 되고 이어 사색에 들어가게 된다. 그 혼란과 사색이 근본적인 것
과 닿게 만든다면, 그 시적 이미지는 비록 직접적으로 정치적인 내용을 담고
있지 않고 있다고 하더라도 랑시에르 식의 '문학의 정치'를 확보하고 있다고
말할 수 있겠다. 허나 여기서는 통상적인 의미에서의 정치적 내용을 보여주고
있는 시를 한 편 선택하여 그 진술이 어떠한 방식으로 표현되고 있는지 살펴보
고자 한다.

관료들은 결정을 서두른다.

노래는 폐허와 부패의 미끌거리는 창자를 입에 문 채

갈가마귀처럼 하늘을 날아가는 법이라고

우리를 가르치기 위해?

　　　　　　또는

고통과 비명의 자유로운 확산과 교역을 위해?

그들은 결정을 서두른다.

폐병쟁이 시인을 위해 흰 알약의 값을 올리고

아직도 발자크처럼 건강한 소설가에게는

어미소를 먹인 얼룩소를 먹이도록.

잠든 이웃에게는 아름다운 나라의 산업폐기물이

트로이의 목마처럼 입성하는 도시들과

햄릿에서처럼

독극물이 고요한 한낮의 귓속으로 흘러드는 이야기를 선물하라.

당신들은 결정을 서두른다.

이런 결단들은
종이봉지에서 포도송이를 꺼낼 때처럼
조심스럽거나 부스럭거려서는 안 된다.

소리 없이
비닐봉지를 휙 가르고 떨어지는 나이프처럼
사람들이 모여들기 전에.

—「문학적인 삶」 후반부

이 시를 읽어보면, 진은영 시인은 정치적 저항과 시 쓰기의 관계에 대해 계속 천착하면서 시를 써왔을 것이라고 추측하게 된다. 하지만 그는 정치적-시적 저항에 대해 어떤 낭만에 빠지거나 하지는 않는다. 그는 "우리는 목숨을 걸고 쓴다지만/우리에게/아무도 총을 겨누지 않는다/그것이 비극이다"(「70년대 産」에서)라고 쓸 수 있는 사람이다. 시인은 눈매가 예리한, 자기 세대에 대한 비판에도 과감한 사람인 것이다. 위의 시에서도 그러한 비판적인 눈매와 과감성을 엿볼 수 있다. 그런데 위의 시를 백무산과 송경동의 시와 비교해보면 매우 다르다는 것을 누구나 인지할 것이다. 진은영의 시는 불투명하다. 우선 제목과 시의 내용이 어떻게 연결되는 것인지, 명확하게 파악하기 힘들다. 그래서 '노동시'의 정치성에 익숙한 사람들로서는 저 시가 과연 정치적인 내용을 담고 있는 '정치시'라고 말할 수 있을까 의심할 수도 있겠다. 허나 저 시는 폭력적인 관료 세계의 어떤 운행이 암시되면서 돌발적인 이미지가 갑자기 등장함으로써 독자에게 강한 인상을 부여하는 데 성공하고 있다.

위의 시에서 폭력은 국가나 대중 매체에서 떠들어대는, 하도 사용되어 흐물흐물해진 말인 '문학적인 삶'과 연결되어 나타난다. "관료들은 서두른다", "고통과 비명의 자유로운 확산과 교역을 위해?"라고 시적 화자가 말할 때, 독자들은 자연스럽게 삶을 파괴하는 신자유주의적인 세계화와 이른바 '문학의 세계화'를 겹쳐서 생각할 것이다. 그런데 관료들이 서두르는 결정의 내용은 "흰 알약의 값을 올리고" "어미소를 먹인 얼룩소를 먹이"며, "산업폐기물이/트로이의 목마처럼 입성하"도록 하는 것이다. 그와 동시에 폐병쟁이 시인과 발자크와 햄릿과 오딧세이의 이야기가 마치 트로이의 목마인 양 삶을 파괴하기 위해 이웃 속으로 들어온다. 그 관료들이 누구를 가리키는지 애매모호하지만, 시인은 그 애매함을 통해 시적 효과를 증폭시킨다. 저 관료들의 애매함은, 그들이 우리 주변에 유령처럼 배회하는 존재로서 현상하도록 만든다.

하지만 그들은 햄릿의 숙부처럼 우리의 귀에 독극물을 붓는 결단을 명령하는 권력자들이다. 그들은 마치 존재하지 않는 것처럼 몸을 드러내고 있지 않지만, 모든 곳에 존재하고 있다. 사람들은 이들이 어떤 결단을 내리고 있다는 사실조차도 알지 못한다. 그들의 결단은 "사람들이 모여들기 전에" "비닐봉지를 휙 가르고 떨어지는 나이프처럼" "소리 없이" 이루어지기 때문이다. 사람들이 모이기 전에 모든 것은 나이프의 칼날처럼 신속하고 날카롭게 결정되어야 한다. 이렇게 읽어보면, 진은영의 위의 시에 대해, 다국적 자본과 국가(관료)가 벌이는 삶의 파괴와 그것과 관련된 문학의 문제를 알레고리로 보여주는 시라고 말할 수 있다.

이 시에서도 송경동 시에서와 마찬가지로, 문장을 반복하는 기법이 사용되고 있다. 물론 두 시에서 그 효과는 매우 다르다. 송경동 시에서는 반복되는 문장 사이에 어떤 진술이 변주 삽입되면서 감정을 고양시키는 청각적 리듬이 창출되고 있다면, 진은영의 시는 "~은 결정을 서두른다"라는 문형의 반복을 통해 독자로 하여금 어떤 공포스러운 감정에 젖어들게 만든다. 또한 그의 시는 반복되는 문구 사이에 선명하면서도 강렬한 시적 이미지가 삽입되면서 독자에게 시각적 충격을 주고 있다. 진은영 시의 언어가 송경동 시의 언어보다 밀도가 높다고 하겠는데, 이를 두고 어떤 시가 우월하다고는 말할 수는 없다. 두 시인의 차이는, 그들이 노리는 시의 효과가 다르고 또 이에 따라 창작 방법 역시 다르기 때문에 생기는 것이다. 진은영의 시가 노동자 집회에서 낭독된다고 할 때, 아마도 난감해하는 청자들이 많을 것이다. 하지만 시 텍스트를 자주 들추어보게 만드는 것은 진은영 쪽의 시일 것이다. 텍스트 곳곳에 박혀 있는 매혹적인 이미지 때문에 그렇다. 독자들은 도약하는 그 이미지들의 몽타주 덕분에 현 세계의 폭력성을 강렬한 인상으로 받아들이게 될 것이고 또한 이에 대해 중첩된 사고를 하게 될 것이다. 진은영은 위의 시를 통해, 자신이 말한 것처럼 정치적 실험 공간에 참여하면서 동시에 미적 실험을 감행하는 시도를 한 것이 아닐까 생각된다.

진은영의 시가 이미지의 변형을 통한 알레고리로써 현재의 지배체제를 비판하는 방식을 보여주고 있다면, 최근 발표(『문학과 사회』 2011년 겨울호)된 곽효환의 시는, '희망버스'라는 '정치'에 대해 직접적으로 발언하는 방식을 보여준다. 즉 그의 시는 지금 벌어지고 있는 '몫 없는 자들의 투쟁'에 공감하고 지지하며 동참하는 서정적 주체를 보여주고 있는 것이다. 송경동의 시 역시 그러한 투쟁에 대해 직접적으로 발언하고 있지만, 그의 시가 그 투쟁 속으로 개입하여 '선전선동'을 통해 투쟁의 장을 시화詩化하고자 한다면 곽효환의 시는 투쟁의 장에 정동情動, affect되는 주체의 서정을 표현하는 데 주안점을 둔다. 그러나 그 표현은 개인적인 차원에 국한되지 않는다. '정치'에 정동하여 이끌어낸 서정은, 그 정치현실에 맞닥뜨리고 있는 사람들의 마음 역시 정동하게 하는 힘을 갖게 되기 때문이다. 그래서 이러한 서정시는 '정치시'의 성격을 가지고 있다고 할 수 있다.

송경동 시인이 기획한 '희망버스'는 2011년 문학계에서 가장 의미 있는 사건이라고 할 수 있다. 알다시피 '희망버스'란, 한진중공업의 정리해고 방안에 항의하기 위해 2011년 1월 6일부터 영도조선소 고공크레인에 올라가 농성하기 시작한 김진숙을 응원하는, 그리고 그와의 연대를 밝히고 정리해고 철회를 압박하기 위한 행사다. 2011년 초만 하더라도 일반 시민들은 김진숙이 외롭게 농성하고 있다는 사실을 잘 알지 못했다. 하지만 '희망버스'가 기획되어 그해 6월 11일 시민들을 태운 1차 희망버스가 영도조선소로 가면서부터 김진숙의 농성이 일반 시민들에게 알려지기 시작했다. 그 이후 5차에 걸쳐 이루어진 '희망버스'는 거대한 사회적 압력을 행사하면서 결국 11월 10일 노사 합의가 이루어질 수 있었고, 김진숙은 309일 간의 농성을 마치고 크레인에서 내려올 수 있었다. 이 '희망버스'가 왜 문학적인 사건인가? 다수의 시민들이 연대를 표명하기 위해, 저 남쪽의 크레인에서 외롭게 농성하고 있는 한 여성 노동자를 집단적으로 버스를 타고 방문한다는 생각은 시적인 상상력에서 나온 것이기 때문이다. 그러한 상상력은 거대한 사회적 호응을 불러 일으켰고 결국 노동자의 승리를 가져올 수 있었다.

이러한 시적 상상이 현실화되어 사회적 힘이 될 수 있었다는 점에서 '희망버스'는 하나의 문학적 성과로서 인정받아야 하는 것 아니겠는가. 그렇기에 시인들은 이 '희망버스'에 감응되어 이를 시화하고자 할 만하다. 또한 필자와 같은 독자 입장에서도 그러한 시가 발표되기를 기대하게 된다. 그래서 곽효환이 발표한 '희망버스' 시편들을 만났을 때 반가움의 감정부터 들었다. 그 중 한 편인 「한 소금꽃나무에 관한 연대기」는 김진숙의 삶을 압축하여 보여준다. 이 시의 후반부를 인용해본다.

절망과 희망, 분노와 사랑이 뒤엉켜 먹먹해진 가슴으로
하얗게 꽃피운 소금꽃나무 나래비를 염원하다
부산광역시 영도구 봉래동 한진중공업 영도조선소 제85호 타워크레인
지상 50미터 허공, 한 평 남짓 작은 운전실에서의 200일하고도 훨씬 더 많은 날들
그네를 그곳에 오르게 한 건 그곳에 목숨을 묻은 두 명의 노동자였지만
그네를 단련시킨 건 죽은 척한 사람들, 그리고 침묵으로 일관한 사람들이었다
······

밟지 마라,

꽃이다

생명이다

희망이고 사랑이다

이 모두를 품은 사람꽃이다

'소금꽃나무'란 김진숙의 에세이집 제목이다. 그 나무는 땀이 마른 자국인 소금꽃을 피워내는 노동자의 등짝을 의미한다. 즉 '소금꽃나무'는 쉴 새 없이 일해야 하는 노동자를 의미한다. 그러므로 김진숙을 '한 소금꽃나무'라고 지칭하는 것은, 그가 노동자의 일원임을 강조하는 것이다. '나래비'란 '줄서기'를 의미하는 일본어가 변용된 것으로, 공장에서 통용된 말이다. 김진숙이 염원한 "하얗게 꽃피운 소금꽃나무 나래비"란 자본의 족쇄로부터 해방된 삶을 살아가게 된 노동자들의 대열을 의미할 테다. "목숨을 묻은 두 명의 노동자"란 2003년, 회사의 무더기 정리해고에 항의해 바로 85호 타워크레인에서 목숨을 끊은 김진숙의 공장 선배들 — 김주익과 곽재규 — 을 가리킨다. 김진숙이 크레인에 올라간 것은 이 죽은 선배의 뒤를 이어 투쟁한다는 의미를 가진다. 하지만 그는 살아서 내려갈 것이라고 다짐했다는 면에서 그 선배들과 달랐다면 달랐다.

시인은 김진숙과 관련된 '몫 없는 자들'의 존재를 드러내면서, 독자를 실제 사건의 현장인 영도조선소로 데려간다. 김진숙이 올라간 타워크레인이 있는 곳의 주소를 써놓은 것은 사건의 실제성을 높이기 위해서다. 그리고 이러한 사실들을 긴 문장으로 제시하고는, 시인은 짤막한 문장으로 자신의 분노가 담긴 단언들을 세상에 던짐으로써 독자들의 정동을 일으키려고 한다. 사실을 보여주는 긴 문장에서 선언조의 짧은 문장으로 갑자기 전환하는 작법은 독자에게 충격을 주기 위한 것일 테다. 한편 같은 잡지에 실린 곽효환의 다른 시편들, 「희망버스」와 「도심의 저녁식사」 역시 타워크레인의 김진숙을 중심으로 구성되어 있는데, 주로 '희망버스'와 김진숙에 대한 시적 화자의 서정적

감응을 보여준다.

「희망버스」는 '촛불집회'에 참가한 바 있는 시적 화자가 '희망버스'에 참여하면서 느낀 두려움, 슬픔, 망설임을 드러낸다. 그는 송경동 시의 시적 화자처럼 투쟁 속으로 뛰어 들어가서 대중의 마음을 움켜쥐고자 하지 않는다. 그 역시 투쟁에 참여하지만, 그는 어떤 상념에 빠져 사건을 바라보며 그 사건에 대해 생각하는 것이다. 사건과의 이러한 거리는, 시인이 '희망버스'를 자기의 삶으로 느끼지 못했기 때문에 생긴 것이라고도 볼 수 있을 것이다. 하지만 그 거리를 인지하고 대상과의 사이에서 머뭇거리며 사유하는 일은, '몫 없는 자'인 타자의 삶과 투쟁에 공감하고 연대하기 위해선 거쳐야 할 필수적인 과정이다. 시민으로서의 시인은, 그 과정을 통해서 사건이 자신의 삶과 깊은 관련이 있다는 것을 진정하게 인식할 수 있는 것이다. 그래서 사건에 대한 시인의 반응을 솔직하게 드러내는 편이, 시의 공감력과 정치성 확보에 더욱 유의미한 결과를 낳을 수 있다. 「도심의 저녁식사」는, 시인이 소금꽃나무 김진숙의 삶과 자신의 삶 사이의 깊은 관련성을 인식하는 과정을, 그리고 그 인식을 통해 품게 되는 서정을 보여준다.

> 하오 일곱 시 반,
> 아직 어둠이 오지 않은 여름 저녁
> 텅 빈 식당에서 혼자 밥을 먹는다
> 청진동은 오랫동안 재개발 중이고
> 창 너머 젖은 하늘 아득한 곳의 타워크레인을 본다
> ……
>
> 나는 어느새 식은 국밥의 굳은 기름을 걷어낸다
> 지난여름 영영 떠나간 하얀 그네 얼굴
> 일찍 떠난 아버지를 점점 빼닮아가는 누이 얼굴
> 주름이 더 늘어 늙수그레해진 창틀에 비친 낯익은 얼굴

저물녘 텅 빈 식당 한 켠에 구겨져 앉은 그림자 하나
삼켜지지 않는 입안 가득한 밥을 씹는다
홀로 마주한 밥상의 서걱거리는 밥알들
씹다 만 깍두기처럼 겉도는 말들
떠도는 말들과 부유하는 진실을 삼키는
여름날, 목메는 도심의 저녁 식사

시적 화자는 지금 청진동에서 해장국을 먹고 있는 중이다. 그는 서울에 있지만, 저 아득한 남쪽에 있는 영도 타워크레인의 김진숙을 생각한다. 시적 화자에게 김진숙은, 그가 희망버스를 타고 갔었던 영도조선소에만이 아니라, 이제 그가 생활하고 있는 서울에도 존재하게 된 것이다. 김진숙에 대한 생각은 시인으로 하여금 "국밥의 굳은 기름을 걷어"내고 시인 자신의 깊은 기억을 떠올리게 만든 것 같다. 그래서 시인은 김진숙에서 "일찍 떠난 아버지를 점점 **빼닮아가는 누이 얼굴**"을 연상하는 것일 테다. 그리고는 그는 자신의 존재성을 성찰한다. 그는 "주름이 더 늘어 늙수그레해진 창틀에 비친 낯익은 얼굴" ─ 아마 시적 화자 자신의 얼굴일 ─ 을 바라보고는 자신이 "식당 한 켠에 구겨져 앉은 그림자"와 같은 존재임을 인지하게 된다. 그는 자신에게 엄습한 기억과 자신이 그림자에 불과하다는 인식에 깊은 상념과 슬픔으로 이끌린 듯, "삼켜지지 않는 입안 가득한 밥을 씹"으며 "떠도는 말들과 부유하는 진실을 삼"킨다. 이렇게 '한 소금꽃나무'는 시인의 숨겨진 내면과 만나면서 시인의 현재 삶과 깊은 관련을 맺게 된다.

이렇듯 곽효환 시인은 '몫 없는 자들'의 투쟁과 삶에 정동되는 '정치적' 과정을, 자신의 내면의 움직임을 솔직하게 기록하여 드러내고 있다. 서정시인은 시의 정치성에 대한 사회적─시대적 요구에 이러한 방식으로 응답한다.

(『오늘의 문예비평』 2009년 겨울호;『시평』 2012년 봄호, 개고.)

시민의 호모 사케르화와 문학이 갈 길

한국은 이제 집회의 자유마저 없는 나라가 되었다. 이제 도심에서 집회를 하려면 경찰의 허가를 받아야 한다. 게다가 정부를 비판하는 집회인 경우, 경찰은 집회를 허가하지 않는다. 관제 행사나 극우 집회만이 허가된다. 허가되지 않는 곳에서 촛불을 들면 무조건 현행범으로 연행해간다. 그리고 그들에게 어마어마한 벌금을 물린다. 예전 독재정권 아래에서는 적어도 시위에 단순 가담한 사람들의 경우, 몇 대 때리기는 했어도 대부분 훈방 조치했고 벌금을 물리는 일은 없었다. 그러나 현재에는, 가난한 사람들은 집회에 참가하려면 큰 부담감을 가질 수밖에 없다. 가난하기 때문에 시위를 하려고 하는 데 말이다. 정부는 벌금을 통해 가난한 사람들의 시위를 아예 원천봉쇄한 것이다. 현 정권은 독재 정권이라는 말이 예전에는 좀 과장이라고 생각되었는 데 지금은 그렇지도 않다. 집회의 자유를 말살하려는 정권은 독재정권이다.

그뿐만이 아니다. 현재의 지배 권력자들은, 철거민들의 농성을 무리하게 과잉진압하여 사람을 죽게 해놓고는, 참사의 희생자들에게 '테러리스트'라는 딱지를 붙여 그들의 죽음이 당연한 일인 것처럼 말하기까지 한다. 지금까지 그들의 죽음에 대해 사과하거나 책임진 사람은 아무도 없다. 참사 희생자들을 불타 죽어도 싼 범죄자로 취급한 것이다. 조르조 아감벤은 "오늘날의 민주주의적 –자본주의적 프로젝트는 자신 속에 배제된 인민을 재생산"[1]한다고 말하고 있는데, 이 말이 정확히 들어맞는 것이 용산참사다. 재개발 과정에서 밀려난 철거민들의 저항에 '테러'라고 명명함으로써, 한국의 지배 권력은 자국민의 가난한 일부를 국가 구성체에서 배제시켜버리고 폭력을 마음대로 가했다.

이 배제된 이들을 아감벤의 개념을 사용하여 '호모 사케르'라고 부를 수 있겠다. 아감벤에 따르면 근대의 주권 권력은 일군의 사람들을 국민으로부터 배제함으로써 작동된다. 그 배제된 사람들은 살해해도 좋은 인간들, 즉 호모 사케르로 취급된다. 용산 참사는, 지배 권력이 저항하는 이들에 대해 테러리스트라고 지명하고는 이들의 생명을 마음대로 처분하는 장면을 적나라하게 보여주었다. 사실 한국에는 여럿의 호모 사케르가 존재해 왔다. '빨갱이'가 호모 사케르의 전형이다. 한국 국가로부터 '빨갱이'라는 지목을 받으면 그는 호모 사케르가 되어 국가와 사회로부터 철저히 배제되어 왔다. 더 나아가 예외상태(쿠데타나 전쟁, 계엄령, 긴급조치 등의 시기)에선, 그들은 마음대로 살해되곤 했다. 그런데 이제는 '테러리스트'라는 호모 사케르까지 만들어지게 된 것이다.

현재 한국에서 국가나 자본에 저항하는 이들은 언제 어디서 '빨갱이'나 '테러리스트'로 지목되어 호모 사케르의 처지가 되어버릴 수 있다. 그래서 누구나 이 호모 사케르가 될 가능성이 있다. 용산참사에서 죽음을 당한 희생자들도 생전에 자신이 테러리스트라는 명칭을 얻게 될지는 꿈에도 생각해보지 못한, 평범하고 가정적인 이들이었다. 테러는 언제 어디서 일어날지 모른다. 이를 빌미로 국가 권력은 모든 사람들을 잠재적인 테러리스트로 간주해버리고, 사람들의 삶 전체를 감시하고 통제하면서 일상을 예외상태로 만든다. 그리하여 잠재적 테러리스트로 취급되는 일반 시민들이 저항의 행동에 나설 때, 그들은 테러리스트로 현실화되고 그들의 인권은 박탈되는 상태에 처하게 된다. 촛불집회를 탄압하면서 보여 준 경찰의 폭력은 시민의 '호모 사케르'화를 잘 보여준다. 경찰이 시위자들을 불법적으로 연행하고 구타한 사건은 국가기구가 이들에 대한 보호 의무를 벗어던지고 이들을 국민으로부터 배제시켜 폭력을 마음대

---

1. 조르조 아감벤, 『호모 사케르』, 박진우 옮김, 새물결, 2008, 338쪽.

로 가해도 좋은 호모 사케르로 취급해버렸다는 것을 의미한다.

촛불이 청계 광장에서 켜진지 1년, 지배 권력은 촛불에 히스테릭한 반응을 보이고 있다. 정부가 저항하는 시민들을 무조건 호모 사케르화하여 국가 폭력에 노출시키는 것은 그 반응을 잘 보여준다. 그만큼 정권이 촛불을 두려워한다는 말이 된다. 이에 촛불만을 들고 저항하는 시민들은 몽둥이든 구금이든 벌금이든 어떤 방식으로든 국가 폭력에 의해 고통 받고 있는 것이 지금의 현실이다. 이러한 현실 속에서 문학은 어떠해야 할지 질문을 던지는 것은 자연스러운 일일 것이다.

우리의 일상적인 삶이 정치적인 것과 얼마나 긴밀히 연관되는지 잘 알게 된 요 근래였다. 문단에서는 문학과 정치적인 것에 대한 사유가 다시 활발하게 진행되기 시작하고 있다. 이는 당연한 일일 것이다. 시민들은 경찰의 무장력 앞에서 촛불만을 들고 저항하고 있는데, 문학이 이를 외면한다면 결국 문학은 시민들에게 외면당하게 될 것이기 때문이다. 그만큼 그 사유는 문학의 미래와 관련된 것이기에, 문학 자체의 문제를 다루는 것이기도 하다. 허나 어떤 결론이 내려지기를 성급하게 기대하는 것보다는, 그 사유를 끈질기게 진행시켜 그 사유가 문학 생산의 저류가 될 수 있도록 하는 것이 중요하다고 본다. 다시 말하면 작품에서 저항의 지표를 성급하게 찾는다기보다는 작품 창작에 저항 정신이 관류하도록 고민하고 실험하는 과정이 생성될 수 있는 방안을 찾는 것이 더 효과적인 일일지 모른다. 이는 좋은 작품의 생산이 정치적인 것을 내면화하고 정치적 열정 속에서 이루어질 수 있다는, 다소 고전적인 문제로 회귀하는 것이라고도 할 수 있겠다. 이를 두고 낡았다는 비판이 있을 수 있다. 하지만 그 회귀가 옛 문제를 단순히 반복하는 것이 아니라 상황을 새롭게 돌파할 수 있는 무엇을 만들어낼 수 있다면, 회귀를 두려워하거나 피할 필요는 없는 것이다.

(『리토피아』 2009년 여름호)

시인의 능력, 고통에 감염되기

제18대 대통령 선거가 끝났다. 매우 중요한 선거였다. 반노동 정책을 편 MB 정권 아래서 수많은 사람들이 고통 받았고, 지금도 고통 받고 있다. 사람들이 죽어나갔다. 죽음에로 몰리고 있는 고통 받는 사람들이 조금이라도 희망을 갖기 위해서라도 정권교체가 절실했다. 하지만 선거 결과는 전 정권의 연장이었다. 아니, 변화가 있긴 있을 것이다. 아마도 새로운 정권은 전 정권보다 더욱 반노동 정책을 펼 가능성이 농후하기 때문이다. 다음 정권에게 주어진 중요한 과제 중 하나는 다가올 한국 자본주의의 위기를 어떻게 관리하느냐에 있다. 박근혜 정권은 다가올 위기를 파시즘적으로 봉합하려고 할 가능성이 많다. 이미 선거 과정 중에 박근혜 후보는 '애국'과 '적(빨갱이)의 위협', 그리고 '100% 대한민국'과 같은 파시즘적인 구호로 표를 모은 바 있다. 대통령 당선자가 극우 논객을 대변인으로 세운 것은 곧 불거질 통치에 대한 항의를 파시즘에 호소하면서 진압하리라는 '의지'를 보여주는 것 아니겠는가. 한편, 선거가 끝나자 선거관리위원회는 신문에 정권 교체를 원한다는 광고를 낸 젊은 작가들을 고소했다. 이 일은 앞으로 국가 기관이 앞장서서 비판의 입을 막으리라는 것을 암시한다.

우리 시대는 더욱 어두워져가고 있다. 파시즘의 먹구름이 하늘 저편에서 다가오고 있다. 우울과 비통이 우리 시대의 감정이 되었다. 사람들이 아파하는 시대다. 반노동 정책을 강화하리라고 생각되는 후보가 대통령에 당선되자마자, 노동운동을 했다는 이유로 절망적인 상황에 빠져 있던 사람들이 더 이상 고통을 견디지 못해 희망을 버리고 자살하고 있다. 이러한 자살 행렬이 어디까지 갈지 모른다. 물론 우리 모두 알다시피, 어떻게든 힘을 내서 삶을 갉아먹는 이러한 부정적인 마음을 생산적인 마음으로 전환시켜야 할 것이다. 하지만 병은 의지만으로 치유되지는 않는다. 그래서 다가올 시대에는 시적인 것에 더욱 중요한 의미가 부여될 것이다. 시는 마음의 병을 치유하는 힘을 갖고 있기 때문이다. 다음 정권에서 더욱 강화되리라 생각되는 신자유주의는 '부채'를 통해 삶의 전반을 통치하고 우울과 같은 마음의 병을 양산한다. 이러한 '삶-권력'이 지배하는 시대에서는, 그 병의 치유 자체가 '삶-정치'적인 성격을 띠게 된다. 하여, 치유의 힘을 가진 시는 더욱 정치적인 성격을 가지게 될 것이다. 뒤집어서 말하면, '삶-정치'적이지 않으면 병은 치유될 수 없으며, 그래서 우리 시대에 정치적이지 않은 시는 고유한 치유의 힘을 가지기 힘들다.

벌거벗은 사람이 되어 부끄럽게 서 있던 그 자리에
더 벌거벗은 한 사람이 나타나 오랫동안 당당하게 울었다

자궁에 손을 넣어
사산된 새끼를 꺼낸 경험을 들려주던
경마장 남자의 껍질 같은 손을 보았다

아픈 말[馬]을 사람들은 고기라고 부른다고

치킨을 나눠 먹으며 나는 고기로 앉아
헐벗어가고 있었다

직장에 다닌 시간보다

해고된 채로 농성을 하고 있는 시간이 더 오래되었다는
한 남자가 현관에서 신발을 정리하고 있었다
벌거벗은 채로
나는 겨우 신발을 신었다

죽는 순간엔 굳은살도 다 풀린다고

그걸 직접 봤다는 남자와 나란히
담배를 피우며 걸었다
기차는 레일 위로 당당하게 달렸다
희망이 고문에 가깝다고 말하는 친구가 옆에 앉았다
희망이 고기에 가깝다는 말로 들렸다

사람을 만난 날이었다
예상치 못한 어딘가가 깊이 파였고
더 이상 무섭지도 않았다

— 김소연, 「평택」 전문(『문학과사회』 2012년 겨울호)

'평택'은 우리 시대 고통의 상징이 되고 있는 '쌍용자동차' 공장이 있는 곳이다. 파업 농성하던 노동자들을 국가권력이 개 패듯 패면서 감옥으로 끌고 간 장소인 평택. 노동자들이 벌거벗겨지고 처분 가능한 고기처럼 취급되었던 평택. 이 평택은 지금 서울의 대한문 천막 농성장에서 계속되고 있다. 고기가 되어버린 '벌거벗은 사람'으로서 저항하고 있다. 한국의 현재를 관통하는 '삶-권력'이란 삶을 벌거벗기는 권력이라고도 할 수 있다. 사람의 존엄성을 박탈하는 권력, 그래서 사람을 "아픈 말馬"로 변환시키는 권력, 사람의 맨살을 드러내고 그것을 고기로 만드는 권력. '삶-권력'은 '쌍용자동차' 해고 노동자들을 그렇게 취급했듯이 나든 당신이든 누구나 벌거벗길 수 있는 잠재적인 권력이다. 이러한 '삶-권력'에 대한 저항의 길은 도리어 우리 모두 '벌거벗은 사람'임을 통감하고는, 고기로 취급되어 벌거벗겨진 사람들과 벌거벗은 고기로서 만나는 데서 열릴지도 모른다. 적어도 김소연 시인은 그렇게 생각한 것 같다. 그래서 "벌거벗은 사람이 되어 부끄럽게 서 있"던 것 아니겠는가. 하여, 시인은 그 자리에서 "더 벌거벗은 한 사람"을 만날 수 있었고, 그래서 눈물로 아픔을 "당당하게" '표현'할 수 있었다.

위의 시는 '쌍용자동차' 해고 노동자일 "더 벌거벗은 사람"과의 만남과 대화를 시적으로 기록한다.(그 사람이 특정한 한 사람을 의미하지는 않을 것이다.) 그는 "직장에 다닌 시간보다/해고된 채로 농성을 하고 있는 시간이 더 오래"된 사람이다. 그의 삶은 병든 말처럼 아팠고, "사산된 새끼"처럼 세상에서 피지 못했다. "죽는 순간엔 굳은살도 다 풀린다"는 사실을 직접 본 그는 죽음에 유혹당하고 있다. 그 역시 고단한 삶에 의해 만들어진 갑갑한 굳은살이 풀리기를 원할 테니 말이다. 그래서 그에게 죽음에의 유혹을 간신히 차단하는 희망은 고문에 가까운 것이 된다. 더 이상 간신히 쥐고 있는 그 희망을 견뎌낼 수 없을 때, 이번 대통령 선거 이후 자살하는 노동자들처럼 삶을 놓아버리고 말 것이다. 정지영 감독의 영화 『남영동 1985』에는 전기고문을 하는 '고문기술자'가 고문 대상자의 몸에 스테이크에 뿌리듯이 소금을 뿌리면서 '고기' 운운하는 장면이 나온다. 고문은 육체를 고기처럼 다루는 것이다. 그래서 시인이 희망이 고문에 가깝게 되었다는 말이 "희망이 고기에 가깝다는 말"로 들리는 것은 과장이 아니다. 희망이라는 고문을 견디면서 삶을 겨우 지탱하는 것은 고기로서 살아간다는 것이다.

시인은 이 "더 벌거벗은 사람"과 만나면서 고기가 되어 점점 "헐벗어"간다. 그와의 만남을 통해 시인 역시 고문의 고통을 느끼고 있는 것일지 모르겠다. 시인은 "겨우 신발을 신"을 정도로 힘들다. 그와의 만남에서 "예상치 못한 어딘가가 깊이 파였"기 때문이리라. 그런데 이렇게 시인이 아플 수 있다는 것은 도리어 치유의 힘과 연결되지 않겠는가. 우리 시대의 질병인 우울은 천천히 삶을 죽음으로 중독 시키는 병이기 때문이다. 아픔을 아픔으로 느끼지 못하면서 삶이 죽어가는 것이 중독이다. 반면 시는 우리가 아프다는 것을 각성시킨다. 시는 우리가 아프고 그래서 치유되어야 한다는 각성을 가져다준다. 위의 시에서 시인은 우리가 벌거벗겨진 인간이며 고기로 취급되는 "아픈 말"임을 각성한다. 이 각성에서 어떤 전도가 일어난다. "더 벌거벗은 한 사람"과의 만남을 통해 "헐벗어가"며 같이 아파함으로써, 벌거벗은 사람끼리 "레일 위로 당당하게 달"리는 기차처럼 "당당하게 울" 수 있게 되기 때문이다. 벌거벗은 이들이기에 도리어 당당할 수 있다는 것, 벌거벗은 몸에서 삶을 다시 시작할 수 있다는 것. 그래서 마지막 연을 시인은 "사람을 만난 날이었다"는, 어떻게 보면 당연한 말로 시작하는 것일 테다. 우리 시대에는 벌거벗은 이야말로 도리어 진정한 '사람'이 될 수 있다는 것을, 시인은 그 노동자와의 만남에서 확인할 수 있었기 때문이리라.

하여, "더 이상 무섭지도 않았다"라는 마지막 행은 다양한 뉘앙스가 있지만, 죽음 앞에 있는 벌거벗은 삶이 다시 삶이 있는 쪽으로 몸을 돌린다는 의미도 포함하고 있다고 믿는다. 목적론적인 해석일지 모르나, 그 행은 "어딘가가 깊이 파"이는 고통의 공감적 체험을 거치면서 치유를 위한 어떤 저항이 시작됨을 암시한다고 생각되는 것이다. 삶 자체를 포섭하여 병들게 만드는 '삶-권력' 시대의 저항은 이념에 의해서가 아니라 벌거벗은 삶 자체에 의해 이루어질 테다. 아프고 벌거벗은 삶들이 같이 아파하고 벌거벗는 가운데, '삶-권력'에 대한 '삶-정치'적인 저항의 길은 공통적인 것을 구축하면서 열릴 수 있을 것이다. 그래서 시인의 정치적 능력이란 고통 받는 삶과의 마주침에서 자신도 모르게 고통에 감염되어 어딘가가 깊이 파여 아파버리는 능력일지도 모른다. 같이 아플 수 있는 능력, 그래서 공통적인 것을 열기 시작하는 능력, 그것이 시인의 정치적 능력이다. 더 나아가 시의 고유한 능력이란 독자도 같이 아프하게 말할 수 있는 능력, 그래서 그들도 공통적인 것에로 발을 들이게 만드는 능력이라고 할 것이다. 「평택」은 독자인 나를 아프게 만들었다. 김소연 시인의 능력 덕분이다.

(웹진 『문지』, 2013년 1월 2일)

3부

노동의 생활과 '삶미학'의 구축

전망과 유목

박영근론

1

박영근의 네 번째 시집 『지금도 그 별은 눈뜨는가』(창작과 비평사, 1997)의 해설에서 김형수 시인은 "박영근의 시는 실존의 순간과 대결하고 있을 뿐 예정된 귀착지를 갖지 않는다. 그래서 그가 민중주의적이라고 한다면 틀린 말이 된다. 그는 실존주의에 가깝다."라고 말한 바 있다. 민중주의가 민중의 전체 이익과 보편적 감수성을 대변하려는 이념이라고 한다면, 이는 맞는 말이다. 박영근의 시는, 그가 어떤 이념이 아니라 삶 자체를 밀고 나가면서 세계와 대결하고 있음을 보여준다. 박영근은 그의 시평집 『오늘, 나는 시의 숲길을 걷는다』(실천문학사, 2004)에서도, "실존으로 살아내는 현실"을 백석의 시 「南新義州 柳洞 朴時逢方」에서 찾아내고는, "그 지점이야말로 백석의 시가 오늘의 우리 시 속에서 여전히 현재형의 삶을 사는 까닭"이라고 말한 바 있다. 그리고 그 시에 등장하는 '갈매나무'의 형상이야말로, "어떤 이상적 자아 따위의 다른 것으로 치환하지 않고 그 외로움을 그대로 받아들여 오래 '째김질'할 수 있는 자에게 주어지는 드문 형상"(17쪽)이라고 극찬한다.

이상적 자아에 의탁하지 않고 고독을 받아들이면서 실존으로 살아내는 것, 그 실존을 오래 '째김질'하여 형상을 탄생시키는 것, 이는 백석 시에 대한 시인의 상찬에 그치는 것이 아니라 그의 마음 속 깊이 자리 잡고 있었던 자신의 삶과 시에 대한 지향이라고도 생각된다. 서정시인은 실존으로 삶을 밀고 나가면서 시적 형상을 얻어낼 것이다. 실존적인 것은 무엇으로도 환원할 수 없는 특이한singular 것이다. 선전 선동시를 쓰는 시인이라도, 좋은 시인은 그 선전 선동 속에 자신의 특이한 실존을 새겨 넣는다. 그런데 실존적인 것과 역사-사회적인 것은 괴리되어 있지 않다. 다만, 실존적인 것과 역사-사회적인 것의 관계를 더 깊게 느끼는 시인과 그렇지 않은 시인을 구별할 수는 있다. 박영근 시인은 전자에 해당된다. 그는 그가 겪은 실존적 체험이 역사-사회적 상황 속에서 형성된다는 것을 의식하면서 시를 쓴다. 그래서 고독한 내면을 표현하는 그의 서정시에는 결코 고립되고 폐쇄된 자아의 심정만 담겨 있지 않고 그 심정을 유발한 사회적 맥락이 암시되곤 한다.

박영근의 시 쓰기는 역사-사회적 상황에 대한 실존적인 응전을 통해 삶을 이끌어나가는 과정이었다. 그가 맞닥뜨린 상황은 무엇이었는가? 노동현실, 주로 육체를 사용하는 물질적 노동을 둘러싼 현실이었다. 자본주의 사회에서의 노동은, 먹고 살기 위해 억지로 해야 하는 강제 노동이 대부분이다. 한국에서의 육체노동은 특히 그 강제성이 더 했다. 육체노동자들은 어쩔 수 없이 장시간 노동을 해야 했고, 그로 인해 육체는 파괴되어 갔다. 게다가 그들은 정신노동자에 비해 상당히 불평등한 임금과 문화적 차별을 받아야 했다. 노동을 하면서 살아가야 하는 프롤레타리아인 박영근은 폭압적인 노동현실을 외면하거나 도망가지 않았고, 그 현실에 능동적으로 저항하면서 노동현장에서의 시 쓰기를 해나갔다. 그래서 그는 '노동시'를 쓰는 '노동자 시인'으로 불렸다. 1990년대 후반에 상재한 네 번째 시집부터는 시의 성격이 좀 달라지긴 하지만.

박영근의 첫 시집과 두 번째 시집인 『대열』(풀빛, 1987), 세 번째 시집인 『김미순전』(실천문학사, 1993)의 시들은 위와 같은 의미의 '노동시'라고 명명될 만하다. 첫 시집 『취업공고판 앞에서』는 비애의 정조로 가득 차 있는 시집이다. 1970년대부터 본격화된 근대화로 인해 젊은이들은 농촌의 고향을 등지고 대도시의 공장으로 몰려들었다. 하지만 이 대도시는, 고향의 가난보다 더 무서운 고통을 젊은이들에게 강요했다. 장시간 노동과 저임금, 노예 같은 삶의 강요, 타인과의 소통이 차단된 차가운 도시 생활과 당장 숙식을 해결하지 못하게 하는 실직 등은 이 젊은이들에 닥친 현실이었다. 이 시집엔 고향을 떠나 도시로 올라온 청년들이 겪어야 하는 고통의 감정이 짙게 표현되고 있다. 특히 시집 머리에 실린 「비로소 떠나갈 곳조차 없는 이 곳에서」는 뿌리 뽑혀 떠돌아야만 하는 이들이 어떤 정동으로 들끓고 있는가를 잘 보여준다. 시는 아마도 고향을 떠나는 '너'의 다음과 같은 말로 시작한다.

넘어지면서. 자주 달리던 풀잎 정다운 언덕길
밀어내면서 무엇이되려는것이아니야
묻혀살뿐살아갈뿐⋯⋯⋯어깨 위로는 이 악물고
떨며 내려앉던 눈송이들. 내리면서

넘어지면서 정다운 언덕길을 밀어내는 '너'는, 자신의 떠남이 무엇이 되기 위함이 아니라고 '나'에게 말한다. 다만 지금 떨어지고 있는 눈송이처럼, 떠돌다 땅에 떨어져 묻히며 살 뿐, 다른 뜻은 없다고 말이다. 그 떠남은 '너'가 니힐리즘에 빠졌기 때문이 아니다. 가난해서 떠돌다가 묻히면서 살아가야 하는 '너'와 '나'는 떠남밖에 선택지가 없기 때문이다. 이들은 삶을 선택할 수 없다. 그래서 이들의 객관적 상관물이라 할 눈송이는 "이 악물고 떨고 내려앉"아야 한다. 그런데 이를 악물고 떠는 분노와 비애를 언어로 다 담을 수는 없다. 언어는 이들끓고 있는 정동들을 간접적으로만 나타낼 수 있을 뿐이다. 하지만 박영근 시인은 되도록 이 정동들이 직접 표현되도록 노력한다. 이 시에서도 볼 수 있듯이, 술어를 주어나 목적어와 도치한 문장, 긴 말 줄임표, 띄어쓰기를 하지 않는 문장 등의 표현방식은, 정동을 되도록 직접적으로 표출하여 정동의 흐름을 독자가 느낄 수 있도록 한다. 김수영은 비에서 "움직이는 비애"(「비」)를 보았는데, 여기서 박영근은 비애의 움직임을 직접 구성한다.

이런 면에서 박영근의 초기 시는 이성복의 초기 시와 친화성이 있다. 훗날 박영근이 이성복의 「세월에 대하여」에 대해 논하면서 "이성복이 세계를 드러내는 시적 방법론은 이미지와 사유의 분절과 해체이다. 그것은 이성적 명제나 논리의 세계, 또는 사실적 재현을 통한 시적 맥락의 전개가 사람들의 현실적 삶과 상처를 드러내는 데 있어서 그리 도움이 되지 않는다는 불신의 표현이다."(『오늘, 나는 시의 숲길을 걷는다』, 145쪽)라고 말하고 있는데, 이는 자신의 초기 시에 대해서도 어느 정도 해당되지 않을까 한다. 박영근 자신도 이성복의 시를 "공장 생활의 피곤 속에서 되풀이 읽었"는데 "겉으로 보기에 전혀 상반되는 것처럼 보이는 이성복의 시와 현장 생활, 그리고 1980년의 광주가 나에게는 별 갈등 없이 내 마음자리에서 오래 동거했다"(146쪽)고 말하고 있다.

그러나 이성복의 시에는 초현실주의적인 환유적 이미지 연쇄가 시를 이끌고 있어서 고통이 도저하게 표현되지만 또한 화려하다는 느낌을 주는데 반해, 박영근의 시는 머뭇거리고, 더듬고, 어순을 도치하며 또 어느 때는 쉴 틈 없이 말하는 등, 분열적 말하기를 보여준다. 이 말하기는, 말하지 못할 정동을 겨우 말하는 데서 오는, 말하기 자체의 고통에서 비롯된다. 다음의 "때때로가슴쥐어뜯고진흙밭에나뒹굴어도/소, 리, 내, 지, 마, 라/고개숙이고눈물씻고다시천천히걸어야한다"와 같은 표현이 그 고통과 분노를 잘 표현한다. 쉼 없이 빠르게 발화 한 후, 바로 한 자 한 자 또박 또박 쉬어가면서 머뭇거리며 불연속적으로 더듬고는 다시 빠르게 자기 다짐하는 이 발화는, 견딜 수 없어서 표현할 수밖에 없는 고통이지만 말하기 힘든, 아니 말하는 것은 더욱 고통을 가중시키기에 말하면 안 되는, 그 모순 속에서 입 밖으로 나온다.

「비로소 떠나갈 곳조차 없는 이 곳에서」를 계속 읽어보자. 고향을 떠난 '너'
는 라면을 먹고 월세를 걱정하면서, 공장에서 타이밍 몇 알로 졸음을 쫓으며
"미싱바늘 아래/흐린 별빛들 박으면서 구로동"에서 삶을 살아갈 것이다. "엉겨
붙는 졸음 보다/먼저 손등을 찌르던/미싱 바늘 곁에 웅크리고 말없이/검은 피
들 닦어내면서" 말이다. 그렇게 살아갈 사랑하는 '너'를 생각하며 화자는 "무엇
이우리를떠나가게하고/무엇이우리를짓밟히는잡풀이게이리도자꾸나꾸어채
는가 너는/눈물 보다 아픈 쌍소리가 되었다."고 말한다. '우리'를 헤어지게 하
고는 잡풀처럼 짓밟는 세계에 대한 분노는, 이렇듯 폭발적으로 발화^{發話 – 發火}한
다. 그 폭발은 "눈물 보다 아픈 쌍소리"와 같은 성격을 갖지만, 시가 된 그 쌍소
리는 감정 토로에 그치지만은 않는다. 시인이 말하듯, "외로움도 두려움도/눈
물들 위에 쌍소리들 곁에/고쳐" 쓴 것이 시이기 때문이다. 이 시의 마지막 부분
에서 시인은, '너'일 아픈 쌍소리들 곁에서, 자신의 외로움과 두려움을 "밤길/
낮게/눈물은말고/더 낮게 너는/내 가슴에 내려앉는다."라고 고쳐 쓰고 있다.
"밤길/낮게" "내 가슴에 내려 앉는" '너'는 눈송이일 터, '너'인 눈송이들이 낮게
내 가슴 같은 땅에 착지하기 때문에 비록 지금 우리는 찢어져 있어야 하지만
다시 만나 새로운 삶을 살 희망은 있다는, 시적인 고쳐 쓰기.

　'눈송이'는 이 시집을 관통하는 중심적인 이미지다. 저 외로이 흩날리고 있
는 눈은 서로 헤어져 각자가 어딘가로 정처 없이 떠나야만 하는 사람들이며,
쓸쓸히 떨어져 녹는 눈은 방황하는 노동자들의 눈물이다. 그의 등단작인 「수
유리에서」 연작 중 네 번째 시는 '눈송이'의 이미지를 중심으로 짜여 있다. 지
금 읽어도 감정을 격하게 만드는 수작이라 생각한다.

　　겨우내 눈이 쌓이고, 묻히는 살붙이들
　　그 어둠 만큼 흩어지는 눈송이들 속에서
　　듣는다, 우리들 목마른 입맞춤 찾아서
　　한밤중 허공을 떠돌며

서로 부르는
목소리 몇 조각.
깊은 골목을 쓸고 있는
눈 몇 송이, 눈 몇 송이.
바람은 다시 일고
살붙이들 가까이 흙들이 패이고 있다.

말하지 말라, 말하지 말라
듣지도 말라 다만, 어둡게 하라
풀잎이 떨고, 기진한 숲들이 울고
가로 세로 베혀지는 우리들.
서둘러 숨고 있는 눈빛들.
어디쯤일까.
저기저기 핏자국들 보아요
철조망가의 손목들이
우리를 부르고 있어요
물 한 모금 속에 떨고 있는
거리의 고요 고요

온밤을 눈이 쌓이고, 묻히는 우리들
그 어둠 만큼 흩어지는 눈송이들 속에서
듣는다. 살아 있으므로
쉽게 버릴 수 없는 우리들 쓸쓸한 아우성
닿을 수 없는 하늘을 돌며
서로 부르는 이름 몇자여
헤메 듯 아픈 몸짓으로

눈 몇 송이, 눈 몇 송이
한밤중 허공을 쓸고 있다.

　시인은 4·19와 5·18을 연결시키면서 군사정권의 폭압에 의해 핍박받는 '우리들'을 눈처럼 쓸쓸하게 흩어져 녹는 존재로 형상화하고 있다. 그러나 그 쓸쓸함은 결코 청년기에 느낄 법한 고독의 기분이 아니다. 서로가 서로를 부르며 애타게 손을 붙잡으려 하지만 "가로 세로 베혀지는 우리들"이기에, 우리들은 "서둘러 숨고 있는 눈빛들"로 "물 한 모금 속에 떨고 있"어야 한다. 게다가 "저기저기 핏자국들 보"이는 '철조망'까지 우리 사이를 가로막고 있어서 우리는 더욱 쓸쓸한 것이다. "헤메듯 아픈 몸짓으로" 떠도는 저 '눈 몇송이'의 쓸쓸함 뒤에는 살육적인 국가 폭력이 횡행하는 비극적 현실이 놓여 있다. 그래서 그 쓸쓸함의 주체는 한 개인이 아닌 '우리'가 된다. 눈 몇 송이 같은 "서로 부르는/목소리 몇 조각"은 바로 "우리들 쓸쓸한 아우성"이다. 박영근은 그 아우성을 시에 담고자 했을 것이다.

　시인은 등단할 때부터, 자신과 같은 '청춘'이 입은 비극적 상처는 당대의 폭력적인 사회–정치적 상황 때문이라는 점을 잘 알고 있었다. 그는 그 권력에 의해 얻은 상처를 쌍소리의 시로 고쳐 쓰면서 실존적으로 극복하려 했다. 다시 말해 박영근 시인에게 시 쓰기는 외부의 권력에 대한 실존적 저항이며 살아 나가는 방식이었다. 이 실존적 저항은 자신과 같이 쓸쓸한 사람들이 '우리'로서 존재하고 있다는 것을 깨달았기에 가능했을 것이다. 그 우리는, 사람들을 묶어 부르는 말에 불과한 것도 아니고, 사람들의 차이를 제거한 후 공통분모를 찾아 그것에 하나의 성질을 부과한 개념도 아니다. 그 '우리'의 실체를 시인은 「새벽길 2」에서 "지우고 나면 또 그만큼 울고 있는/시간들 속에서 비로소 만져지던/우리들 맨살. 감출 수 없는 맨살들로/출렁이는 눈물의 뜨거운 몸짓으로/서리 서리 피 적시는/눈송이, 눈송이"라고 말한다. 만나서 서로의 맨살을 만지고 눈물의 몸짓을 주고받을 때, 그래서 시간 속에서 입은 서로의 상처들을 잊지 않게 될 때, 눈송이인 서로는 "서리 서리 피 적"실 것이고, '우리'는 형성될 것이다.

그래서 시인은 눈에서 쓸쓸한 아우성만 본 것이 아니라, "무엇을 덮으러,/우는 아우성으로/눈은 내릴까."(같은 시)라고 쓰게 된다. 눈은 흩날리기도 하지만, 무엇인가 덮기도 한다. 무엇을? 바깥 세계의 폭력을. 그에게 눈은, 국가 폭력에 의해 학살당하고 추방당한 사람들이면서 자본의 폭력에 의해 고향을 떠나 떠돌아야 하는 사람들, 흩날리는 사람들이었다. 그러나 이들이 싸리눈이 아닌 함박눈이 되어 대지를 덮는다면, '우리'를 착취하고 억압하는 자본과 국가의 폭력을 막아낼 수 있지 않겠는가. 바로 그 날을 염원하며 시인은 "가자, 가자/가슴 붉게 붉게 그리운 얼굴 있을까."라고 쓴 것 같다. 그 폭력을 막아내는 날은, 추방당하여 떠돌던 '우리'가 그리워하던 고향을 다시 되찾는 날이라고 그는 생각했으리라. 물론, 그 고향은 실재하는 물리적 공간이 아니라, 사회와 개인이 분리되지 않고 융합되는 포근한 세상의 이미지겠지만.

하지만 "가슴 붉게 붉게" "가자, 가자"라고 시인이 권유했을 때, '그리운 얼굴'이 있을지 모를 그 가야할 곳이란 어디인지 애매하여 추상적이라는 느낌이 든다. 그 권유는 뜨겁게 마음을 움직이는 바가 있긴 하지만, 무엇인가를 향하지 못하는 정동은 곧 기화되어 버릴 수 있는 것이다. 그래서 우리가 가야 할 목적지가 좀 더 구체적인 무엇으로 드러나지 않으면, 그 권유는 공허하게 된다. 시인 역시 이를 고민했을 것이다. 「솔아 솔아 푸르른 솔아」가 포함되어 있는 「백제」 연작에서, 시인은 격렬했던 백제 지방의 저항사 ― 동학에서 광주항쟁까지 ― 를 살펴보면서 이에 대한 시적 의미화를 시도한다. 즉 그는 저항의 '전망'을 역사적으로 탐구하려고 한 것이다. 하지만 "쌓이는 들잠 죽창으로 찌르다가/네가 묶인 곳, 아우야/창살 아래 또 한 세상이 묶여도/가겠네, 다시/만나겠네."라는 이 시의 마지막 구절을 보면, 시인은 현재의 저항과 동학의 저항을 연결시켜놓고 있긴 하지만 역시 구체적인 전망은 "다시/만나겠네"라는 식의 의지 표명에 그치고 있다. 노동운동이 활발하게 진행되기 시작한 1980년대

중반을 지내면서, 시인은 이러한 추상적인 자신의 진술에 불만을 품었을 것이
고, 그래서 그가 훗날 문제시할 '이상적 자아'를 시에 불러들이면서 노동운동
의 세계 속에 시를 투입한다. 1980년대 중후반을 거치며 시를 써나간 많은 노
동자 시인들이 그러했듯이, 박영근 역시 이 시절에 운동에 복무하는 시를 써나
갔고, 이 시들을 모은 시집이 『대열』과 『김미순전』이다.

2

'노동시'하면 천편일률적이라고 생각하는 사람들이 있는데, 『대열』을 읽으
면 그러한 생각이 잘못되었다는 것을 알 수 있을 것이다. 이 시집에서 박영근
은 노동계급의 세계관을 선전하고 노동자의 일상을 당파적 관점으로 그려내
려 한다. 그런데 시인은 이를 위해 다채로운 형식 실험을 한다. 앞에서 보았듯
이, 시인은 첫 시집에서도 언어의 한계를 허물면서 정동을 직접적으로 표현하
는 언어 구사에 대해 고심했다. 그는 등단할 때부터 형식에 대해 민감한 시인
이었던 것이다. 시인의 그 민감성은, 자유롭게 형식 실험을 보여주는 『대열』을
통해서도 잘 드러난다. 그런데 첫 시집에서와 비슷하게, 그는 어떤 직접성을
드러내려고 했다. 즉, 그는 시에 민요나 만가와 같은 가락을 도입하거나 대화,
편지, 일기, 최후진술, 급기야는 낙서까지 '삽입'하여 노동운동가와 노동자의
생생한 육성을 전통적 시 형식에 구애받지 않고 날 것 그대로 드러내려고 했던
것이다. 그래서 이 시집에서 정치적 아방가르드에 결합된 미학적 아방가르드
를 읽어낼 수도 있다고 생각한다.
　여하튼 『대열』은 다채로운 모습의 '노동시'를 한 권 안에 담았기에, 지금의
독자가 읽어도 흥미를 잃지 않고 대번에 독파할만한 시집이다. 다채로움은 다
양하게 묘사된 인물들에서도 볼 수 있다. 첫 시집은 시적 화자의 정동을 시에
밀어 넣는 데에 치중하여 명확한 형상이 등장하지 않았고, 그래서 다소 모호한

감이 있었다. 하지만 『대열』에서 시인은 선명한 형상을 통해 다양한 사람들의 행위와 정서를 드러냈다. 이들은 전위적인 활동가, 투쟁하는 노동자, 평범하지만 자본이 강제하는 훈육을 분노하며 거부하는 노동자, 온순하지만 철저히 자본에 의해 파괴되는 노동자 등으로 나뉠 수 있겠다. 시인은 이들 노동자들의 형상으로써, 전체 노동 계급을 구체화하여 형상화하려고 했다. 그래서 다양한 인물들의 삶을 선명하게 나타내기 위해 시에 서사가 도입되었다. 이 시집은 270면이나 되는 분량이지만 시는 60편이 채 안된다. 그만큼 시가 길어졌다는 것인데, 이는 서사의 도입으로 인해서다. 박영근 시인은 서사의 도입을 통해, 독자가 시를 읽으면서 무엇인가를 인식하길 원했던 것 같다. 서사를 통해 삶의 본질이 무엇이며 그에 비추어 어떻게 행동하며 살아야 할 것인지를, 시인은 독자가 자연스럽게 알 수 있도록 해주고 싶었던 것이다.

『대열』을 쓸 즈음의 박영근 시인은 노동자 계급이 갖는 당위와 전망을 확고하게 의식하고 있었던 것으로 보인다. 상상력과 지식을 동원하여 시인의 그 의식을 잠깐 스케치해보자. 노동자들은 지배이데올로기에 맞서서 노동계급의 세계관을 확보하여야 하는데, 그 세계관은 노동자의 일상과 결합되어 관념성을 탈피하고 계급 해방을 위한 계급투쟁의 무기로서 기능해야 한다. 시 역시 해방 투쟁에 복무하여 인류의 자기 해방 과정에 기여해야 하는데, 이는 시의 영광인 것이다. 그런데 그 노동계급의 세계관은 노동 생활을 통해 자생적으로 생겨나지는 않아서, 세계관을 전파하는 전위적 활동가나 노동운동가가 해방운동에서 매우 중요한 역할을 하게 된다. 그들은 노동자에게 운동의 과학적이고 객관적인 전망을 보여주면서, 그들을 계급투쟁의 대열에 합류시키려 한다.

이렇게 말한다면 일종의 레닌주의가 박영근 시인의 의식에 깊이 자리 잡고 있다는 얘기가 된다. 사실 1980년대 중반부터 레닌주의는 한국의 변혁운동 전체에서 정통의 권위를 얻어가고 있었기 때문에, 박영근 역시 레닌주의의 사사를 받았을 것이다. 레닌주의는, 첫 시집을 통해 구체적인 전망을 보여주지 못하고 있었던 박영근의 답답함을 단번에 풀어주면서 그에게 시 쓰기의 돌파구를 열어주었을지도 모른다. 시를 통해 해방의 세계관을 전파하면서, 노동자의 자생성을 의식적인 것으로 발전시킨다는 돌파구 말이다. 이렇게 본다면 레닌주의의 정치적 문학도 문학 자체에 긍정적인 자극을 준다고 생각할 수도 있지 않겠는가? 이와 관련해 덧붙이자면, 시인은 첫 시집에서 현재의 저항적 삶이 가진 역사성을 「백제」 연작에서 보여주었는바, 『대열』에서는 「지리산」이 투쟁하는 삶의 역사성을 보여주고 있다. 「백제」 연작은 동학에서 광주까지 일어난 자생적 저항을 보여준다면, 「지리산」은 남로당이라는 전위와 민중이 결합한 투쟁을 보여준다. 박영근의 레닌주의로의 의식 변화를 이 두 시의 비교에서도 엿볼 수 있다.

여하튼, 정말로, 시집 1부와 2부의 시들은 노골적으로 '노동해방 사상'을 선전하는 시들이 대부분이다. 하지만 이 시들엔 어떤 무리가 뒤따르는 것이 사실이다. 「최후진술」은 대학을 그만두고 '위장취업'하여 활동하던 전위 활동가의 최후진술을 그대로 옮겨오면서 그의 세계관을 그야말로 직접 선전하는 형식으로 써졌다. 그런데 그 진술 뒤에 감격적인 어조로 씌어진 서정시가 덧붙여져 있다. 그 일부를 인용하면 이렇다. "포승줄 속으로 조여오는 삼 년 형기/벽을 타고 쇠창살을 타고/온몸 부딪쳐/노동자 만세/노동운동 만세/아아 눈부신 핏방울로 새겨 나갈 날들을/꽃처럼 활짝 터뜨리며/환히 웃으며/총을 잡고 나가듯 호송차에 오르고"라는 식. 이러한 감격은 너무 뜬금없지 않는가? 물론 앞에서 엄혹한 환경 속에서 활동하는 운동가의 피나는 노력과 검거된 후에 당한 폭력이 진술되어 있지만, 이러한 과도한 감격이 뒤따르는 것은 격에 맞지 않는다. 이러한 감격은 앞에 어떤 비극적인 대서사가 전개된 후에 나와야 독자들의 마음을 움직일 수 있다. 아니, 저 과도한 감격과 진부한 수사 그 자체가 시적인 힘을 가로막고 있다고도 볼 수 있다.

「겨울밤 학습」은 노동자가, 학습을 통해 노동자 계급의 세계관을 습득하는 과정을 그렸다. 이 시에서 어떤 사건의 과정을 묘사하는 것은 중요하지 않다. 학습된 내용이 진술되는 가운데 독자가 '노급'의 '세계관'을 받아들이도록 유도하는 것이 중요하다. 가령, 노동자들이 학습한 "파업에 가담하면 쫓거나/더 비참한 생활이 올 것을 알면서/전체 노동자의 임금인상을 위해/함께 주먹을 흔드는/새로운 노동자의 모습"이 발화되면서, 독자 역시 이 모습을 배우도록 유도된다. 그런데 그 학습을 하고 있는 노동자가 묘사될 때는, "넘기는 책장 위에서/내 살아온 내력 되살아 되살아와/눈물이 되고/노여움으로 뻗치고,/어슴 새벽 책장 덮고 일어나/내 모습 바라보는데/답답한 가슴에 밀려오던/깨우침의 기쁨!"과 같이 감격하는 모습으로 등장한다. 그 감격하는 모습은 앞의 학습 내용이 얼마나 감동적인 이야기인가 뒷받침해주기 위해 그려진 것이다. 그러나, 이 내용에 감격하는 노동자가 1980년대 당시 분명 있었을지 모르겠으나, 저렇게 남발되어 외치는 감격은 많은 독자들에게 실제로는 공허한 감을 주었을 것이다.

뭔가 좀 어긋났다. 세계관이 삶을 앞서간다. 시인은 실존으로 살아나가기보다는 훗날 시인이 경계시한 '이상적 자아'에 의지하려 하는 것 같다. 물론 이러한 시 쓰기는, 당시 지배 언론의 이데올로기에 의해 눈과 귀가 가려진 민중에게, 해방운동의 당위와 정당성, 그리고 해방의 필연성을 전달하기 위한 시도일 것이다. 선전선동 시는 국면에 따라 필요하다. 하지만 앞에서 읽은 것과 같은 과장되고 무리 있는 표현들은 선전의 효과를 반감시킨다. 잘 쓴 선전 선동 시가 필요한 것이다. 박영근 시인의 실험 정신은 고무적이지만, 그렇다고 그 실험이 다 성공했다고는 볼 수 없는 것이다. 이를 위해 시인은 실감난 노동 현장 묘사를 시도했는데, 특히 「생일」이란 시에서의 다음과 같은 장면이 인상적이다.

아침부터 구질구질 비까지 오더니
납품한 물건마다
보기좋게 불량 도장 찍혀서
돈사장 얼굴에서 호랭이 우는

크레임이 걸려

하루 종일 이놈 저년 겁을 주는데

꼼짝없이 잔업에 철야를 때려야 할 판인데

에라, 사람이 먼저지 일이 먼저냐

생일노래 부르며

밤일 못하겠고 손들었더니

사직서가 떨어졌다

노동자의 노동을 둘러싼 사장과 노동자의 관계가 유머러스한 어조로 함축적으로 그려져 있다. 생일이고 뭣이고 사정을 봐주지 않는 사장, 그 기세등등한 사장 앞에서 생일 노래 부르며 철야 못하겠다고 유쾌하게 손드는 노동자, 하지만 싹둑 해고해버리는 냉혹한 사장의 모습이 이어진다. 과장되지 않은 묘사다. 노동 현장의 일상 속에서도 노동자가 내장하고 있는 저항적 성격과 자본주의의 냉혹한 성격이 무리 없이 묘사될 수 있음을 보여주는 시다. 일종의 '단편 서사시'인 「배출출이」도 성공작이라고 생각한다. 시인은 이 시에서, 중식 먹을 시간조차 없는 공장 현장을, 점심시간만 되면 식당에 가장 먼저 뛰어가 줄을 서는 '출출이'를 중심으로 그려내면서 비인간적인 노동과정을 비판하는 데 있어서 생생한 구체성을 확보하는 데 성공한다. 출출이란 인물도 유형화에서 벗어나 싱싱하게 살아 있다. 출출이는 짧은 중식 시간과 사무직 노동자와의 차별적인 식단에 대해 항의하다 얻어맞고 내쫓기게 된다. 평범한 노동자였던 그의 갑작스런 항의는, 어떤 관념에서 나온다기보다는 배고픔을 못 참는 그의 육신에서 나온 것이기에 무리가 없다. 자본의 착취 역시 사소하게 보이는 중식 시간을 통해 묘사함으로써 참신하고 구체적이다. 또한 노동자들이 사용하는 어투로 현장이 그려지기 때문에 현실성과 생동감이 돋보인다. 그리고 이러한 구체성 속에서의 실감난 저항의 묘사는 시에 많은 함의를 갖게 한다.

　한편, 시인은 저항이 일어나는 현장 묘사에 만족하지 못하고 그것에 의미를 덧붙이거나 전망을 보여주려고 시도했다. 하지만 불행히도, 이때의 전망은 그려진 사건과 일관성을 엮으면서 제시되지 않고 공허한 외침에 불과한 경우가 태반이다. 가령, 「야유회」는 야유회 간 노동자들이 노는 모습이 유행가 풍으로 유쾌하게 묘사되다가, "물결도 두런두런 작은 어깨들을 끼고/우리들 발밑에 모이는구나/서러움도 저렇게 어깨를 끼면/파도가 되는구나 힘이 되는구나"라며 갑자기 '힘 있는 단결'이라는 전망을 '파도' 운운하는 진부한 표현으로 보여준다. 「면회」 같은 경우도 교도관과 단식투쟁한 양심수와의 대화를 통해 감옥 생활을 생동감 있게 보여주면서도 "까막소 어두운 창살 아래 새기는 네 그리움/큰 만남으로 이루어지고 있구나"와 같은 전망으로 생뚱맞게 끝나고 있다. 이 시들은 생생하게 묘사된 현장과 사건이 진부하게 표현된 전망과 부딪치는 경우를 보여준다. 전망을 써내야 한다는 시인의 조급증이 시의 맺음을 하나의 패턴으로 굳게 하는 형국이다.

　　노동 해방의 감격적인 전망은, 그것이 아무리 생생한 묘사라고 하더라도 노동 현장의 스케치를 통해서는 도출되기 힘들다. 그래서 좀 더 큰 서사적 폭이 필요하다. 그래서 씌어진 것이 「공장 비나리」 연작시와 이보다 좀 더 큰 규모인 『김미순전』이다. 「공장 비나리」 연작은 여느 여공과 같이 가난한 시골에서 상경하여 공장에 다니다가 폐병에 걸려 해고당하고는, 결국 죽게 되는 이경님의 이야기다. 기계처럼 사용되다가 폐기처분된 한 젊은 여공의 삶이 다각도로 펼쳐지면서, 박영근의 첫 시집이 보여주었던 절절한 서정이 곳곳에 다시 등장한다. 하지만 연작 마지막 시에서 시인은, 죽은 그녀에 대해 "말없이 곁에 쌓이는/눈송이 같은 것은 아니"고 "먼동이 틀 때/움켜쥐는/돌멩이 같은 것"이라고 말하면서 첫 시집의 중심 이미지였던 처연한 '눈송이'로부터 선을 긋는다. 하지만 연작시의 마지막 시 바로 앞까지 비애의 정조를 유지하다가 마지막 시에 와서 "돌멩이로 돌멩이로 박혀서/아무도/아무 나라도 흔들 수 없이 박혀서/상처가 되어라/주먹이 되어라"라고 강건한 어투를 보이는 것은 너무 급작스런 반전이다. 그래서 설득력이 약하다. 긍정적 전망을 제시해야 한다는 강박관념 때문에 생긴 무리일 것이다.

『김미순전』은 프락치가 된 한 여공의 변화 과정을 판소리 사설투로 좀 더 큰 화폭에 그려내면서, 이러한 전망과 묘사의 불일치를 제거하려고 한 작품이다. 판소리와 같이 풍자와 익살, 비장, 서정, 서사가 버무려진 이 서사 장시는 박영근의 능수능란한 언어구사 능력을 한껏 드러내고 있다. 시인이 형식문제에 고민하며 이 시를 썼다고 이야기하듯이, 언어를 다양하게 조직화하는 데 공을 많이 들인 것이 잘 나타나 있는 시집이다. 또한 저항하는 자로 변신하는 프락치를 주인공으로 삼았다는 면도 노동시의 확장과 심화를 보여준다. 하지만 천 오백행의 장시임에도 불구하고 구성이 좀 단순한 감이 있다.

내용은 이렇다. 바람만 잔뜩 들어간 '날라리' 여공 미순이 권도라는 기간원에 포섭되어 프락치가 된 후, 노동운동에 투입되어 왈순과 친분을 쌓게 된다. 이후 미순의 프락치 활동으로 왈순은 검거되지만, 자신을 인간적으로 대해주었던 왈순이 자신의 어머니와 겹쳐지면서 미순은 큰 양심의 가책을 갖게 되고 결국 프락치 활동을 거부하면서 기관에 의해 죽임을 당한다는 이야기다. 다시 말해, 이 시집은 자본에 포섭되어 살고 있던 김미순은 프락치라는 가장 비윤리적인 일을 강요받는 과정에서 주체적인 삶이란 무엇인가를 깨닫는다는 서사로 진행된다. 그러나, 장편 서사시라고 하더라도 꼭 복잡한 구성을 가질 필요는 없지만, 미순을 다른 사람으로 변하도록 이끌었을 왈순과의 우정이 잘 드러나지 않아 죽음을 불사하는 미순의 변화가 억지스러운 면이 있다는 문제가 있다.

그리고 이 시는 판소리에서와 마찬가지로 선과 악이 뚜렷하여 민담 같은 느낌이 든다. 또한 권도와 같은 악과 이에 휘둘리는 미순이는 풍자적으로 묘사되는데, 과연 미순이의 허영끼를 풍자 대상, 즉 공격 대상으로 삼는 것이 옳은 일일까 생각되기도 한다. 권도의 성행위가 풍자적으로 그려지는 뒷부분을 읽으면 권도를 비판하기 위해 꼭 그렇게 우스꽝스럽게 성행위를 묘사해야 할까 생각되기도 한다. 춘향전에서와 같은 판소리에서 나오는 성행위는 해학적으로 그려지지, 비판의 대상이 되진 않았다. 시인이 성적 쾌락을 자본주의적인 것으로 보고 결벽증적인 반응을 보인 것 아닐까, 그래서 선과 악의 구도도 단순화되는 것은 아닐까 생각하게 된다. 한편, 판소리에서 도입한 것이긴 하겠지만, 슬픈 장면과 풍자적인 장면이 날카롭게 갈려서 왈순이의 투옥 이후 풍자적 문체는 비장한 문체로 전환되는데, 이 점도 현대 독자에겐 작위적인 느낌을 주지 않을까 생각된다.

그러나 이런 단점에도 불구하고, 『대열』의 많은 시편들과 「공장 비나리」 연작에서 보이는 근거 없는 비약적 전망이 이 시에는 사라진다. 결국은 고문과 죽임을 당하지만 미순은 삶의 존엄을 얻어나가게 되는데, 미순은 마지막 대목에서 "내 이제 끊으리/이 외줄/굴종의 운명을 끊어/자유로운 바람이 되리/아아 허공에 저렇게 아름답게 피어나는 꽃들/하나둘 춤추는 벗들의 얼굴/나를 부르는 왈순이 언니 목소리/눈물도 고운 아아 우리 어머니"라고 외치며 죽음을 무릅쓰고 굴종을 거부한다. 이를 통해 미순은 자신이 배반한 왈순과 어머니와의 화해를 이루고, 그리하여 영혼의 평온을 얻는 것이다. "새 세상이 오리니"라는 식의 공허한 전망 표출은 자제된다. 하지만 시인이 전망을 포기한다는 건 아니다. 내재적으로 전망은 도출된다. 그 전망은 고문을 받으면서도 광채를 잃지 않는, 분노에 찬 미순이의 눈동자다. 그 눈동자는 만신창이가 된 미순이 삶의 존엄성을 마지막으로 드러내며 불탄다.

이리 육신에 죽음의 냄새가 풀풀 나는데
광채 하나가 번쩍 타는 곳이 있으니
홀로 흘린 눈물이 썩어나는 듯 버짐이 피고 있는
그 쾡한 눈 한자리
눈동자로구나
그 눈동자에 불꽃 한줄기 번쩍 뜨더니
권도란 놈을 본다

그 불꽃 하나 화락 화라라락 일어 피어나는데
천지가 문득 불 속인 듯 한꺼번에 불꽃이 터져오르는데
그 속에 활짝 한세상이 열리더니
웬 인생들이 쏟아져 나와 쏟아져 나와
원한성으로만 소리소리해 쌓는데

그 타는 눈동자는 미순이 개인의 분노만 표출하지 않는다. 그 눈동자는 분노가 쌓여 원한에 사무치는 '인생'들이 세상으로 다시 진입하는 문이다. 그 눈동자를 통해 억압받은 자들의 한 세상이 활짝 열린다. 그 눈동자는 분노에 찬 노동자들이 억압의 세상을 쏘아볼 때엔 어디에서나 등장한다. 가령, 시인은 「그 눈동자」에서 "지게차 바리케이드 진지에서" "어둠을 겨누던" '총구'와 같은 눈동자에 대해 말한다. 그 눈동자는 "삼십 년 기름 때 먼지밥에 늙어온 노동이/오직 자신의 사상으로 타올라/바리케이드를 지키던" '별빛'이라고 의미화 된다. 시인은 그 눈동자가 세상을 빛내기를 바란다. 눈동자는, 착취하고 억압하는 권력에 능동적으로 응전하는 가운데 분노와 투쟁의 의지로 타오른다. 그 응전의 전망은 삶 밖에 존재하는 관념이나 세계관, 이상의 개입 없이, 삶을 틀 지우는 권력에 저항하도록 하는 삶의 활력에 의해 이루어진다. 실존적인 응전. 눈동자의 발견을 통해 박영근은 다시 실존적으로 살아가는 과정의 표현으로서 시를 써나가기 시작한 것이다. 분노의 눈동자가 "멈출 수 없는 싸움으로/불꽃을 세"(「고공용접」)우길 바라는 시인에게서, 실존적으로 살아가기는 권력과 내재적으로 투쟁하는 주체로서 살아가기다. 이러한 내재적인 전망을 찾아나서면서, 아마 시인은 바깥에서의 의식의 주입을 중시하는 일종의 '레닌주의'와 멀어지게 되었을 것이다.

3

　한편, 이러한 방향전환은 노동자 세상의 도래에 대한 희망이 좌절되기 시작하면서 이루어진 것이기도 하다. 현실 사회주의 국가의 몰락, 그리고 왕성하던 노동운동의 이념적 현실적 좌절이 시작된 1990년대 초반에 『김미순전』의 시들이 씌어졌을 것이다. 그런데 '노동계급의 세계관'은 점점 전망을 보여주지 못하게 되었고, 이와 연관되어 노동운동의 급진화도 약화되기 시작했다. 왕성하던 노동문학 역시 짧은 기간 사이에 그 활력을 잃어버렸다. 박영근은 밖으로부터의 전망이 아니라 주체 안으로부터의 전망을 찾음으로써, 그 난국을 돌파하려고 한 것 같다. 그리하여 두 번째 시집의 최대 단점이었던 추상적 전망 제시는 줄어들면서, 첫 시집에서 보여주었던 실존적 삶 속에서 움직이는 정동의 표현이 다시 중요시된다. 주체 안으로부터의 전망이란 정동의 흐름이 접속한 전망이기 때문이다. 분노의 정동이 접속한 활활 타는 눈동자가 투쟁의 전망을 표현하고 있는 것과 같이 말이다. 그러나 그 분노의 정동이 현실 속에서 접속할 바를 찾지 못하는 패배의 시절엔 그 정동은 비애의 정동으로 회전해갈 수밖에 없다.

　그래서인지 활활 타는 눈동자를 보여준 장시 『김미순전』과는 달리, 시집 『김미순전』의 많은 시들이 첫 번째 시집의 주된 정조였던 비애를 서정적으로 다시 토해내고 있다. 가령, 「탄식」에서 시인은 "오오 희망이여/한밤중/처참히 웃고 있는 꽃이여/부르짖다/쇠사슬처럼 굳어버린"이라며 말을 맺지 못한다. 권력은 여전히 삶을 파괴하지만 희망은 "쇠사슬처럼 굳어버"려, 시인이 「이력서」에서 "노여움이 다시 돌멩이를 움켜쥐는/닫힌 저 철문에/밀려오는 노동의 숨결로/이력서를 쓴다"고 했듯이, 분노는 '닫힌 저 철문'에 부딪치게 된다. 노동운동을 했다는 이유로 취직이 안되는 시적 화자는 분노로 돌멩이를 움켜쥐었지만, 핍박을 견디어오던 '노동의 숨결'로 다시 비애를 삼키며 그는 철문에 이력서를 쓰는 것이다. 비애로 어깨를 떨어야 하는 것이 이젠 현실이고, 희망을 바깥에서 가져올 수 없다는 것 역시 현실이라면, 실존적으로 살아나간다는 것은 비애 속에서 몸부림치며 살아나가는 것이 된다. 이 상황에서 정직한 시인 이라면 비애의 정동을 드러내는 시를 쓰지 않을 수 없다.

첫 시집에서 시인은 고향을 떠나야 했던 노동자를 '눈송이'로 표현했다. 바람에 흩날리다가 겨우 땅에 떨어지면 곧 녹아버리는 이미지가 내쫓긴 노동자의 모습이었다. 이 시집에서도 자연물에 노동자의 처지를 비유하고 있는 시가 눈에 띈다. 가령, "살아갈수록 거센 물살에 흘러도/헐벗은 목숨의 노여움/바람에 앙칼지게 얼어붙던 자리/살얼음에/오늘은/가지도 잎도 목도 떨어진/겨울나무 그림자/파르르 흔들린다"(「살얼음」)라는 대목에서 보듯이, 시인은 "가지도 잎도 목도 떨어진/겨울나무 그림자"와 같은 자연물에 헐벗은 노동자를 투영하고 있다. 특히 새를 매재vehicle로 삼아 노동자들의 분노와 설움의 심정을 표현하는 시가 눈에 띈다. 「눈먼 새」나 「새1」, 「폐업」이 그러한 시다. 그러나 시인은 이 시편들에서, 분출되는 정동을 직접 드러내기 위해 눌변과 다변 사이를 왕래하면서 비유를 사용한 첫 시집에서와는 달리 시를 구성한다. 「폐업」을 전문 인용해보자.

새 한 마리 흐린 하늘을 울고 있다

배고프게 흘러가는 공장 굴뚝 연기 몇 모금 훔치고 있다

아아, 가을비 치고 찬서리 깔리면
한 마음 디딜 곳마저
차갑게 얼어붙으리

어서 날아가자, 절벽 같은 허공을 찢어
피 묻은 부리에 쟁쟁한 햇살 물고

우짖던 노래
꿈에 젖어 외롭게 하늘을 흐르다
노을 속 탄다, 새여

　이 시는 시 전체가 '새'를 중심으로 상징적으로 조직되어 있다. 공장과 거리, 자취방과 같은 삶의 현장은 2연에 잠시 암시된 것 이외엔 시의 표면에 드러나 있지 않다. 이젠 겨울을 앞둔 새의 비애만이 여러 상징적 상황 속에서 전면화 되고 있을 뿐이다. 하지만 "절벽 같은 허공을 찢어/피 묻은 부리에 쟁쟁한 햇살 물고/우짖던 노래"는 이제 꿈이 되어 하늘에 외롭게 흐른다는 표현과 "공장 굴뚝 연기 몇 모금 훔"친다는 표현이 서로 대응되면서, 노동 운동과 그 현장이 어떤 상황에 처해져 있는가가 압축적으로 드러난다. 이 비애의 시절에 맞서 시인은 예전과는 다른 방식으로 그 비애를 표현하기 시작한 것이다.
　예전엔 시인이 실존 현장의 생생함을 훼손하지 않으려고 휘몰아치는 정동을 어떻게 하면 직접적으로 표현할 수 있을까 모색했었다. 하지만 지금 여기서는 정동을 독자가 간접적으로, 즉 암시를 통해 체험할 수 있도록 시인은 말을 깎고 다듬어 압축과 여백의 효과를 만들면서 상징을 구축하고 있다. 다시 말하면, 예전 시작詩作에서와 같은 말의 분출을 자제하고, 시인은 침묵과 발언의 긴장이 가져오는 효과의 창출을 노리기 시작한 것이다. 이때 시 작품 자체가 하나의 특이한 단자가 된다. 시 작품 하나가, 외부 세계로 환원할 수 없는, 특이한 일관성을 가진 하나의 세계가 되는 것이다. 하지만 이 세계는 시 외부 세계의 축소판이기도 해서, 세계와 동떨어진 자기만의 미적 공간은 아니다. 하나의 단자인 이 시에서도 노동자의 현실은 압축되어 표현되고 있다.
　『지금도 별은 눈뜨는가』와 『저 꽃이 불편하다』(창작과 비평사, 2002)에는 이렇듯 언어의 긴장이 살아 있는 빼어난 서정시들이 많이 실려 있다. 이러한 시 경향의 변화는, 시인의 세계관이 전통적인 문학관이나 문학주의로 바뀌었기 때문은 아니다. 세계관의 변화가 없었다고는 할 수 없으나, 그 변화가 어떤 전향이라기보다는 변화된 시대에 맞서 예전과 같이 삶의 진정성을 찾아나서는 과정에서 도출된 것이고, 시 경향의 변화도 이에서 비롯된다. 자본주의는 다변의 문화를 양산한다. 상품을 팔기 위해 주목받아야 하고 주목받기 위해 인공적인 말을 계속 만들어간다. 말의 타락이 극심해지는 것이다. 이 세계에선 카피라이터만 필요하지 시인은 필요하지 않다. 시인은 말의 타락에 맞서 시를 써나가려 한다.

『지금도 별은 눈뜨는가』에는 「CF를 위하여」 연작시나 「天池를 생각하며」, 「광고탑에서」 등, 자본주의 광고 문화에 대한 비판적 성찰을 담은 시들이 실려 있다. 「광고탑에서」에서 시인은 광고탑을 "황홀히 피어나는 칼꽃"이라고 말한다. '칼꽃'은 『김미순전』에서도 나온 시어로, 자본주의 소비문화가 예쁘긴 하지만 인간성의 파멸을 불러일으킨다는 의미를 나타냈다. 여기서는 광고의 언어가 "나의 언어의 죽음"을 불러온다는 의미를 나타낸다. "무슨 아픔도 네가 부르는 노래 속에는 만원짜리나/이만원짜리 포르노그래피 한 장의 카피가 되"기 때문이다.

그런데 광고탑은 실제 광고탑에만 있지 않다. 자본주의는 모든 자연과 진실된 것을 상품으로 변화시키기 때문에, 광고의 대상이 아닌 것이 없다. 그래서 "天池여, 천연사이다 원액으로 출렁거리는/내 마음속에 이미 세워진/거대한 광고탑이여"라면서, 시인은 분단의 아픔을 상기시키는 민족의 상징인 백두산 천지마저도 광고에 포섭된다고 말한다. 그리고 광고로 대변되는 자본주의 문화는 단순히 선전이 아니라 사람들의 마음속을 '이미' 점령하여 '나의 언어'를 죽여 버린다는 데에 가공할 위험이 있다는 것이다. 하지만 이 말의 학대에 견디다 못해 말들 자신이 "사람들 몰래/한번 실컷 울고 싶"을 때가 있다고, "화장실 벽 낙서 같은 것이 되어" "쥐가 나도록 킬킬거리고 싶"을 때가 있다고 (「말」) 시인은 말한다.

매매를 위한 이 헛말이 삶을 점령하는 상황에 맞서, 박영근 시인은 이 킬킬거리는 말을 찾으려고 했을지 모른다. 하지만 시인은 침묵의 힘을 발견하여 시를 재충전하는 방도를 택한다. 모든 말이 오염되어 가고 있다면서, 침묵에서부터 다시 말하기를 시작해야 한다고 말이다. 이 선택을 보면, 좋은 의미로 결벽적인 그의 성품을 다시 볼 수 있는데, 이는 이전과 달리 함부로 말하지 않겠다는 자기 다짐의 의미도 있다. 실존적으로 살아가면서 삶의 내재성 위에서 익어간 말만을 하겠다는 다짐 말이다. 시인은 「변명」에서 다음과 같이 쓴다.

침묵이 침묵의 뜻을 얻을 때까지 너를 잊겠다

사랑이 나를 부수고
제 살 속에
빗속에 불을 피울 때까지
사랑이 사랑의 아름다움을 말할 수 있을 때까지

생활과 시 사이에서
때묻은 지폐처럼
변명은 나를 길들이고,
아 나를 끌고 가는 이 깊은 그림자

소리치는 빗속에서
빗소리도 잊고
바람에 흔들리다
흔들리다 쓰러지는 빗줄기의
눈물겨운 몸짓도 잊고

지금의 말은, 생활 속에서 교환가치를 재현하는 지폐처럼 되어 삶을 길들이고 있다. 길들여진 삶은 자본주의의 '깊은 그림자'에 포획되는 삶이다. 이 포획으로부터 말을 탈주시키기 위해 시인은 침묵을 선택하고, 그래서 "뜻을 얻을 때까지" '너'까지 잊는다고 말한다. "빗속에 불을 피우는" "나를 부수"는 진정한 사랑 속에서, 내재적으로 사랑의 아름다움이 발화될 때 뜻을 얻게 될 터이다. 그렇지 않는 말은 헛말이니, 지금은 '너'라는 '빗소리', '그 눈물겨운 몸짓'도 잊는다고 시인은 다짐한다. 그리하여, 거짓으로 빠질 섣부른 대답을 하지 않기 위해서라도, 「詩」에서 시인은 "이제 나는 길을 묻지 않는다"라고 선언한다. 물론 이 다짐과 선언은 시를 쓰지 않는다는 것을 의미하진 않는다. 갈 곳이 어디인가를, 전망이 있는가를 묻지 않는 시를 쓴다는 말이다. "나의 詩가/어두운 골목길/얼어붙은 돌멩이 하나의/갈 데 없는/침묵이 된다 해도/별빛이 차게 비웃는/비참이 된다 해도" 말이다. '비참'이 될 수 있더라도, 헛말로 이루어진 시보다는 돌멩이의 침묵과 같은 시를 쓰는 것이 더 낫다는 것이다. 그렇다면, 어떻게 침묵 속에서 시의 말이 생겨날 것인가? 침묵에서부터 시작한다는 것은 내부를 감염시킨 바깥의 척도들을 지우고 빈 장소에서부터 무엇인가를 구축해 나가겠다는 것이다. 일단 시인은 그 빈 장소를 관찰하는 것에서부터 시의 방향을 모색한다.

한나절 바지락을 캐고 난 갯벌은
먼데 막소줏집 불빛 하나를 남겨두고
말이 없다

어둠이 노을을 삼키고
웅크린 섬들을 지우는 동안
철책이 빗장을 걸고 이빨을 세운다

한점 비린내도 없이
저렇게 바람으로 텅 비어버린

갯벌이 나는 두렵다

물이랑이
칼등을 세워
비구름 몰려오는 수평선으로 돌아간다

사나운 바람이 엉겨붙어 아우성치는
철책 위로
피를 머금은 달이, 솟는다

—「달 1」 전문

"말이 없"는 갯벌에서 시인이 발견한 것은 "엉겨붙어 아우성치는" "바람으로 텅 비어버"린, 두려움을 주는 풍경이다. "철책이 빗장을 걸고 이빨을 세"우는 그 빈 공간에는 저 멀리 달이 "피를 머금은" 채 솟고 있다. '바람'은 이 시집에서 중추적인 역할을 하는 중요한 시어다. 침묵의 빈 공간으로 나아갔을 때 시인은 저 무형의 움직임이자 힘인 바람을 발견하는데, 그 힘은 두려움을 줄 만큼 난폭한 면을 갖고 있다. 하지만 그 난폭성 때문인지, 저 침묵의 빈 공간을 질러가는 바람은 침묵을 말로 변이시킬 수 있다. 눈보라를 몰고 오는 거센 바람이 내는, 비명과 같은 소리를 생각해보자. 시인 역시 '아우성'친다고 하지 않는가. 그래서 시인은 「노래」에서 "침묵이 말을 할 때가 있다"면서, "침묵이 제 속으로 키우는 뜨거운 바람에/담금질하던 말/그 한마디/견디지 못하고 내지르는 소리가/노래가 될 때가 있다"고 말한다. 바람은 침묵의 저 빈 공간이 키우는 것, 바람이 거세져 아우성치게 될 때 침묵은 "견디지 못하고" 소리를 내지른다. 그 내지른 소리가 노래가 될 때, 시가 탄생할 것이다. 「모닥불」의 다음 부분은 어떻게 침묵이 바람에 의해 말로 변이하는지, 그 변이가 구체적으로 무엇을 말하는지 시적으로 말해준다.

잿더미를 뒤집으면 벌겋게 살아오는 불덩이들
바람에 문득 하나가 되어
온몸이 뜨거운 눈동자인 채로 이글거리고

나는 갈 곳도 없이 늙어버린 역사 속에 숨어
저를 지키고 있는 몇마디 말을 생각한다

꺼져가는 모닥불을 뒤집을 때, 다시 살아올라오는 잉걸불들이 바람을 맞으며 한꺼번에 벌겋게 이글거리는 모습을 누구나 본 적이 있을 것이다. 시인은 그 이글거리는 잉걸불을 "온몸이 뜨거운 눈동자"라고 강렬하게 표현함으로써, 그 불덩이에 장대한 역사적 사회적 의미를 부여한다. 박영근 시에서 '눈동자'가 어떤 의미를 갖는지는 앞에서 살펴보았는바, 잉걸불 하나하나는 바로 분노하는 노동자의 눈동자다. 바람은 잿더미처럼 침묵하고 있던 모닥불의 타다 만 그 '눈동자'들을 다시 하나로 이글거리게 만든다. 그 이글거림이 바로 침묵이 내지른 소리이며 시일 것이다. 그런데 시인은 그 이글거림 ― 내지른 소리 ― 에서 "늙어버린 역사 속에 숨어/저를 지키고 있는 몇마디 말"을 찾아낸다. 역사 속에 숨은 이글거림은 바로 노동자의 눈동자이므로, 그 "늙어버린 역사"는 바로 착취당하는 노동자의 역사를 가리키는 것일 게다.

그 역사는 또한 노동자라면 누구에게나 관통되고 있는 "눈물로도 씻어낼 길 없는 내 안의 歷史"(「잠」)다. 침묵을 통해 비로소 그 존재가 알려지는 숨은 역사. 이렇게 읽는다면 박영근의 '침묵'은 관념적인 무와 같은 것이 아니고, 바람과 역사의 살로 이루어진 생생한 육체성을 갖고 있다. 그것은 요즘 회자되는 개념인 '기관 없는 신체'와 같은 것 아닐까? 박영근 자신도 시가 삶의 육체성을 표현해야 한다고 생각했다. 백무산의 시를 평하는 자리에서 그는, 백무산의 시가 "시의 형상화에 선험적 관념이 삶의 리얼리티를 압도해버리는" 것은 아닌지 문제 제기하면서 그의 시에서 "삶의 육체성을 보고"[1]싶다고 말한 바 있다.

시에 요구하는 이러한 주문에 걸맞게도, 그의 정제된 서정시는 관념적으로 빠질 위험이 있는 선적 사유를 전개하기 위한 매체가 아니다. 그의 주요한 시어인 '침묵', 그 비어 있는 공간까지도 바람과 역사의 살로 꽉 차 있는 것이다.

그런데 박영근의 시는 "내 안의 역사"가 "칼날 위"에 있다는(「잠」), 그 역사의 "길이 대치선 위로 숨을 틔우고 있다"(「길」)는 긴장을 계속 유지하고 있다는 점도 특기할 만하다. 칼날 같은 대치선 위에 삶과 역사가 있다는 의식은, 시에 폭발할 것 같은 에너지를 내장하게 한다. 이 첨예한 긴장은 현재 시간을 "죽음의 밑바닥까지 보아버린 어두움이/스스로 피를 흘리는 시간"으로, 즉 새벽이 오기 바로 직전인 새벽노을이 깔리는 시간이자 위기와 희망이 교차되는 시간으로 그가 생각하고 있기 때문에 조성된다. 이 위기의 순간을 시인이 정말로 실감하고 있었는지는 모르지만, 여하튼 그 폭발할 것 같은 긴장의 시간을 상정하면서 시는 강렬함을 더욱 뿜어낼 수 있게 된다. 극도의 위기와 대치하고 있는 응축된 삶은 「氷壁」에서 다음과 같이 숭고하게 자신의 모습을 드러낸다.

겨울山은 나뭇잎 하나 붙잡을 것이 없다
침묵의 저 가파로운 칼등

바람에 끌려다니던 눈송이들이
일제히 머리를 풀고
바위 절벽에 얼어붙는다

어떤 생애의 화살이 날아와 깨트릴 수 있을까
흉터와 외침 위에

---

1. 박영근, 「백무산 읽기, 변화의 의미와 그 미래」, 『내일을 여는 작가』, 2005년 봄호, 83~84쪽.

얼음 저며드는 壁畵여

바람도
눈송이도
스스로 부딪쳐 불타올라
온몸으로 절벽이 된다

오오 고통만으로
저를 지키고 있는
저 겨울산

"칼날 위의 역사"처럼, 겨울산은 "나뭇잎 하나 붙잡을 것이 없"는 "침묵의 저 가파로운 칼등"이다. 칼날과 같은 위기 위에 서 있는 저 겨울산은, 폭발 일보 직전과 같은 긴장으로 가득 차 있다. 한편으로 침묵은 바람을 제 손으로 키운다고 시인이 말했듯이 침묵하는 저 공간엔 세찬 바람이 불고, 하여 민초와 같은 눈송이들은 바람에 끌려 떠다닐 것이다. 하지만, 이 시를 강렬하게 하는 바는 그 바람과 눈송이가 삶과 죽음의 경계에 서 있는 저 겨울산의 절벽에 "스스로 부딪"치고는 "불타올라" "바위 절벽에 얼어붙"어서 "온몸으로 절벽이"된다는 구절이다. 바람과 함께 절벽에 부딪쳐 불타오른 눈송이는 잉걸불처럼 이글거리는 노동자의 눈동자와 같은 것이리라. 절벽과 같은 역사에 부딪쳐 눈동자가 된 노동자들은, 흉터가 되어 소리 ─ 시 ─ 를 내지른다. 그 고통과 분노의 흔적은, 저 칼날 위의 역사일 겨울산의 절벽에 "어떤 생애의 화살이 날아와 깨트릴 수" 없을 거대한 벽화로 남게 된다. 역사는 민중의 고통과 분노를 통해 "저를 지키고 있는" 것이다. 시인 자신도 저 역사의 한 흔적이 될 것이라는 걸 생각했을 것이다. 시인 주체도 속해 있을 그 겨울산은, 하지만 주체를 넘어서 있는, 그러나 주체를 작동시키는 무의식, 또는 숭고한 타자다. 그래서 그것은 과거로서의 역사를 넘는 역사다. 삶의 저변을 이루고 있지만 의식 표면에 나타나지는 않는, 그래서 우리의 이성만으로는 포착할 수 없는 타자인 침묵이다.

4

　자신의 삶, 의지, 분노가 결코 자신의 것만이 아니라 저 겨울산 절벽의 벽화에 동참하는 것이라는 깨달음은 『저 꽃들이 불편하다』의 몇몇 시편의 주제가 되고 있다. 하지만 이 시집의 시 쓰기는 이전 시집과는 새로운 방향의 사유를 보여주는 바, 그 주제는 이 방향에 맞게 변조된다. 시인이 생전에 펴낸 마지막 시집이 된 이 시집에서의 주된 주제는 '길'과 관련이 있다. 길을 사유한다는 것은 지금까지 살아온 삶을 다시 돌아다보며 미래를 생각한다는 것이다. 벽화로 결정되는 삶만이 아니라 일상을 포함한 삶의 흐름 자체에 대해, 그야말로 삶 전체에 대해 생각해보는 것이다. 시인은 「흰 빛」의 후반부에서 다음과 같이 말한다.

> 그러나 집이 어디 있느냐고 성급하게 묻지 마라
> 길이 제가 가닿을 길을 모르듯이
> 풀씨들이 제가 날아갈 바람 속을 모르듯이
> 아무도 그 집 있는 곳을 가르쳐줄 수 없을 테니까
> 믿어야 할 것은 바람과
> 우리가 끝까지 지켜보아야 할 침묵
> 그리고 그 속에서 타오르는 불
> 이렇게 우리 헤어져서
> 너도 나도 없이 흩날리는
> 눈송이들 속에서

그래, 이제 詩는 그만두기로 하자
그 숱한 비유들이 그치고
흰 빛, 흰 빛만 남을 때까지

　박영근 시에서 바람, 침묵, 불이 갖는 함의는 앞에서 살펴본 바 있다. 그것
은 겨울산이요, 상처요, 외침이었다. 무의식으로서의 역사요, 삶이요, 시였다.
여전히 눈송이들이 흩날리고 있지만, 시인은 바람과 침묵만을 '믿어야' 하고
"끝까지 지켜보아야" 한다고 말한다. 그리고 우리가 거주할 집이 어디에 있는
지 묻지 말자고 한다. 그 집으로 향하는 길 자체가 어디로 향하는지 모르는데
어떻게 집이 어디에 있는지 알 수 있겠는가? 지금, 눈송이 흩날리듯이 길 위를
걷고 있을 시인에게는 저기 보이는 겨울산 절벽의 흰 빛만이 진리다. 저 빛이
스스로 드러나도록 시인은 "詩는 그만두기로 하자"고 다짐한다. '숱한 비유들'
은 "흰 빛만" 남기는 데 도움이 되지 않는다. 역사와 삶의 결정체를 시가 그 자
체로 드러내지 못한다면, 시인은 쓰지 않겠다고 말한다.
　하지만 산의 흰 빛은 겨울에만 보이지 않겠는가? 우리가 눈송이와 같이 흩
날린다는 것은 겨울에야 깨닫게 되지 않는가? 이 세계가 우리를 춥게 한다는
것을 알려주는 계절이 아니면 저 침묵하는 절벽 속의 "타오르는 불"은 표현되
지 않는다. 그러면, 겨울이 아닐 때의 삶, 일상의 삶은 시적이지 않는 것일까?
시인이 「물결」에서 "때로 그런 밤에 스스로 꽝꽝 얼어터져/새하얗게 일어설
얼음의 빛덩어리//내 몸에 새겨질 불꽃//그러나 강물이 풀리고 나는 보게 될
것이다/내 몸이 밀고 가는 추레한 얼음덩어리 몇 개"라고 말할 때, 시인은 이
시집의 특성을 보여줄 시세계의 전환을 말한다. 타오르는 불을 품고 있는 저
절벽의 얼어터진 빛 덩어리의 강렬함, 내 몸에 새겨진 그 불꽃은 강물이 풀릴
때 어떻게 되는가? 이러한 질문이 그 전환을 가져온다. 그리고 시인은 대답한
다. "내 몸이 밀고 가는 추레한 얼음덩어리 몇 개"라고.
　역사와 삶의 빛나는 결정체인 절벽의 얼음은 삶의 시간과는 다른 시간대

에 존재한다. 그것은 역사와 삶의 흐름이 '얼어붙은' 것이기 때문이다. 그렇다고 그 얼음은 정태적인 무엇은 아니다. 불을 품고 있지 않는가. 얼어 있는 시간, 그것은 외침이 뿜어져 나오기 직전의 시간이다. 그것은 비시간적이나 시간적이다. 시간과 시간의 '사이', '사이 시간', 외침이라는 사건이 벌어지기 직전의 시간. 그러나 시인은 이제, 우리의 일상적 삶은 시간이라는 풀린 강물에 떠서 흘러가는 것이라고, 그리고 그래도 강물—시간에 예속되지 않으려면, 추레하나마, 저 빛나던 얼음덩어리의 조각들을 몸으로 밀고 가며 흘러가야 한다고 말하고 있다. 시인은 이제 삶의 흐름 자체라고 할 '길'에 대한 탐구에 몰두하면서, 시를 계속 써나갈 수 있게 된다.

길에 대한 사유를 시화한 한국 시는 워낙 많다. 그래서 그 '길의 시'를 읽으면, 그 시가 길을 어떻게 특이하게 의미화 했는가를 주목하게 된다. 그만큼 '길'의 비유는 클리셰에 빠질 위험이 크다. 하지만 박영근의 길은 그 위험에서 벗어나 있다. 박영근에게 길은 어떻게 나타나는가? 끊긴 길로 나타난다. 그의 길은 우리를 어디에 데려다주지 못한다. 시인은 「달」에서 "바다로 가는 길은 끊겼다//이 할목에 와서 나는 단절을 꿈꾸는가"라고 말한다. 이 끊어진 길의 모서리에 "도시에 불빛 속에 뒷골목에 두고 온, 내 몸속에서 썩어가는/주검 하나"를 버려야 그 단절이 가능하다. 지금까지 걸어온 길을 버려야, "울부짖는 바다에 나를 보"낼 수 있는 것이다. 하지만 길은 '끊긴' 것이지, 시인 자신이 끊은 것은 아니다. 도리어 "거기 먼저 와/나를 보고 울음을 터트릴 것 같은, 저 눈 벌판도 덮지 못한/내가 끌고 온 길들"(「길」)이라고 시인이 말하듯이, 울 듯한 표정으로 '나'를 바라보고 있는, "내가 끌고" 왔지만 지금은 끊긴 길은 시인에게 비애를 불러일으킨다.

지금까지 이어온 삶의 행로와 단절하겠다는 의지는, 비애 속에서 이루어지는 것이다. 길을 잃는다는 일은 목적을 잃는다는 일, 「흰 빛」에서 등장했던 "제가 가닿을 길을 모르"는 길은 목적지를 잃은 끊긴 길과 같다. 그 끊긴 길은 비록 비애를 불러일으키지만, "살아야 한다"면 예전의 나와의 단절을 통해 그

길 아닌 길인 끊긴 길을 받아들이면서 "제가 가닿을 길을 모르"는 길을 계속 걸
어가야 한다. 통상 길은, 집에서 출발하여 집으로 돌아오는 행로를 마련한다.
하지만 제 갈 길을 모르는 끊긴 길을 걸으면서부터는 집으로 가는 길을 잃어버
리고 말 것이다. 집이 어디에 있었는지 알 수 없게 되고, 그래서 길 위에서 살
아야만 하게 된다. 잠은 길 위에서나 또는 여인숙에서 해결해야만 할 것이다.

> 강화에 와서 눈 덮인 벌판을 바라본다
> 간이역도 없는 마을에
> 웬일로 텅 빈 기차는 어둑하게 벌판을 달려가고
>
> 그때마다 길은 다시 끊기고,
> 나는 지나간 밤 여인숙 방에서 치던
> 낯선 여자와의 그 서툴던 화투판을 생각한다
>
> 나에게 집이 있었던가,
> 돌아보면 희미한 풍경으로 남아 있는 먼 데 마을
> 몇 채의 집들
>
> 눈벌판이 끝나는 곳에서는 또 갯벌이,
> 염하鹽河마저 얼고 있을 것이다
>
> ―「강화에 와서」 전문

'텅 빈 기차'라는 이미지는 텅 빈 마을과 공명하면서 삶의 허허로움을 애잔
하게 느끼게 한다. 삶은 이 외진 한 곳에서 더 이상 무엇인가를 채우지 못한 채
텅 빈 기차처럼 지나가고 있을 뿐이다. 비어 있는 채 달리고 있는 삶, 이 애잔
한 허허로움에 맞닥뜨리게 되면 삶의 목적 ― 길 ― 은 끊어져 있다는 것을 깨

닿게 될 것이다. 이 끊긴 길 위에서 자신이 걷던 길을 돌아보면 자신이 떠나왔던 집은 보이지 않고, 다만 보이는 것은 "마을//몇 채의 집들"만 "희미한 풍경"일 뿐이다. 길이 끊겼으니 여기서 숙박을 해야 하는데, "지나간 밤 여인숙 방에서 치던/낯선 여자와의 그 서툴던 화투판"이 생각나고, 그러자 시적 화자는 "나에게 집이 있었"는지조차 기억하지 못한다.

목적지도 없고, 돌아갈 집도 없으니, 시인은 "끝없는 행려行旅가 있을 뿐 돌아갈 곳이 없다"(「行旅」)고 말한다. 이 행려는 "네가 서 있는 기다림의 밑바닥/더 내려갈 수 없는, 탕진해버린 시간의 무덤"(같은 시)에 다다른 것이어서, 기다림을 해소시켜주지 않는 세상에 의해 강요된, 비애스런 것이다. 그것은 구체적으로, 「길 위에서」에서 시인이 말하듯이, "또 하루를 일당에 팔아버린 길은 갈 곳이 없"기에 할 수밖에 없는 떠돎이다. 박영근 시인의 주요 시어들이 그렇듯이, 끊긴 길 ─ 끊긴 희망 ─ 과 이로 인한 행려 역시 결코 관념적인 의미만 갖고 있지 않다. 구체적인 육체성을 갖고 있다. 그의 행려는 "피눈물 나는 쌍소리 속으로 미친 꽃만 피어나"는 절박함을 갖고 있다.

하지만 시인은 곧 "길 위에 내 몸을 눕힐 수 있는 곳/천막 농성장엔 아내가 있을 게다/나를 기다리고 있을 게다"(같은 시)라고 말한다. 목적지도 없고 돌아갈 집이 없는 이 상황을 능동적으로 받아들이면서 비록 길 아닌 길인 끊긴 길 위에서라도 몸을 눕히며 살아갈 것을 다짐하는 것이다. 그런데 아내가 자신을 기다리고 있을 천막 농성장에 몸을 눕힐 수 있다고 시인이 말하고 있다는 점이 주목된다. 끊긴 길 위에서 떠도는 삶이 바로 일용직 노동자의 삶과 같다면, 그가 몸을 눕힐 수 있는 곳은 그 노동자들이 농성하고 있는, 역시 끊긴 길 위의 천막이다. 그 길 아닌 끊긴 길 위에 집 아닌 집 ─ 천막 ─ 이 있고, 그를 기다리는 아내가 있다. 시인은 폭력적인 세계에 의해 떠돌이의 삶을 살아야 하지만, 그 삶을 받아들이고는 끊긴 길 위에 부부의 사랑으로 충전될 투쟁의 거점을 발견하는 것이다. 하지만 떠돌이의 사랑은, 아마 만남과 이별의 계속되는 교차 속에서 이루어지리라. '아내'는 천막에 있지 집에 있지 아니하

다. 사랑은 집에서 이루어지지 않는다. 행려의 흐름 위에서 이루어졌다가 소
멸된다. 그래서 떠도는 삶에서의 '그대'와의 사랑은 정착민의 사랑과는 다른
관계를 맺는다.

흰 낮달이 끝까지 따라오더니 여주 강물쯤에서 밝은 저녁달이 된다

늙은 비구 하나이 경을 읽다가
돌에 새긴 비문 속으로 돌아간 뒤에도
내가 바라보는 강물은 멈추지 않는다

내 안에서 오래 그치지 않는 그대 울음소리
강물이 열지 못한,
제 속에 잠겨 있는 바위 몇 개

나 또한 오늘 밤 읍내에 들어가 싸구려 여관 잠을 잘 수 있을 뿐이다

그러나 나는 안다
내가 떠난 뒤
맑은 어둠 속에서 사라지는 경계들을
강물이 절집을 품고 나직하게 흐르기도 하는 것을
내 끝내 얻지 못한 강물 소리에 귀기울이는 그대 모습을

이 강에서 하루쯤 더 걸으면
폐사지의 부도를 만날 수 있다

ー「내가 떠난 뒤」 전문

떠돌이의 유목적 삶은 계속적인 흐름을 통한 생성의 삶이 될 수 있다. 자연도 흐름과 생성의 힘으로 가득 차 있다. 흰 낮달은 밝은 저녁달로 바뀐다. 강물 역시 멈추지 않는다. 그런데 지금 강물과 같이 흐르고 있는 시적 화자의 마음속에는, 그만 바위가 되어버린 얼음 조각들이 있다. 시인은 얼음조각을 몸으로 밀며 살아가야 한다고 말한 바 있지 아니한가. 그 조각들은 흰 빛으로 빛나는 얼음 절벽 ― 상처와 분노와 외침의 결정체 ― 의 조각들이었다. 이 조각들은 여기서 강물마저 열지 못하는 바위로 변해버렸다. 그 얼음 조각에 새겨져 있는 아픔 ― '오래 그치지 않는 그대 울음소리' ― 이 그만 시인의 마음에 박혀버렸기 때문일까. 시인이 몸으로 아무리 밀려고 해도 움직이지 않게 된 아픔. (그런데 '그대'는 늙은 비구를 말함일까? "비문 속으로 돌아간" 그의 모습이 그렇게 아픔을 주었을까? 그가 사라졌기 때문일까? 그 비구니가 읽은 경은 시인 마음속에 흐르는 그대의 울음소리일까?)

떠돎은 숱한 이별을 낳지 않겠는가. 그래서 아마 시인의 마음속엔 숱한 바위들이 박혀 있으리라. 하지만 "싸구려 여관 잠을 잘 수 있을 뿐"인 이 떠돌이는, 그 바위를 안은 채이겠지만, 떠남을 통해 사라진 그대와 사라지지 않는 관계를 맺을 수 있다는 것을 알고 있다. 사라진 그대에 집착하지 않고 떠날 수 있다면, 사라진 그대가 어딘가에 있다는 것을 받아들일 수 있다면, "절집을 품고 나직하게 흐르기도 하는" 강물은 그대와 '나'의 경계를 사라지게 할 수 있을 것이다. '내'가 얻지 못한 '강물소리'에 그대가 귀 기울일 것이기에, '내'가 얻으려고 한 그 강물소리를 통해 그대와 나는 만나고 있는 것이고, 그리하여 강물을 통해 서로 경계 없이 섞일 수 있지 않겠는가.

그래서, 아마도 끊길 길을 걸으면서 도달하는 곳은 또 끊긴 길, 폐사지와 같은 폐허이겠지만, 거기에서 부도를 만날 수 있게 된다. 부도는 불타 또는 사리를 봉안한 탑 아닌가. 그 탑엔 비문 속으로 들어간 늙은 비구의 사리가 있을 것이다. 폐허가 된 곳에서야, 사리가 생길 수 있는 것 아닐까. 한 삶이 다 무너져서야, 다 타버려야 한 생애가 응축된 사리는 보일 수 있는 것이기에 말이다.

나직하게 흐르는 강물을 따라 걸어, 폐허의 사리를 만남으로써 '나'는 그대의 삶과 죽음에 섞인다. 그런데 나와 그대의 경계는 없으므로 폐사지의 부도는 곧 내 마음 속에 존재하는 것이다. 나 역시 폐허가 되어야만 누군가에게 어떤 사리를 남길 수 있을 터, 그 사리를 통해 강물에 떠내려 온 또 다른 그대와 섞일 수 있다. 이를 유목민의 사랑이라고 말할 수 있지 않을까.

　나와 그대의 경계가 사라지기 위해서는, '나'의 정체성이 허물어져 주체는 변이의 흐름 자체가 되어야 한다. 그래서 시인은 "나의 기억을 허물 수 있을까"(「월미산」)라고 희망 섞인 자문을 하는 것일 테다. 평론가 정남영이 이 시집에서 "이미 형성되어 있는 자아 혹은 정체성에서 벗어나려는 노력", 한마디로 '탈정체화의 노력'2을 읽었듯이, 박영근 시인 자신이 이 시집의 후기에서 "지난 몇 년 동안 나는 내 안의 세계가 격심한 혼란 속에서 해체되어가는 것을 지켜보았다. 돌아보건대, 나에게 시 쓰는 일이란 그런 해체의 또 다른 과정이었거나, 어떤 치유가 아니었던지."라고 쓰고 있듯이, 흐름 속의 경계 없는 관계를 위해 시인은 자신을 허물고 강물과 더불어 떠가기 위해 노력하게 된다. 이 때, 해체의 과정에서 새겨진 문신과 같은 것이 시의 언어가 될 것이다. 다음의 시 역시 이러한 과정을 보여주고 있다.

　지금은 날이 흐리고, 나는 신정동에 와서
　철골과 유리와 불빛의 도시를 본다
　그리고 오래 내 마음이 지은 옛마을이 골목과 집들을 허물면서
　한 구절, 한 구절 문장이 되어
　제 몸을 떠나가는 것을,
　어둘 녘 내가 걸었던 샛강의 둑길과
　칼산으로 가던 먼지 나는 신작로가

---

2. 정남영, 「길 위에서, 새 길을 찾으며」, 『실천문학』 2004년 봄호, 98쪽.

다시 만나

내 몸을 싣고 가는 것을

─「문장수업」 후반부

폐사지를 지나, 시인은 지금 다시 도시로 돌아왔다. 경계를 허무는 변이의 흐름이 되기 위해서는 자신이 폐허가 되어야 함을, 시인은 이제는 알고 있다. 그래서 "내 마음이 지은 옛마을이 골목과 집들을 허"문다. 여기서 허무는 주체가 '내 마음'이 아니라 마음이 만든 옛 마을이라는 점에 주의하자. '내'가 만든 것이 내가 만든 것을 허물고 있다. 흐름 속에 있게 된 주체는, 아마 어떤 의도를 가지고 저 골목과 집들을 허물 수 없다는 것을 알게 되었으리라. 그래서 '내'가 만든 것이 스스로 자신을 해체하도록 놔두는 것 아닐까.

그 골목과 집들은 "한구절, 한구절 문장이 되어/제 몸을 떠"난다. 이제 시인에게서 시는, 허물어져 흘러가버리는 마음의 파편이 만든 문장들일 것이다. 그런데 이렇게 구축되었던 마음을 부수어 흐름에 풀어놓을 때, 시인은 자신이 과거에 걸었던 길과 신작로가 만나는 광경을 본다. 과거에 걸었던 길은 골목과 집을 마음에 만드는 길이었으니, 골목과 집을 떠나보내면서 그 둑길 역시 샛강에 흘려보냈을 것이어서, 그 길이 흘러 신작로와 만날 수 있게 되었을 것이다. 더 나아가 시인은 그 두 길이 만나 자신의 몸을 싣고 간다고 말한다. 부서진 마음이 몸과 같은 문자 ─ 시 ─ 로 흘러갔기 때문일까? 마음의 육화인 그 문자는 시인의 몸과 같은 것일까? 그렇다면, 샛강을 흘러가는 문자들, '내 몸'인 시는 신작로의 흐름을 타고 또 새로이 흘러가고 있는 중이라고 할 것이다.

마지막 시집을 상재한 후 2년 후 발표한 「낡은 집 4」(『창작과 비평』, 2004년 가을호)는 박영근 시인이 스스로 폐허가 되어 유목해야 한다는 문제에 계속 천착하고 있었음을 보여준다. 「문장 수업」과 유사한 시적 사유를 보여주고 있는 시인데, 하지만 그로부터 한 발자국 더 나아간 발견과 의지를 보여주기도 한다. 앞에서 읽은 시의 "마음이 지은 옛마을"처럼, 이 시에서 시인은 "내가 살고 있는 낡은 집 한 채"는 "제가 살아온 지붕도/두 칸 방도 창도/시간도 다 떼어내어 버려 버리고/오래 허공 속을 떠돌고 있다"고 쓴다. 그 낡은 집은 집이 아닌 집일 터, 시인이 비록 지금도 거기에서 살고 있긴 하지만 떠돌아다니는 집이 무슨 집이 될 수 있겠는가?

그런데 '낡은 집'에서 시인이 여전히 살고 있다는 말은, 그가 집을 잃고 떠도는 삶을 살고 있더라도, 예전에 마음에 만든 구축물이 모두 해체되고 있더라도, 시인은 여전히 그 구축물의 흔적으로부터 벗어나지 못하고 있음을 뜻한다. 이 시에 비애의 정조가 짙은 것은 그 때문이다. 옛 집의 자기 해체는, 시인에게 아픔을 주는 것이다. 물론 그 아픔을 그대로 받아들이면서 떠돌며 살아야 한다는 것을 시인은 알고 있지만 말이다. "그래, 그래, 아픈 몸이 지치도록 밀고 가는 구름의 떼"는 시인의 심신의 객관적 상관물이리라. 그리고 "빗소리가 울린다/빗소리가 울린다"라고 두 번 같은 문장을 쓴 것은 그 비애의 정조를 더욱 강조하기 위해서리라.

그래서인지, 「문장수업」에서의 신작로와의 만남과 같은 어떤 희망의 조짐은 보이지 않는다. 비록 「문장수업」이 애상의 정조는 띠고 있지만, 비애라고까지 말할 수 있는 정조를 띠진 않았던 것, 그 시에서 허물어지면서 흘러가는 '문자'들 ─ 시 ─ 은 서글픈 느낌을 주긴 하지만 새로운 만남을 향하고 있었다. 하지만 이 시에서 나타나는 시는, "레미콘 트럭이 시멘트 개어 올리"는 사이 "흙탕물 속을 곤두박질치며 쓸려오다/물위로 떠오르는 옛 문장들 몇 편"이다. 어떤 흐름과 동행하는 문자가 아니라, 폐허 위로 시인이 만들어 놓았던 지붕이나 방, 창, 시간일 파괴된 옛 문장들만 흙탕물 위에 떠오르고 있는 것이다. 다시 말해 '낡은 집'의 자기 파괴는 여기에서 어떤 흐름과 생성을 위한 '끊긴 길'을 걷는 것으로 변이되지 못하고, 폐허 위에 파편들만 쌓아 놓고 있는 것이다.

하지만 시인은 그 폐허에 누군가 와서 새로운 삶을 심어 놓는 것을, "마당귀의 토마토 두 그루/여자 하나이 꽃대를 세우고/흙살을 돋우고 있"는 것을 발견한다. 시인은 생성이 좌절된 파괴의 삶을 누군가가 다시 세울 수 있다는 희망을 본 것일까. 흙탕물 고인 폐허와 선명하게 비교되는 그 싱싱한 '흙살'과 '꽃대'를 발견하고는, 시인은 그에 매료된 채 다소 성급하게 "나는 빗소리를 열고/그 푸른 줄기 속으로 들어갈 것이다"라고 다짐한다. 비애를 '열고' 그녀가 심은 식물의 삶을 통해 새로운 삶을 살아가리라는 의욕이 샘솟은 것이리라. 강물의 흐름을 타고 떠도는 삶을 생각했던 시인은, 여기에서는 식물의 생명력을 생각하고 있다. 하지만 줄기 속으로 어떻게 들어간다는 말인가? 그리고 그 식물 속의 삶이란 어떤 삶이란 말인가? 박영근 시인이 계속 시를 쓸 수 있었다면, 그리하여 새로운 시집이 출간되었다면 그 삶이 무엇인지 우리에게 구체적으로 보여줄 수 있지 않았을까. 하지만 마지막 시집 이후에 발표된 시들을 읽어보면 줄기 속으로 들어간 삶이 무엇을 의미하는지는 알기 힘들다. 아마 시인은 그 삶의 형상을 구체화하기 위한 모색을 하고 있었으리라. 하지만 안타깝게도 시인은 그 형상을 무덤 속으로 가져가 버렸다.

그러나 시인은 저 장면에서 싱싱한 토마토 줄기만 본 것은 아니리라. 시인은 아마 "꽃대를 세우고/흙살을 돋우"는 그 여자에게 큰 감명을 느꼈을 것이다. 스스로 파괴된 후 새로운 삶으로 나아가지 못하고 삶을 그냥 "지치도록 밀고 가는" 낡은 집에 어떤 타인이 새로운 삶을 심고 있는 것이다! 이 광경을 본 시인은 타인에 대한, 그리고 삶에 대한 믿음을 더욱 굳건히 가지지 않았을까? 그리하여, 그는 이전의 그의 삶을, 폐허가 된 낡은 집을 이젠 마음 놓고 떠날 수 있게 된다. 그 폐허에서도 누군가가 새로운 삶을 이어줄 것이라 믿을 수 있게 되었기 때문이다.

시인이 마지막으로 발표한 시가 된 「이사」(『리토피아』 2006년 봄호)에서 "내가 떠난 뒤에도 그 집엔 저녁이면 형광등 불빛이 켜지고/사내는 묵은 시집을 읽거나 저녁거리를 치운 책상에서/더듬더듬 원고를 쓸 것이다"라는 믿음은 저 꽃대를 세우고 흙살을 돋우는 여인을 보았기 때문에 생긴 것일 테다. 시인이 떠난, 이젠 폐허가 되었을 '시의 집'에 어떤 사내가 와서 글을 쓰고 있을 것이라는 믿음. 그가 쓴 시에 어떤 이가 거주하면서 새로운 시를 써낼 것이라는 기대. 그가 자신의 죽음을 예감했는지의 여부는 모른다. 하지만 이 기대는 죽음을 앞둔 시인이 생각할 수 있는, 시인으로서의 가장 큰 자긍심을 그가 갖고 있었음을 보여준다. 그의 낡은 집을 발판으로 어떤 이가 또 다른 방황을 시작할 것이라는 자긍심. 그것은 자신이 일군 모든 것 ─ 삶 ─ 을 떠날 작정을 하면서 가질 수 있는 처절한 무엇이다.

그런데, '낡은 집'을 떠나서 그는 무엇을 할 것인가? 시인은 "시간도 기억도 없"는 도시의 밤거리를 "生이 잡문이 될 때까지 나는 걷고 또 걸을 것이다"라고 다짐하면서, "때로 그 길을 걸어 그가 올지도 모"르고, 그렇다면 "소주잔을 흔들면서 몇 편의 시를 읽을지도 모"르는 그 사내는 "도시의 가난한 겨울밤은 눈벌판도 없는데" "홀로 눈을 맞으며 천천히 벌판을 질러갈 것"이라는 예측으로 시를 맺는다. 시간도 기억도 없이, 도시에서의 삶은 증발해버린다. 하지만 시인은 이에 아랑곳하지 않고 생이 잡문이 될 때가지 도시의 거리를 걸으리라고 한다. 자신의 삶이 잡문처럼 증발해도 상관치 않겠다는 말일까.

그런데 그의 생은 이제 정말 잡문이 된 것인지, 그는 걷기를 멈춘 것이다. 생각해보니, 정말 그의 생은 잡문 ─ 시 ─ 인 된 것인지도 모르겠다. 변변한 재산을 남기지 못했을 그가 남긴 건 시 이외에 없을 것이요, 그의 삶은 낡은 집과 같은 시에 스며들어 있을 뿐이다. 허나 다시 생각해보면, 저 허망한 도시의 밤거리를 박영근 시인은 지금도 걷고 있는 건 아닐까? 시인이 흘러 다니면서 만들어 놓은 길 아닌 길 위를, "눈벌판도 없는" '벌판'을 '그 사내'가 "질러갈 것"이기 때문이다. 그렇다면 박영근 시인의 생은 그 사내의 생에 스며들어 있다고 할 수 있지 않을까. 그래서 시인의 생은 아직 완전히 '잡문'이 된 것은 아니지 않을까. 그의 시는 여전히 걸어다니면서 '그 사내'의 방랑을 이끌 테니 말이다. 시인의 "몇 편의 시를 읽을지도 모"를 '그 사내'가 존재하는 한, 여전히 그의 시는 살아 움직이고 있는 중이다. 죽음이 그의 걸음을 멈추게 하진 못한다. 죽음을 넘어서서 방랑을 이끄는 시의 전염력. 강요된 떠돎을 능동적으로 받아들이면서 유목적 사랑을 실행하려 했던 박영근 시인에게서, 죽음 직전에 그가 발견한 이 전염의 힘이야말로 시가 가질 수 있는 내재적 전망 아닐까.

　　하지만, 시인은 아팠다. 그 실존적 아픔을 독자들은 외면하지 말아야 한다. 걷고 또 걸어야 하는 삶을 선택한 시인은, 하지만 돌아가고 싶어 했다. 「낡은 집 4」에서 보았듯이 그가 살아 왔던 낡은 집을 그는 차마 완전히 버릴 수는 없었다. 폐허가 된 그의 집 어느 구석에 있을 무엇인가로 그는 돌아가고 싶어 했다.

　　　내가 여기서 보는 건 사금파리가 된 나의 文字들이다
　　　절벽에 서 있던 시간들이 붙잡고 있던
　　　그리움 하나
　　　반쪼가리 몸뚱이로 비에 젖고

　　　그리고 웬 주검이 저를 보내지 못하고 옛길에서 완강하다

　　　나는 탑과 부도를 돌아 먼 데 마을을 바라본다
　　　길을 끌어당기고 있는
　　　오래 묵은 풍경들과

　　　마음이 끝내 허물지 못한 낡은 집 한 채

　　　돌아가고 싶었다
　　　이 폐사지를 건너
　　　뜨거운 해와 바람과 물소리마저 사라진 뒤
　　　밝아올 어둠의 자리

　　　거기 내가 두고 온 바다에 종소리가 떨어지고 있을 게다

막 태어난 젖먹이 울음을 머금고
별자리 하나 눈 푸르게 돋아나고 있을 게다

늙은 산수유 한 그루 나를 보다가 빗속으로 가뭇 사라진다
　　　　　　　－「폐사지에서 1」(『열린시학 2005년 겨울호) 전문

읽으면 숙연해지고 마음이 저려오는 시다. 이리 저리 떠도는 눈송이들을 붙잡고 있던 겨울 산 절벽, 그 찬란한 결정結晶의 시간이 이루었던 '나의 문자' 들은 이제 사금파리처럼 조각나버렸다. 폐허다. 그리움도 "반쪼가리 몸뚱이"로만 남아 비에 젖는다. 하지만 시인은 조각난 주검일 뿐인 낡은 집을 "끝내 허물지 못"한다. 그 집은 여전히 "저를 보내지 못하고 옛길에서 완강"하다. 이 잔해들만 남은 폐사지에서 "오래 묵은 풍경들"은 "길을 끌어당기고 있는" 것이다. 「내가 떠난 뒤」에서 시인은 "폐사지의 부도를 만날 수 있"으리라고 기대감을 담아 말하지 않았던가? 하지만 폐사지에 도달한 시인은 "돌아가고 싶"어하는 것이다. 그래서 "부도를 돌아 먼 데 마을을 바라"보는 것이다. 계속 허물고 떠나야 하는 방랑은 그만큼 힘들고 아픈 것 아니겠는가?

　시인은 정말, 이 방랑을 끝내고 싶을 정도로 아팠을 것이다. "이 폐사지를 건너" "돌아가고 싶었다"는 말은 피 토하는 심정으로 내뱉은 솔직한 고통의 토로일 터, 약해빠진 넋두리로 치부할 수 없다. 아니, 그 토로는, 버려진 시의 파편들로부터 어떤 생성이 이루어지는 희망의 꿈을 부른다. 물론, 폐사지를 건너 돌아간 곳은 예전의 "절벽에 있던 시간들"은 아닐 것이다. 그 결정의 시간들은 사금파리가 되어버렸기 때문이다. 그래서 그 회귀는 "뜨거운 해와 바람과 물소리마저 사라진 뒤"에 도달할 것이다. 하지만 시인은 그 '어둠의 자리'가 '밝아'오길 희망하고 꿈꾼다. 그 꿈에 의하면, 어둠에 방치되어 있던 "내가 두고 온 바다에 종소리가 떨어지고", "막 태어난" 새로운 "별자리 하나", "젖먹이 울음을 머금고" "눈 푸르게 돋아나고 있"다. 허물 수는 없어 저기 어둠 속에 두고 온 바

다에서, 어떤 새로운 탄생이 일어나길 시인은 희망한 것이다.

하지만 시인 자신은 그 꿈을 이룰 수 없었다. 이를 시인은 예감했던 것일까? 한 연으로 처리된 마지막 행은 사뭇 불길하다. 옛길에 서 있을 저 "늙은 산수유 한 그루"는 '나'의 죽음으로 '내'가 그 꿈을 이룰 수 없음을 미리 알고 있었던 걸까. 그 나무는 측은하게 "나를 바라보다가 빗속으로 가뭇 사라"지는 것이다. 산수유가 사라지자, 시인은 죽었다. 누가 그 죽음을 위로할 수 있으랴? 자기 자신만이 위로할 수 있으리라. 하지만 자신은 죽었으니 어떻게 자신을 위로할 수 있겠는가. 그러나 박영근 시인은, 화장되는 자신을 위로하는 만가輓歌를 생전에 이미 지어놓았다. 이를 보면 시인은 참 강인한 사람이라고 생각된다. 강하지 않으면, 자신의 죽음을 대상으로 시를 쓸 수 없기 때문이다. 아래는 시인이 쓴 그 만가다.

새푸른 하늘은 대낮이다

지평선마저 사라진 초원에서는
사십 몇 년 묵은 나의 국적도 이름도 자취가 없다
들메뚜기 뛰어오르는 소리만이 선명하다

여기서 나의 말言은 풀 한포기 흔들지 못한다
헤매는 길이 어디쯤인지 나는 모른다
쑥향기 속에 잠시 몸을 눕힐 수 있을 뿐
어디쯤에서 길을 잃었는지 나는 모른다
다만 풀을 찾아 구름을 넘는 양떼를 따라갈 뿐이다

이제 너를 돌아보지 마라
茶毘

茶毘

돌아갈 곳을 찾던 슬픈 마음이

불꽃 한 점 없이 저를 사르고

까마득한 허공의 새들을 부른다

해맑은 구름이 타는 하늘은 대낮이다
　　　　　　　　　　　—「몽골 초원에서 3」 전문 (『현대문학』 2004년 3월호)

다비, 다비 ……, 편히 가시라, 시인이여.

　　　　　　　　　　　　　　　　　　(『내일을 여는 작가』, 2006년 가을호)

2장

물권物權 선언과 행복의 의무

최종천, 『나의 밥그릇이 빛난다』

최종천의 첫 시집 『눈물은 푸르다』는 일종의 '문화업'이라 할 평론에 종사하는 필자에게 서늘한 충격을 주었다. 그 시집에서 시인은 "인간이 다른 인간을 착취하면/그렇게 집중된 부는 결국 문화의 형태로 돼 버린다"(「잔업시간」)라는 식의 직설로 현 자본주의 문화의 핵심을 곧바로 공격하고 있었다. 자본주의 문화는 노동자를 착취한 부로 이루어졌다는 말은, 복잡하게 얽혀 있는 현실을 단순화한 것 같지만, 외면할 수 없는 진실이다. 시를 쓰는 노동자인 그로서는 노동이 뒷받침되어야 비로소 설립 가능한 문화와 '예술'이 사회에서 노동보다 높이 취급받는다는 사실에 분노할 수밖에 없다. 그가 진단하기에, 현재는 "문학이 그(노동─인용자)에게 말한다, 너는 너고 나는 나다/노동아 쉬어 가면서 하라, 음악이 지성미를 자랑한다/기가 죽은 노동에게 미술이 화장품을 팔고"(「문화의 시대」)가는 시대다. '예술'은 노동을 외면하고, 더 나아가 "비웃는"다. '예술'은 때 묻은 노동에 비해 자신이 얼마나 고상한가를 내세우면서 노동을 기죽게 만든다. '예술'은, 노동자 시인의 눈으로 볼 때, 노동자 주체성의 형성을 가로막는 지배 이데올로기인 것이다.

　최종천 시인은 예술뿐만 아니라 '책'으로 상징되는 '의미'를 추구하는 정신문화 전체에도 비판의 화살을 날린다. '타락한' 독서는 "쓰레기통에서 먹을 만한 것을 찾는 짓"으로, "죽은 자에게" 시간을 바치는 행위다. 책에서 의미를 찾는 행위는 사람들이 "거울 속을 헤매다가" "거울 속에서 나오지 못하"(「타락한 독서」)게 된다. 다시 말해 '타락한 독서'는 책 속에 빠져 '실재'의 삶을 잃어버릴 때 나타난다. 그래서 그러한 삶은 "새는 새장 안에 갇히지 마자/의미를 가지기 시작한다/이제까지 새는 의미가 아니어도 노래했지만/의미가 있어야 노래한다/ …… /새의 안은 의미로 가득하다/새는 무겁다/건강한 날개로도/날 수가 없게"(「없는 하늘」) 된 새와 같다. 그러니까 시인은 문화의 이데올로기적 성격뿐만 아니라 자유로워야 할 삶을 교묘하게 억누르는 문화의 억압적 성격 역시 지적하고 있는 것이다.

　시인의 이런 입장은 「문화의 긍정적 성격」이란 글에서 헤르베르트 마르쿠제Herbert Marcuse가 가한 부르주아 사회 문화 비판과 상통한다. "문화 안에는 외견상의 통일과 외견상의 자유의 왕국이 세워진다. 이 안에서는 존재의 적대적인 관계들이 억제되고 진정된다. 문화는 새로운 사회적 생활조건들을 긍정하고 은폐한다.", "그것(긍정적 문화—인용자)은 소외된 개인의 곤궁에 대해서는 보편적인 인간성으로써, 육체적인 비참에 대해서는 영혼의 아름다움으로써, 외적인 예속에 대해서는 내적인 자유로써, 야만적인 이기주의에 대해서는 의무의 덕성으로써 대답하였다."[1]라고 마르쿠제는 설파한 바 있다. 긍정적인 문화는 현실적인 비참을 겪고 있는 사람들에게 '보편적이고 아름다운' 가상의 세계를 제공함으로써, 실제 현실을 가리고 또 사람들이 그 현실을 견디게 만든다.

　최종천의 문화 비판은 문화 부정이라기보다는 자본주의 사회의 '긍정적인

---

1. 헤르베르트 마르쿠제, 『마르쿠제의 미학사상』, 김문환 옮김, 문예출판사, 1989, 27, 29쪽.

문화'에 대한 마르쿠제의 비판과 같은 것이다. 마르쿠제 역시 문화 자체를 부정하기보다는 긍정적 문화를 대체할 새로운 문화, "지적인 존재라는 연관 속에서 생겨나는 온갖 합리화나 엄격한 청교도적 죄의식을 벗어나 진짜로 즐길 수 있"을 때 떠오르는, 새로운 감성으로 충만한 "전혀 다른 문화"[2]를 기대한다. 그런데 최종천은 그러한 감성을 "아내의 옆구리가 해안선처럼 일렁"이는 이중섭의 그림에서 읽고 있는 것이다(「이중섭·2」). 그리고 어떤 소녀가 친구에게 보내는 백지 편지에서 '미적인 것'을 느끼기도 한다(「美的 送信」).

최종천의 두 번째 시집 『나의 밥그릇이 빛난다』는, 첫 시집에서 보여준 문화 비판을 더욱 심화시키면서 더 나아가 "노동계급의 사상"(「시인의 말」)을 적극적으로 벼려내려는, 그래서 새로운 문화에 대해 사유하려는 시도를 보여주고 있다. 예술에 대한 '탈신비화'는 여전히 가차 없다. "예술 작품은 쓰레기다. 예술은 인간에게 환상을 제공하기 때문에 예술인 것이다."(「비만에 불만을 표하지 말자」)라고 그는 말한다. 이 말이 예술을 폐지하자는 말은 아니다. 앞에서 언급했듯이 시인은 이중섭의 예술 '작품'을 좋아하고 아름다움과 만나기를 바란다. 하지만 그는 노동과 비교하여 과도하게 화려한 옷을 입은 '예술'의 관념을 발가벗겨야 한다고 생각한다. 그러한 관념은 이데올로기로 작동하기 때문이다. 그래서 예술이 쓰레기라는 것을 인정하자고, 거기에서부터 시작하자고 다소 과격하게 말하고 있는 것이다.

시인의 생각에 완전히 동의하는 것은 아니지만, 시는 동의 여부로 판단되는 것은 아니다. 시는 '시적인 것'을 갖고 있는가에 따라 판단된다. 현재 '문화산업'으로서의 부가가치가 강조되면서 문화의 위상은 한껏 높아지고 있고, 더불어서 예술은 마치 고상한 삶 자체인 것처럼 고고하게 한 자리 잡고 있다. 반면 육체노동은 문화라는 상전을 떠받들고 뒤치다꺼리하는 가치밖에 없는 것으로 여겨지고 있다. 하지만 시인이 말하듯, "돈도 노동에서 만들어져/돈을 만

---

2. 같은 책, 47쪽.

들지 못하는 문화로 흘러들어"(「돈!」)가는 것인데 말이다. 즉 실물을 생산하지 못하고 이데올로기를 생산하는 '가상-문화'가 노동에서 만든 돈을 착취하고 있다. 이러한 '긍정적 문화'의 만개 속에서 "예술 작품은 쓰레기"라는 과감한 발언은 팽팽하게 부푼 풍선에 바늘을 찔러대는 효과를 가진다. 그래서 역설적으로, 그 극히 산문적인 발언은 시적이다. 대상을 새로운 시각으로 포착하고 언어화할 때, 그럼으로써 지배적 습성이나 이데올로기에 파열구를 낼 때, 이를 시적이라고 한다면 말이다.

한편, 이전 시집에서 보여 주었던 '의미'에 대한 비판은 이 시집에서는 좀 더 든든한 논리를 확보하여 전개된다. 시인은 실체가 아닌 상징에 실재적 삶이 포섭되어버리는 전도된 현 상황을 비판하는데, 그 비판은 '노동계급의 사상'을 통해 이루어지고 있는 것이다. 그런데 그 '노동계급의 사상'은, 책에서 습득된 어떤 정치 이데올로기가 아니라 시인이 노동자로서의 생활을 살아가면서 걸어 올린 것이라 생생하고 독특하다는 미덕을 갖고 있다. 상징에 대한 비판은 어떤 방향으로 이루어지는가? 실물을 생산하는 노동계급의 입장에서 볼 때 상징은 우선 실재가 아니라는 점이 그의 시에서 지적된다. 즉 상징은 손에 잡히는 무엇이 아니다.

삼풍백화점이 주저앉았을 때
어떤 사람 하나는
종이를 먹으며 배고픔을 견디었다고 했다
만에 하나 그가
예술에 매혹되어 있었다면
그리고 그에게 한권의 시집이 있었다면
그는 죽었을 것이다
그는 끝까지 시집 종이를 먹지 않았을 것이다
시의 의미를 되새김질하면서

서서히 미라가 되었을 것이다
그 자신 하나의 상징물이 되었을 것이다

―「상징은 배고프다」 전문

'상징-시'는, 삶과 죽음의 경계선에 있을 때엔, 종이보다 못하다. 그때의 먹을 수 없는 시는 삶을 살게 하지 못한다. 그때 시에 '그'가 포섭되어 버려 "시의 의미를 되새김질하"게 된다면, 그는 삶을 잃어버리고 그만 "상징물이 되"어버릴 것이다. 다시 말해 실재를 잃고 상징에 빠진다면, 생생했던 삶은 생명력을 소진하면서 점차 미라처럼 굳어버릴 것이다. "예수의 상징에 절하는 사람들/헤겔의 상징에 머리를 싸맨 사람들/베토벤의 상징으로 귀를 막아버린 사람들// …… //불가능한 시행착오의 쓰레기 속에서/얼마나 많은 인간들이/실재인 자신을 버리고 허구를 살고 있는가"(「나는 소비된다」)라고 시인이 말하듯이, 상징의 의미를 소비하면 자기 자신도 역시 소비해버리게 되기 때문이다. 「가없은 내 손」에서도 시인은 시를 쓰고 있을 자신의 "열 개의 손가락에서 노동은 시들어버렸다"라고 말하고는, "인간의 유일한 실재인 노동보다/입에서 쏟아지는 허구가 힘이 되고 권력이 된다니//나의 손은 이제/실재의 아무것도 만들지 않으며/허구조작에 전념하고 있다/나는 노동을 잃어버리고//허구가 되어간다/상징이 되어간다"고 말한다. 아래의 시는 상징, 허구로서의 예술과 실재의 삶과의 전도된 관계를 특히 의미심장하게 보여주고 있어서 전문 인용한다.

독수리는 먹이사슬에서 인간보다 아래의 것이다
그러나 이 자연법칙은 허구에 의해 전복된다
사막에서 굶주린 소녀가 죽기만을
기다리는 독수리 사진을 보라
이 소녀는 가난 때문에,
이미 하나의 예술 소재에 불과하다

소녀를 먹고 독수리가 사는 것 역시

자연의 법칙이다

독수리에게 소녀는 상징이 아니라 실체다

소녀를 먹을 수밖에는 없다

베토벤의 교향곡은 허구여서 전파를 타고

소녀의 귀에 들리기도 했으리라

빵은 허구가 아니기에 전파를 타고 전송되지 않는다

아프리카의 사막에는 빵과 밥의 상징도 있고

독수리나 먹을 쥐나 뱀도 있다

그러나 독수리도 소녀처럼 상징은 먹을 수가 없다

많은 사람들은 남을 돕기 전에

자신의 먹이를 주고 예술이라는 허구를 산다

우리들은 독수리의 상징 혹은 동업자인 것이다

그런데, 이 사진 작가는 소녀를 구하지 않았다는

비판을 견디지 못하고 자결했다고 전해진다

셔터를 누른 즉시 독수리를 쫓아버렸는데도 말이다

이렇게 하여 우리가

독수리라는 사실은 부인되었다

—「독수리 소녀」 전문

독수리와 소녀, 사진을 찍는 사진가, 쥐와 뱀과 빵과 베토벤 등이 여러 겹으로 겹치면서 숙고하게 만드는 시다. 그런데 시인은 사진가에게 소녀를 위협하는 독수리를 쫓아버리지 않고 사진을 먼저 찍었다는 휴머니즘적 비난을 하고 있지 않다. 인간중심주의를 넘은 시각에서, 소녀를 먹잇감—실체로 보는 독수리와 먹이를 주고 독수리를 상징화 한 예술을 사는 인간을 대조하면서, '실체'가 아닌 상징의 의미를 추구하는 인류 문화의 '의미'를 묻고 있다. 시인은 '독수리 소녀'라는 사진에서, 흔히 사람들이 '문화적'으로 행하듯이 그 사진의 의미를 찾기보다는, 현대 문화 전반의 정당성을 의문시하고 있는 것이다. 일종의 브레히트적인 낯설게 하기다. 이러한 낯설게 하기는 정신문화를 인간의 우월성으로 여기는 인간중심주의에서 벗어났을 때 행할 수 있는 것인데, 이는 시인이 노동의 경험을 통해 '물'物이 가진 '정신'을 파악했기에 가능했다. 즉 그것은 인간만이 생각할 능력이 있지는 않다는 통찰이다.

> 몽키나 스패너를 보면
> 하나같이 갸웃이 고개를 젖히고 있다
> 맙소사! 나는 생각한다, 고로 나는 존재한다니
>
> 생각하기 때문에 존재한다면
> 인간만 그러는 게 아닐 것이다, 자 몽키를 보라!
> 그는 깊은 고뇌에 잠겨 있지 않은가?
> 그 갸우뚱한 15도의 각도가
> 바짝바짝 붙어 있거나 구석진 곳에 틀어박힌 볼트를
> 풀 수 있게 해주는 것이다.
>
> —「방법서설」에서

몽키도 인간처럼 '머리'를 쓴다. 그런데 인간과 달리 데카르트의 심신이원론 식으로 몸과 마음이 따로 움직이는 것이 아니라 몸 자체로서의 머리를 쓰는 것이다. 몽키는 몸이 곧 생각이다. 그래서 "몽키는 오작동하지 않"고 "인간인 내가 잘못하는 것뿐"이다. 인간은 마음과 몸이 따로 움직이기 때문에 몸의 존재 성향에 거슬러서 몸을 움직일 수 있다. "몽키를 더러 망치로도 사용"할 수 있는 것이다. 그런데 이러한 인간의 오작동을 먼저 알려주는 것도 몽키다. "작업을 잘못하면 과장보다 몽키가 알아보"는 것이다. 인간의 의식보다 물건이 먼저 몸으로 파악한다. 시인은 인간의 의식이 물건으로부터 자립해 있지 않다는 것을 노동 체험으로부터 알게 된다. 그래서 노동계급의 사상은 유물론적일 게다.

「몽키」라는 시에서 시인은 선배가 몽키를 가져오라는 말을 듣고 어리둥절했던 경험을 말한다. 몽키를 원숭이로만 알고 있는 그로서는 선배가 말하는 몽키가 무엇인지 몰랐던 것이다. 하지만 몽키 대신 스패너를 가져오는 실수를 한 후, 곧 "나는 몽키라는 상징에 해당하는/실제의 몽키를 보고 비로소 몽키를/내 작은 두뇌 속에다 넣어둘 수가 있었다/몽키는 볼트를 조이는 도구다/볼트를 푸는 도구"라는 것을 알게 된다. 이는 시인이 추상적인 모사론을 말하려는 것은 아닐 테다. 지금, 어떤 행위의 과정에서 몽키라는 상징에 대한 인식이 이루어지고 있기 때문이다. 그런데 더 중요한 전언은 "몽키는 자신의 두뇌 속에다 몽키를/상징화하여 넣어둘 수가 없기에/인간처럼 헷갈리는 일이 절대 없다"는 탈 인간중심주의다. 인간은 상징과 '물−실재' 사이의 분열에 의해 혼란에 빠지곤 하는 것에 비해 몽키는 더 '완벽'하다. 이러한 탈 인간중심주의가, 사소한 사건이나 사물을 새롭고 '낯설게' 드러낼 수 있게 한다.

「종이와 잉크」에서 시인은, 물物과 물의 관계에 대해 '낯설게' 사고한다. 시인은 종이에 글을 쓰고 있다. 종이에 잉크가 번진다. 시인은 "그 번짐은 의사소통과도 같은 것/물질 없이 정신이 나타날 수가 없으리/정신 없이 물질이 만나지 못하리"라고 생각한다. 종이와 잉크의 '상호작용'은 종이와 잉크와 같은 물질이 삶을 갖고 있다는 것을, 그리고 물과 물의 삶이 서로 소통하고 있다는 것을 시인에게 깨우친 것이다. "말을 가지지 않은 종이와 잉크의 정신"이 만들어내는 그 소통은 추상적인 말, 상징을 통해 소통하는 인간에 비해 더욱 완벽하다. 의미를 벗어버린 몸과 몸의 섞임이 정말 소통하는 것이기 때문일 터, 시인이 "내가 너를 따먹고 나면 비로소 너는/의미를 떠나 상징을 벗어버리고/하나의 실재가 된다, 아름답고 풍만한/육체가 된다"(「따먹다」에서)고 말하듯이 말이다. 그래서 인간의 우월성을 믿는 인간들은 "인간은 인간만이 정신을 지니고 있다고/스스로를 기만"하는 것이다. 시인은 흙이 간질이자 씨앗들도 "잎을 열어 말"하는 것처럼, "우주를 구성하는 만물은 나름의 지위와 역할이 있고/그에 맞는 형식의 정신을 지니고 있"다고 믿는다.

그렇다면, 시인은 시를 저주하는 시를 쓰고 있는 셈인가? 시인은 시를 특권화하려고 하진 않지만 또한 저주하고 있진 않다. 상징이 실재를 포획하여 그 생명력을 파괴하는 언어만이 인간 세상에 존재하진 않는 것이다. 다른 언어가 있을 수 있다. 인간도 사물들의 말을 할 수 있다. 그것은 노동과 연결되어 있는 말이다. 「침묵의 언어」에서 시인은 "말이야말로 기술적으로 해야 하는 것"이라고 말한다. 여기서 기술은 노동의 기술을 뜻하는 것 같다. "인간의 언어는 사물의 언어를 듣기 위한 수단"이었고 "노동은 본래 그런 침묵의 언어"였다고 말하는 것을 보면 말이다. 가령 사물인 나무의 언어는 "나무로 실재하고 있"으며 "그 자체가 목적"인데, 이 사물과 교통해야 가능한 노동은 '사물-나무'의 언어, 즉 그 실재를 들으려고 노력할 수밖에 없다. 나무를 다루는 인간의 노동은 침묵 속에서 이루어지지만, 그 과정에서 실재로서의 나무와 무엇인가를 소통하고 있기 때문에 기술적인 '말'을 하는 것이기도 하다. 최종천 시인에 따르면, 인간의 가치는 상징을 만드는 권력보다 물의 세계와의 이러한 수평적인 소통 능력과 노동 능력에 있다. 시인은 "나는 인권대신 물권物權을 주장하리라"라는 이 시 후반부의 시행에서 이러한 생각을 압축해 놓았다.

이를 더 구체적으로 보여주는 언어가 공장에서의 소통을 위한 몸짓이다. 「아직 진화중입니다」에서 시인이 보여주듯이 작업 중에 "저쪽에서/물건을 같이 들자는 시늉"을 해보일 때, "말 대신 동작과 표정이 오"갈 때 그 언어는 발화된다. 그 말들은 무엇인가를 의미하는 상징적인 기표라기보다는, 사물과 연결되어 있는 지표이다. 노동 속의 '몸짓-말'은 세계의 육체성 속에서 다른 사물들과 맞물려 작동되고 있다. 필자는 '노동' 그 자체에 대한 의미부여보다, 이러한 육체성의 세계가 실재를 잃지 않은 소통을 만들어낸다는 것을 시인이 드러냈다는 점을 더 높이 평가하고 싶다. 그리고 추상화된 이론으로 '노동'에 가치 부여하지 않으면서, 생생한 몸짓으로부터 노동의 존재성과 가치를 통찰한 점을 더 주목하고 싶다. 여하튼 시인은, 노동자들인 '우리'는 "모든 동작과 표정이 언어"인 "이곳"-공장에서 그 침묵의 언어를 계속 배우고 있는 중이기에, "인간은 노동을 통하여 인간으로 진화했"음에 비추어볼 때 "노동계급은 아직도 진화중이"라는 철학적 결론을 이끌어낸다. 이렇게 상징적 기표에서 몸짓으로서의 언어로 '진화'하는 것은 "이 문명의 폐륜廢倫으로부터/진보의 환상으로부터 물신주의로부터/도망가면서 짖는"(「목발」) 행위와 같다. '현대'의 입장에서 보면 그 행위는 '퇴화'일지 모르겠지만.

최종천 시인에 의하면, 이렇듯 사물과 섞이는 언어, 그래서 사물과 동렬인, 즉 사물 자체인 것과 같은 언어가 노동 행위 속에 존재한다. 그래서 시와 독서는 다시 구제된다. 독서도 노동처럼 어떤 사물을 만들어낼 때 가치 있다. "모든 문자들을 조립해/만질 수 있는 그 무엇으로 만들"(「나는 소비된다」) 때 독서는 의미를 소비하고 나를 소비하는 행위로 떨어지지 않을 수 있다. 즉 소비하는 독서가 아니라 생산하는 독서만이 책에 가치를 부여할 수 있다. 시 역시 사물과 같은 시를 쓴다면, 마냥 허구를 만들어내는 상징으로 떨어지지 않을 테다. 그 시는 자폐증을 앓는 아이가 말보다 더 집착할 사과와 같은 시여야 한다.

오늘도 선희는 사과를 열고 들어갔다
사과를 열면 이 세상보다 더
넓고 찬란한 세계가 있다
사랑해, 하면 선희는 사과를 들어 보인다
처절한 개성으로부터의 도피
시는 둥근 과일처럼 만져지고 묵묵해야 한다
선희가 들어 보이는 사과처럼 시는
의미할 것이 아니라 존재해야 한다

―「자폐증」에서

'선희'의 사과와 같은 존재로서의 시는 기표나 상징의 의미에 갇힌 세계를 열어젖혀 실재의 세계에로 우리를 이끈다. 그 시는 세계의 사물들이 공존하면서 리좀처럼 연결되어 운동하고 있는 "넓고 찬란한 세계"로 가는 창이다. 시인이나 예술가가 세계와 의미가 아닌 존재로서 소통할 때, 그는 상징이 아닌 자연으로서의 예술을 생산할 수 있다. 청각을 잃은 베토벤처럼. 시인에 따르면, 베토벤은 "청각을 잃게 되자" "막았던 귀를 터놓았다/그는 없는 소리도 들을 수 있었다/청각을 잃은 후 그는 인간이 아니라/넝쿨이 더듬어가듯이,/새가 의미 없이도 노래하듯이,/자연처럼 일할 수 있었다"(「비대상(非對象)」)는 것이다. 즉, 예술가가 의미 없이 일하는 넝쿨이나 새처럼 일하게 된다면, '선희'의 사과와 같은 음악, 그림, 시를 만들 수 있다. 그렇다면 그 창작은 사물을 만들어내는 노동과 같은 것이요, 이때 생산된 예술은 공허한 상징이 아니라 세계를 열어 보이면서 그 세계와 접속할 수 있게 하는 삶의 응축기 더 나아가 증폭기가 될 수 있다.

그러나 그렇다고 해서, 시인은 예술이 그 미적 가상(허구)으로서 '긍정적인 문화'의 기능을 해왔다는 비판적 사고의 고삐를 풀지는 않는다. 백화점 세일에 진열된 "저렇게들 화려한 옷"과 같은 예술이라면, 그 예술은 개같이 짖어야 하는 실재의 삶을 호도하는 기능을 할 터이다. 그래서 「릴케의 잠옷」에서 시인은 릴케를 높이 평가한다. 시인에 의하면 릴케는 그 문화의 옷을, "그 눈부신 것을 붙잡아 끌어내"린 사람이다. 그리고 그는 "이것이 죽음입니다"라면서 자신의 잠옷을 꺼내 보여주었다는 것이다. 하지만 화려한 옷을 입은 사람들로서는 그 누구도 "죽음을 인정"하지 않으려 한다. 시인이라면, 릴케를 따라 바로 화려한 문화 속에서 벌어지고 있는 죽음을 꺼내 보여주어야 한다고 그는 생각한 것일까?

그래서인지, 「이빨」에서 우리는 "생활력이 강하다는 것 때문에/맞선에서 퇴짜맞"은 '녀석'이 "술에 절어 지"내다가 '함바집'에서 홀로 타죽는 장면을 목격할 수 있다. 하지만 시인은 그 주검, 그 "까만 재 속에서" "반짝이는 녀석의 이빨들"을 놓치지 않는다. 아마 '녀석'의 생활력처럼 앙 다물고 있을 이빨들일 것이다. 「죽음의 다리를 건너는 법」에서는 "사다리를 내려오다가 가버"린 '영철이'를 통해 "하루에 8명 정도가 사다리를 건너간 후/돌아오지 않는" 공사 현장을 고발한다. 그곳에서 사다리를 오르는 일은 "삶과 죽음을 왕래"하는, 기묘한 기술이 없으면 죽음 쪽으로 추락하는 곡예와 같은 일이다.

그런데 시인은 이 동료들의 죽음에 대해 덤덤하게 진술하고 묘사한다. 격앙된 감정을 좀처럼 드러내 보이지 않는다. 어떤 묘사는 즉물적이기도 하다. '고독했던' '그'의 주검을 두고 "평생 관념이 갉아먹고 남은 그의 두뇌를/비로소 실재인 구더기가 먹고 있다"(「새로운 삶」)라고도 시인은 쓰고 있는 것이다. 하지만 비정한 이러한 표현은 그 죽음들이 사실 자체로서 우리에게 다가오도록 한다. 이 풍요한 문화의 시대에, "개밥 정도"의 임금을 받는(「투명」) 노동자들이 죽음으로 내몰리고 있다는 '사실' 말이다. 이 시대엔 이 '사실'을 사실로서 인식시키는 일 자체가 어려운 일이다. 하지만 바로 그 일이 또한 시의 의무 중 하나라고 시인은 생각하고 있으리라. 여기서 "행복은 권리가 아닌 의무"라는 시인의 윤리학이 주목된다.

…… 행복을 만드는 데 필요한 재료는 모두 타자他者입니다. …… 타인이 당신의 행복을 받지 못한다면 당신의 행복은 비실재, 즉 가짜 행복입니다. 그것은 불행입니다. 타인이 당신의 행복에 적응한다면 그것이 실재하는 참 행복입니다. 당신이 행복하다면 그 자체로 당신은 이웃과 주변을 행복하게 할 것입니다. 사람이 행복을 권리로 알고 행복을 추구하지만, 행복은 의무입니다. 자본주의는 당신이 행복해야 할 권리가 있다고 선동하고 있습니다. …… 행복하다고 착각하는 사람들은 행복이 고장나도 수리할 줄을 모릅니다. 그래서 버리거나 팔아버립니다. 가난한 사람들은 고장 난 것을 수리하여 잘 사용합니다. …… .
— 「당신은 얼마나 불행하기에」에서

　　행복이 권리라고 생각하고 자신만의 행복을 추구하는 사람들이 얻는 것은
모두 자본주의가 선동한 가짜 행복이다. 왜냐하면 타자의 행복이야말로 자신
을 행복할 수 있게 하기 때문이다. 행복은 타자의 삶과 관심을 갖고 접속할 때
얻어진다. 그런데 저 개밥 정도의 임금을 받으며 타죽고 떨어져 죽는 사람들에
대해 외면한다면, 어떻게 행복이 이루어질 수 있겠는가? 그래서 타자의 삶을
행복하게 해야 자신이 얻을 수 있는 행복은, 의무다. 다시 말해 타인의 삶을 행
복하게 만드는 일은 의무인 것이다. 그래서 "우리의 행복함은 곧 우리가 선함
이요/우리의 불행은 우리가 악하기 때문이라"(「화곡역 청소부의 한 달 월급에
대하여」)라는 잠언이 가능하다. 한 달 월급으로 63만원 받는, "얼마나 많은 부
를 창출하고도 그것밖에 가지지 못하"는 화곡역 청소부. 그 청소부를 외면하면
서 "예술이 허구를 조작하는 것"이라는 "사실을 자각하"지 못하고 "행복은 권리
라고 생각하"는 시인은 "시인은 못되리라"고 시인은 주장한다.

　　반면, 시인은 "행복하다고 착각하는 사람들"과 달리 고달프게 살아야 하는
가난한 자들은 고장 난 행복을 수리할 줄 안다고 말한다. 전자는 고장 난 행복
을 버려버린다. 그들은 노동자가 아니기 때문이리라. 노동자들은 고장 난 것을
다시 고쳐 만들어낼 수 있는 사람들이다. 고장 난 행복을 수리하는 그들은 타
인의 삶의 불행을 고쳐나가려고 하는 이들이다. 가난한 그들은 자전거를 타고
다닌다. 비용 때문이기도 하겠지만, "자전거는 고장이 나도 쉽게 고칠 수가
있"(「자전거와 자동차」)기 때문이기도 하다. 그들에게 진리는 자전거와 같다.
"현대는 진리를 실천하는 데 면허증이 필요한 시대"이지만, 그들이 "진리를 운
전하는 데는" 자전거처럼 "면허증이 필요 없"다는 것이다. 그런데 본래 "진리는
자전거처럼 단순하고 명쾌한 것"이므로 진리를 실천하기 위한 면허증이란 다
만 현대 문명이 비대해지면서 남긴 '쓰레기'와 같은 것이다. 그래서 "자동차는
자전거가 퇴보하여 생긴 것"이라는 역설을 말할 수 있다.

　　그런데 고장 난 행복을 어떻게 수리할 수 있을까? 그것은 "자연을 생산하
는 자전거"를 수리하듯이 할 일일 터. 그렇다면 생산하고 생산되는 자연의 생

명력을 되찾는 데에서 행복의 수리를 찾아낼 수 있다는 것일까. 시인은 그렇다고 생각하는 것 같다. 타인을 행복하게 할 때 자신의 행복이 가능하다면, 고장난 행복을 수리하는 일은 사랑을 회복하는 일과 다름없다. 시인은 그 사랑의 이미지를 '구근식물'에서 찾아낸다.

마당 안 꽃밭에 구근 식물들은
비온 뒤 깨끗하게 씻긴
예쁜 발가락들을 내보이곤 한다

이 골목, 콩나물공장의
천막 친 기숙사에서
나는 그런 구근들을 가끔 보게 된다
잠결에 뒹굴다 내밀어진 발들
가만히 손끝으로 간질이면 들어간다
열대 사막의 무슨 식물처럼 서서히 움직인다

나는 그녀를 지니고 나서부터
사랑은 식물적植物的인 것이라 확신하고 있다
홀랑 벗고 엉키고 있을 때면
인간은 하나의 구근球根인 것이다
인간의 정신이 본격적인 궤도에 진입한다면
사랑을 생물적인 것으로 인식하게 될 것이다

우리는 어린 것들이
콩나물처럼 쑥쑥 자라난다고 말한다
그날 밤 나는 내 알뿌리 한 토막을

아내의 구덩이에 묻어두었던 것이다

―「구근식물」 전문

시인은 이 시에서 행복의 의무를 이행하기 위한 일 중 하나로, 타인의 삶에 알몸으로 엉키면서 알뿌리를 그 삶 깊숙이 묻어두는 방법을 제시한다. 식물적인 힘을 갖고 있는 사랑, 그 육질적인 알뿌리를 무시하지 말라고 시인은 말한다. 그 사랑의 성장력은 대단해서 "콩나물처럼 쑥쑥 자라"날 것이기 때문이다. 그리하여 시인은 "사랑을 생물학적인 것으로 인식"할 수 있게 되었다. 인간이, 그리고 사랑도, 물질적으로 생물권 안에 존재하고 있다는 것이 시인이 알게 된 '실재'다. 하지만 '시인의 말'에서 볼 수 있듯이, 인간은 "인간 자신에 대한 비실재화, 허구화가 급진전되고 있다"는 것이 시인의 진단이고, 이성을 통해 "실재성을 회복하는 것"이 이 진단에 대한 시인의 처방이다. 그리고 이 이성은 노동자 계급만이 가질 수 있다고 시인은 생각한다.

그 이성은 시인의 시가 보여주듯이 어떤 철학에서 도출되는 것이 아니다. 시인은 가난한 자들과 노동의 체험 속에서 비실재적인 상징의 허구가 전복될 수 있는 길을 찾아내었던 것이다. 그 길과 관련된 "노동계급의 사상은 궁극의 철학과 종교로 상승될 수밖에 없다"는 시인의 신념엔 필자가 종교에 알레르기 반응을 갖고 있어서인지 판단을 유보하게 되지만, 시인이 노동하는 삶에 뿌리내린 상태에서 이루어지는 그 탐구 과정 ― 시 ― 에 의해 새롭고 독특한 노동시의 세계를 우리에게 보여줄 수 있었다는 시집 해설자의 말에 동의한다. 시인은 노동의 생활을 바탕으로 독자적인 노력을 통해 '노동계급의 사상'을 발견하고 시에 펼쳐 보이려 했다. 그리고 그 사상의 힘으로 현실을 낯설게 보고, 표현하며, 현 자본주의의 문화와 예술의 지배 이데올로기적 성격을 폭로했다.

그런데 한편으로, 사물로서 존재하는 시와 윤리적이고 비판적인 시 사이에 어떤 다리가 놓일 수 있을까 궁금하다. 다시 말하면, 넓고 찬란한 세계를 보여줄 수 있는, '의미하는 시'가 아닌 '존재로서의 시'를 시인이 요청했음을 우리는 앞에서 본 바 있다. 하지만, 필자의 한계 때문일지 모르겠지만, 이 시집에서 그 '존재로서의 시'가 현실화된 것을 보지는 못했다. 이 시집의 주조를 이루는 윤리적이고 비판적인 시들은, 의미의 폭력을 비판하면서 의미를 넘어 존재로서의 삶을 회복해야 한다는 의미를 보여주고 있긴 하다. 하지만 결국 그 시들은 의미를 비판하는 '의미하는 시'의 성격이 강한 것이다. '존재로서의 시'를 어떻게 현실화할 것인가, 그리고 그렇게 현실화된 시와 시의 허구성을 인정하면서 타인의 삶을 행복하게 해야 한다는 비판적이고 윤리적인 시를 어떻게 관계 맺게 할 것인가가 시인 앞에 놓인 어려운 작업 아닐까 조심스레 추측해본다.

(『내일을 여는 작가』, 2007년 여름호)

3장

'살아 있는 노동'과 여성의 시간

최종천, 『고양이의 마술』

1

2000년대 한국 시단은, 알다시피 새로운 시법을 펼친 젊은 시인들의 약진이 두드러졌지만, 자본주의의 변혁을 희구해 왔던 노동시 역시 건재함을 보여주었다. 노동시의 새로운 세대가 활발한 활동을 보여주었고 '리얼리스트 100'이라는 노동문학에 친화적인 작가들의 모임이 만들어지기도 했다. 최종천 시인 역시 이들과 함께 하는 노동자 시인이다. 1954년생이면서 1986년에 등단한 그는 나이 면으로만 볼 때엔 노동시의 새로운 세대보다는 한 세대 위에 있다고 하겠다. 하지만 그의 첫 시집인 『눈물은 푸르다』가 2002년에 출간되었고 또한 그 시집이 '신동엽 창작상'을 받으면서야 비로소 그의 시가 널리 알려지고 주목받았음을 볼 때, 그 역시 2000년대에 활발한 활동을 하기 시작한 노동시의 신세대라고 말할 수 있다. 게다가 그의 시가 노동시의 어떤 새로운 모습을 보여주었다는 면에서, 그에게 '신세대'라는 칭호를 붙인다고 해도 전혀 어색하지 않다.

　최종천의 시가 노동시의 새로운 모습을 보여주었다고 할 때, 그것은 예전의 노동시가 보여주었던 당파성이나 체제 비판적인 성격이 사라졌다는 것을 의미하지는 않는다. 도리어 그의 시는 노동계급의 입장에 서서 더욱 당파적인 주장을 펼치고 있으며 자본주의 체제에 대해 근본적인 비판을 가하고 있다. 오히려 그의 시가 보여준 새로운 차원은 이 지점에 있다. 그의 시는 그가 노동자로서 생활하면서 스스로 형성한 독특하고도 근본적인 사유를 특이한 어법으로 생생하게 펼쳐 보인다. 그의 시 중에는, 어떤 사태를 당파적인 시선으로 리얼리즘적으로 재현하는 것이 아니라 시인 자신이 도달한 사유를 직접적으로 진술하는 시가 많다. 그런데 그의 진술은 '사회과학'이나 이념의 '학습'에 의해 얻은 관념의 진술과는 달리 시인 스스로 쌓은 당파적인 사유를 설파한다는 면에서 어떤 독특성을 획득한다. 이러한 진술은 현란하고 애매한 수사의 과용이나 한편으로 억지 서정을 이끌어내는 현 한국시의 일정한 흐름에 역행하는 특이성을 보여주기도 한다. 그렇다고 이런 방식의 진술이 비시적인 것이라고 볼 수는 없다. 왜냐하면 시인이 진술하는 사유 자체가 우리의 습성이나 상식화된 관념을 깨뜨리는 시적인 것을 함유하고 있기 때문이다.

　첫 시집인『눈물은 푸르다』에서 최종천 시인은 노동이 천시되고 예술을 포함한 정신문화는 우대받는 세태에 대해 근본적인 비판을 가했다. 그는 그 시집에서 현재의 정신문화가 상징을 통해 실재를 왜곡하고 결국 삶을 교묘하게 억누르면서 불평등한 계급 체제를 유지하는 기능을 갖고 있다는 것을 폭로한다. 시라는 '예술' 역시 이러한 억압에 알게 모르게 참여할 수 있다. 두 번째 시집인『나의 밥그릇이 빛난다』는 이러한 사유를 좀 더 가다듬고 날을 더욱 세우고 있다. 그는 육체노동의 상전으로 군림하는 문화의 착취적인 성격을 드러내며 "예술 작품은 쓰레기"라고 과감하게 단언한다. 한편, 현 체제에 '긍정적'인 문화가 생산하는 이데올로기적인 가상과는 달리, 노동과정 속에서 사물을 둘러싸고 이루어지는 실천적인 소통 — 말 뿐만 아니라 몸짓을 통해서도 이루어지는

─ 은 세계의 육질성인 실재를 왜곡하지 않는다고 시인은 주장한다. 그렇기에 시인은 노동계급에 신뢰를 보내는 것이다. 이러한 시인의 전언에 따른다면, 시는 타인의 육체와 만나면서 사물을 다루는 노동자의 작업으로부터 배워야 한다. 또한 시는 이를 통해 실재에 발붙이고 그 실재를 드러내야지, 이데올로기적인 가상을 창출하는 데 이용되어서는 안 된다.

자본주의 문화 자체에 대한 이러한 근본적인 비판은 인간의 역사와 문화 전체에 대한 시인의 독자적인 사유를 통해 이루어지는 것으로, 이데올로기화된 상식을 전복하는 시적 기능을 갖는다. 여기 내놓은 세 번째 시집 『고양이의 마술』에서도 시인은 자본주의 문화─예술을 노동과 대비하면서 근본적인, 그래서 시적인 비판을 전개한다. 그런데 시인은 이 시집에서 그러한 비판을 노동과 자연의 관계에 대한 사유로 더욱 밀고나가는 동시에 그 사유를 성性과 접맥하여 또 다른 사유 공간을 만들어내고 있다.

2

최종천 시인은 이 『고양이의 마술』에서도 노동계급의 입장에서 자본주의 사회와 문화에 대해 거침없이 비판한다. 이러한 비판을 잘 보여주는 시가 「소비자가 왕이다」이다. 시인은 이 시에서 "노동계급이 없는 인간사회는 불가능한 것"이지만 "자본주의는 그러나 소비자가 왕"이라면서 "노동이 생산하는 에너지를 소비하는 인간들"로 "예술가들, 종교, 철학, 은행가들"을 호명하고 있다. 이에 따르면 예술가들과 철학자들은 '은행가들'과 동렬에 서 있다. 앞에서 언급했듯이, 시인은 이전 시집에서도 예술과 철학이 가진 이데올로기적인 성격에 대해 전면적인 고발을 한 바 있다. 이 시에서의 호명 역시 그러한 고발과 맥이 닿아 있다. 그런데 이 시에서 주목되는 것은 "자연과 노동에 대한 착취가 극에 달했다"면서 자연과 노동 을 연결시키고 있다는 점과 "자본주의를 극복하고 지구를 회복시키는,/단 하나의 유일한 방법"은 "착취당하지 않을,/권리와 의무"로서 노동계급이 "반노동을 선언하"는 데 있다고 주장한다는 점이다.

시인은 노동자의 노동이 착취당하지 않기 위해서 아예 노동을 하지 말아야 한다고 주장하지만, 한편으로 이전 시집이 보여주었던 노동에 대한 예찬을 "세계는 노동으로부터 시작되었다"면서 계속 유지하고 있다. 노동에 대한 이러한 생각은 얼핏 보면 모순적이지만, 노동 자체에 대한 긍정과 자본주의적인 노동에 대한 거부가 양립 가능하다고 본다면 비논리적인 것은 아니다. 여하튼 시인은 노동과 착취가 운명이 되어버린 노동계급에게 노동거부를 통해 그 "우리의 운명을 사명으로 바꾸자!"라고 주장한다. 그 '반노동'의 사명은 지구를 회복시키는 일과 연결되는데, 왜냐하면 이윤 획득에 동원되는 자본주의적인 노동은 노동자의 삶뿐만 아니라 자연 역시 착취하는 데 쓰이기 때문이다. 더 나아가 생각해보면, 노동 착취는 환경으로서의 자연뿐만 아니라 노동자의 자연적인 삶 역시 파괴할 것이다. 그래서 노동해야만 하는 노동자의 운명은 결국 자신의 육신이 지닌 자연성을 파괴당하여 도태되면서 살아야 하는 것이다. 시인은 그 운명에 대해 다음과 같이 쓰고 있다.

나는 믿었다. 가난한 사람들이 세상을 구원하리라고
하늘은 스스로 돕는 사람을 돕는다 했던가
강한 사람은 더욱 강하고 약한 사람은 더욱 약하고
가난한 사람들은 가난과 함께 도태 되어간다
내가 노동을 하여 만드는 모든 것들이
우리를 도태시키고 착취하고 경쟁하게 하고
먼 미래에는 강한 자들만 살아남아
포식자가 되어 서로를 낙오시키고 먹고 먹히리라
시집가고 장가가는 처녀 총각들은 명심하라
그대들의 二卋들은 그들 포식자들의 소모품으로 제공되리라

노동계급의 유전자는 특히 약하다

자식들을 가르치고 양육하기 위해

죽도록 고생하며 살지 말라, 그러면 그럴 수록이

우리는 더욱 빨리 도태되고 소모될 것이다.

나는 사랑하는 그녀에게 이 사실을 말해 주었다

그녀는 눈물을 머금고는 손가락을 꼽아 헤아렸다

지금 우리가 사랑을 해도 二世가 생기지는 않을 거라고

—「슬픈 운명의 노래」 전문

　　이 시에서 '도태'라는 진화론적인 개념이 사용되고 있지만, 이를 두고 시인이 사회진화론을 수용하고 있다고 판단할 수는 없다. '도태'라는 개념을 끌어들인 것은 "강한 사람은 더욱 강하고 약한 사람은 더욱 약하"게 살아야 하는 이 사회의 비정함을 조명하기 위해서일 테다. 강한 사람이 약한 사람을 착취하고 잡아먹는 사회가 이 사회다. 그런데 강한 자들의 힘은 약한 자들의 노동이 만든 모든 것들을 소유함으로써 충전된다. 그렇기에 약한 자들은 자신의 노동을 통해 자기 자신을 파괴하고 도태시키고 있는 것이다. 그렇다면 왜 약한 자들은 자신을 파괴할 노동을 "죽도록 고생하며" 하고 있는 것인지 질문하지 않을 수 없다. 시인에 따르면, 그것은 "자식들을 가르치고 양육하기 위해"서다. 하지만 시인은 그러한 함정에 빠지지 말라고 약한 자들에게 권한다. 그렇게 약화된 자들의 자식들도 역시 약할 것이어서, 그들의 자식들은 강한 자인 "포식자들의 소모품으로 제공"될 것이기 때문이고 그리하여 "우리는 더욱 빨리 도태되고 소모될 것"이기 때문이다.

　　하지만 이러한 권고는 이미 늦은 것일까. 시적 화자가 사랑하는 여인에게 2세를 위해서라도 "죽도록 고생하며 살지 말라"는 말을 하자, 그녀는 이제 "지금 우리가 사랑을 해도 二世가 생기지는 않을" 것이라며 눈물을 머금고 말하는 것이다. 물론 그녀가 "손가락을 꼽아 헤아"리며 이러한 말을 한 것을 보면, 그녀가 나이가 많이 들었기 때문이기도 할 것이다. 하지만 이 말은 생명을 잉태하지 못하게 된 노동자의 '슬픈 운명'을 극적으로 드러낸다는 의미도 있다. 더 나아가 노동자들은 이미 적자생존의 원칙에서 패배하여 도태되었기 때문에 더 이상 자손을 생산하지 못하고 멸종될 것이라는 의미도 내포한다. 이를 보면 비록 사회진화론을 사회 이론으로서 수용하고 있지 않고 있다고 하더라도, 이 시인은 현 자본주의 사회가 적나라한 적자생존에 따른 진화 원리에 따라 움직이고 있다고 생각하고 있는 것은 분명하다. 그런데 정말로 이 사회는 재력이나 권력이 없는 약한 자를 가차 없이 무정하게 폐기하고 있기에 이러한 생각은 비유만이 아닌 진실을 담고 있다. 물론 시인은 도태되는 노동자의 입장에서 그 가혹한 진화 원리를 비판한다. 그리고 이 진화 원리에 대한 비판에 따라 '예술에 의한 문화' 역시 비판한다.

  노동에 의한 인간의 진화는 끝났다,
  그 다음의 진화는 어떤 것일까?

  한 가지는 확신을 가지고 말할 수가 있다.
  예술에 의한 문화는 그것이
  인간보다 한 단계 더 진화한 것이며
  먹이사슬에서 인간 위에 있다는 것
  따라서 인간을 먹이로 한다는 사실!

  시가 이론적이 되는 것을 감수하고 더 쓴다면
  문화의 것들은 썩어서 땅에 흡수되지 않는다.
  다시 생명으로 환원되지 않는다.
  이렇게 무질서가 증가하고 있는 것이다.
  단언하건데 예술이란

자연을 고장 내 놓은 것들이다.
나의 시는 예술이기를 포기한다.

―「나의 시」 부분

　　최종천 시인에 따르면 예술에 의한 문화는 노동에 의한 진화보다 한 단계 더 진화한 것이다. 그렇기 때문에 예술은 먹이 사슬에서 노동자 위에 있다. 다시 말해 예술은 노동자의 노동을 먹고 살아간다는 것이다. 노동자의 노동을 먹기 위해서는 노동자보다 예술이 더욱 많은 권력을 갖고 있어야 한다. 이 시인은 "시는/권력도 돈도 되지 못하는 것이라"는 시인들의 말을 믿지 않는다. "그렇다면,/나는 시인들의 마빡에다가 내 일당을 기록하고 싶다"(「작가수첩」)는 것이다. 이 불신은 시 한 편의 원고료가 열 시간 이상 행한 노동의 일당보다 많다는 사실 때문이리라. 이러한 인식은 두 번째 시집에 실린 「화곡역 청소부의 한달 월급에 대하여」에 이미 나타난 바 있는데 그 시에서 시인은 한 달 월급으로 63만원을 받는 화곡역 청소부를 외면하는 예술가―시인은 시인이 못되는 자들이라고 질타한 바 있다. 그런데 이 시에서 시인은 좀 더 사유를 진전시키고 있다. "문화의 것들은 썩어서 땅에 흡수되지 않는다"는 사유가 그것이다. 허구의 산물인 예술은 썩을 수가 없다. 생명이 아닌 그것은 자연으로부터 일탈한 것이며, 그래서 생명으로 환원될 수 없고 자연의 무질서를 증가시킨다. 이러한 인식은 "자연이 창출하여 인간에게 공급하는 것은/질서이다. 자연을 문화적으로 가공하는 것은 즉,/질서를 무질서로 하는 것에 다름 아니다"(「틈새」)라는 구절에서 더욱 명시적으로 드러난다.

　　노동 착취와 자연 착취가 같은 고리로 연결되어 있다는 인식을 보여준 최종천 시인은, 이제 예술과 자연의 관계를 문제 삼는다. 시인의 문제제기에 따르면, 예술―시는 실재 세계가 아닌 허구의 세계에 존재하고 있기 때문에 실재 세계에 어떠한 영향도 주지 못한다. 시는 실재 세계에 대해 무능력하다. "시여 이제 밀로만 하지 말고/얼굴에 깔아 붙인 철판을 핥아다오/달변의 혀로 시만

핥지 말고 이제/철공장에 들어와 원고료보다는 조금 싼/일당을 받아 가다오"(「달변의 혀를!」)라는 시인의 야유는 이러한 무능력에 초점이 맞추어져 있다. 시의 무능력에 대해서는 「나, 숨을 곳」에서도 반성된다. 어느 날, 시인은 갑자기 아파트 구석에서 뛰쳐나온 꼬마아가씨를 칠 뻔하고는 그 아이에게 조심하라고 말한다. 그런데 그 후에도 그 아이는 시인을 보면 언제나 손을 비비면서 그에게 죄송하다는 사과를 한다. 그러자 시인이 미안해지기 시작하고 숨고 싶어지기 시작한다. 그래서 시인은 시를 쓰지만, 허나 "이 허구의 구조물은 이 땡볕에도 그늘이 없"다. 그는 "어디에 숨어야 할지는 허구로는 대답을 얻지 못하리라"는 결론을 내리고 '꼬마아가씨'와 정면으로 만나 "내가 잘못했다고" 사과할 것을 결심한다.

시는 이렇듯 실재의 세계에서는 도피처도 제공할 수 없을 정도로 무능하지만, 먹이사슬에서 실재 세계를 만들어내는 노동보다 위에 자리 잡고 있어서 노동의 산물을 먹으며 살아나간다. 즉 노동은 시에 의해 포섭되어 있다. 기실 시가 아니라 "노동이야말로 권력도 돈도 되지 못하는 것"이다. 그래서 위에서 인용한 「작자수첩」에서 시인은 "인간의 손아귀에서/노동을 구출하자. 시로부터 빼 내자."라고 주창한다. 그러한 주창은 "노동은 자연에 순응하는 것이어야 한다"는 주장과 연결된다. 노동보다 더 진화한 시는 인간의 허구적 구조물이자 "무장한 것이다." 반면 자연에 순응하는 "노동은 알몸"이라는 것이다. 그러므로 허구적 구조물 — 시 — 에 의해 포섭된 노동을 빼 내자는 말은 바로 인위성의 세계에서 벗어나 노동을 통해 자연을 회복하자는 주장과 통한다. 그래서 최종천 시인의 인식 체계에서 예술은 자연과 대치되며 자연과 통하는 것은 노동이다. 즉 "예술로는 자연을 볼 수가 없"으며 "노동을 통해서만 자연은 보인다"(「망치에게」)는 것이다. 또한 시인은 이 시에서 망치를 두드리는 노동을 통해 '나'는 자연과 소통하고 자연적으로 진화한다면서 "망치는" "내 몸"이라고 말하고 있다. 이에, 도구—인간으로 진화하는 노동자는 제2의 자연을 생산한다고 말할 수 있겠다. 제2의 자연인 노동의 세계는 제1의 자연과 상통하며, 그래서 노동계급의 투쟁은 인간 문명에 항거하는 자연 재해와 상통한다.

환경파괴로 인한 자연재해와 재앙이
노동계급의 투쟁과 어찌 다른 것이랴
자연은 오염으로 문명에 항거하고
노동계급은 파업으로 자본에 대항한다.
자연과 노동의 투쟁의 대상은 동일 한 것이다
자연은 종의 다양성을 통하여 진화했다
문명은 단일성을 통하여 소멸해 갈 것이다
인간은 착취를 통하여 개체수를 줄이게 될 것이다
착취를 막아야 한다. 노동계급의
운명은 사명이다. 노동계급만이 사명을 가진다.
사명을 가진 자가 司祭이다.
인간에게 자연이 있는 이유는
착취를 없애기 위함이다
노동계급이여 착취당하지 말라
우리는 자연의 사제로서 노동을 집행한다.
우리는 자연으로부터 착취당하지 않을
의무와 권리와 사명을 위임받았다
계급의 운명을 사명으로 바꿀 때
노동계급은 진정한 의미의 司祭가 된다

―「어떻게 다를까?」 전문

위의 시는 노동계급의 투쟁이 갖고 있는 우주적(인류적이 아니라!) 의의를
포고하는 일종의 단호한 선언문이다. 예술의 허위성을 지적해온 시인에게 선
언문이 시가 되지 않을 이유는 없다. 시인에 따르면, 오염으로 문명에 항거하

는 자연은 파업으로 자본에 항거하는 노동과 유비 관계에 놓인다. 노동계급의 자본에 대한 항거는 자연을 착취하는 자본주의 문명을 변화시킬 수 있을 것이어서, 그 투쟁은 자연을 살릴 수 있느냐의 문제와 연결될 것이다. 이는 맑스주의 환경론에서도 주장하는 바다. 그런데 여기서 시인은 특유의 사유를 통해 노동계급의 투쟁과 자연의 투쟁을 연결시키고 있다. 그는 "자연은 종의 다양성을 통하여 진화했"고 "문명은 단일성을 통하여 소멸해" 갔다고 보는데, 이러한 사유에 비추어 생각한다면 인간의 착취를 통해 진화하는 자본주의 문명이 승리한다면 종의 다양성이 파괴되고 개체수가 줄게 될 것이다. 위에서 보았듯이 약자인 노동자라는 종은 도태되고 마는 것이다.

그렇기에 강자의 착취에 저항하는 노동계급의 투쟁은 자연의 진화원리인 종의 다양성을 지키는 일이고 그래서 자연을 살리는 일이다. 그래서 소멸할 운명에 놓인 노동계급이 착취에 저항하여 운명을 사명으로 바꿀 때, 자연으로부터 "의무와 권리와 사명을 위임받"은 "진정한 의미의 司祭"가 된다. 투쟁하는 노동계급의 어깨 위엔 자연의 생사와 직결된 사명이 부여된 것이다. 허나 최종천의 시세계에서 '사제'로서의 노동계급은 엄숙한 존재라든가 단단한 단일체와 같은 무엇이 아니다. 그는 「진정한 司祭」라는 시에서 "아주 보편적인 사제"로 거지를, "아주 특별한 의미의 사제"로 창녀를 들고 있는 것이다. 왜 그럴까? "자연은 모두 알몸"인데, 거지는 그 자신이 알몸이고 창녀는 모든 이를 알몸으로 벗기는 존재이기에 그렇다. 알몸이자 알몸을 만드는 "창녀와 거지는 궁극의 노동계급"이고, 그래서 알몸의 노동계급은 자연의 사제일 수 있는 것이다.

그런데 노동자들의 사명은 자연으로부터 부여받은 것이다. 즉 자연이 인간보다 더 먼저다. '공돌이들'이 파업을 하고 있는 현장을 그리고 있는 「파업 보름째」에서, 시인이 그 현장에 널려 있는 공구들이 도리어 "우리에게 파업을 하고 있"으며 "희박해지는 공기와 더러워지는 물은/인간에게 파업을 하고 있는 것"이라고 쓰고 있는 것은 그 때문이다. 노동계급의 투쟁이 자연 — 공구들을 포함한 — 에 순응하지 않는다면 자연은 곧 노동자라는 인간들에게 파업을 벌인다. 노동이 자연에 순응해야 하듯이 파업도 자연에 순응하면서 진행해야 한다. 「일 죽이기」에서 시인은 자본주의에서 노동자가 해야 하는 노동은 '일 죽이기'일 뿐이라고 주장한다. 그렇기에 파업은 일을 죽이는 것이 아니라 도리어 일을 살릴 수 있는 행위다. "이제 게으를 수 있는 권리를 얻었으니/그간 죽여 놓은 시체를 살려 내자"는 것이 파업이다. 이 파업에서 가장 먼저 할 행위는 "내 몸에 누적된 피로부터 풀고 보"는 것이다. 시인은 그렇게 피로를 풀다보면 "자연은 저절로 살아날 것"이며 "내가 덤으로 살 것"이라고 낙관한다. 다시 말하면, 파업은 일을 죽이는 노동에 의해 생긴 피로를 풀면서 파괴된 나의 자연성이 저절로 살아날 수 있도록 하는 행위며, 더 나아가 죽어버린 일을 다시 살리는 일이다.

　다시 살아난 일이란 자연에 순응하는 노동일 테다. 그리고 그 노동은, 이 지구를 유지시키는 "식물들의 광합성"과 같은 "인간의 광합성"(「볼트를 심다」)이라고 시인은 믿는다. 그래서 시인은 나무를 땅에 심는다는 표현처럼 볼트를 철판에 직접 용접하는 노동 역시 '심는다'고 표현할 수 있다고 생각한다. 게다가 "나무를 심으면 가지에 열매가 열"리듯이, "볼트에도 당연히 너트가 열"린다는 것이다. 이러한 생각에 따르면 산업 노동의 세계도 자연력에 기대는 농업 노동의 성격을 가지고 있으며, 산업 생산물도 자연적 산물의 속성을 지니고 있다. 그리고 이러한 진실을 발견할 때 산업 노동 역시 자연에 순응하는 노동으로, '살아 있는 노동'으로 변모하기 시작할 수 있을 것이다. 맑스나 발터 벤야민이 고평한 푸리에는 일찍이 자연과 산업이 화해하는 문명을 꿈꾸고 이를 이미지화 한 바 있다. 최종천 시인도 푸리에처럼 식물적 이미지와 산업적 이미지를 중첩시킨다. 이러한 이미지의 중첩을 한갓 기발한 은유로만 볼 수는 없다. 이러한 이미지가 좀 더 나은 미래를 열 수 있기 때문이다. 그런데 이렇게 자연에 순응하는 노동의 속성을 발견하는 작업은, 이 시집에서 성에 관한 독특한 사유에로까지 진전된다. 이에 대해서는 다음 절에서 살펴보기로 한다.

3

이 시집에서 최종천 시인은 고급문화의 이데올로기성에 대해 급진적인 문제제기를 하고 있으며, 현 사회로부터 무시당하고 있는 육체노동의 지고한 의의를 강조하고 있음을 지금까지 살펴보았다. 그런데 여기까지 읽으면, 이 시집이 다소 강퍅한 선언적인 진술로 이루어진 시들로 채워져 있다고 생각될지도 모르겠다. 허나 이 시집엔 서정적인 시도 많이 실려 있다. 하지만 그의 시가 보여주는 서정성은 흔히 연상되는 서정과는 다른 성격을 가지고 있다. 최종천 시인 자신이 이른바 '자연 서정시'와는 거리를 두고 있다. 그는 자연과 노동의 동일성을 발견하고자 하는 시인이지만, 자연 대상 — 꽃과 같은 — 에서 과거를 기억한다든지 감상에 젖는다든지 정신주의적으로 승화된 의미를 발견한다든지 하는 통상의 서정시인과는 거리가 멀다. 그의 시의 서정성은 강자만이 살아남는 자본주의 문명에 의해 도태될 '슬픈 운명'으로부터 온다. 사회적 성격이 짙은 서정인 것이다.

시 「춘곤증」은 봄이 찾아온 도시 거리의 권태로움을 '춘곤증'이 퍼져나가는 모습으로 인상 깊게 묘사하고 있는데, 이들 '슬픈 운명'의 사람들은 "흡연 구역에 파리들처럼 몰려 앉아/커피를 뽑고 불만 대신 담배들을 피"우는 이미지로 표현되고 있다. 그리고 시인은 이 파리 같이 몰려다니는 '우리'는 이제 춘곤증의 거리에서 "피로와 타협해야 하는 것"이라고 말하는데, 이 말은 일을 죽이는 자본주의 도시가 이제 활력을 잃고 문명의 피로만 퍼지는 공간이 되었음을 암시한다. 시인은 몇 편의 시에서 이러한 피로와 고독을 하소연하듯이 표출하고 있는데, 아래의 시는 그 표출이 하소연을 넘어 울부짖음으로까지 나아가고 있다.

나는 피곤하다
밤마다 나와 몸을 섞는 비애여

이불이 축축하구나

혀에 비늘이 돋게 하는 이 냄새는

그러니까

하나의 사랑이 기다리다 썩고 있는 것이냐

아니면 그리움이 증발하고 있는 것이냐

비애여! 너는 알고 있다

나의 피가 차다는 것을

너는 결빙하지 말라

세상이 증오 속에 곤두박질하여도

사랑보다도

신앙보다도

너의 몸은 눈부시게 빛나리라

悲哀여

나의 상처를 핥아 달라

밤마다 生의 낭떠러지를 내려다보며

나 울부짖는다.

—「悲哀」 전문

최종천 시에서 감정을 격정적으로 표현하는 시는 보기 힘든데, 이 시는 예외다. 시인이 노동계급의 투쟁이 갖는 의의를 선언하는 시를 쓰면서도, 한편으로는 어떤 상처로 고통 받고 있었음을 이 시는 보여준다. 하지만 이 시가 슬픔과 피곤을 토로하는 데 그치고 있는 것은 아니다. 그와 몸을 섞고 있는 비애에게 "너는 결빙하지 말라"고 부탁하기도 한다. 시인은 피가 차갑게 얼어붙을까봐 두렵다. 비애마저 결빙된다면, 그래서 그것이 피로한 시인의 상처를 핥아주며 몸을 섞어주지 못한다면, 사랑은 썩어버리고 그리움은 증발할 것이다. 사랑과 그리움에 생명수를 제공하고 있는 것은 비애다. 그래서 이 비애라는 깊은 감정이 없어진다면, 증오에로 곤두박질치는 세상을 제어할 수 있는 것은 없다. 그렇기에 세계가 증오 속에 빠져버렸을 때 도리어 "눈부시게 빛"나며 그 존재 감이 드러나는 것은 "사랑보다도/신앙보다도" 비애인 것이다.

그런데 비애는 어디에서 오는가? 시인의 개인적인 체험에서 오는 것인가? 아니다. 비애는 "生의 낭떠러지를 내려다보"고 있는 데서 온다. 그것은 '인간'이라는 존재 자체가 가진 낭떠러지다. 그렇다면 낭떠러지란 무엇을 의미하는가? 시인은 「詩, 너 누구야?」에서, "인간은 비영속적인 존재인데 동물은 영속적인 존재인, 그 간극의 아득한 낭떠러지"라고 말한다. 조르주 바타유^{Georges Bataille}는 "모든 동물은 마치 물이 물속에 있듯이 세상에 존재한다."[1]고 말한 바 있다. 그에 따르면 동물은 분절되지 않은 연속성 속에서 삶을 살아간다. 그러나 사람은 분절된 언어로 세계를 분할하여 이해하며 결국 '나'를 세계와 분리하여 고립화시킨다. 그리하여 나와 세계는 단절되며 인간은 "비영속적인 존재"가 된다. 그러나 인간은 동물과 같이 영속적인 존재가 되고자 하는 욕망을 버릴 수 없다. 그래서 홀로 피로한 사람은 무엇인가에 기대어 그것과 영속적이고 내밀한 관계를 맺고 싶어 하는 것이다. 최종천 시인이 피로할 때 기대는 존재는 무엇인가? 욕조에 담긴 물이다.

곡선의 애무를 받고 싶을 땐
욕조의 물 속으로 들어간다
아주 옛날에 물은
곡선을 느꼈다 그 기억 본능
녹이 슨 배관을 따라 흐르는 동안
놓아버리고 이제 나의 몸을 만나리라
"이것이 나의 곡선이에요"

---

1. 조르주 바따이유,『어떻게 인간적 상황을 벗어날 것인가』, 조한경 옮김, 문예출판사, 1999, 25쪽.

나는 담겨진 물만큼이나

곡선을 그리워했던 건 사실이다

당신을 사랑하지는 않지만,

섹스를 하고 싶다고 그녀에게 말했을 때

나는 욕조에 담겨진 물에 대하여 말했던 것이다

많은 사람들이 욕조의 강요로 섹스를 한다

사랑이라는 강박관념에 갇힌 성을 ……

당연하게도 우리들 대다수는

성이 없는 사랑보다는,

사랑이 없는 성을 원한다! 그것은 옳은 일이다.

성이 사랑을 낳았다.

이제 본론을 말해야 할 것 같다.

인간에게 성은 유일한 實在이다.

그 외의 모든 것은 허구이다, 특히 예술을 핑계삼아

성을 수식하거나 상징화하지 말자.

오늘 나는 헤어진 그녀를 생각 하다가

욕조에 물을 가득 채운다.

느껴보고 싶었던 그녀의 곡선이 나를 휘감는다

우리는 헤어졌지만 사랑은 영원하다

"사랑" 은 관념이기에 형태가 없다

실재가 아니다 영원하다

실재하게 하고 싶었던 그녀와의 사랑, 이라는 관념

바다에까지 흘러넘치는 나의 형태. 나의 실재

나의 孤獨!

— 「그리운 곡선」 전문

　　이 시는 그리움의 정서와 최종천 시인 특유의 사유가 어우러지면서 독특하면서도 짙은 서정을 낳고 있는 수작이다. 다소 길기 때문에 다시 재구성해 읽어본다. 피로할 때마다 시인은 "녹이 슨 배관을 따라 흐르"며 곡선의 기억을 갖게 된 욕조 속의 물에 들어간다. 그 물의 곡선으로부터 애무를 받기 위해서다. 물의 육신이 품은 곡선은 당신 몸의 곡선을 떠올리게 한다. 아니 반대로 당신 육신의 곡선은 시인의 몸을 부드럽게 감싸 안는 물의 몸과 닮았다. "당신을 사랑하지 않지만,/섹스를 하고 싶다고 그녀에게 말했을 때/나는 욕조에 담겨진 물에 대하여 말했던 것"이라는 구절을 보면 그렇다. 시인에게 섹스는 욕조의 물속에 몸을 담그는 것과 같이 철저히 육체적이다. 반면 사랑은 "성을 수식하거나 상징화"한 관념이자 허구일 뿐이다. 실재가 아니니 사랑은 영원하다. 좋은 의미가 아니라 썩지 않는다는 의미에서의 영원이다. 앞에서 보았듯이, 이 시인에게 썩지 않는 것은 무질서를 낳을 뿐이다. 한편 "인간에게" "유일한 實在"는 성이지 사랑이 아니다. 사랑이 성을 낳은 것이 아니라 성이라는 육체적 실재가 사랑을 낳는다. 섹스는 비영속적인 존재인 인간이 '나'라는 껍질을 벗기고 동물처럼 세계와의 영속성 속에 존재하는 경험을 주는 행위다. 그렇기에 "사랑이라는 강박관념에 갇힌 성"보다는 "당연하게도" "사랑이 없는 성을 원"하는 것이 "옳은 일"이며 자연스럽다.

　　하지만 현재 시인의 실재는 무엇인가? 홀로 욕조에 들어가 있다는 것, "그녀의 곡선"은 지금 실재하지 않는다는 것, 그러니까 그녀와 헤어졌다는 것, 즉 고독하다는 것이 그의 실재다. 결국 "실재하게 하고 싶었"으나 결국 실재하게 하지 못했던 "그녀와의 사랑, 이라는 관념"을 기억하며 "바다에까지 흘러넘치는" 그리움 속에서 "生의 낭떠러지를 내려다보며" 비애에 빠져 울부짖고 있는 "나의 孤獨"이 "나의 형태"이자 "나의 실재"일 테다. 실재는 이 역설적인 변증법 속에서 움직인다. 하지만 그렇다고 노동자이자 유물론자인 시인이 사랑이나 희망의 관념으로 돌아갈 리는 없다. 시인은 「密度」에서 "사랑이라는 이 거대한 것/희망이라는 이 애매한 것/이런 것들의 밀도는 없다"고 말한 바 있다. 그렇기에 "사랑과 희망은/함부로 사용해도 고장나지 않는" 것이다.(하지만 "예수는 사랑과 희망을 고치다 갔다"고 시인은 말한다.) 반면 두께를 가진 육체는 밀도를 가지고 있다. 시인은 이 밀도를 가진 육체로부터 관념화된 사랑을 고쳐야 한다고 생각한다. 시인이 "사랑을 회복하기 위해선 우리는 문명으로부터 도망쳐야 하리라"고 말할 때, 그것은 "사랑의 몸짓"을 통해 세계의 내재적인 영속성 속에 존재하는 "네발 달린 짐승으로 퇴화"(「네발 달린 짐승이 되어」)함으로써 사랑을 회복해야 한다는 의미다. 다시 말해 들뢰즈·가따리가 주창한 '동물 되기'를 통해 관념화된 사랑이 아닌 밀도 있는, 즉 육신을 가진 사랑을 회복할 수 있다.

허나 피로한 시인이 몸을 맡겼던 욕조에서 나왔을 때, 그에겐 아무도 없었다. 그는 섹스에 의한 짐승으로의 퇴화를 통해 사랑을 회복할 수 없는 상태에 있다. 이제 그는 어디로 갈 것인가? 앞서 언급했던 「詩, 너 누구야?」를 보면, 그는 "봄볕이 달구어 놓았을 잔 자갈들이 깔린 곳으로 달려가 몸을 뉘"인다. 이는 욕조에 눕고 싶다는 욕망과 같은 욕망에서 나온 행위일 것이다. 허나 거기에서는 욕조 물에서처럼 '그녀'의 몸과 같은 곡선을 느끼지는 못하리라. 그런데 "아래 동네에서 놀러 온 두 마리의 누렁이"가 그의 손을 핥는 것이다. 시인은 이때 "까닭 모르게 기쁘고 슬프고 하였"으며 "이토록 명료하게 고독을 느껴보는 순간"을 얻었다고 말한다. 그 고독감은 앞에서 언급했듯이 동물과 시인 사이에 놓인 간극에서 "아득한 낭떠러지"를 감지했기에 느끼게 되는 것이다. 그런데 이 시는 「피로」와 직접적으로 연결된다. 「피로」에서 시인은 "먹이가 되지는 않"을 텐데도 "내 손가락을 정성스럽게 핥고 있"는 개 덕분에 "나의 피로는 이 손가락을 통하여/빠져나"갈 수 있었다고 말한다. 문명에 의한 피로를 잊을 수 있었던 것은, 저 손가락을 핥고 있는 개와 시인 사이의 간극이 좁혀지며 개와 그가 영속적인 존재가 되고 있음을 느꼈기 때문일 것이다. 즉 저 개의 핥는 행위를 통해 '동물 되기'가 이루어졌던 것이다.

영속성 속에 존재하는 동물들이야말로 실재를 살고 있다. 시인은 저 동물의 내재적이고 실재적인 삶이야말로 인간이 회복해야 할 차원이라고 생각한다. 시인이 「고양이의 마술」에서 말하고 있는 바에 따르면, 동물들의 짝짓기는 인간의 결혼보다 자유롭고 우월하다. 노동자들은 "자본주의가 결혼하라고 할 때까지" 결혼을 하지 못하고 돈을 모아야 한다. 한편 "한 때 사업을 하다 안 되어/이혼을" 한 공장장은 "자본주의가 헤어지라고 하여/헤어진 것"이다. 이에 비해 고양이는 돈 없이도 "시집가고 장가가" 살 수 있다. 어떤 손익 계산에서도 자유로운 동물의 영속적인 성의 세계는 알몸의 자연 자체다. 인간이 그러한 영속적인 알몸의 세계에 다다를 수 있는 것은, 앞에서 말했듯이, 시인에 따르면 인간의 '유일한 실재'인 섹스를 통해서다. 그래서 "사랑은 거짓으로 했다고 할 수가 있겠으나/섹스는 거짓으로 했다고 할 수 없"(「오라! 거짓 사랑아,」)으며, 거짓일 수 없다는 면에서 섹스는 노동과 통한다. "노동의 대상은 실체"이기에 노동 역시 "거짓으로 할 수는 없는 것"(같은 시)이기 때문이다. 그리하여 섹스의 의미는 앞에서 살펴보았던 노동의 자연성과 만나게 된다. 자연에 순응하는 노동은 인간의 가장 자연적인 행위인 섹스와 상통하게 되는 것이다.

그래서 섹스에 종사하는 창녀는 노동자의 극한에 위치한 존재다. 앞에서 일부분을 인용했던 「진정한 司祭」에서 보았듯이, 모든 이의 옷을 벗겨 자연으로 퇴화시키는 창녀는 "궁극의 노동계급"이자 자연으로부터 사명을 위임받은 사제인 것이다. 시인의 독특한 해석에 의하면 "사제의 진정한 의무는 우상으로서의 이데올로기를/끊임없이 걸치는 데 있는 것이 아니라 그 이데올로기를/끊임없이 벗겨 내는 데 있는 것"(「성 앞에 평등하라」)이기에 창녀는 전형적인 사제가 된다. 자연의 알몸으로 돌아가도록 사람들을 돕는 것이 창녀가 자연으로부터 위임받은 임무라면, 창녀를 사제라고 부르는 것은 과장이라고 할 수만은 없다. 더 나아가 창녀들은 사람들을 자연으로 퇴화시켜 문명의 피로로부터 "치유하는" "사회적 역할"을 가진 존재다. 이렇게 보면, 창녀에 대한 이런 '튀는' 생각은 시인의 사유 체계에서 자연스럽다.

물론 이러한 생각은 창녀가 이중적인 착취를 극도로 받고 있는 사실을 외

면한, 남성의 낭만적이고 환상적인 신격화에 불과하며 여성에 대한 성적 대상
화라고 비판할 수도 있을 것이다. 하지만 시인의 창녀에 대한 생각이 결국 남
성중심주의적인 낭만적 환상에 불과하더라도, 적어도 그러한 생각은 시인의
사유 체계에서 남성적 원리에 대한 비판과 여성적 원리에 대한 존중에서 연결
된다. 시인에게 창녀는 여성의 성기가 가진 속성을 체화한 상징적 존재다. 가
령 시인이 「이데올로기 槪論」에서 시인은 '좆'이 없는 여자들이 내뱉는 '좆같다'
는 욕에서 "욕이 아니고 이데올로기에 대한 야유이거나 풍자"를 본다. "전쟁의
발원지는 발기상태의 對空포"였으며 "꼿꼿한 저 이데올로기를 시들게 할 수 있
는 것"은 여성의 성기와 자궁과 같은 "두리둥실 둥근" 것이다. 창녀는 그 둥근
성기로 남성의 꼿꼿한 저 성기 ─ 이데올로기 ─ 를 잠재울 수 있다. 시인은 여
성의 성기가 가진 속성을 체제 원리로 삼은 사회를 태초의 사회였던 모계 사회
로 보고, 그 사회에는 남성의 원리에 따른 이데올로기가 없었다고 주장한다.
그리고 그는 모계 사회의 자연성을 현재의 문명이 회복해야 한다고 생각한다.

그런데 여성적 원리는 창녀가 드러내는 성적인 측면에만 있는 것은 아니
다. 여성의 성기가 드러내는 여성적 원리는 아이를 낳는 데에도 있다. 시인이
어린이의 얼굴에 입을 맞추면서 "살을 섞어 새끼를 낳아 기르는/그것이 기실
은/심장의 박동과 햇살의 파동이 빚어내는/우리의 본래의 본분"(「나는 몰랐어
라」)임을 깨닫게 된 것은, 그것은 "우리의 본래의 본분"이 "살을 섞"는 것뿐만
이 아니라 "새끼를 낳아 기르는" 여성적 원리에 있다는 것을 시인이 새삼 인식
하게 되었음을 의미한다. 이데올로기가 아닌 자연으로서의 여성적 원리는 '알
몸'이라는 자연의 상태뿐만 아니라 자연의 생성적인 측면, 지구-우주의 시간
적인 측면도 함께 드러낸다. 지구-우주-자연은 여성이다. 우주의 시간은 여성
의 시간, 생성의 시간이다. 그 생성의 시간은 초침에 의해 분할되고 측정되는
기계적 시간이 아니라 고유한 생명들이 지속적으로 태어나는 특이한 시간이
다. '자연에 순응하는 노동', 일을 살리는 '살아 있는 노동'이란 성적인 노동, 여
성적인 노동이다. 하지만 일을 죽이는 자본주의 아래에서의 노동은 불행히도

기계적 시간에 지배받는 남성의 노동인 것이다. 시인의 사유에 깔려 있는 이러
한 시간관은 아래의 시에서 지구의 시간으로까지 확장되어 사유되고 있다.

올해 내가 노동을 얼마나 했나 노트를 보니
120일이 채 못 된다, 지금은 9월이고
나는 내가 낮잠을 자면 지구도 낮잠을 잔다고 생각한다.
지구는 한 순간도 쉬지를 못했다.

내 친구는 아내가 사내와 간통하여 에이즈를 얻었고
그 에이즈를 자기한테 주었지만 아예
이혼 할 생각은 없다고 한다.
왜 그러냐고 물으니 글쎄, 오래된 미래를 위해서란다.

오래된 미래가 도대체 뭐냐고 물으니
같이 살아갈 날보다 살아 온 날들이 더 많고
그 시간이 아까워서 이혼 안한다는 거다.
그는 시간을 우선 배려한 것이다.

나는 내가 공치면서 낮잠 자는 시간과
그의 살아 온 시간과 무슨 관련이라도 있는가? 싶어
그걸 파고들면 시 하나가 써지겠다 싶어
백지가 아닌 컴퓨터 모니터 화면을 이렇게 파고 있는 것이다.

이 뒤편 사이버 공간에 오래 된 미래가 있을 것이다.
사이버, 이건 전혀 새로운 공간이 아니다
산해경도 있고, 삼국유사도 있다.

모니터 화면을 파고 들어가 보니 회로가 있다.

위성에서 지구를 찍으면 그런 회로가 나타난다

폐허가 된 도시를 시간의 눈은 응시하고 있는 것이다.

시간의 망막에는 눈물이 고여있다. 그 물은

본래 지구에 있던 물이다.

―「오래된 미래 2」 전문

자본주의의 남성적이고 기계적인 시간 척도 아래에서, 자신의 고유성을 만들었던 과거의 시간, 그리고 또 고유성을 창출할 바탕이 될 수 있는 "오래된 미래"는 폐기된다. 이 척도에 맞추어 살아갈 수 없는 사람들은 노동의 기회조차 박탈된다. 일 년에 120일이 채 안 되게 노동을 한 시적 화자처럼 말이다. 그로 인해 경제적으로 궁핍함에 빠졌을 시적 화자는, 하지만 여기에서 어떤 비참이나 비관을 드러내지는 않는다. 도리어 넉넉한 인식을 보여준다. "나는 내가 낮잠을 자면 지구도 낮잠을 잔다고 생각"한다. "지구는 한순간도 쉬지를 못했"으므로, 지구도 착취당함을 멈추고 좀 쉬어야 한다는 듯이 말이다. 그런데 시인의 이러한 상념은 친구의 더욱 넉넉한 인식과 교차된다. 간통한 아내 때문에 에이즈에 걸린 친구는 "오래된 미래를 위해서" 아내와 이혼하지 않는다. 그 오래된 미래란 "살아갈 날보다 살아온 날들이 더 많"은 시간을 가리킨단다. "오래된 미래"를 선택한 친구는 자신이 살아온 삶에 대해 가치를 부여하여 자신의 고유한 삶을 포기하지 않으려 한다고 할 수 있다. 친구의 선택은 하나의 에피소드에 불과한 무엇일지 모르지만, 기실 그는 상식을 뛰어넘는 대단한 결심을 한 것이다.

저 친구의 선택에서, "내가 공치면서 낮잠 자는 시간과/그의 살아온 시간과 무슨 관련이라도 있는가"라고 생각하기 시작한 시인은 "시 하나가 써지겠다 싶어/백지가 아닌 컴퓨터 모니터 화면"에 파고들면서 시간에 대한 사유를 인류의 전 역사와 전 지구로 확장시킨다. 친구에게 오래된 미래가 있듯이 지구에게도 오래된 미래가 있을 것이라는 식으로 말이다. 자본주의적인 시간관에 따르면 사이버 공간은 이윤 창출의 '새로운 장'이 될 터, 신자유주의는 어떻게 하면 이 새로움을 상품화할 것인가 눈이 벌게지게 될 것이다. 하지만 시인의 눈은, 사이버 공간 뒤편을, 그의 친구처럼 그 "오래된 미래"를 감지한다. 즉 그는 "사이버, 이건 전혀 새로운 공간이 아니"며, 그 뒤편에는 "산해경도 있고, 삼국유사도 있다"는 것, 사이버 공간 뒤편에는 인류의 고유한 삶이, 이야기가, 슬픔과 웃음이, 고통과 즐거움이 여전히 숨 쉬고 있다는 것을 감지하는 것이다. 허나 그러한 인류의 삶이 가진 고유함이 철저하게 파괴되고 있는 것이 현재의 현실이다. 그래서 "오래된 미래"라는 시간은 폐허가 되어 피로에 지친 도시를, 피로로 폐허처럼 된 삶들이 모여 사는 도시를 응시하면서 눈물 고인다. 그런데 그 눈물 역시 "본래 지구에 있던 물", "오래된 미래"를 통해 형성된 물이다.

이렇게 시인의 사유가 지구의 역사에까지 확장되어 진행되면서, 그는 노동의 척도로서 강제되는 자본주의적이고 남성적인 시간관으로부터 벗어날 수 있게 된다. 위의 시는 지금 우리가 살고 있는 이 시간이, 결코 그냥 지나가버리는 텅 빈 시간이 아니고 지구의 삶으로까지 확장된 "오래된 미래"에 의해 누적된 시간이라는 것을, 그 시간이 형성한 고유성 위에서의 시간이라는 것을 알려 준다. 그 '오래된 미래'의 시간이야말로 무엇인가 생성하는 자연의 시간, 여성의 시간, 육체의 시간, 즉 밀도 있는 시간이다. 자신의 "오래된 미래"를 포착하여 자신의 고유한 '여성의 시간'을 되찾을 수 있을 때, 우리는 자본주의가 강박적으로 강제하는 기계적-남성적 시간에 포획되지 않을 수 있을 것이다. 이를 위해서는 먼저 "게으를 수 있는 권리를 얻어"(「일 죽이기」) 낮잠을 잘 수 있는 시간을 가질 수 있어야 할 것이다. 그리고 친구의 '오래된 미래'인 "살아온 시간과 무슨 관련"이 있는 그 낮잠의 시간은 일을 살릴 수 있는 시간, 살아 있는 노동을 위한 시간이 될 것이다. 그렇다면 살아온 시간과 관련이 있는 무위의 시간은 삶의 시간, 여성의 시간, 살아 있는 노동의 시간을 가져온다고 할 수 있지 않겠는가.

예술의 계급성과 시의 무능성에 대해 가차 없이 폭로한 최종천 시인이지만, 이 무위의 시간에 그는 "시 하나가 써지겠다 싶어" 컴퓨터 모니터 화면을 파고들어간다. 그렇다면 이 무위의 시간이야말로 시의 가능성을 열어주는 것은 아닐까. 이 시집의 마지막에 실린 시는 다리를 다쳐 기우뚱하는 몸을 춤에 비유하여 진술하고 있는 것이지만, 최종천 시인이 생각하는 시의 가능성 ― 춤으로서의 시 ― 을 암시하고 있다고도 읽힌다. 이 시의 뒷부분을 다시 읽으면서 시인의 다음 작업이 어떤 방향으로 갈 것인지 짐작해본다.

발레리가 말하기를 걸음은 수단이지만
춤은 그 자체가 목적이라
걸음을 배우며 아기는 춤을 잃어 가리라
곧게 서서 죽음을 향하여 직선으로 걸어 갈 것이다
나는 잃어버린 춤을 되찾았다
춤은 不具의 것이다 춤을 추는 것은
죽음으로 곧장 가기를 망설이며
말을 버리고 말하는 고장 난 몸짓이다
온통 不具인 삶을 보여 주는 것이리라

ㅡ「춤을 위하여」 부분

(최종천 시집, 『고양이의 마술』, 실천문학사, 2011 해설)

4장

노동 과정에서 포착하는 시적 진실
강병길, 『도배일기』

강병길 시인의 『도배일기』는 노동시의 영역을 확장하는 시집이다. 노동시의 한 측면이 노동 과정에서 시적인 것을 발견하면서 그 노동을 시적으로 전유하는 데에 있다면, 이 시집은 도배 노동을 독특하게 재전유하고 있다. 현대 자본주의 아래에서 노동의 전유는 쉬운 일이 아니다. 특히 포드주의 시스템에서의 공장 노동은 단순 작업을 반복하는 일이기 때문에 삶의 활동성은 파괴되고 불구화된다. 한 자리에서 같은 작업을 지겹게 반복해야 하는 공장노동은 노동을 재의미화 하는 전유가 이루어지기 무척 힘들다. 그런데 도배 노동은 공장노동과 성격이 다르다. 물론 그 노동도 지루한 작업으로 여겨질 수 있지만, 공장노동처럼 한 자리에서 단순하게 반복하는 작업은 아니다. 도배 노동자는 다른 집을 돌아다니면서 작업해야 하고, 방 안의 공간에 대해 예민하게 인지하면서 스스로 작업 계획을 세워야 한다. 도배 노동은 노동자의 활동에 어느 정도 자유가 주어지기 때문에 공장 노동보다 노동의 소외 정도가 낮은 편인 것이다. 그래서 도배 과정은 노동을 전유하여 삶의 의미에 통합시키는 시적인 작업에 좀 더 열려 있다고 볼 수 있다.

강병길 시인은 도배 노동이 가지고 있는 그 가능성을 십분 활용하여 노동 과정으로부터 시를 길어 올린다. 그것도 그럴 것이 이 시집 전체가 도배 일기 연작으로 채워져 있다. 게다가 시인은 문인으로서보다는 '도배장이'로서 자신의 정체성을 규정하고 있기도 하다. 즉, 그는 "성경 몇 구절 법구경 몇 자락 시 몇 편 소설 몇 장/점찍듯 들추다 팽개치는 그냥 필부"이며 "뿌리까지 파고들어 가 끝장을 보는 성찰이 호사로나 보이는 나는/풀이나 나무 같은 도배장이"(「나는 무교다 ― 도배일기 5」)라고 자신을 내세운다. 자신은 종교인이나 문인처럼 "끝장을 보는 성찰"을 하는 사람이 아니라 이 집 저 집 돌아다니면서 도배를 하는 와중에 사물들을 들추어보는 노동자라는 것이다. 물론 이 말을 액면 그대로 받아들일 수는 없다. 시인은 자신이 성찰이 부족한 사람이라는 겸손을 보여주기 위해 이 구절을 쓴 것은 아닐 테다. 이 구절에는 시인 자신이 "풀이나 나무 같은" 존재라는 점에 방점이 더 찍혀 있다. 시인은 그 다음 구절에서 "물 흐르듯 사는 것도 늘 여울인데/아멘과 합장의 구분이 무슨 대수랴"라고 말하고 있는 것이다.

'도배장이'로서 시인은 "물 흐르듯" 돌아다니면서 노동하며 살아가는 사람이다. 그는 도배노동이 자기 존재의 본질을 이룬다고 생각한다. 그렇기에, 그에게서 시는 삶을 이루고 있는 그의 노동과 분리되어서는 안 될 것이다. 그래서 그의 시는 도배 작업이 진행되는 과정 속에서 산출된다. 그 작업과정에서 시인이 발견하게 되는 삶과 노동의 의미들이 그의 시를 구성한다. 가령, 아래의 시를 읽어보자.

도배하기 전에 망치로 못을 빼낸다
도배장이의 망치는 못을 빼낼 때 쓰는 연장이다
옷이나 가방, 액자와 액자 속의 사내가 따온 별을 걸거나 그 사내가 목을 매었던
곳이리도 모두 빼낸다

일일이 하나씩 걸어서 겨루는 일도 만만치 않다

순순히 투항하는 못이 있는가하면

매달려도 빠지지 않는 못이 있다

제 한 몸 쏙 빠져나오는 못도 있고

벽의 살을 한 뼘이나 물고 빠지는 못도 있다

흔적과 자국을 지우는 일이 끝나야 새로운 벽지를 붙일 수 있기에

모두 빼버린다

못은 벽에 자란 뿔이다

동아줄 걸고 외줄 오르던

쥐뿔같은 가장의 뿔이다.

ㅡ「못ㅡ도배일기 6」 전문

도배장이의 노동은 우선 벽에 걸린 못을 빼내는 일부터 시작된다. 이는 도배를 위한 필수적인 준비 작업이다. 지금 시인은 목매달고 자살한 어떤 사내 ㅡ 이제 영정 속에서만 존재할 뿐인 액자 속의 사내 ㅡ 의 방을 도배하려고 하는 듯하다. 그런데, 시인은 그 준비 작업을 하면서 그 못에 걸려 있었을 것들에 대해 생각한다. 도배장이로서 시인은 "사내가 따온 별을 걸"었던 못을, 그리고 "그 사내가 목을 매었던 못"을 생각한다. 그래서 그 못들은 예사 못이 아니다. 그 못들은 뿔과 같다. 그 못에 "동아줄 걸고 외줄 오르던" 가장에겐, 그 못은 쥐뿔처럼 보잘 것 없는 뿔이다. 줄을 건 그 못에 가장은 마지막 자존심을 걸었을 테다. 그래서 시인은 그 못을 보잘 것 없으나마 가장의 삶에 뿌리 박혀 있던 뿔ㅡ 쥐뿔 ㅡ 을 보았을 테다. 그 못이 가장의 뿔이라면, 못이 박혀 있는 벽은 바로 가장의 삶을 의미하게 된다. 이는, 그 목매단 가장의 삶이 그렇게 벽처럼 외부를 차단해야 했던 것임을 암시한다. 허나 시인은 이 못들 모두를 뽑아내야 한다. "흔적과 자국을 지우는 일이 끝나야" "새로운 벽지를 붙일 수 있기"에 말이

다. 벽이 된 삶의 속살에 박혀 있는 기억들, 별처럼 아름답거나 동아줄처럼 비
참한 그 기억들을 뽑아야 새로운 삶이 시작될 수 있다. 도배 작업은 그 기억의
못들을 뽑아내고 새로운 벽지를 바를 것이다.

새 벽지를 바르기 위해 옛 흔적을 제거하는 작업은 못을 뽑아내는 작업만
있는 것은 아니다. "세대차이 나는 겹겹의 벽지를 벗겨"(「외길 — 도배일기 25」)
내는 작업도 진행해야 한다. 시인은 겹쳐 있는 옛 벽지들을 벗겨내면서 지금
이 벽 위에는 무수한 세대의 중첩된 삶의 벽지가 덕지덕지 발라져 있다는 것을
인지한다. 그리고 이 벽지의 중첩이 이 방에 머물렀을 여러 세대의 궁핍했던
삶들을 한 눈에 압축적으로 보여주고 있다는 것을 깨닫는다. 그 더럽혀진 벽지
들에서 시인은 "티끌의 시간을 잠시 메우고 간" "한 점 티끌이 괴로운 사람들"
(「원행 — 도배일기 9」)의 삶을 상상한다. 도배를 준비하면서 시인은, 벽이라
는 삶의 속살 위에 티끌과 같은 벽지를 바르면서 살아간 사람들의 '괴로운' 삶
들을 읽고 있는 것이다. 벽에 그 삶의 티끌이 기록되어 있는 중첩된 벽지는 "해
석할 수 없는 글씨", "비밀스런 글자"다. 허나 도배장이는 그 글자들을 "무심하
게" "읽고 또 읽어"(「비문증飛蚊症 — 도배일기 39」)야만 한다. 그런데 그에게서
그 읽기는 눈을 통해 하는 것이 아니라 손을 통해 이루어진다.

    염소 배처럼 늘어진 천장에
    오래 앓아온 욕창 같은 얼룩을 쓰다듬어 본다
    습기는 없고 따뜻하다
    천장의 위쪽을 가늠 한다
    이집은 왕겨가 얹혀 있을 것이다
    잔기술로 섣불리 발굴할 수 없는 고분 같은 집이다

    껍데기도 이렇게 추위를 막아 준다
    껍데기는 가라고 외치기도 하지만

알맹이 잘 보듬어온 껍데기가
사람의 집을 따뜻하게 하였다
죽정이가 아닌 잘 익은 벼는
겉과 속의 쓰임이 다르지 않았던 것이다

조심스럽게 벽지를 덧바른다
수많은 얘기를 쏟아낼 것만 같아
가만가만 새 이불 덮어준다
가끔은
속속들이 들춰내지 말아야 할 집이 있다.

—「고분－도배일기 49」 전문

도배장이는 천장에 나 있는 "욕창 같은 얼룩을 쓰다듬"으면서 "천장의 위쪽을 가늠"한다. 도배장이의 앎은 눈을 통해서가 아니라 이렇게 촉각을 통해 이루어진다. 특히 노동하고 있는 손은 눈에 보이지 않는 그 무엇의 존재를 감지 － '가늠' － 할 수 있다. 이 시에서 시인이 천장의 얼룩을 쓰다듬으면서 습기와 온기를 감지하고, 이를 통해 "천장의 위쪽"엔 "왕겨가 얹혀 있을 것"임을 가늠하고 있듯이 말이다. 그는 이 집이 왕겨에 의해 따뜻함을 유지하고 있으며 그래서 "잔기술로 섣불리 발굴 할 수 없는 고분 같은 집"임을 인식한다. 그런데 그 손의 촉각을 통한 인식은, 더 나아가 왕겨와 같은 껍데기에 대한 성찰로 나아간다. 시인은 천장 위에 쌓은 왕겨가 천장을 따뜻하게 할 수 있었듯이 "알맹이 잘 보듬어온 껍데기가/사람의 집을 따뜻하게" 한다는 진실을 성찰하는 것이다. 그 성찰은 "잘 익은 벼는/겉과 속의 쓰임이 다르지 않"다는 상식과 상통한다. 겨가 쌀알을 잘 보존하고 있는 잘 익은 벼에서처럼, 이 집 역시 왕겨에 의해 보존되고 있다. 그래서 시인의 노동은 행여 이 집 내부가 손상될까봐 조심스럽기만 하다. 시인은 마치 씨앗이나 아기를 보존하듯이 "조심스럽게 벽지를 덧바"르면서 "가만가만 새 이불 덮어"주고 있는 것이다.

　여기서 흥미로운 점은, 시인이 집 자체를 동물의 육신으로 생각하고 있다는 것이다. 위의 시의 서두에서, 천장을 염소 배로 비유하고 천장의 얼룩을 "오래 알아온 욕창"으로 비유하고 있는 것을 보면 그렇다. 집의 내부 공간이 아예 소의 내장으로 비유되기도 한다. 가령 시인은 "안창살 같은 안방 등심 같은 건넌방 안심 같은 거실 지나 곱창 같은 주방"(「코뚜레」)과 같이 표현한다. 방을 면밀히 관찰하고 벽면을 쓰다듬으며 감지하고 가늠해야 하는 이 도배장이에겐, 방이 마치 살아 있는 동물처럼 체온을 가지고 꿈틀거리는 무엇으로 여겨진다. 방이 이렇듯 동물의 육신으로 표현된다면, 방의 속살인 벽을 덮고 있는 벽지는 벼나 버들가지 같은 식물 이미지로 표현된다. 시인에 따르면 "벼가 고개를 숙이듯/벽지도 익어야 제 맛이"며 "잘 익은 벽지는 버들가지 같아서 유연"(「숙성 ─ 도배일기 61」)한 것이다. 왜냐하면 익지 않은 벽지인 마른 종이에는 "손가락이며 마음 베이"게 되기 때문이다. 벽지가 익는다는 것은 "종이가 밀가루풀 먹고/팔팔한 성질 절여"지는 것을 뜻한다. 물론 이 비유는 "섣부른 날들과 설익어 떫은 기억들"로부터 나아가 좀 더 완숙한 삶의 자세를 가지려고 하는 시인의 결심을 담고 있다. 한편 벽지는 다음과 같이 나무와 동일시되기도 한다.

벽지는 색이 바래는 것이 아니다
자기의 모습을 찾아가는 것이다
뿌리와 잎을 지녔던 나무였다고
보여 주는 것이다
안개와 비를 맞는 숲에서
새와 짐승들의 산에서
살아 있고 싶은 것이다

그늘에 갇혀 그늘을 만들지 못하는 나무는 나무가 아니라고 고욕을 짜내는 것이
다
벽에 매달려 입김으로 연명하지는 않겠다고
벽지에 그려진 꽃마저 떨어뜨리며
나무로 돌아가려는 것이다

바퀴벌레나 찾아드는 꽃은 더디게 지는데
반지하 백열등이 해처럼 떠서
꿈조차 잊을까 두려운 벽지는
알몸을 통째 드러내 보이는 것이다.

—「벽지는 나무다 — 도배일기 27」 전문

백열등을 햇빛 삼아 그늘 속에 놓여 있는 반 지하 방 벽지는 점차 색이 바래고 낡아갈 것이다. 그러나 방 자체를 생명체로 보고 있는 시인에게는 벽지가 낡아간다는 생각을 갖지 않는다. 시인에게 낡아가는 벽지는 "색이 바래는 것이 아니"라 "자기의 모습을 찾아가는 것"이다. 그 자기의 모습이란 바로 나무다. "벽지는 나무"라는 은유가 비유라고만 말할 수는 없는 것이 종이인 벽지는 정말 원래 나무로 만들어진 것이기 때문이다. 꽃무늬로 장식되고 얇게 펼쳐진 벽지에서 나무를 인지하긴 힘들지만 말이다. 시인이 보기에는, 반 지하 방에서 벽지가 그늘처럼 낡아가며 꽃무늬를 떨어뜨리고 있는 것은 "꿈조차 잊을까 두려"워하며 "벽에 매달려 입김으로 연명하지는 않겠다고" 자신의 존재를 증명하고자 하는 나무의 '고욕'이다. 그렇게 벽지는 현재의 모습을 스스로 지워가면서 자신의 원래 존재인 나무로 되돌아가려고 한다. 그런데 반 지하 방의 낡고 찢긴 벽지에 대한 이러한 독특한 의미화는 단지 기발한 상상에서 이끌어온 것만은 아니다. "잘 익은 벽지"가 시인이 지향하는 삶의 완숙한 자세를 의미했듯이, 자신이 나무라는 것을 증명하고자 하는 벽지의 모습은 어떤 삶의 자세를

의미한다고 볼 수 있다. 반 지하 방에서 누추하게 살지만 자신의 고향인 "안개
와 비를 맞는 숲"과 "새와 짐승들의 산"에서 살고자 하는 희망은 버리지 않는,
가난한 이의 태도를 그것은 가리킨다고 볼 수 있는 것이다. 이와 연장선 위에
서, 아래의 시는 벽지의 삶을 또 달리 조명하고 있다.

> 늙은 벽지는 익숙했던 손자국들의 흔적을 남겨두었다
> 악어의 등가죽이 터져 속살이 부슬부슬 널브러진 모습으로
> 되돌릴 수 없는 쇠락의 끝자락에 다다랐다
>
> 등을 돌린 사람에게 비빌 언덕이 되어준 벽지는
> 등을 기대고 상처를 어루만지는 흔한 아픔들을
> 조용히 보았을 터이다
>
> 들이닥치는 도배장이들처럼
> 이별은 예상보다 성큼 온다
>
> 한껏 누추한 표정으로
> 잠시라도 바라보아주기를 바라는 벽지는
> 이내 덮인다
>
> 상처가 아물듯
> 벽지의 한 생이 묻힌다.

— 「상처 — 도배일기 33」 전문

"벽지에 그려진 꽃마저 떨어뜨리며" 자신이 나무임을 증명하려고 했던 앞
의 벽지와는 달리, 위 시의 벽지는 "되돌릴 수 없는 쇠락의 끝자락에 다다"라

이제 또 다른 벽지에 의해 덮일 운명에 놓여 있다. 이 벽지는 어떤 활력도 가지지 못하고 있는 것이다. "악어의 등가죽이 터져 속살이 부슬부슬 널브러진" 낡아빠진 벽지의 표면은 노인의 피부를 닮았다. 하지만 시인은 그 쇠락해버린 벽지의 삶에서 어떤 의미를 붙잡고 있다. 곧 사라져버릴 그 벽지가 시적인 의미를 가지게 되는 것은 그 벽지 자신이 자신의 몸에 "익숙했던 손자국들의 흔적을 남겨두"기 때문이다. "한껏 누추한 표정으로/잠시라도 바라보아주기를 바라는" 처지에 놓여 있는 벽지이지만, 그 벽지는 "등을 돌린 사람에게 비빌 언덕이 되어"주기도 했던 것이다. 그래서 그 벽지는 "등을 기대고 상처를 어루만지는 흔한 아픔들을/조용히 보았을 터"이며, 숱한 삶이 겪어야 했던 고통의 흔적을 자신에게 남겨둘 수 있었다. "들이닥치는 도배장이"일 시인으로서는 이 고통의 흔적에 새 벽지를 도배하여 "벽지의 한 생"을 묻어 상처를 아물게 할 테지만, 그의 시선엔 곧 사라질 이 벽지에 안타까운 마음을 품고 있다. 그것은 그 '늙은 벽지'에서 시대의 흐름에 파묻혀 사라져야 하는 소외된 삶이 어른거렸기 때문일 텐데, 그 삶은 다음과 같이 버려진 벽장의 이미지로 형상화되기도 한다.

문을 열고 닫을 때나 일출과 일몰이 되는 도배장이도 무시하는 지상 십삼 층의 벽장 오래전 이곳을 지나던 바람이 머무는 공간에 소금기 재워진 조개젓 묻혀있고 앉은뱅이 밥상의 허기를 물리며 이를 물고 견디던 어제가 있었다 뼈 삭이는 세월이 남긴 골다공증과 동행하며 부목을 받치듯 서로를 지탱해온 벽장은 미처 고여 물고기 한 마리 부화 시키지 못하였어도 흐르던 물방울 눈보라 결정結晶이 되어 곤도라 함께 타고 지상으로 회귀하는 다만 무위無爲의 염하鹽河를 이루려 한다.

— 「벽장 ─ 도배일기 60」 뒷부분

가끔 "재워진 조개젓 묻혀 있"었을, "도배장이도 무시하는" 버려진 이 벽장에는 "앉은뱅이 밥상의 허기"에 시달리던 가난한 사람들의 세월이 담겨 있다. 그 "뼈 삭이는 세월"은 골다공증처럼 구멍이 뚫려 있어 시리다. 하지만 그 누추하고 눈물겨운 골다공증 세월이 헛된 것은 아니다. 바로 그 벽장이 세월과 한 자리에 함께 하면서 "부목을 받치듯 서로를 지탱해"주었기 때문이다. 눈물을 함께 흘리며 여기까지 흘러온 세월과 벽장은, 서로에게 흔적을 남기며 삶을 증언한다. 벽장은 무엇 하나 남겨놓지 못하고 "물고기 한 마리 부화 시키지 못"하지만, 세월에 의해 "눈보라 결정"이 되고 있는 "무위의 염하"와 동행할 수 있다. 스러져가는 삶 속이지만, 그리고 무위의 삶이지만 어떤 의미 ― 결정 ― 는 남게 되는 것이다. 도배장이는 이 죽음과 삶이 삼투하는 모습을 자주 볼 수 있다. 왜냐하면 벽지와 벽장이 낡았을 때 방주인은 도배를 부탁할 테니 말이다. 도배장이 시인은 이 낡아버린 벽지와 벽장의 모습에서 어떤 슬픔을 느낌과 동시에 삶은 죽음과 얽혀 있다는 진실을 인식하게 된다.

이곳저곳을 돌아다니며 도배 일을 해야 하는 시인은 삶과 죽음이 동시에 존재하는 상황이나 삶과 죽음의 경계선이 드러나는 순간을 민감하게 포착한다. 「창호지 ― 도배일기 57」에서 시인은 "십칠 년 풍 맞은 남편 삼우탈상 하"는 어떤 여인의 "문종이 떼어내는 손"을 조명한다. 시신을 덮고 있는 문종이(창호지)는 "이승의 장막"인데, 시인은 그 장막을 걷어내는 "떨어질 듯 매달린 손"에서 "떨림과 떨굼이 한통속"이라는 진실을 깨닫게 된다. 창호지를 떼어내는 '떨굼'을 통해 남편은 저승으로 갈 것이다. 하지만 그 떨굼은 이승에서의 떨림에 따라 이루어진다. 이승과 저승이 분리되는 순간, 떨림과 떨굼이 동시에 이루어지고 있는 장면을 시인은 사진작가처럼 붙잡은 것이다. 다른 한편으로 시인은 「금줄 ― 도배일기 35」에서 새로운 생명이 태어나자 할아버지가 안방 문 위에 금줄을 걸고 말린 고추를 담고 있는 장면을 조명한다. 그 줄에 대해 시인은 "타다만 숯이 다시 타서 흰 재가 되어／더 태울 것 없는 백발이 꼬아 단 금줄"이라고 말하는데, 이 구절은 흰색과 금색이 비교되면서 삶과 죽음의 대비를 극명하게 드러낸다. 그렇지만 그 구절은 비애를 불러일으키기보다는, 도리어 생

명이 끊이지 않고 이어지는 삶의 힘과 신비를 밝게 그려낸다고 하겠다. 아래의
시도 죽은 자와 산 자의 공생이 나타나 있는데, 역시 시의 분위기는 밝다.

벽에 걸린 영정사진이 처음엔 선명한 흑백 사진이었을 것이다 지금 마주 보고
있는 얼굴이 오히려 갈색 렌즈를 끼우고 작품사진을 촬영한 듯 생기가 도는 것
같다 밑받침 못이 두 개 박혀 있고 윗못 하나에 실로 묶어 앞으로 굽어보는 것처
럼 액자는 걸려 있다 식구들의 기억 속에 살아 늘 굽어 보살필 것 같은 마음이 담
겨 있을 것이다

오래전 앨범을 펼쳐 보며 딸들은 즐겁다 길고도 짧은 세월이라며 추임새도 넣
고 소용이 다한 물건들은 문지방을 넘는다 보따리를 풀고 싶은 사람 냄새나는
집이다

노구의 청국장을 먹으며 영감의 옆자리에 사진으로 남을 인생과 번성하여 어느
집의 액자로 걸릴 후생들의 삶이 휘지 않고 걸린 못이 되기를 바라며 구수한 숭
늉을 갱물처럼 마신다

 따지 않은 감 때문인가 구름이 더 하얗다 집 지을 때 영감이 심었다는 홍시를 내
놓는 손이 집 한 채 보다 커 보인다 벽지를 붙이며 나는 나의 두 손을 찍은 사진
을 영정처럼 걸어도 좋을 것이라 생각했다.

—「영정사진—도배일기 1」 전문

시인은 제사지내고 있는 어느 집에 도배를 하러 가게 된 것 같다. 그런데
방 안의 제삿날 풍경은 결코 어둡지 않다. 이 집은 "보따리를 풀고 싶은 사람
냄새"가 나는 집이다. 딸들은 앨범을 펼쳐 옛 사진을 보며 즐거워하고 있다. 오
래된 영정사진은 오히려 생기가 돈다. 영정사진은 저 풍경에서 소외되어 있지

않다. 도리어 그것은 즐겁게 웃으며 담화하고 있는 저 생동하는 후세들의 삶에 깊숙하게 들어와 있다. "앞으로 굽어보는 것처럼" 걸려 있는 액자는 "식구들의 기억 속에 살아" 있기에 그렇다. 영정 사진의 주인공인 '영감'은 "늘 굽어 보살 필 것 같은 마음"으로, "번성하여 어느 집의 액자로 걸릴 후생들의 삶이 휘지 않고 걸린 못이 되기를 바"란다. 저 집 식구들이 벽지를 붙이고 있는 '나'에게 내놓은 ― "집 지을 때 영감이 심었다는" ― '홍시'가 달려 있었을 감나무는 '영감' 이 뿌리내린 저 가족을 상징한다. 그렇다면 홍시를 내놓은 후손의 손은 바로 감나무 끝에 뻗어 있는 감 달린 가지와 같다고 할 것이다. 그러니 그 손에는 가 족의 역사가 스며들어 있다고 할 것이고, 그렇기에 그 손은 "집 한 채보다 커 보"이는 것이다. 그런데 시인 역시 후세에 무엇인가를 남겨주고 싶어 한다. 그 무엇이란, "두 손을 찍은 사진을 영정처럼 걸어도 좋을 것"이라고 시인이 말하 고 있듯이, 바로 도배하는 두 손이다. 즉 감나무를 심은 영감의 노동이 홍시를 남겨 놓듯이, 시인에게는 노동이야말로 선대와 후대가 이어질 수 있는 능력인 것이다.

위의 시에서 볼 수 있듯이, 시인은 도배를 다니면서 죽은 자와 산 자가 한 자리에 공생한다는 것을 발견한다. 아니, 어쩌면 죽은 자가 이 세계에서 더 중 요한 의미를 가지고 있다는 것을 깨닫기도 한다. 죽은 자가 존재하지 않았다면 이 세계는 존재하지 않았을 것이어서, "지장보살을 모신 방부터 도배는 시작 되"어야 하고, "사람 사는 방은 그 다음의 다음 순서로 정해"(「절집 ― 도배일기 2」)져야 한다고 시인이 말할 수 있는 것은 그 깨달음 덕분일 테다. 죽은 자에 대한 존중은 현재의 삶을 가능하게 해준 과거의 삶에 고마움을 표하는 것이다. 죽은 자의 방을 먼저 도배하는 노동은 세계를 남겨준 선인에 대한 감사를 표현 한다는 뜻을 가진다. 이렇게 선대에 감사를 표하는 노동으로 후대의 삶은 선대 와 다시 맺어질 수 있다.

한편 그러한 노동은 아래의 시에서 보듯이 벽지에 갇혀 찢겨버린 어떤 삶 에 눈을 달아주거나 출구를 열어줄 수도 있다.

벽지에 그려진 나비도 혼이 있을까
너무 먼 나라로 날아온 날개는 펴진 채로 강아지풀에도 앉지 못한다
집요하게 풀줄기 쪽을 바라보는 더듬이는 거리를 좁히는 신호를 보내지 않는다
고요한 시간이 깃들어 있는 벽의 안쪽에 나비는 붙어 있어
비에 젖을 일 없는 날개를 접을 이유도 없겠다

벽과 벽이 만나는 곳에서 잘려 나간 나비의 반쪽은 마당에서 뒹군다
바람 맞아 구르는 모래에 더듬이를 다치고 별을 보겠지
광야엔 드물게 꽃도 피어났지만
인색한 꿀이 있는 배경의 소풍일 뿐

점안하듯 나비에게 눈동자를 그려본다
한 개의 눈으로도 초점이 맞기를 바라며
방충망을 열어준다.

— 「나비 ─ 도배일기 32」 전문

"벽과 벽이 만나는 곳에서 잘려 나간", 벽지 무늬 '나비'를 시인은 보고 있다. 시인은 이 무늬를 살아 있는 무엇으로 상상하고는 이 나비는 "너무 먼 나라로 날아"왔다고 말한다. 이 나비에서 도시로 올라와 쪽방이나 반 지하 방에 갇혀 살아가는 농촌 사람을 생각하게 되는 것은 자연스럽다. 도시에서 그들은 "강아지풀에도 앉지 못"하는 신세가 된다. "광야엔 드물게 꽃도 피어나지만" 그것은 "인색한 꿀이 있는 배경의 소풍일 뿐"이다. 도회에 펼쳐진 이 벽지의 세상은 꿈의 환영을 제공할 뿐 실제로 그들이 앉을 수 있는 공간은 없는 것이다. 그렇기에 나비는 풀줄기 쪽을 집요하게 바라보지만 그것과의 거리를 좁히지 못한다. 그 풀줄기 역시 환영에 불과할 테니 말이다. 그래서 나비는 환영의 화려한 도회 세계에 접근하지 못하고는 결국 "고요한 시간이 깃들어 있는 벽의 안

쪽에" 붙박인 채 방에 틀어박혀 있게 될 것이다. 그 안에서 나비는 반으로 갈라져, "잘려 나간" 반쪽은 "마당에서 뒹"굴며 "모래에 더듬이를 다치고 별을" 볼 뿐이게 된다. 나비는 감지 능력을 잃은 채 무력하게 하늘을 바라보기만 하는 것이다. 허나 도배장이 시인은 이 비참한 상황을 증언만 하지 않는다. 그는 능동적으로 '노동—시작詩作'한다. 시인의 노동은 벽지에 갇힌 나비에게 눈동자를 그려주고, 방충망을 열어준다. 삶을 가두는 벽이 불구의 나비에게 결국 현실이 되었다면, 그 벽 위에 탈출구를 마련하는 것이 도배장이 시인이 할 일이다. 도배 노동자에게는 그 벽이 자신이 노동하는 터전이자 미래이어서, 그는 벽으로부터 독립된 세상을 따로 상정할 수는 없다.

미래는 벽에 막혀 있다고 말하는 미래학자는
벽을 모른다
벽이 있어야 앞날이 있는
도배장이의 미래를 모른다

면벽 십 년의 관절염과
면벽 이십 년에 얻은 허리통증과 친구가 된
도배장이의 앞을 막고 서 있는 것은 벽이 아니다
그것은 밥이다

지금도 쌓아올리고 허물어지는 벽은
도배수도의 도량이며 성지다
백팔 배 하듯 붙이고 천 배 하듯 붙인다
새벽밥 먹고 붙이고 때론 야간 작업등 켜고 붙인다
가로막고 서 있는 것이 벽이라면
붙인 곳에 몇 번이라도 붙인다

미래의 벽을 미리 알기 위해 일하는 도배장이도 없지만
안다고 피해갈 수 있는 벽도 없기 때문에 붙인다
눈앞의 벽에 마주서서 훑어보고
당당하게 맞서면 그뿐이다.

―「벽―도배일기 45」 전문

도배장이로서는, 벽이 없다면 그에게 앞날도 없다. 벽이 있어야 그는 밥을 먹을 수 있기 때문이다. 그래서 그의 "앞을 막고 서 있는 것은 벽이 아니"라 밥이다. 그는 항상 앞으로 밥을 먹을 수 있을지 걱정하면서 일거리를 찾아나서야 한다. 그가 '면벽'하고 있는 것은 어떤 종교적 깨달음을 얻기 위해서가 아니라 밥을 먹기 위해서다. 그 밥을 얻기 위한 노동은 관념이 아니라 육체적 현실이어서 면벽 십 년에 관절염을 얻고 면벽 이십 년에 "허리통증과 친구"가 되었다. 그것은 도배 노동의 강도는 "새벽밥 먹고 붙이고 때론 야간 작업등 켜고 붙"여야 할 정도로 매우 높기 때문이기도 하다. 그러나 밥을 먹여야 하기 때문에, 그 노동을 회피할 수 없다. 그래서 "피해갈 수 있는 벽도 없기 때문에 붙"여야 한다. "가로막고 서 있는 것이 벽이라면/붙인 곳에 몇 번이라도 붙"여야 한다. 시인은 그렇다고 해서 이에 비관하지 않고, 반대로 "벽에 마주서서 훑어보고/당당하게 맞서면 그 뿐"이라면서 의지를 다진다. 이렇게 밥을 먹기 위해 행해야 하는 노동은, 단순하지만 어떤 '미래학자'도 모르는 진실을 알게 만든다. 적어도 그들은 "미래는 벽에 막혀 있다고 말하는 미래학자"와는 달리 "벽이 있어야 앞날이" 있다는 진실을 안다.

그래서 시인은 도배장이임을 떳떳하게 생각하면서 시적 진실을 노동 과정에서 포착하는 데 주저하지 않으며, 자신의 노동에 높은 가치를 부여한다. 그는 "하루치 품삯을 위해 일하는 도배장이들이"(「암초 ― 도배일기 15」)지만, 소금을 쏟는 그들의 땀방울로 인하여 "노동의 신성함이 공기 속을 흐른다"고 당당하게 말하는 것이다. 자신의 노동에 대한 자신감과 이에서 비롯되는 삶에 대한 긍정적인 자세는 시인이 도배 노동을 하는 노동자들과 깊은 동료애와 연대감을 느끼도록 이끈다. 그 연대감은 도배 보조를 하는 노동자와도 닿아 있다. 그래서 시인은 "글자를 몰라 기술자로 나서지 못"하여 "경력은 삼십 년에 아직도 보조"인 '선희엄마'의 "식구들 모여 고기 구워 먹는다고/꼭 들려서 먹고 가라고 전화 해주는"(「선희엄마 — 도배일기 17」) 마음 씀씀이나 "열일곱 평 임대아파트에서/일곱 명 식솔 먹여 살리는" "일흔에 아직 페인트공"인 '복순씨'에 시적 조명을 비춘다.

도배 노동을 같이 해나가는 비숙련 노동자들에 대한 연대감은, 「수목한계선 — 도배일기 58」에서 외국인 노동자와의 연대감으로 더 확장되기도 한다. 그 시에서 시인은 그 노동자들에 대해 "신발에 묻어온 풀씨 같은 사람들이 폐유에 담겨진 가마우지처럼 산다"고 표현하고 있다. '폐유'란 "소규모 공장 기숙사"의 "방 한 칸에 여섯 명씩" 지내야 하며 "여름에도 전기장판 켜진 방"에서 살아야 하는 환경을 가리킨다. 즉 그 표현 속에는 열악한 환경 속에서 살아야 하는 현실을 비판한다는 의미가 담겨 있다. 그런데 이들 노동자들은 그러한 열악한 환경 속에서도 "식용유에 밥을 말아먹"으며 "느물느물 실뿌리를 내리"고 있다고 시인은 긍정적으로 평가한다. 이 진술에는 고생하며 살아가는 이들 외국인 노동자들을 응원하는 마음이 담겨 있음은 분명하다. 노동자와의 연대감은, 비정규직 노동자들을 밥 먹듯이 해고하는 자본에 대한 비판과 그 노동자들의 저항에 대한 공감으로 나타나기도 한다.

도루코 칼날은 잘 든다
열개들이 한통이면 집 한 채 벽지도 바르고 장판도 깐다
무뎌진 칼끝을 톡톡 떼어내며 새날처럼 쓰는 도루코 칼날은 도배장이들이 즐겨
쓰는 소모품이다
칼날 만드는 공장이 우리 동네에 있고
그 사거리를 사람들은 도루코사거리라고 부른다

칼 만드는 공장에 출근하던 사람들이 도루코사거리에 서서 일 년 넘게 정문을
통과하지 못하며 망루를 세우고 현수막을 걸었다

'도루코의 칼날은 비정규직을 자르는 것이 아니라 물건을 잘라야 합니다'

잘린 비정규직들이 표어를 앞뒤로 걸머메고 부러진 칼날처럼 녹슬어 갔다

'왜 우리 마음속에 칼을 갈게 하는가'

무딘 칼날을 벼리듯 사계절 버티고 선 그들의 구호는 날이 서 있었다.

─「도루코 칼날 ─ 도배일기 3」 전문

시인은 이 시에서 "도배장이들이 즐겨 쓰는 소모품"인 "도루코 칼날"을 생
산하는 노동자와의 연대감을 보여준다. 그는 도루코 회사에서 해고당한 비정
규직 노동자들이 "일 년 넘게 정문을 통과하지 못하며 망루를 세우고" 건 현수
막을 그대로 소개한다. 그 현수막에는 "'도루코의 칼날은 비정규직을 자르는
것이 아니라 물건을 잘라야 합니다'"라는 문장이 적혀 있다. 도배장이들이 도
루코 칼날을 소모하듯이, 자본은 이 노동자들을 도루코 칼날과 같은 소모품으
로 취급한 것이다. 시인의 "잘린 비정규직들이 표어를 앞뒤로 걸머메고 부러진
칼날처럼 녹슬어" 가고 있다는 인상은 그 노동자들의 운명과 그들이 생산하는
도루코 칼날의 운명이 동일하게 되어가는 상황을 꼬집는다는 의미를 갖는다.
허나 같은 유비 체계에서 보면, 그들의 투쟁에 대해 "무딘 칼날을 벼리듯 사계
절 버티고 선 그들의 구호는 날이 서 있었다"고 평가하게 될 터이다. 다시 말하
면, 칼날을 만드는 비정규직 노동자들이 칼 만드는 회사에 의해 칼같이 잘리
고, 그들은 회사를 향한 분노를 칼날 벼리듯 날 세우게 된다.
　　시인은 이렇듯 시의 주제를 사회적인 문제로 확장시켜 나아가게 되는데,

그 확장은 자신이 직접 경험해야 했던 도배 노동의 구체성과 결합되어 있기 때문에 관념적인 것이 아니다. 그는 노동하는 육신이 직접 경험한 바에 따라 사태를 이해한다. 「도루코 칼날」에서도 역시 시인은 투쟁하는 노동자와의 공감을, "벽지도 바르고 장판도"까는 자신의 도배 작업과 그 작업에 사용되는 도루코 칼날을 생산하는 저들의 노동을 연관시켜 이루어내고 있다. 시인이 구체적인 노동을 통해 타자와 공감을 느끼고자 한다는 사실은, 스님과 신부님의 오체투지를 보면서 그의 노동인 도배와 동음이의어인 '도배'道拜라는 신조어를 떠올리는 데에서도 확인할 수 있다.

이슬 젖은 조간신문 펼쳐보다
스님 신부님 함께 오체투지로
도배하는 사진을 만났다

저렇게도 道拜를 하는구나

목장갑 나란히 길에 붙는다
쓰고 버리는 실장갑처럼
쓰고 버리는 몸뚱이 길에 부리며
하늘이 두려운 사람들이 도배를 한다

길을 줄이는 자벌레들 앞에서
더듬이가 되어 기어서 간다

빙판 같은 아스팔트에 이마를 붙이고
사지와 가슴으로 도배하며 간다

밤을 건너온 사진 속의 노새들이

땀에 젖어 도배를 한다.

―「노새 ― 도배일기 46」 전문

　　시인의 도배 작업과 같은 노동자의 노동이 더듬이가 되어 앞서 가는 이들이 하고 있는 道拜로 확장 승화될 때, 더듬이를 다친 나비들 ― 빈자들 ― 은 잘려나간 자신의 반쪽을 다시 되찾고 하늘로 날아오르게 될 수 있을지 모른다. 강병길 시인은 이러한 희망을 가지고 도배 작업을 하고 있으며, 이와 동시에 벽지의 나비 무늬에 눈동자를 그려 넣는 시를 쓰고 있다.

(강병길 시집,『도배일기』, 지혜, 2011 해설)

5장

'칼의 미학'과 '우리 노동자'의 푸른 삶

김광선, 『붉은 도마』

알다시피 한국 자본주의는 노동자들의 희생 위에서 성장했다. 그들은 현재 외국인노동자처럼 인권이 유린된 채 살아나가야 했다. 살인적인 노동시간으로 인해 생동하는 삶의 시간은 거의 박탈당했다. 자본의 시간으로부터 자유로울 수 있는 시간은 한 줌밖에 안됐다. 노동시는 그 한 줌의 시간을 통해 성장할 수 있었다. 노동자들은 남아 있는 그 한 줌의 시간 — 프롤레타리아트의 밤 — 에 쉬지 않고 시를 써나감으로써 삶의 존엄성을 지키고 살아 있는 주체로서 존재하고자 했다. 그래서 노동시는 노동자들이 가치를 생산하기 위해 소모되는 기계로서 취급되는 삶을 자기 긍정할 수 있는 삶으로 전환하기 위한, 투쟁의 한 방도였다. 노동시를 쓰는 시인들은 노동시간에 온통 삶을 빼앗긴 채 살아가지만, 그러한 삶 속에서도 삶의 착취에 대한 여러 가지 형태의 저항을 포착하고 그 저항에서 시적인 것을 끌어냈다.

이렇듯 노동시는 삶의 시간을 착취하는 노동에 대한 거시적–미시적 저항에서 시적인 것을 찾아냈기 때문에, 노동시의 전통은 노동 속에 놓인 생활에서 시를 분리하지 않는다. 노동시의 전통에서 아름다움은 노동을 포함한 생활로부터 발견되는 것이지 관념적으로 주어진 것이거나 생활과 유리된 유미주의로부터 생산되는 것이 아니다. 노동시의 미학은 구체적인 삶의 과정과 밀접하게 관련된 것이다. 그렇다고 노동시에서 시가 노동하는 생활의 단순한 반영이나 기록일 뿐인 것은 아니다. 노동시는 노동하는 이의 고단한 생활에서 잠재적인 아름다움을 발견하고 그 잠재성에서 삶을 변화시키는 추동력을 이끌어내고자 했다. 노동시의 시각에서 볼 때, 시는 삶에서 나오지만 한편으로 삶은 시를 통해 풍부해진다.

여기 두 번째 시집을 펴내는 김광선 시인 역시 시를 노동의 생활로부터 끌어올리고 삶을 시적인 것으로 변모하고자 했던 노동시의 전통을 따르고 있다. 그는 첫 시집『겨울삽화』(갈무리, 2000)에서 노동자의 고단한 삶에 잠재되어 있는 아름다움을 찾아내고 이를 서정적으로 시화하는 전통적인 노동시를 보여준 바 있다. 2003년『창작과 비평』시 부문 신인상을 받은 후 처음 펴내는 이 두 번째 시집의 시편들 역시 그러한 전통의 연장선상에 있다. 그런데 이 시편들이 시인의 바뀐 생활 ― 조리사로서 사는 것 ― 과 연동되고 있다는 측면에서 첫 시집과는 차별성이 있다. 특히, 이 시집에서 드러내고자 하는 미학을 시인은 시「칼의 미학」에서 다음과 같이 말하고 있어서 주목된다.

베고 베이고 찌르고 박히는
힘의 논리보다 다독이듯 여미고 꾸미고
찌르기보다 째진 자리 해부하여 여미고픈
푸른 도구 삶의 미학들은
저 달빛처럼

김광선 시인에게 '칼'은 "베고 베이고 찌르고 박히는" 살벌한 "힘의 논리"와 관련된 것이 아니다. 그에게 칼은 "푸른 도구"다. 중학교를 졸업한 이후 집

안 형편으로 고등학교에 진학하지 못하고 공장노동자 생활을 해야 했던 김광선 시인은 1990년대 말에 조리사 자격증을 따고 대전에서 곱창집을 개업한 바 있다. 그래서 곱창을 다듬는 그에게 칼은 생활의 가장 중요한 도구일 테다. 조리사인 시인에게 '삶의 미학'은 구체적으로 그에게 가장 중요한 생활 도구인 칼과 관련된다. 조리사에겐 '칼의 미학'이라는 것이 있는 법이다. 그에게 칼은 음식을 다듬는 손과 한 몸처럼 되어갈 무엇이며, 음식을 다듬는 기술이 향상될수록 '손-칼'의 감각 역시 섬세해질 것이다. 하여 조리사의 '손-칼'의 감각은 점점 미학적으로 된다. 물론 칼은 상대방을 베고 찌르기 위한 도구도 될 수 있을 것이다. 그리고 베고 찌르는 데에도 정교한 기술이 필요할 수 있다. 하지만 상대방을 상처 주거나 죽이는 그 행위에 미학이 있다고 보긴 힘들다. 음식을 다듬는 일에는 감각적인 섬세함, 즉 '감각학'을 의미하는 '미학'이 필요하지만, 베고 찌르는 데에는 정교한 기술이 필요할 수는 있어도 음식을 여미는 섬세한 감각이 필요하지는 않다. 그래서 시인에게 칼의 미학은 베고 찌르는 데 있지 않고 음식을 다듬을 때와 같이 "다독이듯 여미고 꾸미"는 데에 있다.

가스통 바슐라르Gaston Bachelard는 노동 과정 자체에서 노동자의 몽상의 시학이 전개된다고 말한 바 있다. "일의 몽환성의 힘을 무시하면 노동자를 과소평가하고 전멸시키게 된다. 노동에는 각기 그 몽환성이 있고, 노동의 대상이 된 물질은 내밀의 몽상을 전한다"[1]는 것이다. 그에 따르면 노동은 결코 미학의 대척점에 있는 무엇이 아니다. 그런데 노동의 생활은 도구를 동반한다. 노동은 육체와 결합된 도구를 통해 무엇인가를 생산하는 행위다.(비물질 노동자에게 도구는 두뇌나 정서다.) 그래서 노동자에게 '생활-삶-노동'의 미학은 생산과정의 도구를 도외시할 수 없다. 조리사에게 노동은 칼 등의 도구를 통해 음식을 생산하는 행위라 할 때, 그의 '삶-노동'의 미학은 구체적으로 '칼의 미학'과

---

1. 가스통 바슐라르, 『대지와 의지의 몽상』, 민희식 옮김, 삼성출판사, 1982, 247쪽.

밀접한 관련을 맺을 터이다.(반면 상대방을 베고 찌르는 행위는 결코 노동이 될 수 없다.) 물론 바슐라르가 말하듯 노동 대상 역시 노동자에게 몽상을 불러 일으킬 것이어서, 노동의 미학은 노동 도구의 미학에 한정되지 않을 터, '동물의 사체'를 음식으로 생산해야 하는 조리 노동자인 김광선 시인에게 노동 대상은 다음과 같은 시적 몽상을 낳기도 한다.

> 부위별로 나누어져버린, 내 몸의
> 몇 배가되는 동물의 사체를 분해하면서
> 아랫배가 다 닳도록 그 자리 거슬러 간
> 연어 떼를, 턱뼈가 빠지도록
> 몸부림치다가
> 둥둥 떠가며 불곰의 밥이 되고
> 새떼의 밥이 되어
> 발기발기 찢기는 모습을 떠올린다
>
> 봄눈의 잔설처럼 여린 지방층
> 내가 스스로 도려내야 할 지층인가 밥 앞에서
> 그늘져간 자리 마음 설불러
> 빛나는 힘줄 하나 그렇게 지웠으리라
> 홀로 지키다 힘 쪽으로만 많이 기운 먹이사슬은
> 투망을 던지듯
> 破顔의 눈언저리마다 가닥으로 파인
> 붉게 얼룩진 도마
> 하, 칼자국마다 까맣게 때가 서린 곳

— 「힘줄」 부분

바슐라르는 노동자가 노동 과정에서 노동 대상의 물질과의 육감적 만남을 통한 내밀의 몽상을 하게 된다고 보았지만, 동물의 사체를 다루어야 하는 조리 노동자인 김광선 시인은 물질에 대한 몽상보다는 그 대상이 된 동물의 삶과 자신의 삶을 동일시하는 몽상을 펼치고 있다. 힘줄을 제거하면서, 시인은 먹이 사슬의 아래쪽에 있어서 "발기발기 찢기는" 연어의 모습과 노동자인 시적 화자의 삶을 겹쳐 놓는 몽상에 빠지는 것이다. 그런데 여기서 연어는 조리사에게 육신을 해체당하는 무기력한 대상만은 아니다. 시인이 제거하고 있는 연어의 "빛나는 힘줄 하나"는 비록 죽임을 당하더라도 연어의 삶이 무의미하지 않음을 드러내기 때문이다. 그렇다면 사회에서 먹이사슬의 아래쪽에 있는 노동자 역시 연어처럼 "빛나는 힘줄 하나" 몸 안에 남겨놓는다면, 그의 삶 역시 무의미한 것은 아니지 않을까? 이렇게 시인의 상상력은 노동 대상으로부터 삶의 본질을 성찰하는 방향으로 전환되는데, 다음과 같이 노동 과정 자체에서 자신의 삶에 대한 반성을 이끌어내기도 한다.

무언가를 다듬는다는 것은 절단하여 떼어내거나 분리하여 감추는 일일 테지.

모처럼의 휴일, 구멍 난 들창 선연한 빛 막대기는 방바닥에 화살처럼 꽂혀 노란 분진으로 여린 호흡을 하고 있다.

구질구질한 것만 살아남기 일쑤다.

넌덜머리나게 구차했던 것들이, 정말이지 이제는 버려야지 했던 것들이 누군가에게 더 비싼 값의 가치로 매겨질 때는 지키려 애썼던 부위 슬그머니 등 뒤로 감추어야 하는 순간들에 노여웠다

필요 없는 부분이라 내 스스로 떼어내고 잠시 잊었던가 창문 밖 뿌연 흙바람에

꽃잎들이 날린다, 봄꽃이 무더기로 진다.

허리와 허벅지에 붙인 파스를 떼어내고 새 파스를 붙인다, 거실 봄볕을 등지고
앉은 아내의 등이 활처럼 휘었구나. 멸치의 배가 갈라지고 머리가 떨어진다

치열한 반성이구나, 떨어지는 꽃잎마다 멸치 비린내가 난다.
—「다듬는다」 전문

이 시에서 볼 수 있듯이, 김광선 시인에게 노동과정에서 떠올리는 상상은
삶에 대한 반성적 성찰로 이끌리는 경향이 짙다. 음식을 다듬는 노동과 삶의
기억을 다듬는 정신적 행위가 같은 차원에서 연결되면서 시인은 "치열한 반성"
을 하게 된다. 즉 창문 밖 "봄꽃이 무더기로" 지는 세상을 배경으로, 멸치의 배
를 가르고 머리를 떼어내는 다듬기 — 다듬기란 시인에 따르면 "절단하여 떼어내거
나 분리하여 감추는 일"인데 — 와 "넌덜머리나게 구차했던 것들"을 버리지 못하
고 감추어야 했던 부끄러운 기억이 "허리와 허벅지에 붙인 파스"나 이젠 활처
럼 휜 아내의 등의 모습으로 표현되는 고단한 생활과 연결되고 있는 것이다.
한편 그는 조리 노동자이기 때문에 앞으로 노동할 대상인 동물이나 노동의 산
물인 음식이 그에게 반성적 사유를 불러일으키기도 한다. 전자의 예로「횟집
에서」와 같은 시를 들 수 있는데, 수족관 속에서 "혼신의 힘으로 파닥거리는
등이 푸른 한 마리"를 바라보면서 "오늘 무사하기"를 바라면서 출퇴근을 거듭
하는 자신의 삶을 생각한다. 후자의 예로 아래의 시를 들 수 있겠다.

이물질처럼 채워져 있어 싫어도 낯선 어울림들
하루를 살아낸 냄새의 분자들은
어지러운 날갯짓
머릿속 궤도를 돌듯 무한질주를 한다

적당한 크기로 잘게 토막 쳐진 촌충의 마디처럼

짧은 생각의 편린들은

밤 차창 흑백사진으로 어른거린다

내장 깊숙이 삼킨 핏덩이가 굳어 통통해지고

뒤틀린 자리마다 질끈 동여맨

경화의 순간들은 고단한 변비로 까맣게 타들었나

꿈들이 아프다, 짓이겨져도

차라리 봉합되고 싶지 않은 상처들이

너무도 말끔히 아물어 버린

늦은 막차의 원심력은

다시 섞이기를 바라듯 운전이 거칠다

이 순간 팔이 저려도 놓치고 싶지 않다

동그랗게 맴도는 손잡이에

빠르게 스쳐가는 해묵은 문구들이 너무도 낯익어서

놀랄 겨를도 없는데

벽돌처럼 잘 다져진 무표정 한 덩어리

깊고 어두운 대장을 급히 빠져나가는 중인가

거대한 몸집,

간판만 해파리처럼 떠다니는 도시

혈관 백혈구처럼 또 내일

고단한 일상들은 이 길로 잉태할 것이다

―「순대」 전문

이 시에서 시인의 몽상은 순대의 이미지에서 "무표정 한 덩어리"를 담고 있는 '대장'의 이미지로 변환되면서 전개된다. 그 몽상은 "이물질처럼 채워져 있어 싫어도 낯선 어울림들"을 보여주고 있는 순대의 모양과 그 "냄새의 분자들"에 의해 시작된다. 순대를 채우고 있는 이물질들은 "토막 쳐진 촌충의 마디"와 같은 "짧은 생각의 편린들"로 전치displacement된다. 그 생각의 편린들이란 "흑백사진으로 어른거"리는 과거에 대한 기억들, 지금은 파괴되어버린 꿈을 품었던 과거이자 "짓이겨져도/차라리 봉합되고 싶지 않은 상처들"이 된 과거의 기억들이다. 그 상처들은 현재 "너무도 말끔히 아물어 버"렸지만, 몽상은 상처들의 회귀를 가져오고, 시인은 순대 속에 여러 음식이 섞이는 것처럼 상처가 된 꿈들이 삶에 다시 섞일 수 있기를 바란다.

그런데 그 꿈들이란, 시인이 타고 있는 차창 밖에서 "빠르게 스쳐가는 해묵은 문구들"과 관련 있는 무엇일 게다. 아마도 그것들은 투쟁과 관련된 문구들일 터, 그 "너무도 낯익"은 문구들로 인해 '무표정' ― 무감각 ― 이 대장을 빠져나가려는 듯 시인은 뒤가 마려워지기 시작한다. 물론 이 "깊고 어두운 대장"은 시인 몸 안의 '대장' 만을 의미하는 것이 아니라 바로 "간판만 해파리처럼 떠다니는 도시"의 도로를 의미하기도 한다. 후자의 의미에서는, 이 도시의 도로를 통과하고 있는 시인의 자동차 자체가 '무표정'을 의미한다. 그렇다면 저 낯익은 문구들에 무감각한 삶을 살고 있다는 시인의 반성은, "고단한 일상들"을 잉태하는 도시 자체가 무표정의 삶을 양산한다는 사회 비판으로 나아가고 있다고 하겠다.

한편으로 시인의 반성은 시인 자신의 역사에 대한 기억을 불러일으킨다. 그런데 그의 삶의 역사는 바로 한국 사회의 역사와 밀접하게 관련이 있는 것이기도 하다. 아직 해결되지 않은 "해묵은 문구들"이 표현하고 있는 한국의 슬픈 역사 말이다. 「겨울나무는 수천 개 혀를 단다」는 이를 잘 보여준다. 이 시에서 시인은 "신념으로 내걸던 구호들이 잊혀져간다"고 말하면서 "모두가 파랗던 시절"을 기억한다. 현재 그 시절의 "꿈은 짓물러 제 갈 길 속속 찾아가고" 그 시절에 대한 기억은 "동시상영 극장"에서 상영되는 영화처럼 "필름은 자꾸만 끊기고 이어"져 "말끔히 살을 발라낸" "생선뼈만 같"은 것이 되었다고 한다. 그러나 "저 찢긴 현수막 같은 외마디/아직도 펄럭이는 이 땅 푸른 구호들"은 여전하기에 그 시절은 "언제고 다시 돌아"올 것이라고 시인은 예상한다. 그리고 아래의 시에서는 시인의 '칼의 미학'이 시인 개인의 역사와 연결된 한국의 역사와 만나면서 저 "푸른 구호들"의 역사적 의미에로 확장되고 있다.

어제 닦지 못한, 밤늦게까지 고기를 썰어
핏물과 여기저기 얼룩진 육즙의 얼룩을 닦으며
중계방송을 듣는다
똑같이 가장 젊었던 시절 그 시절
주방 한 곁에서 내 삶의 도구
식도처럼 멀고 긴 그 날만을 푸르게 세웠나 보다

청량리 로터리 갈빗집 10시 통금을 불평 하며
문득 내다 본 어두운 창밖
그 정적을 뚫고 저 수많은 군인들은 다 어디로 가나
저 군용 차들은 다 어디로 가나
분노하기엔 너무도 늦어 버린, 엉켜 버린
삶의 수레바퀴는
오십이 넘어서도 하는 칼질의 채무가 무겁다

가운데가 푹 파인 도마에 다시 핏물이 배어든다
바람 끝에서
홑겹 꽃잎처럼 아직도 유효한
이 땅 또 다른 푸른 구호들은
도마에 새겨진 자국처럼 쥐어뜯은 자리 손톱자국만 같아서

닦아낼수록 더욱 선명해져서 잠시

손길 멈추어지는 아침

─「5월 18일 아침 열 시경, 조리사」 후반부

이 시는 김광선의 '칼의 미학'이 노동 과정에서 얻게 되는 감각적인 것을 넘어, 폭압적인 역사적 상황 속에서 삶을 세워나가고자 했던 고투의 정신과 밀접한 관련이 있는 것임을 알려준다. 위의 인용 부분 앞부분을 보면, 지금 시인은 "31년 전" 5.18을 기념하는 기념식을 라디오로 들으면서 당시의 자신을 떠올리고는 "어쩌면 그때 서울에 있었던 것이/다행이었는지 모른다고 죄스러워서 차마 말 못하는", "살아남아 미안"했던 마음 아픈 세월을 기억하고 있다. 조리사인 시인의 노동인 '칼질'은 무거운 채무를 갚는 과정이었다. 시인은 칼질로 고기를 썰고 핏물과 육즙을 닦으면서 5·18 당시 죽은 이들을 기억하고 살아있음의 부끄러움을 잊지 않을 수 있었던 것이다. 칼질의 노동을 통해 시인은 그날 이후 죄스러운 "삶의 수레바퀴"에서 "내 삶의 도구/식도처럼 멀고 긴 그 날만을 푸르게 세"울 수 있었다.

여기서 "푸르게 세"운 "그 날"은 이중의 의미를 가지고 있다고 생각된다. 그 "날"은 1980년 광주의 5·18을 가리키는 동시에 칼날을 의미하기도 한다. 시인이 자주 사용하고 있는 색채 형용사 '푸르다'는 숲에서 상기되는 생명의 색채임과 동시에 정신이 퍼렇게 살아있다는 이미지도 가지고 있다. 그래서 "푸르게 세"운 그 "날"의 이중적 의미는 5·18 항쟁이 삶을 위한 것이었으며 동시에 새로운 삶을 시인에게 가져왔다는 의미와 함께 시인이 칼날처럼 날카롭게 정신을 세우면서 살아왔다는 것을 의미하기도 한다. 그런데 이 '푸름'의 이미지는 다시 "이 땅 다른 푸른 구호들"과 겹친다. 현재 생존권을 요구하고 있는 많은 노동자들의 구호들 역시 생명의 회복을 요구함과 동시에 살아 있는 정신을 드러내기 때문에 '푸름'의 이미지를 띠는 것일 테다.

그리하여 이 '푸른 구호들'은 시인이 푸르게 세운 정신을 매개로 5.18의 푸른 역사와 연결되게 된다. 그리고 지금 "도마에 다시 핏물이 배어"드는 현상 역시, "도마에 새겨진 자국처럼 쥐어뜯은 자리 손톱자국만 같"은 "이 땅 또 다른 푸른 구호들"을 외치는 자들이 5. 18 당시의 희생자와 동궤에 놓여 있다는 것을 암시한다. 그러니 시인은 저 "푸른 구호들"을 들으며 살아남은 자의 죄스러움을 다시 아프게 느끼게 될 것이며, 그래서 그 도마 위의 핏자국은 없어지지 않고 "닦아낼수록 더욱 선명해"질 것이다. 이렇듯 김광선의 시에서 시인 개인의 역사는 한국 사회의 역사와 겹쳐지고 또한 타인의 삶과 연결된다. 하여, 푸른 구호를 외치고 있는 저 노동자는, 시인과 한국 사회에서 고통 받는 노동자로서 역사를 공유하는 '우리'가 될 것이다.

그래서 노동자로서 시인 개인의 고통스러운 기억은 한국 노동자의 고통스러운 기억과 공통되는 것이라 할 수 있다. "타이어 공장 협력업체인 상하차 단순 노무직"에 취직하고자 하는 시인이 사측으로부터 "초등학교 생활기록부" 제출을 요구당하여 '욕스러움'을 느끼는 모습(「증빙서류」)은 많은 노동자들이 겪은 바 있는 경험이기도 할 것이다. "삶의 기록을 훔쳐보려"고 하는 회사에 자신의 기록을 내주어야 하는 노동자들은 마치 몸을 파는 여인이 옷을 벗었을 때 느끼게 될 '욕스러움'과 같은 감정에 빠지게 될 것인데, 거의 모든 노동자들은 이러한 과정을 거쳐 취직하는 것이다. 또한 "집세 줄 날은 다가오고 통장은 비어가"는데 "새 직장 매장을 접는다는 짤막한 통보"를 받고 "창문 밖 그 어둡고 차가운 길들"을 걸으며 "양 옆으로 주르르/결코 눈물이 아니리라 이처럼 닦아내며/집으로 돌아"(「초승달」)갔던 시인의 경험 역시 많은 비정규직 노동자들이 겪어야 했던 고통일 테다. 생활로부터 시를 길어 올리는 김광선 시인의 시는 이렇듯 가난한 노동자들이 한국 사회에서 겪는 공통의 경험을 드러내는 것들이 많은데, 아래의 시 역시 그러한 유형에 속하는 시라 하겠다.

풀무질 아궁이 같은 가슴에 참꽃은 지고
먹으면 죽는다는

뭉게뭉게 봄날 선혈 같은 철쭉이 피었다

오늘도 종일 오토바이를 타고 몇 군데를 돌았다
길마다 철쭉 만개한 길
이미 져버려
때깔도 눅눅한 목련 꽃잎 같은 이력서를 내밀었다
사내들의 입가에 얼룩지던 철쭉꽃
지렁이 기어가듯 힘줄 불거진 손등으로 문질러버리던
그 선홍빛 말들이 소리 없이 되돌아온다
물 한 컵 내밀지 않는
봄날은 메마르고
와락 안기듯 번지는, 더 붉게 철쭉꽃 핀다.

―「철쭉」후반부

이 시는 선명한 색채 이미지의 대비를 통해 일자리를 구하는 노동자의 고단한 삶을 상징적으로 강렬하게 표현하고 있다. "종일 오토바이를 타고 몇 군데를 돌"면서 "이미 져버려/때깔도 눅눅한 목련 꽃잎 같은 이력서를 내밀었"던 시인의 개인적인 기억은 "먹으면 죽는다는" "선혈 같은 철쭉"을 가슴에 품고 있는 자들의 절망적인 삶으로 확장된다. 인용되지 않았지만 이 시의 서두에는 먹이 따져 피 흘리며 죽어가는 연약한 노루가 등장한다. 그렇게 희생당하는 노루는 자본주의 체제로부터 무방비 상태에서 공격받는 노동자들과 닮았다. 그래서 노루의 목에서 치솟는 피는 "사내들의 입가에 얼룩지던" 붉은 철쭉꽃과 유비된다. 이들 사내들은 피처럼 "입가에 얼룩지던 철쭉꽃"을 "힘줄 불거진 손등으로 문질러버리"면서 죽음과 같은 고통스러운 상황을 견딘다.

그런데 이러한 견딤 속에 "선홍빛 말들이" 그들의 입가에 "소리 없이 되돌아" 온다고 시인은 말한다. 그 회귀하는 말들은 무엇을 의미하겠는가? 바로 5·

18 광주의 그들처럼 권력과 사회의 폭력에 의해 희생당한 자들, 그들의 피맺힌 말들 아니겠는가? 이미 저 세상으로 가버린 자들의 말이기 때문에 소리는 나지 않겠지만, 그들의 혼은 철쭉꽃으로 피어나고 그들의 침묵의 말은 저 사내들의 철쭉꽃으로 얼룩진 입가를 통해 되돌아온다. 하여, 세상이 메마르면 메마를수록, 그 희생당한 자들의 피처럼 붉은 철쭉꽃들이 세상에 "와락 안기듯 번지"는 것이다.

이렇듯 위의 시는, 사냥당하는 노루처럼 이력서를 돌리며 살아가야 하는 노동자들의 한스러운 삶을 붉은 철쭉꽃이라는 상징을 통해 그려내고 있다. 이와 비슷하게, 「나무는 두 번 꽃 피운다」는 '숙련노동자'의 삶을 늦가을 바람에 "쿨럭쿨럭 마른 잎을 받으며" 서 있는 가을 나무로 상징화 한다. 저 "늑골을 드러내"며 "물기가 마르는 가을 나무들"은 "일상을 꿈처럼 가꾸는/잔기침이 잦아진 숙련 노동자"의 모습이다. 아직 가지에 붙어 있는 "메마른 잎맥"은 노동자가 철쭉꽃을 문질러버리던 "힘줄 불거진 손등"과 유비된다. 그런데 '숙련노동자'를 "자글자글 숨을 곳이 없"는 나무로 비유하자, 한편으로 그 노동자에게 대지에 뿌리박고 있는 어떤 굳건한 이미지 역시 부여하게 된다. 그래서 '나무-숙련노동자'가 "그래도 아직 떨림은 있다"고 말하는 모습이 무리한 비약으로 보이지 않는 것이다.

이와 함께 「풍란, 그리고 시인」에서는 어떤 나이 든 시인을 "세월의 뒤편 낡은 자리에 뿌리를 붙"인 풍란으로 상징화 하고 있는데, 그 시인은 "가시덤불도/더는 넝쿨을 짓지 못하는 애달픈 자리"에서 "먼 생애에서 밀려오는 물굽이에" 가슴을 "철철 풀"면서 "이승의 막다른 골목인양 바람의 가장자리/절박해서 서툰 꽃을 피워"내는 자로서 표현된다. 그래서 저 '나무-풍란'처럼 세상으로부터 파괴되고 배제되어 가는 '노동자-시인'은 여전히 떨림을 잊지 않으면서 세상에 굴복하지 않고 서툰 꽃이나마 피워내는 존재로서 나타난다. 아래 시에서의 '허물-겨울나무 가지'는 그러한 존재가 남겨놓은 살아있는 삶의 증거라고 할 수 있다.

우리가 어디론가 스며드는 일은

조금은 비굴하게 흘러드는 일이고

밤 불빛처럼 적요하게

단단한 씨 하나로 뒤척이며 그럴수록 응고되는 것

말없이 흘러온 길마다

외투를 벗듯 쉽게 허물을 벗었나, 지금쯤

똬리는 쏘을 품은 듯 틀었겠나, 겨울 길

늦은 밤 희부연 차창처럼

더듬이 하나 없이 견뎌온 길들

남은 이파리 하나

마저 털고자 호흡처럼 수천 번을

긴 혓바닥 내민 채로 굳었지만

그 바람소리를 깨우는 겨울나무 가지여

— 「허물」 후반부

앞에서 보았듯이 생존의 압박에서 굴욕을 느끼며 살아가야 하는 시인의 삶은 곧 '노동자들―우리'의 삶이기도 하다. 이 시에 따르면, 그 '우리'는 "어디론 가 스며"들어야 하기에 세상 속으로 "조금은 비굴하게 흘러"들어가야 한다. 하 지만 "밤 불빛처럼 적요"하나마 "단단한 씨 하나"를 가지고 흘러들었기 때문에, 세상 속에서 뒤척이기는 하지만 세상 속으로 용해되지는 않는다. 도리어 어떤 '멍울진 옹이'처럼 응고된 무엇을 흘러왔던 길마다 남긴다. 「모종」에 따르면, 우리는 비록 "가슴의 초록도 어느덧 희미해"져 갔지만, 허나 "열매처럼 멍울진 /옹이 하나 실하게 여물어가"면서 "뚜벅뚜벅 살아"가기도 했던 것이다. 하여, 우리의 삶은 "더듬이 하나 없이 견뎌온 길들"에서 벗어날 때마다 그 응고된 것 을 허물처럼 벗는다. 이 삶의 응어리인 허물은 "쏘을 품은 듯" 똬리를 튼 모습이다.

이 쏳은 불교적 의미에서의 공이기도 하겠지만 하늘을 의미하기도 할 테다. 왜냐하면 이 허물은 곧 "남은 이파리 하나/마저 털고자" 내민 긴 혓바닥이 굳으면서 생긴 "겨울나무 가지"로 전치되고 있기 때문이다. 「나무는 두 번 꽃 피운다」의 '숙련노동자-가을나무'는 이제 겨울나무가 되어 남은 이파리마저 버리고 '쏳'이 되고자 한다. 그런데 이를 위해 내민 혓바닥이 응고되고는 허물처럼 벗겨지고, 그 '혓바닥-허물'은 마치 하늘을 품으려는 듯이 공중을 향해 뻗어나간 겨울나무 가지로 변신하는 것이다. 이파리를 모두 털어낸 겨울나무는 결국 죽음을 맞이했다고 해석할 수 있으나, 그 나무는 "바람소리를 깨우는" 가지를 허물로서 남긴다. 그런데 그 가지가 깨우는 '바람소리'란 무엇을 의미할까? 봄바람 소리 아닐까? 그렇다면 시 작품이라고도 해석할 수 있는 그 '허물 나뭇가지'는 봄을 깨우는 무엇이라고 할 수 있을 것이다. 봄은 새싹을 키워내지 않는가. 그렇다면 "바람소리를 깨우는 겨울나무 가지"란 바로 겨울나무의 새싹 아니겠는가?

봄이 오면 감자나 무강(씨고구마)에도, 우거지처럼 천대받는 노동자의 삶에도 역시 새순이 돋고 새싹이 피어날 것이다. "힘줄만 촘촘이 박혀/단맛도 다 바랜"(「무강」) 무강의 새순, "장아찌처럼/절여진 묵은내를 딛고서라도" "엄니 젖통 같은 수분을 빨아 당기며 당찬/독을 뿜는"(「새순」) 묵은 감자의 새순, "노엽고 분한 시절마다 등지듯 안으로 품어" "바람 가장자리에서/검푸른 듯 억세어지고 힘줄은 굵어져/질겨지는"(「우거지」) 우거지의 '파란 싹'은 모두 거센 세파 속에서 독하고 억세게 살아야 하는 노동자의 삶을 다시 피워내는 생명력의 상징들이다. 비록 고난 속에서 거칠게 살아야 할 운명에 놓여 있지만, 세상이라는 흙 속에 스며들어가야 하는 노동자는 이렇게 자신의 삶을 겨울에도 키워내기 시작한다.

그런데, 시인은 그 과정에서 노동자의 삶은 '세상-흙'에 밑간처럼 절여지겠지만, "밑간보다 중요한 것은 힘들어도 그 본래의 질감으로 살아 있어야 하"

며 그래서 "오랜 시간에도 쉽게 길들여지지 않아야"(「밑간」)한다고 말하고 있기도 하다. 다시 말하면, 어디론가 스며들어 세상에 절여지면서 조금은 비굴한 삶을 살아야 하겠지만, 그 삶 속에서라도 다시 건강한 생명력을 키우기 위해서는, 김장에서 음식들이 본래의 질감을 유지해야 맛있듯이 길들여진 삶을 살지 말아야 한다는 것이다.

이렇게 길들여지지 않은 삶들이 뻣뻣이 땅을 딛고 집단적으로 자라났을 때, 그것의 이미지를 시인은 '억새밭'에서 찾아내고 있다. 시인에 따르면, 그 억새밭은 "갈빗대와 갈빗대가 부딪는 불협화음/푸른 대궁은 어느덧 마디 끝마다 갈기를 세"우는 억세고 전투적인 모습을 하고 있다. 억새들이 그렇게 거친 모습을 하고 있는 것은 "쉽게 내줄 수 없는 산하"(「억새밭에서」)를 지키기 위해서다. 이 '산하'를 노동자들이 살아가는 삶의 터전이라고 해석할 수 있으리라. 그렇다면 그 터전은 쌍용자동차 해고 노동자들이 다녔던 직장이 될 수도 있을 것이다. 그런데 '용산 참사'나 '쌍용자동차 해고'에서 극명하게 볼 수 있듯이, 자본은 가난한 이들의 삶의 터전을 허물어오지 않았던가. 시인은 자본 권력에 의해 터전을 빼앗기거나 파괴당하지 않기 위해 억새들이 서로 얼싸안고 싸우는 형상을 다음과 같이 쓰고 있다.

흙냄새가 물큰하다 얼싸안듯
뿌리와 뿌리를 홀쳐매어 쉽게 꼴지지 않는 비알들
푸르르 하룻밤 객사처럼 머물려던
새들이 검은 뼈대로 잉걸 같은 구름을 찢는다
꺾이고 많이 부러질 것이다
시퍼렇게 날을 세웠던 잎사귀마다
혼곤했을 꿈들
산들이 어느새 푸른 뼈대 그 마디를 맞춘다.

— 「억새밭에서」 마지막 연

터전을 잃지 않기 위해 얼싸안고 싸우는 노동자 빈민의 형상엔 "흙냄새가 물큰"할 테다. 이들 억새들이 "뿌리와 뿌리를 홀쳐매어" 흙으로부터 뿌리 뽑히지 않으려 하고 있기 때문이다. 물론 권력의 힘에 의해 "꺾이고 많이 부러질 것"이겠지만, "혼곤했을 꿈들"을 안고 있는 이 억새들은 자신들의 터전을 파괴하고자 하는 권력에 "시퍼렇게 날을 세"우고 저항하려고 한다. 그래서 이들의 '대궁'은 푸른 것이다. 앞에서 보았듯이, 김광선 시인에게 '푸름'은 생명력과 날이 선 정신을 의미했다. 뿌리 뽑혀 죽음으로 내몰리지 않기 위해, 이들 억새들은 생명력을 발휘하여 터전을 지키려고 한다. 한편으로 권력의 파괴책동으로부터 터전의 보전은, 억새들이 시퍼렇게 정신을 날 세우지 않으면 불가능한 것이다.

시인은 이 시의 마지막 행에서 이러한 저항으로 말미암아 '산들' 역시도 "어느새 푸른 뼈대 그 마디를 맞춘다"고 말한다. 이 말은 억새들의 저항으로 인해 삶의 터전인 '산들' 역시 생명력으로 단단해진 '푸른 뼈대'의 마디를 맞추는 근본적인 재구성이 이루어진다는 것, 즉 세상이 바뀌게 된다는 의미로 읽힌다. 그렇다면 이 시집의 마지막 시행이기도 한 이 문장은 시인이 품고 있는 혁명의 이미지를 드러내고 있다고 하겠다. 시인은 이 이미지로 시집을 끝맺음으로써 시집 너머의 실제 세계에 혁명이 도래할 수 있기를 기원한 것은 아닐지?

(김광선 시집, 『붉은 도마』(실천문학사, 2012) 해설)

4부
잠재성의 발견과 봉기의 이미지들

1장

미래의 시를 향하여

조성웅, 『물으면서 전진한다』

1

최근 발간된 김정환의 『레닌의 노래』와 조성웅의 『물으면서 전진한다』는 우리 삶이 처해 있는 현 세계의 변혁 전망을 찾아내려는 시도를 보여주고 있는 시집이다. 현실에 잠재되어 있는 힘이 미래로 투사될 때 전망은 열리기 시작한다. 그래서 전망 탐구는 지금 현실 속에 잠재되어 있는 힘을 찾는 작업과 직결된다. 각기 독특한 시선으로 세계를 투시하는 이 두 시집도, 현실 속에 내장된 잠재력을 찾아내는 작업과 전망탐구를 연결 짓고 있다. 이런 면에서 이 두 시집은, 현 상황에서 '중요성'을 가진 시집이다. '중요성'이란 시집이 달성한 미학적 성취나 새로움의 확보 등만을 가리키지 않는다. 어떤 시집이 현 상황에 자극을 가하여 현재가 미래의 시간에 열릴 수 있도록 한다면, 그 시집에 '중요성'이 있다고 할 것이다.

'중요한' 시집은 다른 이를 자극하여 담론 생산을 유인한다. 필자도 이 두 시집에 자극받았는바, 이중 한 권을 서평 대상으로 삼아야겠다고 마음먹게 되었다. 처음엔 김정환의 시집에 대해 써야겠다고 생각했다. 하지만 생각을 바꿨다. 『레닌의 노래』는 김정환 시인의 예전 시 경향을 염두에 두면서 살펴보는 것이 더 의미 있겠다 싶었던 것이다. 이 시인이 펴낸 열권이 넘는 시집을 여기서 다루며 논하기엔 무리라고 여겨져서, 아예 욕심을 부려 다른 자리에서라도 본격적인 시인론을 쓰자고 판단했다. 또한 조성웅 시인의 시집을 대상으로 글을 쓰기도 사실 부담스러웠다. 이 시인의 첫 시집 『절망하기에도 지친 시간 속에 길이 있다』(갈무리, 2001. 조현문이란 필명으로 발간)의 어떤 시 제목대로, 열람실과 술집에서나 시간을 보내는 '학삐리'인 필자야말로 그가 비판한 "게자 으자 름자 氏"가 아닐까라는, 그런 필자가 비정규직 노동자의 '현장' 투쟁기라 할 그의 시집에 대해 평할 자격이 있을까라는 일종의 자격지심이 들었던 것이다.

하지만 이러한 이유로 조성웅 시집과의 비평적 접속을 미룬다면, 이들 '노동시'들을 문단 밖으로 밀어내는 결과만 낳지 않을까. 그리고 필자 역시 일종의 '집필 노동자'로서 그 시집에 대해 나름대로의 생각을 전개할 자격이 있으며, 또 어떤 연대의 손을 내미는 일이 가능하고 더 나아가 올바른 일이 아니겠는가. 아울러 지금 생산되고 있는 '노동시'에 대해 문단이 너무 소극적인 태도를 보이고 있는 것 같기도 했다. 인터넷 신문 『참세상』이 노동문학의 현재와 미래에 대하여 기획 연재를 한 바 있지만, 이 외에 본격적으로 현 '노동시'에 대해 심도 깊게 조명하는 기획을 마련한 신문이나 문예지는 찾아보기 힘들었던 것이다. 이런 상황이라면, 이 시집에 비평적 조명을 해보는 일은 별다른 의미가 있을 수 있겠다 싶었다. 물론, 오해를 피하고자 말하자면, 이 시집이 무엇인가 담론을 생산하도록 유인하는 '중요성'을 갖고 있다고 판단했기에 이 글을 쓰게 된 것이지, 무슨 조명'해 준다'는 시혜적 의미로 글쓰기에 임하는 것은 아니다.[1]

2

이 시집의 발문에서 정남영이 말했듯이, 조성웅은 박노해나 백무산 등이 보여준 "80년대 투쟁적인 노동시의 전통을 잇고 있"는 시인이다. 그는 '여전히' 전투적인 노동계급 의식을 견지한다. 계급의식을 이렇듯 시에 전면적으로 내걸고 있는 시집은 현 한국 시단에서, 그리고 '노동시'에서도 드물다. 그런데 이 시집의 미덕은 그 명료한 계급의식에만 있지는 않고, 우선 무엇보다도 전투적 노동자의 시각에서 비정규직 노동자의 투쟁 현장이 생생하게 그려져 있다는 점에 있다. 한 권의 시집의 존재 의의를 미학적 성취 측면에 있다고만 말할 수는 없다. 언론이 자본의 지배 권력에 의해 대부분 장악되어 있는 상황 아래에서는, 드러나지 않은 진실을 세상에 드러내는 작업도 훌륭한 문학적 작업이다. 필자도, 조성웅 시인의 첫 번째 시집의 '해설 발문'에서 "노동자의 시는 스스로 누리는 데 그치지 않고 당대 노동자의 삶과 싸움 전체를 충실하게 기록하는 노동계급의 언론행위이기도" 하다는 홍여울목의 말에 동의한다. 언론이 자본에 지배당하고 있는 상황에서는, 노동자의 시는 노동자 스스로 구성하는 언론의 기능을 맡아 묻힌 진실을 드러낼 수 있다.

'언론으로서의 시'는 미적으로 완성된 작품을 만드는 데에 詩作의 의미를 두지는 않을 테다. 지워진 진실을 드러내는 행위가 정치적 투쟁의 의미도 있다고 할 때, 언론으로서의 시는 정치적으로 기능하기 위해 써진다. 그렇듯 조성웅 시인에게 시는 정치 행위의 일환이다. 그에게 시의 아름다움은 자율적인 무엇이 아니다. "쇠파이프를 잡은 손에 힘이 들어"가게 속을 든든히 해주는 "밥 한 끼가 가장 뛰어난 시와 노래가 될 수 있다"(「밥과 투쟁」)는 시인의 말에서 유추할 수 있듯이, 그에게 가장 뛰어난 시는 맛있게 먹은 밥 한 끼처럼 투쟁에

---

1. 사실, 시인은 자신의 시집이 문단에서 잘 언급되지 않는다고 해도 크게 신경 쓰지 않을 것 같다. 시인도 말하고 있듯이, 이 시집은 투쟁 동지들에게 읽히기 위해 발간된 것이기 때문이다.

힘을 불어넣는 시다. 그래서 이 시집엔 '집회시' 또는 '행사시'가 많다. 보통 어떤 집회나 기념행사를 위해 써진 시들은 목적시라 하여 미적인 가치가 떨어진다고 여긴다. 그래서 그 시들을 시인들은 시집에 수록하지 않거나 수록하더라도 후반부에 배치해 싣곤 한다. 하지만 이 시집엔 그 목적시들이 전면적으로 앞에 배치되어 있다. 이는, 시인이 투쟁에 직접 개입하는 시를 주로 쓰고자 하며, 또 그러한 시작이 뛰어난 시를 생산하게 한다고 생각하고 있기 때문이리라.

시인의 시작 목적은 비정규직 노동자의 삶의 실상과 투쟁을 세상에 드러내고, 이 '동지'들의 투쟁 의지를 더욱 북돋는 데 있을 것이다. 그래서 그는 「용수아이가」에서 말하듯이 "더 이상 어떤 상징에 의지하지 않"아도, 즉 "구지/까치소리에/백목련에/노란 개나리에 의지하지 않아도" 된다. 이어 시인은, 부서장의 훈시가 한참 진행되고 있는 가운데 "오토바이에 앰프를 싣고 투쟁가를 틀어놓고" 오는 한 대의원에게 조합원들이 "용수 아이가"라고 밝게 부르는 어떤 자그마한 사건을 묘사한다. 그에겐 그 작은 사건 자체가 시적이다. 즉 그에겐 투쟁의 일상 자체가 시적인 것이다. 시는 이 일상의 풍부한 현장에서 마음껏 길어 올릴 수 있다. 그래서 시인은 비정규직 노동자의 처절한 현장과 반항적 마음을 있는 그대로 기록하려고 한다. 가령, 시인은 "안전 교육도 받지 못한 채/크레인 바스켓을 타고 지상 50m에 선" "하청의 재하청인" "나이 50의 사내들"의 추락사에 대해 기록(「내 투쟁의 심장은 살아있는가」)하고, 구사대의 폭력에 맞서 "목숨 걸고 싸"워 온 선배 노동자의 투쟁담을 시에 옮겨오기도 하며(「정말 푸른 저녁 — 이선인 동지에게」), 화장실 벽에 쓰인 하청 노동자들의 낙서를 옮겨와 그들의 마음을 날 것 그대로 드러내려고도(「화장실 벽에 새겨진 하청노동자들의 마음」) 한다.

그런데 시인의 현장 보고는 하청노동자들의 처절한 삶에만 맞추어져 있지 않다. 정규직 노조 관료들의 부패와 노사협조주의에 대한 고발도 동시에 행하고 있다. 이 또한 다른 노동시에서 보기 힘든 면모다. 시인은 주류major화된 노동운동에 대해서 비판한다. 알다시피 비정규직 노동자의 급증으로 비정규직과 조직된 정규직 노동자 사이에 갈등이 생기고 있다. 물론 자본 권력은 이 상황을 철저하게 이용하고 있다. 그래서 이 두 노동자 집단 사이의 갈등을 과장하면 안 되겠지만, 문제는 자본 권력의 이데올로기에만 있진 않다. 자본은 조직된 정규 노동자의 권익은 유지해주면서도 비정규직 노동자를 착취함으로써 잉여가치를 더욱 늘려나간다. 이러한 상태를 그대로 방치한 채 행해지는 정규직 노조의 권익 운동은 비정규직 노동자의 따가운 눈총을 받을 수밖에 없다. 맑스가 말한 바에 따르면, 노동조합의 노동운동은 전체 노동자의 해방을 향해 행해지지 않는다면 실패한다.[2] 맑스를 따라 시인은 혁명성을 잃어버린 대공장 정규직 노조의 노동운동을 비판하고, 현 상황에서는 바로 이중 삼중으로 착취당하고 있는 비정규직 노동자의 투쟁에서 혁명성이 발하리라고 주장한다. 시인에 의하면, 합법적 투쟁에만 매몰되어 "투쟁해야 할 때 투쟁을 회피하는" "기회주의자들"인 노사 협조적 운동과는 달리, 비정규직 노동자는 불법적으로라도 생산을 중단시켜 투쟁해나갈 것이다.

> 가장 낮은 곳에서 가장 치열한 몸짓으로
> 일어서는 비정규직 투사들
> 가장 낮은 곳으로 흘러 가장 높은 곳, 노동해방으로
> 역류하는 운동
> 그녀와 그 그리고 우리들
> 비정규직 투사들이 먼저 결단하고 먼저 조직하고 먼저 투쟁한다

---

2. " '공정한 하루 작업에 대한 공정한 하루 임금!'이라는 보수적 표어 대신에 그들은 '임금 제도 철폐!'라는 혁명적 구호를 자신들의 깃발에 써넣어야 한다. …… 노동 조합은 현존 제도가 변화하도록 노력하지 않는다면, 자신의 조직된 힘을 노동자 계급의 종국적 해방을 위한, 말하자면 임금 제도의 궁극적 철폐를 위한 지렛대를 사용하지 않는다면 실패한다."(칼 마르크스·프리드리히 엥겔스, 「임금, 가격, 이윤」, 『칼 맑스 프리드리히 엥겔스 저작 선집 3』, 박종철출판사, 1993, 117~118쪽.)

불법적으로 투쟁할 수 있는 우리는

공인받지 못한 전투적 행동을 조직하는 우리는

누가 행동하는 투쟁의 주체인가

누가 활동하는 투쟁의 지도부인지를 검증할 것이다

길은 직선이 아니라도 좋다

생산을 중단시켜 우리는 단결을 얻을 것이다

생산을 중단시켜 우리는 불법비공인 연대파업의

깃발을 올릴 것이다

임박한 혁명처럼 폭력적으로 빛날 것이다

— 「합법적인 나날 − 임유선 동지」 부분

강력한 선동시다. "~ㄹ 것이다" 문형의 반복은 리듬을 더욱 벅차게 밀어 붙인다[3]. 가장 낮은 곳에서 착취당하는 비정규직 투사들의 투쟁은 "임박한 혁명처럼 폭력적으로 빛날 것"이라며 폭발적으로 선언된다. 시인은, 이들 투쟁은 '불법/합법'의 시야에 갇혀있지 않고 혁명의 미래에로 정향되어 있다고 주장한다. 이 혁명적 시야를 갖고 있기에, 시인은 구치소에 들어온 잡범들을 보면서 "사유재산 침범죄"라는 "불법도 마다않고/어떻게든 살아보겠다는 그들의 몸짓에 비하면/합법적으로 허가된 집회에 참여하고/행진하고 연설하다/공안범으로 잡혀 온 내가 더 초라해 보인다"는 통념의 파괴를 행하기도 한다. 합법을 넘어선 "전투적 행동을 조직하지 못"하고 "허가된 범위를 넘어서지 못한" 자신의 소심함이 부끄럽다는 것이다.(「1.03평 독방에서도 난 꿈을 꾼다」) 이렇듯, 투쟁은 "신도 감히 침범할 수 없는" 사유재산 원칙에서 자유로워야 하며 "공장은

---

3. 이러한 단호한 느낌을 주는 동일 문형의 반복적 사용은 이 시집에서 자주 볼 수 있는 형식으로, 정동의 강렬도를 점점 배가시키는 북소리와 같은 효과를 낸다. 러시아 미래주의자 마야코프스키의 선동시나 초기 임화의 선동시, 다이쇼(大正)기 일본의 정치적 다다이즘(아나키즘) 시에서도 자주 사용된 형식이다.

투쟁하는 노동자의 것"(「공장은 노동자의 것이다」)이 되는 혁명을 투쟁의 미래로 놓아야 한다는 것이 시인의 '신념'이다. 이에, 국가기구화 된 주류 노동조합 운동에서는 투쟁의 혁명적 미래를 현재 찾기 힘들 터, 극도의 강제노동과 생활고로 내몰리고 있는 비정규직노동자의 투쟁에서야말로 혁명성을 발견할 수 있다는 것이다.

주류화 된 노동운동에 대한 비판은 현 상황에서 중요하고도 적절한 의의를 갖는다. '소수자'minority란 개념의 필요성이 제기되는 것도 바로 혁명의 주된 동력으로 여겨졌던 대공장 노조 중심의 운동이 점차 스스로 권력화 되고 체제 변호와 유지 쪽으로 움직이는 경향이 있기 때문이다. 이 시집의 뒤표지에 실린 백무산의 말을 빌려 다시 말하면, 이제 주류 '다수자'가 된 대공장 노조는 "자본에 대항할 어떠한 도덕적 문화적 우월성도 확보하지 못함으로써 국가체제에 포섭"되어 버리는 경향을 보이는 것이다. 그럴 때 다수자화 된 노동운동은 다른 프롤레타리아트들을 착취하는 체제에 순기능하게 될지 모른다. 한편, 이중 삼중으로 착취당하고 다수자에 편입될 수 있는 길이 박탈된 비정규직노동자는 체제에 편입될 수 없는 그야말로 잃을 것은 쇠사슬뿐인 프롤레타리아트, 하지만 그렇기 때문에 자본주의의 외부에서 삶을 생성[4]할 수 있는 소수자가 된다.

대공장 정규직 노조의 다수자화 경향을 드러내고 비판하면서, 소수자인 비정규직노동자야말로 혁명적 투쟁을 지도할 수 있다는 이러한 주장은, 현재 자본주의에 저항하는 '전쟁기계'가 어디에서 어떻게 작동하고 있는지 보여주고 있다는 의의가 있다. 한 전투적 노동자 시인의 이러한 기록은 앞으로의 전망을 생각해보고자 하는 독자에게 많은 숙고의 자료를 건네줄 것이다. 그런데 시인은 전투적인 지도부의 구성이 핵심적인 전망의 문제라고 생각하고 있는

---

4. 들뢰즈는에 따르면, 다수는 표준이 되는 모형에 달려 있는데 반해, 소수에게는 모형이 없고 그저 미지로 이끄는 생성이고 과정이다. (질 들뢰즈, 「통제와 생성」, 『대담』, 192쪽.)

듯하다. 시인은 현 노동운동의 지도부가 혁명적인 비정규직노동자 투사들에 의해 새롭게 구성되어야 하고 구성될 수 있으리라고 말한다. 적대가 "오히려 적들보다 내부에서 강화되"게 한, "현장 조합원들보다 적들과 더 가깝게 지내"는 현 "총연맹 관료들"(「밥 한끼의 정치」)과는 달리, "비정규직 투사"의 투쟁이야말로 "활동하는 투쟁의 지도부"임을 검증할 것이기 때문이다.

「투쟁이 있는 곳에서 투쟁을 확대하라 ― 이현중 이해남 열사 투쟁 결의대회에서」라는 시를 보면, 그 예측은 어떤 체험에 기반 한 것 같다. "이해남 동지의 분신" 이후에도 지도부는 "투쟁 현장에서 도망"치고는, "절망처럼 건조"한 눈으로 교섭하러 간다. 지도부는 "죽음으로 외치는 절규가 가슴을 울리는 것이 아니라/수습을 먼저 고민"하는 것이다. 하지만 "총연맹 지도부가 도망친 투쟁 현장"에 "곧바로 임시지도부가 구성"된다. 시인은 이로부터 "현장지도부는 그렇게 투쟁이 발생한 곳에서 태어나고/곧바로 새로운 투쟁 지도력을 스스로 회복시켜 나간다"는 교훈을 얻으며, "투쟁이 있는 곳에서 투쟁을 확대하라/자본주의 밖까지 확장하라"는 슬로건을 내놓는다. 그러한 체험을 바탕으로, 「용감한 관료들과 어설픈 투사들」에서 시인은 "이 시대의 투사들은 겨울외등처럼 고립된 개인들"인 현 상황의 문제는 "투쟁이 부족한 것이 아니라" 여전히 "투쟁 지도부가 부족한 것"에 있다는 진단을 이끌어낸다.

아마도 비정규직 노동운동을 가열차게 벌여온 시인으로선 투쟁적 지도부의 결여라는 한계를 피부로 느꼈을 터, 혁명적 신념으로 새로운 투쟁지도부를 요청하고 소망하고 있는 것으로 보인다. 하지만 소망을 전망이라고 말할 수는 없다. 비록 보이지 않지만, 현실 속에 실재하고 있는 잠재성을 찾아낼 때 전망은 열리기 시작할 것이다. 그러나 잠재성에 기초하지 않는다면, 소망은 당위에 그칠 수밖에 없다. '투쟁지도부'에 대한 필요성은 잠재성에 기초한 전망 차원에서 요구되고 있는 것일까? 이에 대해 섣불리 말할 수는 없다. 분명 시인은 현실적 경험을 통해 그 필요성을 절감하고 있다. 특히 「절망은 없다」에서 시인은 패배가 "적이 강력했기 때문이 아니라 우리의 단결이 강하지 못했다는 것을” 가르친다고 말한다. 새로운 지도부는 강한 ‘단결’을 위해 요청되고 있는 것이다. 승리를 위해서 “우리가 믿을 수 있는 것은 공동작업으로부터 뻗어오는 조합원들의 단결된 힘뿐”이며, “민주노조 사수투쟁은 우리의 신심 있고 투쟁하는 지도부를 다시 건설하는 일”이라는 것이다.

시인은 구체적으로 그 ‘단결’의 형상을 “노동자계급의 전투 사상으로 무장한 당당한 노동자 군대”(「무장한 노동자군대」)에서 찾는다. 전투적인 지도부의 지도 아래 단단하고 단일한 대오의 모습을 떠오르게 하는 그 형상은, “장미꽃보다 장관이”다. “장미가시보다 날카롭고 위력적”으로 보이는 “출근하는 하청노동조합원 동지들”의 “저 집단적인 모습들, 저 일사 분란한 행동들”(「다시저 꽃빛 속으로」)에서 그 형상은 구체화 된다. 그 일사불란한 단결은 어떻게 가능한가? 「죽어도 열사에 꿈꾸지 말라」라는 시에서 시인은 “동지의 심장에 분노보다 빛나는 (노동해방) 사상이 맺힐 때/새로운 20 사람이 새로운 20 명의 투사로 설 것이다”라고 말한다. 필자도 동의하는바 분신 투쟁을 자제하자는 메시지를 담은 구절이지만, 이 구절은 단결은 노동해방 사상을 통해 이루어질 수 있다는 시인의 생각 역시 보여준다.

여기서 필자는 의문을 가지게 된다. 과연 저 군대 같은 집단의 형상이 어떤 잠재성에서 도출된 것일까? 그리고 그 모습이 정말 장미꽃보다 아름다운가? 또 그 집단이 정말 강력한 것일까? 현 상황에서 사상으로 단결을 이룰 수 있을까? 한편, 그 군대를 이루려면 집단 내부에 존재할 다양한 차이들은 어떻게 해야 하는가? 시인은 「차이가 우리의 근육을 긴장시키고 살아있게 한다」에서 ‘노동조합의 경영참가’ 운운하는 집행부가 투쟁의 확대를 주장하는 ‘나’와의 차이를 “폭력적으로 제거하려고 한다”고 비판한다. 하지만 여기서의 차이는 노선의 차이라는 지평에서 쓰인 개념이다. 이 지평에서 이야기한다면, 시인의 노선을 따라 행동하기 위해선 집행부의 주장 역시 제거되어야 한다. 이와는 달리, 차이란 개념은 존재론적인 지평에서 생각해야 그 개념에 담긴 풍부한 의미가 드러나지 않을까 한다.

안또니오 네그리에 따르면, 공통적인 것the common은, 동일성으로 융해되지 않은 차이의 존재들이 서로 연결되어 소통하고 협동하면서 생산된다.5 이 차이의 존재들이 갖고 있는 잠재력에 기반을 두지 않은 채로 요청되는 '단결을 통한 승리'는, 결국 소망의 차원에 그칠 위험이 있다. 그 소망의 성격은, 노예처럼 철야로 일해야 하는 하청노동자의 삶이 실감나게 그려지다가도 "한 번 솟구치면 반드시 끝장을 보고야 말/그 누구도 막을 수 없는 물결이/끝을 물고 이어져 온다"(「끝을 물고 이어지다」)와 같이 쉽게 희망의 결말을 맺는 표현들의 추상성에서 드러난다. "동트는 미포만의 새벽을 딛고 일어서는 하청노동자/마침내 노동해방의 첫 노래로 일어서는 하청노동자"(「일어서는 하청노동자 ─ 고 박일수 열사의 소급분 쟁취 투쟁 승리에 대한 보고」)와 같은 이러한 결말들은, 1980년대 일부 노동시의 상투적 전개와 결말을 답습하는 것이기도 하다. 이러한 관념적인 희망의 제시는, 이 시가 투쟁적인 집회에서 낭독하기 위한 선동시라고 하더라도, 강력한 파장력(선동의 힘)을 떨어뜨리는 결과를 가져오지 않았을까?

하지만 시인은 이 단결에의 소망만 보여주진 않는다. 앞에서 읽었던, 지도부를 요청하고 있는 시 「용감한 관료들과 어설픈 투사들」에서도, 시인은 "스스로 꽃피우고 스스로를 조직하는 투사들이여/차이 속에서 함께 하는 방법" 또한 요청하고 있다. 일사불란한 군대의 구축이 아니라 이 "차이 속에서 함께 하는 방법"의 발견에서야말로 또 다른 전망이 열릴 수 있지 않을까. 시인이 그 방법의 발견을 위해 눈을 돌리는 곳은 일상이다. 일상에서 늘 마주대하는 부드러운 아내의 몸, 가녀린 풀잎, 아이와 같은, 시인이 동일화할 수 없는 타자에게서 시인은 새로운 혁명적 힘을 발견하기 시작하는 것이다. 외양과는 달리 이들에는 강력한 잠재력이 있었던 것이다. 상징을 거부하던 시인이 시집 4부에 서정시들을 실은 것은 이러한 발견이 있었기 때문이다. 미물에도 거대한 생명력이

---

5. 안토니오 네그리·마이클 하트, 『다중』, 조정환·정남영·서창현 옮김, 세종서적, 2008, 20쪽 참조.

있다는 것을 인정하게 된 시인은 시에서 '노란 개나리'의 존재를 승인하게 된다. 그래서 시집에는 단결에의 소망을 토로하는 다소 직정적인 시와 '차이-타자' 속의 잠재력을 발견하려는 서정적인 시가 모순적으로 공존한다. 필자는 단결의 다소 추상적인 소망보다는, 잠재력의 발견에 의해 전망이 미래를 향해 아름답게 열리기 시작하리라 생각한다. 그럼, 시인의 그 발견 과정을 따라가 보기로 하자.

3

타자의 발견을 통해 열릴 새로운 전망에 대한 탐구는 결코 전투성이나 단결의 포기가 아니다. 부드러우나 강인한 투쟁적 힘의 발견이다. 시인이 타자에 시선을 돌리게 된 계기는, 투쟁과 부드러움 또는 여린 무엇과의 만남에서 받은 강한 인상일 것이라고 생각된다. 「문 밖으로 나가는 아이」는 그러한 장면을 보여주는 시다. 시인은 트로츠키의 『노동조합투쟁론』을 읽고 있다. 혁명적 노조 운동을 주장하는 이 책은 아이의 "분유값을 날려버릴 수 있는" 사상을 담고 있다. 그런데 첫 돌이 된 아이가 그 책을 안고 해죽해죽 웃는 것이다. 혁명적 사상을 껴안고 있는 아이의 웃음은, 시인에겐 "네 분유값을 날릴 수 있는" "투쟁에 대한 축전"으로 보인다. 그렇다면 얼마나 강인한 웃음인가! 아이의 웃음은 투쟁의 각오를 더 해주고 있는 것이다.

둥글둥글할 아기는 그 아기를 임신했을 때의 아내 몸에 대한 연상으로 이끌 테다. "입덧 지나자 새싹이 돋고" "더욱 둥그레"진 아내 몸의 이미지에서, 시인은 "생명을 키우는" "아내의 둥근 몸"이 "새로운 관계를 키우는 몸", "현장에서의 새로운 질서를 키우는 몸"(「생명을 키우는 몸」)임을 발견해낸다. 그렇다면 새 생명을 키우는 아내의 몸 역시 강하다. 그리고 새로운 질서를 만드는 새싹인 아이의 웃음도 그만큼 강하다. 강함은 끈질긴 생명력에 있지 근육에 있지 않기 때문이다. 새싹을 키우는 봄빛 같은 아내와 새싹인 아이는 시인이 강해지도록 유인한다. 시인이 자신을 "밝고 따듯한 기운 속으로 불러들"이는 "새싹은 참 친절하다"면서, "봄빛처럼, 봄빛을 품은 새싹처럼 나도 강해지고 싶다 문득, 새싹에게 고맙다"(「새싹에게 고맙다」)고 말하고 있는 것을 보면.

그런데 새싹은 움트는 새로운 생명을 상징한다. 그 생명력을 드러내기 위해서는 아직 상징이 필요함을, 시편poem이 필요함을 시인은 인정하게 된 것일까. 여하튼 이 상징인 새싹은 눈에 보이지 않을 수도 있다. 일곱 군데나 잘려나간 손가락 마디를 부끄러이 감추지 않고 "눈빛 하나 흔들리지 않"는 늙은 노동자의 "허튼 구석 하나 없는 저 몸짓 속에서", 시인은 이"마지막을 미리 생각하지 않는 노동자의 자존심이/새살처럼 자라나고 있"는 것을 발견한다. 이 자존심의 새살은 보이지 않는 새싹과 같은 것일 터, 새싹의 생명력은 주체적인 삶의 생명력인 자존심과 닮아 있기에 말이다. 이렇게 저 타자들인 아이, 아내, 새싹, 손가락이 잘린 늙은 노동자의 생생한 육체로부터 강한 힘을 발견한 시인은, 다음과 같이 말할 수 있게 된다.

가장 치열할 수 있다는 것은
높은 사상이 아니라
작은 것, 허름한 것, 따뜻한 것, 지금은 중요하게 생각하지 않은 것
그래서 그냥 지나칠 수도 있는 것들에 대한
사상 보다 먼저 가는 내 몸마음이었다

난 뒷길에서 웃자란 희망, 건조한 문자로서의 사상이 아니라
아줌마의 통통한 웃음에 대하여
초록미술과 함께 하는 세상을 바꾸는 힘에 대하여
다리 하나를 내 주고도 끊을 수 없는 따뜻한 힘에 대하여
생각하게 된다

이것들이 없으면 나를 파국으로 몰아가는 위험에 대하여

생각하게 된다

─「나를 채우고 키운 것은」 부분

시인은 사상을 통한 단결만이 치열한 것은 아니라는 것을 깨닫고 있다. 그냥 지나칠 수 있는 것들에도 치열함이 숨겨져 있는지 모른다. 이를 감지하는 것은 '몸마음'이다. 뒷길에서 만나는 "아줌마의 통통한 웃음"과 "초록 미술"이 "세상을 바꾸는" "따뜻한 힘"을 갖고 있을 수 있다. 이에 반해 사상은 "건조한 문자"에 그칠 수 있다. 이러한 발견은 어떻게 임신한 아내의 둥근 몸이 새로운 관계를 키울 수 있는지 알려준다. 새로운 관계란 일사불란한 군대 내의 상하 관계가 아니라, 몸과 몸이 엮여 만들어지는 둥근 관계다. 그 둥근 관계는 자궁 안에서 커가는 새싹의 생명력과 같은 힘을 지닌다. 몸으로 엮어진 관계란 어떤 인식을 통해 남을 아는 것이 아니라, 눈빛과 웃음을 통해 서로 같이 있음의 따듯함을 아는 관계다. 이는 "눈빛은 격려가 되고/몸짓은 연대가"(「입덧은 투쟁신호처럼 왔다」)되는 관계이기 때문에 강력하다. 이 몸을 통한 연대는 어떠한 단결보다도 더욱 내실 있다. 그것은 사상이 아닌 삶 자체를 통한 단결이기 때문이다. 이를 잘 보여주는 「함께 밥을 먹으면 정이 든다」의 일부분을 읽어보자.

미친듯이 밥을 먹다가 마주치는 눈빛들
한꺼번에 웃는다
이 따듯함을 몸은 안다

이 따듯함이 우리를 강하게 할 것이다
파김치가 된 몸으로
미친 듯이 밥을 먹다가 함께 웃는다

죽음에 직면한 육체에서 피어나는

이 웃음, 웃음

절망보다 강하다

　이 절망보다 강한 웃음의 관계를 시인이 맺기 위해서는, 시인 먼저 마음을
환하게 열어두어야 한다. 건조한 문자로 되어 있는 사상의 체로는 걸러지지 않
는, 저 그냥 지나칠 수 있는 사물들이 내 안으로 들어올 수 있도록 말이다. 즉
"삶이 오는 방향으로/빛이 쏟아져 들어오는 소박한 창문을 만들"(「빛이 쏟아
져 들어오는 소박한 창문」)어야 할 것이다. 거창한 관념이나 개념이 아니라 소
박하나마 삶 그 자체를 받아들일 수 있어야 한다. 하지만 그 시도가 쉽지만은
않다. 그 행위는 세계에 대한 시적 인식을 통해야 비로소 가능할 것이기 때문
이다. 물론 현실의 시적 수용이 현실에 안주하겠다거나 현실을 긍정하겠다는
의미는 아니다. 시인은 위의 시구 바로 뒤에서 "빛이 쏟아져 돌아오는 소박한
창문으로 서서/모든 싸움으로부터 눈 돌리지 않겠네/논리가 아니라/마르지
않는 생활의 여백으로 죽으라고 사랑하겠네"라고 말하고 있는 것이다. 논리로
는 포착되지 않겠지만, 저 작은 새싹 하나에도 삶을 위한 투쟁이 벌어지고 있
을 것이다. 시인은 소박하다고도 할 그 투쟁을 해나가는 생명들을 목숨 걸고
사랑하겠다고 말함으로써 부드러우나 좀 더 강력한 연대와 투쟁을 다짐하고
있다. 이 시집에서 가장 아름다운 시 중 하나인 「그대에게 가는 일의 순서」도
그러한 다짐을 보여주고 있는 시다.

그대에게 가는 길은

벌써 몇 시간 째 정체되고 있다

이 지루하고 무미건조한 시간을 견뎌야하는 정체가

그대에게 가는 일의 순서일까

느릿한 풍경들이 정지되고

나는 차분하게 봄풍경 속으로 들어간다

자주빛의 복숭아 꽃, 노란 개나리, 초록의 새싹들 연두빛의 봄 하늘, 흰 구름

내가 미처 마음 주지 않은 곳에서 무엇인가 자꾸 자꾸 일어서려는 것들이

가슴을 울렁거리게 한다

내부를 환하게 채우는 일,

그대에게 가는 일의 순서

이 정체 속에서도

표나지 않게 숨통을 탁, 트이게 하는

자기 빛깔로 한 계절을 나는 것들

자기 빛깔로 최선인 삶이

어우러져 내 안으로 들어온다

이 정체 속에서도

나를 환하게 환하게 다 채우고서야 그대에게 가는 길

길 밖의 풍경, 풍경 속의 길

이 색감과 향기와 일어서려는 기운들을

다 안아 가고 싶다

그대 삶에 심어주고 싶다

"그대"는 실재하는 어떤 이를 말할 수도 있지만, 해방의 날을 뜻한다고 읽어도 무방할 것 같다. 지금, 그 해방의 날로 가는 길은 정체되어 있다. 이 정체를, "지루하고 무미건조한 시간"을, 시인은 견뎌내야 한다. 그 지루한 시간이란 바로 해방의 기미를 보이지 않는 일상을 말할 터, 시인은 이 시간이 아무 의미가 없다고 생각하고 있었다. 아마 논리와 신념으로 꽉 짜여 있을 시인의 가슴은 정체로 인해 답답할 터인데, 하지만 시인은 어떤 순서가 있음을 깨닫기 시작한다. 지금 정지되어 있는 이 시간이 벌려 놓은, 예전엔 "미처 마음 주지 않은" 저 '봄풍경' 안으로 먼저 들어가야 한다는 것을 말이다. 그 풍경으로 들어가

자, 지금 이 정체의 시간에 봄풍경을 구성하고 있는 모든 자연 사물들과 사건들이 "무엇인가 자꾸 자꾸 일어서려"고 한다는 것을, 그것들이 시인의 "가슴을 울렁거리게 한다"는 것을 시인은 몸으로 느끼게 된다. 이어서 일어서고 있는 저 생명들이 "자기 빛깔로 최선인 삶"을 살고 있다는 것을 그는 인식한다.

그리고 그 생명들이 "어우러져 내 안으로 들어오"자 곧 답답했던 숨통이 "탁, 트이"면서 시인의 내부가 "환하게 채"워진다. 그 충만은 "이 색감과 향기와 일어서려는 기운들"의 생명력에 의해 느껴지는 것일 게다. 그런데 자신이 먼저 환하게 채워져 있어야 비로소 그대에게 가는 의미가 있을 것이다. 자신의 충만이 선행되어야 그대에게 갔을 때 충만한 삶을 심어줄 수 있기 때문이다. 이는 윤리적이고도 정치적인 문제다. 다시 생각해 보자. 봄 풍경과 접속하여 그 생명들이 뿜어내는 힘을 받아들일 때 새로운 주체성이 형성된다. 이전의 시인은 논리 체계나 신념에 의해 주체화되어 있었다. 그러나 지금 시인은 그것들을 뒤에 두고 풍경에 걸어 들어감으로써 풍경의 사물들에 내장되어 있는 잠재력들과 접속하면서 정동affect되고 있다. 정동되는 과정 속에서 그는 새로이 스스로의 주체로서 형성된다. 그리고 이 정동되면서 충전된 생명력을 다른 이에게도 나눠줄 수 있게 된다.

이렇게 본다면 해방의 날인 '그대'에게 가는 길의 '정체'는 그 내재적인 주체성의 형성 과정을 통해 풀릴 수 있으며, '그대'에게 주체의 힘을 선물로 줄 때 그대 앞에 서는 날이 될 것이라고 말할 수 있다. 해방의 날이란 스스로 자신을 형성하는 주체들이 자신이 가진 힘을 선물로 서로 나눠주는 날인 것이다. 그렇다면, 그날은 저 미래에만 있다고 할 수 없다. 지금 그대에게 가는 도정 자체가 그날이다. 그래서 시인은 "도착지가 희망이 아니라/숨이 턱밑까지 차오르고 주저앉고 싶은 여기/이 도정이 희망의 주소지"(「흐린 날」)라고 말하는 것일 게다. 저 봄 풍경의 잠재력을 흡수하여 자기 자신이 환해질 때, 그리고 그렇게 생성된 자신의 잠재력을 타인에게 심을 때 비로소 웃음으로 맺어지는 연대가 이루어질 수 있는 것이다.

이 연대는 수평적이다. 또한 이 연대는 어떤 관념적 목적 아래에서 이루어지지 않는다. 몸과 몸의 반응 속에서 맺어진다. 그러므로 이 연대에서는, 우선 몸을 통한 관계를 맺은 이후에 우리가 어디로 가는 것인지, 그리고 어디로 갈 것인지 묻게 된다. 시인은 이미, 「물으면서 전진한다 － 2001년 노동자 대회에 부쳐」에서 "새로운 사람은 현장으로부터 출발하는 수평적 연대의 힘을 노동해방의 그물망으로 짜는 사람이다"라고 말하면서 연대가 수평적으로 맺어진 그물로 이루어져야 한다고 말한 바 있다. 더 나아가 시인은 이 시에서, 이렇게 맺어진 연대의 힘은 "중앙으로 집중된 권력을 현장으로 끌어내"릴 수 있어야 한다고 주장하고는, "새로운 사람은 투쟁 속에서 항상 묻는 사람"이며 "투쟁의 시작에서부터 마지막을 미리 생각하지 않는 사람"임을 표명한다. 정답은 주어지지 않는다. 걸으면서 물어야 한다.

그런데 이와는 약간 달리, 시인은 이 시에서 "물으면서 전진"해야 한다고 주장하고 있는데(그 역으로도 말하고 있지만), 그 '물음'이 진정한 동지가 누구인지를, 정말 투쟁을 가로막고 있는 자가 누구인지를 가려내는 의미로 다소 갑갑하고 협소하게 사용되고 있다는 점은 지적되어야 한다. 사파티스타의 "걸어가며 묻는다"는 구호는 좀 더 심원한 의미를 담고 있다고 생각한다. 걷는 과정에서 문제는 제출되며 해답도 그 상황에서 도출될 수밖에 없다. 교과서적인 '사상'과는 달리 미리 주어진 문제나 주어진 해답은 없다. 이 훈육적이며 통제적인 자본의 네트워크 권력으로부터 탈주하는 걷기를 삶의 지반으로 삼을 때, 미래의 '물음'은 다가오기 시작하며 해결의 방향도 마련된다. 그러므로 답 없는 상황을 그대로 받아들이면서도, 일단 삶을 옥죄는 구조에서 벗어나기 위해 싸우며 나아가는 것이 중요하다.

시인이 「투쟁 사업장의 아침 － 2005년 6월 4일, 금강화성노동조합 공장사수 투쟁에 결합하면서」에서 "답 없는 곳에서 흔들림 없는 동지들의 튼튼한 단결투쟁이야말로／언제나 새로운 사상"이며 "답 없는 곳에서 이미 살아가고 사랑하고 투쟁하는／비상한 몸짓 자체가 길이다"라고 말할 때, 이러한 입장에 접근하고 있다고 생각한다. 그런데 그가 그 "비상한 몸짓"에 대하여 "지금 이곳에서" 일어서는 "활력 있는 율동"이라고 다시 표현하고 있다는 데에 또한 주목된다. 몸짓은 리듬 있는 율동으로 비상한다. 그리고 그 율동은 "높낮이 없이 수평적으로 확장되어 가는/새로운 공동체"를 만들어나간다. 율동적인 움직임 자체가 수평적인 확장을 통한 공동체의 형성을 이루는 것이다.

이 율동은 물음은 있으나 답 없는 곳에서 이루어진다. 확신은 더 이상 투쟁의 동력이 아니다. 물으면서 춤추듯이 움직이는 투쟁이야말로 자본주의의 외부일 공통체를 만드는 강력한 동인이다. 이 동인을 운동의 뿌리라고도 할 수 있다. 양분을 빨아들여 몸 전체로 전달하는 뿌리야말로 나무가 커가는 데의 필수적인 기계다. 그래서 시인은 "뿌리는 확신으로 자라지 않아/이제 뿌리는 물음이고 율동이고 싸움이지"(「2002년 12월 겨울나무」)라고 말하는 것이리라. 물음과 싸움의 중첩되는 율동 속에서 자본의 외부일 공통체는 부드러우면서도 강력한 생명력을 지니며 성장하게 될 것이다. 그리하여, 다음과 같은 독특한 선동시가 써질 수 있게 된다.

어느 친숙한 봄날에
비정규직 노동자 여리고 강한 가슴
파릇파릇 돋아나는 인간다운 삶에 대한 둥그런 의지

어느 친숙한 봄날에
깨지고 짓밟히면서
온통 생을 뒤흔들 단결의 노래는 시작되고

어느 친숙한 봄날에
눈물로 부르는 파업가는
투쟁의 심장에 연대의 연두빛 새순을 티우네

어느 친숙한 봄날에
연두빛 새순이 체념과 절망의 미로를 헤쳐
지상 100M 200M 300M
내전의 총성으로

어느 친숙한 봄날에
연순빛 새순이 지상 100M 200M 300M
더 높이 더 멀리
물결처럼 종소리처럼
지상의 반란을 위해

어느 친숙한 봄날에
어느 친숙한 봄날에
온통 생을 뒤흔들 연대와 해방의 노래가
내전의 총성으로 연두빛 새순이
지상 100m 200m 300m
물결처럼 종소리처럼 오르고 있네
어느 친숙한 봄날에
　　─「어느 친숙한 봄날에 ─ 경찰청 비정규직 동지들의 고공농성 투쟁에 부쳐」

고공농성이라는 목숨을 건 비정규직 노동자의 투쟁을 그리고 있는 이 시는, 그렇다고 절규라든지 어떤 구호들로 점철되어 있지 않다. 도리어 서정적인 부드러운 어투가 "내전의 총성"의 긴박감과 어울려 새로운 파장을 만들어내고 있다. 시인은 지상 300미터 위에서 농성하는 그 아득함과 발밑에서 자라는 연두빛 새순의 "둥그런 의지"가 다른 것이 아님을 보여준다. 살벌한 투쟁이라 할 고공농성이 "친숙한 봄날"을 밀어내지 않는다. 반대로 봄날이 이 투쟁을 품는다. 그래서 투쟁에 새로운 생명력을 심어놓는다. 친숙한 봄날을 저렇게 반복하는 것은, 이런 좋은 날에도 투쟁해야 하는 노동자의 처참한 처지를 극대화하기 위해서가 아니다. 그 생명을 건 투쟁의 좀 더 심원한 의미화를 위해서다.

"지상의 반란"을 촉구하는 저 아득한 높이에서 행해지는 농성은 "연대와 해방의 노래"를 세상에 심는다. 그 노래는 순하디 순해 보이지만 투쟁의 새로운 생명이기도 한 "연순빛 새순을 티우"기에, 아이를 품은 아내의 배처럼 "둥그런 의지"를 생성시킨다고 할 수 있다. 더 나아가 그 연순빛 새순은 그들이 농성하고 있는 300미터 높이로 "물결처럼 종소리처럼" 300미터 하늘로 올라 "온통 생을" 둥글게 "뒤흔들 단결의 노래"를 지상에 울려 퍼뜨린다. 그럼으로써 이 어느 친숙한 봄날의 착취로 얼룩진 세상을, 진정으로 친숙한 봄날로 투쟁을 통해 변화시키는 것이다. 하늘로 올라 물결처럼 세상에 퍼지는 새순은 전망으로 향한 길의 시적인 형상이다. 구체화되었다고는 할 수 없지만, 전망은 이 형상을 통해 좀 더 광활해지고 심원해진다. 고공투쟁은 이제 이 광활한 전망에 의해 조명되고 의미화 된다.

전망은 어쩌면 시적으로 드러날 수밖에 없을지 모른다. 맑스가 말한 '미래의 시'가 바로 전망 아니겠는가. 새순이 가진 잠재성, 그 보이지 않는 생명력이 전망을 비춘다. 고공농성 속에 내장되어 있는 새순 같은 힘이 바로 이 투쟁이 지닌 잠재성이다. 삶에 내장된 생명력이 비추는 전망은 노동을 넘어 거대한 영역에서 드러나기 시작한다. 저 물결처럼 흐르는 생명력은 비정규직 노동자뿐만 아니라 모든 빈자들에게 희망을 심는 것이다. 노동자 해방은 궁극적으로 인간 해방, 삶의 탈환으로 이어져야 한다는 것 역시 맑스의 사상 아니었는가. 그래서 이렇게 드러나는 전망을 풍부히 하기 위해서는 더 많은 시poésie가 필요하다. 상황주의자 바네겜의 말에 따르면 현 자본주의 사회에서는 "곳곳에서 시적인 힘이 사물들의 힘에 의해 포기되고 포기를 강요받"고 있다.6 자본주의 권력

---

6. 라울 바네겜, 『일상생활의 혁명』, 237쪽.

은 시적인 힘을 두려워하여 파괴하려 든다. 시적인 힘은 자본주의 너머에서 삶 자체의 변혁이 펼쳐지는 거대한 전망을 드러내기 때문이리라. 그래서 여전히 더 많은 시편poem들이 필요하다. 시편들은 그 시적인 힘을 보존할 수 있기 때문이다. 새순의 상징적 힘을 인정하고 있는 시인도 이에 동의하리라 생각한다.

논의를 갑자기 급전시킨 감이 있지만, 그래서 '노동시'는 자신의 한정된 장르규정을 넘어 확장되어야 한다고 주장하고 싶다. 시인이 주장하는 차이들의 수평적인 연대는 노동계급을 넘어 모든 소수자들의 연대가 되어야 한다. 이러한 면에서, 비정규직 노동자들의 삶의 현장과 그들의 투쟁을 기록한 이 시집의 미덕은 그대로 인정하더라도, 그들 바깥의 다른 소수자들의 삶과 접속되는 모습이 그다지 보이지 않는다는 점은 다소 아쉽다. 그러한 연대를 보여준 시는, 아마도 정치적 선전의 목적 하에 씌어졌다고(물론 이것이 단점이란 말은 아니다) 생각되는 「이라크의 꿈 많은 소녀들은 부시도 후세인도 원하지 않는다」 정도였던 것이다. 하지만 시인은 이미 "높낮이 없이 수평적으로 확장되"는 율동에 몸을 싣고 있다. 다음 시집에서는, "여백 깊은 향기로 살아／내 삶에 사르르 물기가 도는 투쟁으로 살아／구수하고 얼큰한 해방의 노래"(「다가올 10년은」)에 실린, 더 광활한 대지의 지평에 놓인 소수자들의 삶과 투쟁의 형상을 볼 수 있으리라 믿는다.

(『내일을 여는 작가』, 2007년 봄호)

2장

수평의 시선으로 포착한 이주노동자의 삶

하종오, 『아시아계 한국인들』과 『국경 없는 공장』

시력 30년이 넘었음에도 불구하고 청년 시인 못지않게 왕성한 시작 활동을 보여주고 있는 하종오 시인이 두 권의 시집을 한꺼번에 내놓았다. 『아시아계 한국인들』과 『국경 없는 공장』이 그것이다. 이 두 시집은 한 권으로 묶여도 될 정도로 밀접한 연관 관계를 갖고 있다. 『아시아계 한국인들』은 한국에 정착해가는 아시아계 여성들의 삶에 초점이 맞추어져 있고, 『국경 없는 공장』에는 한국에 불법 체류한 노동자들의 삶이 형상화되고 있다. 두 시집 모두 경제적인 이유로 한국에 입국한 아시아계 사람들의 삶을 150여 페이지가 넘는 두툼한 분량으로 다루고 있다. 하종오 시인은 이들의 삶에 대해 이미 『반대쪽 천국』(2004)의 2부에서 열 댓 편의 시를 통해 형상화한 바 있는데, 그 시편들의 주제를 이 두 권의 시집에 심화 확대하여 담아놓고 있다.

이 시집들은 한국 내에서의 인종과 관련된 차별 문제를 시집 전체를 할애하여 본격적으로 다루고 있다. 온갖 착취를 당하면서도 한국 사회에서 배제되어 온 '코시안(한국계 아시아 인)' 및 외국인 이주노동자들은 하종오의 이 시집들을 통해, 한국어로 이루어진 자신들의 형상을 가질 수 있게 되었다. 이들 코시안 및 외국인 이주노동자들의 배척받는 삶은 여러 매체를 통해 잘 알려져 있고 김재영이나 공선옥의 소설을 통해 섬세하게 조명된 바 있다. 하지만 시작詩作을 통해 접근된 바는 많지 않은 것으로 안다. 절제된 언어 구성을 통한 형상화로 삶을 조명할 수 있는 시는, 이들의 삶이 품고 있는 희망과 절망에 곧바로 다가가 드러낼 수 있다는 장점이 있다. 그런 의미에서 하종오의 이 시집들은 코시안 및 이주노동자들의 입장에서 그들 삶의 현주소를 적나라하게 드러낸다.

그러한 드러냄은 현재 한국 사회의 건강성과 위상을 진단하는 사회적 의미를 갖는다. 한국에서 코시안과 이주노동자들이 겪는 온갖 차별과 착취는 잘 알려져 있지만, 사실 사회 전반적으로 그러한 처사가 무의식적으로 당연시되고 있다. 물론 백인들에 대해서는 사회적인 배제 분위기가 거의 없다. 도리어 이들을 사회에 끌어들임으로써 한국 사회가 한 단계 격상할 수 있다는 의식이 지배적이다. 서구의 백인문화야말로 한국이 뒤따르고 본받아야 할 하나의 척도로 여겨지기 때문이다. 그래서 백인들은 일종의 선망과 추종의 대상이지 배제의 대상이 아니다. 하지만 흑인들과 한국보다 '못사는' 나라에서 온 아시아인들, 특히 피부가 좀 더 검은 편인 동남아시아 인은, 한국에서는 같이 앉아 있기조차 피하고 싶은 기피 대상이다. 다시 말해 동화되기 위해 열심히 인식해야 할 백인들과는 달리, 한국인에게 유색 이주민들은 인식하고 싶지 않은, 외면해 버리고 싶은 대상인 것이다. 그래서 한국에서 거주하는 이들의 고통스러운 삶은, 알려지긴 했지만 인식되고 있지는 않다.

그래서 이들에 대한 무의식적인 배제에 대항하여 이들 개개인의 삶이 가진 가치를 드러내는 시적 형상화는 매우 중요한 작업이다. 하지만 이러한 형상화가 배제된 소수자에 대한 동정어린 시선에 의해 이루어진다면, 그 작업은 도리어 그들의 삶을 파괴하는 체제에 기여하게 될지도 모른다. 왜냐하면 동정이란, 그 순수한 동기를 인정한다고 하더라고, 어떠한 척도로 상대방을 파악하여 상대방의 열등함을 확인하는 감정일 수 있기 때문이다. 이와는 달리 소수자에 대한 형상화는 그들을 배제하는 다수적 사회에 대한 근본적인 비판과 반성의 방향으로 나아가야 한다. 이들을 폭력적으로 착취하면서 배척하는, 한국 사회 전반에 팽배한 파시즘적 심성에 대한 문제제기가 되어야 하는 것이다. 그래야 그 시작詩作은 미시 파시즘에 대항한 정의와 민주주의의 싸움에 기능할 수 있다.

하종오의 신간 시집들은 이런 면에서 믿음직스럽다. 그의 시는 코시안 및 이주노동자를 어떤 시혜적인 시선으로 바라보지 않는다. 즉 그는 위에서 이들을 내려다보지 않고, 수평적인 자리에서 이들을 바라보면서 서로 눈을 맞추려고 한다. 타자에 대한 수평적인 시선을 갖추기란 결코 쉬운 일이 아니다. 그것은 시에 삶을 던진 시인이었기에 가질 수 있는 시선이다. 이론 틀을 통해서 세계를 걸러 볼 때 자칫 수직적인 시선을 갖추기 십상이다. 하지만 문학, 특히 시는 대상에 대한 직관을 중요시한다. 사소한 일이나 작은 대상 하나 하나에서 얻는 직관을 시인은 소중하게 여긴다. 그래서 시인은 수평적으로 대상과 마주하여 그 대상이 주는 낯선 무엇을 낯선 그대로 받아들인다. 그리고 어떤 '미지의 깨달음'에 다다른다. 미지의 깨달음이란 완전히 의식화되지 않았지만 무엇인가 새로운 앎을 얻었을 경우를 말한다. 그래서 이를 말로 표현하기는 어렵다. 그렇기 때문에 시가 필요한 것이다.

하지만 이 말이 결코 이론의 불필요성을 말하는 것은 아니다. 세계에 대한 이론적 인식은 중요하다. 세계를 위에서 내려다볼 필요가 있다. 그래야 전체적인 상을 포착할 수 있기 때문이다. 하지만 시의 수평적인 시선은 이때 미처 포착하지 못한 많은 것들에 다가갈 수 있다. 시는, 이론으로 파악할 수는 없지만 직관으로 포착할 수 있는 어떤 대상을 자신의 시야에 담아둘 수 있다. 코시안과 이주노동자의 삶을 이론적으로 파악할 수 있어야 하겠지만, 그들이 겪고 있는 고통과 그들이 품고 있는 꿈을 드러낼 수 있는 것은 바로 수평적인 시선으로 상대에 접근할 수 있는 시가 가장 적합하다. 그러나 모든 시인이 그러한 수평적인 시선을 갖추고 있는 것은 아니다. 하종오 시인만 하더라도 그 시선을 갖추기 위해 환골탈태의 노력을 기울였다.

　1980년대 하종오 시인은 군사 정권의 폭압과 자본의 횡포에 고통 받는 민중을 형상화하면서, 희망과 투쟁의 힘을 찾아내려고 애썼다. 하지만 몇 년간의 절필을 거친 후 1994년에 상재한 『님 시편』에서부터 본격적인 '님' 연작시를 발표하면서, 그는 새로운 시적 경향을 보여주기 시작했다. 그로부터 십여 년간, 시인은 '님' 연작시를 통해 어떤 본질이라 할 '님'을 발견하고 다시 떠나는 정신적 여정을 보여주었다. 님과의 만남과 이별의 고통스러운 도정은 시인의 정신에 넉넉함과 겸손, 그리고 깊이와 단단함을 획득할 수 있게 하였을 것이다. 그래서 2003년에 상재한 『무언가 찾아올 적엔』의 「하늘 눈」에서 "수년 전에 수직으로 보이던 내가 오늘은 수평으로 보인다"고 말할 수 있게 된다. 이 수평의 시선은 단지 평평한 공간에서의 평등한 접근을 말한다기보다는 "저 홀로 직선으로 허공을 오르지 못하자" "그 푸른 힘을 밑으로 퍼뜨"리는, "팔방으로 이리저리 퍼져나가다가" "휘감을 나무가 없으면 구불구불 엎드"(같은 시집, 「살아서 기는 법」)리는 등나무의 역동적인 움직임과 같다. 시인은 이렇게 획득한 역동적이면서도 수평적인 시선을 통해 더러운 인간사 ─ 도시적 삶 ─ 로 회귀하여 온갖 삶들을 포착하기 시작했다.

　수평적인 시선은, 너가 다르고 내가 다르니 서로 다름을 인정한 상태에서 너를 보겠다는 상대주의적인 시선이 아니다. 그것은 사방팔방 퍼져나가 옆에서 타인의 삶에 접속하고자 하는 시선이지 가치평가가 배제된 시선이 아닌 것이다. 『반대쪽 천국』과 『지옥처럼 낯선』(2006)에서 시인은 현대 도시인의 자본주의적인 삶을 가차 없이 풍자하여 공격하고 있다. 그 시집들에서 그는 살기 위해 소비하는 것이 아니라 소비하기 위해 살아야 하는 도시인의 삶은, 어떤 전도된 세계에 놓여 있다고 비판한다. 마케팅이 본질이 된 세계에서 이들 도시인들은 자신들의 소비적 삶이 위협받지 않기 위해, CCTV를 통해 체제가 자신들을 감시하는 것에 안도하며, 비밀번호 없이는 세상과 접속하지 못한다. 시인은 이렇듯 부조리한 삶이 팽배한 현 한국 사회를 "지옥처럼 낯선" "반대쪽 천국"이라고 명명한다. 이러한 풍자적인 포착 역시 수평적 시선에 의한 직관을 통해 이루어지는 것이다.

하지만 천국처럼 풍요로워 보이는 이 첨단 자본주의는 비정규직 노동자와 이주민 노동자, 농촌에 팔려온 동남아시아 여인들을 착취하며 이루어진 것이다. 『지옥처럼 낯선』의 3부가 잘 보여주었듯이, 휘황찬란한 소비 도시의 번화가 한 구석에는 무료급식차량을 기다리는 노숙자들이 세련된 옷을 입고 돌아다니는 사람들을 퀭한 눈으로 노려보고 있다. 이 노숙자들은 한국 자본주의의 회로에서 튕겨져 나간 사람들, 무능력자라고 낙인찍힌 사람들로 타자화된다. 이들은 원래 우리에게 낯선 사람들이 아니었다. 경제적 파산이 그들을 낯선 사람들, 접촉하기 싫은 사람들로 전락시킨다. 그런데 이주노동자들이나 코시안은 원래 한국인에게 낯선 사람들이다. 노숙자들에 대해서 사회는 '게으른 이들', '낙오자'라는 낙인을 찍었다. 하지만 이 유색인 노동자들에 대해서는 이러한 낙인을 찍을 수 없다. 대신 인종주의적인 편견으로 한국인들은 이들을 타자화 한다. 그리하여 못사는 나라에서 온 이들은 마음껏 부려먹어도 되는 동물에 가까운 족속으로 생각한다.

그래서 이들에 대한 접근엔 수평성이 더욱 요구된다. 이들이 위로부터의 시선에 의해 함부로 판단된다면, 이들에 대한 유형무형의 폭력은 더욱 정당화될지 모른다. 자본의 발달 정도를 척도로 하여 어떤 국민 및 인종의 우열을 따지는 것은 대상을 어떤 척도를 기준으로 하여 판단하는 것이다. 인종을 서열화하는 그 척도는 대부분의 선진 자본주의를 살아가는 백인의 흰 피부색이다. 가장 흰 피부를 가진 백인은 가장 우월한 인종이고 검은 피부를 가진 흑인은 가장 저열한 인종이다. 『아시아계 한국인들』과 『국경 없는 공장』에서, 하종오 시인은 이들 유색인 노동자 및 여성들에 '이리저리' 수평적으로 접근하여 이러한 척도를 바탕으로 한 무의식적 판단을 해체한다. 두 시집 모두 코시안과 이주노동자에 다차원적으로 접근하여 이들 역시 수다한 개성을 가진 인간이라는 점을 형상으로 보여줌으로써, 시인은 이들을 어떤 척도에 의해 서열화된, 또는 어떤 이론에 의해 자리매김 된 존재로 보여주지 않고 그들의 삶 자체를 그대로 드러내려고 한다.

코시안들, 특히 동남아계 여성들의 한국에서의 삶을 보여주고 있는 『아시아계 한국인들』에서, 시인은 어느 정도 거리를 두면서 지나친 비관이나 낙관을 표명하지 않은 채 그들의 삶을 담담하게 그려내고 있다. 이 시집엔 씁쓸한 장면이 나타나기도 하지만, 사소하나 마음 푸근하게 하는 차분한 장면이 등장하기도 한다. 예를 들면, 열차 안에서 한국말로 아이를 달래는 동남아 여인들의 모습(「원어」), 분수대에서 물장난치는 아이들과 섞여 놀고 있는 "피부색 다른/한 아이"의 모습, 한국 청년이 맥도날드 햄버거와 코카콜라를 사주면서 베트남 처녀에게 구애하는 풍경(「베트남계 한국인」), 돈 많은 한국 남자가 늘씬한 백인 여자를 안고 싶어 돈으로 꼬드겨 러시아 여자를 아내로 맞았다가 협의 이혼한 일(「팔등신」) 등이 과장 없이 그려져 있다. 이 이방인들이 한국 사회와 문화에 엉켜 사는 모습에서 드러나는 바를, 시인은 주관을 억제하고 옆에서 포착하고자 했기 때문에 이러한 형상화가 이루어질 수 있었다.

하지만 이 주관의 억제가 시작을 행하는 시인의 주체성을 억누른다는 말은 아니다. 하종오 시인은 직관적으로 포착된 바를 무덤덤한 투로 묘사하거나 진술하지만, 이는 독자가 어떤 장면에서 독특한 느낌을 가지면서 그 의미를 생각하도록 유도하기 위한 의도적 표현이다. 특히 장시 「코시안리」는 한국 농촌으로 시집 와 고된 노동에 시달리는 다양한 동남아계 여인들을 등장시켜 한국 사회 내에 형성된 코시안 마을이 갖는 의미를 독자로 하여금 생각하게 만든다. 이 장시의 마지막에 실린 「보유 – 아시아계 한국인들」은 깊은 여운을 주기에 주목할 만하다. 이 시의 배경은 "동남아에서 시집온 여인들과/그 가족들 초대하여" 열린 군청의 '위로잔치'다. 그 위로잔치는 관리와 지역유지들에게 아부하는 행사로 전락하지만, 그럼에도 불구하고 다음과 같은 숭고한 장면이 그곳에서 벌어진다.

사회자가 단상에 앉은 유지들

일일이 추켜 세우며 떠들썩한 그때

어느 자리에선가 한 아기가 우니

한 여인이 젖통 꺼내 물리자

나머지 아기들도 모두 따라 울기 시작해서

나머지 여인들도 모두 젖통 꺼내 물리자

남편들이 벌떡 일어나 윗몸 돌려

아내들 젖 탱탱 불은 젖가슴 가려주었다

갑자기 은행나무들이 노랗게 물들고

군청 마당이 조용해졌다.

코시안들이 아이들에게 젖을 물리고 남편들이 이를 도와주는 이 숭고한 수유가 모든 거짓된 관료들의 떠들썩함을 잠재운다. 수유를 받고 클 아이들이 바로 한국 사회의 미래가 될 것이다. 갑자기 노랗게 물드는 나무가 그 상징이다. 그 아이들은 '위로' 받아야 할 존재가 아니다. 한국 사회에서 배제될 타자가 아니라 엄연한 그 일원으로서 받아들여져야 할 존재다. 이렇게 하종오 시인은 '코시안'이라는 '타자'의 삶의 현장에서 한국 사회가 나아가야 할 방향을 수평의 자리에서 포착하여 직관적으로 인식한다.

그러나 시인은 코시안의 삶을 낙관적으로만 보지는 않는다. 장시 「코시안 리」의 대부분은 한국에 유입되는 동남아 여인들의 이중으로 고단한 삶을 보여주고 있다. 돈으로 '팔려'와 '아내'로서의 성적 서비스 및 고된 농사일과 집안일을 동시에 행해야 하기 때문이다. 즉 그들은 성적 인종적인 이중적 차별과 착취를 당한다. 그들의 이러한 삶을 드러냄으로써, 시인은 코시안들을 이중으로 착취, 차별하는 자본주의화 된 한국 농촌의 현장을 고발한다. 더군다나 그들은 문화적 차이로 인한 차별과 배제에도 시달려야 한다. 가령 그녀들은 한국 쌀밥을 잘 만들지 못한다고 구박받는다.[1]

하지만 시인은 고발에만 그치지 않는다. 시인은 "비로소 안주인 된" 베트남인 며느리의 모습을 통해 한국 농촌의 삶이 '타자'에 의해 재생산될 것임을 보여준다. 이제 한국 농촌에는 한국 젊은이, 특히 젊은 한국 여성은 살지 않는다. 이제 대지와 직접적으로 접촉하면서 노동하는 농사는 코시안들이 유지해 나갈 것이다. 농사야말로 사회에 가장 기반이 되는 노동이며, 자연과 직접적인 관계를 맺는 노동이다. 코시안이야말로 한국 사회가 자연과 맺는 관계를 이어나가게 할 희망이 되고 있다. 이들의 자식들 또한 이러한 관계를 계속 유지시켜 나갈 터, 이렇게 본다면 코시안은 한국 사회의 기초를 생산하는 지지대라고 말할 수 있다. 하지만 한국 사회는 이렇듯 소중한 이들에 대해 인종적 편견으로 착취와 차별을 행하고 있는 것이다.

『국경 없는 공장』 역시 수평적인 시선으로 도시의 이주노동자들의 삶을 포착하여 드러낸다. 이 시집은 『아시아계 한국인들』보다 좀 더 어두운 색채로 채색되어 있다. 도시에서의 노동자 착취는 농촌에서보다 더욱 도를 더하기 때문이리라. '반대쪽 천국'인 한국 자본주의 사회가 '지옥처럼 낯'설다는 사실은 이들 노동자들의 비참한 삶을 통해 더욱 신랄하게 드러난다. 사실 『아시아계 한국인들』에서 보여준 조심스러운 낙관보다 『국경 없는 공장』에 드러나는 이주노동자의 현실에 대한 인식이 현재 우리에겐 더욱 중요하지 않을까 생각된다. 이 현실에 대해 어떻게 접근하고 어떠한 태도를 취할 것인가에 한국 사회의 일정한 미래가 달려 있다고 보기 때문이다. 한국인이 타자이자 소수자들인 이들 노동자들에 대해 파시즘적으로 대할 것인가, 아니면 다른 소수자들과의 연대의 고리를 만들어낼 것인가에 따라 한국 사회가 가질 미래의 성격이 결정될 것이다. 그래서 이들 노동자들의 착취 받는 삶을 드러내면서 시적 화자가 이들과 어떤 관계 맺음을 할 수 있을지 고민을 보여주는 『국경 없는 공장』이

---

1. 이러한 착취는 동남아인뿐만 아니라 동포에게도 행해진다. 역시 부인으로 '팔려' 온 조선족 여자는 시집살이와 공장 생활을 하면서 세 끼를 먹지 못하고 살아야 했다. 그녀는 고향에 돌아가면 "세 끼를 챙겨 먹겠다고" 다짐하면서 "한국에 다신 오고 싶지 않"(125쪽)다며 한국을 떠난다.

『아시아계 한국인들』보다 더욱 문제성을 가진 시집이라고 생각된다.

　『국경 없는 공장』은 4부로 구성되어 있다. 1부는 이주노동자의 삶의 현장을 다방면으로 조명한다. 여기서 이주노동자 개개인의 희망과 좌절, 혼혈인의 문제, 이주노동자끼리의 관계 등을 읽을 수 있다. 2부는 시적 화자가 이주노동자와 관계 맺으려는 노력을 과장 없이 진솔하게 보여준다. 3부는 산재 사고를 당해야하는 가혹한 이주노동자의 노동 현실을, 훼손된 그들의 육체를 통해 고발한다. 4부는 컨테이너에서 살아가야 하는, 아니 그 공간마저도 빼앗기고 마는 이주노동자 가족들의 비극적인 고난의 순환을 보여주면서, 그들의 행복권을 가차 없이 짓밟는 한국 자본주의와 국가의 잔인성을 간접적으로 비판하고 있다. 이 시집에서도 역시 하종오 시인은 수평의 시선으로 이주노동자 옆에서 그들의 삶을 관찰하면서 이를 형상화하고 있으며, 더 나아가 그들을 타자로 배제하려는 논리에서 벗어나 그들과 연대할 수 있는 고리를 발견하기 위해 노력하고 있다.

　이주노동자가 처한 열악한 노동 실태는, 3부의 시에서 보여준 이주노동자의 외국인노동자병원에의 입원 사유를 통해 구체적으로 잘 드러난다. 가령, 「외국인노동자병원 가는 길」에서는 "기계톱 다루다가 같이 손가락 잘려 봉합"한, 게다가 "봉급도 석달치 못 받"은 인도네시아 노동자들을 소개하고 있다. 그런데 이들의 "오래 전에 코리아로 수출된다는 원목을 베던/아버지들이 밀림에서 병들어 죽"었다고 한다. 아버지의 수난이 코리아 자본을 매개로 아들들에게로 이어진 것이다. 이들 가난한 아세안들은 인도네시아든 코리아든 어디서나 과도한 노동으로 쓰러질 것이다. 이에 이 시의 후반부 장면, 이 손가락 잘린 인도네시아 노동자들이 "고국에선 전혀 볼 수 없었던 늦가을 풍경"의 아름다움에 매료되어 "저렇게 아름다운/잎사귀들을 기꺼이 놓아버리는 나무들이 자라는 땅에서/자신들이 홀대받는다는 게 믿어지지 않는다는 듯이" "한참 동안 서 있"는 장면은 매우 인상적이다. 붉은 낙엽 날리는 아름다운 가을 풍경에 대조적으로 깁스한 두 인도네시아 노동자가 서 있는 장면은 슬픔과 더불어

가혹하고 파렴치한 노동현실에 대한 독자의 분노를 깊이 불러일으킨다.

이 시집 3부에서는 이렇듯 안전장치 없는 과도한 노동 때문에 손발이 잘리거나 죽음으로 몰린 여러 이주노동자들의 모습을 볼 수 있다. "도색 공장에서 작업하다/얼굴에 화상 입"은 스물일곱 살 미얀마리즈는 "표정이 다 벗겨져 버려서"(「성형」) 고국에 있는 딸과 아내가 알아보지 못할 지경이 된다. "양손 엄지만 빼 놓고 몽땅 사출기에 잘려서/손 전혀 쓰지 못하는 파키스타니"의 경우 "왼발 둘째 발가락 하나 떼어 내어/의사 선생님이 오른손 중지로 접합해"주고, 그는 "휴지로 밑이라도 닦을 수 있는/최소한의 능력이 살아났다는" 것에 "다행이다 싶"(「손발가락」)어 한다. "새벽 퇴근길에 뺑소니차에 치"인 "젊은 스리랑칸"이 "한쪽 눈 실명"하는 동안에 "사장이 부도내고 도망가서" 그는 "퇴직금도 받지 못"(「실명」)하는 상황에 빠진다. 가구 공장에서 일하던 어떤 우즈베키스탄 청년은 "각목에 박힌 못에 발바닥 찔리고도/불법체류자라서 내버려두었다가" "파상풍에 걸려 죽"(「귀환」)는다.

그가 왜 병원에 가지 않았는가는, "외국인노동자병원에서 퇴원한/방글라데시 남자는/이제 강제추방 대상자가 되었다"(「불귀」)는 사실을 보면 이해할 수 있는 일이다. 불법체류자는 최대한 자신의 존재를 드러내지 않고 노동하고자 한다. 하지만 병원에 가는 순간 그는 자신의 존재를 국가에 노출시키게 된다. 국가의 배제 정책은 이주노동자, 불법체류자를 더욱 착취할 수 있는 구조를 만들고, 이로 인해 그들은 다음과 같이 기본적인 인권을 박탈당하고 만다. "폐암 말기 진단 받은 콩고 청년"과 "왼쪽 손목 인대 수술 받은 우즈베키스탄 청년", "오른쪽 손목 절단 수술 받은 네팔 청년"은 속이 타는 듯 "어두워질 때까지 천장만 쳐다보"(「세 청년」)는데, 세 청년 모두 추방당할 운명이기 때문이다. 「불귀」에서 방글라데시 남자는 결국 "불법체류자 단속반에 쫓겨서/달려오는 전동차를 향해" 몸을 던진다. 그를 "솜씨 좋은 숙련공으로 인정한/텐트공장 사장은" 그가 곤경에 처했음에도 불구하고 "자기 집에 숨겨 주진 않"는다. 그는 불법체류자를 착취할 만큼 착취하고는 폐품처럼 내버린 것이다.

불법체류자는 열악한 환경을 감수하고 가장 값싼 노동력을 제공한다. 국가는 이들에게 불안정한 지위를 부여하고 자본은 이를 이용하여 그들을 잔혹하게 착취한다. 시인은 이 상황을 분노나 슬픔 같은 감정을 내세워 그려내지는 않는다. 시인의 감정이 개입하지 않아도, 이들이 처해 있는 상황 자체의 제시만으로도 한국 자본주의의 잔혹성이 드러난다. 시인은 불구가 되거나 죽어가는 이들에게 동정심 역시 표명하지 않는다. 이들은 결코 수동적인 존재가 아니기 때문이다. 극도의 불행에도 불구하고 이들은 삶을 살아나가려는 의지를 버리지 않는다. 아이를 사산한 파키스탄인 부부는 "고향에 돌아가 다시 아기 배면" "출산 날까지 무조건 쉬자고" "굳게 언약"(「사산」)한다. 파키스탄인 아내의 사산은 출산이 가까워졌음에도 불구하고 일해야만 하는 상황이 낳은 것이다. 하지만 그 부부는 귀향에의 희망을 안고 다시 일해 나갈 것이다.

신체의 훼손으로 인한 불행이 이들의 삶의 의지와 욕망을 완전히 파괴하지는 못한다. 불행 속에서도 새로운 사랑과 삶이 시작된다. 가령 "외국인노동자병원에서 환자로 만난/미얀마 남자와 필리핀 여자가 병실 오가며 사귀다가 결혼"하는데, 그들은 "각각 다른 공장에서 프레스에 양손가락 잘"려 반지를 서로 끼워주지 못하지만, 그래도 결혼식 날이 "반지를 끼지 않아도 좋은 날"이라고 생각한다. 부케를 받은 이도 "손가락 네 개나 잃은 스리랑카 처녀"(「반지」)다. 신체를 훼손당한 이주노동자들의 집결소인 병원에서, 새로운 사랑이 생성된다. 그래서 이 병원은 어떤 연대와 생성이 새로 이루어지는 장소다. 육체적으로 고통 받는 사람들이 모인 병원은 인종이나 국가를 떠나 화해와 연대의 장이 되는 것이다. 이곳에서의 환자들은 "잡부도 숙련공도 국적으로 나누어지지 않"으며, "한국인 의사 선생님도 인종을 구분하진 않"(「개원」)는다. 육체의 고통에는 국적이나 직업, 인종의 구별이 별 의미가 없다. 이 병원의 환자들은 서로 몰랐던 사람이고 의사소통도 되지 않지만, 육체의 고통과 불법체류자로서의 불안, 고향에 대한 그리움이 그들을 연결시킨다.

간밤에 괜히 술에 취하여

제 조국이 더 잘산다고 우기다가

홧김에 잡고 뒹굴어서

필리피노 한 팔이 금가고

네팔리는 한 다리가 부러졌다

……

병상에 나란히 누운

정형외과 병실에서

서로 바라보며 중얼거렸다

필리피노는,

네팔의 산봉우리들이 아름답겠다,고

네팔리는,

필리핀의 섬들이 아름답겠다,고

왠만큼 뼈가 굳어지자

화장실 갈 땐

필리피노가 부축해주기도 하고

밥 먹을 땐

네팔리가 반찬을 덜어주기도 했다.

—「병상」

육신의 고통이 아름다움에 대한 희구를 불러일으켜서, 고국의 부강 같은 국가주의는 마음에서 사라진다. 누구 나라가 부자니 하면서 싸왔던 두 아세안은, 병상에 눕게 되자 상대방 나라의 자연 풍광을 상상하고 그 아름다움에 찬사를 보내면서 서로를 도와주는 아름다운 마음이 생겨나는 것이다. 이러한 마음은 서로의 육체적 고통을 이해하게 되었을 때 생겨날 수 있었다. 이를 보면 심리적 고통이 아니라 육체적 아픔이야말로, '국가의 부강'과 같은 척도를 생산하는 동일화의 논리가 범접 하지 못하게 한다. 그리고 육체적 아픔을 겪고 있는 사람들이야말로 고통 받는 타인이 용케 얻은 기쁨에 함께 기뻐할 수 있다. 「여성병실」에서, 파키스탄인 남편에게 부축 받고 들어온 한국인 아내가 다리부터 나오려는 아기를 제왕절개 수술로 낳자, 유방암이나 자궁암, 임신중독증, 사산으로 병실에 있던 아시아 여인들이 "제가 낳은 자식인양" '한 목소리로' 기쁨을 토로하고 웃는 장면이 그 예다. 앞으로 아이를 낳지 못하게 되었거나 죽어가는, 국적 다른 그녀들이지만, 삶의 새로운 탄생에 따른 순수한 육체적 기쁨으로 서로 접속되는 것이다.

그래서 무료진료를 해주는 이 외국인노동자병원은 한국인을 증오하던 이주노동자들이 한국인과 손을 잡을 수 있는 가능성을 마련한다. "서너 달치 봉급 못 받고 공장에서 쫓겨"난 "병든 아시아인들"은 무료로 병을 고쳐주거나 조용히 임종을 준비해주는 "의사선생님들을 만난 뒤론/한국인을 달리 봐야 겠다고" "마음을 바꿔 먹"(「무료진료」)는다. 이러한 무료 진료 행위를 동정심에 기초한 시혜 행위로 보는 것은 편협한 생각일 것이다. 노동을 제공하고 상품을 생산한 이들에게 한국 사회가 해준 일이라고는 폭력과 외면이었다. 과도한 노동을 행하다가 육체적 고통을 당해야 했던 그들에게 무료진료는 한국 사회가 할 수 있는 최소한의 일이다. 국가와 자본이 이를 하지 않는다면 시민사회라도 나서야 하는 것이다. 만약 시민사회도 나서지 않는다면, 그 사회는 회복 가능성이 없을 정도로 병들었다 할 것이다. 외국인 노동자를 위한 무료병원은 시혜적인 것이 아니라 한국 사회의 건강성을 위해서라도 필요하다. 여기서 중요한 것은 육체적 고통과 치유의 과정에서 한국인과 이주노동자 간의 우애가 싹틀 수 있다는 것이고, "회진하는 늙으신 의사 선생님이/오래 건강하기를 바"라는 마음이 그들에게 생길 수 있다는 것이다. 여기에서 이들 이주노동자들과 한국인이 같이 살아나갈 수 있는 연결고리가 만들어진다.

하지만 무료병원은 특별한 공간이다. 시집의 1부에서 볼 수 있듯이 병원 밖의 세계에서는 여전히 이주노동자에 대한 차별과 착취, 배제가 횡행하고 있다. 가령, 어떤 공장에 사나운 개가 사라지자 공장장은 퇴근하는 이주노동자를 "개 잡아먹으러 빨리 간다고 두들겨" 패고, 시간 지나서 출근하는 이들에겐 "개 잡아먹고 늦게 나온다고 두들겨"(「초복」) 팬다. 즉 이주노동자가 개보다 인격적으로나 사회적으로 가치 없는 존재로 취급된다. 이러한 인권 유린이 21세기 한국에서 뻔뻔스럽게 버젓이 행해지고 있는 것은 그들이 열등하다는 인종주의적 편견이 뒷받침되지 않으면 불가능하다. "머리를 소중하게 여기는" 네팔리의 머리를 공장장은 아무렇지도 않게 "걸핏하면 손으로" 민다. 공장장은 네팔리의 고유문화에 대한 존중과 그가 느낄 굴욕에 대해 손톱만큼도 생각하지 않는다. 하지만 "청년은 빈손으론 네팔로 돌아갈 수 없어/공장장의 손찌검을 받으며 일"(「머리」)한다.

이들 이주노동자들은 체류 기간이 끝나도 여러 가지 이유로 더 일할 수밖에 없다. 환자라도 되어 병원 신세를 지게 되면, 그들은 "봉급 못 받고 잘릴지도 모르는/출국해야 할지도 모르"(「빙판길」)는 상황에 놓이게 된다. 한국의 '사장'들은 이러한 약점을 이용하여 그들을 착취할 대로 착취한다. 그들은 "한국인 노동자들에게는 다달이 꼬박꼬박" 임금을 다주는 데 반해, 이주노동자에게는 "체류 기간 끝난 달부터"(「체불」) 임금을 주지 않기 시작한다. 이러한 차별은 불합리한 제도를 이용한 착취 행위다. 사실상 최저 임금을 받는 그들이 허용된 기간 안에는 병원비나 빚, 그들이 원하는 돈을 벌지 못한다는 것을, 그래서 불법체류를 할 수밖에 없다는 것을 국가도 알고 있다. 그럼에도 불구하고 강행되는 불법체류에 대한 단속은 결국 이주노동자들이 더욱 노예처럼 노동을 해야 하는 상황에 놓이게 한다. 그 불합리성은, "부모가 합법체류하는 동안에/한국에서 태어난 자식이/부모가 불법체류자가 되면/덩달아 불법체류자가되어/똑같이 벌금도 물고/똑같이 강제출국 당해야"(「대물림」)하는 데에서 더욱 두드러진다. 이 부모와 자식은 귀국하고 싶어도 자신들과 자식에 대한 벌금을 물기 위해 한국에서 계속 일해야만 한다.

자본의 폭력과 제도의 불합리성은 이들 아세안 이주노동자들에 대한 한국인들의 편견과 불신에 의해 지지되고 있다. 이러한 불신은, "재배하우스가/불나서 모조리 타버"리자 마을 사람들이 "간밤 재배하우스에 모닥불 피워 놓고" "쫓겨난 외국인 노동자들 모여/술마시더라는 증언"(「가랑눈 함박눈」)을 하는 것에서 잘 드러난다. 하지만 불의 원인은 대출 농자금 상환 못한 농민의 자살에 있었다. 마을 사람들은 이주노동자들을 아무데서나 행패부리는 무슨 불량배 정도로 여겼던 것이다. 사실 많은 한국인들은 그 타자에 의해 위협 당하고 있다는 느낌을 갖고 있다. 그 위협은 한국인들의 차별과 배제, 착취에 이주노동자들이 분노하고 있다는 것을 한국인들이 부지불식간에 알고 있기 때문이다. 일제 강점기 시기의 일본인 역시 조선인에 대해 같은 감정을 갖고 있었다. 바로 관동대지진 때의 조선인 학살이, 조선인을 무시하면서도 두려워 한 일본인의 이중적 감정을 잘 보여주지 않았던가. 아시아계 이주노동자에 대한 현 한국인의 감정 역시 혼란기에는 폭력적으로 분출할 가능성이 크다.

하지만 이주노동자 병원에서와 같이, 하종오 시인은 자본과 국가와 사회의 몇 겹에 걸친 억압에도 불구하고 이들 이주노동자들이 서로 뭉쳐 나름대로의 공간을 만들어 삶을 되찾는 모습을 보여주고 있다. 시인은 「야외 공동식사」에서, 동남아인 노동자들이 체육대회를 하면서 점심을 맛있게 같이 먹는 장면을 보여준다. "제각각 다른 공장에서" 일하는 이들은 각기 다른 식습관을 보여주지만, 여기서는 "함께 끼니 들며" 한때나마 자신들의 노동을 잊을 수 있게 된다. 또한 시인은 패싸움하던 '우즈베크'와 '필리피노'가 "멀리서 사이렌 소리가 들려오자/언제 싸웠느냐는 듯이 벌떡 일어나" 서로의 "옷을 털어주고/수고했다는 듯이 서로 어깨 툭 한 번 친 뒤/눈보라 속으로 제멋대로들 뛰"(「패싸움」)는 장면도 보여준다. 그들 모두 경찰서에 끌려가면 강제 출국 당할 것을 알고 있기 때문에, 패싸움을 벌인 상대방을 도와주는 동료애를 발휘할 수 있었다. 이는 출신 국가가 나뉘어져 서로 화합하기 어려운 이주노동자들이 국가의 폭력 앞에서는 연대할 수 있는 가능성을 보여준다.

이들의 연대는 말을 통한 계몽으로는 가능하지 않다. 「야외 공동식사」에서처럼 간만에 같이 맛있는 식사를 하든가, 「패싸움」에서처럼 제도적 폭력 앞에서 함께 도주할 때 연대 의식이 생겨난다. 또는 「4인조 밴드」에서 볼 수 있듯이, 이주노동자인 미얀마리즈와 네팔리와 인도네시안과 스리랑칸이 "음악으로 통하"기 위해 결성한 '4인조 밴드'의 연주를 통해 "어떤 나라 말을 하지 않아도 마음을 알 수 있는" 마음의 연대가 이루어기도 한다. 이들이 연주하는 "트로트는 규칙적인 기계소리를 잊게 해서 좋고/락은 한자리 서서 일하느라 굳은 다리를 풀어주어서 좋고/재즈는 작업장에서 생채기 난 몸을 들여다보게 해서 좋고/힙합은 서로에게 느낌으로 흘러들게 해서 좋고,/아시안들이 좋아하니 연주를 멈출 수 없"기 때문이다. 그들이 연주하는 음악들은 과도한 노동으로 시달리는 그들에게 노동으로부터의 해방을, 자신의 몸에 대한 관심을, 감성의 복원을 제공한다. 한편, 동료의 슬픔을 위로하는 술 한 잔이 이주민끼리의 서러움을 연결시키기도 한다. 「외식」에서 아래의 장면은 그러한 동료애의 감정이 어떻게 생성되는지 보여준다.

자바섬에서 살다 온 인도네시안이
며칠 전 그곳에 산사태 났다는 소식 듣자
가족이 묻혀 죽었다고 지레짐작하고는
공장에서 소리내어 울면 쫓겨날까 봐
날마다 주먹으로 눈물만 닦고 있기에
직장 동료들이 위로해 주려고
저녁식사 같이하는 자리 마련했다
염색공장 다니다 한국 여자와 결혼하여
식당 차린 인도네시안 주인이 덤으로
인도네시안 술 한 병 내와 한 잔씩 따라준다
모두들 고향에선 돈도 없고 식당도 없어서
전혀 할 수 없었던 외식을 하면서

눈보라 치는 창문 밖으로 자꾸 고갤 돌린다
불법체류자 단속반이 들이닥칠지도 모르는 시간
갑자기 인도네시안이 울음보 터뜨렸다

이들 불법 체류 노동자들은 서로의 불안과 고통, 꿈을 잘 알고 있다. 이들은 동료가 겪는 불행을 자신의 것으로 생각한다. 가장 억압받고 착취 받는 이들이야말로, 이렇듯 자본의 포섭에서 벗어난 동료애의 공간을 만들 수 있는 능력이 있는 것일지 모른다. 한국 사회가 갖고 있는 척도에 따르면, 이들은 가장 밑바닥 층에 있다. 그래서 이들은 그 척도 자체를 부정하지 않는다면, 자신의 삶을 구해낼 수 없다. 이 이주노동자들보다 상대적으로 높은 취급을 받는 한국의 노동자들은 자신들이 받는 사회적 차별에 대한 분노를 이 이주노동자들에게 돌릴 가능성이 있다. 하지만 이들 이주노동자들은 그러할 대상이 없다. 그래서 이들은 자신들끼리 연대하여 빼앗긴 삶을 탈환하는 길밖에 없다. 하지만 현재, 이주노동자만큼 한국인 프롤레타리아의 삶 역시 걷잡을 수 없이 파괴되고 있다. 그래서 '잃을 것이 아무 것도 없는' 이들 이주노동자들과 한국의 프롤레타리아의 연대 가능성 역시 높아지고 있다. 이를 위해서는 한국 사회에 암적으로 퍼져 있는 파시즘적 무의식을 제거해야 한다.

일단 한국인이 이주노동자의 입장이 되어보는 것이, 그들이 바로 자신과 같은 상황임을 이해하는 것이, 파시즘적 심성을 쫓아내고 연대의 시작을 마련할 수 있다. "가무잡잡한 아시안 둘"을 "무심결에 눈으로 뒤쫓"다가 "그가 직장 다닐 때/미국 가서/주택가 어슬렁어슬렁 산책했던 적에/백인 남자가 그를 뻔히 쳐다보았"던 그 눈길, "그날 기분"을 "떠올려보"는 '무직남자'(「골목길」)의 예에서 타자에 대한 이해의 시작을 볼 수 있다. 그 무직 남자를 향해 사람들이 현재 "눈 끔벅"이고 있다는 것을, 이주노동자와 자신이 같은 처지에 놓여 있다는 것을 그 무직 남자가 알게 될 때, 무직남자와 이주노동자와의 연대는 시작될 수 있을 것이다. 하지만 이러한 연대가 쉽지만은 않다. 하종오 시인은 시집의 2부에서 타자인 이주노동자들에 '내'가 어렵사리 접근하는 과정을 보여주면서, 그러한 연대의 가능성을 현실적으로 타진해본다. 시인은 이주노동자와의 수평적이고 내재적인 관계를 맺을 때에야 연대가 이루어질 수 있다고 보고, 그러기 위해서는 '나' 자신이 그들에 대한 이해를 위해 자신에 대한 반성적 사유를 해야 한다고 생각하는 듯하다.

현재, 한국인과 이주노동자 간의 관계는, 「실업자들」에서 시인이 보여주고 있듯이, "나와 동남아인 노동자들은" 서로 "본체만체" "고개 돌리고" "서로 알지 못하는 채로 멀어져" 갈 정도로 소원한 것이 현실이다. 「불통」에서처럼, "한국 공장에 일하러 온 사람과/동남아 관광지에 놀러 갔던" 나는, "마주쳐도 같이 나눌 이야깃거리 없고" "거리에서 마주치면/그냥 지나치고" 마는 것이다. 이러한 상황을 벗어나기 위해서는 '나'부터 인식 전환을 해야 한다. 동남아인들은 늦가을에도 방한복을 입어야 한다는 사소한 사실에 대한 인식(「방한防寒」)부터 해야 한다. 그리고 국철에서 아시안 젊은 남녀의 행태를 쳐다보면서 "천박한 호기심이 발동했다는 생각"을 할 수 있어야 하고, "나는 아시안 젊은 남녀와 천연하게/동승하지 못하고 있어 낯짝 부끄러"(「동승」)워하는 반성의 자세를 가져야 한다. "한국에서 집 한 채 팔아서 가면/양식 걱정 없이 살 수 있다는 네팔"에서 "반평생 마칠 수 있으면 행복하겠다" 싶은 '잔머리'에 대해 "묵묵히 일하는 네팔인 부부에게/친구가 뱉는 욕지거리 듣고는/네팔인 부부가 돈 벌어 돌아가/너른 땅에 집 한 채 짓고 가축 키우며/높은 산봉우리와 마주해야 하는 마을에/내가 가서 쉬어서는 안된다는 걸"(「잔머리」) 아는 반성적 깨달음이 우선되어야 하는 것이다.

이들 이주노동자들의 고유한 삶을 이해하고 그들 역시 우리들과 같이 욕망하고 힘들어하는 인간이라는 것을 인정할 때 그들과의 연대의 고리는 만들어질 수 있다. 그래서 '나'는 "손님이 많아지는 철에/동남아인 여종업원 둘 그만두자/화가 치밀어 씩씩거"리는 식당 하는 친구에게, 친구 역시 "회사 바쁠 무렵 그만두고/돈 많이 벌어보겠다고 식당 차려서/뒷전에서 욕먹"(「몸값」)은 사실을 환기시킨다. 「귀향」에서 시인이 말하듯이, 돈 벌어서 고국으로 돌아가려는 동남아인들의 욕망은, 반 십 년 일본에 가 돈 벌어와 땅 사고 집 새로 지은 한국인들이 가졌던 욕망과 같다. 또한 "지하 공장에서 합수하며 일"하는 동남아 여자들이 "저녁이면 야채시장에 가서 떨이를 사 담은 비닐봉지를 들고"오는 모습은, "셋방 살던 젊은 적에/집으로 일감을 가져와/바느질해주고 받은 공임으로/저녁이면 찬거리로 떨이를 사 왔"(「떨이」)던 아내의 모습과 같다. 이들의 가난과 고통, 그리고 욕망은 바로 한국인들의 과거의 모습과 유사한 것으로, 열등한 타자의 무엇이 아닌 것이다. 이러한 인식 전환이 이루어질 때, 「털모자」에서와 같이 현재의 저들 역시 우리와 같은 삶을 살면서 나와 '함께' 자본주의를 헤쳐 나가며 살아야 하는 처지에 있음을 새로 깨닫게 된다.

눈보라치는 한겨울이 아직은 먼데
벌써 방한하고 다니는 동남아 사내 둘
뒤따라가는 나는 갑자기 써늘해서
두 손으로 볼을 비빈다
긴 실업의 나날로 이어진 올해
엄동설한 나려면 털모자를 사야 할지 생각한다
한 사람은 처자식을 부양하기 위해
한 사람은 부모님을 봉양하기 위해
나처럼 구직하러 가는 길일까
아침밥 먹은 지도 꽤 지난 시각에
출근하는 건 아닐 텐데
퇴근하는 건 더욱 아닐 텐데
동남아 사내 둘은 골목을 빠져 나와서도
내 앞에서 내쳐 가고 있었다

실업의 나날들은 한겨울처럼 춥다. 역시 실업의 나날을 보내고 있을 동남아인들은 이러한 추위를 더욱 뼈저리게 느껴서 벌써 방한을 하고 다닌다. 그들을 낯선 이물질처럼 여기지 않고 '나'처럼 실업의 추위를 느끼고 있는 사람들이라는 것을 인식할 때, 그들에게 접근할 수 있는 길이 열린다. '나'처럼 그들도 허기진 사람들이라는 것을 인식할 때, 「점심」에서처럼 "피부도 이목구비도 다"른 동남아 노동자들이 국물 마시는 소리에 덩달아 '나'도 "국물 후루룩 후루룩 들이"키면서, 그들과 눈길 마주쳐 서로 싱긋 웃을 수 있는 것이다. 시인은 이 싱긋 웃는 관계에서 더 나아가 그들과 말문을 열고 싶어 한다. 「말문」에서 '나'와 나물 캐는 동남아인 남녀는 밭둑에서 마주쳐 서로 싱긋 웃는다. 하지만 "왜 말 걸지 못했을까" 반성한 시인은, 나물 요리 방법을 "넌지시 일러만 주었어도/서로 말문 열렸겠다 싶었다"고 생각한다. 또한 「인사」에서 '나'는 자주 마주치는 파키스타니와 앞으로 수인사해야 한다고 생각하면서 "그도 그런 생각 하고 있을" 것이라고 짐작한다. 나만이 아니라 이주민 역시 나와 소통하고 싶다면, 어떤 작은 계기만 주어져도 '나'와 저 이주민은 소통의 관계를 맺을 수 있는 가능성이 크다.

하지만 하종오 시인은 이 시집에선 '나'와 이주민노동자 간의 더 발전된 관계를 보여주진 않는다. 연대와 소통의 가능성만 제시하는 데 시인은 멈춘다. '나'와 '그들' 사이의 말문이 어떻게 열릴지는 독자가 상상해야 한다. 시인이 더 앞으로 나아가지 않은 것은 시적 효과를 위한 것일지 모른다. 시는 독자의 상상력을 자극시켜야 하기 때문이다. 그러나 한편으로 독자의 입장에서는 '내'가 저들과의 관계맺음으로 해서 어떤 변화가 일어날지 궁금하기도 하다. 관계맺음은 상호 생성을 이끌어내는 것이기 때문이다. 하지만 하종오 시인은 섣불리 상상하지 않는다. 시인은 수평의 위치에서 그들의 삶을 바라보려 하기 때문이다. 섣부른 예단은 시인이 고수하려는 수평의 위치를 상실하게 할지 모른다. 예단을 하기 위해선 사태를 위에서 아래로 내려다보아야 한다. 그래서 상호 생성을 쉽게 예단하는 것은 도리어 수평적인 얽힘에 의한 뜻밖의 생성을 가로막을 수 있다. 게다가 수평적인 위치의 상실은 긍정적이든 부정적이든 현재의 그들과 '나'와의 실제적인 관계를 가려버릴 수도 있다. 그러나 「저녁시간」에서 시인은, 아직 소원함에서 벗어나진 못했지만 그래도 이제 행하기 시작한 이주노동자와의 접촉이 '나'의 '변화─생성'을 일으키고 있음을 포착한다.

붐비는 저녁 시간에 지하철 타고
나는 핸드폰으로 아내에게
귀가 중이라고 통화하다가
귀에 익은 목소리 들려 돌아다보았다
지쳐 귀가하는 사람들 틈에서
왜소한 몸에 팔다리 짧은 내가
핸드폰에 연신 번호를 눌러대며
동승한 사람들에겐 아랑곳하지 않고
혼잣말을 중얼거리고 있었다
옷차림을 보니
일용직 잡부의 그것
이목구비를 보니
귓바퀴는 몽골인의 그것
눈매는 베트남인의 그것
입술은 타이인의 그것
콧대는 캄보디아인의 그것
수수천년 전 수수만년 전
어디선가 헤어졌던 내가
오늘 돌아와서 한 소식을 나에게 전하려고 전화 걸다가
계속 통화 중이라서 투덜대고 있는가
지하철이 역에 정지했을 때

내가 바지 뒷주머니에 핸드폰을 꽂고
승강장에 내려 인파 속으로 사라졌다
나는 아내와 통화하다가
나를 멍하니 바라다보았다

'나'는 지하철에서 본 어떤 '잡종인'에서 자기 자신을 보고 있다. 일용직 잡부의 옷을 입은 그의 얼굴은, 한국 사회의 척도로 볼 때 백인의 얼굴과 몇 등급 떨어진 저 하급 인종들인 몽골인과 베트남인, 타이인, 캄보디아 인의 얼굴 특성이 혼합되어 있다. 그런데 그 혼합은 척도를 뒤흔들어 놓는다. 척도는 서열을 매길 수 있는 기준이다. 반면 혼합은 서열의 수직성을 무너뜨리고 서로 다른 것들을 수평적으로 척도 없이 연결한다. 이주노동자들과의 수평적인 접촉은 등급이 매겨져 있을 '나'의 얼굴을 해체하고 잡종의 얼굴을 생성한다. 하지만 하종오 시인은 과장하지 않는다. 아직은 잡종인이 된 나와 이를 바라보는 나와는 거리가 존재하고, 그 '잡종인-나'는 인파 속으로 지하철에 나타났다가 곧 인파 속으로 사라져버린다. '나'는 갑자기 나타났다가 사라진 그 잡종인을 아직 자기화하진 못했다. 나는 잡종인이면서 아직은 잡종인이 아닌 것이다. 그러나 나와 잡종인 사이의 거리가 사라질 때 나는 "동승한 사람들에겐 아랑곳하지 않고" 살아갈 수 있을 것이다. 즉 '나'는 잡종인으로서의 삶을 자연스럽게 받아들이고 살아갈 것이고, 역시 잡종인인 이주노동자들과 자연스러운 관계를 가질 수 있을 것이다.

하종오 시인이 시 「국경 없는 공장」에서 말하듯이, 현재 한국의 공장은 이민족 사람들이 혼재하는 공간이 되었다. 즉 공장엔 국경이 없게 되었다. 공장엔 스리랑카, 미얀마, 인도네시아, 필리핀, 베트남, 인도에서 온 청년들이 모여 노동하고 있다. 이는 알다시피 자본의 세계화를 특징으로 하는 신자유주의와 함께 노동의 세계화가 이루어지고 있기 때문에 일어난 변화다. 또한 세계화는 세계의 모든 국가의 사람들의 운명을 뒤엉키게 하고 있다. "날염 하청공장 차린” “내 친구는” “이라크 전이 터져 망”하고 그의 “군대 간 아들”은 “봉급 더 받으려고 자원하여/이라크 전에 참전한”다. 한국의 자본–공장이 이라크 전쟁에 영향을 받듯이, 이주노동자들의 한국에서의 노동은 또 다른 세계 전쟁 위에 놓여 있다. 공장의 노동자들인 동남아인 사이에는 국경이 없지만 한국인 자본가와 그들 사이에 국경이 있기 때문이다. 그것은 자본가와 노동자 사이의 국경인 차별과 착취, 인종주의적인 배제의 국경선이다.

그래서 “시장에서 살아남아서/돈을 모아 아버지한테 돌아가기 위해” 한국의 공장에서 노동하고 있는 베트남 청년은, 한국군과 싸웠던 아버지 세대와는 국경을 달리 생각한다. 그는 “조국에서 가난하면/타국에서도 가난해서/베트남 청년이 넘을 수 없는 국경은/전쟁으로 이룬 나라에 있지 않고/돈으로 이룬 나라에 있다고 믿고 싶었”(「국경」)던 것이다. 전쟁하는 나라 사이의 국경과는 달리 국경 없는 공장에서의 국경은 “돈으로 이룬 나라”에 놓여 있다. 그 국경선은 가난과 부 사이를 갈라놓고 있다. 그 국경선은 한국뿐만 아니라 전 세계 어디에도, 즉 베트남에도 놓여 있을 것이다. 베트남 청년은 “늘 배가 고팠”기에 돈을 모으려고 이 국경 없는 공장 ─ 시장 ─ 에서 자본과 전투를 하고 있다.

하지만 가난한 나라의 병사는 늘 파괴되어 왔다. 이 베트남 청년보다 일찍 한국에 와서 노동한 베트남 중년 사내가 “한국군 총에 맞아 손목 날아간/젊은 아버지”와 마찬가지로 “오른손 없는/빈 소매”로 “고국 베트남으로 돌아가서/아버지같이 살아야 하는”(「외국인노동자병원 나오는 길」) 운명에 처하듯이 말이다. 베트남 청년 앞에 놓인 운명도 바로 중년 사내의 그것과 같을지 모른다. 하지만 약한 베트남이 미국과 한국 연합군을 이겼듯이, 전쟁은 누구의 승리로 끝날지 모른다. 자본과의 전쟁이 일어나고 있는 국경 없는 공장에서 온갖 나라에서 온 이주노동자들이 잡종화되고 그리하여 서로 연대할 수 있다면, 돈이나 인종이라는 척도, 그 국경을 점차 무너뜨려갈 수 있는 것이다. 이 연대에는 잡종인이 되어가는 한국인 역시 가담할 수 있다. 국경 없는 공장에는 한국인 역시 노동하고 있는 것이다. 「저녁시간」에서의 또 다른 ‘내’ ─ 잡종인 ─ 가 입었던

'일용직 잡부'의 옷을 입고 말이다.

이 시집의 4부인 장시 「컨테이너 신혼방」은 면밀하게 살펴보아야 할 수작이다. 하지만 벌써 너무 많은 지면을 사용하여, 간략하게 언급하고 글을 맺을까 한다. 컨테이너를 중심으로 이합 집산하는 이주노동자들의 삶을 그리고 있는 이 시는, 자본의 순환과 이에 직접적으로 영향 받는 최하층 노동자의 삶의 변화가 압축적으로 그려져 있다. 앞에서 보았듯이, 불법체류 노동자들은 주거마저도 보장받지 못하고 당국의 눈을 피해 이리저리 숨어 다녀야 한다. 자본은 이를 철저히 이용해서 이주노동자들을 더욱 가혹하게 착취한다. 이 시에서 시인은 한국의 자본과 불합리한 국가제도가 이주노동자들의 자연스러운 생식과 출산을 파괴하고 있음을 고발한다. 즉 그것들은 삶 자체를 파괴하는 것이다. 그리고 무의식적 인종주의는 이러한 파괴를 뒷받침 해준다. 이 시의 전개를 간략히 정리해보자.

이 장시의 첫 번째 시에서 시인은, 임신했지만 야근을 해야 하는 이주노동자들의 처지를 그리고 있다. 우즈베키스탄 남자의 부인인 스리랑카 여자는 야근 때문에 하혈을 하여 드러눕고, 부인을 간병하느라 남편이 연일 야근을 못하자 공장 사장은 그들을 불법체류자로 신고해버린다. 그래서 그 부부는 각자 나라로 추방당하여 생이별을 하게 된다. 또한 임신한 네팔처녀는 "제 영토에서 태어나는 아이를/제 국민으로 받아들이지 못하는 나라에선/어미의 뱃속에서 죽는 게 운명이라고" 생각하여 "임신 삼 개월에 유산"(2)한다. 파키스탄인의 만삭이 된 한국인 아내는 "아버지 닮아 갈색 피부가 분명할 자식을/자기들보다 피부가 희지 않으면/얕잡아보는 나라에선 키우고 싶지 않"(3)아 남편과 함께 한국을 떠날 준비를 한다. "젊은 타이인 부부는" "석 달 동안 임금을 받지 못"하고 "다른 공장에서 번 돈으로는/뱃속에서 죽은 아이를 수술하는 데 써버"(4)려야 했다. 사장은 외국인 남녀들을 두 조로 나누어 남자 조는 야간에, 여자 조는 주간에 근무시켜 "어느 컨테이너에서도 외국인 여자는 임신하지 않"(5)게 한다. 노동에 장애가 되는 사랑과 임신을 아예 불가능히게 만들어버린 것이다.

외국인노동자병원과는 달리, 컨테이너는 자본의 권력이 직접적으로 행사되어 이주노동자들의 삶이 파괴되는 공간이다. 하지만 그것은 그들의 보금자리이기도 하다. 그런데 "염색공장 사장은 염색공장을 팔아넘기고 사라"지고, 지게차들은 그 보금자리인 컨테이너를 야산에 버린다.(6) 그 와중에 필리핀인 산부가 유산한다.(7) 하지만 그 컨테이너에는 다시 삶이 깃든다. 왼쪽 손이 마비된 스리랑카 남자와 오른쪽 다리를 저는 네팔인 여자 부부가 살기 시작하는 것이다. 그들은 회사 폐쇄 후 직장을 구하러 다닌다. 하지만 결국 석 달 후 불타 죽은 시체로 발견된다.(8) 그 컨테이너에는 다른 이주노동자 부부가 다시 들어와 신혼방을 차린다.(9) 도랑가에 버려진 '기우뚱한' 컨테이너에도 파키스탄 인 부부가 들어와 아기를 키우며 살아간다. 그들은 월세와 각종 요금을 절약하게 되었다고 기뻐한다.(10) 상수리나무 아래에 버려진 컨테이너에는 방글라데시 남자와 스리랑카 여자가 살기 시작하여 아기까지 낳는다. 하지만 그 아기에게 "태어난 마을이 고향이고/태어난 나라가 고국이라고는" "차마 말할 수 없었"다.(11) 이들 동남아인 부부 세 쌍은 "한 컨테이너 앞에 처음으로 모"여 "산에서 들에서 뜯은 잎과 열매와 뿌리를/각자 식성에 맞게 볶고 데치고 무쳐서" 식사한다. 하지만 체류기간이 끝난 지 오래인 이들은 차마 서로의 미래에 대해 말하지 못한다.(12) 그러나 이러한 주거도 오래가지 못한다. 어느 일요일, 이들이 시장에 간 사이에 지게차들이 와서 컨테이너를 모두 공장으로 수거한 것이다.(13) 그들은 졸지에 집을 잃고 노을 녘에 한 자리에 모여 한국에 대해 분노한다.(14) 염색공장이 다시 가동되기 시작하고, 컨테이너엔 공장에 취직한 새로운 동남아인 부부들이 모여들기 시작한다.(15)

이러한 전개를 보여주는 이 시는 예전 민중 서사시에서처럼 주인공의 행위를 중심으로 전개되는 서사적 구조로 구성되어 있지 않다. 하종오 시인은 철거되었다가 다시 공장에 배치되는 컨테이너를 배경으로 그 속에서 살아가야 하는 여러 쌍의 이주노동자 부부의 삶을 형상화하면서 반복적인 리듬을 형성하도록 시를 구성했다. 이 반복성은 자본의 순환과 재생산에 관련된다. 반면 그 순환과 모순적인 관계에 놓여 있는 이주노동자들의 삶은 재생산되지 못하고 폐기된다. 폐기된 그들이 남긴 빈자리에 삶의 의욕을 가진 다른 이주노동자들이 컨테이너를 계속 채우겠지만, 그들은 또한 자본에 의해 계속 내쫓기고 폐기될 운명에 놓이게 될 것이다. 자본의 재생산은 이주노동자들의 교체를 통해 재충전되면서 이루어진다. 이 과정에서 이주노동자들은 일종의 쓰다 버릴 물품으로 취급된다. 이에 대해 동남아 부부들은 열 네 번째 시에서 다음과 같이 분노를 토로하고 있는데, 한국인들은 이 말에 귀를 기울여야 할 것이다.

> 서쪽으로 지는 해를 보면
>
> 가슴속이 서럽기는 마찬가지일 텐데
>
> 왜 자신들과 함께 보려고 하지 않는지
>
> 해가 짧아져 머지않아 추워지면
>
> 따듯한 집에 들어야 하기는 마찬가지일 텐데
>
> 왜 자신들에게 뺏어가려는지
>
> 정말로 한국인들을 알 수 없었다
>
> 컨테이너들 있던 자리마다
>
> 어스름이 스멀스멀 밀려왔다
>
> 필요해서 일하러 왔지만
>
> 필요해서 일을 시킨 뒤에는
>
> 늘 버리려고만 드는
>
> 한국을 떠날 수 없는 자신들을 슬퍼하며
>
> 동남아인 부부들은 짐을 들고 메고 더 어둡기 전에 제각각
>
> 야산 골짝을 찾아가 낙엽을 주워 모은 뒤
>
> 그 위에 담요를 깔고 덮고 누웠다
>
> 타국이나 자국이나
>
> 가난한 사람들 내모는 법은 마찬가지라고

동남아인 부부 모두가 생각하는 한밤중에
어느 야산 골짝에선가 아기가 새끼늑대같이 울었다

　하종오 시인의 이 시집은, 늑대처럼 성장할 이주노동자들의 자식들이 우
는 울음소리를 한국의 독자들에게 들려주려고 시도한다. 분노 속에서 성장한
그 늑대들은 머지않아 한국 사회의 여기저기에 출몰할 것이다.

(『내일을 여는 작가』 2007년 가을호)

3장

'살의 장'의 구성과 잠재성의 심해

황규관,『태풍을 기다리는 시간』

황규관 시인의 시에는 육성이 흘러나온다. 시인 본인이 예전에 출간된『패배는 나의 힘』의 첫머리에 실린 시「흐르는 살」에서 "살이 말을 녹인다"라고 말하고 있는 것처럼, 그의 시에는 살에 녹은 말들이 흘러나오고 있는 것이다. 여전히 혁명을 꿈꾸는 시인인 그는, 그 혁명에의 추구가 살에서 시작되지 않고 이념에서 도출되었던 과거의 혁명론에 대해 비판적인 시각을 갖고 있다. 그래서 시인은 살로부터의 혁명을 생각하기 위해, 그 시집에서 자신의 패배와 비루를 과감 없이 노출하고, 그로부터 혁명의 기반을 새로 마련하고자 했다. 신간 시집『태풍을 기다리는 시간』(실천문학사, 2011)의 시 세계 역시『패배는 나의 힘』이 보여준 시 세계의 연장선상에 놓여 있다고 판단된다. 살에서 출발하여 무엇인가를 말하고자 하는 시작 방향은, 이 시집의 여러 시편들에서 나타난다. 그래서인지 2008년 '촛불' 정국 때 쓴 시일「2008년 6월에 쓴 시」는 당시 여타 '촛불 시'와는 다른 면모를 보여준다. 시인은 촛불에 대해 계몽적인 평가를 내리거나 또는 무조건적인 찬양을 하거나 하지는 않는다. 사실 두 태도가 상반된 것 같으면서도 그 태도들은 촛불을 자신의 현재 일상과 연결 지어 생각하지 않는다는 점에서 공통점을 가지고 있다. 반면 황규관 시인은 그 시에서 촛불의 함성과 자신의 삶을 형성하고 있는 생활 사이에 어떤 관계를 맺으려고 함으로써 '촛불시'의 또 다른 차원을 보여준다.

시인은 "드디어 은행 잔고가 텅 비게 되었다"는 진술에서 시를 시작한다. "아내 몰래 숨겨 놓은 돈을, 다 건네"주었기 때문이다. 그 돈을 누구에게 건네준 것일까? 촛불에 감동받아서 투쟁기금으로 내놓았던 것인가? 만약 그랬다면 시인은 그에 대해 시를 쓰지 않았을 것이다. 시에 그러한 자신의 '선행'을 기록한다면, 시는 자칫 자기만족으로 빠질 수 있기 때문이다. 허나 그 돈을 투쟁기금으로 내놓지 않았다고 하더라도 흔한 반성으로 빠질 시인이 아니다. 아니나 다를까 시인은 "나는 그것을 투쟁 기금으로 내놓지 못한 것이 하나도 부끄럽지 않다"고 쓴다. 그 돈은 "아이놈 약값과 아내가 꾸려야 할 살림에/나는 사심 없이 항복한 것이다"는 구절에서 짐작할 수 있듯이 아내에게 건네졌을 것이다. 그런데 그 돈을 흔쾌하게 건네줄 수 있었던 것은 바로 촛불에서 느꼈던 "생명의 물길" 때문이라고 시인은 말한다. 그 개인적인 행위를 촛불의 일렁이는 힘과 연결시키고 있는 것이다.

촛불의 물길은 "고작 아내 몰래 빼돌린 돈 몇 푼마저/다 휩쓸어 가버린 것"인데, 왜냐하면 "비가 쏟아지는 거리의 함성 속에서" "생살을 비집고 들어오는 믿음을" 얻을 수 있었기 때문이다. 그 믿음은 "돈을 어떻게 쓸까 하는/자잘한 계산을 차 버"릴 수 있게 했던 것이다. 그렇기에 아내에게 돈을 건네 준 행위는 촛불이 마련해준 개안開眼과 연결되어 있다. 그 개안은 "이 싸움이 어떻게 될 것인가 하는 걱정과/의심과 회의를 말끔히 지워버"릴 수 있게 했다. 시인의 삶에 비집고 들어온 촛불은 이렇게 시인을 개안시키고 "너저분한 계산"에서 해방시켜 그를 "허공이 되"게 하고 "구름이 되"게 하며 "바람이/맨몸을 휘감"도록 만든다. '촛불'의 물결이 지나간 지 몇 년이 지난 지금, 이 시를 읽으면서 촛불에 대해 다시 사유하게 된다. 제법 많은 '촛불시'가 발표되었지만, 이렇듯 '촛불'

이 시인 자신의 살에 파고 들어오는 측면을 조명하는 시는 많지 않았다. 이 시는 아내에게 감추어둔 돈을 건네준다는 개인의 일상적인 행위를 촛불과 연결시킴으로써, '촛불'이 어떻게 시인의 살이 되었는지 구체적으로 실감 있게 보여주고 있는 것이다.

자신의 '살'에로 파고들어 말을 꺼내려고 하는 시인은 타인의 삶에 대해 말할 때에도 그러한 태도를 견지한다. '살'의 생생한 현장성을 그는 신뢰한다. 「죽음들」을 보면, 그를 찾아오는 귀신마저도 그러한 '살'로서 다가온다. 그를 찾아오는 귀신들은 생활고로 자살하거나 국가나 자본에 의해 직간접적으로 살해된 이들이다. 죽음은 "일가족을 태운 채 강물에 뛰어들어 죽고/고전적으로 공중에·목을 매"다는 구체적인 행위로 이루어진다. 시인이 이러한 행위들을 열거하는 이유는 죽음은 구체적이라는, 즉 '살'의 문제라는 뜻을 전달하기 위해서일 것이다. 죽음이 관념화되고 형이상학화 되면, 특정한 죽음이 이루어지게 되는 그 폭력의 맥락이 사라지게 된다. 시인이 억울하게 죽게 된 사연을 구체적으로 쓰는 것은 이 때문이다. "맞아죽고/까마득한 절벽 아래로 떠밀려 죽고/몽땅 방화된 죽음도 섞여 있다"고 시인이 말할 때, 거기서 '용산 참사'를 떠올리는 것은 자연스러운 일이다. 용산만이 아니다. 그러한 죽음에서 우리는 국가와 자본에 의해 타살된 숱한 사람들을 기억할 수 있다. 그들은 구체적인 상황 속에서 구체적인 폭력에 의해 육체적으로 살해당했다.

이렇듯 시인은 죽음의 육체성을 부각시키면서도, 하지만 그 죽음의 바탕이 되는 공통성을 놓치지 않는다. 귀신들은 "비슷비슷한 내력으로/별 다를 게 없는 설움으로/굴욕에 무너진 식은땀으로/자꾸 내 삶에 부벼"댄다는 공통점이 있다. 그들은 설움과 굴욕 속에서 죽어간 이들이다. 내력도 비슷할 것이다. 가난했고 그래서 무지 고생했으며 그것은 죽기 직전까지도 마찬가지였을 내력. 그런데 시인에게 그 내력을 가진 귀신들은 시각적으로 나타나는 것이 아니라 "부벼대"며 나타난다. 즉 시인의 삶의 살에 그들은 직접적으로 접촉한다. "생살을 비집고 들어"왔던 촛불은 시인에게 믿음을 주었지만, 매일매일 시인의 살을 비벼대려고 찾아오는 귀신은 시인의 "심장을 두려움으로/천천히 진화시"킨다. 귀신들 역시 시인의 살이 되고 있지만, 그것은 가난한 사람들이 설움을 안고 굴욕을 받으며 살다가 죽어야 하는 공포의 현실이 시인의 삶에 밀착되어가고 있다는 것을 뜻한다. 삶의 살이 되고 있는 이 공포의 진실을 가감 없이 인식하는 것, 이 또한 황규관 시인의 특유한 시작 태도다.

현실에 덧댄 포장을 벗겨내고 현실을 그 자체로 인식하고자 하는 태도는 「심장의 빛깔」에서도 엿볼 수 있다. '붉은 심장'과 같은 시적 어구는 시인에겐 "한갓 농담이거나 낭만적/수사에" 불과하다. 왜냐하면 이젠 심장 색깔이 사람마다 다 다르게 되어버린 것이 현실이기 때문이다. "어떤 심장은 분명 푸르스름한 병색이고/또 어떤 심장은, 시커멓게 탄" 색깔일 테니 말이다. 물론 '붉은 심장'은 사람들의 정열을 의미하는 비유라는 것을 시인이 모를 리 없다. 문제는 그 비유가 육체적이고 현장적인 인식을 가로막을 수 있다는 데 있다. "심장이 다 타버린/깡마른 눈빛들이 주위에 지천"인 현장 말이다. 이 현장을 인식하기 위해서는 추상적인 '인간'에 기초하지 말고, 이제 병색이거나 흙빛이 되어버린 심장의 살 색깔 그 자체에 주목해야 한다고 시인은 생각한다. 심장이 그렇게 상한 것은 「죽음들」에서 보았듯이 매일매일 반복되는 공포 때문일 것이다. 설움과 굴욕을 당해야 하는 삶의 현실 자체가 심장을 그렇게 병들게 만들었을 것이다.

시인은 심장이 그렇게 파괴되었다는 것을 그대로 인식하는 데에서부터 어떤 새로운 출발을 할 수 있다고 생각한다. 검거나 푸르스름한 심장을 '붉은 심장'이란 비유로 덮어씌우는 방식이 아니라, 그 "상해 버린 심장을 서로 맞대어" 보는 데서 시작해야 한다는 것이다. 귀신이 시인의 심장에 비벼대고자 했던 그 마음으로, 살아 있는 사람들은 각자의 다른 색을 띤 심장의 살을 서로 맞대면서 무엇인가를 할 수 있다. 그 행위는 어떤 거창한 목적을 위해서가 아니고 "슬픔을/조금이나마 덜어보기 위한 몸부림"에 불과할 것이다. 하지만 이 '몸부림'이 없다면, 다른 삶의 길을 함께 만들어나가기는 힘들 것이다. 병든 심장을 맞대면서 "우선 제 심장에 남아 있는 마지막 안간힘을/한 번 더 확인해 보"려는 시도를 통해 비로소 다른 삶의 길을 뚫는 작업을 시작할 수 있다. 어떤 추상적인 이념이나 미학에서 시작하는 것이 아니라 삶의 육체 자체가 파괴당하고 있는 현장으로부터 다른 삶의 길을 찾으려는 시인의 시도는 「만국의 노동자여 분열하자」라는 아이러니한 제목의 시에서도 나타난다.

시인은 그 시에서 "건너기 힘든 깊은 간극이/우리 내부에 있다"는 현실 진단을 선언조로 내린다. "찢겨져 버린 시간이/우리 영혼에 부어졌다"는 것이다. 맑스의 『공산당 선언』이 발표된 후, 노동자 운동 및 변혁 운동의 신조는 "만국의 노동자여, 단결하자"였다. 이 신조는 20세기 한국 노동자 운동에서도 기본이 되는 방향이었다. 그런데 신자유주의가 가속화된 21세기에 들어서자 노동자 계급 내부에도 분열이 생기게 되었다. 그 분열은 삶의 양식 자체의 분열이었고 그것은 또한 욕망의 차별화 역시 만들어냈다. 욕망이 다른 사람들에겐 시간도 달리 체험되므로, 삶 자체도 달라진다. "찢겨져 버린 시간"이란 이렇듯 차별화된 삶을 가리킬 것이다. 시인은 노동자 계급의 단일 대오가 다른 시간 층위에서 사는 사람들로 찢어졌으며, 그래서 이젠 실질적으로 무너졌다는 현실을 인식한다. "같은 시간을 살았다 했는데/길은 수만 갈래가 되어 버렸다"는 것이다. 이에 대한 시인의 "버리지 못한 회한만 나누어 가졌다"는 평가는 통렬하다. 시인은 이렇게 노동자 내부가 실질적으로 갈라져버렸다면, 아예 분열해버리고 다시 시작하는 편이 낫다고 주장한다. 다음은 이 시의 후반부다.

우리 이제 분열하자
만국의 노동자여, 분열하자

하나에서 여럿으로
소음에서 새벽으로
거리에서 냇물로, 분열하자

광야로 산허리로
다리를 절룩이는 비둘기로

거친 모래알처럼 도끼에
쪼개진 마른 장작처럼
병든 새끼를 버리고 떠나는
굶주린 암사자처럼
어둔 허공으로 사라지는 불티처럼
활활 분열하자

비 그치면 우북해지는
허리 아픔이 되자
그 위로 부는 바람이 되자

"만국의 노동자여 분열하자"라는 시 제목은, 이 대목을 보면 냉소적인 패러디가 아니라는 것을 알게 된다. '단결'을 신조로 하는 과거와 단절하기를 시인은 정말 원한다. 정말 진지하게 분열하자고 시인은 제안하고 있는 것이다. 이는 '단결'이라는 가치 자체가 잘못 되었다는 의미는 아니다. 실제적으로는 분열되어 있으면서도 '단결'이라는 구호가 현장의 그 진실을 가리고 결국 전망을 닫아놓고 있기 때문에, 아예 '단결'로부터 벗어나서 새로 시작하자고 시인은 주장하는 것이다. 찢겨져 버린 시간이 영혼에 부어진 상황에서, '단결'은 가능하지도 않고 결국 회한과 같은 허무주의적인 감정만 낳을 것이다. 그래서 아예 분열하여 그 분열 속에서 새로운 길을 찾아나서는 것이 올바르다고 시인은 생각한다. 아니, 시인은 더 나아가 분열의 형상을 통해 변혁 주체의 새로운 양태를 상상하기까지 한다. 위의 시에서 제시하고 있는 분열의 형상들은 생생하면서 동시에 매우 함축적이어서 독자의 시적인 사유를 발동시킨다.

"소음에서 새벽으로"라는 의미는 무엇일까? '단결'에 묶여 있었지만 실질적으로는 수만 갈래가 되어 버린 목소리들이 그 소음을 의미하지 않을까. 소음은 대낮에 들린다. 또는 밤에는 술집에서 들을 수 있기도 하겠다. 새벽은 이러한 소음에서 벗어난 시간이다. 깨끗하고 조용한, 새로운 낮을 맞이하려고 침묵하며 기다리고 있는 시간이다. 이 새벽으로 나아가자는 것은 바로 도래할 시간을 맞이하기 직전의, 그 침묵을 선택하자는 뜻을 갖는다. 그러기 위해선 "병든 새끼를 버리고 떠나는/굶주린 암사슴처럼" 예전의 방식과 아프게 결별해야 한다. 이는 과거가 아니라 도래할 시간에 대해 굶주려야 한다는 의미도 내포한다. 즉 현재는 과거에 의해 짓눌리는 시간이 아니라 도래할 시간에 의해 불타면서 "어둔 허공으로 사라지는 불티"와 같은 순간이어야 한다. 더 나아가 시인은 이와는 다른 성격의 형상을 제시하면서 분열을 통해 형성되는 새로운 주체를 다각적으로 제시한다. "다리를 절룩이는 비둘기" 또는 "비 그치면 우북해지는/허리 아픈 풀"이 그것이다. 검게 타거나 병으로 푸르스름한 심장을 안고, 다리 잃은 비둘기처럼 절룩이거나 허리 아파하면서도, 그러나 비온 뒤 우북해질 수 있는 주체.

그렇다면 분열한 이후의 주체 형성은 불티처럼 사라지는 시간 속에서, 결국 다중의 모임처럼 우북해지는 것을 통해 이루어진다고 말할 수 있겠다. 이 우북한 풀과 같은 주체는 분열하자마자 현재화되는 것은 아닐 테다. 이 주체는 분열 속에서 생성되는 잠재성으로 존재할 것이다. 그 잠재성은 국가와 자본에 의한 구획의 배면에 존재한다. 즉 구획되기 이전의 존재, 구획된 이후라도 구획된 존재의 바탕에 깔려 있는 존재가 바로 잠재성으로서의 '풀'이라고 할 수 있다. 시인은 「경계」에서 그 잠재성이 존재하는 장을 "국가가 태어나기 이전에/이념보다 더 깊은 곳에/이름을 가지지 않은 심해"로 형상화한다. 그 심해를 살로 이루어진 평면이라고 말할 수 있을지 모른다. 하나가 아닌 여럿으로 분열한 주체들은 서로의 살을 맞대고 부비면서 살의 장을 형성하고, 그 장은 비온 뒤 우북한 풀로 현재화될 수 있는 잠재성을 이루기 시작한다. 한편 이 살로 이루어진 평면은 국가나 이념에 의해 무엇으로 구획되기 이전, 혹은 배면을 뜻하는 것이므로, 어떤 날 것의 실재를 의미하기도 할 것이다. 다음은 이 시의 전문이다.

국가와 국가 사이에 시푸른 바다가 있다
넘실대는 물결을 태양이 바라보고 있다
물길을 가르며 정어리 떼가 태평양으로 가고 있다
정어리 떼를 천천히 뜯어먹으려
상어가 이빨을 빛내고 있다

조국은 숱한 장벽으로 나뉘어졌고
유배지는 통째로 절벽인데
버림받음과 버림받음 사이에 바다가 있다
바다는 폭발점을 품은 채
적도 쪽으로 흐르고 있다

국가가 태어나기 이전에
이념보다 더 깊은 곳에
이름을 가지지 않은 심해가 있다

살의 장은 촛불의 물결이기도 하면서도 가난한 사람들이 죽임을 당하는 곳이기도 하며, 죽은 귀신들이 살을 부비기 위해 그렇게 떠돌아다니는 흐름이기도 하다. 시인은 이 시에서 그 물결을 "국가와 국가 사이에" 있는 "시푸른 바다"로까지 확장하여 상징화한다. 이 거대한 살의 장에는 "정어리 떼"가 이동하고 있다. 그리고 그곳에서는 "정어리 떼를 천천히 뜯어먹으려/상어가 이빨을 빛내고 있"기도 한다. 살의 장은 삶과 죽임이 동시에 이루어지고 있는 날 것의 장이기도 하다. 그런데 삶을 위협하고 있는 것은 경계이고 장벽이다. 분리시키고 고립시키는 '경계-장벽'은 살의 장에서 삶을 파괴한다. 하지만 "통째로 절벽"인 "유배지"로 버림받은 사람들 사이에도 또 다른 살의 장이 형성되어 바다가 흐르고 있다. 그 바다는 "적도 쪽으로" 흐른다. 바로 그 바다는 "폭발점"인 0도를 향해 흐르고 있는 것이다. 그 바다 깊은 곳, 심해에 잠재성이 존재한다. 그 심해는 『패배는 나의 힘』에서 시인이 두려워하지 않고 도달하고자 했던 그 심연과 맞닿아 있는 바다일 것이다. 그리고 심해의 어두움은 그 시집에서 역시 찾아볼 수 있었던 구절들인 "가늠할 수 없는 힘"을 이끌어내는 "종잡을 수 없는 무명"과 같은 것일 테다. 그래서 시인에게 심연에의 하강은 심해에 존재하는 잠재성과의 만남을 위한 것이었다고 말할 수 있다. 그리고 그 '심해-잠재성'이 바다의 표면 위로 드러나게 될 때, 그것은 구성된 살들의 흐름이 국가의 장벽을 폭파시키고 유배지를 범람하는 사건이 될 것이다. 혁명의 새로운 이미지다.

(『리얼리스트』 3호(2011); 개고 『시와 사람』 2012년 여름호)

4장

가장자리에서 미광을 발산하는 잠재적인 신체

백무산, 『그 모든 가장자리』

백무산 시인은 첫 시집 『만국의 노동자여』(청사, 1989)에서부터 최근 펴낸 여덟 번째 시집 『그 모든 가장자리』(창비, 2012)에 이르기까지, 우리의 습성적인 사유를 전복하는 비판적이면서도 심원한 시적 사유의 힘을 보여주어 왔다. 그의 삼십 년에 가까운 시작詩作 작업에서 일관성 있게 견지되고 있는 사유는 삶의 전정한 해방과 혁명을 모색하고 이를 가로막는 한국 자본주의 현실에 대한 가차 없는 비판이었다. 다시 말하면, 그의 시적 사유에서 지속되어 온 특색은 착취당하고 배제된 사람들의 계급적인 입장을 견지하면서 현실에 대한 거시적 비판을 미시적인 삶의 해방과 연접시켰다는 데 있다. 그러나 계급적인 입장을 견지했다고 해서, 시인이 보편성 자체를 폐기해야 할 개념으로 생각한 것은 아니다. 도리어 그는 범우주적인 데까지 보편성을 확장하여 사유한다. 허나 무산자 착취의 실재를 은폐하는 자본주의 이데올로기가 주로 보편성을 가장하면서 자신의 명령을 대중에게 관철하려고 하기 때문에, 피억압 계급의 편파적인 입장에 서지 않는다면 진정한 보편성을 사유할 수 없다는 것이 시인의 생각이다.

　한편 삼십 년의 시력詩歷에서 시적 사유의 변모가 없었다면 이도 이상한 일일 텐데, 백무산 시의 변모는 보편적인 해방에 대한 사유의 확장과 관련된다. 초기의 백무산 시가 자본에 대항하는 주체로서의 노동자 계급에 주안점을 두면서 계급투쟁에 복무하고자 했다면, 근래에 오면서 시인은 이러한 복무 과정에서 도리어 삶에 질곡을 가져오는 입장 ― 특히 노동을 특화하는 관점 ― 을 반성적으로 되살피고 진정한 삶의 해방과 혁명에 대해 깊이 사유해나갔다. 그의 초기 시에서 프롤레타리아는 자본의 변증법적인 반대물 또는 구조적인 반대항으로 나타나는 반면, 근래의 시에서의 프롤레타리아는 자본주의 체제를 넘어서서 삶의 해방을 이끌 수 있는 생명의 힘을 내장한 존재로서 나타난다. 그래서 시인에게 시적 사유의 대상은 인간만이 아니라 생명력을 보여주는 자연물들, 가령 저 하늘을 날아가는 새나 대지를 뚫고 자라나는 풀들을 포함하게 된다.

　우리의 논의 대상인 『그 모든 가장자리』에서 시인은, 더 나아가 저 태양계 너머의 존재에까지도 시적 사유의 촉수를 뻗으면서 구조화될 수 없는 존재 또는 구조화에서 배제된 '바깥-가장자리'의 존재에서 해방의 잠재력을 발견하려고 하고 있다. 잠재적인 것이란 실재는 하지만 아직 현실화되지 않은 무엇을 의미한다. 『그 모든 가장자리』를 읽다보면, 시인이 '바깥'에 있는 존재에 내재하는 잠재력에 대해 사유하게 된 것은 현재 무엇인가를 잃어버리고 말았다는 상실에 대한 인식에서 비롯된 듯이 보인다. 가령, 「얼음 날개」에서 시인은 "당신은 돌아오지 않았네"라고 말하고 있다. 시인에 따르면, "나를 품어 나의 모든 과거가 모여 알이 되"게 한 당신 덕분으로, "나의 차가운 과거에 피가 돌고/그 두근거림으로 날개를 짓기 시작"했다고 한다. 그래서 "나는 깨어나기를 기다"리게 되었지만, 당신은 떠나버렸다는 것이다. 그러나 이 시의 시적 화자는 절망하지 않고 "눈의 체온으로 알을 부화하"리라고 다짐한다. 백무산 시의 시적 화자는 굳건한 면이 있어서, 떠나간 당신이 다시 오기를 기다리며 당신을 애처롭게 부르거나 하지 않는다. 그는 상실의 상황을 피하지 않고 그 속에서 새로 태어나고자 한다. 즉 그는 "네가 떠났으므로/나는 이미 내가 아니기에", 그래서 "남은 건 다음 생이기에" "눈물 흘릴 필요가 없다"(「네가 떠났으므로」)는 태도를 보이는 것이다.

　방금 언급한 시들에 등장하는 '당신' 또는 '너'가 구체적으로 누구를 가리키는 것인지 이 시집의 다른 시를 읽어봐도 잘 드러나진 않는다. 하지만 "낮고 어두운 곳에서 울고 있는 너 때문에/너의 차디찬 피가 멈추었던 내 심장을 뛰게 했으므로"(「너를 쬐어야 한다」)라는 구절을 보면, '너'란 존재가 막연하지만은 않다. 어미새처럼 나를 품어주고 체온을 제공해주었던 '당신-너'는, 이 구절을 보면 한편으로 배제되고 고통 받는 존재이기도 할 것이다. 여하튼 그 낮고 어두운 곳에 있는 너는 이제 사라져 그를 품어줄 수 없기에, 시인은 "내 몸에 새로 이어지는 길이 있을까/내 몸 안에 잃어버린 새를 찾을 수 있을까"(「잃어버린 새」)라고 자문한다. 그런데 잃어버린 '너-새'는 "내 몸 안에" 있었던 존재였던 것, 그래서 "몸이여/참 미안하다" "이제야 처음으로 지친/널 안아본다"(「몸이며」)는 구절은 이 새의 상실과 연관될 터이다. "거리를 지나다 철공소에서 들리는 그라인더 소리나/시너 냄새에서나 추억을 떠올리는/몸"은 '나'의 보살핌을 받지 못했음에도 불구하고 "나를 먹이려고 땀과 아픔을"(같은 시) 나에게 바치고 나를 품어주었던 존재였다. 허나 철공소에서 노동에 시달렸던 몸은 결국 새를 잃어버리듯이 무엇인가를 상실해버린다. 이를 뒤늦게 깨달은 시인은 자신의 몸을 처음으로 안아본다. 그런데 그의 몸은 무엇을 상실해버린 것일까? 축제와 춤이다.

　　인간에게 삶과 죽음의 중간 같은 건 없다
　　삶에 가파른 절벽을 그려놓고 시간을 수직으로 세워놓고
　　비참을 감추려고 삶과 죽음은 하나라고 자꾸 우겨대지만
　　돌아서면 개소리 같다

축제를 몰아낸 공허한 몸에는 노동이 자학처럼 물고 있다
노동이 다 빠져나갈 때를 죽음이라고 부른다

—「생과 사의 다리」 부분

　이 시에 따르면, 지금까지의 사회 체제, 특히 자본주의 체제에서 인간의 삶이란 노동 자체였다. 인간의 시간은 노동으로 채워진다. 휴식 시간은 다음 노동을 위해서 주어질 뿐이다. 그렇기에 죽음이란 "노동이 다 빠져나갈 때"에 불과하다. 즉 인간에게는 노동 아니면 죽음이며 그 중간은 없다. 이렇게 평생 노동해야만 하는 몸은 "축제를 몰아"내고 공허해진다. 이에 반해, 시인은 「춤추는 인간」에서 인간의 몸은 원래 축제를 내장하고 있었다고 말한다. "인간의 몸은 춤추는 동안 만들어진 신체"여서 "아직도 숲에서 사는 사람들은/노동하는 시간보다 춤추는 시간이 더 많다"는 것이다. 그렇기에 시인은 같은 시에서 프리드리히 엥겔스Friedrich Engels의 자연변증법을 비판한다. "원숭이에서 노동을 통해 노동하기 적합하도록/인간의 신체로 진화하였다는" 엥겔스의 논리는 "혁명을 통해 모든 인간을/노동자로 만들려고 시도했던 강령이었"지만, "인간을 욕되게 설명하는 것"이라는 비판이다. 시인은 그와는 달리 "혁명을 통해 모든 인간을 춤추는 인간으로/만들려고" 생각해봐야 한다고 주장한다. "한세대 만에 기계의 시간에/우리의 몸이 통째로 접수될 수 없"기에, 노동으로 공허해진 몸을 해체시킬 수 있는 춤의 능력이 우리의 몸 안에는 잠재적으로 남아 있을 것이고, 혁명이란 바로 그 잠재력을 현실화하는 것에 있다는 주장이다.

　이러한 사유의 구도에서 백무산 특유의 급진적인 문명론 혹은 인류학적 사유가 전개된다. 인간의 진화는 "떼어내기"를 통해 이루어졌다는 것, 즉 진화란 "신체의 뛰어난 감각들을 벗겨내고 애벌레가 되어 동물의 털과 껍질과 쇠로 만든 케이스를 입"(「진화론」)게 된 것에 불과하다. 춤출 수 있는 능력을 떼어낸 것 역시 엥겔스적인 논리에서 본 진화라고 할 수 있겠다. 이와 관련해서 그는 '불의 문명론'을 전개한다. 누구나 인정하듯이 '불'은 인류 문명을 여는 고마

운 도구였다. 시인은 그러나 이러한 상식적인 생각을 전복한다. 불의 발견과 함께 "불안은 자꾸 파리떼처럼 까맣게 들러붙"게 되었으며 "불은 하나의 어둠을 거두고 두 개의 어둠을 불러오기도 했"(「자연사 박물관」)다는 것이다. 그것은 불이 "지배자의 전유물"이었기 때문으로, 그렇기에 지금도 "철탑 위에서 농성 중이던 노동자가/몸에 불을 붙이고 뛰어내리고 있"으며 "생존의 망루에 올랐다가 불이 붙은 사람들이 절규하고 있"(같은 시)다는 것이다. 이 구절을 보면, 계급적 관점을 통해 상식을 전복하는 백무산 특유의 시적 사유가 여전히 강력하다는 것을 깨닫게 된다.

더 나아가 시인은 이 인류의 불은 이카루스의 날개에 붙은 불처럼 인류를 추락시킨다는 면에서 변증법적인 전도를 품고 있음을 드러낸다. "불은 권력"인 "더더 많은 불의 세기"에서, "권력의 시추는 계속 늘려야 하"기 때문에 "브레이크를 발명할 바보는 없"(「끌 수 없는 불」)다는 것이다. 이를 확실하게 드러내 주었던 것이 바로 후쿠시마 원전 사고다. 이렇게 불의 발견이 가져온 진보는 삶의 비참을 낳고 불이 불러오는 파괴는 제어되지 않는다는 점에서 지금까지의 불의 문명사는 역설적으로 맑스가 말한 인류의 전사前史, 즉 '자연사'라고 할 것이다. 그렇다면 인간의 삶을 파괴하고 능력을 떼어내는 '불−권력'의 자연사적 문명에 저항할 수 있는 길은 무엇일까? 춤출 수 있는 몸의 잠재력을 어떻게 현실화할 수 있을까? 시인은 그 응답으로 불의 권력이 완전히 파괴할 수 없는 무엇인가를 찾아낸다. "우주는 무한정 열려 있는 줄" 아는 힘은 "저항이 있다면 저항을 지우고" "시간을 지울 수 있"으며 "존재를 말살할 수 있다고 믿지만", "절규는 시간을 봉쇄"하기에 그 "봉쇄된 시간은 저 너머에서 산 채로 발굴"될 것이며 "인간의 시간에 박힌 상처"인 "둥근 것은 아무것도 지울 수 없다"(「둥근 것은 지울 수 없다」)는 것을 시인은 인식하게 되는 것이다.

그래서 시인은 불의 문명이 강요하는 질서의 시간, 수직의 시간에 대비하여 "뱀처럼 굽이굽이 몸을 뒤척여야 멀리 갈 수 있"(「뱀」)는 강물의 시간을 제시하는 것일 텐데, 여하튼 이러한 인식에 따라 시인에게는 이제 불의 권력이 떼어내고 불태우고 부서뜨렸음에도 불구하고 말살되지 않고 잠재하는 흔적들을 '발굴'하는 과제가 부여될 터이다. 이 발굴은 "권력을 향한 폭력 의지"로 "흐르는 모든 것을 포식의 대상으로 삼"아 "흐름을 무너뜨려/높이 쌓는"(「멈추게 하려고 움직이는 힘들」) 힘들에 맞서는 작업에 다름 아니다. 시인은 「축을 생각한다」에서 흐름을 멈추고자 하는 힘에 저항하기 위해서는 흐름을 만들어내는 어떤 보이지 않는 힘을 사유해야 한다고 주장한다. 즉 "강물처럼, 이라고 말할 때/끌어올리는 힘도 함께 생각해야 한다"는 것인데, 이 "끌어올리는 힘"은 강물의 수면만 봐서는 발견되지 않는다. 그 "역류하는 힘"은 저 "강의 뒤쪽에"서, 저 강물 밑의 "어두운 곳에서 끌어올리는 노동"을 통해 생길 수 있기에 그렇다. 여기서의 '노동'은 물론 자본에 의해 강요된 노동과는 다른 성격을 가지는 것으로서, 저항의 역류를 만들어내는 힘을 의미한다.

그런데 이 시 「축을 생각한다」에서 시인이 말하고자 하는 핵심은, 이 노동의 힘이 "어둠속에 있"으며 "흐릿하고 지리멸렬하고 누락되고/배제되고 재갈 물린 것들"에서 나온다는 점에 있다고 생각된다. 이에 따르면, 불의 권력이 파괴하고자 했으나 완전히 말살할 수는 없어서 "흐릿하고 지리멸렬"하게 남은 것들이야말로, 흐름을 정지시키고 시간을 축적하고자 하는 자본의 힘에 맞서 흐름을 "끌어올리는 힘"이 될 수 있다는 것이다. 시인이 '바깥'에 대해 사유하게 된 것은, 이렇듯 폭력적인 구조화의 '가장자리'에 저항의 힘이 존재한다는 생각에 이르렀기 때문일 것이다. 그리고 그 사유는, 노동에 의해 공허하게 된 몸에 아직 잔재하고 있는 춤출 수 있는 능력을 찾아내어서 얼음 날개를 펴고 또 다른 내가 되어 날아가고자 하는 시인의 욕망과도 맞닿아 있다. "인간의 땅 가장자리 그 북쪽의 북쪽"인 "아직 눈뜨지 못한 나의 대지에 가 닿을 수 있을까/위대하면서 미숙한 대지여/아직 덜 태어난 대지여/아직 덜 태어난 나여"(「시베리아」)라고 시인이 말할 때, 그는 바로 새로운 나를 태어나게 할 수 있는 잠재력을 '가장자리'에서 찾고자 희망하고 있는 것이다. 그런데 불의 권력에 저항하면서 생성의 흐름을 만들어낼 이 잠재력은 "아직 덜 태어"난 상태이기 때문에, 현재로서는 "내가 알지 못하는 나의 시간을 만지는 일"(「아득한 현재」)
이 중요하다. 즉 아직 덜 태어나서 현재화되지 않았기 때문에 아직은 알 수 없
는 나의 잠재적인 시간은, 어둠 속에 있어서 잘 보이지 않는 '가장자리'의 대지
를 더듬고 만져야 찾을 수 있는 것이다.

그래서 시인은 저 흐릿하고 지리멸렬한 것들에 몸을 담그고 그것들에 내
장된 잠재력을 몸으로 흡수하려 한다. "굴욕과 결핍과 빨갱이와 혐오와 추방과
/세상에 부유하는 것과 폐기된 것들을 먹고/나는 아직도 태어나고 있다/나는
아직 다 태어나지 않았다"(「땅을 딛고 일어날 뿐」)라는 진술은 시인의 그러한
의지와 관련된다. 세상의 모든 가장자리들에 존재하고 있는 그 추방되고 폐기
된 것들을 먹으면서, 시인은 역시 그의 몸의 가장자리에 잔재하는 춤 출 수 있
는 능력이 활성화 되어 아직 태어나지 않은 잠재된 것들을 탄생시킬 수 있으리
라고 기대한다. 이러한 기대 때문에 시인은 "그 오랜 인간의 몸에 내장된 디스
크 메모리를/법륜처럼 굴려보았으면 싶"어서 "인간의 가장자리 사회의 가장자
리/그 모든 가장자리를 그리워"하고, 하여 "아직 별똥별이 떨어지고 아무것도
길들어지지 않은 땅"이자 "먼 길 걸어 이제 막 당도한 인간이 더러 살고 있을
그런 곳"으로 "자꾸만 발길이"(「그 모든 가장자리를」)가게 될 테다. 지금은 볼
수 없을지라도 세계의 저편 또는 시인의 몸 안에 실재하고 있는 "그 모든 가장
자리"가 무엇일지에 대해서, 시인은 다음과 같이 말하고 있다.

> 태양은 아버지의 국경이었으나
> 태양은 아버지의 시간이었으나
> 아버지의 뒤에 국경이 있고 그 너머에는 세계가 있지만
> 그 그늘 때문에 보지 못하듯 그 가랑이 사이에
> 그 겨드랑이 사이에 그 머리 위에 있던 세계를
> 볼 수 없었던 것처럼 보고 있으면서도 보지 못한 곳
> 돌아서는 것도 허락되지 않기에

호흡하면서도 알지 못했던 것

만지고 있으면서도 느끼지 못했던 것

다만 어둠이라고 하는 다만 심연이라고 하는 그

바다 같은 곳 빛의 고기들이 노는 바다 같은 곳

저 너머가 아니라 눈앞에도 피부에도 있었던 것

─「저 너머 이곳」 부분

시인은 "아버지의 시간"인 불이 이글거리는 태양 저 너머의 세계로 "2011년 여름 조용히 태양권을 벗어"(같은 시)난 보이저 1호처럼 접근한다. 그런데 시인은 저 "아버지의 국경" 너머의 세계는 바로 이곳 "눈앞에도 피부에도" 실재하고 있었다는 것을 발견한다. 그러나 우리는 그 세계를 "그늘 때문에 보지 못"했고 "보고 있으면서도 보지 못"했으며 "호흡하면서도" "만지고 있으면서도" 알지도 느끼지도 못했던 것이다. 우리가 존재조차 알지 못해 어둠이라고 불렀던 그 세계는, 허공이 아니라 "빛의 고기들이 노는" 심연의 바다였다. 우리가 보고 만지고 호흡하고 있었으나 그 존재조차 모르고 있었던 구조 바깥의 세계, 그 국경 가장자리의 어둠에는 찬란한 존재들이 실재하고 있었던 것이다. 이러한 잠재적으로 실재하고 있는 존재들을 우리가 알 수 없었던 것은 역설적으로 그 어둠에 '인간'의 문명이 '조명'을 비추었기 때문이다.

밖을 다 지우고 밖을 다 안으로 구겨넣고

밖이 증발하니 밖을 잃은 혁명은 구더기가 다 파먹었다

인간과 우주를 하나라고 해놓고 자연과 인간을 하나라고 해놓고

삶과 죽음을 하나라고 해놓고 한입에 다 털어넣었다

인류는 하나 세계는 하나 진리는 하나

하나라고 해놓고 한입에 다 털어넣었다

센 놈이 다 털어넣었다 고리대금업자가 다 털어넣었다

제국의 제후들이 다 털어넣었다
우주도 얇은 접시물에 다 털어넣었다

창을 열고 내다봐도 안방이다 대문을 열고 나가도 안마당이다
저 밝은 불을 좀 꺼다오 저 눈을 찌르는 조명 때문에
저 국경경비대 때문에 저 1퍼센트 제국의 십자군 때문에
저 세계라는 경계의 말뚝 때문에 나 때문에 나 때문에
밖을 볼 수 없다 밖을 내버려두라 침묵을 내버려두라
고요를 내버려두라 흘러가는 것을 내버려두라
바깥은 내가 더 태어나야 할 곳이다 나의 잠재적인 신체다
내버려두라 내버려두어야 하나가 된다
저 불을 좀 꺼다오 제발
저 눈알을 후벼파는 조명을

—「인간의 바깥」 부분

이 시에 따르면, 인간의 문명, 불의 문명은 동일화할 수 없는 세계를 모두 동일화시켜 왔다. 동일화란 바깥을 "한입에 다 털어넣"으면서 "다 안으로 구겨넣"는 것을 의미한다. 인간과 우주, 삶과 죽음, 인류와 세계를 다 '하나'에 털어넣었던 것이다. 혁명마저도 이 '인간주의'의 동일화의 덫에 걸려 밖을 증발시켰고, 혁명은 결국 구더기가 다 파먹게 되어 실패하게 되었던 것이다. 혁명의 실패와 함께 바깥을 "한입에 다 털어넣"는 주체는 "센 놈"인 "고리대금업자"나 "제국의 제후들"이 되었다. 즉 제국 체제의 권력자들과 금융 자본가들 — "저 1퍼센트 제국의 십자군" — 이 동일화의 기제를 통해 바깥을 파괴하고 착취해나가고 있는 것이 현 상황의 형국인 것이다. 바깥을 소멸시키는 이 '불의 권력'의 동일화는, 바깥이 존재할 수 없도록 "국경경비대"의 서치라이트 — "밝은 불" — 를 바깥에 비추고는, 그곳에 동일화가 완수되었다는 징표인 "경계의 말뚝"을 박는

행위로 이루어진다. 제국의 권력이 행하는 이러한 조명은 개별 주체의 생성 역시 정지시킨다. 저 감시의 눈길은 기성의 '나'라는 자아에 주체를 가둬놓는 것이다. 존재의 흐름과 신체의 생성을 가로막는 불의 문명의 조명은 "눈알을 후벼파는" 정도로 폭력적인 것이다.

'내'가 또 다른 '나'로 탄생할 수 있기 위해서는 앞에서 보았듯이 "내가 더 태어나야 할 곳"인 가장자리가 필요하다. 바깥, 그 가장자리의 어둠 속에 있는 누락되고 배제되고 재갈물린 것들을 먹음으로써 주체는 생성할 수 있는 것이다. 그러므로 바깥은 또 다른 나의 몸을 생성시킬 "나의 잠재적인 신체"다. 그래서 시인은 불을 끄라고, 제발 바깥 ─ 침묵과 고요, 그냥 흘러가는 것 ─ 을 내버려두라고, 그 잠재적인 신체를 파괴하지 말라고 불의 문명에 항의한다. 아직 서치라이트의 조명을 받지 않은, "저 너머 이곳"에 있는 '바깥-가장자리'에는 "나의 잠재적인 신체"인 "빛의 고기"들이 노닐고 있을 것이다. 그 "빛의 고기들"이 의미하는 것은 무엇일까? 우연인지 이 시집을 읽으면서 동시에 읽은 디디-위베르만G. Didi-Huberman의 『반딧불의 잔존』이라는 책을 여기서 잠시 언급하고 싶다. 그 책을 읽으면서 백무산의 사유와 디디-위베르만의 사유가 공명하는 지점을 발견할 수 있었기 때문이다. 특히 그 책의 다음과 같은 구절은 마치 『그 모든 가장자리』에 대한 해설로도 읽힐 정도다.

무수한 민중이 가장자리를 따라, 말하자면 무한히 더욱 확장된 영토를 가로지르며 힘겹게 나아가고 있다. 우리는 그들에 대해 거의 알지 못한다. 따라서 그들에 대한 대항정보가 언제나 더욱 절실한 것으로 드러난다. 그들은 **반딧불-민중**이다. 그들은 밤으로 후퇴하며, 가능한 만큼 그들의 운동의 자유를 추구하며, '왕국'의 서치라이트에서 도주하며, 불가능한 것을 감행하며, 그 결과 그들은 그들의 욕망을 긍정하며, 그들의 고유한 미광을 발산하며, 그 미광을 다른 이들에게 보낸다.[1]

디디-위베르만의 사유와 백무산의 사유를 동일화할 수는 없을 테다.(비교를 하자면 많은 지면이 필요할 것이다.) 허나 위의 구절은 지금까지 읽어온 백무산의 시와 공명하는 면이 분명히 있다고 생각된다. "더욱 확장된 영토"를 비추고 있는 "'왕국'의 서치라이트에서 도주"하면서 저 가장자리를 따라 힘겹게 흐르고 있는 "반딧불-민중"의 이미지는 국경 가장자리의 심연을 헤엄치는 "빛의 고기"라는 이미지와 겹치고 있지 않은가? 그렇다면, 디디-위베르만을 따라, 가장자리에서 '반딧불-빛의 고기'가 발산하는 "고유한 미광"은 시인에게도 보내지고 있다고 말할 수 있을 테다. 그리하여 시인은 희미한 미광을 발산하는 민중에게서 "나의 잠재적인 신체"를 발견할 것이고, 흐름과 생성을 가로막는 권력에 저항하면서 또 다른 나로 태어나고자 욕망할 터, 실재하지만 아직 드러나지는 않은 저 '도래할 민중'(들뢰즈)이야말로 백무산 시인에겐 "나의 잠재적인 신체"라고 할 수 있는 것이다.

(『실천문학』 2012년 겨울호, 개고)

---

1. 조르주 디디 위베르만, 『반딧불의 잔존』, 김홍기 옮김, 길, 2012, 151쪽.

5장

직설의 미학과 그 너머[1]

송경동론

1

　『실천문학』 2009년 여름호에 실린 박후기 시인과의 대담에서, 송경동 시인은 시를 왜 쓰냐는 질문에 "세상을 바꾸고 싶어서, 노동자들에게 위로가 되고 싶어서, 그리고 내 안에 있는 외로움을 이겨내려고" 쓴다고 대답하고 있다. 송경동 시인이 상재한 두 권의 시집인 『꿀잠』(삶이 보이는 창, 2006)과 『사소한 물음들에 답함』(창비, 2009)이 보여주는 시 세계의 바탕에는, 시인의 그 대답처럼 자본주의 세상의 변혁에 대한 의지와 노동자들과의 연대에 대한 희구

---

1. 필자는 예전부터 송경동 시인의 시에 대해 관심이 많은 편이었다.(필자는 문예지에서보다는 주로 인터넷 신문을 통해 그의 시를 접했다. 그의 시는 사건 보도 기사와 함께 발표되고 있었던 것이다.) 그래서 몇 년 전부터 필자는 몇 편의 글을 통해 송경동 시에 대해 언급했었는데, 특히 「다시, '시와 행동'에 대하여」(『현대시』, 2008년 8월호)에서 그 잡지에 실린 송경동 시인의 신작시들에 대해서만 본격적으로 살펴본 바 있었다. 이 글의 앞부분은 그 「다시, '시와 행동'에 대하여」의 일부를 대폭 수정하여 쓴 것임을 밝힌다.

가 깔려 있다. 그리고 그 의지와 희구는 시인의 삶과 직접적으로 연결되어 표현되고 있다. 시 쓰기는 실존적인 행위다. 그가 활동가가 되는 것에 그치지 않고 시인으로서의 삶을 살고자 마음먹게 된 것은 바로 '외로움' 때문일 것이다. 즉 외로움에 대한 실존적인 감수성이, 그에게서 시 쓰기라는 실존적인 행위를 이끌어냈을 테다. 그런데 시 쓰기만을 통해서는, 그 외로움에서 벗어날 수 없다. 송경동 시인은, 억압받고 착취 받는 이들인 노동자들과의 연대를 통해서, 그리고 억압과 착취를 낳는 세상을 바꾸고자 하는 행동을 통하여 비로소 외로움에서 벗어날 수 있다고 생각한다. 그래서 외로움에서 벗어나고자 행하는 송경동의 시 쓰기는 연대와 투쟁에 직접적으로 연결된다. 실존적인 외로움을 이겨내려는 의지와 억압받고 착취당하는 노동자들과 연대하여 세상을 바꾸고자 하는 의지가 그에게는 하나인 것이다. 그래서 그는 시를 쓰면서 동시에 행동한다.

송경동은 투쟁하는 시인이다. 그는 언제나 자신이 쓴 시를 품고 투쟁 현장에 참여한다. 그의 투쟁은 거리에서 이루어진다. 잘 알려져 있듯이, 송경동 시인은 한국 사회의 잔인성과 모순을 적나라하게 드러나는 현장 ─ 즉 삶의 박탈이 무자비하게 이루어졌던 기륭전자 해고자들의 투쟁 현장이나 용산 참사 희생자들의 가족들이 농성하고 있는 현장 ─ 이라면 주저하지 않고 달려간다. 그는 연대하는 한 사람의 노동자로서 그 현장의 맨 앞자리에 선다. 그곳에서는 자본의 행동대가 되어버린 전투 경찰이나 회사가 고용한 깡패들이 저항하는 이들에게 갖가지 위협과 모욕을 가하고 있다. 그는 그곳에서 용역에게 맞고 전경에게 체포되어 경찰서로 끌려간다. 그 와중에 그의 시는 써진다. 『꿀잠』에 실린 김해자의 발문에 따르면, "포클레인에 파헤쳐진 흙구덩이에 처박힌 사람들과 실신하는 농민들의 고함과 절규, 볏짚을 태운 뿌연 연기로 싸움터가 된 벌판과 거리가 바로 그의 시가 잉태한 자리"이다. 그래서 그의 시는 한국 사회의 주류가 외면하고 있는 그 "고함과 절규"를 드러낸다.

그리하여, 송경동 시인은, 적어도 투쟁하는 이들 사이에서는, 현재 한국 시

의 '뜨거운 상징'이 되고 있다. 매스컴의 조명이나 '문단 권력'의 '띄우기'에 의
해 그가 그러한 상징이 될 수 있었던 것이 아니다. 그가 '뜨거운 상징'이 될 수
있었던 것은, 위에서 말했듯이 그는 항상 '앞자리'에 있었기 때문이다. 물론 그
앞자리는 새로운 시적 표현과 같은 미학적 영역에 위치해 있지는 않다. 그곳은
생생한 실제 현장의 '앞'을 의미한다. 그 현장의 앞에서, 그는 몸을 던져 저항하
는 동시에 고함과 절규의 시를 잉태한다. 그래서 그의 시작詩作 활동은 '시와
행동'이라는 다소 고전적인 문제를 다시 제기한다. 김수영이 "시는 행동"이라
고 말했을 때, 그는 시의 이념idea을 말한 것이다. 시가 행동 자체가 되는 것, 그
것이야말로 시가 도달할 수 있는 최고의 경지일 것이다. 송경동 시가 이러한
경지에 도달했다는 것은 아니다. 시와 행동이 일치한다는 것은 시인이 도달하
고자 하는 이상이자 이념인 것이어서 한 시인이 그러한 이상에 실제로 도달한
다는 것은 거의 불가능하다고 보아야 할 것이다. 허나 그의 시는, 언제부턴가
한국 시단이 외면해버린 그 이념을 다시 부상시키고 있다는 데 의미가 있다.
시란 우리가 향유하는 문화의 일부분만이 아니라 실제로 삶을 건 행동일 수 있
다는 시의 이념을 잊지 않게끔, 그의 시는 우리를 자극한다.

2

　송경동 시인에게 시인으로서의 영예는 어떤 문학상 수상에 있는 것이 아
니라 투쟁 현장에서 낭송한 자신의 시가 투쟁하는 이들에게 어떤 힘이 될 수
있을 때에 있다. 연대가 사랑에서 시작될 수 있으며, 한편 사랑이야말로 시적
인 것이 거주할 하나의 장소라고 한다면, 시가 한 순간이나마 어떤 현장에서
사람들 마음에 연대의 감정을 불러일으켰을 때야말로 시적인 것의 현실화가
이루어졌다고 할 수 있을 테다. 그리고 이때 시와 행동은 잠시 동안 일치하게
된다. 그래서 그가 선전선동시를 쓰는 것은 시를 행동에 접근시키는 행위이고,

행동이 된 시를 통해 시적인 세계를 창출하려는 행위이다. 또한 그래서, 그의 시-행동은 정치적 행위의 일부로서 이루어지지만, 시를 저버리는 일은 아니다. 그것은 정치와 시의 접맥을 통한 시의 현실화를 노리는 행위이기 때문이다. 송경동 시인에게 시의 현실화란 억압받고 착취당하는, "비천한 모든 이들"(「사소한 물음들에 답함」(II)²)이 말할 수 있는 세상, 그들이 자신의 삶의 존엄성을 지키고 타자를 사랑할 수 있는 삶의 능력을 개화시킬 수 있는 세상이 이루어졌을 때를 의미하기도 할 것이다. 그러한 세상이 그냥 올 수는 없고 투쟁을 통해서만 올 수 있는 것이라면, 그리고 그 투쟁 과정에서 시가 무기가 될 수 있다면, 그는 이 또한 시의 영예라고 생각할 테다. 그러므로 무기로서의 선전선동시를 쓰는 행위는, 그로서는 반시反詩적인 것이 아니라 도리어 시의 영예를 위한 것이다.³

그렇다고 송경동 시인의 무기인 '선전선동 시'가 '미학'적 입장에서 볼 때 거칠다거나 언어에 대한 시적 세심함이 떨어지는 것은 아니다. 그는 선전선동 시를 '잘' 쓴다. 하중근 열사를 추모하는 시인 「안녕」(II)과 같은 시는 미학적으로 뛰어난 선전선동 시라고 생각한다. 1연을 읽어보자.

안녕
이젠 모두 안녕
하청도 재하청도
일용공 노가다 잔업 철야 대마치

---

2. 앞으로 인용 시가 『꿀잠』에 실려 있을 경우 (I)로, 『사소한 물음들에 답함』에 실려 있을 경우 (II)로 표시하여 그 시의 출전을 밝힌다.

3. 2006년 포스코 파업 투쟁 과정에서 경찰의 과잉 진압에 의해 하중근 열사가 사망한 일이 있었다. 송경동 시인은 「새로운 세계를 건설하라」라는 시를 써서 하중근 열사 장례식에서 낭송했다. 경찰은 그 시에 발끈해서 그에게 국가 변란죄 혐의로 출두 명령서를 보냈고, 송경동 시인은 경찰의 반응에 대해 시인의 영예로서 받아들인다고 말했던 것으로 기억한다. 그런데 그 말은 단순한 수사만은 아니었던 것이다.

반지하 월셋방 때 전 이불 바퀴벌레 생쥐들
야이 개새끼들아
까닭모를 아픔도 슬픔도
새벽밥 눈칫밥 기름밥
새참의 빵도 우유도 라면도

이 부분을 읽으면 그가 말의 질감과 배치에 대해 예리한 감각을 갖고 있다는 것을 알 수 있다. 노동자들이 흔히 쓰는 일상적인 말들을 요령 있게 배치하고는, 그 사이에 '개새끼들아'라는 욕을 삽입하여, 공권력에 타살당한 한 노동자의 삶이 독자(청자)에게 생생하고 가슴 아프게 다가갈 수 있게 했다. 그리고 몇 개의 단어를 나열하면서 한 노동자의 누추한 생활과 고달픈 노동이 구체적으로 연상되게끔 한 솜씨도 돋보인다. 이를 보면 시인이 '미적 형식' 또는 언어의 시적 효과에 대해 등한시하고 있지 않다는 것을 확인할 수 있다. 어쩌면 그는 그러한 형식의 문제에 누구보다 고심할지도 모른다. 왜냐하면, 거리에서 시를 쓰고 집회에 모인 청중을 대상으로 시를 읽으려고 하는 이 시인으로서는, 시의 성공 여부는 자신의 시가 청중에게 그들의 심적인 힘, 정치적 의지를 얼마나 북돋아 줄 수 있느냐에 있기 때문이다. 청중의 힘과 의지를 북돋기 위해서는 효과적인 형식에 대해 고심하고 실험해야 한다. 그렇기에 선전선동시를 쓴다고 하여 송경동 시인이 시적 표현에 신경 쓰지 않고 자신의 관념만 나열하는 식으로 시를 쓸 것이라고 생각하면 오산이다. 용산 참사를 주제로 한 「냉동고를 열어라」(Ⅱ) 역시, 선전선동의 효과를 배가시킬 수 있는 시적 형식에 대해 시인이 얼마나 고심하고 있는가를 보여주고 있다. 후반부를 인용한다.

150일째 우리 모두의 양심이
차가운 냉동고에 억류당해 있다
150일째 이 사회의 민주주의가

차가운 냉동고에 처박혀 있다
150일째 이 사회의 역사가
차가운 냉동고에 얼어붙어 있다
이 냉동고를 열어라
이 냉동고에 우리의 용기가 갇혀 있다
이 냉동고를 열어라
이 냉동고에 우리의 권리가 묶여 있다
이 냉동고를 열어라
이 냉동고에 우리의 미래가 갇혀 있다
이 냉동고를 열어라
이 냉동고에 우리 모두의 소망인
평등과 평화와 사랑의 염원이 주리 틀려 있다

거기 너와 내가 갇혀 있다
너와 나의 사랑이 갇혀 있다
제발 이 냉동고를 열어라
우리의 참담한 오늘을
우리의 꽉 막힌 내일을
얼어붙은 시대를
열어라 이 냉동고를

이 시는 집회에서의 낭송을 목적으로 하여 씌어졌음에 유의해야 한다. 즉 이 시의 진가를 알기 위해서는 송경동 시인의 낭송을 직접 들어봐야 한다.(이 시에 대한 시인의 낭송은 인터넷을 통해 쉽게 들을 수 있다.) 그 낭송을 들어보면, "이 냉동고를 열어라/이 냉동고에"라는 반복되는 문구와, 그 반복 문구 사이에 삽입된, 점층적으로 변조되고 있는 문장이 어울리면서 점점 급박한 리듬이 창출되고 있음을 느낄 수 있다. 점점 급박하게 변하는 리듬은 청자의 감정을 고양시킨다. 즉 이 시에 쓰인 반복과 변조, 대구법은 낭송에 급박한 리듬을 형성하면서, 그 리듬에 호응한 청자의 심장을 북소리처럼 두드린다. 그 리듬은 진술되는 내용, 즉 참사라는 사회적 사건과 호응하면서 청자가 어렴풋이 품고 있었던 분노와 비애를 증폭시킨다. 이러한 리듬을 창출하고 있는 시적 구성은, 시가 집회에 사용될 때 가질 수 있는 정치적인 효과를 최대한으로 높이기 위해서 시인이 세심하게 만든 것이 아니라면, 오랜 습작 끝에 자연스럽게 터득한 기법에서 나온 것일 테다. 그런데 이 기법의 특징은 직설에 기반하고 있다는 데에 주목된다. 직설적인 문장들의 반복 변주가 특유한 시적 효과를 만들어내고 있는 것이다. 만약 저러한 구성으로 짜인 시에 은유가 남발되었다면, 북소리와 같은 리듬은 형성될 수 없었을 테다. 게다가 시인은 장식적인 은유에 대해 아래와 같이 직접 비판하고 있다.

오래 산 나무에 대한 은유로
가득 찬 시들을 보면
벌목해버리고 싶은 충동

그 그늘에 기생하는
역사에 대한 미결정과
안온한 무지와 무책임의 농담이
늘 그 자리인 환원의 뿌리가
지겨워

내게서 더 이상
묶인 나무를 빗댄 은유를 바라지 마라
그 자리에서 눈물로 뚝 떨어져버리는

참혹한 꽃의 비유를 바라지 마라
                        ―「오래 산 나무에 대한 은유를 베어버리라」(II) 전문

　"비유를 바라지 마라"라는 말은, 말의 미학적 운용에서 시의 작품성을 판단하는 시단에 대한 비판의 의미도 있겠지만, 돌려 말하지 않고 있는 그대로 말하는 직설이 이 참혹한 세상에서 진실을 말하기 위해서는 더욱 요긴한 시적 어법이라는 의미 역시 품고 있다. 시인에 따르면 "오래 산 나무에 대한 은유/가득 찬 시들"은 공권력에 의해 사람들이 머리가 찢기거나 불타 숨지는 이 현실에서 "안온한 무지와 무책임한 농담"을 드러낼 뿐이다. 이는, 그러한 시들은 비유라는 그늘에 기생하여 착취와 폭력이 자행되는 현실로부터 도피한다는 의미일 게다. 그래서 그의 시는 "오래 산 나무에 대한 은유"를 벌목해버리고 날 것 그대로의 현실을 직설적으로 제시하고자 한다. 「비시非詩적인 삶들을 위한 편파적인 노래」(II)에서는 송경동 시인의 이러한 인식 및 미학이 구체적으로, 그리고 전투적으로 드러나 있다. 이 시는 고양시가 폭력배들을 동원하여 대대적으로 노점상을 단속하자 자살한, 먹거리 노점상 이근재 씨를 추모하기 위해 써진 시다. 허나 이 시는 추모시의 성격을 넘어선다. 송경동 시인은 이 시에서 정치적 선동과 함께 기성 서정시에 대한 강력한 비판을 가하면서 시에 대한 자신의 생각을 적극적으로 표명하고 있는 것이다. 국가권력이 삶의 터전에서 서민들을 폭력적으로 내쫓는 현실에서 애매한 비유를 사용하면서 시를 고상하게 쓰는 행위는 권력의 폭력이 횡행하는 현실을 호도하는 일일 수 있다는 것이다.

　그는 그 시에서 노점상을 철거하기 위해 막대한 비용을 들여 깡패를 고용한 고양시 및 일산구청과, 노점상 서민들을 폭력으로써 내쫓으며 '공무수행'을 하고 있는 경찰을 '산문적으로' 고발하고 있다. 즉, 시인은 "500여 노점상들을 거리에서조차 몰아내기 위해/31억원의 예산을 배정했다는 고양시청/30명도 채 안 되는 노점상 양민들의 생존권을 빼앗기 위해/150명의 폭력배를 고용한 일산구청/저항하면 공무수행위반으로 구속하겠다는 경찰/폭력배를 고용한

관공서를 경찰이 보호하며/서민을 향한 폭력이 공무로 수행되는 나라"라는 직
설적이고 산문적인 표현을 통해, 국가권력이 약자들에게 공권력-폭력을 마음
대로 행사하는 현실을 직접적으로 드러내고 있는 것이다.[4] 시인은 의도적으로,
이렇게 보고문과 같은 산문적인 진술을 했을 테다. 왜냐하면 진실은 악다구니
쏟아지는 산문의 영역에 있기 때문이다. 한 '노점상 양민'의 자살은 이 더러운
산문의 영역에서 행해진다. 이 더러운 세상의 산문성 그 자체를 그대로 드러내
지 않고, "당신의 죽음 앞에서" "어떤 그럴듯한 비유와 분석"을 동반한 "어떤 아
름다운 시로 이 세상을 노래"하는 것은, 시인에 따르면 "이 세상의 구체적인 불
의를" "구조적으로 덮어"주는 일이다. 그래서 시인은 이 시에서 다음과 같이 말
한다.

> 그러나 나는, 이 더러운 세상
> 이 엿 같은 세상이라고 표현하지 않고
> 저들이 당신들의 생존권과 터전을
> 가진 자들을 위한 법으로 들어엎듯
> 당신들이 또한 이 더럽고 추악한 세상을
> 없는 자들의 새 법으로 엎어버려야 한다고 말하지 않고
> 무슨 시를 쓸까

시인에 따르면, 국가 폭력에 의해 벌거벗겨진 삶, 실제로 죽음과 삶의 경계
에 놓여 공포에 떨어야 하는 '비시적인' 삶 앞에서는, 풍성한 비유로 자신의 아

---

4. 허나 그 직접적인 진술이 완전히 비시적이라고는 할 수 없는데, 왜냐하면 그 진술엔 아이러니가
관통하고 있기 때문이다. 즉 "폭력배를 고용한 관공서를 경찰이 보호"한다는 아이러니. 그런데
그 아이러니는 시인이 어떤 수사법을 사용한답시고 만든 무엇이 아니라 현실 자체가 생산한 것
이다. 현실 자체가 그러한 아이러니를 생산한다는 사실 자체가 또한 아이러니컬하다고 말할 수
있겠다.

름다움을 뽐내는 서정시는 아무런 의미도 없다. 그는, 너무나 "일상적"이고 "보편적"이고 "평범한" 폭력, 그것도 국가기구에 의해 자행되는 폭력 아래에서 불구가 되거나 자살해야 하는 사람들 앞에서 이 세상이 '엿 같다'고 직접적으로 말하지 않고는 무슨 시도 쓸 수 없을 것이라고 주장한다. 사람이 국가권력에 의해 죽어나가는 더러운 현실이 있다는 것을 지적하면서, 그 현실과 접속하지 못하고 있는 '애매하고 모호하고 깊은 서정'은 결국 그 더러운 현실을 "구조적으로 덮어주는" 이데올로기적인 기능을 하는 것이라는 시인의 비판은, 정곡을 찌르는 바가 있다. 그래서 그의 '비시非詩적인 발언은 시적이라 할 것이다. 그 발언은 현재 굳어져버린 기존의 시 관념을 뒤흔들기에 그렇다. 그 흔들림은 독자의 마음 역시 뒤흔들게 할 것이고, 그리하여 이 시는 현실에 직접적으로 작동하게 된다.

요컨대 송경동은 시에 요청되고 있는 것이 이데올로기화된 '서정성'보다는 시가 가진 고유한 힘을 통해 정치적 현실에 직접적으로 작동하는 '편파성'이라고 주장한다. 그래서 선동시의 비시적인 결함 같은 것은 이 시인에게 문제가 되지 않는다. 더럽고 추악한 세상 속에서, 정부가 조직한 폭력에 맞서 악에 받혀 싸우는 비시적인 삶이, 그에게는 시의 서정성보다 더 중요하다. 그래서 그는 에두르지 않고 직접적으로 선동하고 비판한다. 아니 직설적인 시의 발언 형식 자체가 싸움의 한 형식이 된다. 왜냐하면 "세계는 학살을 하며/그게 평화라 하고/기생을 자유라 하고/굴종을 안녕이라 가르치기에"(「그 서투른 말들을 믿기로 했다」 I), 곧바로 사실을 벌거벗겨 사태의 본질을 직설적으로 진술한다는 것은 그러한 세계의 이데올로기를 파괴한다는 의미를 가지고 있기 때문이다. 이데올로기는 관습화될 때 그 힘을 발휘한다. 즉 안녕을 위해 굴종이 관습화될 때, 기생을 자연스럽게 자유라고 여기게 될 때 이데올로기는 강력한 효과를 가질 수 있게 되는 것이다. 관습화된 이데올로기는 법을 통해 물질화되어 강제성을 가지게 된다. 가령 허가를 받아야 어느 장소에 거주할 수 있다는 '법'이 그러하다. 관습처럼 자리 잡은 법에 따라, 사람들은 국가의 허가를 받아가며 거주해야 한다는 것을 당연한 일로 생각한다.

그런데 송경동 시인은 그러한 관습화된 법적 이데올로기를 뒤집어 "허가 받을 수 없는 인생/그런 내 삶처럼/내 시도 영영 무허가였으면 좋겠다/누구나 들어와 살 수 있는/이 세상 전체가/무허가였으면 좋겠다"(「무허가」 II)고 말한다. 시인은 이 이데올로기에서 벗어날 때 "누구나 들어와 살 수 있는" 진정한 시를 창출할 수 있다고 생각한다. 여기서 그의 시가 가진 또 다른 매력을 발견할 수 있다. 그 매력은, 시인이 관습과 상식이 되어버린 이데올로기적 호명들을 뒤집고는 주저 없이 당파적 입장을 단호하게 표명하면서 자기 가치화를 행하는 데에서 느낄 수 있다. 「혜화 경찰서」(II)와 「나의 모든 시는 산재시다」(II) 등은 자기 가치화를 통해 이데올로기를 전복하는 사유를 보여주는 시다. 「혜화 경찰서」에서는, "영장 기각되고 재조사 받으러"간 시인에게 "일년치 통화기록 정도로/내 머리를 재단해보겠다고/몇년치 이메일 기록 정도로/나를 평가해보겠다고" "알아서 불어라"며 위협하는 경찰의 행태에 대해, 시인은 "풍선이나 불었으면 좋겠다/풀피리나 불었으면 좋겠다"면서 "내 과거를 캐려면/최소한 저 사막 모래산맥에 새겨진 호모싸피엔스의/유전자 정보 정도는 검색해와야지" "그렇게 나를 알고 싶으면 사랑한다고 얘기해야지/이게 뭐냐고"라고 응대한다. 경찰의 비열한 위협에 대해 시인은 분노나 질타로 대답하는 것이 아니라 자기 삶에 대한 웅대한 긍정 위에서 냉소로 응대하고 있는 것이다.

송경동의 좋은 '선전선동시' 중 하나인 「나의 모든 시는 산재시다」는 좀 더 넓은 해방의 전망을 통해 '산업재해'를 새롭게 의미화하면서 자본주의에 대해 직설적인 비판을 가한다.

산재추방의 날에 읽을 시 한 편을 써달라는 얘길 듣고
멍하니 모니터만 보고 앉아 있다
사무직노동자들은 산재가 없을까
서비스직 노동자들은 산재가 없을까

전문직종사자들은 산재가 없을까

내 아내에게는 내 아이에게는 산재가 전가되지 않을까

사랑하는 사이에는 산재가 없을까

신체가 늘어지거나 부러지거나 잘리는 것만이 산재일까

정신의 훼손과 관계의 파탄은 산재가 아닐까

내 모든 시는 실상 산재시다

내가 외로움을 이야기할 때 그것은

모든 형태의 산재로부터 자유롭지 못한

이 세계에 대한 외로움이다

내가 자연을 그리워할 때 그것은

모든 자연스러움과 조화로움으로부터 쫓겨나

기계가 되고 싶지 않다는 항변이다

……

산재추방의 날에 읽을 시 한 편 써달라는 얘길 듣고

멍하니 모니터만 바라보고 있다

자본주의를 추방하지 않고

산업재해 없는 세상이 올 수 있을까

생각하면 이렇게 간단한데 그것이 왜 이다지도 어려울까

나와 우리가 진정으로 겪고 있는

가장 엄중한 산재는 이것이 아닐까

더 이상 희망을 말하지 못하는

다른 세계를 꿈꾸지 못하는

이 가난한 마음들, 병든 마음들

노동자가 자본의 가치 척도에서 벗어나 자기가치화의 입장을 취할 때 "정신의 훼손과 파탄은 산재가 아닐까"라고 물을 수 있게 된다. 풀어 말하면, 노동자의 삶을 자본의 가치 증식 도구가 아니라 그 자체가 가치라는 입장에 서게 되면, 기계처럼 살아야 하는 데에서 오는 노동자의 신체적 정신적 훼손 모두, 즉 그의 삶 자체가 산재임을 깨닫게 될 것이다. 그래서 자본 관계에 묶여 있는 모든 노동자들의 삶은 산재에 시달리고 있으며, 그들의 아이들과 연인들에게도 산재가 전가되고 있다는 인식이 가능하다. 또한, 자본에 포섭되어 산재를 겪어야 되는 삶은, "모든 자연스러움과 조화로움으로부터 쫓겨나" 시인처럼 외로움과 그리움을 겪을 수밖에 없게 된다. 그렇기에 이 외로움과 그리움을 토로하는 시인의 모든 시는 산재시다. 산업재해의 의미를 이렇게 좀 더 거시적으로 파악하면서, 시인은 노동자의 삶 자체를 파괴하는 "가장 악독한 산재"인 자본주의 체제 자체를 비판한다. 그런데 시인은 여기에서 더 나아가 진정한 산업재해란 "더 이상 희망을 말하지 못하"고 이 자본주의 이외에 "다른 세계를 꿈꾸지 못하는" 우리의 "병든 마음"이라는 것을 꼬집어 지적한다. 왜 이 병든 마음이 산업 재해인가? 교환 가치 창출의 노예가 된 삶은 "정신의 훼손과 파탄"을 가져오기 때문이다. 정신의 파탄은 결국 다른 꿈을 꾸지 못하는 수동적인 삶을 가져온다. 물론 시인이 "병든 마음"을 이야기하는 것은 폐색된 현상을 기술하기 위한 것이 아니라 다른 세계에 대한 꿈을 다시 꿀 수 있어야 한다는 당위를 말하기 위함일 테지만.

이렇듯 직설의 어법은 삶의 자기가치화를 통해 이데올로기를 파괴하는 시적 효과를 창출하고 있다. 그 파괴는 자본의 포섭에서 벗어나 새로운 세상에 대한 꿈과 연결된다. 그 꿈은 독자의 마음에 시적인 고양을 일으킬 테다. 즉 직설의 어법은 미학을 등한시하는 것이 아니라 나름대로의 미학을 낳고 있는 것이다. 이를 '직설의 미학'이라고 부를 수 있지 않을까.[5]

---

5. 그런데 시인의 주관이 조급성에 빠지게 되면, 이 직설의 미학은 구호나 선언에 그칠 위험이 있다는 것을 지적해두어야 겠다. 가령, 「나의 모든 시는 산재시다」에서도 "배부른 저 자본에게 우리는 요구해야 한다/이윤이 중심이 아니라/건강과 안전과 평화와 연대가 중심이 되어야 한다고/가장

3

송경동 시인의 직설의 미학은 이데올로기로 전화될 가능성이 있는 말에 대한 불신에서 출발한다. 시인에게는 말보다 몸이 더욱 진실한 무엇이다. "흐르는 것들은/제 이름을 모른다"(「흐르는 것들은 말하지 않는다」I)와 같은 진술이나 「나는 말과 함께 살지 않는다」(I)와 같은 시 제목이 이를 말해준다. 또한 「자유여!라고 난 이제 부르지 않으리」(I)에서 시인은 "너는 누구였을까/우린 네가 누구인지도 모르면서/너무나도 오래 너를 기다렸다/ …… 여"라고 말한다. 자유를 외치는 것과 자유를 사는 것은 다르다. 말은 실재를 대체할 수 없는 것이다. 하지만 말이 실재를 대체한다는 상상에 빠질 수는 있다. "자유여!"라고 부르면서 자유를 상상하며 기다리는 행위가 정작 달성되어야 할 자

악독한 산재, 이 눈먼 자본주의를 추방해야 한다고"라는 구절은 새로운 인식을 가져오기보다는 구호를 옮겨놓는 데 그치는 감이 있다. 게다가 그 구호는 개념적이고 추상적이어서 그다지 선동적인 효과도 가지지 못한다고 생각한다. 또한 그 구절은 자본주의에게 눈먼 자본주의를 추방해야 한다고 요구해야 한다고 읽히는데, 뭔가 논리가 맞지 않는다. 이러한 흠은 조급성의 발로에서 생긴다고 판단된다. 그런데, 그 조급성은 다른 선전선동 시에서도 찾아볼 수 있다. 가령 「너희는 고립되었다」(II)에서 "한 사람 한 사람 각성의 불꽃은 점점 커져/함께 모여 있으면 그들은/봉홧불처럼 거대하게 보였다/그들의 눈은 어둠속에서도/진주처럼 여물어갔고"와 같은 표현은 시적 대상에 대한 시인의 주관적인 인상과 의미부여가 지나치게 앞서 실감을 떨어뜨리고 있다고 생각한다. 또한 같은 시에서의 "이윤밖에 모르는 너희의 부패한 머리에/새로운 삶의 가치관을 심는 희망의 전령들"과 같은 구절도 '과연 그럴까' 하는 의심이 먼저 들지 수긍은 되지 않는다. 즉 리얼리티가 떨어지는 표현이라고 생각 든다. 또한 "저들의/불법 무단 점거를 해산하라/저 공권력의 부당한 단체행동권을 몰수하라/검찰로 경찰로 학교로 언론으로 의회로 이어지는/저 모든 착취의 라인을 봉쇄하라//저것은 본래/우리들의 것/비정규직 철폐/신자유주의 분쇄 연대전선으로/저들을 고립하라 포위하라/인간의 대지에서/영원히 저들을 격리하라"(「왜?」 I)라는, 백무산의 초기 노동시를 연상시키는 격렬한 외침 역시 청자에게 스며들지 못하는 들뜬 구호처럼 여겨진다. 그러한 느낌은 개념 수준이 지나치게 비약되고 있는 데서 기인한다고 생각한다. 게다가 백무산의 초기 시가 발표된 당시의 상황과 지금의 상황에는 차이가 있기 때문에 비슷한 발상과 표현이 사용되었다고 하더라도 현재의 상황에서 그 표현이 당시의 백무산 시가 가질 수 있었던 시적 효과와 동일한 효과를 가질 수는 없다. 아무튼 말하고자 하는 바는, 이러한 위험에 빠지지 않고 선전 선동에서의 시적 효과를 어떻게 배가시킬 수 있는가가 직설의 미학이 해결해야 할 과제 중 하나일 것이라는 점이다.

유의 상태를 대체할 수 있는 것이다. 시인이 더 이상 "자유여!"라고 부르지 않는 이유는 이 때문일 것이다. 이는 말이 실재와 실존을 왜곡할 수 있다는 시인의 인식을 드러낸다. 사태를 비유로 치장하는 어법에 대해 시인이 거부감을 보이는 것도 이러한 인식에서 비롯된 것일 테다. 여하튼, 송경동 시인에게는 도저히 말로 표현할 수 없는 어떤 사태가 있다. 가령 다음과 같은 장면이 그러하다.

> 어둠 깔린 가리봉오거리
> 버스 정류장 앞 꽉 막힌 도로에
> 12인승 봉고차 한 대가 와 선다
> 날일 마친 용역잡부들이 빼곡이 앉아
> 닭장차 안 죄수들처럼
> 무표정하게 창밖을 보고 있다
>
> 셋 앉는 좌석에 다섯씩 앉고
> 엔진룸 위에 한 줄이 더 앉았다
> 육십이 훨 넘은 노인네부터
> 서른 초반의 사내
> 이국의 푸른 눈동자까지
> 한결같이 머리칼이 누렇게 쇠었다
>
> 어떤 빼어난 은유와 상징으로도
> 그들을 그릴 수가 없다
> 그들은 아무 말도 하지 않았다
>
> —「그들은 아무 말도 하지 않았다」(I) 전문

시인은 말한다. 마치 닭장 안의 닭처럼, "엔진 룸 위에 한 줄이 더 앉"아야 하는 용역잡부들의 모습이 내포하고 있는 그 무엇을, 그 모멸과 비애를 어떻게 그럴듯하게 그려낼 수 있겠는가라고. 저 모습을 "빼어난 은유와 상징으로" 그려낸다면, 그것은 모멸을 겪고 있는 저들의 삶을 또 한 번 모욕하는 일이 될 것이다. 말할 수 없는 것이 있다. 그럴듯한 비유와 상징을 동원하면 모욕이 되는 '사태'가 있다. 말로 표현될 수 없고 육체성만이 진실을 드러낼 수 있는 사태가 있다. 송경동에게 확실한 것은 저 육체성 그 자체다. 저 육체가 드러내고 있는 구체적인 고통은 말로 그려낼 수 없는 것이기에 거짓말 할 수도 없다. 그렇다면 '우리는 침묵해야 하는가?'라고 시인에게 질문하게 된다. 하지만 시인은 그렇지는 않다고 대답할 것이다. 그는 저 육체성으로부터 말이 나와야 하고, 그래서 직설이 요청된다고 대답할 것이다. 또한 우리들의 말과 생각이 좀 더 진실에 가깝게 되기 위해서는, 그것들은 물질적인 무엇을 생산하는 육체노동에 그 기초가 세워져야 할 것이라고 시인은 주장할 것이다.

「목수일 하면서는 즐거웠다」(II)가 이러한 시인의 인식을 암시해준다. 즉 "2인치 대못머리는 두 번에 박아야 하고/3인치 대못머리는 네 번에 박아야/답이 나오는 생활"은 "머리속에 쌓고 있는 세상은/얼마나 허술한 것"인가를 알려준다. 그리고 저 노동 현장에서 나는 소리들은 "물렁해진 내 머리를/땅땅땅 치"면서, "손으로 일하지 않"는 시인에게, 시 쓰기는 저 "높은 물질"을 생산하는 노동처럼 "한뜸 한뜸 손으로 쌓아가"듯이 행해져야 한다고 가르친다. 이는 말과 생각의 기초를 육체를 통과하는 체험에 두어야 한다는 시인의 생각을 보여준다. 그리고 이에 따르면, 시 역시 육체적인 체험을 기초로 하여 생산되어야 한다. 그래서 시인은 「서정에도 계급성이 있다」(II)라는 시를 썼던 것이다. 육체적인 체험에서 시가, 그리고 서정이 흘러나온다고 할 때, 그렇다면 계급에 따라 그 체험은 다를 수밖에 없다. 계급에 따라 노동의 유형이 다르며, 경제적 부의 소유 정도에 따라 생활 자체가 다르다. 생활이 다르다면 삶이 겪게 될 체험 역시 다를 것이어서, 체험을 재료로 형성되는 서정 역시 계급에 따라 다를 테다. 그리고 적나라한 생활을 해야 하는 계급으로서는, 비유와 상징이 아니라 적나라한 직설을 통해야만 자신의 삶의 실상에 다가갈 수 있을 테다. 하지만 '서정에도 계급성이 있다'라는 시 제목 자체가 말해주듯이, 송경동 시인이 그럴듯한 비유와 상징을 거부한다고 하더라도 서정이나 삶의 아름다움을 포기한 것은 아니다. 직설의 아름다움 역시 있는 것이다. 시인에게 직설이란 다음과 같은 것이다.

가끔 터빈 도는 소리만 한적한
공단 철망길 걷다
장미들의 집단 월담을 본다

녹슨 철망 사이사이
실낱 가지로 뻗어 나왔다가
철망 너머 한 뭉치 붉은 꽃몽우리 터트려 놓은
저 무모한 직설들

꽃을 떨구지 않고는
후진이 불가능한 허공
또 다시 누군가의 발 밑 짓이겨지더라도
연초록 의지만은 꺾을 수 없다는
저 붉은 모순 덩어리들

─「늦봄과 초봄 사이」(I) 일부

"저 붉은 모순 덩어리들"인 장미가 인간 삶의 한 국면을 비유하는 것이기에 이 시는 '직설'이 아니지 않느냐고 말할 수도 있겠지만, 그렇지 않다. 저 장미는 인간 삶을 비유하기 위해 시에 도입된 것만은 아니다. 「나의 모든 시는 산재시다」에서 시인은 "보라, 저 거리에 선 나무들도 팔다리 잘리며 산재를 앓고 있다"고 말하고 있는데, 이는 비유가 아니라 실제로 그렇다는 것이다. 즉 자본에 의해 생태는 실제로 파괴되고 있다는 것을 그 진술은 말하고 있다. 시인에게 자연의 사물도 엄연한 주체로서 존재한다. 저 장미 역시 엄연한 주체로서 존재하지 비유를 위한 매개로서 동원된 것이 아니다. 다시 말하면 저 장미는 어떤 상징이나 비유로서가 아니라 그 자체가 "철창 너머 한 뭉치 붉은 꽃몽우리" "무모한 직설"로서 "터트려 놓"고 있는 것이다. "꽃을 떨구"어야 하지만 "연초록 의지만은 꺾을 수 없"는 모순 속에서 저 붉은 장미는 실제로 살아가고 있다. 물론, 저 "누군가의 발 밑 짓이겨"질 운명인 장미로부터 억압받는 사람들을 떠올리는 것은 자연스러운 일이다. 하지만 그 연상은, 장미가 그 사람들을 비유해서가 아니라 그 사람들과 동질의 삶을 살아가고 있기 때문에 생기는 것이다. 억압받는 사람들도 장미처럼 "무모한 직설"로서 자신의 삶을 표현한다. 그리고 그 직설은 "붉은 꽃몽우리"처럼 아름답다. 그래서 시인은 가난하고 억압받는 삶이 표현하는 직설에서 시를 발견한다.

길거리 구둣방 손님 없는 틈에
무뎌진 손톱을 가죽 자르는 쪽가위로 자르고 있는
사내의 뭉툭한 손을 훔쳐본다
그의 손톱 밑에 검은 시詩가 있다
……
고등어 있어요 싼 고등어 있어요
저물녘 "떨이 떨이"를 외치는
재래시장 골목 간절한 외침 속에
내가 아직 질러보지 못한 절규의 시가 있다
그 길바닥의 시들이 사랑이다

―「가두의 시」(II) 일부

구두를 닦는 사내의 손톱 밑에 낀 검은 구두약은 어떤 비유와 상징으로도 그려낼 수 없는 무엇인가를 표현하고 있다. 저 구두약은 자신을 직설로서 표현하고 있기 때문에, 그 표현을 훼손시키지 않는 한 어떻게 달리, 무엇이라고 비유해서 말할 수 없다. 송경동에게 시는, 바로 달리 무엇으로 바꿔 말하기 힘든 어떤 사태나 또는 그 사태 속에 놓인 사물이 표현하는 직설을 가리킨다. 그에게서 시적인 것은 비유나 상징에 있지 않고 저 거리에서 일하며 살아가고 있는 가난한 사람들의 육체성 그 자체에 있다. 시인은 저 사내의 뭉툭한 손과 그 손톱 밑의 구두약이 표현하는 말 없는 직설을 받아 적는 일을 한다. 시인의 직설적인 어법은 그로부터 비롯된다. 시인은 삶의 현장 — 길바닥 — 에서 벌거벗은 직설을 발견하고는, 그 말 없는 직설이 표현하고 있는 바를 직설로서 다시 표현한다. 물론 그 시인의 직설은 삶이 육체를 통해 드러내고 있는 어떤 진실을 완벽히 재현할 수 없다. 저물녘 고등어를 팔기 위한 간절한 외침, 그 "절규의 시"를 시인은 "아직 질러보지 못한" 것이다. 시인이 받아 적은 직설은 저 말 없는 사태가 표현하고 있는 직설의 진실을 재현한다기보다는 그 진실에 다가갈 수 있을 뿐이다.

저 직설이 시일 수 있는 것은 그것이 아름답기 때문이다. 아름다움은 어디에서 비롯된 것일까? 사랑에서 비롯된다. 그래서 직설의 시는 사랑이 육화된 노동과 생활 속에서 발견할 수 있는 것이다. 일하는 사람 대부분은 자신의 한 입을 위해서가 아니라 타인의 입을 위해서도 노동한다. 곤한 노동을 참고 일하는 것은 사랑하는 타인을 부양하기 위해서가 대부분이다. 구두를 닦는 저 사내도 그렇고 고등어를 떨이로 팔고 있는 이도 그럴 것이다. "떨이 떨이"을 외치는 간절함은 사랑에서 온다. 그렇기에 사랑을 품고 간절하게 일하는 육체가 표현하는 직설은 아름답다. 그런데 그 사랑은 아래와 같이 좀 더 확장되어 나타날 수 있다.

버스 기다리는 척 벼룩시장이나 교차로를 슬쩍 뽑던 손

무담보 신용대출 854-2514 전봇대에 붙은 번호표를 몰래 뜯던 손

전철이나 버스 손잡이를 잡지 않던 손

악수하기를 꺼리던 손

손톱 밑에 검은 때가 끼어 있던 손

옹이가 박혀 있던 손

어이, 하며 저쪽 철골 위에서 환하게 흔들던 손

야, 임마, 하며 반가워 손아귀를 꽉 쥐던 손

H빔 위에서 떨어질 뻔한 내 등을 꼭 붙잡아주던 그 손

―「손」(I) 전문

저 "손톱 밑에 검은 때가 끼어 있던 손"의 임자는 「가두의 시」에서 등장했던 구두 닦는 사내일 것만 같다. 아니면 고등어를 팔던 사람의 손일 수도 있다. 아니 그 손은 노동해야 하는 자 모두의 손일 것이다. 그 손은 노동으로 더럽혀져 있거나 "괭이가 박"혀 있는 것이다. 또한 그것은 「벼룩시장」이나 「교차로」를 뽑아 구직란을 펼쳐보는 실업자의 손이기도 하다. 즉 저 손은 자본에 의해 착취당하고 이용당하다가 버려진 자들의 손이다. 그리고 그것은 다른 사람들의 손에 때가 묻을까 미안해 악수는커녕 버스 손잡이도 잡지 않으려고 하는 손이기도 하다. 그런데 그 손들이 노동자들 사이에 놓일 때에는, 환하게 흔드는 손이자 반가움을 전하는 손으로 전화되어 우정을 표현하는 눈부신 육체가 된다. 그 우정의 손은 위험에 처한 '나'의 등을 붙잡아주기도 한다. 그렇게 그 손은 위험천만한 노동이 진행되는 공사장 안에 따스한 연대를 형성시키기도 하는 것이다. 악수하기 부끄러운 손에서 연대의 손으로의 이러한 전화는 어떻게 가능한 일일까? 시인에 따르면, 노동 현장의 노동자들은 밥을 같이 먹기 때문이다. 그 현장에서의 밥은 "무엇보다 나눠 먹는 밥", "1톤짜리 앵글 져다 공평하게 나눠 먹고/크레인 포클레인 지게차 기사도 불러/함께 비지땀 흘리며 먹는

밥"(「쇠밥」I)이다. 밥을 같이 먹는 사람들을 '식구'라고 지칭한다. 그러니 노동 현장의 노동자들은 식구다. 그래서 노동 현장에서의 노동자들은 따로 홀로 존재하지 않고 서로 얽혀 존재한다.

 천장 있는 곳에서
 일해 보는 게 소원이었던 시절
 발전기 내리고
 쓰러져 잠든 새벽이면
 작업선들도 곤했다

 전기선 위에 그라인더선
 그라인더선 위에 절단기선
 절단기선 위에 알곤선
 알곤선 위에 용접홀다선
 용접홀다선 위에 체인블록 쇠줄
 체인블록 쇠줄 위에 물 먹은 동앗줄
 물 먹은 동앗줄 위에 수평호스
 수평호스 위에 사게보리 실까지
 얽히고설켜
 잠든 모습이 착했다

 하늘 위에서 보면
 작업장 이곳 저곳 쓰러져 누운
 우리 모습이 또 그렇게
 칡넝쿨마냥 얽혀 보였을 것을
 깊은 잠들에 빠져

우린 우리의 얽힌 모습을

볼 수 없었다

― 「철야」(I) 전문

곤한 노동 이후 자고 있는 "우리의 얽힌 모습"은 노동자들의 존재 조건 밑에 깔려 있는 잠재성을 보여준다. 그 잠재성은 아직 "볼 수 없"다. 그 잠재성 ― 얽혀 있음 ― 은 노동자들이 깊은 잠에 빠졌을 때 비로소 자신을 드러내고 있기 때문이다. 다시 말하면 잠재성은 현재 잠자고 있다. 노동과 휴식 과정을 거쳐 형성되는 얽힘 ― 연대 ― 은 노동자들 사이에서 명료하게 의식화되고 있지는 못하고 있는 것이다. 하지만 발전기를 내린 후, 역시 얽히고설킨 채 잠에 빠져든 '작업선'들을 보면, 잠자고 있는 '우리들'의 모습을 읽어낼 수 있다고 시인은 말한다. 시인의 인식론에 따르면 장미꽃 역시 주체적인 존재이듯이, 노동자와 결합되어 작동하는 기계 역시 주체적 존재다. 즉 기계는 '우리'에 속하지는 않는, '우리'와는 다른 속성을 가진 존재이긴 하지만(그래서 자본이 인간을 기계로 취급하는 것에 대해 시인은 강력히 항의한다), 우리의 엄연한 작업 동료인 것이다. 이렇듯 기계는 노동자의 삶과 밀접한 관계를 가지고 있기에 노동자들이 현장에서 먹는 밥은 '쇠밥'이다. 또한, 시인의 인식에 따르면, 아름다움은 노동과 생활의 진실 속에서 생성되는 것이기에, 그 노동현장에서는 "썩지 않는 꽃"(「용접꽃」 I)인 '용접꽃' 역시 피어날 수 있다.

그래서 공장에서만 볼 수 있는 온갖 기계들이 하나의 주체의 자격으로 호출되어 시 속에 거주할 수 있게 된다. 이렇게 전문적인 기계명이 시어로서 호출되는 것은 한국 시에서 독특한 장면인데, 노동과 생활이 표현하고 있는 직설을 직설적으로 전달하고자 하는 시인의 시관이 저러한 장면을 구성하게 만들었을 테다. 그 시관에 따르면 생활 현장 속에 존재하는 모든 사물들과 행위들은 시 세계 안으로 들어올 자격이 있다. 저 현장에서는 "전기선"에서 "사게보리실"까지, 모든 존재자들은 평등하게 존재하며, 동시에 얽히고설켜 존재한다.

하찮은 것처럼 보일 수 있는 "사게보리 실"은 노동 과정에서는 반드시 있어야만 하는 존재다. 그렇기에 노동과 생활이 표현하는 직설을 담아내고자 하는 시에서 "사게보리 실"이 들어오지 못할 이유가 없는 것이다. 그리고 저 평등하게 얽혀 있는 작업선들과, 그 옆에서 자고 있는 '우리' 역시 평등하게, "칡넝쿨마냥 얽혀" 존재한다. 저 얽힌 작업선들은 노동자들의 존재 조건이 품고 있는 평등과 연대의 잠재성을 표현한다.

그런데 그 잠재성은 위장 폐업된 공장에서 수세미 뜨개질로 아르바이트를 하면서 공장을 지키고 있는 "콜트·콜텍 기타 만드는 노동자들"(「꿈의 공장을 찾아서」 II)을 통해 현실화된다. 시인에 따르면, 그 공장의 노동자들은 "하나같이 시골 장터 옹기처럼/수더분한 사람들"이고 그들 중에는 "짝눈이도 있고 3급 장애우도 있"다고 한다. 그들은 그 "창문 하나 없던 공장"에서 "자신의 폐를 기타 통 속처럼 숭숭 구멍 내/작은 호흡에도 울리게" 하는 노동, "사람들 몰래 세상을 튜닝하며/아름다운 선율을 만"드는 노동을 해왔다. 하지만 그 회사 사장은 "그런 노동자들의/지문과 기침과 땀과 눈물을 화폐로 바꿔/1000억대의 자산가가 되"고는, "더 값싼 기계들을 찾아/공장을 인도네시아와 중국으로 빼돌"린다. 시인은 이에 "이 공장을 살려내라"라고 외친다. 그 외침을 비시非詩적인 구호라고 말할 수는 없다. "노래가 노래를 배반하지 않아도 되는 세상", "삶이 삶을 배반하지 않아도 되는 세상"이라는, 폐업 공장 노동자들의 시적인 희망을 그 구호는 절실하게 표현하고 있기 때문이다. 수더분한 그들이 위장 폐업에 굴하지 않고 공장을 지키는 용기를 낼 수 있었던 것은, 곤한 노동을 해야 했던 곳임에도 불구하고 "한때 이곳은 세상의 모든 아름다운 노래를 낳던/희망의 공장"이자 "세상의 모든 혼돈을/가지런히 조율하던 사랑과 연민의 공장", "세상의 모든 가녀린 목소리들을 하나로 묶던 연대의 공장이었"기 때문이다. 그들은 이 희망과 연대의 경험을 배반할 수 없었던 것이다.

공장 안에서의 노동 과정 속에서 식구로서의 노동자가 형성되고, 노동자 마음속에 희망과 사랑과 연민과 평등한 연대감이 생성된다. 이러한 과정은 완전히 내재적인 것이다. 이러한 내재적 과정이 생략된 채 외부에서 '조직'을 통해 노동자 운동을 지도하려는 행태에 대해 시인은 비판적이다. 앞에서 언급한 「사소한 물음들에 답함」은 그러한 비판을 담고 있는 시다. "어느 조직에 가입되어 있느냐고" 물으며 접근하는 "한 부류의 사람들"에게 시인이 "비천한 모든 이들의 말 속에 소속되어 있다"면서 "말없는 저 강물에게 지도받고 있다고" 대답하는 장면은 그러한 시인의 비판적 인식을 잘 보여주고 있다. 송경동 시인에게는 전위 조직의 '지도'보다 "프롤레타리아도 전위도 하위도 아닌/구획되지 않은 한 영혼의/고귀한 빛의 울림"(「색맹」 I)이 노동자 해방을 위해서 더욱 소중하다. 노동자들의 존재 자체가 잠재적으로 높낮이 없이 평등하게 얽혀 있기에, 그리고 억압과 박탈, 착취에 저항하는 행동은 바로 그러한 잠재성을 바탕으로 일어나는 것이기에, 그 평등하고 "구획되지 않은" 조건을 위계 관계로 질서화 하는 것은 해방 운동의 활력을 박탈하는 것이라고 시인은 생각했을 것이다. 그렇기에 시인에게서 노동자 계급의 계급성은 하나의 날카로운 구획에 따라서 형성되는 것이 아니라 도리어 그 구획을 철폐할 때 형성되는 것이다. 노동자 계급의 한 사람인 시인은, 그래서 자신에 대하여 "나는 내 것이 아니다"(「경계를 넘어」 II)라고 말한다. 이 시의 후반부를 인용한다.

햇빛처럼 쟁쟁해졌다가
물안개처럼 서늘해졌다가
산간처럼 첩첩해졌다가
바다처럼 평원처럼 무한히 열리는
모든 생명이 내 안에 살아 있다

나만이 무엇이 되어야겠다고 생각하는 것은
의아한 일이다 이것은 내 것이라고 움켜쥐는 일도
갸우뚱한 일이다 내 조국만이 잘 되어야 한다는 일도

치사한 일이다 양파도 알고
대파도 알고 쪽파고 아는 일이다

국가와 자본에 의해 구획당한 삶을 살아야했기에 구획되지 않는 삶을 추구하게 되는 노동자는, 자연의 일부로서, 인류의 한 일원으로서 '나'라는 경계, 국가라는 경계를 넘어서게 된다. "직조기 따라 곱고 둥근/꿈의 원단을 나르고 있"는, "눈이 퍼렇게 언 파키스탄 노동자 몇"을 보면서 "잊고 싶었던 어떤 유령들의 말//"만국의 노동자여! 단결하라""(「내 영혼의 방직소」 II)라는 구호를 시인이 다시 떠올리는 것은 이 맥락 속에서일 것이다. 그리고 노동자가 온갖 경계를 넘어설 때, 그는 어떤 구조에 종속된 존재가 아니라 그 구조를 넘어서는 능동적이고 주체적인 존재가 될 것이며, "무한히 열리는/모든 생명"이 자신 안에 살아 있음을 느끼면서 사랑과 연대의 무한성으로 나아갈 수 있는 문을 열게 될 것이다.

4

이로써 시를 왜 쓰냐는 질문에 대한 "세상을 바꾸고 싶어서, 노동자들에게 위로가 되고 싶어서, 그리고 내 안에 있는 외로움을 이겨내려고"라는 송경동 시인의 대답들 중에서, 앞의 두 대답에 대해 살펴본 셈이다. 마지막 대답에 대해서도 내밀한 접근이 필요하겠지만, 이미 많은 지면을 허비했다. 이에 대해서는 간략하게 언급하면서, 지금까지 논의한 송경동의 '직설의 미학'에서 어떤 변화의 조짐을 드러내는 시를 소개하고 이 글을 마치고자 한다.

송경동 시가 가진 또 하나의 미덕은, 단호한 어조로 이 세상의 잔혹함을 질타하며 연대와 희망을 주창하면서도, 또한 그 연대와 희망을 '나'의 실존과 끊임없이 연결하고 있다는 데 찾아볼 수 있다. 「손」에서 보았듯이, 노동자 연대의 손은 "내 등을 꼭 붙잡아"준다는 것을 시인은 잊지 않는다. 집회시나 선전 선동적인 성격이 강한 시를 쓸 때에도, 그는 "촛불을 켜들라 하면 촛불을 켜들고/어깨를 걸어야 하면 어깨를 건다/누구를 위해서가 아니라 나를 위해/내가 살아 있다는 구체적인 실감을 위해"(「너희들은 나를 폭격했다」 I)라고 쓰곤 했던 것이다. 그가 세상의 폭력에 대한 집단적 저항에 참가하는 것은, 이념이나 동정 때문이 아니라 "내가 살아 있는 구체적인 실감을 위해"서라고 그는 솔직하게 말한다. 이러한 솔직함이 송경동 시인에게서 진정성을 느끼게 한다. 그런데 '나'를 위한 실천은 송경동 시인의 시에서 읽을 수 있었던 내재성의 세계관에 따르면 당연한 것이다. 그 세계관에 따르면 운동에의 참여는 얽히고설켜 있는 노동자의 삶속에서 일어나는 내재적인 욕망에 따라 행해져야지 바깥에서의 강요나 의무감에 의해 행해져서는 안 된다. 강요나 의무에 의해 행해지는 참여는 곧 동력이 소진되어 지속되기 어렵다. 그렇기에 송경동 시인은, 지속적인 저항 운동에의 참여를 위해서라도 자신의 실존적인 삶에서 눈을 돌려서는 안 된다고 생각할 테다. 그래서 송경동 시인이 자신의 삶을 되돌아보고 있는 서정시 역시 저 '선전선동' 시와 무관할 수 없다.

사실 필자는, 송 시인이 실존적 외로움을 진술하고 있는 시들을 좋아한다. 가령 읍내 형수가 된 자신의 첫사랑을 기억하는 시 「읍내 형수」(I)의 "한 번만 주라고 탱탱 부은 내 보람을/개새끼야 개새끼야 하면 밀쳐내던 그/콩가슴 단내가 탱자내음 같던 가시내"와 같은 생생하고 가식 없는 구절들이 좋다. "민주주의여 만세라고는 쓰지 못하고/해방 평등이라고는 쓰지 못하고" "소주 한 병에 참치캔 하나라고"(「외상일기」 I) 외상 장부에 쓰고 있는 일상을 그대로 보여주는 구절도 좋다. 찍소리 냈다가 학생과장으로부터 "온 밤을 터진" 기억을 상기하는 「찍소리」(I)라든가, 시인이 어릴 적 같이 살았을 아버지의 삶이 어떠했는지를 암시하고 있는 「오토인생」(I)이나 「그해 여름 장마는 길었다」(II)와 같은 시는 시인의 실존을 이해할 수 있는 단서를 제공해준다. 한편 "열 갈래 스무 갈래/떠나간 친구들"을 회상하는 「오거리 뼈해장국」(I)이나 20년 지기 친구들을 오랜만에 만나 노래를 부르면서 "잊었던 팔뚝질을 해보기도 하지만/우리는 개인이 아니었는데/개인이 되고 말았다는 서글픔"을 담담하게 진술하는 「가리봉오거리 연가」(Ⅱ), 그리고 노조 해산 총회를 하면서 "푸르른 하늘이 조금은" 서럽다는 마음을 풀고 있는 「나우정밀노조 해산 총회」(Ⅰ)나 "분노를 담아" 노동을 해야 했던 젊은 시절의 한때를 회상하는 「그해 겨울 돗곳」(Ⅱ) 같은 시들은 과거와 현재의 서정적인 교호를 통해, 외부에서 주체에게 덧붙여진 어떤 전망과는 상관없이, 주체성을 든든하게 다지는 시라고 하겠다. 이러한 성격의 시 중에서 "가리봉2동"의 "한 닭장집 지하 끝방에 살았"던 시절을 기억하면서 쓴 시 「이 삶의 고가에서 잊혀질까 두렵다」(Ⅱ)가 절절한 절창이라고 생각한다. 후반부를 인용한다.

그 방에서 때론 네 명이 부침개를 해먹고, 다섯 명이 술잔을 돌리고, 여섯 명이 자기도 했다. 나는 그 지하방에서 맑스와 레닌과 모택동과 호찌민과 중남미혁명사와 한국근현대사를 월경했다. 사회주의리얼리즘과 모더니즘과 포스트모더니즘을 주유했다. 그러다 지치거나 고양되면 살갗이 벗겨지도록 두 번이고 세 번이고 수음을 하곤 했다. 멀리 있는 혁명보다 가까이에서 안아줄 사랑이 간절했다.

아침이면 다시 지하방에서 솟아오른 사람들이 공단으로 피와 땀을 팔기 위해 활기차게 넘던 그 고가, 그 길밖에 없었던, 젊은 날들을 다 보낸, 지금은 테크노 디지털밸리가 된 굴뚝 공단에 흉물처럼 남아 있는, 나처럼 남아 있는, 나는 그 불우하고 불온했던 삶의 고가에서 내가 잊혀질까 두렵다.

"닭장집 지하 끝방"에서 '월경'한 맑스에서 포스트모더니즘까지의 온갖 '학습'보다는 "살갗이 벗겨지도록" 수음을 하며 "가까이에서 안아줄 사랑"을 간절히 원했다는 표현은, 밑바닥까지 내려간 실존적 외로움을 숨김없이 직설적으로, 그리고 절절한 이미지로 드러낸다. 그런데 그 다음 연의 구절이 절묘하다. 그 지하방이 있던 닭장촌은 재개발로 없어지고 지금 그곳에 있는 것은 테크노 디지털벨리다. 그곳에 남아 있는, "사람들이 공단으로 피와 땀을 팔기 위해 활기차게 넘던 그 고가"는 이제 흉물이 되었다. 재개발은 시인의 추억이 서려 있는 장소를 없애버렸다. 허나 시인은 저 디지털벨리의 세계에 안주할 수 없다. 그래서 시인은 저 디지털벨리와 부조화하게 이젠 흉물처럼 남아 있는 고가에 자신을 겹쳐놓게 된다. 저 고가는 "불우하고 불온했던" 지하방 시절 기억의 잔재를 드러냄과 동시에 이젠 그 시절에서 떨어져 흉물이 되어버린 자신의 삶 역시 드러내는 것이다. 그런데 저 고가에서 그 불온했던 삶의 잔재마저 지워진다면, 시인 역시 그 삶을 떠올릴 수 없게 될 것이다. 그것은 시인을 지탱시켜 왔던 '불온성'이 사라짐을 뜻하기에, 시인에겐 두려운 일이 아닐 수가 없다. 이중적 의미를 가지는 이 '고가'는, 그러므로 시인의 주체성을 지켜주는 '말'이 된다. 그렇다면, 이렇듯 어떤 하나의 단어는 어떤 주체가 살아왔던 삶의 숨결에 젖어들면서 그의 깊은 체험과 정서를 담아낼 수 있게 된다. 허나 직설의 미학만으로는 그러한 독특한 '말'의 실재성을 파악하기 힘들지 않을까? 그래서 이를 발견한 시인은 자신의 직설의 미학에 어떤 변동을 가져오지 않겠는가? 아래의 시는 그러한 변동의 조짐을 보여주고 있다.

돌아갈 곳 잃고 어느 셔터 앞에 앉아 마지막 술잔 나누곤 하던 희뿌연 새벽의
말들
셔터만 들이대면 마음 그늘마저 찍히는 듯 고갤 숙이곤 하던 희뿌연 새벽의
말들
셔터만 내릴 수 있는 조그마한 가게라도 하나 있으면 그곳에서 철물이라도 짜며
조용히 한세상 마칠 수도 있겠다던 궁핍한 나날들이 떠오르고
상점 셔터가 철커덩하며 내려지고 차디찬 자물쇠가 채워지는 것을 볼 때마다 그
마저도 잠글 것 하나 없던 가난한 이웃들이 마음에 밟혀 또 그렇게 문 내리는 하

루 저물녘들이 무정하던 때들이 떠오르고

나도 누군가에게는 무정한 셔터였을지도 모른다는 생각도 해보다

수없이 감아버렸던 눈이 떠오르고

수없이 닫혀가던 세상의 문들이 떠오르고

하얀 스크린을 올릴 일보다는

이젠 내 인생의 검은 막을 내려야 할 때가 가까워졌는지도 모른다는 슬픈 생각

에 빠져 있을 때

아무래도 저세상은 있는 것 같다고

그렇지 않고서야 이렇게 사는 게 쓸쓸할 수가 있느냐고

이 생은 파토라고, 이런 것을 인생이라고 할 수 있느냐고

당신들은 이것이 사는 거라고 생각하느냐고 누구라도 붙잡고 이야기하고 싶

을 때

나무들처럼 나도 한 계절의 막을 내리고

다시 한 생의 막을 올릴 수 있다면 좋겠다고 생각도 해보다

사람은 죽어서 꼭 풀벌레로만 환생하는 게 아니라

저 셔터로도 태어나고 저 자물통으로도 태어나고

저 뻥끼로도 태어나는 걸 거라고 생각도 해보다

셔터라는 말 한마디에도 이리 목메는

이 아름다운 세상을 어떻게 버릴 수 있을지를 생각해 본다

―「셔터가 내려진 날」(II) 후반부

어느 일요일 오후, "셔터에 새로 파란 뻥끼칠을 하고 있는 사내"를 발견한 시인은 '셔터'에서 촉발된 연상을 자유롭게 풀어나간다. "섰다에 빠져 인생을 뻥이치고 만 늙은 아비"에서부터 "주인이 셔터 내리는 것까지를 보고 돌아오던 야식집 다니던 엄니"에 대한 기억까지, "깔깔거리던 젊은 시절"에 대한 기억에서부터 "내 인생의 검은 막을 내려야 할 때가 가까워졌는지도 모른다는 슬픈

생각"에 이르기까지 말이다. 이 과정에서, '셔터'라는 말에는 시인의 어린 시절의 기억에서부터 죽음을 생각하는 지금에 이르기까지의 비애와 쓸쓸함이 스며들어가 있다는 것이 드러난다. 허나 '셔터'라는 말에서 밀려오는 쓸쓸함은 역설적으로 "셔터라는 말 한 마디에도 이리 목메는" 이 세상이 아름답다는 깨달음으로 이어지고, 세상을 버릴 수 없다는 긍정으로 전환된다. 즉 '셔터'는 체험의 숨결에만 젖어있는 것이 아니라 미래의 전망을 비추는 단어가 되는 것이다. 이를 보면, "나는 말과 함께 살지 않는다"고 선언했던 시인은 어느덧 삶의 과거와 미래를 총체적으로 담고 있는 말들이 주변에 떠돌아다니고 있는 것을 발견하게 된 것 아니겠는가. 그렇다면, 위의 시는 송경동 시인이 '말'에 대해 새로운 인식을 하고 있음을 보여주고 있으며, 그래서 그의 시작詩作의 또 다른 방향을 암시하고 있다고 할 수 있을 것이다.

이러한 추측이 억측은 아닐 것이, 송경동 시인 자신이 「아직 오지 않은 말들」(II)에서 "언제부터인가/있는 말보다/없는 말을 꿈꾼다"고 말하고 있는 것이다. "아직 오지 않은", 그래서 지금은 "없는 말들"은, 하지만 도래할 말들일 것이다. 이 도래할 말이 어떠한 것일지 시인도 아직 모른다. 다만 시인은 "오늘도 이 말들을 찾아/거리를 헤매"고 있다. 시인은 "그 말들이/내 몸을 삼킬 수도 있다"는 위험을 감지하며, 그렇기에 "전혀 다른 목숨으로 그 말들을/토해내야 할지도 모른다"는 것을 예상한다. 그런데 그 도래할 말들이 외계어나 인공어가 아닌 이상, 그것은 현존하는 말들 중에서 새롭고 독특한 질감을 가지게 될 말일 테다. "금세 가족이 되어 동화되는 말"은 독특함이 상실되는 말일 것이기에 도래할 말과는 거리가 멀다. 반면 시인이 「셔터가 내려진 말」에서 말한, "이리 목메"게 되는 "셔터라는 말 한 마디"의 독특함이 도래할 말의 독특함과 거리가 가까울지도 모른다. 하지만 그 미래로부터 도래할 말을, 과거의 체험에 의해 질감을 얻게 된 '고가'나 '셔터'와 같은 말과 동일시할 수는 없을 것이다. 여전히 도래할 말들은 아직 오지 않았고 그 말이 무엇일지 현재는 모른다.

허나 그 말들은, "돌아갈 곳 잃고 어느 셔터 앞에 앉아 마지막 술잔 나누곤 하던 희뿌연 새벽의 말들"이란 구절에서의 그 "희뿌연 새벽의 말들"이지 않겠는가? 그리고 그 희뿌연 새벽의 말들은, "돌아갈 곳 잃"었을 때 만난 '셔터'의 독특함 앞에서 희뿌옇게나마 형체를 드러내고 있는 것이다. 그렇다면 그 구절은, 저 흐르는 삶 속에서 겪었던 체험과 정서가 담겨 있는 말들이 새벽이 끌어당기고 있는 미래와 만나게 될 때, "아직 오지 않은 말들"이 희뿌옇게나마 도래할 수 있으리라는 뜻을 담고 있다고 하겠다. 억압받은 자들의 억압된 기억이 현재 시간 위로 솟아올라 역사라는 기관차를 정지시킬 때 혁명이 미래로부터 도래하게 되는 것(벤야민)처럼. 그렇기에 지금은 '없는 말'을 꿈꾸는 시인에게, '고가'나 '셔터'와 같은 말들이 깊이 품고 있는 기억들을 발굴하는 작업은 여전히 매우 유의미한 일일 테다. 그 작업은 말들의 독특한 질을 발견하는 일이고, 또한 '금세' 말을 동질화시키는 교환가치의 코드에서 말을 탈주시키는 일이다. 그 탈코드화 되어 독특한 질을 회복한 말과 미래를 향한 운동이 결합될 때, 아래의 시에서 말하는 "솟구치는 상상"이 가능하게 되면서 지금은 없는, 도래할 말을 찾아낼 수 있게 될지도 모른다.

> 문제는 불륜의 이불처럼
>
> 넓게 짜여진 공생의 네트워크가 아니라
>
> 그 그물망 위에서 텀블링 하는 아이처럼
>
> 솟구치는 상상이다 생산의 전원을 꺼라
>
> 인간은 섬유질 몇 그램의 총합만이 아니다
>
> 코드를 아는 건 중요하지만
>
> 중요한 것은 모두 코드 밖에 있다
>
> ―「뇌파」(II) 후반부

이 "솟구치는 상상"을 어떻게 가동할 수 있을 것인가. 그리고 그 가동을 위

해 "중요한 것은 모두" 있는 "코드 밖"을 어떻게 탐색할 것인가. 송경동 시의 앞
날엔 큰 과제가 놓여 있는 셈이다.

(『작가와 비평』 2010년 상반기호; 개고 『문학사상』 2012년 11월호)

5부

저항과 생성, 자율의 공간을 향하여

1장

예술의 잠재적 힘과 생성하는 삶

조성훈, 『들뢰즈의 잠재론』

　　'소멸과 창조의 형이상학'이라는 부제가 붙은 조성훈의 『들뢰즈의 잠재론』
은, '잠재성'virtuality이라는 특정한 개념을 통해 들뢰즈 철학의 엣센스를 포착하
면서 들뢰즈의 예술론까지 설명하고 있는 저작이다. 한국인이 쓴 들뢰즈 해설
서도 제법 많이 출판되었지만, 어떤 특정 개념을 통해 들뢰즈의 철학과 예술론
을 조망한 책은 이 책이 처음이라고 알고 있다. 그만큼 이 책은 한국의 들뢰즈
연구가 심화되어가고 있다는 것을 보여준다고 하겠다. 그런데 이 책은 들뢰즈
철학을 요약하거나 다른 연구자의 해석을 소개하는 것이 아니라 들뢰즈의 텍
스트를 저자 스스로 풀어내고 있다는 점이 눈에 띈다. 그 작업은 저자가 "다른
연구자의 관점으로 논의를 진행"하지 않고 "들뢰즈를 직접 파고들 것을 기
획"(26쪽)했기 때문에 가능했을 것이다. 다른 연구자의 관점을 빌려오지 않았
기 때문에, 그는 자신의 삶에 양식이 될 수 있도록 들뢰즈의 텍스트를 천천히
씹으면서 소화하고자 했을 테다. 그 소화 과정을 서술한 결과가 이 책일 터, 그
래서 저자는 엄밀하고 압축적으로 서술되고 있는 들뢰즈의 철학을 풍부한 구

체성을 통해 생동감 있는 문체로 풀어 상세하게 설명할 수 있었다.

그런데 바로 그러한 이유로, 저자가 다루고 있는 들뢰즈의 책은 많지 않다. 이 책은 두 부분으로 이루어져 있는데, 1부는 들뢰즈의『베르그송주의』를 해설하고 있고 2부는 1부에서 해명한 들뢰즈의 잠재성 개념을 통해 들뢰즈의 예술론의 핵심을 추출하고 있다. 2부에서 주로 인용되고 있는 책은『프루스트와 기호들』이다. 저자는 주로 예술의 본질에 대한 논의에서 이 책을 끌어들인다. 한편 그는 사디즘과 매저키즘의 고유성을 밝히고 있는 책인『매저키즘』의 주요 부분을 소개하고, 그밖에『시네마』연작의 일부분을 상세하게 설명한다. 그리고 휘트먼론,『철학이란 무엇인가』,『디알로그』등에서 조금씩 인용하고 있다. 저자가 서문에서 밝히고 있듯이 이 책에는 들뢰즈의 주저라고 할『차이와 반복』,『앙띠 오이디푸스』,『천 개의 고원』이 등장하지 않는다. 저자의 저술 스타일 상 이 대작들을 다루려면 또 다른 책이 필요했을 테니, 이해할만 한 일이다. 또한 '잠재성' 개념이 전면적으로 다루어지고 있는 저작인『베르그송주의』에 저자가 많은 지면을 할애해야 했기 때문에, 저 대작들을 다룰 여력은 없었을 것이다.

저자는『베르그송주의』와 베르그송의 텍스트를 동시에 읽어나가면서 들뢰즈의 진술을 베르그송의 진술로 뒷받침하여 상세하게 설명해준다. 그래서 압축되고 난해한 들뢰즈의 논의를 독자가 좀 더 정확하고 풍부하게 이해할 수 있도록 하고 있다.『베르그송주의』에 대한 상세한 독해는 들뢰즈 사상을 이해하는 데 있어서 매우 긴요하다. 그 책에서 전개된 베르그송적인 잠재론은 들뢰즈 철학 전반을 관통하는 핵심 키워드이기에 그렇다. 가령 후기 저작인『시네마』연작에서 들뢰즈는 자신의 영화 철학을 베르그송의 시간론에 기대고 있으며, 그가 남긴 마지막 유고인「현실적인 것과 잠재적인 것」에서도 베르그송의 철학이 여전히 중요하게 사유되고 있다. 그래서 들뢰즈의 실질적 데뷔작인『베르그송주의』에 대한 이해와 설명은 후기의 들뢰즈까지 이해할 수 있는 열쇠를 만드는 작업이라 하겠다. 매우 복잡한 내용을 담고 있는 이 책의 내용을 간단하게 정리하긴 어렵지만, 나름대로 이해한 바에 따라 중요하다고 판단되는 문장들을 인용하면서 정리해본다.

저자에 따르면, 들뢰즈가 생각하는 베르그송주의의 기획은 우선 실재의 두 수준을 나누고 그 수준들이 공존하고 있다는 것을 밝히는 것이다. "베르그송에게 있어 객관성이란 곧 공간(적인 것)을 의미하고 주관성이란 지속을 의미한다. 마찬가지로 실재는 두 수준이 공존하는데, 한편에는 객관적 현실 혹은 사물의 상태로서 드러난 실재가 있고 다른 한편에서는 잠재적인 채로만 남아 있는 주관적 실재가 있다."(65쪽) 즉 잠재성은 지속의 시간성 속에 존재하는 주관적 실재다. 그리고 본성적으로 차이가 있으며 그 무엇으로도 환원될 수 없는 다양체들이 지속의 시간성 속에서 잠재적으로 존재한다. 하지만 그 존재 각각의 차이가 개체들의 고립을 의미하지는 않는다. "지속은 내 안의 흐름뿐만 아니라 타자의 흐름을 둘러싸고 포함하는 또 다른 하나의 흐름을 형성할 수 있"기 때문이다. 이 "자신뿐만 아니라 타자를 포함하는 비개인적 역량이 있"어서 "지속은 다수이며 하나"(412쪽)라고 말할 수 있다.

잠재성은 아직 현재화되지 않았기 때문에 과거이고, 또한 타자다. 그런데 그 과거는 계량적인 시간에서와 같이 시간의 진행 속에서 덧없이 사라지는 것이 아니다. 그것은 현재화되지 않았지만 잠재적으로 실재하고 있는 것이고, 또 현재화될 수 있는 것이다. 여기서 통상적인 시간 이해는 전복된다. 잠재성이 현재화된 것이 현재가 된다면, 현재가 과거가 되는 것이 아니라 과거가 현재가 되는 것이다. 그래서 본성상의 차이들이 실재하고 있는 과거-잠재성은 현재의 근거가 된다. 그 잠재적인 실재가 현재화되기 위해서는, 우선 주관적 실재로의 "관심의 전향"을 계기로 잠재적인 실재에로의 '투신', "단숨에 파고드는 도약"(97쪽)인 회상을 통해 현재와 공존하고 있는 그 잠재적 존재를 긍정해야 한다. 그리고 긍정된 그 잠재적 실재가 "육체를 통해 행위로 혹은 물질과 공간으로 전환"(108쪽)될 때 비로소 잠재성의 현재화는 이루어진다. 이렇게 행위 또는 물질-공간으로 전환되면서 이루어진 잠재성의 현재화는 과거의 공허한 반복일 수 없다. 이때의 현재는 공허하게 지금을 지나쳐 사라지고 있는 무엇이 아니라 잠재적인 실재의 "이행이며 끊임없는 생성이며 변화"(88쪽)가 된다.

이러한 들뢰즈의 잠재론을 바탕으로, 저자는 이 책의 2부에서 예술의 존재론을 펼친다. 저자는 "들뢰즈에게 예술의 힘은 존재의 고유의 시간과 지속의 보존에 있다"(285쪽)고 한다. 즉 예술의 힘은 잠재성의 보존에 있다. 『시네마 2』의 1장을 해설하고 있는 2부의 4장에서, 잠재성을 육화하여 보존하는 예술의 '본질'에 대해 저자는 네오리얼리즘 등의 영화 등 풍부한 예를 들어 흥미롭게 설명하고 있다. 그리고 잠재성의 육화이자 현시인 예술은 "자연 안의 모든 존재의 고유함을 훼손하지 않고도 그들을 하나의 시간 속에서 공존하"(415쪽)게 한다고 한다. 즉 "예술을 통해 육체들은 잠재적 실재 속에서 하나의 시간, 하나의 흐름, 하나의 소용돌이 속으로 잡입"(349쪽)한다는 것이다. 다시 말하면, 예술을 통해 육화된 잠재적인 차이들은 하나의 시간 속에서 공존하고 공명한다. 그런데 삶에서도 공명은 일어나지만 그것은 한정적 조건들 속에서 비자발적 기억에 의해 우연적으로 일어날 수 있는 데 반해, "예술은 그러한 규정적 조건들을 넘어 스스로 공명 자체를 생산"(384쪽)한다는 데 차이가 있다. 그리고 예술에서 생산되는 공명 속에서 횡단 역시 생산된다. 예술은 "다양한 관점들의 본성적 차이 그리고 그 파편들 간의 간격을 긍정하면서도, 그들을 단일한 통일로 묶지 않고 횡단성이라는 고유한 형식을 통해 그 안에서 파편들이 소통할 수 있도록 해준다."(388쪽)는 것이다.

횡단 속에서 생산된 새로운 관계를 들뢰즈는 아상블라주assemblage라고 부른다. 저자는 이 아상블라주가 "파편들의 새로운 관계의 윤리적 가능성을 예시한다"(403쪽)면서, 그것은 바로 "언제나 잠재성 안에서만 자신의 삶을 펼"(404쪽)치는 소수자의 윤리라고 주장한다. 예술에서 현현된 차이들(파편들)이 공명하는 관계 맺기가 바로 소수자가 되는 삶이 어떠한 것인지를 예시한다는 것이다. 이렇게 이 책은 잠재성 개념의 해명에서 예술의 존재론으로, 예술의 존재론에서 소수적 삶의 생성이라는 윤리에로 논의를 전개시킨다. 소수적 삶의 윤리란 잠재성과 접속하여 잠재성의 현재화를 통해 생성-변화하는 삶, 특이화하는 삶이며 이와 동시에 척도의 권력에서 지속적으로 탈주하는 삶을 가리킬 것이다. 저자는 이러한 삶의 생성을 하는 데 있어서 예술이 강력한 힘을 가지고 있다는 것을 규명한다. 저자의 논의를 따라가다 보면, 예술을 접할 때 경험하게 되는 강력한 충격과 정동이 무엇에 근거하고 있는가를 알 수 있게 되고, 또한 예술에 몰입하는 행위가 한갓 사치스러운 향유가 아니라 삶을 변화시키고 권력으로부터 탈주하는 길로 이끈다는 것을 깨닫게 된다. 더 나아가 그의 책은 우리 앞에 놓여 있는 예술 작품의 어떤 면에 우리가 주의를 기울이고 접속해야 하는지에 대해서도 시사해준다.

그런데 여기서 들뢰즈의 잠재성에 대한 논의가 더 진행되어야 할 것이라고 생각하게 된다. 이 책은 들뢰즈의 잠재론을 통해 예술의 존재론적인 힘을 밝히고 있다는 점에선 충분히 성공했다고 본다. 하지만 저자가 노렸다는 "예술의 논의를 윤리적·정치적 관점으로 확장시키려는 시도"(25쪽)가 그다지 구체화되었다고는 생각되지 않는다. 특히 예술의 정치적 의미에 대해서는 별로 논의되지 않은 것 같다. 예술의 정치성을 논의하기 위해서는 특정 예술 경향이 정치사회적으로 어떠한 조건 속에서 생성되게 되었는가에 대한 논의가 선행되어야 할 것인데, 이를 위해서는 들뢰즈가 가따리와 함께 쓴 정치철학적 저작인『앙띠 오이디푸스』나『천 개의 고원』, 그리고『카프카』를 살펴봐야 할 것이다. 또한『시네마』에 대한 논의도 더 필요할 것이다.(이 책에서는『시네마』연작의 각 1장에 대해서만 설명되고 있다.) 하지만 이 책은 앞에서 언급했듯이 들뢰즈의 그 책들을 다루지 못했다. 허나 이 주제에 대해서는 저자가 후속 작업에서 구체화하여 또 한 권의 두툼한 책을 우리 앞에 내놓을 것 같기도 하다.

이와 관련하여 이 책이 보여준 예술론에 대해 토론할 부분이 있다는 것도 밝히고 싶다. 방금 거론한 들뢰즈의 책들에서는 예술의 형이상학적 존재론만이 아니라 특정 예술의 역사적 사회적 존재 조건도 같이 논의되고 있고 민중이 사라진 시대의 정치 예술에 대해서도 논의되고 있다. 가령『시네마 2』에서 들뢰즈는 "부재하는 민중에 대한 보고서는 정치적 영화의 포기가 아니라, 그와는 반대로 제3세계와 소수집단들이 이제부터 정초해나가야 할 새로운 기초를 이룬다. 예술, 그리고 특히 영화는 이러한 과업에 무엇보다도 참여해야 한다. 이미 존재한다고 전제된 민중에 말을 거는 것이 아니라, 새로운 민중의 창조에 기여할 것."[1]이라면서 새로운 정치 영화의 '과업'에 대해 말하고 있다. 그런데 이 책의 저자는, 예술가들은 "바로 그 삶이 필요로 하는 행동과 효율로부터의 이탈 때문에", 그 '초연함'으로 "오로지 즐거움을 위해, 자연이 거기에 있음을 향우하고 만끽할 뿐"이라고 말하고 있는 것이다. 예술가의 '과업'에 대한 들뢰즈의 말과 예술가의 '초연함'에 대한 저자의 말 사이에는 커다란 간극이 있다.

이를 초기 들뢰즈와 후기 들뢰즈의 생각이 바뀌었기 때문이라고 말하기는 힘들다. 저자는 바로 『시네마 2』의 1장에서 거론되고 있는 네오리얼리즘과 오즈 야스지로의 영화를 읽어내면서 그 예술가의 '초연한 태도'의 가치에 대해 생각할 수 있었다고 보이기 때문이다. 그리고 저자는 "예술은 그 자체가 목적"이라는 『프루스트와 기호들』의 한 구절을 인용하고 있기도 하다. 그러나 이에 대한 정반대의 진술을 『천 개의 고원』에서 읽을 수 있다. "예술은 결코 목적fin이 아니다. 예술은 삶의 선들을 그리기 위한 도구일 뿐이다. …… 예술 위에서 재영토화되지 않고 오히려 예술을 탈기표작용적인 것, 탈주체적인 것, 얼굴-없음의 영역 쪽으로 데려갈 이 긍정적인 탈영토화들인 삶의 선들을 그리기 위한 도구일 뿐인 것이다."[2]는 진술이 그것이다. 이 정반대의 진술은 어디에서 비롯된 것일까? 이러한 문제는 들뢰즈의 예술론을 온전히 재구성하는 데 있어서 중기 들뢰즈의 책을 살펴봐야 할 필요성을 더 크게 만든다.

그리고 이러한 필요성은 이 책이 들뢰즈의 예술론을 잠재성 개념을 통해 보는 데 치중한 나머지 들뢰즈의 베르그송주의적 측면을 지나치게 강조하게

---

1. 질 들뢰즈, 『시네마 2』, 이정하 옮김, 시각과 언어, 2005, 411~422쪽.
2. 질 들뢰즈·펠릭스 가타리, 『천 개의 고원』, 김재인 옮김, 새물결, 2001, 357쪽.

된 것은 아닐까 하는 생각에로 이끈다. 그런데 베르그송의 철학에 따른 잠재성 이론은 지속의 시간성만 강조되는 것은 아닐까. 회상이 잠재성으로 투신할 때의 바로 그 순간, 그 도약할 때의 시간성은, 그것이 지속 속에서 이루어지는 투신이라고 할지라도 또 다른 개념이 필요한 것은 아닐까? 현재의 차이화, 생성 변화가 일어날 때의 사건을 지속이라는 개념으로만 파악하는 것은 뭔가 부족하지 않는가? 그래서 안또니오 네그리의 "시간의 완료와 '장차 올 것'의 열림 사이에 존재하는 순간"[3]인 '카이로스'라는 개념을 떠올리게 된다. 잠재성의 현재화를 통해 현실이 차이화되는 순간은 그 카이로스 개념을 통해 이해될 수도 있지 않을까?

베르그송 철학에서 이러한 개념의 미비 때문인지, 네그리는 베르그송주의의 잠재성 개념 및 시간관에 대해 그 의의를 인정하면서도 한계 역시 지적한다. 베르그송주의에서 잠재성에로의 투신과 잠재성의 현실화가 이루어질 때의 '결정'이 "'생의 도약'의 무한한 행동들이 — 이 행동들이 어떻게 특징지어지든 — 향하는 한계지점에 다름 아니"라고 지적한다. 즉 베르그송에게서 잠재성에로의 투신과 현실화의 결정은 생이 가지고 있는 힘과 경향에 따라 이루어지는 것이긴 하지만, 한편으로 우연하게 이루어지는 것이다. 그래서 네그리는 베르그송주의의 사유가 "존재의 충만함 속에서 이루어지는 결정의 강렬성에 근접함은 분명하"지만 "이러한 결정의 과정에 의미를 부여하는 것은 아무 것도 없다."[4]고 비판한다. 네그리는 이러한 한계를 극복하는 개념으로 "공통적인 것에 관한 결정이라는 특이한 사건"을 제시한다. 공통적인 것에 관한 결정은 "특이성 속에서 자신을 구현하는 사랑"[5]의 사건이며 윤리적이고 정치적인 결정이다.

하지만 들뢰즈가 이러한 '결정'의 문제를 사고하지 않고 잠재성과의 우연

---

3. 네그리, 『혁명의 시간』, 42쪽.
4. 같은 책, 240쪽.
5. 같은 책, 243쪽.

한 조우만을 사유했다고는 할 수 없다. 네그리가 『제국』에서 베르그송으로부터 끌어낸 들뢰즈의 잠재성 개념에 대해 "우연성에서 필연성을 창조해내는 제도들을 강조할 필요가 있는 한 우리에게는 불충분하다"[6]며 그 한계를 지적한 것에 대하여, 『차이와 반복』에 나타난 들뢰즈의 '잠재성의 존재론'을 적극적으로 조명하면서 반론을 제기한 스즈키 이즈미鈴木 泉의 논의를 보면 그러하다. 스즈키는 들뢰즈가 "우리들의 삶이 잠재적인 다양체라는 실험 시스템의 한 가운데에서 변모를 성취하는 실험을 되풀이할 수밖에 없다고" 가르쳤다면서, 그가 "일상적인 경험의 한 가운데서 삶의 폭력적인 변용을 성립시키는 실험적인 장의 존립을 확보하고자" 했다고 주장한다.[7] 그리고 들뢰즈의 그러한 시도에 따라서, "잠재성을 찬미하는 것이 아니라 그 한 가운데서 행하"면서 "보다 창조적인 실험을 계승"할 것을 그는 주창한다.

들뢰즈의 잠재성론에 대한 이러한 논의는, 그의 잠재성 개념이 베르그송의 개념화에서 더 나아가 실험(또는 살아 있는 노동), 더 나아가 정치적 실천의 문제와도 연결될 수 있다는 생각을 하게 한다. 그래서 들뢰즈의 잠재성에 대한 논의는 더 진행되어야 한다. 그리고 그 진행된 논의는 들뢰즈의 예술론에 대해서도 더욱 진전된 논의를 가져올 것이다. 하지만 그러한 논의의 진전은 조성훈의 이 책을 바탕에 깔고 지속적으로 참조하며 진행해야 할 것이다. 들뢰즈의 베르그송주의적인 면에서 개념화된 잠재성 ― 분명 이 개념은 들뢰즈 전 철학의 기반이 되고 있다고 판단되는데 ― 에 대해서, 이 책만큼 충실하고 구체적으로, 그리고 적확하면서도 생동하는 표현으로 밝혀낸 책은 그다지 찾아보기 힘들 것이기에 그렇다.

(『대자보』 2010년 7월 30일)

---

6. 안토니오 네그리·마이클 하트, 『제국』, 윤수종 옮김, 이학사, 2001, 457쪽.
7. 스즈키 이즈미, 「잠재성의 존재론 ― 초기 들뢰즈」, 김상운 옮김, 『자율평론』 15호. http://waam.net/xe/autonomous_review/91281

2장

다중의 미소를 위하여

안또니오 네그리,『네그리의 제국 강의』

한국에서 안또니오 네그리는 이제 낯선 이름이 아니다. 특히 2008년에 일어난 '촛불'은 네그리의 '다중'Multitude 개념이 대중화되는 계기가 된 바 있다. 네그리가 마이클 하트와 함께 쓴『다중』한국어판이 2008년 2월에 출간(원저는 2004년 출간)되었다는 것을 보면, 흥미롭게도 책의 출간 직후 그 책에서 논의된 '다중'의 존재가 한국에서 증명되었다고 말할 수도 있겠다. 알다시피『다중』은 네그리가 역시 하트와 함께 쓴『제국』(원저는 2000년, 한국어판은 2001년 출간)의 후속편이다.『제국』은 사회주의 붕괴 이후 도래한 세계 질서를 분석하고 해명하는 저작이다. 새롭게 구축되어가는 지구적 세계질서에 대해 네그리와 하트는 기존의 '제국주의' 이론을 기각하면서 '제국'이라고 개념화했다. 그리고 이 제국에 대항하는 주체에 대해 '다중'이라고 명명했다.(한국어판『제국』에서는 '대중'이라고 번역되어 있다.)

제국주의 이후 변신한 주권권력의 성격을 주로 파헤치고 있는『제국』에서도, 제국에 저항하는 주체인 '다중'이라는 개념은 핵심적인 위치를 차지하고 있다. 그래서 『제국』에 대한 비판자인 조반니 아리기Giovanni Arrighi도 「제국의 계보」라는 글의 서두에서, 그 책에 대해 "이른바 지구화의 도래에 대한 급진 좌파의 지배적인 반응인 암울함과 의혹, 그리고 적개심에 대한 강력한 해독제"[1]라고 말한 바 있다. '투사' 네그리가 『제국』에서 강조하고 싶었던 것은, '제국'의 네트워크 권력 내에서 코뮤니즘을 구축해가는 저항 주체의 존재를 증명하고 그 성격을 해명하는 일이었다.

그런데 『제국』에서는 다중의 존재가 주로 철학적으로 논의되고 있어서 그 개념이 좀 추상적이라는 인상을 준 것이 사실이다. 그래서 『제국』에 대한 많은 논평가들이 '다중' 개념의 모호성을 비판했던 것이다. 이에 대한 응답의 성격을 띠고 있는 『다중』에서, 네그리와 하트는 실제의 여러 저항 운동을 광범위하게 조명하면서 '다중'의 존재를 구체적으로 논의하고 있다. 사실 『제국』이 『다중』보다 국제적인 논쟁을 더 광범위하게 불러일으켰으며 한국에서도 '제국' 개념을 둘러싸고 진보 운동 진영과 학계에서 많은 논쟁이 벌어졌지만, 한국인에게 실감 있게 읽힐 수 있는 책은 『다중』 아니었을까 한다. 『제국』이 지구적 주권질서의 새로운 경향을 고도의 이론을 통해 다루고 있기 때문에 아무래도 사람들이 '제국'론에 접근하기가 '다중'론보다는 힘들었다고 할 수 있다. '촛불'에 의해 결정적으로 이루어진 '다중' 개념의 대중화도, 『다중』에서 전개된 '다중'에 대한 구체적인 논의가 뒷받침해주었던 것 같다. 그런데 한편으로 '다중' 개념의 대중적인 전파는 '다중'과 연결되어 있는 '제국' 개념에 대한 이해를 소홀하게 만들 가능성이 있었다.

얼마 전에 출간된 『네그리의 제국 강의』(갈무리, 2010)는 이러한 수용 상황 아래서 유용한 책이라고 할 수 있다. 이 책은 '제국' 개념과 '다중' 개념을 한자리에서 설명하고 있기 때문이다. 이 책은 주로 2003년에서 2004년에 걸쳐 전 세계를 순회하며 행한 네그리의 강연 ― 36회에 이른다 ― 을 싣고 있다. 그

---

1. 조반니 아리기, 「제국의 계보」, 『제국이라는 유령』, 김정한 옮김, 이매진, 2003, 73쪽.

러니까 그 강연들은 『제국』 출간과 『다중』 출간 사이에 이루어진 것들로, 『제국』과 『다중』의 논의를 아우르면서 '제국'론과 '다중'론이 어떻게 연결되는지 보여준다. 그리고 이 책에 실린 강연들에서 네그리 특유의 개념들이 반복되어 설명되기 때문에 이 책을 통독하면 반복 학습 효과 같은 것이 생기기도 한다.

한편으로, 한국어판으로 각각 500페이지가 넘는 『제국』과 『다중』의 광범위한 논의를 간결하게 간추리고 있다는 점도 이 책의 장점이다. 사실 기존의 여러 개념에 익숙한 사람들은 네그리가 전개하는 '제국'과 '다중'과 같은 개념들이 낯설게 보일 수 있지만, 네그리의 사상을 이해하기 위해 두꺼운 『제국』과 『다중』에 직접 들어가기 어려울 수 있다. 그런데 이 책은 네그리 자신이 자신의 사상을 직접 정리해 보여주기 때문에, 그 사상에 좀 더 손쉽게 접근할 수 있는 길을 보여준다. 그래서 『제국』과 『다중』에 접근하고자 하는 이들은 이 책이 좋은 입문서가 될 수 있을 것이다. 하지만 독서가 만만찮은 면도 있다는 것을 밝혀둔다. 짧은 강연 속에 광범위하고 복잡한 논의를 압축해서 설명하다 보니 난해한 부분도 적지 않고, 『제국』과 『다중』에서 논의되지 않은 예술이나 철학, 유럽 연합에 대한 강연문도 읽기에 쉽지 않다.

『제국』의 핵심 논지를 간명하게 요약하고 있는 강의는 제1강이다. 이 강의에서 네그리는 현재가 제국주의 시대에서 '제국' 시대로, 근대에서 탈근대로의 역사적 이행기라고 말한다. 이 '제국'으로의 이행은 "열린 경향성"인데, 그 경향이란 맑스가 영국에서 자본주의의 경향성을 도출했을 때의 경향과 마찬가지의 성격을 가진다. 영국 자본주의를 분석하여 집필된 『자본』이 자신들과는 무관한 이야기를 담고 있다고 말하는 독일 독자들에게, 맑스가 『자본』 서문에서 "바로 당신 자신에 관한 이야기요!"라고 말했을 때의 그 경향 말이다. 19세기 중엽 독일이 완전히 자본주의화가 되지 않았지만 결국 자본주의화의 길을 걸어야했던 것처럼, 네그리는 지금은 완전히 현실화되지 않았지만 결국 흘러가게 될 '경향' ─ 제국으로의 경향 ─ 에 대해 분석하고 있는 것이다.

하지만 그 경향성이 '열린' 것이라고 할 때, 그 개념은 필연성이 아님을 지적해두어야 한다. 네그리가 한 말을 직접 인용하면, "경향 개념은, 맑스에게서 이미 나타나는 바와 같이, 파열, 분할, 불연속성의 개념"(380쪽)인 것이다. 이를 지적해두는 것은 중요하다. 왜냐하면 네그리의 『제국』이 저항하는 주체들의 능동성을 분석에서 중시하지 않고 일종의 '객관적 필연성'을 제시하고 있다[2]거나 "모던과 포스트모던을 자본 축적의 상보적이고도 모순적인 두 가지 문화 논리로 보는 대신, 연속적 계열로 보는 일종의 연대기적 가상에 굴복"[3]하고 있다는 비판이 있기 때문이다.

하지만 네그리는 경향이 "계급투쟁의 주체적인 배치들로 조합하고 직조하는 발전의 객관적인 모순들을 드러"(380쪽)낸다고 말하고 있는 것을 볼 때, 그가 생각한 경향은 주체들의 계급투쟁을 통해 벌어지는 파열로서 현상한다고 할 수 있다. 이렇듯 네그리는 경향을 필연성과 같은 의미로 생각하고 있지 않기 때문에, 맑스의 경향 개념이 그렇듯이(맑스도 한 사회에 근대와 전근대가 모순적으로 착종되어 있다는 것을 잘 알고 있었다) 그의 '제국'에 대한 사유가 연대기적 가상에 사로잡혔다고 볼 수는 없다. 네그리의 그 경향은 벤사이드도 말하듯이 '모순' 속에서, 특히 프롤레타리아의 자본에 대한 투쟁에 의해 발전되는 객관적인 모순 속에서 "파열, 분할, 불연속적"으로 진행되는 것이기 때문이다.

여하튼, 네그리는 1강에서 제국 시대의 이행 현상이 세 측면에서 나타나고 있다고 말한다. 1) 지구화 현상. 강한 국민국가가 약한 국민국가를 종속시키는 제국주의 시대와는 달리 식민지적 질서가 붕괴하고 전 세계 시장이 재분할된다. 그리고 이주 현상이 활발하게 된다. 이른바 지구화가 일어난다. 2) 국민 국가의 근대적인 구성 자체가 동요에 빠진다. 국민국가의 군사적, 화폐적, 문화적 주권이 흔들리기 때문이다. 3) 자본주의 축적의 특질이 전 시대와는 근본적

---

2. 존 홀러웨이, 『권력으로 세상을 바꿀 수 있는가』, 조정환 옮김, 갈무리, 2002.
3. 다니엘 벤사이드, 『저항』, 205쪽.

으로 변경된다. 비물질노동(지적, 정동적, 관계적, 언어적 노동)이 산업노동의 헤게모니를 대체하고, 이에 적응하여 포스트포드주의적이고 탈산업적인 축적 체제가 등장한다. 이 축적 체제 아래에서는 사회 전체가 노동으로 내몰리면서 삶 자체가 착취된다. 착취를 수행하는 자본과 국가는 삶권력으로서 자신을 드러낸다.

2강에서 네그리는, 제국은 거대한 주권 국가가 아니며 '혼합된 구성'으로 이루어진다고 밝힌다. 그 구성은 위계적으로 구조화되어 있다. 그 구조화는 권력의 세 수준들의 분절에 의해 작동한다. 첫째 수준은 군주적 수준으로서의 미국. 이 수준에서 군사적, 화폐적, 문화적 헤게모니가 유지된다. 둘째 수준은 귀족정. 어떠한 국민적 색깔도 띠지 않는 금융 체계들에 기초하고 있는, 거대한 다국적 기업들. 셋째 수준은 "명령 기관들의 재구조화에 효과적으로 참여하기 위해 동맹들을 창출하려고 애쓰는 여타의 거대한 국민국가들"(30쪽)이다.

그런데 이러한 제국으로의 이행은 자본과 주권의 자기 발전에 의한 것이 아니다. 네그리의 관점에 따르면, 지배 체제의 변화는 언제나 피지배 계급의 투쟁에 의해 강제된다. 그러한 관점은 구조주의를 기각한다. 제국은 1968년 혁명에 따라 주권이 훈육 통치에서 통제 통치로의 이행이 강제되면서 이루어지는 새로운 주권 체제다. 이에 대해서는 3강에서 간략하게 요약되어 있다. 1968년의 투쟁들은 기성의 테일러주의와 같은 노동 및 사회의 조직화를 깨트린다. 그리고 공장의 자동화와 사회의 정보화를 통해 처음엔 사회적 노동자가, 다음엔 비물질노동자가 출현한다. "이러한 국면에서 계급은 다중으로 나타나거나 아니면 오히려 다중으로 변형"(39쪽)된다. 그래서 주권의 명령은 전 사회적으로 확장되어야 했고 노동의 사회적 조직화에 대한 근대성의 규제의 위기가 나타난다.

그 결과 사회적 구조는 혼란에 빠집니다. 첫째, 생산의 형상, 이것은 고립될 수도 없으며, 생산적 주체를 개별화할 수도 없습니다. 둘째, 착취의 현상, 이것은 사회 전체를 가로질러 확대되며, 모든 곳에, 그리고 사회적인 것들의 모든 삶정치적 차원에 자본주의적 전유專有의 새로운 기술들 및 지속 불가능한 기술들을 설치합니다. 적대는 대규모적·범우주적으로 됩니다.(40~41쪽)

이렇게 대두된 '공위기'에 대응하는 주권 체제가 제국이며, 제국은 질서를 창출하기 위해 전쟁을 생산한다는 것이다. 그러나 국민국가의 위기와 제국으로의 이행 경향에 대해서는 많은 이들이 비판한 바 있다. 특히 비판자들은 미국의 2차 이라크 침공은 제국주의가 여전히 건재하다는 것을 보여준다고 주장했다. 네그리의 입장은 미국의 네오콘이 주도한 이라크 전쟁은 귀족과의 연합에 의해 유지될 수 있는 제국으로의 경향에 대해 반발을 품고 감행한 군주의 반동적 쿠데타라는 것이었다. 허나 그 쿠데타는 성공할 수 없는데, 제국은 현재의 모순적인 과정에 의해 관철되는 경향이기에 그렇다. 그 경향으로부터의 후퇴는 현재 노동 및 사회의 조직화 체제에 적응하려고 하고 있는 자본과 이를 뒷받침하고자 하는 다른 국민국가들(귀족)의 반대에 부딪칠 뿐만 아니라 그러한 반동에 대한 다중의 극렬한 저항에도 부딪칠 것이다.

사실, 1968년 다중의 투쟁으로 이루어낸 미국의 월남전 패전은 미국의 제국주의적 야욕이 더 이상 성공할 수 없다는 것을 보여준 것이기도 하다. 코소보와 1차 이라크 전쟁과는 달리, '귀족'의 동의를 받지 않고 독자적으로 이라크를 쳐들어간 미국 네오콘은 월남의 패배를 설욕하면서 미국 중심의 제국주의적 세계 체제를 꿈꾸었을 것이다. 하지만 그것이 시대착오라는 것은 이후의 과정이 잘 보여주었다. 네오콘은 치욕적으로 권좌에서 물러났을 뿐만 아니라 이라크의 미군 역시 금의환향은커녕, 상처만 안고 자국으로 돌아가야 했다. 사태의 전개는, 즉 제국으로의 이행 경향을 되돌려놓으려는 네오콘의 제국주의적 반동이 실패할 것이라는 네그리의 예측이 틀리지 않았음을 보여주었다.

한편, 네그리의 핵심 개념 중에서 논란이 되고 있는 것은 '비물질노동'과 '다중'이다. 비물질노동과 관련된 다중을 변혁 주체로 보는 것에 대하여 어떤 이는 마이크로소프트의 고액 연봉을 받고 있는 프로그래머들을 변혁의 전위로 보는 것이라고 비꼬기도 했다. 허나 이는 오해임을 이 책을 통해서도 잘 알수 있다. 비물질노동에 대해서는 마이클 하트와 같이 쓴 21강 「제국 내에서의 포스트사회주의적 정치」에 잘 정리되어 있다. 이 글에서 네그리는 비물질노동을 두 가지 형태들 속에서 사유될 수 있다고 한다. 첫 번째 형태는 지적이거나 언어적인 노동을 포함한다. 두 번째 형태는 '정동적 노동'이라고 부르는데, 법률 보조원들, 승무원들, 패스트푸드 노동자들의 노동 속에서 인식할 수 있다고한다.

이 비물질노동이 생산에서의 헤게모니를 가지게 된다는 것이 이들의 주장인데, 이때 그 헤게모니를 산업 노동이나 농업 노동이 사라지고 이 비물질노동이 그 자리를 차지한다는 식으로 생각해서는 안 된다고 한다. 이들에 따르면 농업노동에서 벌어지는 생물학적이고 생화학적인 혁신이나 제조업 생산에서 이루어지는 디지털화에서 비물질노동의 헤게모니를 관찰할 수 있는 것이다. 또한 이들은 "비물질노동의 헤게모니는 노동을 유쾌한 것으로 만들어 주지도 않으며, 더 큰 보수를 가져오지도 않을뿐더러, 작업장에서의 위계와 명령을 감소시키지 않는"(215쪽)다고 말한다. 첫 번째 형태의 비물질노동자인 영화 제작 스텝들의 노동과 저임금을 생각해보라. 친절하지 않으면 해고한다는 사측의 위협 속에서 저임금을 받고 '정동적 노동'을 행하는 비정규직 계산원들 역시 비물질노동자다. 사실, 이 '정동적 노동'에 종사하는 노동자들이 알다시피 2000년대 이후 한국 사회에서 강고한 투쟁을 벌여왔다.

물론 '정동적 노동'에 종사하는 이들만이 그러한 투쟁을 벌였다고는 할 수 없다. 비정규직 노동자들, 사측에 의해 '자유롭게' 해고되고 존재의 존엄성을 짓밟힌 자들이 강고한 투쟁을 벌여 왔다고 해야 할 것이다. 한편으로 정규직에서 해고된 이들 역시 격렬하게 투쟁했다. 지금 한국 사회에서 벌어지는 투쟁 대부분은 '해고'의 문제, '비정규직' 문제, 삶의 '존엄' 문제가 촉발하고 있는 것으로 보인다. 그래서 비물질노동자가 투쟁의 핵심이라고 말할 수는 없을 것이다. 허나 네그리가 비물질노동의 헤게모니를 이야기할 때, 비물질노동자가 투쟁의 핵심이라고 말하는 것은 아닐 테다. 비물질노동 헤게모니가 투쟁에서 가지는 의미는, 자본과의 투쟁 양상이 대공장 산업 노동자가 '전위'가 되어 이루어질 것이라는 기존 '전통 이론'과는 달리, 농업 노동자든 산업 노동자든 비물질노동자든 이들의 투쟁이 '공통적인 것'을 구축해가면서 이루어지는 비물질노동의 경향처럼 이루어진다는 것일 테다.

현재 한국에서의 투쟁 역시 대공장의 정규직 육체노동자가 중심이 되고 있다고 할 수 없다. 반면 비물질노동자든 제조업 노동자이든 같은 평면에서 투쟁이 이루어지고 있으며 그 투쟁들은 사업장에의 문제에 국한되지 않고 전 사회적인 관심을 받는다. 이들 노동자들의 각각 특이한 투쟁들이 공통적인 것을 구축해나가는 방향으로 소통하여 새로운 사회적 관계를 생산할 수 있을 때, 네그리는 이들 노동자들을 '다중'이라고 부를 것이고 또 '삶권력'에 대한 이들의 저항을 '삶정치'라고 부를 것이다. 그런데 이 '노동계급' 개념을 파기하는 듯한 '다중' 개념 역시 많은 논란을 불러 일으켰다.

이 책에서 다중에 대한 비교적 명료한 상을 보여주고 있는 글은 10강 「괴물스러운 다중」이다. 다중은 비물질노동의 헤게모니 아래 새로운 형상을 가지고 현실화되고 있는 프롤레타리아라고 할 수 있다. 네그리는, 다중이 산업의 중심성에 기초한 노동계급과는 다르지만, 한편으로 다중 역시 자본에 실질적으로 포섭된 사회에서 착취 받는 노동력이기에 노동계급이라고 한다. 그러나 한편으로 (기존의) 노동계급보다 더 광범위하다고 말한다. 가령 돈을 빌려 대학 등록금을 내는 대학생 역시 미리 착취 받는 노동력이기 때문에 그러한 다중의 일원이 될 수 있다. 또한 다중은 특이성들의 네트워트이기 때문에 대중이 아니나 그 네트워크가 대량화된 공통으로 모습을 드러내기 때문에 대중이기도 하다. '대량화된 공통으로서의' 네트워크'는 비물질노동의 '괴물스러운' 성격, "그것이 더 이상 개별적 노동이 아니라 협력적 노동이며, 특이성의 방식으로 자율적으로 조직되고 연합"(88쪽)된다는 성격과 관련된다.

그리하여 네그리는, 노동자들은 이제 이데올로기가 아니라 "착취의 공통적 형태에 의해, 노동이 스스로를 조직하고 표현할 수밖에 없는 양식들과 형태들의 실제 현실에 의해 통일"된다고 주장한다. "노동자들과 빈민들, 여성들과 남성들, 서비스 노동자들과 산업 노동자들, 그들 모두는 노동 조직화의 동일화 양상들 속에서, 전지구적이 된 고용 및 착취의 공통적 체계 속에서 노동"(90~91쪽)한다는 것이다. 이 문장을 보면 네그리의 '다중'은 비물질노동자들만 지칭하는 것이 아님을 확인할 수 있다.

'다중'은 사회학적 개념이 아니라 철학적 개념이어서 이론적으로 사유해야 하며, 그래서 추상도가 높다. 하지만 그 개념은 현실에서 벌어지는 일들에 직접적으로 사용될 수 있는 개념이다. 네그리가 제국과 다중의 적대에 따라 벌어지는 구체적인 정치적 사건에 대해 얼마나 민감했는가는, 네그리와의 대담록인 『굿바이 미스터 사회주의』(2009, 그린비. 원저는 2006년에 출간)에서 읽을 수 있다. 그 책은 전 세계에서 일어난 다양하고 구체적인 투쟁들에 대한 네그리의 세심하고 유연한 사고를 잘 보여준다. 『네그리의 제국 강의』와 이 책을 동시에 읽으면 다소 추상적인 정치 철학과 정세 분석이 네그리에게서 어떻게 결합되고 있는지 알 수 있다.

허나 『네그리의 제국 강의』에서도, 유럽 연합 논의에서도 볼 수 있듯이 현재의 정세에 민감한 네그리의 사유를 볼 수 있다. 이 책의 2부에는 좌파 대다수와 극우파에 의해 결국 부결(2005년)될 유럽연합 헌법에 네그리가 찬성표를 던졌던 이유가 잘 설명되어 있다. 제국으로 향하는 세계질서 경향을 생각한다면, 미국 일방주의를 견제하는 유럽연합의 성립이 국민국가의 탈구를 이룰 수 있는 가능성이 있기 때문에 진보적인 성격을 띠고 있다고 네그리는 주장한다. 더 나아가 네그리는 유럽 연합의 성립에서 코뮤니즘의 공간이 열릴 수 있다고 보았다. 이 2부는, 절대 민주주의를 주장하는 네그리의 입장이 어떤 이들이 오해하듯이 원리주의적인 무정부주의에 기운 것이 아니라는 것을 잘 보여준다. 이는 네그리가 실제 현실에서 작동하고 있는 정치적인 문제에 대해 원칙주의에 기대 냉소하는 것이 아니라, 코뮤니즘이 이루어질 수 있는 기회를 살피는 마키아벨리적인 입장에 서 있다는 것을 보여준다.

네그리의 사유가 지금 벌어지고 있는 정치적인 사건들에 대해 민감하다는 것은, 22강인 「제국의 새로운 국면」에서도 드러난다. 그런데 그 사유는 언제나 다중이 자신의 뽀뗀짜(활력)potenza를 표현하는 양상과 정세를 연결하면서 이루어진다. 가령 이라크 전쟁에서 유럽이 미국과 동맹을 맺지 않은 것은 다중의 압력 때문이라고 네그리는 생각한다. 이는 "정부들이 또한 대항권력 세력들의 역동성을, 대항권력 내부의 운동들의 역동성을 염두에 두지 않는다면, 그들이 발전의 특정한 지점에서 그들 나라의 규범적이고 규제적인 체계들을, 그리고 사회조직화의 일반적인 메커니즘들을 계획하는 것은 더 이상 가능하지 않"(240쪽)기 때문이다. 어떤 정부들은 그 대항권력과 관계를 맺고자 한다. 브라질의 룰라 정부나 아르헨티나의 커쉬너 정부가 그러하다. 또한 스페인의 대항권력은 대중적 봉기를 통해 정부를 전복시켰고 이에 따라 집권한 스페인 정부는 이라크에 주둔하던 군대를 즉각 철수시켰다.

네그리의 '실제적인' 사고는, 22강에서 새로운 주체성에 걸맞은 새로운 강령의 윤곽을 제시하기도 한다. 이를 포스트사회주의적 강령이라고 네그리는 잠정적으로 이름 붙이는데, 그 강령 구축을 위해 몇 가지 핵심적인 질문들을 던진다. 1) 세계시민주의, 국경들의 분쇄, 유럽 또는 라틴 아메리카의 통일 등의 전지구적 논점. 2) 부의 재분배 가능성, 새로운 소득형태들을 창출할 가능성, 사회 전체가 노동하도록 배치되고 있다면 누구라도 그러한 노동으로부터 소득을 얻을 가능성이 있어야 한다. 3) 소통이 명령되는 모든 형태들과 체계적으로 단절하고 소통형태들에 대한 구성적이고 특이한 재전유. 4) 새로운 통치형태들을 위한 기획. 공통적인 것을 투입할 수도 있고 스스로를 민중의 정치적 활동에 정초할 수 있는 통치형태들을 어떻게 구축하는가의 문제.

이러한 거대한 '코뮨주의' 기획을 섬세하게 따져볼 때 '포스트사회주의 강령'은 구체화될 수 있을 것이다. 이는 만만한 과정이 아닐 테지만, 맑스 역시 전

인류사적인 시야 속에서 현재 벌어지는 계급투쟁의 의미와 방향을 생각했다. 네그리 역시 지금 현 자본주의와 주권의 변화 경향이라는 시야 속에서 '코뮌주의'를 기획하고 강령으로 구체화하고자 한다. 그렇기에 네그리의 기획은 맑스의『코뮌주의 선언』을 충실하게 계승한다고 볼 수 있는 것이다. 그런데 이 거대한 기획은 결코 삶의 구체적인 세부와 무관하게 이루어지지 않는다는 것을 유의해야 한다. 이 기획은 다중의 뽀뗀짜가 발산되는 삶정치적 투쟁을 통해 세워지고 또 현실화될 수 있다. 그렇기에 사소한 듯이 보이는 행위라도 그것이 뽀뗀짜를 표현하는 삶정치적인 성격을 가지고 있을 땐 거대한 의미를 가질 수 있는 것이다.

이 뽀뗀짜는, 1848년 6월 노동계급의 봉기를 걱정하고 있던 토크빌 가 사람들 옆에서 하녀가 몰래 짓고 있던 미소에서도 찾아볼 수 있다고 네그리는 말한다. 그녀가 미소를 짓고 있다는 것이 발각되자, 토크빌 가족은 그녀를 즉각 해고했다고 한다. 토크빌과 같은 지배계급 지식인은 이 미소가 가지고 있는 혁명성을 즉각 알아보았던 것이다. 32강에 실려 있는 이 일화가, 이 책에서 한국시를 평론하고 있는 필자에게 가장 인상적이고 의미심장하게 다가온 대목이었다. 그 미소는 시적인 것과도 연결되기 때문이었다.

아쉽게도 본 서평에서는 다루지 못했지만, 이 책에는 네그리의 예술에 대한 생각 — 특히 연극에 대한 글인 33강「배우와 관중」이 주목되는데, 네그리는 이 글에서 그 자신, 작가, 공중을 연기하여 공통적인 것을 구축하는 연극배우야말로 다중의 모델이라고 말하고 있다 — 이 적잖은 분량 실려 있다. 그 중 현 시기 예술의 가능성에 대해 사유하고 있는 13강,「제국 시대의 예술과 문화, 그리고 다중들의 시간」에는 아래와 같은 구절이 실려 있다.

카이로스는 자신으로부터 시작하여, 신체들을 변형할 가능성을 구축하는 필연성(그러나 또한 가능성)입니다. 그것은 삶의 요소들을 시적 재구축으로 이끎으로써 정치학을 만들 가능성입니다. 이 제헌적 기획은 '삶정치적'이라는 바로 그

용어가 본래 지니고 있는 것입니다.(125쪽)

토크빌 가의 하녀가 노동자의 봉기를 들었을 때, 그녀는 바로 화살이 발사된 순간을 의미하는 카이로스의 시간에 있게 되었을 터, 그녀의 미소는 그 시간에 변형된 신체를 표현한다. 이 신체적인 변형이 삶을 시적 재구축으로 이끈다. 그 시적 재구축이란 "예술적으로 행동한다는 것", 즉 "특이성들의 실존을 향해 새로운 존재를 구축하는 것"(126쪽)이다. 새로운 존재의 구축에 단초가 될 이 미소는, 그래서 삶권력에 저항하는 삶정치적 행위이자 더 나아가 제헌적 기획의 출발 지점이다. 다시 말하면, 이 이름이 알려지지 않은 토크빌 가 하녀의 미소는, 극장이라는 장소에서 공중의 웃음을 창출하는 이름 모를 배우와 같이 정치와 예술의 공통적인 장소를 창출하기 시작한다. 그렇게 다중의 잠재성을 표현하는 그녀의 미소는 우리에게도 도래할 것이다. 『네그리의 제국 강의』는 그 미소에 헌정하는 책이다.

(『참세상』 2011년 1월 23일)

3장

'공통적인 것'의 수탈과 대항권력의 구축

안또니오 네그리, 『다중과 제국』

안또니오 네그리의 강의록인 『다중과 제국』이 갈무리에서 출간되었다. 이 책은 같은 출판사에서 작년에 출간된 강연집인 『네그리의 제국 강의』와 함께, 네그리의 탈근대 정치철학을 네그리 자신의 입으로 해설하는 성격의 저작물이다. 『네그리의 제국 강의』의 원서가 2006년에 출간되었고, 『다중과 제국』의 원서가 2002년에 출간되었음을 보면, 전자가 『다중』 출간 이후의 네그리 사상을 보여주고 있다면 후자는 『제국』과 『다중』 사이에 진행된 네그리의 사유를 보여주고 있다고 할 수 있다. 하지만, 번역자가 밝히고 있듯이 이 책은 네그리 자신의 사유 방법론을 육성으로 설명하는 부분이 적지 않기 때문에, 『제국』과 『다중』에로 흡수될 수 없는 의미를 가지고 있는 저작이라고 할 수 있다. 한편으로, 비교적 현실에서 벌어지고 있는 문제들과 연관하여 자신의 사상을 설명하고 있는 『네그리의 제국 강의』보다는 이 책이 좀 더 이해하기 어려울 수 있다. 그러나 조금 인내를 갖고 읽어내면, 이 책에는 네그리의 정치사상이 요령 있게 압축적으로 정리되어 있다는 것을 알게 될 것이다.

몇 년 전부터, 특히 '촛불' 시위 이후, 한국에서 네그리의 '다중' 이론은 주목을 받아 왔다. 시위에 참가한 각자가 스스로 미디어가 되고 그들끼리 네트워크를 형성하면서 전개된 '촛불'의 새로운 운동 양태는, 올해 전지구적으로 확산되고 있는 모든 운동에서도 나타나고 있다. 알다시피 올해 봄, 튀니지를 시발점으로 하여 아프리카와 중동에서 벌어진 시위는 수십 년 동안 굳건했던 독재 체제들을 붕괴시켰다. 그 붕괴를 이끌었던 운동은 전통적인 운동 조직이 중심이 되었다기보다는 SNS를 활용한 사람들의 적극적인 참여에 의해 활성화되었다. 점령 운동으로 붉게 물든 미국과 유럽의 가을 역시 아프리카의 봄과 같은 양상을 보여주고 있다. 현재 전 세계의 반신자유주의 시위는, 소수의 사람들로부터 시작되지만 곧 거대한 파도가 되어 나라를 통째로 뒤흔들면서 전개되고 있다. 여기에 참여하는 사람들은 학생을 비롯하여 각양각색의 직업을 가진 사람들이거나 실업자들이다. 이들은 특정한 지도부 없이 네트워크를 형성하면서, 운동을 거대하게 진화시킨다. 혹자는 이러한 운동 양태에 대해, 운동의 구심점이 없어서 결국 장작이 타오르다 꺼지듯 별 성과 없이 스러질 것이라고도 비판하기도 할 것이다. 하지만 어떤 특정한 조직이 현 시기의 운동을 지도할 수는 없으며 다만 전체 운동의 한 지류로서 참가할 수 있을 뿐이다.

문제는 운동이 저렇게 진행되어가는 경향성을 파악하고 그 가능성을 인식하는 일이다. 네그리의 '다중' 이론은 이를 인식할 수 있는 개념적 도구를 제시한다. 『다중과 제국』에서 우리는 그 개념들에 대한 간명한 설명을 제공받을 수 있다. 『다중과 제국』은 다섯 번의 강의와 한 편의 대담, 그리고 강의와 연관된 내용을 담은 여섯 편의 소논문으로 구성되어 있다. 다섯 강의는 1) 시기구분과 관련하여 '제국' 시기에 대한 간략한 설명, 2) 비물질노동의 헤게모니와 삶정치에 대한, 사회적 존재론에 입각한 설명, 3) 정치적 주체로서의 다중과 대항권력의 구축에 대한 설명, 4) '제국' 시기 주권의 다중에 대한 공격으로서의 전쟁과 주체성의 생산에 대한 설명, 5) 전투적 실천으로서의 탐구 방법론에 대한 설명으로 이루어져 있다. 아마도 이러한 구성은 네그리의 사회 철학적 사유의 뼈대에 맞추어 이루어진 것일 테다. 그렇다면 네그리 사회 철학의 뼈대는, 탈근대에 도달한 현 사회를 계보학적으로 설명하고 노동과 적대의 변화된 양상을 중심으로 현 사회의 사회적 존재론을 탐구하며 이로부터 저항과 혁명의 잠재성과 가능성 및 전쟁의 양상을 조명하는 것이라고 할 수 있을 것이다.

이러한 사유 구도는 네그리 자신도 말하고 있듯이 맑스를 좇는 것이라고도 할 수 있다. 네그리에 따르면 맑스 존재론의 두 가지 전제는 "세계가 노동에 의해서 창조된다는 것"이며 "자본주의가 존재하는 한 이러한 노동은 언제나 착취된다는 것"인데, 그는 이에 따라 "우리는 한편으로는 세계를 구축하는 노동력을 분석하고, 다른 한편으로는 착취로부터 노동을 해방시킬 가능성을 분석해야"(105쪽) 한다고 말한다. 이 책에서는 이렇듯 네그리 자신의 사유와 맑스와 레닌의 사유와의 관계에 대해서도 언급되고 있어서 흥미롭다. 맑스의 고전적인 정식 — 토대/상부구조론이나 노동가치이론 — 에 대해서 네그리는 비물질노동의 헤게모니가 관철되고 삶정치적 적대가 이루어지고 있는 현시대에는 유지되기 힘든 정식이라고 보고 있지만, 한편으로 그는 다닐로 졸로와의 대담에서 자신이 맑스주의의 회복과 그 혁신, "마키아벨리적 의미의 '원리로의 회귀'"(27쪽)를 추구하고 있다고 분명하게 밝힌다. 또한 그는 레닌의 '전위당' 이론이나 '약한 고리론' 역시 다중과 제국의 시대에는 가능하지 않다고 보고 있지만, 한편으로 레닌주의를 재긍정해야 한다고 생각한다. 즉 그는 레닌이 시도한 카이로스, 그 혁명적 결정을 "다른 구성 도식에 근거"(227쪽)하여 부활시켜야 한다고 주장한다. 그 구성적 결정은 바로 다중의 절대적 민주주의와 상응한다.

이를 보면, 네그리는 맑스와 레닌의 혁명적 사상을 계승하고자 한다는 것을 알 수 있다. 물론 이는 철저하게 반교조적인 방식에 의해서다. 네그리는, "우리가 맑스의 가르침을 따라 움직인다는 것은 분명하다. 물론 이러한 맑스적 전략은 새롭고 창조적인 실험에, 그리고 우리가 분석하는 상황의 고유성에 대한 감각에 종속된다"(17쪽)고 말한다. "진리는 구체적인 것"이라는 레닌의 명제에 따라 그는 변화된 현실의 구체성과 그 경향성을 새롭고 창조적인 방법으로 파악하고자 한다. 이를 위해 네그리는, 지금과는 다른 시대적 조건 속에서 그 시대를 파악하기 위해 제시되었던 맑스와 레닌의 몇 가지 개념들을 변형시키거나 폐기하고, 새로운 개념을 생산한다. 네그리에게 '맑스주의'는 맑스나 레닌의 저작으로부터 가져온 개념들의 뭉치를 의미하지 않고, 혁명적 관점으로 자본과 시대에 대해 인식하는 것을 의미한다.

그러한 인식을 위해 네그리는 "연구에서 실천이 헤게모니와 중심성을 가진다"(238)고 말한다. 그래서 네그리의 제국 이론이 저항하는 주체들의 능동성을 분석에서 중시하지 않고 일종의 '객관적 필연성'을 제시하고 있다는 존 홀로웨이John Holloway의 평가[1]는 근본적인 오해에서 비롯된 것이다. 네그리는 그와는 반대로, 주체화 장치에 대해 저항하는 주체의 능동적인 실천을 바탕으로 이론이 구성되어야 한다고 주장한다. 그런데 네그리에게서 이를 위한 실천과 인식은 '공통적인 것'의 능동적인 구축과 긴밀하게 관련되어 있다.

'공통적인 것'에 대한 긍정만이 생산의 흐름을 안으로부터 방향지을 수 있게 해주고 앎과 자유를 재구성하는 흐름을 자본주의적인 소외의 흐름과 구별하게 해줍니다. 그렇다면 문제는 공통적 실천의 중심성을 재긍정할 수 있는, 실천적 단절에 의해 해결될 것입니다. 이러한 방식으로만 우리는 복잡한 연구에 방향을 부여할 수 있습니다. 다시 말하면 적대의 형태들을 부각시킬 수 있는데, 이 적대의 형태들은 공통적인 것의 구축 과정에서 앎과 행동이 가지는 전투성과 양자가 합류하는 새로운 형상들을 통해 해석되어야만 합니다. 그래서 방법에 대한 논의에서 가장 중요한 요소 중 하나는 **실천적·물질적 결정, 순전한 비판적 지평을 깨뜨리는 실천**입니다. 실천적 단절이 언어와 협동을 가로질러야 하며, 공통적 실천 ― 이는 이 과정의 내부에서 일어나는 앎과 행동의 구체적 통일입니다 ― 의

---

1. 존 홀로웨이, 『권력으로 세상을 바꿀 수 있는가』 참조.

중심성에 대해 지속적 긍정이 언어와 협동을 가로질러야 합니다.(237쪽)

　네그리에게는 자본과 주권의 권력이 먼저인 것이 아니라 '공통적인 것'을 구축하려는 다중의 욕망이 먼저이다. 적대는, 다중이 먼저 구축한 '공통적인 것'을 수탈하려는 자본 및 이를 위해 행사되는 주권 권력과 이에 대항하는 다중 사이에 형성된다. 그런데 네그리는 적대의 형태들을 해석하기 위해서는, 전투적인 앎과 행동이 "공통적인 것의 구축 과정"과 합류해야 한다고 주장한다. 이러한 해석은, 언어와 협동을 가로지르면서 공통적인 것을 구축하는 과정에 합류하는 것이면서 동시에 자본과 권력에 저항하는 것이기에, 물질적이고 실천적이다. 이는 "순전한 비판적 지평을 깨뜨리는 실천"이다. 이 진술은 네그리 자신의 이론이 중립적이고 객관적인 입장에서 객체를 비판하는 것이 아니라 객체의 변화를 위한 주체의 운동에 적극적으로 합류함을 통해서 구성된 것임을 밝히고 있는 것이라고 하겠다. 네그리는 이러한 이론 구성을 위해서는 "역사 과정에 방법을 몰입시켜야 할 필요가 있"(254쪽)으며, "구성의 관점에서 존재를 철학적으로 인식"(106쪽)해야 한다고 강조한다. 이에 따르면, 역사과정은 구조의 반복적인 변조에 따라 움직이는 것이 아니라 적대 속에서 끊임없이 내재적으로 구성되는 것이어서, 이를 인식하기 위한 방법은 구성되는 역사 과정의 실재에 몰입해야 한다.

　그런데 한편으로, 네그리에 따르면 역사의 구성 과정은 사건에 의해 전개되기에, "방법은 사건에 종속"(235쪽)된다. 이 때문에, "구체에서 추상으로" 상향한 후 "추상에서 구체로 하강"한다는 맑스의 방법론은 수정된다. 네그리에게서 앎은 추상에서 구체로 하강함으로써 이루어지는 것 아니라 구성 과정에 전투적으로 합류하여 성취하는 것이기에, "분석의 근본 영역"은 "생산적인 것과 생산된 것, 구체적인 것과 추상적인 것, 주체적인 것과 객체적인 것, 구성적인 것과 구성된 것 사이"이며, 탐구 방법은 그 사이에서 "움직이게끔 우리를 이끌어야 한다"(270쪽)는 것이다. 다시 말하면, 맑스처럼 "구체적으로 규정된 추상으로부터 시작하는 것이 더 이상 가능하지 않”는데, 이는 “(탈근대의 역사적 양식을 특징짓는) 예상치 못한 사건 및 출현으로 구성되는 계속적 요동을 이해”하기 위해서는 “널리 퍼져 있는 역사적 경험 안에서 움직이는 것이 필요”(253쪽)하기 때문이다. ‘탈근대’의 역사적 양식이란, 제국 및 자본과 다중 사이의 적대에 따라 벌어지는 삶정치적인 사건을 통해 구성되고, 또한 비물질노동의 헤게모니가 관철되는 사회적 존재론이 그러한 구성을 뒷받침하는 경향을 의미한다.[2]

구조보다는 주체적인 것과 객체적인 것이 교차하면서 이루어지는 사건과 생성 과정에 주안점을 두는 이러한 방법에서는, “구조와 상부구조는 더 이상 수직축에서 분리된 것으로 제시되지 않”고 그 둘의 “관계가 평면적 지형에서 융합”되어 “서로 뒤얽히”(260쪽)는 것으로 파악하게 된다. 그래서 그 방법은 “객관적 장치와 주체의 구성적 행위 사이의 관계”에서 “결정론적 인과적 과정”을 상정하는 것에서 벗어나, 현 시대에서는 인과성이 “불시적인 연쇄의 성격을 점점 더 띠고 있다”(260쪽)는 것을 인식하고자 한다. 즉 네그리의 이론은 전통 맑스주의의 ‘토대/상부구조론’과 변증법적 인과론을 해체하고 재구축하고 있다고 하겠다. 하지만 그는 맑스의 핵심적 가르침인 **“투쟁, 즉 자본 관계가 사회적으로 펼쳐지는 것이 모든 정치적 실재를 구성한다는 사실은 근본적인 것으로 남아 있”**(18쪽)다고 말한다.

네그리의 이론에서 중추가 되고 있는 개념인 ‘공통적인 것’이란 무엇을 의미하는가? 하지만 유감스럽게도, 역자 역시 말하고 있듯이 이 책에서 ‘공통적인 것’에 대한 구체적이고 상세한 설명은 제시되지 않는다. 그러한 설명을 듣기 위해서는 아직 번역되지 않은 『공통체』*Commonwealth*(2009)의 번역 출간을 기다려야 할 것이다. 하지만 이 책에서도, 추상적이나마 ‘공통적인 것’이 무엇

---

2. ‘제국’과 ‘다중’, 그리고 ‘비물질노동’의 개념에 대해서는 이 책에서 이 글 바로 앞에 실린 『네그리의 제국 강의』에 대한 서평 ―「다중의 미소를 위하여」― 에서 간략히 정리하였기에 이 글에서는 재론하지 않는다.

인지 제시되고 있다. 네그리에 의하면, '공통적인 것'의 이해를 위해서는 "동일성 그리고/혹은 합의와 결부시키는 몇몇 전통적 독해들을 넘어서는 것이 중요"(153쪽)하다. "동일성과 차이를 넘어선" '공통적인 것'이라는 개념은 다중의 개념과 긴밀하게 관련되는 것으로, "다중은 특이성들의 총체인데, 사실 여기서 총체는 차이들의 공통성으로 간주되며, 특이성은 차이의 생산으로 인식"(153쪽)된다는 말에 따라 이해될 수 있다. 이에 따르면 '공통적인 것'은 "창조적 활동들의 증식"이자 "다양한 연합적 관계들 혹은 형식들로 이해"(153쪽)된다. 다양한 차이들이 창조적으로 생산되고 증식되면서 특이성들의 총체를 구성할 때, 그 차이들의 '공통적인 것' 역시 지속적으로 형성되고 증식된다. '공통적인 것'은 교집합이 아니고 결정되어 주어진 것도 아니다. 그것은 특이하게 생산되는 것이다.

네그리는 '공통적인 것'의 구체적인 예로 '외부경제'와 '언어'를 들고 있다. 네그리는 현재 가치 생산은 "점점 더 직접적 생산과정 자체의 외부에 존재하는 생산요소 및 사회적 부를 포획함으로써" 이루어지고 있는데, 그 생산요소 및 사회적 부인 '외부경제'란 "소비되지 않고 생산에서 더욱 확대되는 원료, 즉 사회적 협동의 총체"(266쪽)를 의미한다고 한다. 그리고 현대의 노동 방식 및 생산방식은 점점 언어에 기반을 두면서 이루어지고 있는데, 바로 "언어적으로 공통적인 것도 산 노동에 의해 지속적으로 재생산되고 풍부해진다"(267쪽)고 한다. 그런데 "이제 자본주의는 결코 이러한 선행조건들('공통적인 것' － 인용자)에 대해 값을 지불하지 않으며, 오히려 공적인 부분이 이에 대해 지불하도록 한다"는 것이다. 이에 대항해서, 네그리는 "자본주의 경제의 조건을 미리 구성하는 문화·문병·지식·전문적 능력 및 모든 생태적·연합적·도시적 조건들의 공통적 가치를", 그것들이 "노동의 살아 있는 투사"(267쪽)임을 인식할 필요가 있다고 주장한다.

네그리에 따르면, 가치 생산이 다중이 생산하는 '공통적인 것'에 의존함으로써, 자본에 의한 착취는 예전과는 다른 방식으로 진행된다. 예전에 잉여가치 착취는 자본가가 노동자에게 필요노동시간보다 더 많은 노동을 하게 함으로써 이루어졌다면, 오늘날의 착취는 "**공통적인 것의 파괴이자 협동의 수탈로서 나타**"(262쪽)나기 때문이다. 이에 대한 이해는 "맑스에게서 방법의 정의와 긴밀히 결부되어 있는 저 **적대의 경험**"을 새로운 조건을 배경으로 포착하는 것으로, 네그리는 맑스가 적대를 의미하는 "**착취 및 분업**"을 밝혀냈듯이, 오늘날의 "**삶정치적 착취와 삶권력 안에서의 분업**이 무엇을 말하는지를 이해해야만 한다"(262~263쪽)고 주장한다. 자본의 삶정치적인 착취는 "직접적 생산과정 자체의 외부"에서 다중의 노동을 통해 생산된 '공통적인 것'을 수탈하는데, 그것은 국제적 분업의 과정, 즉 "생산 메커니즘과 점점 더 유기적인 연관을 맺으면서 발전하는 소속과 배제의 작동을 통해"(276쪽) 다중을 통제함으로써 이루어진다. 네그리는 이러한 오늘날의 착취 방식에 대해 "존재로부터 살을 제거하는 것"(277쪽)이라고 그 성격을 규정하는데, 그 규정은 구체적으로 다음과 같은 의미다.

> 가치 관계가 공통적 실체를 가진다는 것이 발견된 후에는, 가치관계가 장소의 연쇄 안에 물질적으로 새겨져야 하며, 소유의 단일한 명령에 의해 통제되어야만 한다. …… 그러한 통제의 핵심은 언제나, 지속적인 명령 하에 있는 생산체제 안에서 협동을 파편화하여 위계적으로 분절시키거나 상호작용시키는 데 있다. 새로운 소통테크놀로지가 이러한 과정에서 근본적인데, 그 이유는 그것이 독립적인 노동자들 사이의 상호작용적 조정을 극히 효율적으로 만들면서도 노동자들이 소유에 기초한 위계에 종속되는 것을 의미한다.(277~278쪽)

여기서 '살'이란 무엇을 뜻하는 것일까? 메를로-뽕띠에게서 빌려온 '살' 개념은, 네그리에 따르면 "신체적인 것과 지적인 것이 일치하고 또 구별불가능한 살아있는 공통적 실체"이며 "삶의 충만함을 향해 있"는 "순수한 잠재성, 삶의 무형적 질료, 존재의 원소"(138쪽)다. 네그리는 "우리는 우리의 살로 지속적으로 삶형태를 만"(138~139쪽)들며, "다중의 살은 일반지성의 신체로 변형"(170쪽)한다고 말한다. 이를 달리 말하면, 다중이 구별불가능하게 혼종적으로 섞이면서 이루는 "살아 있는 공통적 실체"가 다중의 살이며, 그것은 삶의 충만함을 향해 삶형태-신체를 만들어나간다고 할 수 있다. 살이 충만함으로 나아가고자 하는 방향, 이것이 관념론적인 목적론과는 무관한 유물론적인 텔로스다. 자본이 다중의 살을 도려낸다는 의미는, 일반지성의 신체로 변형되고 있는 다중의 공통적인 실체를 파괴한다는 것, 즉 노동자들을 다중으로부터 분리하고 분업체계의 위계에 종속시킴으로써 "소유의 단일한 명령에 의해 통제"하여 소유의 위계에 재배치하거나 배제한다는 것, 그리하여 노동자들의 협동을 파편화하고 분절시켜 잉여가치의 원천으로 전화시킴으로써 '공통적인 것'을 착취한다는 것을 뜻한다. 이것이 현 시기 자본이 다중을 착취하는 방식이다.

그렇기에 오늘날에는, 소위 산업예비군으로 인식되어 왔던 빈자 역시 자본의 착취 대상이다. "착취 기능이 협동 능력과 가치 창조 능력 이외에 호흡·공간·운동 또한 제거하는 것이라면, 빈자는 배제된 자일뿐만 아니라 또 착취의 전형적인 대상"(116쪽)인 것이다. "오늘날 가난이란 활동을 가치있게 만드는 데 성공하지 못한 단순한 사실을 나타낼 뿐"이라고 할 때, "가난한 이주민 혹은 배제된 사람도 역시 표현의 활력을 가진 사람"(116쪽)이다. 이 진술에서 '가치'란 물론 자본주의의 교환가치를 의미한다. 빈자는 자본에 의해 그의 활동이 가치화되지 못했을 뿐이어서 자본주의의 고용 바깥에서 삶의 활력을 표현할 수 있으며 또 표현하면서 살아가고 있는 사람이다. 그래서 그 역시 다중의 살을 구성하는 존재로서, 삶권력에 의해 배제되고 도려내지며 착취당하고 있는 존재다. 그렇기에 네그리는 "빈자와 노동자는 함께 투쟁해야만"(116쪽) 한다고 주장한다. 비물질노동의 헤게모니가 관철되고 있는 오늘날에는 대기업에 고용된 육체노동자가 투쟁의 중심이라고 할 수 없는데, 불안전 고용 또는 실업상태에 놓인 빈자 역시 공통적인 것을 생산하는 주체로서 자본에 의해 수탈당하는 존재이기 때문이다. 그런데 다중을 "소유의 단일한 명령에 의해 통제"하기 위해서는 권력 ─ 삶권력 ─ 이 행사되어 질서가 유지되어야 한다.

네그리는 "오늘날 질서는 전쟁의 질서를 통해 태어나는 것이 아니라 전쟁의 지속적 조장을 통해 태어"난다고 말한다. "그 자체 삶권력의 형태"인 전쟁에서 "적은 지속적으로 구축되고 발명되어야 하며 역설적이게도 정복될 수는 없"는 것인데, "더 이상 외부가 존재하지 않는" 제국에서 "전쟁은 언제나 내부적이"(194~195쪽)된다는 것이다. 제국은 다중을 통제하기 위해서 지속적으로 적을 생산하면서 내전을 일으켜야 한다. 네그리는 이 과정에서 전쟁은 다른 국가와의 교전이라기보다는 치안의 성격을 띠게 되고, 그래서 탈근대적인 전쟁은 전쟁과 치안이 뒤섞이는 상태에로 나아가게 된다고 말한다. 그리하여 "탈근대적 전쟁은 근대적 전쟁보다는 덜한 어떤 것이지만, 그것은 또 근대적 치안보다는 더한 어떤 것"(197쪽)이 된다.

네그리는 이렇듯 권력이 질서를 부여하기 위해 일으키는 전쟁에 대한 대항은, "욕망에 대한 긍정이자 동시에 삶에 대한 긍정인, 그러한 저항을 실천"하는 것, "주체성의 생산에서 다중의 우위를 긍정하는 것으로만 주어질 수 있"(199~200쪽)다고 주장한다. 푸코를 따라, 네그리는 오늘날 삶은 권력이 활동하는 장이 되었으며, 이를 맑스가 논한 '자본의 실질적 포섭'과 관련짓는다. 한편으로 그는 말년의 푸코가 주체성에 대해 사유하면서 삶권력과 삶정치의 구분을 제안하기 시작했다는 점에도 주목한다. 네그리 역시 푸코를 따라 삶권력과 삶정치를 구분하면서, 이 두 개념을 "국가가 생산하는 특수한 테크놀로지에 대해 생각할 때 삶권력을 말하며, 저항의 복합체에 대해 생각할 때, 권력의 사회적 장치들이 충돌하는 경우들 및 그 정도에 대해 생각할 때 삶정치 혹은 삶정치적 맥락을 말"(113쪽)한다고 규정한다. 네그리는 저항하는 주체성의 출현에 의해, "모든 방향에서 진행되는 해방 과정의 존재론적 열림에 대한 인식"(112쪽)이 출현하면서 가시화된다고 하면서, 삶정치는 이러한 권력 투쟁이 전개되는 공간을 가리키며 **"계급투쟁의 확장"**(113쪽)을 뜻한다고 의미화 한다.

삶과 신체에 침투해 들어와서 삶을 주조하려는 권력의 테크놀로지에 맞서 신체가 저항하기 시작할 때, 삶정치의 공간은 열리기 시작한다. 말년의 푸코 역시 이러한 저항과 삶정치 개념을 사유하고 발전시켰지만 네그리는 푸코의 저항 개념에서 더 나아가야 한다고 생각한다. 푸코의 작업은 "저항이 반란 및 구성권력과 맺는 내적 연관을 발견"하지는 못하고 있기 때문이다. 네그리에 따르면 "저항이 강력한 정치적 무기일 수는 있지만, 고립된 개인적 저항 행위는 권력 구조를 변형시키는 데 결코 성공할 수 없다"(137쪽)는 것. 그래서 네그리는 '저항' 개념에서 더 나아가 '대항권력' 개념을 발전시키고자 한다. 네그리는 대항권력은 저항, '반란', '구성권력'으로 구성된다고 정리한다.

1) 저항은 일상적 삶에서 대다수의 사회적 주체들이 실천하는 것으로, 시장에 맞서거나 권위에 맞서고, "사회적 소통에서 경험과 언어를 반복으로 틀어막고 그것을 무의미로 몰아대는 가치 및 체제에 맞서는 것"이다. "저항은 체험된 사회적 삶의 거의 모든 수준에서 명령과 엄혹하면서도 창조적으로 상호작용한다."(203쪽) "지속적으로 땅을 파는 것과 같은 어려운 작업"인 저항은 "사회적 공간의 모든 장소에서 명령의 총체를 구성하는 특이한 관계들 및 특이한 타협들/조작들을 위태롭게 하는 것이다."(206쪽) 2) 반란은 "대중적 저항운동이 짧은 시간에 활동적으로 되거나 혹은 어떤 구체적인 한정된 결정적 목표에 집중될 때 띠는 형태"로서, "저항의 다양한 형태들을 하나의 매듭으로 묶고 서로 상응하게" 하고 "그것들을 주어진 사회적 조직의, 구성된 권력의 한계를 독창적인 방식으로 넘어가는 화살모양으로 배치"하는 "사건이다."(204쪽) 반란은 "저항이 구성된 권력의 구조에 가한 ─ 그리고 지속적으로 가하는 ─ 손상을 구성된 권력이 치유하는 것을 저지"(207쪽)한다. 3) 구성권력이란 무엇인가? "반란이 저항을 혁신적으로 되도록 밀어붙인다면" "구성권력은 이러한 표현에 형태를 부여"한다. "반란이 적의 삶형태를 파괴하는 무기라면, 구성권력은 삶의 새로운 구도와 삶의 집단적 기쁨을 적극적으로 조직하는 힘"(204쪽)으로서, "대안적 상상력을 확장시키는 것"(207쪽)이다. 네그리는 이 세 요소로 구성된 대항권력의 의의에 대해 다음과 같이 말하고 있다.

대항권력의 세 요소들ㅡ저항, 반란, 구성권력ㅡ이 모든 특이성으로부터 그리고 다중을 구성하는 신체들의 모든 운동으로부터 함께 용솟음친다는 것은 분명하다. 저항 행위, 반란의 집단적 몸짓, 새로운 사회적·정치적 구성의 공통적 발명이 셀 수 없는 미시정치적 회로를 통해서 **함께** 나아가며, 그리하여 새로운 힘, 대항권력, 제국에 맞서는 살아있는 것이 다중의 살에 새겨지는 것이다.(140쪽)

대항권력의 세 요소는 '미시정치적 회로'를 통해 긴밀하게 연결된다. 삶권력의 주체화를 거부하고 이에 맞서 주체성을 스스로 특이하게 생산하고자 할 때 저항은 이루어지고 삶정치적 공간은 열린다. 저항을 봉쇄하려는 권력에 대항해서 저항이 집단적으로 조직되고 권력의 심장을 향해 '화살모양'으로 배치되어 날아갈 때 반란이라는 '사건'이 벌어진다. 저항과 반란 속에서 '대안적 상상력'을 통해 "사회적·정치적 구성의 공통적 발명"이 창조되면서 '구성된 권력'의 손아귀 밖에서 "삶의 집단적 기쁨"이 조직되기 시작될 때, '구성권력'은 작동하기 시작한다.

네그리는 이렇게 구성되는 대항권력의 활력과 구성된 권력 사이의 '비상동성'이라는 또 다른 논점을 제시한다. 푸코에게서 저항이 권력에 선행하듯이, 네그리에게서 대항권력을 구축하는 활력은 구성된 권력보다 선행한다. '공통적인 것'을 구축하려는 다중의 욕망이 자본과 주권의 권력보다 먼저이듯이 말이다. 그렇기에 권력에 맞서서 활력이 생기는 것이 아니며, 선행하는 활력을 권력이 포획하고자 시도하자 대항이 일어나는 것이다. 그래서 "활력과 권력의 변증법은 존재하지 않"는다고 네그리는 말한다. 활력과 권력은 "다른 텔로스, 다른 형성원리, 삶을 다르게 구성하는 방식"(164쪽)을 가진다. 그래서 네그리는 '맞섬'보다는 '다름'을 강조해야 한다고 주장한다. "다름은 특이한 반면 맞섬은 주권 관계 안으로 혹은 자본 관계 안으로 우리를 다시 끌어들이면서 전도된 상동성을 초래할 수 있기 때문"(164쪽)이다. 네그리는 들뢰즈를 따라 다름의 특이성을 '이것임'haecceity, '절대적 특이성'이라고 말한다. 그 특이성은 "척도를 가지지 않으며" 목적론과는 아무런 관련이 없는 텔로스를 가지고 있다. 즉 "우리는 절대적 자유의 영역에 있으며, 텔로스는 초과의 산물, 활동의 산물"(164쪽)이다. 네그리가 말하는 '특이성'이란 바로 이러한 '탈구조주의의 개념'으로, 그는 대항권력을 산출하는 다중의 특이성 개념에 대해 다음과 같이 말한다.

> 그것은 전체의 산물이 아니면서 전체에 참여하는 주체 개념, 계급의 기능이 아니면서 계급에 참여하는 결정 개념, 추상적인 산물을 생산하는 것이 아니라(그리하여 소외된 노동을 하는 것이 아니라) 구체적으로 그 활력의 표현인 산물을 생산하는 노동자의 개념인 것입니다. 그래서 우리가 다중을 '특이성들의 총체'라고 부를 때, 우리는 결코 총체 속에서 동일하게 되지 않으며 또 분리된 개체들로 실체화될 수도 없는 상이한 특이성들에 대해 말하는 것입니다. **특이성은 총체에 의해서 만들어지는 동시에 총체를 만듭니다.**(164~165쪽)

그러므로 대항권력은 "**정해진 텔로스나 지양을 모**"르며, "미리 이해된 본질의 발전을 창출해내는 것이 아니라 단순히 살아가는 것이며 또 삶을 창출하는 것"(209쪽)이다. 대항권력은 삶의 활력 속에서 특이성을 산출하는 활동 속에서 구성된다. 구성된 권력의 포획에 저항하고, 반란하고, 새로이 삶을 자유롭게 집단적으로 조직하면서 다중의 삶은 "일반지성의 신체의 주체성"(228쪽)으로 나아간다. 네그리는 바로 이러한 대항권력의 산출 과정이 스피노자의 '절대적 민주주의'라고 말한다. 그에 따르면, 스피노자의 '절대적 민주주의'는 "통치 형태에 관한 이론과는 아무런 관련이 없"으며, "자유의 새로운 형태의 발명에, 더 정확하게 말하면 도래할 민중의 산출에 특별하게 적합한 용어"(229쪽)다. '절대적 민주주의'와 상응하는 대항권력을 구성하기 위한 다중의 '결정'은 혁명기 레닌이 포착했던 카이로스 속에서 이루어진다. 그런데 네그리는 이러한 '결정'을 행하는 카이로스가 지금 매순간, 모든 곳이기도 한 여기에서 이루어질 수 있고 또 이루어져야 한다고 생각한다. 이렇게 말하니 네그리가 현실을 도외시한 낭만적 사고를 하고 있는 것 아닌지 생각될 수도 있겠다. 하지만 네그리는 패배가 불가피할 수도 있다고 생각한다. 문제는 패배에도 불구하고 앞으로 나아가는 것이며, '결정'을 미루거나 '결정'을 할 시간을 기다리는 태도에서 벗어나는 것이다. 마지막 강의의 마지막 대목은 네그리의 이러한 사유를 잘 보여준다. 이 대목을 옮기면서 이 글을 매듭짓고자 한다.

우리는 다중의 결정이 실제적으로 되는 데 200~300년을 기다릴 수 없습니다! 하지만 이런 일이 언제라도 가능할 수 있습니다. 패배가 불가피할 수도 있습니다 …… . 그렇다면 떠나도록 합시다! 대안으로서의 엑서더스가 구성권력의 발본성에 상응하는데, 이 엑서더스는 그 자체로 구축적이며, 결정과 다중의 관계를, 그리하여 자유와 공통적인 것의 생산의 관계를 긍정적 형태로 표현합니다. 우리가 또 다른 권력을 구축할 수 없더라도, 다중은 파업을, 도주를, 권력의 제거를 말할 수 있습니다 …… . 그리고 구성권력과 탈주 사이에서 진행되는 이러한 과정들은 서로 교직되고 교대됩니다. 이는 연이어 일어나는 파도와도 같은 다중의 결정들이며, 폭풍우 이는 바다에서 산출된 맹렬하고 강하고 견고한 파동들입니다. 권력에 의해서 대중이 둔감해지는 일은 더 이상 없습니다. 반대로 다중의 존재론적 반란이 있는 것입니다. 우리는 삶정치를 살고 있습니다.(249~250쪽)

(『참세상』 2011년 11월 11일)

인지 능력의 수탈에 저항하는 삶의 예술화

오철수,『시로 읽는 니체』

　　자율주의 이론가인 조정환에 따르면, 우리는 현재 인지자본주의의 시대에 살고 있다. 이 시대에서는, "자본주의가 우리의 근력을 착취하는 데 머물지 않고 우리의 생명, 지각, 지식, 감정, 마음, 소통, 욕망, 행동 등의 움직임을 조직하고 그것의 성과를 수탈하고 착취"[1]한다. 인지능력이란 세계와 접속하고 있는 생명체의 지성적 정동적인 대응 능력이라고 할 수 있다. 인지자본주의는 지성적 정동적인 능력이 발휘되는 장을 자본의 소유 아래 둠으로써 그 능력의 산물을 수탈한다. 이러한 수탈을 위해서 자본은 '정동적 지배'를 꾀하게 된다. 즉, 자본은 인간의 인지능력을 최대한 가동시키려고 하면서도 불안과 우울 등의 수동적인 정서를 야기하여 자본의 수탈에 저항하고자 하는 사람들의 힘을 약화시킨다. 그래서 현 시대의 특징은, 사람들이 더욱 극심한 정신적 고통에 시달리게 되었다는 데 있다. 자본이 요구하는 인지력을 업데이트하지 못하는 사

---

1. 조정환,『인지자본주의』, 23쪽.

람은 이 사회에서 배제된다. 불안정 고용의 시대에서 배제된다는 것은 삶이 수렁에 빠져 돌이킬 수 없게 된다는 것을 의미한다. 특히 젊은이들이 불안과 우울증에 시달리게 되는데, 그들에게는 사회에 들어가기도 전에 사회로부터 배제되어버릴 가능성이 있기 때문이다. 인지자본주의가 젊은이들의 목 밑에 배제라는 칼날을 대고 "너를 자본의 요구에 맞추어 개발하지 않으면 너의 인생은 끝난다"고 위협하고 있는 상황인 것이다.

이 상황에서, 오철수의 『시로 읽는 니체』는 우리 시대에, 특히 젊은이들 사이에 확산되고 있는 불안과 우울을 극복할 수 있는 강장제와 같은 책이다. 인지 능력을 착취당하고 심적 위협 속에서 살아가야 하는 당대에서는, 시 자체가 저항적인 성격을 가진다. 시는 시대가 강요하는 수동적인 정동을 시인 스스로 능동적인 정동으로 전화하는 기계다. 시 쓰기란 시인 자신의 심신에 일어나고 있는 정동을 말을 통해 재조직하는 능동적인 행위이고, 이렇게 이루어진 시 텍스트는 정동의 잠재적인 응축기로서 존재하게 되는 것이다. 독자는 이 응축기와 접속하면서 정동되고 다시 그 정동을 재조직하게 된다. 그래서 시는 여러 장치를 통해 정동적인 지배를 행함으로써 인간을 주조하고자 하는 자본에 저항하는 기계로서 존재할 수 있게 된다. 오철수 시인은 이러한 성격을 지닌 시 텍스트와 니힐리즘을 극복하고자 하는 니체의 사상을 마주치게 하여, 이 인지자본주의 시대를 돌파하면서 살아갈 수 있는 길을 모색한다.

사실, 고백하자면, 1980년대 후반에 대학생활을 시작한 필자로서는 니체 사상은 당시엔 '사춘기 철학' 쯤으로 여겨졌다. 다른 '문청'과 마찬가지로, 필자 역시 사춘기를 '실존주의'와 더불어 고독하게 보냈는데, 그땐 해설서를 통해 니체 사상을 접하고는 큰 감동을 받은 바 있었다. 하지만 대학에 입학한 후, 맑스와 레닌을 읽으면서 '소련 교과서'라는 주형을 통해 '맑스주의'를 '습득'하고 나서는, 니체의 책은 사춘기 때나 읽는 것이라고 생각하게 되었던 것이다. 하지만 '소련 교과서'라는 주형이 파괴되고 나서는 필자 역시 알튀세르나 포스트구조주의 사상을 기웃거리게 되었고, 1990년대 후반에 니체를 본격적으로 탐독하기 시작했다. 하여, 니체 사상에 파시즘적인 그림자가 어른거리고 있다는 느낌도 들었지만, 니체가 기성의 지배적인 가치를 망치를 휘둘러 파괴하는 열정적이고 혁명적인 사상가였음을 이해하게 되었다. 특히 '목적론'에 새겨진 그 기독교적이고 니힐리즘적인 성격에 대한 논의는 1980년대의 열정을 상대화하여 바라볼 수 있게 했다. 그러나 2000년대 들어서 문학평론 활동과 대학 강의를 하게 된 필자는 니체를 자주 읽지는 못하고 있었는데, 이 책을 읽으면서 오철수 시인의 목소리를 통해 니체 사상과 다시 마주칠 수 있게 된 것이다.

이 책을 읽으면서 우선 든 생각은, 시와 사상을 접속시켜 논의를 전개시킨 형식에 대해서였다. 사실 문학을 통해 철학 사상을 설명하거나 철학을 통해 문학을 설명하는 형식의 책은 새롭다고 볼 수 없으며, 근래엔 이러한 책이 인문학 분야에서 베스트셀러가 되고 있기도 하다. 어떻게 보면『시로 읽는 니체』도 이러한 부류의 책이라고 할 수 있겠다. 하지만 베스트셀러가 되는 책들이 주로 철학자가 여러 철학 사상을 설명하기 위해 문학을 가지고 왔다면, 이 책은 시인이 자신의 삶으로 받아들인 니체의 사상을 시와 접속시켜 일관되게 설명하고 있다는 점에서 그 책들과는 차이가 있다. 즉 이 책은 여러 난해한 사상들을 알기 쉽게 설명하기 위해 문학을 끌고 온 것이 아니라, 저자 자신이 직접 쓴 것들을 포함한 시편들과 니체 사상의 접목을 꾀하면서 삶의 여정과 전망을 제시하고 있는 것이다. 오철수 시인이 '삶노래'라고 부르면서 인용한 시편들은 지금 이 시대를 살아가는 한국의 시인들이 쓴 것들이다. 니체의 사상은 이 시편들을 통해 따끈따끈하게 구체화되고 지금 여기에서의 삶을 살아가기 위한 나침반으로 변모된다.

이 책은 드라마틱한 구성으로 짜여 있다. 이는 우리네 삶 역시 드라마틱한 면모를 갖고 있기 때문일 것이다. 책은 생명의 탄생과 삶과 죽음의 문제에 대한 논의에서부터 시작하여 자신의 삶을 스스로 조율하고 예술작품화 해야 한다는 시인의 주창으로 끝난다. 이 사이에서 죽음과 삶의 무의미, 고통, 무기력, 수동적인 허무주의를 극복하고 삶의 긍정과 운명에의 사랑으로 나아가는 철학적 여정이 전개된다. 이 책의 1장에서 시인은 우리가 이 세상에 온 것은 살기 위해서임을 강조한다. 살고 있는 우리는 그 누구도 죽어본 적이 없기 때문에, 우리는 죽음을 알 수 없다. 그리고 죽기 '위해' 사는 삶은 없다. 그래서 우리의 삶에는 삶만이 있다. 하지만 타인의 죽음을 우리는 경험한다. 죽음은 삶의 옆에 삶과 함께 있는 것이다. 허나 그때의 죽음은 삶을 방해하지 않고 삶의 풍경으로 존재한다고 시인은 말한다. 삶의 이 세계는 전적인 긍정의 세계다. 하지만 삶만이 존재하는 것이 이 차안 세계의 본 모습임에도 불구하고, 우리의 현실은 죽음이 삶을 포위하고 있다고 시인은 진단한다.

니체적인 사유에 따르면 천지는 생성만이 있지 어떤 목적에 따라 움직이지 않는다. 천지의 생성엔 인간적인 의미가 없다. "天地는 不仁"한 것이다. 그래서 우리의 삶은 허무주의에 빠질 위험에 처한다. 의미 없는 천지와 마주하면서, 우리는 천지엔 목적이 없다면서 삶을 방기하거나 목적을 인위적으로 설정하여 거기에 삶을 맞출 위험이 있는 것이다. 이 두 삶의 태도 모두 허무주의에 빠지는 것이다. 전자는 수동적 허무주의로, 무기력에 빠져 삶을 회피하고 죽음을 맞이하는 태도로 나아간다. 아니, 죽는다는 것도 과도한 의지를 요구하는 것이기에 수동적인 소멸을 맞이하고자 하는 태도다. 이러한 태도는 현실 원칙에 순응하여 기계적인 삶을 살거나 급기야는 삶에 남는 것은 육체적인 생리 현상만이라고 여긴다.

하지만 이때 육신에 달라붙어 있는 생명을 생생하게 재발견하는 계기가 마련되기도 한다. 오철수 시인은 '삶노래 17'에서 자신의 시 「나를 만난 곳」을 소개하면서 "허무의 바닥에서 삶의 몸을 만났던 체험"(109쪽)을 이야기한다. 포르노 영화를 틀어주는 여관방에서, "내 수중엔 어떤 희망이나 절망도 없었"던 시인은 혼자 소주를 마시고 자다 일어난다. 그때 시인은 "심한 갈증과 생리 현상을 느"끼게 되는데, 갑자기 그는 "내 육신이라는 것을 처음으로" 보는 것 같은 낯선 느낌에 사로잡혀 펑펑 눈물을 흘린다. 그러나 이 소외의 느낌은 부정적인 것이 아니다. 갈증과 생리현상만 남은 몸은 시인에게 새로이 삶에 대한 의지를 불러일으키기 때문이다. 시인의 눈물은, 방기했던 삶에 대한 미안함과 설움이 생리현상으로 나타난 생명력의 발견에 따른 기쁨과 뒤섞이면서 형성된 복합적인 감정에 의해 터져 나온 것이다. 하여, 허무의 끝에서 날것의 삶이 다시 발견되고 생명력은 다시 가동되어 삶의 의지를 불러일으키기 시작한다.

한편으로, 이러한 수동적인 허무주의와는 다른 허무주의 역시 존재하는데, 이는 확실성에 자신의 삶을 의탁하는 태도이다. 이 태도 역시 지금 현재의 삶을 부정하고 있기 때문에 허무주의라고 할 수 있다. 이러한 허무주의에 따른 삶은 외부에서 주어지는 확고함을 믿고 따르면서 삶의 희망을 미래에 두고 살아감으로써, 지금 현재의 삶을 살아가지 않는다. 이렇게 의존하는 정신은, 확실성이 파괴되었을 때 절망의 포즈를 취한다. 시인이 인용하고 있는 니체의 말에 따르면 저 확실성에의 요구와 결별할 때 자유로운 정신이 태어날 수 있다. 지금 이 순간 변하고 있는 저 노을빛의 강이 진정 아름다운 것이라는 것을 깨달을 때, "거짓된 생에서 다시 나의 생으로 돌아"(131쪽)올 수 있다는 것이다. 나의 생으로의 귀환, 그것은 "있는 그대로의 자기를 실행하는 것"이며 "삶 속에 자기의 차이를 새겨 넣는 사랑의 삶"(135쪽)을 살아가는 것이다.

하지만 현대 사회는 우리가 '나'의 생을 살아나가는 것을 가로막는다는 것을 시인은 잊지 않고 있다. 시인에 따르면, 현대사회는 꽉 짜인 규칙에 순응할 것을 강요하면서 그 규칙에서 빠져나오는 삶을 타자로 규정하고 배제한다. 규칙에 순응하는 삶은 통장의 잔고를 삶의 가치로 여기며 살아나간다. 규칙에 순응하지 않을 때 통장의 잔고도 위험한 것이다. 그래서 규칙에의 순응은, 살기 위해서라도 사회에 의해 제시되는 노동에 삶을 가둬놓는 것과 상통한다. 즉 순응의 삶을 사는 자는 "노동절 날 노동을 찬양하는 노동자"(183쪽)가 되어버리는 것이다. 그래서 살기 위해 노동을 짊어지고 사는 그 노동자는, 결국 노동을 강요하는 사회를 떠받치는 존재가 되어버린다. 이에 시인은 이렇게 삶이 노동에 포섭되는 것에서 벗어나 노동이 삶에 포섭되어야 한다고 주장한다. "노동이 우아함을 포섭하는 것이 아니라 우아함이 노동을 포섭하는 창조하는 노동이 되어야"(183쪽) 한다는 것이다.

오철수 시인의 이러한 주장을 볼 때, 니체의 사유가 왜 변혁적인지 알 수 있다. 니체가 제시한 자기 자신의 생으로의 귀환과 자유로운 정신의 탄생은, 결국 삶을 노동에 종속시키는 현대 자본주의 체제에 반하여 살아간다는 것을 의미하기 때문이다. 삶의 수탈을 위해 현대 자본주의가 부과하는 노동에 반하여 삶에 종속되는 노동을 한다는 것은, 삶을 그 내부로부터 형태를 만들어내는 작업과 통한다. 이때의 노동은 삶을 더 살만한 것으로, 더 가치 있게 만드는 것으로 변환시키는 창조적인 작업이다. 그 노동은 "넘치는 성형력成形力으로 스스로를 창조"(230쪽)하는 삶에 통합된다. 성형력이란 "외부를 구부려 내 몸으로 만드는 힘"(272쪽)이다. 이 성형의 작업이 바로 삶에 기여하는 노동, 창조적인 노동이다. 이 노동은 '잔금' ─ 화폐 ─ 이 아니라 삶을 위해 세계를 조형한다. 창조적인 삶을 위한 세계의 조형은 바로 맑스가 말한 자본주의 너머 ─ 자유의 왕국인 코뮤니즘 ─ 를 구축하는 작업과 통한다.

시인이 인용하고 있는 니체의 사유에 따르면, 스스로를 창조하고 세계를 조형하는 삶은 이 세계 외부에서 주어지는 목적에 자신을 의탁하는 것이 아니라 이 세계를 있는 그대로 디오니소스적으로 긍정할 때 가능할 수 있다. 바로 이 디오니소스적인 긍정을 니체는 운명애amor fati라고 말한다. 운명애란 운명에 순응한다는 의미가 아니라, "사물에 있어 필연적인 것으로 아름다운 것으로 보는 법"을 배우고, "그렇게 하여 사물을 아름답게 만"(407쪽)든다는 의미다. "그 자체의 내면적인 질서에 따라 움직일 뿐"(176쪽)인 세계를 긍정하고 그 세계로부터 아름다움을 발견하면서 그 세계를 구부려 삶과 세계를 아름답게 창조하여 "나의 사랑으로 갖"(407쪽)고자 하는 삶의 태도가 운명애인 것이다. 그러므로 운명애란 삶의 저편에서 오는 어떤 초월적인 것에 순응하는 태도가 아니다. 그것은 세계의 일부인 "내 몸에서 나오는 '더한 무엇이고자 하는 힘', 그 삶의 본능을 따라 현재의 자기를 넘어서 자기 창조로 나아가는 것"이다. 다시 말하면 운명애란 "현실을 구부려 자기로 만들면서 스스로를 향유하며, 더한 삶으로 나가는", "삶을 사랑하는 유일한 공식"(210쪽)이다.

　자기를 넘어서 자신을 아름답게 창조하는 삶을 살아가는 사람, 이 사람이 바로 '위버멘쉬'('초인')이다. '위버멘쉬'에게 "삶이란 하나의 형상, 하나의 명작, 하나의 예술품을 만들어가는 과정"(328쪽)이다. 하나의 예술 작품을 만들기가 쉽지 않듯이 예술로서의 삶을 살기 역시 쉽지 않다. 예술가가 되기 위해서는 많은 습작을 해야 하고 훈련을 해야 하듯이, 예술로서의 삶 역시 연습과 훈련의 반복이 필요하다. 자신의 몸 자체를 작품으로 만드는 예술은 무용-춤이다. 그래서 자신의 삶을 예술화하는 것은 바로 예술로서의 춤을 추는 것과 같다. 춤을 연습하는 것은 동작을 기계적으로 반복하는 것이 아니다. 그것은 다른 리듬(차이)을 만들어내는 훈련인 것이다. 즉 춤은 차이의 반복이다. 니체가 말하는 영원회귀란 숙명이라기보다는 "영원히 자신을 창조하고 파괴하는" "디오니소스적 세계"(447쪽)를 말한다.

　이렇게 차이를 만들어가는 춤이란 중력으로부터 해방되어 가볍게 비상하는 것이다. 허나 이 비상은 현실로부터 초월한다는 의미는 아니다. 독수리의 활공이 "현실을 끌고 가고 현실이 당기는 긴장 관계"(430쪽)에서 이루어지듯이, 춤 역시 현실의 중력과의 긴장 관계 속에서 이루어진다. 즉 삶의 차이-생성, 춤추는 삶은 세계의 필연으로부터 관념적으로 초월함으로써 이루어질 수는 없다. 그것은 필연 속에 우연을 도입하여 필연을 변화시키는 예술적인 '창조-파괴'의 반복을 통해 이루어진다. 그래서 이제, 이 영원 회귀하는 과정이 바로 필연으로 나타나는데, 그 필연은 '우연의 필연'이 된다. 오철수 시인은 '창조-파괴'를 영원히 반복하는 디오니소스적인 삶, 그 예술적인 삶을 "우연의 필연으로서의 꽃"(454쪽)이라고 부른다. 하여 이 삶에서는 "'이렇게 살아야 한다'는 기존으로서의 목적은 없"기에, 시인은 "그러니 살러 이 세상에 온 그대들이여./너의 손으로 우연의 손을 움켜쥐어라. 그것이야말로 최고의 자유다!"라고 주창한다. 이 우연의 손을 움켜쥐는 작업이 바로 삶을 예술화하는 '성형'이라고 할 것이다.

그렇기에, 오철수 시인이 잘 소개하고 있듯이 니체에게서 예술이란 미학적 판단 대상이 아니라 생리학적 판단 대상이다. 니체는 "내게 필요한 것은 고통을 잊을 수 있는 음악이다. 동물적인 삶이 신처럼 느끼며 승리감을 구가하는 음악이다. 춤을 추고 싶은 음악, 냉소적으로 말하면 소화가 잘 되는 음악일 것이다."(467쪽)라고 말한다. 니체적인 사유에서 좋은 예술이란 생명력을 고양시키는 것이다. 니체를 따라 오철수 시인은 "삶 그 자체가 신처럼 느껴지고 고양되는 서정", "이 세상을 생생하게 살아 갈 수 있는 힘을 불러내는 서정"(468~469쪽)을 원한다고 말하고 있다. 이러한 서정은 "머리 굴리는 이미지 생산"(473쪽)으로 이루어질 수 없다. "생명력이 넘칠 때 생명감정을 고양시키는 그리고 생명력을 부과할 수 있는 것들이 다가"(473쪽)오는 법, '힘을 불러내는 서정'은 서정적 주체의 생명력과 대상이 호응할 때 이루어질 수 있다.

이러한 서정은 예전의 도덕적 선과 연관되는 미학에서의 아름다움과는 다른 아름다움을 발견하는 것이다. 오철수 시인이 인용한 니체의 문장을 다시 인용하면, 그 서정은 "어떤 사람의 경우에는 햇볕 아래서, 어떤 사람의 경우에는 폭풍우가 올 것 같을 때, 어떤 사람의 경우에는 황혼이 사라질 무렵과 비 내리는 하늘일 때 비로소 전개되는 그들의 고유의 아름다움이 나타나게"(480~481쪽) 하는 것이다. 니체의 이 아름다움이란, 바로 들뢰즈가 개념화한 '이-것'haecceity의 고유함과 상통한다. "악인에게는 백 가지 종류의 아름다움 역시 존재한다. 그리고 아직 많은 것이 발견되지 않았다"(481쪽)는 니체의 말은, '이-것'의 아름다움을 발견하기 위해선 삶의 필요에 기초하여 선악을 넘어선 새로운 감수성이 요구된다는 의미로 해석할 수 있다. 이 새로운 감수성의 도래를 위해서 시인이 제시하는 삶의 자세는 늘 "내 안에서 출렁이는 힘의 바다와 그것이 의욕 하는 것이 무엇일까"(488쪽) 들으려고 하는 것이다.

오철수 시인은, 이 '자신의 물속으로 뛰어드는', "자기가 자기를 만날 수 있는 가장 기쁜 시간"(490쪽)을 갖기 위해서는 침묵과 고독의 장소 — 니체가 말하는 '황야' — 가 필요하다면서 이 책을 마무리 짓는다. 이 침묵과 고독은 고립을 의미하지 않는다. 그것은 "분산되고 흩어진 자신을 새롭게 양생하는 시간"이며 "자신의 분산이 일으킨 공허하고 우울한 감정을 몰락시키는 것"(490쪽)이다. 시인이 인용하고 있듯이, 니체의 '황야'란 다음과 같은 의미인 것이다.

> …… 보고 있다는 것만으로도 기분 전환이 되는 무해하고 쾌활한 동물이나 새들을 자주 접촉하는 것, 산과 벗하는 것, 그러나 죽은 산이 아니라 하나의 눈을 가진(말하자면 영혼을 지닌) 산과 벗한다는 것, 확실히 혼동할 수도 있으면서 책망 받지 않고 그 누구와도 이야기를 나눌 수 있는 완전히 모든 사람에게 열려 있는 여관에 있는 방 하나 — 이것이 여기에서의 '황야'인 것이다.(491쪽)

니체의 침묵과 고독의 황야는 역설적으로 "그 누구와도 이야기를 나눌 수 있는 완전히 모든 사람에게 열려 있"는 장소다. 그곳에서 이루어지는 열린 대화는 힘과 의욕을 출렁이게 만들 것이며, 그리하여 다른 삶의 생성을 이끌 것이다. 그렇기에 이 황야는 인지능력의 수탈을 위해 주체를 탈영토화 한 후 재영토화 하는 자본의 포섭으로부터 탈주하는 장소다. 그와 동시에 그곳은 주체 스스로 자신의 삶을 재영토화 하면서 또한 탈영토화 해나갈 수 있는 거점이기도 하다. 그래서 오철수의 이 책을 이어 또 다른 책이 써질 수 있을 것이다. 그 책은 독자 스스로 자신의 삶 자체로 써야 할 무엇으로, 자본과 국가의 포섭 장치 속에 황야의 장소를 마련하여 "모든 사람에게 열려 있는" 여관방을 만들고, 이곳에서 타자와의 만남과 대화를 성취하여 특이하게 상호 생성을 이루는 삶의 과정을 그 주된 내용으로 삼게 될 테다.

사실, 이 『시로 읽는 니체』는 니힐리즘을 극복하고 자기를 넘어서는 주체성의 형성 과정에 초점을 맞추다보니, 우리의 삶에 세밀하게 얽혀 있는 권력 장치의 교묘함이나 주체성의 형성에서 타자와의 접속이 갖는 중요성에 대한 논의가 부족한 면이 있다. 그래서인지, 다른 삶으로의 생성 가능성을 시편의 제시를 통해 구체적인 상황으로 드러내고 있음에도 불구하고, 이 책에서 논의가 다소 추상적이라는 느낌을 받게 되는 것 역시 부정할 수 없다. 그렇기에 이 책을 잇는 또 다른 책이 누군가에 의해 등장하길 바라게 된다. 그 책은 자본과 국가가 펼쳐놓은 포섭 장치의 그물망에 대한 섬세한 인식을 바탕으로, 그 망으로부터 탈주하면서 타자와 생산적으로 접속하고 삶의 상호 생성을 위한 배치를 구축하는 주체성의 형성 과정을 구체적으로 그려주는 무엇이 되지 않겠는가. 이러한 책이 등장하기 위해서는, 아마도 '삶 노래'가 다시 초대되어야 할 것이다.

(『참세상』, 2012년 4월 26일)

5장

영혼의 착취에 저항하는 자율 지대의 창출을 위하여
프랑코 베라르디[비포], 『노동하는 영혼』

한국에서 자율주의autonomia 이론은 소련을 비롯한 동구 사회주의 체제의 붕괴 이후 변혁이론의 새로운 모색이 진행되면서 1990년대 중반에 소개되기 시작했다. 잘 알려진 '제국'과 '다중'론은 자율주의의 대표적 이론가인 안또니오 네그리와 그의 동료인 마이클 하트의 저작들을 통해 정교하게 이론화되고 대중화된 것이다. 그런데, 그래서인지 자율주의 진영이 다양한 이론가와 실천가들로 구성되어 있다는 점이 도외시된 면이 있었다. 여기 소개하는 『노동하는 영혼』의 저자 프랑코 베라르디도 '비포'Bifo라는 이름으로 더 잘 알려진 자율주의 활동가다. 이 책의 출간으로, 자율주의에 대한 이해가 더욱 두터워질 수 있는 기회가 마련되었다고 하겠다. '비포'는 '최초의 자유 라디오'라고 불리는 '알리체'alice('이상한 나라의 앨리스'의 그 '앨리스')를 개국하고 1977년 3월에 일어난 '볼로냐 봉기'에 적극 가담하여 '반란의 정신적 교사'라는 죄명으로 수배를 받다가 7월에 경찰에 체포되었던 인물이다. 체포되었을 당시 프랑스에서 그의 석방 운동을 적극적으로 벌인 사람이 바로 그의 평생 친구가 된 펠릭스 가따리였고, 그는 가따리의 도움으로 프랑스에 망명할 수 있었다. 그 후, 그는 세계를 떠돌다가 이탈리아로 귀환, 현재 밀라노에서 학생들을 가르치고 있다.

'소외에서 자율로'라는 부제가 붙은 『노동하는 영혼』은 자율주의의 입장에서 신자유주의라고 칭해져왔던 작금의 자본주의를 분석(소외)하고 이에 대한 대안을 모색(자율)하는 저작이다. 두꺼운 책은 아니지만 매우 많은 내용이 압축되어 있어서 이 책의 내용을 짧게 요약하는 것은 불가능하고, 핵심 내용만을 간략하게 스케치 할 수 있을 것 같다. 비포는 '자율주의'의 자본주의에 대한 이론을 '구성주의'라고 부르는데, 그 이론은 인간 본질을 상정하는 사르트르의 맑시즘과 헤겔주의적인 맑시즘의 소외론이나 그와는 반대로 자본주의의 보이지 않는 구조를 포착하는 구조주의와는 달리, "사회 구성이 끊임없는 변형 과정에 있다"(80쪽)는 입장을 갖는다고 한다.(그래서 '구성주의'의 소외론은 실존주의나 헤겔-맑시즘의 소외론과 다르다고 한다.) 이에 따르면, 사회 구성(자본과 노동계급)의 변형은 체제에 대한 대중의 광범위한 저항에 직면한 자본이 그 저항의 요구를 지렛대 삼아 착취 메커니즘을 변형하면서 이루어진다. 가령 1970년대 이후 '인지노동'이 중심이 되는 '포스트 포디즘' 체제의 등장은 '68 혁명'으로 대표되는 노동자-학생의 저항에 대한 자본의 대응에 따라 이루어진 것이다.

비포가 말하는 인지노동이란, 이 책 제목이 알려주듯이 영혼이 노동하는 것이다. 컴퓨터 화면 앞에 앉아서 키보드를 두드리며 일하는 사람들을 생각해 보면 이를 이해하기 쉽다. 그가 물질을 생산하는 육체노동이 현대 자본주의에서 사라졌다거나 중요성이 떨어졌다고 주장하는 것은 아니다. 노동의 인지화가 현대 자본주의를 움직이는 경향으로 자리 잡았다는 것이며, 이러한 경향이 사회 전반적으로 거대한 변환을 가져왔다고 주장하는 것이다. 인지노동은 기호를 인식하고 조작하며 또 다른 기호를 생산하는 노동이다. 그래서 비포는 현대 자본주의를 '기호 자본주의'라고 개념화 한다. 이렇게 기호를 조작하고 생산하는 노동을 포섭하여 이루어지는 자본의 축적은 인지 능력이 착취된다는 것을 의미한다. 인지란 일상생활 속에서 항상적으로 이루어지는 것이기 때문에, 인지능력의 착취란 삶의 착취에 다름 아니다. 비포는 맑스의 '실질적 포섭론'을 빌어, 현재의 상황은 "노동자들의 삶시간들이 자본 흐름에 포획되었다는 것을, 그리고 영혼들이 기술적-언어적 사슬들에 의해 침해당했다는 것을 의미한다."(261쪽)고 주장한다.

그런데 이러한 노동 과정의 변형은, 비포에 따르면 욕망의 해방을 주창했던 68혁명의 열기를 자본이 축적의 동력으로 변형하여 포섭함으로써 이루어진 것이다. 공장에서의 산업노동이 욕망과는 무관한, 먹고 살기 위해 억지로 해야 했던 것이라면, 영혼이 노동하는 인지노동은 노동 과정에 소유와 동일시되는 부에 대한 욕망이 유입된다. 현재 한국 사회에서 회자되는 '피로사회'나 '자기계발의 사회'는 비포에 따르면 기호 자본주의로의 변화에 상응하는 것이다. 그런데 영혼이 자본에 포섭된 노동자들은 카오스와 같은 기호의 우주에서 길을 잃거나 부의 축적에 대한 욕망이 좌절되면서 우울증에 걸리고 공황panic 상태에 빠진다. 특히 인지노동에 따른 가치법칙의 붕괴 경향은 1971년 금-달러 태환 체제의 종말 이후 신자유주의와 연동되면서 사회를 전반적인 불확실성으로 빠뜨리고, 이에 삶의 착취는 생명을 관리하는 정치(푸코)에 따라 이루어진다. 비포는 이러한 상황에서 우울증과 공황, 불안과 절망이 현대인들이 빠지는 병리 상태(소외)라고 말하면서 현재 이러한 병을 치유하는 것이 코뮤니즘 정치의 핵심이라고 주장한다. "정치와 치료는 장차 올 날들에서는 동일한 활동이 될 것"이며 "우리의 임무는 치유적 전염 지대로 의도된, 사회적인 인간 저항 지대를 창출하는 일"(301쪽)이라는 것이다.

그렇다면 치료는 어떻게 이루어질 수 있는가? 여기서 비포는 들뢰즈/가따리의 후기 저작에 나오는 예술론에 기댄다. 『카오스모제』에서 주창된 가따리의 논의에 따르면 예술은 일시적으로 카오스를 재편하는 '카오이드'chaoid로서 카오스에 직면하여 창의적인 주체성을 생산하는 장치를 구축하는데, "강박적 응고를 용해하는 것"(190쪽)인 치료과정은 이 "예술과 유사한 카오이드로 이해”(189쪽)되어야 한다는 것이다. 물론 이러한 병리와 치료는 개인적인 차원에서 이루어지는 것을 의미하는 것이 아니라 “욕망의 사회적 투여들에서 일어난 변동”(192쪽)으로 이해되어야 한다고 비포는 강조한다. 그렇기에 그러한 ‘예술=치료=정치’는 “저항 지대”의 창출을 통해, “자본주의의 법칙들에서 벗어나는 자율의 가능한 형태들 중의 하나”(301쪽)인 코뮤니즘을 통해 이루어질 수 있다. 그리고 치료가 “끝없는 과정”(프로이트)인 것과 마찬가지로 코뮤니즘의 “자율 역시 끝없는 과정”(303쪽)이 될 것이라면서 비포는 이 책을 끝맺는다.

이 책의 핵심 내용을 이렇게 정리해보았지만, 중요한 부분이 많이 빠져 듬성듬성한 요약이 되었다. 독자가 이 책을 직접 읽어보라고 권할 수밖에 없다. 그래도 독자에게 ‘보증’할 수 있는 것은 현대 사회 이론에 관심을 가진 독자는 매우 흥미 있게 이 책을 읽을 수 있으리라는 점이다. 특히 저자가 영화를 예로 들면서 논의를 전개하여 이해의 구체성을 꾀하기 때문에, 더욱 재밌고 쉽게 읽힌다. 게다가 ‘시뮬레이션’이 자기 증식하는 현대 사회의 욕망을 보여는 예로서 김기덕의 『시간』이 제법 자세하게 논의되고 있는 부분은, 한국 독자들에게 놀라움과 함께 어떤 반가움이나 친근감을 줄 것 같다. 또한 이 책은 광범위한 급진 이론들이 저자의 입장 속에서 간명하게 정리되어 있기 때문에, 그 이론들의 난해성에 기가 질린 독자들에겐 길잡이가 되어줄 수도 있을 것이다. 다양한 이론들을 ‘객관적’인 입장에서 나열하면서 정리하는 책보다는 선명한 입장에서 그 이론들을 정리 논평하는 책이 독자에게 더 유용할 수 있다.

여기서 논할 여유가 없어서 아쉽지만, 비포의 ‘기호자본주의’론과 한국의 진보 학계에서 논쟁을 불러일으킨 조정환의 ‘인지자본주의’론을 비교해보는 것도 흥미로울 듯싶다. 두 이론 모두 자율주의 이론의 맥락에서 전개되고 있고 ‘인지노동’을 통해 현대 자본주의를 설명하는 데서 공통점이 많지만, 차이점도 있다고 생각된다. 이는 ‘인지자본주의’론이 현대 자본주의의 핵심을 생산과정에서의 인지노동의 착취에서 찾는다면, ‘기호자본주의’론이 그 핵심을 현대자본주의가 생산하는 생산물이자 생산 환경에서 찾는다는 면에서 짐작해볼 수 있다. 후자의 시각 때문에 비포는 '기호계'의 카오스적인 면을 중시하고 우울증과 공황이라는 병리 증상을 문제시하여 정치를 치료와 동일시하는 것 아닐까 짐작되기도 한다. 그리고 이는 욕망의 분열적인 힘을 중시하는 들뢰즈/가따리의『앙띠 오이디푸스』나 다중의 역능과 그 표현을 중시하는 '스피노자주의'가 보류되고, 시뮬레이션인 디지털 이미지들의 무한 증식과 그 카오스적 측면을 중요시한 보드리야르의 이론을 적극적으로 채택하면서 들뢰즈/가따리의 후기 입장을 중시하는 저자의 이론적 입장과도 연결된다고 생각된다. 그래서인지 보드리야르의 현대 사회 진단이 지닌 묵시론적이고 암울한 성격이 비포의 이론에도 아른거린다는 느낌이 들기도 하고, 또한 그의 이론이 정치를 좀 협소화하는 것이 아닐까 생각되기도 한다. 허나 만만치 않을 이에 대한 논의는 다른 지면이 필요할 것 같고, 여기선 이에 대한 문제제기만 하는 데 그치기로 한다.

(『플랫폼』, 2012년 9/10월호)